Le nouveau bettane + desseauve

CHÂTEAU
DAUZAC
MARGAUX
GRAND CRU CLASSÉ EN 1855

99/100
JAMESSUCKLING.COM
19/20
JancisRobinson.com
96/100
Robert Parker
WINE ADVOCATE
N°23
CHAMPAGNE
Grand Siècle
Laurent-Perrier
MAISON FONDÉE
1812
GRANDE CUVÉE
Grand Siècle N°23 en magnum. En allocation.
www.laurent-perrier.com

Au-delà des Millésimes rares
RECRÉER L'ANNÉE PARFAITE
99/100
JAMESSUCKLING.COM
18,5/20
Jancis Robinson.com
96+/100
WINE ADVOCATE
N°25
CHAMPAGNE
Grand Siècle
Laurent-Perrier
GRANDE CUVÉE
Grand Siècle N°25 en bouteille. En allocation.
www.laurent-perrier.com

Mis en Bouteille au
Arômes de
SAINT-ÉMILION GRAND CRU
2015
C & G PERSE - VITICULTEURS
GRAND CRU CLASSÉ
CHATEAU
MONBOUSQUET
2017
SAINT-EMILION GRAND CRU
1er Grand Cru Classé "A"
Château Pavie
SAINT-ÉMILION GRAND CRU
2016
C & G PERSE - VITICULTEURS

CHAMPAGNE
LA GRANDE DAME
2015
Veuve Clicquot
CHAMPAGNE
LA GRANDE DAME
2015
BRUT
Veuve Clicquot
Veuve Clicquot
CHAMPAGNE
LA GRANDE DAME
2015
BRUT
Veuve Clicquot

CHAMPAGNE
LA GRANDE DAME
Veuve Clicquot
CHAMPAGNE
LA GRANDE DAME
2015
Veuve Clicquot

Auteurs
Michel Bettane et Thierry Desseauve

Direction d'ouvrage
Louis-Victor Charvet

Expertise
Hélène Durand, Alexandra Rendall, Michel Bettane, Alain Chameyrat, Louis-Victor Charvet, Thierry Desseauve, Gilles Durand-Daguin, Denis Hervier, Philippe Jamesse, Antoine Pétrus et Guillaume Puzo

Direction artistique
Hicham Abou Raad

Secrétariat de rédaction
Amélie Couture

Coordination des dégustations
Camille Vindolet

Ont participé à cet ouvrage
Nadia Fakri, Louise Forgue, Sylvie Vandermalle, Julie Viel, Camille Vindolet, Marie-Charlotte Wambergue, Hicham Abou Raad, Pierre-Yves Chupin et Laurent Gotti

Photographes
Leif Carlsson, Mathieu Garçon et Fabrice Leseigneur

Publicité
Laurence Fabre, Andrée Virlouvet, Marie Westphal, Nathan Fior, Louis Jonard, Étienne de Moras et Pierre Alain Robert

Développement informatique et base de données
Rachid Abouzia, Vincent Guilbert et Hamza Salah

Ouvrage réalisé par Bettane+Desseauve SAS
Président : Thierry Desseauve
Direction des opérations : Andrée Virlouvet
Direction commerciale : Pierre Alain Robert
Direction administrative et financière : Alain Chameyrat
Direction des systèmes d'information : Vincent Guilbert

Retrouvez-nous sur :
www.bettanedesseauve.fr

Département Art de vivre
Direction éditoriale : Ronite Tubiana
Responsable éditoriale : Clélia Ozier-Lafontaine
Conception graphique de la couverture: Audrey Sednaoui
Fabrication: Louisa Hanifi-Morard et Marylou Deserson
Photograveur: IGS-CP, L'Isle-d'Espagnac

ISBN : 978-2-0804-1512-7
N° d'édition : 556170
Dépôt légal : août 2023
editions.flammarion.fr

Le nouveau bettane + desseauve 2024

CLOS DES AVAUX

TINCLASS

ELITE
ELITE
ÉLITE
ÉLITE

ART & CRAFT

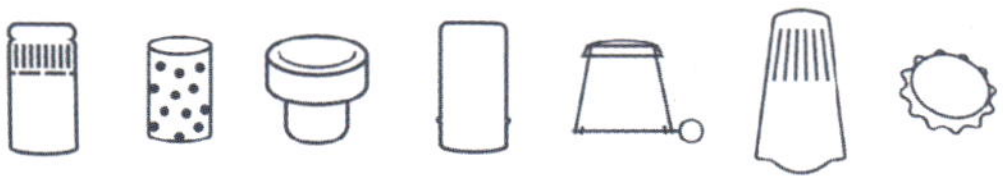

sommaire

CHATEAU PAVIE MACQUIN
SAINT EMILION
PREMIER GRAND CRU CLASSÉ
FAMILLE CORRE-MACQUIN, PROPRIÉTAIRE
2020

FABRICE LESEIGNEUR

LES GRANDS VINS ET LES AUTRES

EN 1976, dans *Les bons vins et les autres* (Collection Points, Le Seuil), le journaliste Pierre-Marie Doutrelant mesurait avec humour mais sans pitié le gigantesque fossé qui séparait une immensité de vins médiocres d'une toute petite minorité de crus vrais et savoureux. Près d'un demi-siècle plus tard, le paysage viticole français (et international) a beaucoup changé. En bon franglais technocratique, on dira que le vignoble a spectaculairement « upgradé » la qualité moyenne de sa production. Quand nous avons commencé notre travail de dégustation en commun, il y a maintenant quelques décennies, nous avions coutume de ranger les vins dégustés en quatre classes. *« L'école verte »* était la première, non à l'époque pour caractériser les rares vins bio, mais pour stigmatiser ceux, en grand nombre, que l'évident manque de maturité des raisins rendait astringents et acides. Tout aussi fournie était *« l'école flottarde »* et son océan de vins dilués et sans substance. Venait ensuite, pour les fins palais, *« l'école puante »* et son cortège d'arômes animaux, ce qu'un négociant bordelais fameux en son temps pour son expertise aromatique décrivait comme *« une odeur de sconse, derrière l'oreille »* (anecdote confiée aux auteurs par un propriétaire médocain célèbre qui la tenait de son non moins célèbre père) et que certains sommeliers ou journalistes de ce temps prenaient pour *« le vrai goût du terroir »*. Plus prosaïques, les œnologues d'aujourd'hui savent que ce faux goût est provoqué par une levure très désagréable, la brettanomyces. La dernière classe, de loin la plus modeste en nombre, était celle qui comprenait ce que Doutrelant qualifiait de bons vins.

Cinquante ans plus tard, la situation n'est plus la même. Les jajas bricolés d'autrefois sont devenus des vins techniquement irréprochables, résolument marchands et installés sur les rayons à des tarifs compétitifs. Souvent également furieusement banals. Dans le même temps, un autre peloton, de plus en plus détaché de la masse, a émergé : pas celui des bons vins d'antan, sympathiques mais souvent imprécis, mais celui des grands vins, exprimant avec une justesse et une pureté de définition jamais atteintes auparavant leur terroir d'origine. Ce qui différencie ces grands vins des autres, ce ne sont plus les défauts, mais bien la personnalité et l'authenticité. C'est précisément la mission de ce guide, le 27e que nous signons, que de vous révéler le génie propre de chacun de ces grands vins.

Michel Bettane et Thierry Desseauve

LE TRIOMPHE DU COURAGE

AU COURS DES TROIS PREMIÈRES ANNÉES de sa vie, notre *Nouveau Bettane+Desseauve* a délibérément adopté un ton de parole enthousiaste et un état d'esprit positif. Cette manière de faire à la naïveté assumée restitue bien le plaisir avec laquelle notre équipe travaille à préparer cet ouvrage. Pourtant, il nous faut admettre que la situation se complique pour le vin (et plus encore pour notre humanité). Partout sur cette planète, y compris sur notre vieux continent, le monde bascule dans le doute. Guerres, crises, urgence climatique, le tableau est sombre. Le vin, lui, notamment en France, est à la croisée des chemins. Sa consommation – ou plutôt sa déconsommation – atteindra bientôt un seuil qui doit alerter. Sa production, encouragée à partir des années 1960, ne pourra pas se réduire d'un coup d'effaceur magique ou à grands renforts d'argent public. Le vignoble n'est pas un robinet que l'on ferme d'un geste rapide de la main. Que faire des vignes plantées, ces décors des territoires habités ? Les laissera-t-on devenir des friches ou des champs de maïs ? Boudé par les jeunes buveurs, caché par des politiques qui, pour la plupart, ne se prononcent pas sur cet énième sujet sensible, soumis à une concurrence féroce des autres pays producteurs, le vin perd, doucement mais sûrement, le premier attribut de sa grandeur. Concrètement, on lui retire le rôle qu'il joue depuis des siècles. Celui d'être une pierre sur laquelle notre société se construit. Histoire, géographie, économie, patrimoine, agriculture, culture : dans tous ses éléments, le vin est présent. Aussi bien par la terre qui le fait naître que par la parole qui le fait vendre. Pour ces raisons, nous avons toujours pensé que le vin était une civilisation, définie par un ensemble de caractères communs. Depuis 2004 et la première édition, les valeurs de ce grand guide des vins de France ont changé en même temps que changeait le monde du vin. Parfois au même rythme, parfois avec un peu de retard, souvent avec un temps d'avance dont nous ne tirons aucune espèce de fierté, mais qui nous conforte dans la pertinence de notre mission. Pour la renforcer, nous avons d'abord abandonné l'exhaustivité la plus large et fait le choix d'une sélectivité forte, suivant ainsi une tendance à l'œuvre dans le vignoble français, celle de l'hyper-qualité. Relève-t-elle de la seule affirmation du terroir ? Est-elle liée par le style ou la patte d'un vinificateur de génie ? Implique-t-elle forcément une situation de rareté, de luxe, d'inaccessibilité ? D'aucuns résument avec autorité cette notion – et la production vitivinicole dans son ensemble – à la seule forme d'artisanat la plus pure, la plus libre et la plus rare qui soit. Ce sont ceux-là même qui voient le vin comme un fruit de la nature et que l'on cueillerait au bon vouloir de celle-ci. Un doux rêve. Sans homme et sans femme pour le faire, sans volonté, sans travail, sans courage, sans organisation et solidarité, le vin est promis à devenir la ruine de la civilisation que nous défendons. Tant qu'il y aura des femmes et des hommes pour la vivre intensément, cette civilisation sera vivante. Dans le fond, notre mission n'a pas beaucoup changé : raconter la richesse de la nature, partager l'émotion du goût, défendre la diversité et la création. En bref, raconter le génie du vin. Sur la forme, on laissera nos lecteurs se faire un avis quant à cette nouvelle édition, largement revue. Bonne lecture.

Louis-Victor Charvet

NOTATION DES DOMAINES & MAISONS

Les étoiles ont une valeur universelle, tous vignobles et tous prix de vente confondus.

- ★☆☆☆☆ Production sérieuse et recommandable.
- ★★☆☆☆ Production régulière et homogène.
- ★★★☆☆ Production de haute qualité.
- ★★★★☆ Production de très haute qualité.
- ★★★★★ Producteurs exceptionnels.

✦ Star ✚ Valeur sûre ⊖ À suivre de près Ⓝ Nouvelle entrée

NOTATION DES VINS

Chaque vin est accompagné de la mention de la meilleure période pour le boire ainsi que d'un prix (NC : non communiqué) donné à titre indicatif.

86 à **89** : bon vin, bien fait, représentatif de son origine.
90 à **92** : très bon vin, hautement représentatif de la qualité de son origine.
93 à **96** : vin de référence dans son appellation et dans son millésime.
97 à **99** : vin de qualité exceptionnelle.
100 : une idée de la perfection le jour où nous l'avons dégusté.

DOMAINE DE
LA BÉGUDE
BANDOL
BANDOL À SON SOMMET...

Comme Christian Seely, notre personnalité de l'année, ils sont nombreux à faire avancer la civilisation du vin. Au cours de sa carrière, l'homme d'Axa Millésimes, britannique jusqu'à ses éternels nœuds papillons, n'a cessé de mettre à l'honneur l'expression des terroirs qu'il servait.

Nos génies

Les femmes et les hommes qui suivent ont donné du sens aux préoccupations et aux défis qui agitent le monde du vin. Faire vivre des terroirs illustrant la diversité de la haute viticulture, penser des outils pour évaluer la durabilité des sols, imaginer la création, penser la qualité, anticiper l'œnologie, transformer un savoir-faire en un style universel, faire du restaurant l'allié des vins, transmettre sa passion : chacun d'entre eux est un *« génie de l'année »*

FABRICE LESEIGNEUR

Christian Seely
le chef d'orchestre

MALGRÉ SON ALLURE *so british*, Christian Seely a réalisé la majeure partie de sa carrière en France, à Bordeaux, avec une belle parenthèse portugaise. C'est un choix réfléchi et finalement conforme à une ancestrale tradition. Le vin faisait partie d'un atavisme familial, et Bordeaux en particulier, que son père James Seely, marchand, journaliste et même restaurateur, a décrit en expert dans le classique *Bordeaux Great Wines* publié dans les années 1980. Tout jeune, le fils a accompagné son père dans la région, découvrant et dégustant tous les grands crus médocains. Pourtant, Christian ne travaille pas immédiatement dans l'univers si particulier du vin. Autre tradition bien britannique. Après un diplôme de *Master of Arts* en littérature obtenu brillamment à Cambridge, il se dirige vers la finance et une société de capital-risque. Bien plus tard, envoyé dans une usine du nord de l'Angleterre qu'il fallait démanteler, il se souvient de sa première expérience. Face à la détresse d'hommes et de femmes au destin brisé par une mondialisation mise en œuvre sans états d'âmes, seul dans sa chambre d'hôtel face à son ordinateur rempli de projections budgétaires, Seely se demande ce qu'il fait là. Quelques mois plus tard, le jeune Londonien quitte sans regret le *consulting* et donne un sens à sa vie professionnelle, qu'il ne quittera plus désormais : celui du vin, en y associant toujours un esprit d'entreprise affirmé et un hédonisme revendiqué. En 1992, il rejoint Axa Millésimes, création relativement récente (cinq ans plus tôt avec l'acquisition de Pichon-Longueville Baron) de ce que l'on appelait alors les « zinzins », comprenez « les investisseurs institutionnels » dont le groupe Axa fut le premier et le plus ambitieux exemple. Dirigé par Jean-Michel Cazes, Axa Millésimes a acquis le prestigieux porto Noval : sept ans durant, Seely sera celui qui remet la marque et ses vignobles, dont le mythique Nacional, au plus haut et surtout au plus authentique de son potentiel. Dans la vallée du Douro, il découvre des vins, une région, mais peut-être plus encore la civilisation du vin. « *J'ai absolument adoré les sept années que j'ai passées là-bas* », confiera-t-il à notre consœur Jancis Robinson, « *mais c'était comme trouver le paradis trop tôt.* » La suite n'a cependant rien d'un enfer. En 2000, Jean-Michel Cazes quitte la présidence d'Axa Millésimes et Christian Seely lui succède un an plus tard, à 40 ans. Il dirige un groupe viticole aux frontières très élargies : Bordeaux bien sûr, avec Pichon Baron, Pibran, Suduiraut, Petit-Village (cédé en 2020 à la famille Moulin), la Bourgogne avec le domaine de l'Arlot à Nuits-Saint-Georges, la Hongrie avec l'historique Disznókő à Tokaj, le Portugal avec Noval et Quinta do Passadouro, la Californie avec Outpost Wines et Platt Vineyard. On ajoutera à cet agenda chargé la présidence de la Compagnie Médocaine, maison de négoce liée au groupe et l'aventure en duo de Coates & Seely, très réussie création d'un *sparkling* anglais dans le Hampshire. Flegmatiquement bien sûr, mais aussi avec une modestie et un sens de l'humour jamais pris en défaut, Christian Seely a fait progresser chacun des crus dont il a la responsabilité et, mieux, il a systématiquement mis en valeur leur authenticité et leur intime personnalité. Il a totalement fait oublier les (faux) procès en standardisation ou en uniformisation que certains n'ont pas manqué de faire lors de l'émergence de ce nouveau type de propriétaire investisseur. Pichon Baron n'a jamais été aussi complet et précis et le passage de témoin entre le brillant Jean-René Matignon, parti à la retraite, et le non moins brillant Pierre Montégut (venu de Suduiraut) s'est fait dans la continuité et en toute harmonie. Il en va de même pour toutes les propriétés Axa, avançant sereinement vers une justesse d'expression passionnante à savourer.

Thierry Desseauve

Quentin Sannié et Adrienne de Malleray
la mesure de la régénération

LA VITICULTURE MONDIALE s'est appuyée pendant plus d'un demi-siècle sur une utilisation massive d'engrais et de produits phytosanitaires. Comme pour d'autres secteurs agricoles, la prise de conscience d'un changement de modèle, initiée dès les années 1990 par des pionniers visionnaires et courageux, se généralise peu à peu et commence enfin à s'accélérer. Pour autant, les sols et les sous-sols de la plupart des vignobles ont été épuisés par ces décennies chimiques et doivent absolument se régénérer. Ce constat fait, restent beaucoup de questions : comment mesurer l'état véritable de ces terres ? Comment utiliser un outil commun à toutes les régions, avec des indicateurs identiques ? Comment évaluer les résultats atteints et pas seulement les moyens engagés, comme c'est généralement le cas en agriculture ? Quelles leçons en tirer pour identifier les leviers d'amélioration ? Comment prendre en compte les impacts complets sur l'environnement (biodiversité, climat et pollution) pour éviter les effets collatéraux sur un aspect au détriment d'un autre (par exemple l'impact carbone versus celui de la biodiversité) ? Toutes ces questions, Quentin Sannié et Adrienne de Malleray se les sont posées. D'abord au titre de citoyens, puis à celui de créateurs d'entreprise. Après avoir participé à la fondation et à la direction de Devialet, grand innovateur du secteur de la hifi, Quentin Sannié s'est associé avec Adrienne de Mallerey, qui venait elle du journalisme télévisuel, pour créer Genesis, une start-up qui ambitionne de répondre à l'ensemble de ces questions. L'idée de Genesis, façonnée par une équipe d'ingénieurs et un comité scientifique de haut niveau, est de noter sur cent – comme un critique de vin – l'analyse des sols d'une parcelle donnée. De multiples indicateurs sont ainsi évalués, depuis le fonctionnement biologique du sol, la mesure du stockage et la dynamique du carbone ou la présence de polluants. Combinés, ces indicateurs déterminent la santé des sols. Né il y a une demi-décennie, Genesis s'est aujourd'hui encore peu intéressé au vignoble, malgré quelques incursions en Champagne et en Cognaçais. On suivra de près le développement de cette aventure écologique et innovante : ces analyses pourraient avoir un rôle essentiel dans la régénération des vignobles de France et d'ailleurs. ▮ *Thierry Desseauve*

Valentine Tardieu-Vitali
la créatrice « *haute culture* »

SOUVENT, PAR AUTOMATISME DE LANGAGE, par facilité aussi, le critique des plats et des vins voit de l'artisanat partout. Dans le travail manuel, il trouve de l'orfèvrerie, dans la répétition des gestes, un ballet bien réglé et dans l'expérience acquise quelques talents innés. Certes passionnante, cette déconstruction a ses limites. Comment saisir, par exemple, l'impression que l'on ressent en se promenant dans le vignoble de La Verrerie. Elle n'est pas mesurable. Un peu comme la chaleur du soleil sur la peau. Partout où l'on pose le regard, il y a une idée et il y a la beauté. L'œil cherche le détail pour éviter de se perdre. *Haute-culture*, c'est l'expression choisie par Valentine Tardieu-Vitali, sa directrice, œnologue et vigneronne, pour résumer – si c'est possible – la vision de cette propriété, fief historique de la famille Descours, présente aussi en Champagne (Charles Heidsieck, Piper-Heidsieck, Rare Champagne), en Italie (Biondi-Santi) et dans la mode (J.M. Weston). Valentine a compris sans doute un peu plus vite que tout le monde comment créer un lieu de vie dans cet endroit, pour la nature, la vigne et les femmes et les hommes qui y travaillent chaque jour. Vinificatrice brillante, vigneronne intuitive, elle a aussi ajouté à sa panoplie de talents un rare sens du management de ses équipes qu'elle accompagne avec bienveillance, sans tomber dans une forme de paternalisme mal placé. Dégustatrice avertie, elle connaît chaque parcelle par cœur, sait ce qu'elle a sous les pieds, là où le vin se fera seul, là où il faudra l'aider. D'ailleurs, sur quelques hectares de marnes où se plaisent les cépages blancs de Provence, elle prend ce que la terre veut bien lui donner, à savoir son grand-deffand blanc, sélection de parcelles de roussanne et de grenache blanc, vin parmi les plus intéressants du Lubéron, toujours d'un équilibre irréprochable, d'une harmonie de saveurs et de parfums et d'une fraîcheur évidentes. Rien de trop, rien de spectaculaire, à l'image de l'endroit, magnifique et discret, émouvant et caché. ▮ *Louis-Victor Charvet*

Jean-Emmanuel Danjoy
l'émotion avant le style

QUE L'ON ME PERMETTE pour une fois de raconter une anecdote personnelle. En tant que jeune et inexpérimenté dégustateur des vins de Bordeaux, j'ai toujours eu du mal à cacher mon enthousiasme au moment d'entrer, par l'immense porte qui en garde l'entrée, dans le chai de Mouton-Rothschild. Ce n'est pas que le statut du premier grand cru m'impressionne plus que celui de ses semblables. Seulement, depuis que j'ai la chance d'accompagner Michel Bettane dans sa tournée médocaine, je sais à l'avance, en parcourant les quelques pas qui me séparent de la salle de dégustation, quel plaisir vont me donner les grands vins que je goûterai bientôt. J'ai connu pour la première fois cette excitation à la dégustation du millésime 2018 en bouteille. Elle ne m'a plus quitté depuis et je l'éprouve avec une force toujours renouvelée chaque fois que j'aperçois l'équipe talentueuse des propriétés s'avancer à notre rencontre. La dégustation, elle, suit toujours le même ordre. Elle se termine chaque fois par le vin de Mouton et chaque fois, il me suffit de croiser le regard de Michel et son large sourire pour que mon impression se confirme. Par quel prodige les vins que l'on nous présente, en bouteille comme en primeur, millésime après millésime, affichent-ils cette harmonie, ce style inimitable, cette qualité d'extraction des tannins, cette intégration d'un boisé si particulier, qui leur donne cette forme de volupté raffinée et cette signature inimitable, propre à ces grands terroirs, éternellement pauillacais dans la forme et le fond ? Depuis 2020 et la nomination de Jean-Emmanuel Danjoy au poste de directeur des propriétés de la famille (Mouton, Clerc-Milon, Armailhac), ce style affirmé semble avoir gagné encore en pureté, en naturel, en évidence. Le vin de Mouton a longtemps eu le verbe haut, affirmatif, dominateur. Il lui manquait, à mon goût, une forme de poésie en phase avec cette famille passionnée d'art, de musique et de grande littérature. C'est ce que Jean-Emmanuel a apporté, restituant de son immense perfectionnisme la liberté d'expression la plus totale dans les vins qu'il supervise. Nous assistons sans doute à la naissance d'un grand compositeur. Et nous nous réjouissons d'être si jeune pour suivre ses œuvres toute notre vie. ▮ *Louis-Victor Charvet*

Xavier Berdin
et les soleras de Palmer

DISCRÈTEMENT, SEREINEMENT, SÛREMENT, Palmer & Co nous épate, depuis au moins la dégustation répétée des merveilles millésimées (et en magnum) que la maison compte toujours dans ses caves, avec les légendaires 1978 ou 1985. Palmer ne s'est jamais arrêté à cette période glorieuse et a continué, longtemps sous la direction à la cave et à la ville de l'humaniste Jean-Claude Colson, à bâtir l'histoire d'une petite coopérative modèle, spécialiste des terroirs de la montagne de Reims, avec quelques apports bienvenus en Sézannais, côte des Bar et vallée de la Marne. On l'aura compris, le pinot noir trouve ici un champ d'expression préférentiel, même si le style de Palmer s'est toujours tenu à bonne distance de toute accentuation des caractères d'un cépage ou d'un terroir. Un seul maître mot : l'assemblage. Ce concept fondateur depuis Dom Pérignon du vin de Champagne trouve ici une traduction permanente et spécifique. Xavier Berdin, Champenois pur jus, est arrivé en 2003 ici à la suite d'un échange passionné avec Colson. Lui succédant au poste de chef de cave, il partage cette idée que sa mission est « d'embellir et encenser le raisin ». Outre l'assemblage de terroirs (essentiel puisque la maison peut s'appuyer sur 450 hectares de vignes, dont 200 en premiers et grands crus) et de millésimes en réserve, Palmer a toujours développé avec beaucoup de finesse le principe de solera, ces réserves perpétuelles qui constituent pour le chef de cave une « bibliothèque de saveurs extraordinaire où le vin vieux éduque le jeune, le vin jeune nourrit le vieux. » Trois soleras existent : l'une en rouge, destinée au rosé, l'une en chardonnay pour constituer des liqueurs de tirage très fines et complexes, la dernière et principale en pinot noir pour l'assemblage du Blanc de Noirs et de la cuvée Amazone. *« Le style, c'est l'homme »* : le travail méticuleux de Berdin et de la maison Palmer donne une savoureuse et précise définition à la phrase célèbre de Buffon. ▮ ***Thierry Desseauve***

Gabsi
le magnifique

COMME UN CLIN D'ŒIL AU BRUXELLES de son enfance, le restaurant de Mallory Gabsi cultive une élégance héritée des années 1970 : murs en bois plaqué clair, luminaires design et fauteuils au look vintage. Le chef, 26 ans le jour de notre passage, affiche une personnalité affirmée, en phase avec une esthétique qui lui est chère et personnelle. L'atmosphère douce, intime et reposante se prolonge dans la cuisine ouverte où la brigade en gris et tablier de cuir semble suivre une chorégraphie réglée et magistrale dans la précision des gestes. Carte ou menus partagent les mêmes intitulés, lapidaires, succincts, « bœuf », « saint-jacques » ou « chocolat ». Et donnent vite le ton d'un registre qui va à l'essentiel. À l'image des dressages rigoureux, sans artifice aucun, et en même temps harmonieux, élégants, voire savants. La mise en bouche plante le décor avec une crevette grise rafraîchie de citron Meyer, suave et onctueuse comme ces croquettes servies le long de la mer du Nord. La bille de chocolat blanc et œuf de saumon qui suit en devient plus anecdotique, erreur de jeunesse certainement en sachant qu'elle sera l'unique et la seule d'un repas éblouissant. La cuisine de Mallory est portée par une incroyable énergie, générée par les assaisonnements incisifs, les constructions limitées à quelques saveurs mettant les produits en osmose ou en opposition, les sauces ou les jus faisant le lien et la touche finale d'un répertoire presque ascétique car mûrement réfléchi, pensé. On apprécie le rythme donné aux menus construits autour de quelques amuse-bouches avant l'arrivée de plats qui définissent le mieux le style selon Mallory. Et une finale sucrée directe, nul avant-dessert ou mignardises, entre fruits ou chocolat. Mallory reconnaît le premier et avec justesse que ses desserts n'ont pas encore la verve de sa partie salée. Quelques détails encore à corriger, mais infimes tant le registre de l'ancien candidat de Top Chef impressionne par sa maturité et l'intelligence de sa construction. Même bonheur en salle avec le service à la fois chaleureux et efficace d'Andrea Harel qui gère aussi la cave, exemplaire et remarquable dans des choix n'obéissant nullement aux modes ou autres travers si fréquents dans le monde du vin. ▮ ***Pierre-Yves Chupin***

Restaurant Mallory Gabsi, 28, rue des Acacias, 75017 Paris

Le Soufflot
ne retombe pas

SI, À MEURSAULT, on produit depuis des temps immémoriaux quelques-uns des plus grands chardonnays au monde, on trouve aussi depuis peu un restaurant proposant une carte des vins parmi les plus exaltantes du moment. Pensée en l'absence de toute contingence mercantile, cette sélection interpelle par son habile éclectisme et par la confluence de figures vigneronnes iconiques côtoyant, au fil des pages, la nouvelle garde viticole. Sise sur la départementale traversant les terroirs historiques du vignoble, l'adresse époustoufle par ses deux milliers d'étiquettes toutes à l'unisson, fruit d'une passion inextinguible du chef. Jérémy Gleize compte parmi les trop rares restaurateurs ayant compris tous les bienfaits que peut apporter une carte des vins où les coefficients se font mesurés et doux. Sans surprise aucune, la maison fait le plein à chaque service et on y croise le verre entre agents, négociants, importateurs, vignerons et passionnés. Les menus restés accessibles (40 euros au déjeuner, 70 euros au dîner) n'empiètent nullement sur le budget d'une clientèle venue se faire plaisir dans l'assiette comme dans le verre. Cette carte, parlons-en : le name-dropping serait long tant elle se montre savamment construite. Aucune référence à jeter, édifiant. Notre dernière expérience lors d'un déjeuner mémorable débutait par une fine tartelette de petits pois avec mozarella di buffala et pesto au basilic qu'accompagnait un petit chablis 2020 du trop rare domaine Raveneau. Puis venait le côte-rôtie Fructus Voluptas 2019 du domaine Jamet qui donnait la réplique à une pièce de Charolais déclinée en tartare méditerranéen avec une salade de fenouil. Tout aussi impeccable sélection de vins au verre et impressionnant choix d'eaux-de-vies ou de liqueurs pour clore un moment de table où la cave devient l'argument décisif dans le choix de la destination. ▮ ***Antoine Pétrus***

Le Soufflot, 8, route Nationale 74, 21190 Meursault

Margot Ducancel
l'influence tout-terrain

AU DÉBUT DE L'AVENTURE qui l'a conduite à créer *Rouge aux Lèvres*, média numérique spécialiste des vins et des spiritueux, l'étiquette d'influenceuse que l'on a immédiatement collée à la peau de Margot Ducancel, trentenaire hyperactive, a fait bien rire certains. Souvent par jalousie, parfois par ignorance, d'autres l'ont cataloguée, sans subtilité et de manière terriblement misogyne, *« blonde de service, qui parle fort pour ne rien dire »*. Quelques 500 adhérents et pas loin de 45 000 followers plus tard, la Nordiste, passée un temps par Estate & Wines (la dimension vins étrangers du groupe LVMH) et chroniqueuse occasionnelle dès 2016 pour notre magazine *En Magnum*, a transformé sa passion en une *start-up* pleine d'avenir. Elle a d'ailleurs réussi à s'imposer dans l'univers traditionnel des médias – comment peut-on encore penser que les *pure players* numériques n'en sont pas ? – en diversifiant ses activités. Lancement d'un club de dégustation réservé exclusivement aux femmes, organisation de croisières gastronomiques, animations de *live shop* en partenariat avec quelques grandes enseignes, créations de podcasts, la jeune femme s'est servie du confinement de 2020 comme d'un tremplin pour se lancer à plein régime dans cette nouvelle vie d'entrepreneuse. Depuis, elle est aussi devenue la marraine de l'historique guide Hachette, ce qui en dit long sur sa mission de prescription et son rôle d'accélérateur de communication. Un nouveau costume (pour celle qui est toujours habillée de manière colorée) qu'elle a endossé avec brio, bien consciente du chantier qui attend une France du vin confrontée à la baisse spectaculaire de sa consommation. Devant les efforts déployés par cette ambassadrice infatigable au sein d'un univers encore timide en matière de communication digitale, nous ne pouvions raisonnablement passer sous silence son implication sans faille pour faire rayonner, avec la spontanéité et le naturel qui la caractérisent, la civilisation vivante du vin. Parce qu'elle est clivante, mais qu'elle laisse intelligemment à ses suiveurs la possibilité de n'être pas d'accord avec elle, parce qu'elle travaille d'arrache-pied pour enrichir ses compétences, le plus souvent sur le terrain et dans les vignobles, Margot est désormais une voix qui compte. Chez Bettane+Desseauve, nous l'écoutons. ■ *Louis-Victor Charvet*

CALON ❤ SÉGUR
SAINT-ESTÈPHE
Grand Cru Classé en 1855
CHÂTEAU
Calon Ségur
SAINT-ESTÈPHE
2014
GRAND CRU CLASSÉ EN 1855
L'ABUS D'ALCOOL EST DANGEREUX POUR LA SANTÉ, À CONSOMMER AVEC MODÉRATION.

Difficile d'imaginer combien de nuits fraîches et de jours brûlants cette grappe de raisin blanc a vécus pour atteindre la parfaite maturité. Pour la jeune génération, c'est pareil.

Nos talents

Elles et ils sont jeunes, parfois enfants de la balle, parfois nouveaux venus. Toutes les personnes dont nous dressons le portrait dans les pages qui suivent ont en tout cas démontré en quelques millésimes un talent singulier qu'il faudra suivre de près. Chacune d'entre elles dessine le paysage d'une nouvelle viticulture, à la fois ambitieuse, précise et consciente des enjeux écologiques.

Ambre Delorme
le phénix de la Mordorée

L'ÉMOTION que peut donner une bouteille de vin, aussi grande soit-elle, a parfois tendance à faire oublier les destinées humaines qui ont contribué à la faire naître. En 2015, nous avions accueilli avec tristesse la nouvelle de la disparition de Christophe Delorme. Ce vigneron passionné, fils de Francis, le créateur de ce domaine de Tavel au nom inoubliable, laissait à Madeleine, son épouse, et à Ambre, sa fille, le soin de s'occuper de 60 hectares répartis entre les grandes appellations du sud de la vallée (châteauneuf-du-pape, lirac, côtes-du-rhône, etc.). Avec une attention de tous les instants en bio et en biodynamie, le duo mère et fille a continué sur sa lancée, installant sur sa mosaïque de quarante parcelles réparties sur huit communes – on mesure le travail titanesque – un écosystème durable, capable de résister aux excès du climat. Dans les vins aussi, ce domaine depuis longtemps réputé pour sa qualité, a continué de franchir les paliers du grand vin, affichant une finesse aromatique et des qualités de structure d'une grande délicatesse. En châteauneuf-du-pape, le délicieux reine-des-bois et l'aérien dame-voyageuse ont rejoint le peloton des meilleurs de l'appellation. Bref, en plus d'avoir hérité de la vision de ces deux grands hommes, Madeleine et Ambre ont aussi réaffirmé le sens de l'accueil propre à la région avec un domaine très actif en matière d'œnotourisme et la création d'une villa d'hôtes sublime à dix minutes d'Avignon avec vue sur le mont Ventoux. De plus en plus exigeant avec lui-même, ce domaine est en route vers le sommet. ▮ ***Louis-Victor Charvet***

Maï Roblin-Bazin
juliénas calling

COMME LE CHEF qui peut s'enorgueillir d'avoir créé un ou deux grands plats dans sa vie, le passionné de vin veut trouver le grand de demain. Celui qui fera date par sa manière de révéler la haute expression de son terroir d'origine, par sa maîtrise en cave et par l'accueil de celles et ceux qui boiront ses paroles et suivront son chemin. Maï Roblin-Bazin, trentenaire beaunoise, appartient à cette espèce rare. Elle promène sa hauteur de jugement, sa distinction prudente et ses connaissances déjà denses sur son vignoble de Juliénas. Avec une sagesse exemplaire pour son âge et le courage qui l'habite comme un grand frère bienveillant, elle n'a pas hésité à reprendre les 50 ares de vignes qu'on lui a présentés. Ado nourrie par les livres et par l'amour des mots, elle s'est d'abord orientée vers des études littéraires avant de tenir plus fermement le fil d'Ariane de sa vie, qu'elle avait déjà entrevu dans les vignes murisaltiennes de son enfance en Bourgogne. *London calling* oblige, après un détour par la capitale anglaise et sa belle sommellerie, à la Compagnie des Vins Surnaturels où les grandes étiquettes sculptent son palais, elle a fini par répondre à l'appel de la vigne. D'abord auprès des grands noms de la côte de Beaune, qui lui font confiance et lui dispensent leurs enseignements, et puis auprès de Cyril Courvoisier, vigneron de Cornas dans le Rhône et maître à penser de la jeune femme. Le duo a opté pour un enherbement total, fait un compromis entre les engrais jaunes et verts en se donnant l'objectif réalisable de traitements discrets, voire absents. Sur la parcelle des Soubletons, Maï proposera bientôt en bouteille un juliénas 2022 identitaire qui profite déjà d'une vinification sous bois attentive et juste. Les deux barriques à venir, déjà courtisées, rejoindront bientôt les tables de goût en France. ▮ ***Antoine Pétrus***

Antonin et Victor Coulon
de frères en fils

CE NE SERAIT PAS RENDRE HONNEUR aux six générations précédentes que d'attribuer tous les mérites à la septième, fraîchement arrivée pour reprendre, main dans la main avec la sixième, les rênes de ce beau domaine de Châteauneuf-du-Pape. Mais tout de même, Antonin et Victor Coulon, deux frères passionnés par les terroirs de l'appellation, sont en train de réaliser quelques prodiges qui méritaient qu'on s'y intéresse de près et qu'on les récompense. Sur les 60 hectares du vignoble de Beaurenard, cultivés en bio et en biodynamie, le jeune duo a déployé une batterie de pratiques ultra vertueuses et attend de pied ferme les dangers climatiques qui vont se présenter tôt ou tard : reforestation des parcelles, plantations de haies, charte paysagère commune à l'appellation, lutte contre l'érosion des sols, réflexion impressionnante quant aux couverts végétaux, sauvegarde du patrimoine des cépages (le domaine produit d'ailleurs une cuvée qui les réunit tous). Ces deux hyperactifs, attachés à la vie locale et associative du village, n'ont pas attendu d'être sûrs d'eux pour tenter, essayer, expérimenter. Dernière réussite en date, la maîtrise inédite de l'enherbement sur les sols de roche de calcaire dur, terroir le plus difficile à travailler et le plus soumis à la sécheresse estivale. Côté cave, les vins ont encore gagné en finesse et en naturel d'expression dans les derniers millésimes, avec au sommet, les cuvées Gran Partita et Boisrenard, plus raffinées que jamais. ▮ *Louis-Victor Charvet*

Louis Gimonnet
l'essai transformé

VINGT-HUIT ANS et un profil de deuxième ligne de rugby, Louis Gimonnet a l'habitude de dominer ses sujets. Il est issu de la branche des Gimonnet de Cuis et ce n'est pas si simple de revenir dans la structure familiale, surtout quand on est le plus jeune. En attendant, il a préféré faire ses armes ailleurs. Ingénieur agro à Agro Paris Tech, puis DNO à Montpellier, des expériences en Californie, en Oregon, en Corse et en Champagne. « C'est là que Bichot est venu me chercher. » En juillet 2021, pour le nommer régisseur d'un des plus beaux domaines de Chablis. Avec 52 hectares, dont 9 % dans tous les grands crus, Long-Depaquit s'était un peu endormi avec le départ de la personne en charge avant lui. L'une des priorités de Louis a été de lancer la conversion en bio au cours de la saison 2022. Il a fallu investir dans le bon matériel, recruter et convaincre les bonnes personnes. En parallèle, il a voulu recréer de la matière organique dans les sols et a rejoint un groupe local de bons producteurs (Raveneau, Dauvissat, Domaine d'Henri, William Fèvre, etc.), aidé en cela par Lilian Bérillon, afin de préparer des sélections massales dans le but de préserver le patrimoine génétique du vignoble. Bref, des idées plein la tête qu'il a bien faite. ▮ *Guillaume Puzo*

Anthony Aubert & Jean-Charles Mathieu

la création comme projet

ANTHONY AUBERT a été piqué par la passion du vin assez jeune. Après un master de commerce des vins, six années au grand export entre l'Asie et les États-Unis chez des importateurs, l'envie de créer sa gamme de vins l'a ramené en France. Jean-Charles Mathieu s'ennuyait dans un grand groupe qui ne laissait pas de place à sa créativité. Sa passion pour le vin, la rencontre avec Anthony, tout était réuni pour que l'aventure commence. Comme cette génération veut donner du sens à ses actes, leur démarche se veut éco-consciencieuse. L'essentiel de la production de leur toute jeune maison de négoce, créée en Languedoc en 2018, est certifié par des labels environnementaux comme ceux de l'agriculture biologique ou de la HVE, haute valeur environnementale. Ils se fournissent dans un périmètre inférieur à 100 kilomètres de leur camp de base et ont réfléchi à des emballages respectueux comme des bouteilles allégées en verre recyclé et autres bouchons et cartons. Ils déclinent leur production en différentes cuvées aux noms originaux. Leurs rouges bien réalisés partagent la même finesse de tannins et une expression intense des saveurs méditerranéennes. Blancs et rouges ont la fraîcheur pour fil rouge. *Alain Chameyrat*

Alice Gitton-Pouponneau
l'appel du vignoble

À THOUREIL, entre Angers et Saumur, Alice Gitton-Pouponneau, ex-assistante sociale, a changé de cap en devenant vigneronne. Elle a commencé par reprendre quelques arpents de vignes sur lesquels elle jouait durant son enfance, aidée dans sa démarche par son époux Antoine (directeur du domaine Clos Canarelli en Corse et co-fondateur du laboratoire Biocépage qui identifie les levures indigènes). Depuis, le domaine s'est agrandi jusqu'à 6,5 hectares, dont une partie regarde la Loire. Sur ces terroirs d'argile, de sable et d'alluvions, avec un peu de grès qui affleure et une exposition qui apporte de la fraîcheur, les vignes, âgées de 40 à 100 ans et plantées en gobelets, sont issues de sélections massales. Tout est conduit en biodynamie, avec un travail des sols au cheval. Les vinifications sont peu interventionnistes, avec des fermentations en levures indigènes et des quantités minimes de soufre à la mise. Dès son premier millésime en 2017, la néo-vigneronne a pris la mesure de ses terroirs. Elle a confirmé son talent avec beaucoup de travail, en particulier dans le millésime 2019 et ses cinq cuvées en vin de France d'une grande lisibilité pour les rouges et d'une minéralité du plus bel effet pour le blanc. *Denis Hervier*

Clément Bärtschi
la force tranquille

CEUX QUI CONNAISSENT BIEN la vallée du Rhône savent que le jeune homme est le maître de chai de Chapoutier à Tain-l'Hermitage. Ce Lyonnais d'origine y est entré après ses diplômes d'ingénieur agricole et d'œnologue. Il a longtemps pratiqué le rugby, pilier droit, où on l'appelait « *la force tranquille* ». La camaraderie rugbystique l'a pas mal aidé, notamment pour aller passer neuf mois au domaine de la Romanée-Conti, où Bernard Noblet (ex-chef de cave du prestigieux domaine) était un ancien deuxième ligne. Évidemment, ça le démangeait de s'installer. La bonne opportunité a été la possibilité de reprendre trois hectares dans le cru Manicle, en AOC bugey. Un terroir historique de douze hectares, avec des éboulis rocheux sur un socle calcaire, bien ventilé, à 350 mètres d'altitude. Il en exploite actuellement 2,2 hectares, convertis en bio. Essentiellement du pinot noir et du chardonnay, même s'il a quelques rangs de gamay et envisage de planter de la mondeuse. Vinifiant à la bourguignonne, il distingue deux cuvées pour chaque cépage, l'une sur les sols plus riches (Sous les Rochers la Vigne) et l'autre plus structurée sur des sols caillouteux et des vignes plus anciennes pour le pinot noir. Maîtrise et ambition sont déjà présentes dans ses vins. Il devrait réussir à remettre Manicle dans la lumière. *Gilles Durand-Daguin*

Sophie et David Devynck
le rêve d'une vie

ILS SE SONT CONNUS À PURPAN – c'est un gage de compétence – et ils ont rêvé de devenir vignerons, mais sans fortune personnelle. Ils ont fait le bon choix en s'installant à Leynes, entre le Mâconnais et le nord du Beaujolais sur la fameuse fracture entre granit et argilo-calcaire, où les paysages sont splendides, les terroirs de premier ordre et le prix des vignes raisonnable. Leur discours n'est pas mensonger. Ils font de la belle viticulture, respectueuse, savent déguster et vinifier des vins gourmands et précis : un beaujolais-villages Leynes, un saint-véran et un merveilleux saint-amour qui plairont à tous. ▮ *Michel Bettane*

Arthur Lotrous
l'amour universel

L'HELLÉNISTE QUE JE SUIS ne pouvait résister. Déguster Agapé, c'est en principe aimer les autres. Rien de mieux que partager une bouteille du délicieux côte-de-besset d'Arthur Lotrous, jeune président de l'ODG de Saint-Amour. Ce coteau, déjà réputé, est devenu un point phare des crus du nord-Beaujolais avec l'arrivée de grands vinificateurs de Pouilly-Fuissé ou de Givry. Nous sommes ici sur le haut du cru, à la limite de Juliénas. Ses pairs ont eu raison de lui confier leur bien commun, le jeune homme sait cultiver et vinifier, sans grands moyens, mais avec une discipline que la génération précédente avait parfois oubliée. ▮ *Michel Bettane*

Matthieu Collardot
l'âme de Puligny

UN TOUT PETIT DOMAINE, mais deux grands stylistes. La maman, d'abord, qui a sauvé ce petit domaine familial en se convertissant vigneronne, avec une tenue de vignes exemplaire. Et son fils Mathieu, qui prend la suite, vinifie parcelle par parcelle ses puligny-montrachet, avec une droiture de caractère et une transparence qui égalent largement la qualité de producteurs parfois trop connus. Une production forcément limitée, mais qui rappelle à tous ce qu'est le vrai génie du village. ▮ *Michel Bettane*

Jean-Baptiste Jessiaume
l'esprit de Santenay

C'EST L'HISTOIRE D'UNE FAMILLE de Santenay qui perd ses vignes et en achète d'autres avec l'arrivée d'un fils vinificateur très doué Jean-Baptiste, se dote de caves magnifiquement soignées et vinifie dans le plus pur style des maranges, des santenays, des saint-romain, des rullys encore abordables et même quelques côte-de-nuits. Comme chez Pierre-Vincent Girardin, autre jeune de grand talent que nous suivons depuis deux ans, les raisins du domaine sont complétés par quelques achats, vinifiés selon les mêmes critères, ce qui garantit l'unité de caractère de la gamme. ▮ *Michel Bettane*

CHÂTEAU
Phélan Ségur
CHÂTEAU
Phélan Ségur
SAINT-ESTÈPHE
PHILIPPE & PIERRE VAN de VYVERE
'abus d'alcool est dangereux pour la santé. À consommer avec modération.

Deux cigognes dans un nid, un arbre nu sous l'orage.
La région est pleine de contrastes, de nuances, entre paysages de carte postale et tempête d'idées, de projets, d'ambitions.

Alsace

Comment ce vignoble à taille humaine a-t-il pu construire pareille réputation ? La longue tradition de l'accueil alsacien – sa générosité, son goût du partage – a sans doute contribué à ce rayonnement en France et dans le monde. Mais cela n'aurait pas suffi sans la vérité de ses terroirs, la richesse inouïe de ses sols, les possibilités infinies de ses cépages et l'émotion sans cesse renouvelée de ses grands vins. Il en reste tant à découvrir

DANS LE SILLAGE DE SES GLORIEUX AÎNÉS QUI ONT OUVERT UN CHEMIN, UNE NOUVELLE GÉNÉRATION EXCEPTIONNELLE SUIT LA VOIE EXIGEANTE DU GRAND VIN. ELLE COURT VERS LE SOMMET D'UN PAS SÛR ET LÉGER

PAR **GUILLAUME PUZO**

MILLE IDÉES, UNE SEULE ROUTE

JEUNES OU UN PEU MOINS, installés depuis peu ou déjà forts d'une belle expérience, voici quelques talents prometteurs ou confirmés qui font partie des nouveaux visages de l'Alsace, loin des domaines stars ou des maisons de négoce historiques. Passionnés par leurs terroirs, soucieux des enjeux climatiques actuels et de la nécessaire adaptation des pratiques viticoles, ils mettent en valeur la complexité des terroirs alsaciens, avec son incroyable mosaïque de strates minérales et ses subtiles variations dans les différentes orientations et altitudes des parcelles. S'inscrivant souvent dans une tradition familiale, avec des historiques de domaine plus ou moins anciens, ils contribuent à l'écriture des nouvelles pages du vignoble alsacien.

Matthieu Boesch.

MATTHIEU BOESCH
(DOMAINE LÉON BOESCH)

Lorsqu'il a pris la présidence de l'association des viticulteurs d'Alsace (AVA), Gérard Boesch, conscient de la lourde tâche qu'il devait désormais assumer, a laissé les rênes du domaine familial à son jeune fils Matthieu, alors âgé de tout juste 23 ans et revenu depuis l'année précédente. Dès 2000, celui-ci vinifie donc seul et entame immédiatement la conversion en bio du domaine, certifié en 2003. Idéaliste, il poursuit dans la foulée vers la biodynamie (certification Demeter obtenue en 2006). Aujourd'hui fort de plus de vingt millésimes à son actif, Matthieu peut regarder fièrement le chemin parcouru. Les vins d'autrefois pouvaient parfois afficher une acidité et un mordant un peu déséquilibré, mais avec l'enracinement des vignes et leur accoutumance au changement de pratiques, ils sont désormais épanouis et salins à souhait. Et Matthieu n'en a pas perdu son franc sourire pour autant.

Audrey et Loïc Weinzaepfel.

LOÏC ET AUDREY WEINZAEPFEL
(DOMAINE WEINZAEPFEL)

Ce domaine vendait ses raisins à un grand négoce alsacien jusqu'en 2018. C'est avec la vendange 2019 qu'il réalise enfin ses premières mises en bouteille. Loïc était alors installé depuis un an après un BTS viti-œno à Rouffach et, entre autres, un stage vignes au domaine Zusslin tout proche. Sa sœur Audrey, master Marketing et Commerce du vin en poche, travaille avec lui depuis l'an dernier. Les idées bien en place, ce duo a tout de suite entamé la conversion à la viticulture bio (certification acquise en 2022). Des vinifications précises, des étiquettes réussies, l'aventure démarre bien.

ARTHUR OSTERTAG
(DOMAINE OSTERTAG)

Arthur est le fils d'André. Il a officiellement débuté au domaine en 2018, même s'il était déjà là officieusement dès 2017. La transition entre le père et le fils a été compliquée, mais Arthur semble maintenant avoir les choses bien en main. Après une prépa HEC qui lui a fait comprendre que ce n'était pas sa voie, il a bifurqué vers un BTS viti-œno à Beaune, avec notamment des stages chez Dominique Lafon en Bourgogne. Amoureux de la vigne, il avoue que c'est pour elle qu'il se lève le matin. Ce vigneron à la sensibilité rare est en perpétuelle interrogation, mais c'est le doute qui lui permet d'avancer. Il n'a pas hésité à arracher quelques pieds à Epfig, sur des parcelles où il ne se sentait pas bien, car comme il le dit avec une franchise déconcertante : « On ne peut pas faire de grands vins avec des vignes qu'on n'aime pas ».

MÉLANIE PFISTER
(DOMAINE PFISTER)

Heureusement que Mélanie Pfister est là, perdue dans ce nord de l'Alsace où peu de viticulteurs mettent en bouteille. On a l'impression de la connaître depuis toujours, pourtant elle n'a repris le domaine qu'en 2008, après avoir vinifié les 2006 et 2007 avec son père, André. Ce dernier a eu la grande intelligence de tout de suite laisser les mains libres à sa talentueuse fille, non sans lui avoir laissé comme une feuille de route un type de vin sec, à cette époque assez rare pour l'Alsace, et plutôt visionnaire. Avec une formation des plus complètes, Sup Agro à Bordeaux puis le DNO à Dijon, elle s'est permis des stages chez Zind-Humbrecht et à Cheval Blanc, excusez du peu. Ses vins dégagent une énergie et une joie de vivre, à son image. Mais il ne faut pas s'y tromper, un tel équilibre en dégustation n'est que la conséquence d'un travail rigoureux et d'un réglage précis des moindres détails en amont.

GUILLAUME MOCHEL
(DOMAINE FRÉDÉRIC MOCHEL)

Son prénom détonne un peu chez les Mochel, où l'on se prénomme plutôt Frédéric, à l'image de son père, de son grand-père et de son arrière-grand-père. Guillaume a repris en 2001 ce domaine familial établi dans les mêmes murs depuis 1669, à portée de cloche de l'église de Traenheim. Après son BTS viti-œno, il a notamment fait les vendanges au château Angélus, d'autres en Nouvelle-Zélande, sans oublier un stage en Toscane au domaine Isole e Olena. Posé, méticuleux, il soigne ses vignes avec une grande précision. Une netteté que l'on retrouve dans ses vins, notamment son grand cru Altenberg de Bergbieten. Nous sommes ici dans le Bas-Rhin, un terroir aux marnes gypseuses dont il retransmet la singulière salinité.

PIERRE WACH
(DOMAINE WACH)

Il est parfois des prises de conscience qui changent les vins d'un domaine. En rebaptisant de son nom la propriété familiale (ex-Domaine des Marronniers), Pierre Wach n'a pas fait qu'en reprendre la gérance. Après sa formation à Rouffach, d'abord le lycée agricole puis un BTS viti-œno suivi d'une licence de commerce, Pierre est parti en Nouvelle-Zélande où il a rencontré sa femme, Jessica. Il est ensuite revenu au domaine, où il vinifie tout seul dès 2015. Quand son père Guy avait un goût pour les équilibres plus sucrés dans les vins, un style avec lequel nous avions pris nos distances, son fils affirme : « On ne veut plus produire que des vins qu'on aime ». Il n'a pas été évident de pousser les fermentations jusqu'à leurs termes, mais aujourd'hui père et fils apprécient de concert le nouveau style du domaine Wach. ▮

Arthur Ostertag.

Mélanie Pfister.

Guillaume Mochel.

Extrémité sud du grand cru Vorbourg, le clos Saint-Landelin abrite un terroir argilo-calcaire où brillent de nombreux cépages. Le muscat est l'un d'entre eux.

NOBLE PARMI SES PAIRS ALSACIENS, LE CÉPAGE N'EST PLUS À LA MODE. ENTRE LES MAINS HABILES DE QUELQUES ORFÈVRES, IL DONNE POURTANT DES MERVEILLES. C'EST UN COFFRE AUX TRÉSORS, NOUS L'OUVRONS

PAR ***GUILLAUME PUZO***

LA REVANCHE **DU MUSCAT**

LE CÉPAGE A QUASIMENT DISPARU du paysage alsacien, ne représentant aujourd'hui que 2 % de l'encépagement contre près du double en 1969. Et encore, de quelle variété de muscat parle-t-on ? Ottonel ou d'Alsace ? Le muscat ottonel ne pèse plus que 10 % des variétés. Pour choisir leur champion, les vignerons sont partagés. Sans doute les deux variétés expriment-elles l'adéquation à leur propre terroir. Le cépage n'est pas le plus simple à cultiver : sensible à la coulure, avec des baguettes qui cassent facilement quand on le palisse. Les clones à gros rendements donnent des baies aux grains entassés sensibles à la pourriture. En 2014, il a été particulièrement visé par la fameuse Suzukii, une mouche drosophile. Bref, comparé au riesling, c'est un cépage du genre pénible.

La désaffection du public vient aussi de choix de communication peu judicieux. Par facilité, on lui a expliqué que le muscat, c'était le vin des asperges, donc ça se vend en avril-mai, et pour cela on met en bouteille la dernière récolte de façon précoce, souvent des expressions variétales et peu intéressantes. Planté sur un grand terroir, le muscat joue une partition unique qui dure parfois durant plusieurs décennies. Tous les sols lui conviennent bien, les calcaires, les granites, les grès, il est capable d'épouser à la perfection le terroir qui lui a donné naissance. Quand la pourriture noble s'en mêle, on peut toucher au sublime. On parle là du vrai botrytis, pas de la surmaturité par passerillage qui apporte du sucre, mais peu d'intérêt sur le plan gustatif. D'aucuns tentent inutilement de le justifier, renforçant un peu plus le désintérêt des consommateurs. Un chantier de longue haleine. Nous nous retroussons les manches.

DOMAINE AGATHE BURSIN

Une seule parcelle, sur le Bollenberg, une argilo-calcaire qui regarde la plaine du Rhin dont Agathe tire un muscat très souvent sec, gorgé de fruit. Le modèle de muscat printanier et croquant.

Muscat Bollenberg 2022, alsace

Un raisin bien mûr, l'impression de croquer dans un grain de raisin, une date de vendange qui a respecté la fraîcheur du fruit, une vinification juste qui préserve la fraîcheur et l'éclat du vin. Printanier à souhait.
90/100 - 2023>28 - 18 euros

DOMAINE DIRLER-CADÉ

Du temps de Jean-Pierre Dirler déjà, le muscat du Saering était l'un des plus réputés de toute l'Alsace. Un terroir complexe, avec les calcaires de l'Oligocène qui ont recouvert le grès du Buntsandstein. Les 88 ares sont plantés sud-sud-est, 70 % muscat ottonel, 30 % muscat d'Alsace.

Muscat Saering 2020, alsace grand cru

Combinaison de parfums de fruit et de nuances salines minérales. Profond et gourmand au nez comme en bouche, des notes de citron vert et de kumquat plus que de raisin. L'océan qui baignait ce lieu apporte à ce vin sec une belle identité saline qui va bien évoluer au vieillissement, 10 à 15 ans sans souci.
95/100 - 2023>40 – 27,5 euros

DOMAINE ROBERT ROTH

Le terroir marno-calcaro-gréseux du Hornstein, à Soultz, permet la production d'un muscat de belle pureté. 60 % muscat d'Alsace, 40 % muscat ottonel, plantés ensemble.

Muscat Hornstein 2019

Nez de raisin un peu confit, élégant, discret. Mêmes parfums en bouche sans exubérance, en finesse, avec une belle emprise minérale, de la longueur et de l'élégance. Pour un accord avec un poisson cuit vapeur et un filet d'huile d'olive. En arrière-bouche, on retrouve le grain du raisin muscat.
91/100 - 2023>34 – 13,5 euros

MURÉ - CLOS SAINT LANDELIN

La famille Muré a toujours brillé dans le muscat. Le sommet du clos Saint-Landelin, avec ses sols calcaires pauvres, plein sud, convient au cépage, qui résiste bien dans ces zones sèches. Trente ares de vieilles vignes, 60 ares avec les jeunes plantations, font que le vin reste une rareté. Il devient magique lorsque le botrytis s'en mêle. Uniquement de l'ottonel.

Muscat Vorbourg, vendanges tardives 1999, alsace grand cru

Difficile de deviner le cépage si on n'a pas lu l'étiquette, le botrytis emporte tout sur son passage : caramel, beurre fondu, discrètes notes de citron vert avec l'aération. Le moelleux s'est bien fondu en bouteille. Le vin goûte riche plus que sucré. Persistance sur le menthol et la verveine. Il a quitté ses arômes variétaux de jeunesse.
95/100 - 2023>34 – Prix NC

DOMAINE ERNEST BURN

Peut-être le plus grand spécialiste du cépage, il faut dire qu'il a le terroir pour. Avec 150 ares de muscat (moitié ottonel, moitié alsace) planté sur cette falaise calcaire oolithique que constitue le clos Saint-Imer, au cœur du grand cru Goldert. L'orientation sud-est permet une belle maturation du fruit. Francis Burn perpétue la tradition familiale et quand le botrytis s'en mêle, on touche au sublime.

Clos Saint Imer, muscat Goldert vendanges tardives 2005, alsace grand cru

Dès le premier coup de nez, on retrouve les senteurs d'agrumes propres au cépage (orange, citron vert, kumquat). C'est tonique et de belle puissance dans le verre. La liqueur commence à s'intégrer à ce vin profond et persistant qui va encore vieillir. Une idée d'un terroir solaire, sur sol calcaire dans son acidité.
96/100 - 2023>35 - 49 euros

Clos Saint Imer, muscat Goldert sélection de grains nobles 1989, alsace grand cru

Aucune note du cépage de prime abord au nez. Bois sec, girofle, muscade, pain d'épices, poivre de Sichuan, c'est complexe. L'entame puissante, sur le camphre, laisse la place à un moelleux unique, des parfums d'une grande noblesse (cuir, tabac blond, thé matcha, moka). Finale tout en fraîcheur, aromatique et gustative. Ce vin peut encore évoluer longtemps.
99/100 - 2023>39 – Prix NC

DOMAINE ZIND-HUMBRECHT

La famille Humbrecht étant originaire de Gueberschwihr, Olivier Humbrecht perpétue la tradition du muscat sur le grand cru Goldert, à partir de muscats d'Alsace blancs et rouges.

Muscat Goldert 2021, alsace grand cru

Un nez très mûr, pour un vin totalement sec en bouche, aérien, cristallin, il glisse en bouche, désaltérant et très pur. Il est déjà prêt.
94/100 - 2023>36 - 49 euros

DOMAINE WEINBACH

Dans l'enceinte du clos des Capucins, sur des sols sableux, Weinbach produit un muscat sec d'une grande régularité.

Muscat 2021, alsace

Un muscat croquant et pimpant, printanier, parfums de thé à la bergamote et de pamplemousse, savoureux, élégant. On en boit un verre puis un second.
90/100 - 2023>31 - 25 euros

DOMAINE ANDRÉ KIENTZLER

Un autre grand spécialiste du cépage sur le sol marno-gréseux du Kirchberg, sur le plateau sommital. Des vignes de plus de 70 ans, 100 % ottonel, sur une vingtaine d'ares. Des vins secs qui vieillissent à la perfection, et pourtant le domaine a arraché une trentaine d'ares faute de demande suffisante des clients.

Muscat Kirchberg de Ribeauvillé 2017, alsace grand cru

Nez discret, bouche épurée et élégante, comme savent conférer les terroirs marno-gréseux. Vin en dentelle qui glisse en bouche comme de l'eau de source. Il va gagner en densité et en éclat avec le temps. Une petite touche miellée vanillée en finale apporte beaucoup de délicatesse.
93/100 - 2023>37 - 30 euros

Muscat Kirchberg de Ribeauvillé 1997, alsace grand cru

Robe jaune or. Le nez est parti sur des arômes tertiaires, mais le fruit est encore là : citron vert, gingembre, peau de pamplemousse. Cela reste frais et encore jeune, avec ce glissant minéral propre aux terroirs gréseux. Aujourd'hui très bon et pour longtemps.
94/100 - 2023>42 – Prix NC

DOMAINE FRÉDÉRIC MOCHEL

Avec ses marnes rouges gypseuses, le grand cru Altenberg de Bergbieten confère au muscat une salinité particulière, presque épicée, racinaire, qui lui va comme un gant. 100 % ottonel.

Muscat Altenberg de Bergbieten 2019, alsace grand cru

Nez complexe, délicat et minéral, avec de puissantes notes de pomelo et de mandarine. Bouche sur un registre floral, finale puissante et saline. Il goûte sec et droit. Sur un tel terroir, le muscat vieillit bien.
92/100 - 2023>34 - 23 euros ∎

Jean-Michel Deiss.

Mathieu Deiss.

L'ALTENBERG DE BERGHEIM EST UN CHEMIN SAINT POUR LES VIGNERONS PASSIONNÉS. PIERRE À PIERRE, DEPUIS TRENTE ANS, LES DEISS PÈRE ET FILS Y ÉLÈVENT UN TEMPLE À LA GLOIRE DU GRAND VIN. NOTRE EXPERT Y PÉNÈTRE, À GENOUX ET ÉMU

PAR ***GUILLAUME PUZO***

LES TRÉSORS D'UNE FAMILLE

LE MILLÉSIME 1994 est le premier produit en complantation des cépages alsaciens par Jean-Michel Deiss sur ce haut-lieu de la viticulture alsacienne, classé grand cru en 1983. À l'époque, c'est une révolution. Et même un petit scandale puisque Jean-Michel n'hésite pas à braver les textes existants et à étiqueter son cru « Grand Vin de l'Altenberg », en appellation alsace, alors que la complantation lui faisait perdre le droit à la mention grand cru. Il lui faut attendre 2003 pour obtenir gain de cause et la réécriture des décrets. Depuis 2011, les vinifications sont entièrement supervisées par Mathieu, son fils, sans que l'on puisse souligner un changement de style. En revanche, les raisins sont moins botrytisés qu'autrefois. Il s'agit là d'une évolution du climat combinée à des vendanges de plus en plus précoces, aujourd'hui au début du mois de septembre lorsqu'elles se déroulaient en octobre il y a encore un quart de siècle.
À l'ombre du Taennchel, détaché des collines sous-vosgiennes, le microclimat est très différent de la vallée de Ribeauvillé pourtant voisine. Peu de vent, toujours de la chaleur et un peu d'humidité car les sols sont argileux. Le raisin mûrit bien, avec un développement du botrytis quasiment chaque année. Exposition plein sud, avec un coteau en pente douce, le sous-sol est de nature sédimentaire, marno-calcaire foncé, rouge voire brun. Jean-Michel Deiss, fin connaisseur des sols, y voit une dimension plus complexe : « Un terroir sédimentaire, oui, mais accessoirement cristallin, avec une dimension gréso-sableuse ». Une lecture du terroir que l'on retrouve en dégustation, avec un vin qui propose une entame de bouche en largeur pour une finale plus verticale. Toujours issue de raisins vendangés parmi les derniers, cette matière importante demande généralement une vingtaine d'années en bouteille pour s'intégrer. Les vins n'ont jamais un profil de vin sec. Avec le temps, des notes de truffe blanche se développent dans le verre, souvent associées à une touche vanillée propre au terroir et, pour les millésimes les plus riches, des fragrances de caramel.

Altenberg de Bergheim

2020

« La perfection des millésimes chauds », précise Jean-Michel Deiss. Nez gourmand, fruits jaunes, blancs et exotiques. Bouche onctueuse, texture tapissante, une fine acidité étire la bouche. Ce vin lumineux est né tout fait. Les amers presque métalliques en ultime persistance signent le terroir. Aujourd'hui trop jeune, son sucre résiduel prononcé doit se fondre. Harmonie et évidence.
98/100 - 2027>2045

2019

« 2019, beaucoup plus tardif que 2020, représente ce qui est derrière nous. 2020, ce qui est devant nous. » Au nez, vin moins solaire que le 2020, un peu plus froid. Parfums de confiture de pêche blanche, de coing, belle liqueur en bouche, un peu sur la réserve. Pur et concentré en finale, il doit encore se fondre en bouteille.
99/100 - 2027>2044

2017

« Une année froide compliquée. » Beaux parfums de fruits frais, de fruits secs et de fleurs que l'on retrouve en bouche, avec de fins amers tapissants. Grande délicatesse qui se déploie jusque dans la finale persistante typique d'une année froide. Un vin droit.
98/100 - 2027>2042

2010

« Pas le millésime parfait, mais dans un profil très particulier. Énormément de lumière et de vent, deux mois de vent du nord, sibérien, avec un air très sec. » On a perdu le fruité de la jeunesse au profit des épices (curry jaune, cumin). En bouche, la riche liqueur, superbement tonifiée par une fine acidité traçante et verticale, étonne par sa pureté et son faste. Gourmand et magnifique, grâce à la précision de sa structure acide. Encore trop jeune, il est parti pour une très longue carrière.
100/100 - 2030>2050

2009

« Je me rappelle un millésime long à vivre, solaire, avec une petite canicule. » Notes de fleurs séchées et d'épices, liqueur en bouche moins bien épaulée par la structure acide que dans le 2010, mais il paraît plus puissant, massif et compact. De beaux amers en finale soutiennent son équilibre.
97/100 - 2028>2039

2008

« Un grand souvenir d'un millésime avec beaucoup d'acidité. L'année tardive, assez fraîche, ressemble un peu à 2010 dans le profil, sans ses excès venteux. C'est une année plus alsacienne. » Au nez, petit départ sur la truffe blanche derrière le fruité qui paraît encore jeune. Belle acidité en bouche, moins vibrante que l'exceptionnel 2010, mais qui permet aux amers de la finale de se mettre en place.
99/100 - 2028>2038

2007

« L'une des toutes premières années de canicule. » On reconnaît l'année chaude par les parfums de confiture de mirabelle, de fleurs jaunes dorées au soleil et de cire. Liqueur riche, fastueuse, typée altenberg par sa largeur en entame de bouche, qui s'étire progressivement dans la finesse. Fraîcheur sur la minéralité profonde plus que sur l'acidité. Le vin a eu le temps de se faire en bouteille : *« On passe du fruit au fond. Il faut quinze ans »*.
98/100 - 2027>2037

2006

« Un millésime où l'on en a bavé, avec énormément de pourriture noble. » Robe ambrée et caramel liée au botrytis. Superbe nez gourmand sur la confiture d'abricot. Le botrytis noble se retrouve en bouche : c'est une sélection de grains nobles qui ne revendique pas son statut. Le domaine n'a plus produit ce style de vin depuis. Fastueux, puissant, avec les beaux amers minéraux de l'Altenberg en finale et une note de poivre blanc qui donne puissance et complexité. Un vin sublime.
100/100 - 2023>2046

2005

« Un millésime quasiment parfait, chaud, accompli, avec un bel été et une vendange automnale avec une petite pluie entre les deux. Aujourd'hui, on signerait des deux mains. » Robe ambrée, proche de celle du 2006, mais nez fermé et pas encore en place. Très riche liqueur en bouche, avec de l'énergie sur l'orange confite et des amers équilibrants. La fraîcheur aromatique mentholée revient bien en finale. Il rejoindra sûrement le 2006 dans sa perfection quand il sera prêt.
99/100 - 2027>2040

2001

« Un grand millésime, plus solaire que 2002. En termes d'aura, il est dans l'ombre du 2000, comme 2004 est dans l'ombre du 2003. » Robe ambrée, nez d'abricot et de coing, minéralité en bouche déjà en place. Par sa liqueur puissante qui ne disparaîtra jamais, il goûte comme une sélection de grains nobles arrivée à maturité. Beaux amers minéraux en finale.
96/100 - 2023>2041

1999

« Le millésime d'attente, compliqué. On rentre du raisin mûr, au forceps. Il a fermenté un peu plus haut que les autres. C'est la marque des vins avec moins de botrytis. » Plus simple que le 2000 dans ses arômes, ce millésime en demi-teinte a fermenté plus sec et n'impressionne pas par sa liqueur, ce qui lui permet de faire ressortir des nuances vanillées en finale, propre au long vieillissement de ce terroir. Plus on le regoûte, plus on l'aime. Vingt grammes par litre de sucre, 13,9 degrés d'alcool : unique dans la série.
97/100 - 2023>2039

1998

« Un millésime intéressant, avec une bonne acidité. » Équilibre magique entre riche liqueur et acidité vibrante, il goûte encore très jeune, avec un fruité frais et beaucoup d'énergie. Étonnant pour un vin qui a passé un quart de siècle en bouteille.
98/100 - 2023>2043

1997

« Un millésime plus chaud et moderne. Pas forcément mon préféré au départ, je le trouve remarquable à l'arrivée. » Étonnante note fumée au nez, avec des senteurs originales de poulet rôti appétissantes. En bouche, bel équilibre entre liqueur intégrée et tension vibrante. Beaucoup de délicatesse pour cet altenberg de grand raffinement, qui goûte à point, avec encore une liqueur confortable.
100/100 - 2023>2042

1996

« Un millésime catastrophique, les fameux millésimes en 6. Nuageux, pluvieux, beaucoup d'acidité. » Un millésime moyennement botrytisé où l'acidité prononcée, un peu froide du millésime, donne de l'énergie en bouche et permet de gommer sa richesse.
96/100 - 2023>2041

1995

« Un millésime d'automne et facile. Avant 2000, c'est encore l'ancienne Alsace : le vignoble mûrit tard, à partir du 1er octobre. » Belle matière en bouche dans un profil différent du 1996, moins portée par son acidité et plus par son épaisseur. Peut-être plus facile de placer le 1995 à table.
97/100 - 2023>2040

1994

« Un beau millésime, assez classique, fait sans rendement important par des vignes plutôt jeunes. » Arômes tertiaires (cassonade, caramel, confiture de fruits jaunes), riche liqueur en bouche, large en entame. La fraîcheur équilibre la puissance, avec une persistance mentholée fraîche, dans un esprit de pureté. Il a l'équilibre d'un vin de grain noble.
99/100 - 2023>2039

LE SANCTUAIRE DES SPLENDEURS

L'ÉMOTION AUSSI A SON CORTÈGE DE FUNAMBULES
ET SON ESCORTE D'INTERPRÈTES.
VOICI CEUX QUI NOUS EN DONNENT, BEAUCOUP

SÉLECTION ***GUILLAUME PUZO***

Jean-Baptiste Adam

★★☆☆☆

Jean-Baptiste Adam est la référence des vignerons dans le village d'Ammerschwihr, fameux pour son grand cru Kaefferkopf. Avec 21 hectares et près de 100 parcelles, les vignes du domaine sont labellisées en agriculture biologique ou en biodynamie. L'essentiel des volumes vient d'un négoce en achat de raisins.

- **Pinot gris «Vin de gastronomie», Letzenberg, alsace 2020** | Sec | 2023>30 | 20 € | ☘ — 89
- **Riesling, Wineck-Schlossberg, alsace grand cru 2019** | Sec | 2023>29 | 21.5 € | ☘ — 89
- **Émotion, crémant d'alsace** | Brut | 2023>27 | 13.5 € — 88

Domaine Agapé

★★☆☆☆

Vincent Sipp est le frère de Jacques, du domaine Sipp-Mack d'Hunawihr, et a créé son propre domaine en 2007, en s'installant sur Riquewihr. Les terroirs se situent sur Riquewihr, Hunawihr et Ribeauvillé, et Vincent essaie de les vinifier aussi secs que possible. La gamme se répartit en trois niveaux : expression pour les vins de cépage, les grands crus, et hélios pour les cuvées en surmaturation. Tous les vins offrent le même profil franc et immédiatement accessible.

- **Sylvaner Vieilles Vignes Expression, alsace 2021** | Sec | 2023>29 | 12 € — 89
- **Riesling Expression, alsace 2020** | Sec | 2023>30 | 12.5 € — 90
- **Riesling, Rosacker, alsace grand cru 2021** | Sec | 2023>36 | 27 € — 91
- **Pinot noir Hélios, alsace 2020** | Sec | 2023>30 | 23 € — 91

Arthur Metz

★☆☆☆☆

Cette maison est la tête de pont alsacienne du groupe Grands Chais de France, l'un des géants du vin en France. Tous les niveaux de qualité sont ici présents, y compris des cuvées de terroir plus qu'honorables.

- **Cuvée 110, crémant d'alsace** | Brut | 2023>25 | 19.9 € — 90
- **Grand Terroir Schiefferberg, crémant d'alsace** | Brut | 2023>26 | 25.9 € — 92

Domaine Barmès-Buecher

★★★☆☆

Maxime Barmès et sa sœur Sophie conduisent ce domaine, avec leur mère Geneviève toujours présente. 19 hectares, cultivés selon les préceptes de la biodynamie et avec des pratiques de plus en plus poussées permettent aux vins de gagner en tension et en esprit sec. Les grandes réussites au domaine sont sans hésitation les pinots noirs et les rieslings.

- **Gewurztraminer, Steingrubler, alsace grand cru 2021** | Demi-sec | 2023>31 | 34 € — 92
- **Sand, Clos Sand, alsace 2021** | Sec | 2023>31 | 25 € — 92

Bestheim

★☆☆☆☆

365 adhérents, 1460 hectares, Bestheim est indéniablement l'un des poids lourds du vignoble alsacien. Avec plus de 50 % des volumes en crémant, la marque vend à plus de 80 % en grande distribution. Si les gammes sont multiples, nous avons dégusté pour cette édition la gamme étiquetée Bestheim. Les cuvées Exception tirent leur épingle du jeu.

- **Crémant Grand Prestige, crémant d'alsace 2018** | Brut | 2023>28 | 14.95 € — 89
- **Pinot gris Exception, alsace 2019** | Sec | 2023>29 | 16.5 € — 90
- **Pinot noir Exception, alsace 2019** | Sec | 2023>29 | 17 € — 91
- **Pinot noir L'Impatient, alsace 2018** | Sec | 2023>28 | 19.7 € — 90

Domaine Émile Beyer

★★★☆☆ ➔

L'autre branche de la famille Beyer, à Eguisheim. Christian et son épouse Valérie mettent en valeur les secteurs argilo-calcaires du cru, notamment leur fameux Clos Lucas Beyer. Vignerons engagés, ils ont opté pour la biodynamie, avec la labellisation acquise en 2019. Comme de nombreux vignerons de la région, le mildiou les a atrocement touchés en 2021, contraignant Christian à assembler tous ses raisins en une seule cuvée, en écho à son grand-père qui avait déjà eu la même démarche en 1945, une année de gel.

- **Liber, alsace 2021** | Sec | 2023>31 | 38.5 € — 92
- **Riesling Pfersigberg, alsace grand cru 2020** | Sec | 2023>40 | 42.25 € — 95
- **Pinot noir Sundel, alsace 2020** | Sec | 2023>35 | 45.25 € — 93

Léon Beyer

★★★★☆ +

Institution d'Eguisheim, la maison Léon Beyer poursuit son bonhomme de chemin, sans faire de concessions aux modes, quelles qu'elles soient. Yann est revenu en 2019 travailler aux côtés de son père Marc, les vins sont toujours aussi secs que possible, hormis les somptueuses sélections de grains nobles, et les cuvées sont

✦ Star + Valeur sûre ➔ À suivre de près N Nouvelle entrée

élevées longuement avant d'être libérées. Une maison hors du temps.

- Pinot noir Comtes d'Eguisheim, alsace 2019 | Sec | 2028>39 | 40 € — 95
- Riesling Les Écaillers Pfersigberg, alsace grand cru 2019 | Sec | 2026>39 | NC — 95
- Riesling R de Beyer Eichberg, alsace grand cru 2019 | Sec | 2027>39 | NC — 96
- Gewurztraminer Comtes d'Eguisheim Pfersigberg, alsace grand cru 2018 | Sec | 2025>38 | NC — 96

Domaine Léon Boesch

★★★☆☆ ➔

Revenu au domaine en 1999, Matthieu Boesch a très vite voulu franchir le pas de la bio et de la biodynamie, certifications en poche dès 2006. Pourtant, les pratiques vertueuses sont une chose, il fallait plus de temps pour que les vins trouvent leur équilibre dans le verre, que le supplément d'acidité et de tension s'épaulent dans le sens de la longueur. Depuis deux millésimes, nous trouvons que c'est désormais le cas. Bonne nouvelle !

- Sylvaner Les Pierres Rouges, alsace 2021 | Sec | 2023>28 | 11.4 € — 90
- Muscat L'Amandier, alsace 2021 | Sec | 2023>28 | 17.7 € — 91
- Riesling Luss, alsace 2021 | Sec | 2023>31 | 19.2 € — 92
- Gewurztraminer Vallée Noble, alsace 2021 | Moelleux | 2023>31 | 19.1 € — 91

Domaine Bott-Geyl

★★★☆☆

Jean-Christophe Bott exploite un vaste parcellaire qui couvre plusieurs types de sols et grands crus. La large gamme, commercialisée avec quelques années de décalage, propose des vins au toucher de bouche singulier et un style souvent à part dans le paysage alsacien.

Domaine Albert Boxler

★★★★★ ✦

Comme tous les vignerons du secteur, le mildiou a fait tourner chèvre Jean Boxler en 2021, l'obligeant à traiter 12 fois contre 3 en année normale. Malgré tout, son opiniâtreté a payé, aidée en cela par les sols filtrants des granites du Sommerberg, dont le domaine est incontestablement le grand spécialiste, en proposant plusieurs interprétations, où chaque lieu-dit est mentionné par une lettre sur l'étiquette. Modèle.

- Riesling Sommerberg, alsace grand cru 2021 | Sec | 2023>41 | 60 € — 97
- Riesling Sommerberg E, alsace grand cru 2021 | Sec | 2023>46 | 85 € — 100
- Riesling Sommerberg D, alsace grand cru 2021 | Sec | 2023>46 | 85 € — 99
- Riesling Brand K, alsace grand cru 2021 | Sec | 2023>41 | 85 € — 97

Domaine Ernest Burn

★★★☆☆

Francis Burn a le privilège d'exploiter le clos Saint-Imer, une superbe exposition solaire sur le grand cru Goldert, qui permet notamment la production de muscats doux exceptionnels. Le maître des lieux est attiré par les vins à la saveur sucrée, qu'il ne faut pas hésiter à garder 10 voire 15 ans. Quelques vieux millésimes ici sont absolument splendides.

Domaine Agathe Bursin

★★★☆☆

Avec ses 6,10 hectares du domaine familial de Westhalten, Agathe Bursin pratique une viticulture des plus soignées sur ses 38 parcelles, isolant chaque nuance de terroir dans ses vins. Toutes les cuvées affichent la même pureté de fruit et un toucher onctueux en bouche. Peu de cépages sont ici en retrait. Bravo.

- Riesling, Zinnkoepflé, alsace grand cru 2021 | Moelleux | 2023>36 | 25 € | ☘ — 93
- Pinot gris, Zinnkoepflé, alsace grand cru 2021 | Demi-sec | 2028>36 | 25 € | ☘ — 90
- Gewurztraminer, Dirstelberg, alsace 2021 | Moelleux | 2026>36 | 15 € | ☘ — 92
- Pinot noir, Lutzeltal, alsace 2021 | Sec | 2023>36 | 25 € | ☘ — 93

Domaine Marcel Deiss

★★★★★ ✦

L'un des vignerons les plus exigeants d'Alsace, parfois jusqu'à l'extrême, Jean-Michel Deiss a la chance de pouvoir s'appuyer sur son fils Mathieu. Ensemble ils repoussent les lignes de la complantation, et désormais ils jouent aussi la carte de la macération sur certaines cuvées, pour décupler les sensations du toucher de bouche. Leur domaine s'est bien étendu ces dernières années, notamment sur les grands crus Schlossberg et Marckrain, et cette année ils viennent de reprendre d'anciennes vignes de Seppi Landmann, sur le Zinnkoepflé et le Steinctuck. De nouveaux terrains de jeu en perspective !

- Burlenberg, alsace 2019 | Sec | 2023>39 | 55 € — 96
- Schlossberg, alsace grand cru 2020 | Sec | 2023>40 | 90 € — 96
- Mambourg, alsace grand cru 2020 | Sec | 2023>45 | 75 € — 100
- Schoenenbourg, alsace grand cru 2020 | Sec | 2028>45 | 90 € — 99

Domaine Dirler-Cadé

★★★☆☆

Domaine emblématique de Bergholtz depuis maintenant deux générations. Les 18 hectares en biodynamie sont issus de l'union de Jean Dirler et Ludivine Cadé. Dans la gamme, les beaux terroirs du Saering, du Kitterlé, du Kessler et surtout du Spiegel ont un grand potentiel de garde qui permettra aux légers sucres résiduels de se fondre.

- Riesling Heisse Wanne, Kessler, alsace grand cru 2020 | Sec | 2023>40 | 50 € | ☘ — 95
- Riesling Heisse Wanne, Kessler, alsace grand cru 2021 | Sec | 2023>36 | 50 € | ☘ — 92
- Riesling, Kitterlé, alsace grand cru 2021 | Sec | 2023>36 | 34 € | ☘ — 92
- Brut Nature, crémant d'alsace 2019 | Extra-brut | 2023>29 | 19 € | ☘ — 92

Domaine Henry Fuchs

★★★☆☆

La quatrième génération, Paul et sa sœur Julie, travaille maintenant sur l'exploitation. Aux côtés de leurs parents Cathy et Henry, ils signent des vins qui expriment toute la pureté et l'élégance des terroirs salins de Ribeauvillé, autour desquels se situent les 11 hectares de vignes.

- Riesling, Kirchberg de Ribeauvillé, alsace grand cru 2019 | Sec | 2021>34 | 27 € — 92
- Riesling, Kirchberg de Ribeauvillé, alsace grand cru 2018 | Sec | 2021>28 | 27.5 € — 89
- Riesling, Hagel, alsace 2019 | Sec | 2021>34 | 19.5 € — 91

Domaine Paul Ginglinger

★★☆☆☆

Depuis deux éditions de ce guide nous avouons notre incompréhension quant à l'évolution récente des cuvées présentées, avec des vins moins précis et moins tranchants que par le passé.

- Riesling, Eichberg, alsace grand cru 2021 | Sec | 2023>27 | 25 € | ☘ — 88
- Gewurztraminer, Pfersigberg, alsace grand cru 2021 | Liquoreux | 2023>31 | 25 € | ☘ — 89
- Riesling Drei Exa, alsace 2022 | Sec | 2023>32 | 15 € | ☘ — 90

Famille Hugel

★★★★☆ +

Chez les Hugel on a toujours travaillé en famille, et aujourd'hui la nouvelle génération prend petit à petit ses marques, notamment Marc-André et Jean-Frédéric, Marc suivant toujours d'un œil attentif le travail en cave. Mais les idées nouvelles arrivent, notamment l'étiquetage des grands crus plutôt que les anciennes mentions Grossie Laüe, et même des idées de crémant ! Même les vieilles institutions s'adaptent à leur époque.

- Pinot noir Grossi Laüe, alsace 2014 | Sec | 2023>34 | 20 € — 93
- Riesling Schoelhammer, alsace 2012 | Sec | 2023>37 | 120 € — 96
- Pinot gris Grossi Laüe, alsace 2014 | Sec | 2023>39 | 50 € — 96
- Gewurztraminer Grossi Laüe, alsace 2013 | Sec | 2023>38 | 50 € — 94

Josmeyer

★★★★☆

Céline et Isabelle Meyer dirigent avec courage et discipline le domaine longtemps dirigé par leur père Jean. La biodynamie brille par ses vins aux bouches aériennes et épurées, fraîches et ciselées. Les deux grands crus fétiches du domaine sont le Hengst et le Brand, où le riesling brille particulièrement. Le pinot gris s'inscrit dans une longue tradition de vin sec, hélas pas si fréquente en Alsace.

- Pinot auxerrois H Vieilles Vignes, alsace 2020 | Sec | 2023>35 | 28 € | ☘ — 93
- Riesling Les Pierrets, alsace 2020 | Sec | 2023>30 | 30.9 € | ☘ — 91
- Pinot gris Un Certain Regard, alsace 2018 | Sec | 2023>25 | 28 € — 90

Domaine André Kientzler

★★★★☆

Thierry et Éric, les fils d'André, s'occupent de ce domaine de 13 hectares sur les bans de Ribeauvillé, Hunawihr et Bergheim et Riquewihr (12 ares). La viticulture est en cours de certification bio (prévue pour 2023). Sur ces terroirs marno-calcaires, le grand cépage est le riesling (40 % de la production du domaine). Les crus du Geisberg et du Kirchberg de Ribeauvillé se disputent le sommet de la cave. Le grand cru Osterberg donne une belle interprétation du gewurztraminer. Le domaine est l'un des rares à proposer un étonnant muscat sur le grand cru Kirchberg, au vieillissement étonnant.

- Riesling, Geisberg, alsace grand cru 2021 | Sec | 2023>41 | 40 € — 94
- Riesling, Osterberg, alsace grand cru 2021 | Sec | 2023>36 | 29 € — 92
- Pinot gris, Kirchberg de Ribeauvillé, alsace grand cru 2021 | Demi-sec | 2023>41 | 34 € — 93
- Riesling, Kirchberg de Ribeauvillé, alsace grand cru 2021 | Sec | 2023>41 | 34 € — 94

Domaine Kirrenbourg

★★☆☆☆

Marc Rinaldi a décidé sur le tard de se lancer dans la production de crus d'Alsace, afin de mettre en valeur les terroirs de la région, trop mal valorisés à ses yeux. Après avoir racheté le domaine Martin Schaetzel, il a fait bâtir une cuverie flambant neuve pour permettre à ses projets de se concrétiser. En progrès ces derniers millésimes, les choses vont dans le bon sens.

Maison Klipfel

★☆☆☆☆

Cette maison de négoce historique a récemment été rachetée par le groupe Grands Chais de France. Derrière une production de volume, les cuvées louis-klipfel et les grands crus proviennent des vignes du domaine, propriétaire de douze hectares sur le Kirchberg de Barr, dont plus de trois dans le légendaire clos Zisser.

Domaine Kreydenweiss

★★★★☆

Antoine Kreydenweiss a les idées posées, et ce ton calme et réfléchi se retrouve dans la lumière de ses vins, tous d'une grande finesse et d'un raffinement au toucher absolument unique. Il a la chance de mettre en valeur l'un des plus beaux terroirs d'Alsace, le Kastelberg et ses fameux schistes de Steige, où le riesling joue une partition de puissance et de violence magistrale. Cependant les pinots sont également réussis au domaine, les blancs comme les noirs. Nous tenions à saluer la grande régularité du domaine sur les derniers millésimes.

- La Fontaine aux Enfants, alsace 2019 | Sec | 2023>41 | NC — 94
- Clos du Val d'Éléon, alsace 2020 | Sec | 2023>40 | NC — 94
- Wiebelsberg, alsace grand cru 2020 | Sec | 2023>40 | NC — 94
- Kastelberg, alsace grand cru 2020 | Sec | 2023>40 | NC — 96

Domaine Paul Kubler

★★☆☆☆

Jeune vigneron ayant déjà bien voyagé au cours de sa formation, Philippe Kubler a choisi de restreindre le nombre de cuvées du domaine familial à son retour, un choix un peu à contre-courant dans la région mais payant car sa gamme présente une grande lisibilité : K désigne les entrées de gamme, à côté des vins de terroir, et la cuvée kintet est un assemblage de cépages. Des vins aussi secs que possible, bâtis pour la table.

- Breitenberg, alsace 2020 | Sec | 2023>35 | 23 € — 92
- Grand Z, alsace 2020 | Sec | 2023>35 | 23 € — 93
- Les Combes, vin de france 2021 | Sec | 2023>29 | 15 € — 90
- Riesling Les Pierriers, alsace 2021 | Sec | 2023>29 | 15 € — 89

Domaine Loew

★★★☆☆

Étienne Loew a fait de Westhoffen son terroir de jeu, et adore jongler entre ses grès, ses calcaires du Muschelkalk, et ses marnes tantôt noires, tantôt rouges, tantôt vertes, dont il restitue l'identité dans ses différentes cuvées. Sur 13 hectares, en biodynamie depuis 2009, il laboure certains secteurs au cheval, mais pas les plus pentus, lorsque l'animal refuse obstinément d'y entrer.

- Crémant All You Need Is Loew, alsace | Brut | 2023>29 | 15 € — 91
- Omagy All You Need Is Loew, alsace 2022 | Sec | 2023>30 | 16.9 € — 91
- Riesling Ostenberg, alsace 2021 | Sec | 2023>36 | 19.4 € — 93
- Riesling Altenberg de Bergbieten, alsace grand cru 2021 | Sec | 2026>36 | 37 € — 92

Gustave Lorentz

★★☆☆☆

Cette maison de Bergheim est le premier producteur sur le grand cru Altenberg de Bergheim, avec 13 hectares sur un total de 35. Avec également des vignes sur le mini grand cru voisin du Kanzlerberg, elle offre une palette large de rieslings, son cépage de prédilection, qu'elle complète également par des achats dans le secteur.

- Riesling, Altenberg de Bergheim, alsace grand cru 2018 | Sec | 2023>33 | 29 € | ☘ — 94
- Riesling, Kanzlerberg, alsace grand cru 2019 | Sec | 2023>34 | 29 € | ☘ — 92
- Pinot noir La Limite, alsace 2018 | Sec | 2023>28 | 40.4 € | ☘ — 89
- Riesling Addict 1.23, Altenberg de Bergheim, alsace grand cru 2010 | Sec | 2023>35 | 85 € — 97

Domaine Albert Mann

★★★★☆

Jacky Barthelmé le résume sans détour : « On est très content de 2021 car c'était un millésime de vigneron. Ceux qui étaient dans les vignes ont eu du raisin. Ça ne se faisait pas tout seul. » Et force est de constater que la dégustation de la gamme ne lui donne pas tort : des pinots noirs toujours aussi réussis, des rieslings de toute beauté, et même des pinots gris qui affichent un équilibre plus sec que par le passé, ce qui ne peut que nous ravir.

- Pinot noir Grand H, alsace 2021 | Sec | 2023>41 | 75 € — 95
- Riesling Schlossberg, alsace grand cru 2021 | Sec | 2023>41 | 60 € — 96
- Riesling Furstentum, alsace grand cru 2021 | Sec | 2023>41 | 60 € — 95
- Pinot gris Furstentum, alsace grand cru 2021 | Sec | 2027>41 | NC — 95

Domaine Meyer-Fonné

★★★☆☆

Depuis le village de Katzenthal, Félix Meyer produit un nombre important de cuvées pour ses 14 hectares de vignes. Son parcellaire très étalé compte pas moins de cinq grands crus. La viticulture est soignée depuis longtemps et la technique bien rodée. Bref, la réussite est large et la gamme très homogène.

- Riesling, Kaefferkopf, alsace grand cru 2020 | Sec | 2023>35 | 31 € | ☘ — 92
- Riesling, Wineck-Schlossberg, alsace grand cru 2021 | Sec | 2023>31 | 28 € | ☘ — 90
- Gewurztraminer, Furstentum, alsace grand cru 2020 | Moelleux | 2028>35 | 21 € | ☘ — 90
- Riesling, Schoenenbourg, alsace grand cru 2021 | Sec | 2023>36 | 35 € | ☘ — 91

Domaine Frédéric Mochel

★★☆☆☆

Domaine stable par sa superficie, toujours 10 hectares, sur les terroirs de Bergbieten, dont le fameux grand cru Altenberg et ses fameuses marnes gypseuses qui donnent aux vins une expression si particulière. Guillaume Mochel est aujourd'hui en charge. Aussi appliqué et soigné en vigne qu'en cave, il a obtenu la labellisation bio avec le millésime 2021, et vise actuellement la certification biodynamique.

- Riesling Altenberg de Bergbieten cuvée Henriette, alsace grand cru 2022 | Sec | 2023>42 | 23 € — 94
- Riesling Altenberg de Bergbieten cuvée Henriette, alsace grand cru 2021 | Sec | 2023>41 | 23 € — 93
- Muscat Altenberg de Bergbieten, alsace grand cru 2019 | Sec | 2023>34 | 24.5 € — 92
- Pinot noir Réserve, alsace 2020 | Sec | 2023>35 | 30.3 € — 91

Muré - Domaine du Clos Saint-Landelin

★★★☆☆

La famille Muré exploite en monopole le clos Saint-Landelin, extrémité principalement sud du grand cru Vorbourg. Sur ce terroir argilo-calcaire très solaire, à peu près tous les cépages réussissent. Au domaine, les rieslings, pinots gris, gewurzts, muscats et les sylvaners sont à la fête.

- Clos Saint-Landelin pinot noir, alsace 2020 | Sec | 2023>30 | 53.6 € | ☘ — 90
- Clos Saint-Landelin riesling, Vorbourg, alsace grand cru 2020 | Sec | 2023>35 | 33.1 € | ☘ — 93
- Clos Saint-Landelin pinot gris, Vorbourg, alsace grand cru 2019 | Demi-sec | 2023>35 | 28.9 € | ☘ — 92
- Syrah, vin de france 2020 | Sec | 2023>28 | 39.9 € | ☘ — 89

Domaine Gérard Neumeyer

★☆☆☆☆

L'arrivée du jeune Jérôme Neumeyer a apporté un souffle nouveau à ce domaine parmi les plus connus et les plus anciens de ce secteur nord de l'Alsace, à Molsheim. On trouve depuis ces derniers millésimes un meilleur équilibre dans les vins. Une belle promesse à suivre.

- Riesling, Bruderthal, alsace grand cru 2019 | Sec | 2022>34 | 22 € | ☘ — 92
- Pinot Gris Berger, Schaefferstein, alsace 2019 | Sec | 2022>29 | 13 € | ☘ — 91

Domaine Ostertag

★★★★☆

Arthur Ostertag semble avoir trouvé ses marques au domaine familial, même si la passation avec son père André a été compliquée. La philosophie s'inspire toujours de la biodynamie, mais contrairement à une tendance en Alsace, lui a préféré arracher des vignes et réduire la taille du domaine. Quels que soient les cépages, les vins ici n'impressionnent pas par leur densité mais dégagent un sentiment de luminosité et de pureté de fruit qui rayonne dans le verre.

- Riesling Clos Mathis, alsace 2021 | Sec | 2023>31 | 44 € — 92
- Pinot gris Zellberg, alsace 2020 | Sec | 2023>35 | 38 € — 93
- Pinot gris Muenchberg A360P, alsace grand cru 2020 | Sec | 2025>40 | 71 € — 95
- Pinot noir Fronholz, alsace 2021 | Sec | 2023>31 | 55 € — 92

✦ Star ✚ Valeur sûre ⊛ À suivre de près Ⓝ Nouvelle entrée

Marc Tempé

Entré à l'Inao en 1982, Marc Tempé décide sur le tard de devenir vigneron. Son épouse Anne-Marie étant de Zellenberg, c'est là que le couple s'installe en 1993. Le temps de sortir les vignes de la coopération, le premier millésime (1995) est accueilli tout de suite par les bonnes critiques. Biodynamiste convaincu, sans jamais perdre son pragmatisme, Marc produit quelques-uns des plus beaux vins d'Alsace, plus encore lors des millésimes chauds. À 67 ans, il vient de confier ses vignes à la nouvelle génération. Salut l'artiste. *Guillaume Puzo*

Domaine Pfister

★★★☆☆ →

Déjà plus de 15 millésimes à son actif, et toujours le même sourire. Mélanie Pfister a eu la chance d'avoir les mains libres très tôt, et a poursuivi l'œuvre de son père qui déjà vinifiait toute sa gamme en sec. Depuis elle a affiné le style de ses vins, notamment pour produire de somptueux rouges de pinot noir et des pinots gris vinifiés en fût à ériger en modèle. Même ses vins de macération nous ont plu ! La certification bio est obtenue depuis le millésime 2021.

- Hüt, alsace 2020 | Sec | 2023>35 | 32 € — 93
- Rahn, alsace 2020 | Sec | 2023>35 | 35 € — 93
- Riesling Engelberg, alsace grand cru 2020 | Sec | 2023>40 | 38 € — 94
- Pinot gris Silb, alsace 2020 | Sec | 2023>40 | 24 € — 95

Cave de Ribeauvillé

★★★☆☆

Loin du gigantisme d'autres caves coopératives de la région, Ribeauvillé a toujours misé sur le petit nombre d'apporteurs ce qui permet de bien les suivre tout au long de l'année. Les terroirs autour de la cave sont bien évidemment à l'honneur, notamment le Kirchberg et le Rosacker. Les points forts de la cave sont, entre autres, les crémants, les pinots noirs et bien entendu le cépage roi dans le secteur : le riesling ! Recommandé.

- Riesling Rosacker, alsace grand cru 2019 | Sec | 2023>34 | 22.8 € — 94
- Riesling Altenberg de Bergheim, alsace grand cru 2019 | Sec | 2027>34 | 22.8 € — 94
- Riesling Schoenenbourg, alsace grand cru 2018 | Sec | 2023>33 | 19.3 € — 95
- Clos du Zahnacker, alsace 2017 | Sec | 2023>32 | 30.8 € — 94

Domaine Robert Roth

★★☆☆☆

Charlotte Roth vient de rejoindre son frère Victor, et ensemble les projets ne manquent pas pour développer ce domaine dans le secteur méconnu de Soultz. Ils viennent même de reprendre 1 ha sur le grand cru Ollwiller. Toujours aussi méticuleux à la vigne et en cave, avec des vinifications minimalistes mais précises, Victor présente une interprétation très lisible des terroirs de son secteur.

- Sylvaner Mittelbourg, alsace 2020 | Sec | 2023>35 | NC — 91
- Riesling Hornstein, alsace 2020 | Sec | 2023>35 | NC — 92
- Riesling Mittelbourg, alsace 2019 | Sec | 2023>34 | NC — 92
- Riesling Ollwiller, alsace grand cru 2020 | Sec | 2023>35 | NC — 92

Domaine Schlumberger

★★★☆☆

Domaine majeur du secteur de Guebwiller et plus grosse exploitation privée de la région avec désormais 130 hectares dont la moitié sur les quatre grands crus locaux (Kessler, Kitterlé, Spiegel, Saering), Schlumberger partage sa gamme entre les grands crus et les cuvées princes-abbés. Maison sérieuse qui signe des vins de bonne facture.

- Pinot gris Kitterlé, alsace grand cru 2020 | Moelleux | 2023>40 | 29.95 € | ☘ — 90
- Riesling, Kitterlé, alsace grand cru 2019 | Sec | 2023>39 | 39 € | ☘ — 94
- Riesling, Kessler, alsace grand cru 2020 | Sec | 2023>39 | 31.8 € | ☘ — 93
- Gewurztraminer Vendange Tardive Cuvée Christine, alsace 2020 | Moelleux | 2023>35 | 42.4 € | ☘ — 92

Domaine François Schmitt

★★★☆☆ →

Même s'il a perdu 90 % de sa récolte en 2021, Fred Schmitt n'a pas renoncé à ses convictions biodynamistes, après une labellisation obtenue en 2019. Le peu de vin produit a tenu son rang, tant les pinots noirs du Bollenberg que les rieslings du Pfingstberg, sans oublier les crémants et le gewurzt sec issu du Zinnkoepflé.

- Crémant Blanc de Noirs, crémant d'alsace | Extra-brut | 2023>30 | 15.5 € — 93
- Crémant Solera Tirage 21, crémant d'alsace | Non dosé | 2023>30 | 39 € — 94
- Riesling Pfingstberg Rethal, alsace grand cru 2019 | Sec | 2023>39 | NC — 94
- Gewurztraminer Zinnkoepflé, alsace grand cru 2021 | Sec | 2023>36 | NC — 93

Domaine Jean-Paul Schmitt

★★☆☆☆

À 59 ans, Jean-Paul Schmitt a décidé que 2022 était sa dernière vendange, même s'il ne s'imagine pas de sitôt dans la peau d'un retraité. Il a déjà confié ses différentes parcelles, notamment sur le Rittersberg, un très joli îlot granitique bien exposé au bord d'une vallée ouverte. Ici les rieslings et les pinots noirs sont régulièrement de savoureuses réussites.

- Riesling Rittersberg Les Pierres Blanches, alsace 2019 | Sec | 2025>34 | 25 € — 92
- Riesling Rittersberg Réserve Personnelle, alsace 2019 | Sec | 2025>34 | 25 € — 93
- Rittersberg Zen, alsace 2021 | Sec | 2023>31 | 16 € — 90

Domaine Maurice Schoech et Fils

★☆☆☆☆

Jean-Léon et Sébastien Schoech exploitent plus d'un tiers de grands crus sur leur domaine de 18 hectares, principalement les terroirs autour d'Ammerschwihr. Le domaine est actuellement en conversion bio et propose une gamme sérieuse.

- Gewurztraminer, Kaefferkopf, alsace grand cru 2021 | Doux | 2023>36 | 17 € | ☘ — 90
- Riesling, Kaefferkopf, alsace grand cru 2021 | Sec | 2023>36 | 22 € | ☘ — 92
- Harmonie «R», Rangen de Thann, alsace 2020 | Sec | 2023>30 | 36 € | ☘ — 92

Domaine Henri Schoenheitz

★★☆☆☆

La famille Schoenheitz vient de passer la main, et vendre ses parts du domaine familial. Nous n'avons pu encore rencontrer la nouvelle équipe, mais ne manqueront pas de le faire, tant les terroirs singuliers de Wihr-au-Val, des coteaux granitiques en limite de de culture de la vigne, donnent des expressions corsées aux vins.

- Riesling, Linsenberg, alsace 2021 | Sec | 2023>31 | 16 € | ☘ — 92
- Riesling, Holder, alsace 2021 | Sec | 2023>31 | 16 € | ☘ — 92
- Mémoire de Granit, crémant d'alsace 2018 | Extra-brut | 2023>30 | 18 € | ☘ — 93

Domaine Schoffit

★★★☆☆

L'un des derniers domaines encore installés dans Colmar est bien conduit par Bernard Schoffit et son fils Alexandre qui ont officiellement lancé la conversion bio. Le style de la propriété se reconnaît par sa fraîcheur et le caractère digeste des vins, avec une belle acidité sans mordant.

- Clos Saint-Théobald riesling, Rangen, alsace grand cru 2021 | Sec | 2023>36 | 40 € | ☘ — 94
- Clos Saint-Théobald pinot gris, Rangen, alsace grand cru 2021 | Demi-sec | 2023>36 | 40 € | ☘ — 93
- crémant d'alsace | Extra-brut | 2023>27 | 15 € | ☘ — 89
- Riesling Vieilles vignes, Harth, alsace 2021 | Sec | 2023>31 | 16 € | ☘ — 91

Louis Sipp

★★★☆☆

Étienne Sipp maintient le cap même si conduire en biodynamie un vignoble aussi vaste que le sien n'est pas toujours aisé. C'est là que la notion de terroir entre en jeu, et les siens sont de premier plan, centrés sur Ribeauvillé, avec notamment les deux grands crus Kirchberg et Osterberg. Des verticales sur 40 ans prouvent ici la grande longévité des vins, même si entre temps le style des vins a changé. Le riesling est à l'honneur, mais aussi le pinot noir sur le Grossberg.

- Grossberg, alsace 2019 | Sec | 2026>34 | NC — 93
- Riesling Osterberg, alsace grand cru 2020 | Sec | 2023>30 | 28 € — 91
- Riesling Osterberg, alsace grand cru 2017 | Sec | 2023>37 | 28 € — 94
- Riesling Kirchberg de Ribeauvillé, alsace grand cru 2020 | Sec | 2023>35 | NC — 91

Domaine Marc Tempé

★★★★☆ ✚

Marc Tempé a annoncé que les 2022 étaient sa dernière vendange, mais avec ses longs élevages, souvent trois ans, on peut encore profiter de ses cuvées un certain temps. Biodynamiste convaincu, ce vigneron figure parmi les plus doués de sa génération, avec des vins emprisonnant autant le fruit du cépage que le sel du sol, grâce à des vinifications aussi peu interventionnistes que possible, mais toujours pragmatiques.

- Rodelsberg, alsace 2020 | Sec | 2035> | 43 € — 95
- Riesling Schoenenbourg, alsace grand cru 2020 | Sec | 2030>40 | 32 € — 95
- Pinot gris Schoenenbourg, alsace grand cru 2020 | Sec | 2026>40 | 35 € — 94
- Gewurztraminer Mambourg, alsace grand cru 2020 | Doux | 2023>40 | 50 € — 95

Domaine Trapet Alsace

★★★★☆ →

Andrée Trapet, originaire de Beblenheim, avait convaincu son mari Jean-Louis de se lancer dans l'aventure alsacienne en marge de leur fameux domaine de Gevrey-Chambertin. Avec l'arrivée de leurs deux enfants le domaine de Riquewihr prend une nouvelle dimension. À plein temps depuis 2017, Pierre (toujours en accord avec son frère Louis) ne manque pas d'idées pour faire bouger les lignes, en vigne comme en cave : plantation de vignes franches de pied, vignes conduites en échalas, engrais verts, introduction de moutons pour tondre l'hiver, etc. C'est réfléchi, c'est beau à voir, et surtout les vins sont délicieux et en progrès dans la vibration saline de leurs terroirs.

- Riesling Schlossberg, alsace grand cru 2020 | Sec | 2023>40 | NC — 95
- Riesling Schoenenbourg Soufre, alsace grand cru 2020 | Sec | 2023>40 | NC — 96

✦ Star ✚ Valeur sûre → À suivre de près Ⓝ Nouvelle entrée

- Riesling Schoenenbourg Sel, alsace grand cru 2020 | Sec | 2023>40 | NC — 97
- Gewurztraminer Sonnenglanz, alsace grand cru 2020 | Sec | 2023>40 | NC — 97

Domaine Trimbach

★★★★☆ ✚

La maison de Ribeauvillé évolue lentement pour s'adapter à l'air du temps. Après avoir pris le virage des grands crus, Trimbach est en conversion bio (certification prévue en 2023). La démarche devra impliquer ses apporteurs de raisin ou de vin. Ici, le riesling est roi (55 % des volumes). Les terroirs s'y prêtent : marno-calcaires (Geisberg, Mandelberg, Clos-saint-Hune au Rosacker) ou granitiques (Schlossberg, Brand). La cuvée frédéric-émile assemble les grands crus Osterberg et Geisberg. Les millésimes 2017 et 2019 feront date.

- Riesling Frédéric-Émile, alsace 2017 | Sec | 2023>42 | 65.5 € — 97
- Riesling Clos Sainte-Hune, alsace 2018 | Sec | 2028>43 | 234 € | ☘ — 95
- Pinot noir Réserve Cuve 7, alsace 2020 | Sec | 2023>30 | 25.5 € — 91
- Riesling, Geisberg, alsace grand cru 2018 | Sec | 2023>38 | 69 € — 94

Domaine Wach

★★☆☆☆

Revenu au domaine familial en 2017, Pierre Wach a choisi de le renommer à son nom, débaptisant l'ancien domaine des Marronniers. Il a converti les vignes au bio, et surtout a fait évoluer le style des vins. Son père Guy avait un goût pour les vins plus sucrés, ce qui ne nous a pas toujours convaincus par le passé. Changement, d'époque, changement de génération, notre dégustation cette année nous a convaincus !

- Riesling Andlau, alsace 2022 | Sec | 2023>32 | NC — 90
- Riesling Wiebelsberg, alsace grand cru 2019 | Sec | 2023>34 | NC — 92
- Riesling Moenchberg, alsace grand cru 2018 | Sec | 2023>33 | NC — 93
- Riesling Kastelberg, alsace grand cru 2018 | Sec | 2023>38 | NC — 94

Weinbach - Domaine Faller

★★★★★ ✦

Eddy Leiber Faller a récemment élargi le domaine familial, en direction d'Ammerschwihr et du grand cru Marckrain, mais le cap ne change pas : une viticulture soignée pour mettre en avant ce qui reste les joyaux de la maison, les deux grands crus du Schlossberg et du Furstentum. Seule inflexion notable dans le style : depuis 2019-2020 les pinots noirs intègrent désormais une part de vendange entière, quand le style Weinbach s'est longtemps caractérisé par une vendange intégralement éraflée. Et les dégustations sont convaincantes !

- Pinot noir Le Jardin aux Oiseaux, alsace 2020 | Sec | 2026>35 | 85 € — 94
- Riesling Schlossberg, alsace grand cru 2021 | Sec | 2023>46 | 55 € — 97
- Riesling Schlossberg Sainte-Catherine, alsace grand cru 2021 | Sec | 2026>46 | 95 € — 100
- Gewurztraminer Furstentum, alsace grand cru 2021 | Doux | 2023>41 | 55 € — 95

Domaine Weinzaepfel

★★☆☆☆ N

Nouveau-venu dans le guide, il faut dire que Loïc et Audrey Weinzaepfel sont revenus depuis peu au domaine, et que leurs parents vendaient leurs raisins. Avec une tête bien formée, ils ont l'intention de faire du bon vin mais aussi de bien le vendre, ce qui n'est pas une idée absurde, au contraire. La viticulture bio faisait partie des premiers objectifs, elle est acquise depuis 2022. Les crémants et les pinots noirs sont la première réussite de nos jeunes vignerons.

- L'Origine 1253, crémant d'alsace | Non dosé | 2023>28 | NC — 92
- Orange Nature, alsace 2022 | Sec | 2023>32 | 19 € — 92
- Finkennest - pinot noir, alsace 2022 | Sec | 2023>37 | NC — 92
- Gewurztraminer - vendanges tardives, alsace 2020 | Moelleux | 2023>35 | 53 € — 93

Wolfberger

★☆☆☆☆

330 adhérents pour 1 200 hectares en apports, Wolfberger étend son emprise depuis Thann jusqu'à Obernai. La cave a fêté ses 120 ans en 2022, et s'engage résolument dans les enjeux climatiques actuels, notamment en accordant une attention accrue aux pratiques viticoles et environnementales. Les crémants faisaient déjà partie des valeurs sûres de la cave, progressivement les vins tranquilles s'améliorent dans la bonne direction, sous la houlette d'Émilie Lejour, l'œnologue en charge des vinifications.

- Crémant Révérence, crémant d'alsace | Brut | 2023>28 | 20 € — 89
- Riesling Eichberg, alsace grand cru 1997 | Sec | 2023>27 | NC — 90
- Riesling Eichberg, alsace grand cru 2019 | Sec | 2023>34 | 13.9 € — 91

Domaine Zind-Humbrecht

★★★★★ ✦

Depuis trois décennies l'un des modèles de la viticulture alsacienne, ce domaine raconte l'histoire de la famille Humbrecht. Léonard, le fondateur, homme visionnaire qui a su faire l'acquisition des meilleurs terroirs de la région, dont le fameux Rangen. Olivier, son fils, qui a brillamment introduit les préceptes de la biodynamie dès les années 1990. Et aujourd'hui Pierre-Émile, arrivé au domaine avec le très compliqué millésime 2021, qui prolonge leur œuvre notamment sur les dernières acquisitions, sur le Sommerberg.

- Riesling Heimbourg, alsace 2021 | Sec | 2023>36 | 55 € — 95
- Riesling Clos Windsbuhl, alsace 2021 | Sec | 2023>41 | 85 € — 98
- Riesling Brand, alsace grand cru 2021 | Sec | 2023>41 | 85 € — 98
- Pinot gris Clos Windsbuhl, alsace 2021 | Sec | 2023>41 | 74 € — 97

Domaine Valentin Zusslin

★★★★★ ✦

Ce domaine continue de nous éblouir avec des pinots noirs de toute beauté, issus des différents secteurs du Bollenberg, des vins que l'on placerait sans hésiter dans une dégustation de vins de Côte d'Or. La biodynamie est ici plus qu'un label, une démarche intériorisée, et la réflexion poussée dès le stade de la plantation de la parcelle explique pourquoi des années plus tard, le verre nous propose de déguster une telle beauté.

- Riesling Clos Liebenberg Monopole, alsace 2018 | Sec | 2023>33 | 35 € — 93
- Riesling Pfingstberg, alsace grand cru 2018 | Sec | 2023>38 | 68 € — 94
- Pinot noir Bollenberg, alsace 2019 | Sec | 2023>39 | 35 € — 94
- Pinot noir Bollenberg – Luft, alsace 2017 | Sec | 2023>37 | 78 € — 95

Pendant longtemps, un peu comme sur cette photo du vignoble de Chiroubles, la région s'est recouverte d'un brouillard épais qui l'empêchait de briller. La tempête passe, les éclaircies sont nombreuses et le travail (voir ci-dessus) chasse les nuages.

Beaujolais

Il aura fallu presque dix ans pour dresser précisément la cartographie des sols de la région. Rien d'étonnant. Déjà divisé en dix crus bien différents les uns des autres, en plus d'une appellation régionale elle-même potentiellement subdivisable par communes, ce vignoble de gamay et de chardonnay est une mosaïque époustouflante. Comme jamais auparavant, ses meilleurs producteurs s'organisent pour en livrer chaque secret, avec une restitution fidèle. L'odyssée commence

PROMOTION DE L'ANNÉE

DOMAINE JULES DESJOURNEYS

LES 20 PLAISIRS DE SAINT-AMOUR

ON AURAIT TORT DE RÉSUMER CE CRU CÉLÈBRE À SON SEUL NOM MAGIQUE. D'EXCELLENTS PRODUCTEURS LE FONT ENTRER DANS LE MONDE DU GRAND VIN. VINGT CHOIX, AUTANT D'ARGUMENTS

PAR ***MICHEL BETTANE***

Notre dégustation portait sur trois millésimes en bouteille (2022, 2021, 2020) et quelques millésimes plus anciens s'il en restait à la vente ou pour vérifier l'aptitude au vieillissement. Environ 25 producteurs ont présenté leurs vins, ce qui peut paraître peu par rapport aux 150 déclarations de récolte. C'est cependant bien plus que la moyenne de nos dégustations passées. Nous avons beaucoup apprécié les progrès remarquables en matière de netteté d'expression des meilleurs vins par rapport à nos souvenirs des millésimes de la période 2000-2015. Malgré la diversité des sols et sous-sols, infiniment plus complexe que ce que la carte géologique (elle-même déjà complexe) nous montre, et les différences d'altitude entre les parties basses et les sommets du mont Besset, les vins du cru Saint-Amour ont une personnalité aromatique singulière, où pointent toujours des notes de pivoine et de poivre, ainsi qu'un remarquable retour de fraîcheur en bouche. Leurs tannins soyeux évoquent plus d'une fois ceux donnés par le pinot noir. Les bons producteurs ont abandonné la thermovinification – certains ne l'ont même jamais ou très rarement pratiquée – qui a fait tant de tort dans le passé. Comme celui de Chénas, le cru supporte bien mieux que ceux de Fleurie ou Morgon et même Moulin-à-Vent l'élevage sous bois. Il est pratiqué avec talent par certains jeunes vignerons qui devraient faire parler d'eux dans le futur, mais aussi par quelques aînés qui ont présenté leurs vins, ce qu'ils ne faisaient jamais avant. Nous les remercions. Voici la sélection des vins qui m'ont le plus séduit.

Domaine Bel Avenir, saint-amour 2022

Style traditionnel sur de beaux arômes de pivoine, avec un tannin encore un peu appuyé. Les autres crus du domaine valent le détour, en particulier le chenas.

87/100 – 2023-2028 - Prix NC

Domaine Chardigny, Clos du Chapitre 2021

Un nez qui va sur des notes florales de pinot avec une jolie chair en bouche, on aime ce vin net et bien fait simple et facile à apprécier.

87/100 – 2023-2028 - 17,20 euros

Domaine des Chers, Vieilles vignes 2022

Premier vin parfaitement réussi de notre dégustation qui témoigne du talent du vigneron. Remarquable pureté aromatique, texture délicate, tannin soyeux et raffiné, dans un esprit bourguignon avec le caractère aromatique explosif d'un beau gamay.

91/100 – 2023-2029 - 12,50 euros

Domaine des Chers, Arbre de Vie 2020

Une autre brillante réussite du domaine qui profite d'un raisin plus mûr qu'en 2021. Nez délicieux et floral entre rose et pivoine, texture presque idéale à notre époque, ni trop souple, ni trop imprécise, délivrant des sensations tactiles raffinées. Le talent du vigneron est aussi mis en évidence par ses autres vins de Saint-Amour et de Juliénas, tout aussi accomplis, même issus de vignes un peu plus jeunes.

93/100 – 2023-2029 - 19 euros

Clos Sauvage, Cocagne 2020

Petite parcelle sur le mont Besset, vrai haut lieu de l'appellation, sur des sols de grès, sommet de notre dégustation et découverte d'un jeune couple de vignerons déjà maîtres de leur art. Sophie et David Devynck, nouvellement installés, brillamment formés, élaborent aussi de remarquables saint-véran blancs et beaujolais Leynes. Grande couleur, nez floral de pivoine digne d'un grand cru bourguignon, merveilleuse texture soyeuse, tannin enrobant, longueur, c'est presque la perfection dans ce millésime.

94/100 – 2023-2028 - 20 euros

Domaine Laura Dardanelli, saint-amour 2022

Cette jeune vinificatrice de talent commence à reprendre un important vignoble familial à cheval sur plusieurs crus. Ce saint-amour nous plaît par son joli nez floral, sa précision aromatique. Le style est là. Attendre deux ou trois ans.

87/100 – 2023-2028 - 12 euros

Georges Duboeuf, saint-amour 2022

Un peu plus réduit que d'autres au nez, évoluant à l'air sur des notes plus gamay que pinot, mais tout en finesse et d'un corps tout à fait convenable.

87/100 – 2023-2026 - 11,90 euros

Georges Duboeuf, Domaine de la Porte du Paradis 2022

Joli nez floral, toujours sur ces notes étonnantes de pivoine, excellent corps, tannin bien extrait, ensemble parfaitement typé et d'un très bon rapport qualité-prix.

88/100 – 2023-2027 - 17,30 euros

Domaine des Ducs, saint-amour 2020

Ce domaine familial et traditionnel a affiné son style : un nez floral, pur, un corps moins plein mais sans creux, une texture facile, du glissant et de la longueur. Un vin de charme.

88/100 – 2023-2027 - 14,80 euros

Ici aussi, au sein même de l'appellation, la diversité des terroirs de Saint-Amour est complexe. Cette diversité est de plus en plus visible dans les vins grâce à des pratiques en cave précises et respectueuses du raisin.

Domaine des Ducs, Les Capitans 2017

Beau nez de pivoine et expression nette du charme de ce lieu-dit, différent malgré son homonymie avec celui de Juliénas, plus corsé et souvent un peu rustique. On retrouvera les mêmes qualités en un peu plus intense dans le remarquable 2015 du même lieu-dit et du même producteur.
91/100 – 2023-2027 - Prix NC

Château de la Greffière, En Paradis 2021

Robe noire plus syrah que gamay, texture crémeuse, vin assez long et confortable en bouche, d'une complexité agréable et facile à apprécier.
87/100 – 2023-2026 - 15,90 euros

Domaine Hamet-Spay, Clos du Chapitre 2022

Une famille de longue tradition locale signe ce un vin floral, souple, plein de nuances, qui pourrait servir d'archétype du cru dans une dégustation pédagogique. Nous le préférons pour sa précision à la cuvée Vers l'Eglise, l'autre vin présenté par le domaine.
90/100 – 2023-2027 - 30 euros

Château de Lavernette, Le Châtelet 2020

Remarquable expression florale au nez, vin tout en subtilité, délicatesse et liberté, signe d'une viticulture accomplie et d'une excellente maîtrise de vinification. Un vin bio exemplaire qui donne envie de connaître aussi les vins blancs de la propriété.
92/100 – 2023-2027 - 26,70 euros

Maison Loron, Clos des Billards 2018

L'autre sommet indiscutable de la dégustation, sans surprise et conforme à de nombreuses dégustations antérieures où le 1964 du même cru, incroyable de complexité et de longueur à plus de 40 ans d'âge, en disait long sur la tenue des grands gamays du Beaujolais. Le corps et la texture du vin peuvent rivaliser avec les meilleurs villages de côte de Nuits. La vinification a su extraire des tannins charnus et puissants sans altérer l'élan aromatique et l'harmonie globale du vin. Un coup de maître dans un grand millésime. Il mérite d'être encore conservé quelques années et aéré deux à trois heures avant le service pour l'épanouissement de sa saveur.
94/100 – 2025-2033 - 21 euros

Domaine du Moulin Berger, Tradition 2022

Grâce au millésime, le vin le plus complet présenté par ce domaine vraiment centré sur ce cru. Belle couleur, texture onctueuse, densité de vieilles vignes et finale assez complexe pour un bon vieillissement.
91/100 – 2027-2032 - 21,50 euros

Domaine du Moulin Berger, Fût de chêne 2021

Nez floral et fin, beaucoup de fraîcheur en bouche et rien d'asséchant dans le tannin, c'est un joli vin de gastronomie qui profite d'un élevage sous bois bien fait.
91/100 – 2023-2029 - 16,80 euros

Domaine de la Pirolette, Le Carjot 2019

Cet excellent lieu-dit donne un vin un peu plus corsé que la moyenne, charnu et extrait, dans le sens du style des vins de cette propriété importante. Les vins plus jeunes étaient un peu trop appuyés dans leur tannin, sans doute provisoirement.
90/100 – 2023-2028 - 22 euros

Domaine de la Pirolette, L'Age de Raisin 2021

Joli nez floral qui tire sur les arômes de pinot noir, corps souple et une touche finale sur la rose poivrée. Bonne chair pour le millésime.
88/100 – 2023-2028 - 16 euros

Château La Romancière, saint-amour 2019

Une excellente propriété artisanale tenue par Claire Midey qui a troqué le crayon d'architecte pour les ciseaux de taille. Vin tendu sans dureté, avec une finale saline et salivante remarquable. La propriété élève longuement en fût et vend des millésimes décalés d'un ou deux ans. Elle mérite nos félicitations aussi pour son remarquable beaujolais blanc 2021.
90/100 – 2023-2028 - 11,90 euros

Les Sources d'Agapé, Petit Besset 2020

Le tout jeune président de l'appellation, Arthur Lotrous, donne l'exemple avec un vin jeune et fringant, très pur, frais, à boire dans l'année. On l'encourage à allonger encore un peu l'élevage sous bois, qu'il maîtrise déjà étonnamment bien.
89/100 – 2023-2028 - 15 euros

LONGTEMPS SILENCIEUSE, CETTE MAISON HISTORIQUE PRÉFÈRE AGIR AVANT DE PARLER. ELLE A ÉTÉ RÉINVENTÉE PAR UNE ÉQUIPE PASSIONNÉE, IL ÉTAIT TEMPS DE LUI LAISSER LA PAROLE

PAR ***MICHEL BETTANE***

DANS L'ATELIER **D'UN CRÉATEUR**

DEPUIS TRÈS LONGTEMPS, la maison Jean Loron a joué un rôle capital dans la production et la diffusion des vins de la partie sud de la Bourgogne, c'est-à-dire le large bassin viticole du Mâconnais et du Beaujolais. Ceci avec une grande discrétion en raison du rayonnement commercial de ses grands clients, les établissements Nicolas depuis 1900 et Louis Jadot depuis 1945. Désormais devenue majoritaire dans la firme, la maison Louis Jadot a instauré un renouveau remarquable qui met en valeur, cette fois-ci sous le nom de Loron, le riche patrimoine de vignes sous contrôle ou en propriété (approchant 200 hectares) et une grande diversité d'offres, avec en particulier le développement d'une filière bio prometteuse. Le principal centre de production se trouve depuis 1821 à Pontanevaux, sur la commune de La Chapelle-de-Guinchay, près de la voie de chemin de fer. Il a été métamorphosé en un splendide ensemble conçu pour le développement de l'œnotourisme, avec une boutique de vente aux particuliers et des caves qui abritent une collection unique dans la région de vieux millésimes, démontrant les capacités de vieillissement encore trop peu reconnues des meilleurs crus. La maison Jean Loron y vinifie avec ses propres équipes, très aguerries, sous la direction de Jean-Pierre Rodet, Rémi Vincent, Denis Poyet et sous la supervision de Philippe Bardet, un petit-fils Mommessin, patron de la firme, et dans le même esprit, dans plusieurs autres lieux, dont le magnifique château de Bellevue. Saluons enfin la possibilité, sur des petites quantités, d'acheter de plus vieux millésimes, ce qui à mon sens est également unique dans la région. Faut-il rappeler que les meilleurs vins du Beaujolais et du Mâconnais ne sont jamais aussi originaux et accomplis qu'après cinq ans ou plus de vieillissement, même dans les années moyennes ? Une dégustation passionnante sur place a permis de vérifier que des pouilly-fuissé de plus de vingt ans d'âge peuvent rivaliser avec des grands bourgognes, tout comme les étonnants saint-amour 1964 et 1969 du domaine des Billards. Évidemment, nous avons choisi dans une large gamme présentée les vins qui nous paraissent offrir le meilleur du savoir-faire de la maison et du potentiel des terroirs.

Dans les caves de la maison, une collection incroyable de vieux millésimes attend son heure. Les meilleurs vins du Beaujolais peuvent vieillir très longtemps.

Château Bellevue, Le Clos 2020, morgon

Robe bleutée, beau nez fleurant la cerise noire, excellent corps, aucune trace de surmaturité.
La récolte provient d'un petit clos dans l'enceinte du château.
89/100 - 2023>30 - 20 euros

Château Bellevue, Grand Cras 2020, morgon

Plus d'opulence en bouche, charmeur, assez tendre, il permettra d'attendre le côte-de-py.
88/100 - 2023>33 - 15 euros

Château Bellevue, Côte de Py 2020, morgon

Plus revêche et terrien au nez, mais plus énergique en bouche, avec une finale réglissée et minérale. Attendre au moins trois ans.
90/100 - 2026>33 - 25 euros

Château de la Pierre, Sans soufre ajouté 2021, régnié

Jolie maturité du raisin pour le millésime, souple, très pur, à l'opposé de tant d'autres vins obéissant au même principe. Charmeur, gouleyant, l'idée même du style naturel du gamay. En un peu moins vineux, le simple beaujolais bio de ce millésime fera une bouteille de bistrot idéale.
88/100 - 2023>25 - 12 euros

Domaine de la Vieille Église, Le Clos des Poulettes 2020, juliénas

Grande robe, nez puissant, sur des notes de prune quetsche. Matière assez imposante, p lus proche d'un pinot de Corton que de ce qu'on attend d'un gamay conventionnel, comme souvent à Juliénas. Attendre cinq ou six ans son épanouissement.
90/100 - 2028>33 - 20 euros

Château de Fleurie, Montgenas 2020, fleurie

Dans ce millésime, le meilleur des fleuries présentés, doté de superbes arômes floraux, librement déployés. Vinification d'une précision exemplaire, tannin raffiné, il pourrait rivaliser avec de beaux chambolle villages.
91/100 - 2023>33 - 13 euros

Jean Loron, La Roche 2020, moulin-à-vent

Vignes proches du moulin. Nez réglissé, cette fois-ci plus gevrey que chambolle. Excellent équilibre général, le plus nuancé et subtil de tous les 2020, le plus complexe dans ses sensations tactiles. Attention, ce n'est pas le style plébiscité par nos bistrots actuels, mais la grande personnalité qui a valu à ce cru sa réputation internationale. Attendre au moins cinq ans, ou plus de dix !
92/100 - 2028>35 - 21 euros

Domaine des Billards, saint-amour 2020

La grande spécialité de la maison, qui en étonnera plus d'un. Les vignes appartiennent depuis toujours à la famille Barbet, héritière directe des Loron du XIXe siècle, et la qualité de leur matériel végétal leur vaut un pouvoir étonnant de bonification au long vieillissement, comme le prouvent les 1969 ou 1976 encore aujourd'hui. Le nez floral et épicé comme souvent ne ressemble pas du tout au caractère plus classique que l'on retrouve de Brouilly à Fleurie, mais rappelle la pivoine de certains terroirs de la côte de Beaune, avec une étonnante intensité de texture et de soutien tannique. Un vin de belle gastronomie, fait pour la table, la viande de bœuf, ou un grand saucisson pistaché à la lyonnaise.
92/100 - 2023>35 - 15 euros

Jean Loron, Les Vieux Murs 2018, pouilly-fuissé

Issu de vieilles vignes de Fuissé et Solutré, ce vin peut passer pour un archétype du cru avec ses notes d'amande et son départ de miel frais, dans un ensemble digne d'une splendide poularde aux petits légumes, cuite en vessie.
93/100 - 2023>33 - 21 euros

NOS LUMIÈRES DANS LA NUIT

SI LA BATAILLE EST LOIN D'ÊTRE GAGNÉE, LA VICTOIRE DES TERROIRS VIENDRA SANS DOUTE PAR LES DOMAINES SUIVANTS. ON NOUS TROUVERA EN PREMIÈRE LIGNE, À LES DÉFENDRE

SÉLECTION ***MICHEL BETTANE*** *AVEC* ***LOUIS-VICTOR CHARVET***

Domaine Anita

Anita Neveu, après une brillante carrière de cycliste sur route, a décidé de revenir sur la propriété familiale. Elle y apprend le métier de la vigne et du vin avant de créer, en 2015, sa propre structure viticole. Le domaine regroupe six appellations, moulin-à-vent, chénas, morgon, fleurie, beaujolais et beaujolais-villages. Structurés, les vins gagnent chaque année en précision et en équilibre.

- **Cœur de Vignéronne, moulin-à-vent 2021** | Sec | 2026>34 | 17 € — 91
- **Les Brureaux, chénas 2021** | Sec | 2025>32 | 18 € — 92
- **Les Moriers, fleurie 2021** | Sec | 2025>32 | 17 € — 92

Frédéric Berne

Frédéric Berne cultive trois hectares de beaujolais-villages, 64 ares de morgon et 60 ares de chiroubles. Au-delà du rôle médiatique qui l'occupe pour l'élection au statut de cru du village Lantignié, Frédéric Berne trouve le temps de travailler à l'affinage de ses vins. Les vins sont délicieux, dans un style puissant caractéristique du domaine qui ne manque jamais de précision.

- **Lantignié Les Vergers, beaujolais-villages 2021** | Sec | 2024>29 | 18 € — 90
- **Harmonie, Lantignié, beaujolais-villages 2021** | Sec | 2024>32 | 30 € — 92
- **Aux Bruyères, régnié 2021** | Sec | 2024>29 | 18 € — 92

Domaine Jean-Marc Burgaud

Après l'obtention de son diplôme en viticulture et œnologie, Jean-Marc Burgaud s'installe en 1989 sur la Côte de Py, à Morgon. Aujourd'hui il possède 17 hectares sur quatre appellations, Beaujolais-Villages rouge et blanc, Régnié et Morgon, ce dernier représentant 11,80 hectares. Jean-Marc Burgaud est un vigneron discret, mais il suffit de prononcer son nom

✦ Star ✚ Valeur sûre ⊕ À suivre de près N Nouvelle entrée

dans le vignoble et l'on comprend vite que sa réputation le précède.

- James, Côte de Py, morgon 2020 | Sec | 2025>32 | 26 € — 92
- Côte du Py, morgon 2020 | Sec | 2026>25 | 20 € — 94

Château de la Chaize

Autour d'un ensemble de 400 hectares de bois et prairies, dont 80 hectares en appellation brouilly, côte-de-brouilly, fleurie et morgon, le château de la Chaize est l'une des plus belles propriétés du Beaujolais. De nombreux travaux de rénovation ont été engagés, en particulier dans le chai. Un investissement visionnaire et courageux dans une région qui a tout le potentiel pour rayonner. On attend avec impatience la suite, les vins affichant pour certains gourmandise, générosité, droiture et élégance.

- Brûlhier, côte de brouilly 2020 | Sec | 2025>30 | 36 € — 92
- La Chaize, brouilly 2020 | Sec | 2024>29 | 36 € — 91
- Combiliaty, brouilly 2022 | Sec | 2023>28 | 23 € — 90
- Les Deux Amis, brouilly 2022 | Sec | 2023>28 | 16 € — 89

Domaine Chermette

Martine et Pierre-Marie Chermette cèdent progressivement la place à leur fils Jean-Étienne, qui n'a pas traîné pour insuffler quelques changements d'importance. L'essentiel est toujours là : 31 hectares en beaujolais rouge, 5,5 hectares en beaujolais blanc, 16,50 hectares en crus sur Fleurie, Brouilly et Moulin-à-Vent. Le domaine est réputé pour la gourmandise et la rondeur de ses vins.

- Poncié, fleurie 2021 | Sec | 2024>28 | 15.9 € — 91
- Les Deux Granites, fleurie 2021 | Sec | 2026>34 | 16.9 € — 92
- Rochegrès, moulin-à-vent 2021 | Sec | 2026>35 | 17.9 € — 93

Domaine Chignard

Cédric Chignard a rejoint son père Michel sur le domaine familial dont il prend la responsabilité en 2006. Le vignoble familial s'étale sur sept hectares, principalement situé sur les Moriers. Les vins ne sont jamais expressifs dans leur jeunesse et ont la réputation de vieillir admirablement. Après quelques années, ils développent des nez parfumés et une texture au velours irrésistible.

- Les Moriers, fleurie 2020 | Sec | 2024>32 | 18 € — 90
- Les Dix Coupées, fleurie 2020 | Sec | 2025>35 | 26 € — 94
- Le Cochonnier, fleurie 2019 | Sec | 2025>32 | 26 € — 92
- Le petit impermanant, beaujolais-villages 2020 | Sec | 2023>27 | 14 € — 89

Clément+Jérôme

Ce domaine situé au pied du Mont Brouilly a été repris par Clément et Jérôme, qui exploitent 8,5 hectares en appellation brouilly et 2,5 hectares en fleurie. Grâce à un patrimoine de vieilles vignes très bien tenues et aujourd'hui en conversion bio, ils signent une gamme de vins fruités et agréables, que nous recommandons pour leur excellent rapport prix-plaisir.

- brouilly 2021 | Sec | > | 12.9 € — 87
- Vieilles Vignes, brouilly 2021 | Sec | 2024>26 | 16.9 € — 88

Château de Corcelles

Propriété de la famille Richard qui possède aussi le château des Tours dans la région, ce beau domaine propose une gamme de beaujolais et de crus de plus en plus recommandables. Les vins sont bien distribués dans les restaurants de Paris et depuis quelques millésimes en constante progression.

- beaujolais 2022 | Sec | 2023>26 | NC — 88
- Vieilles Vignes, brouilly 2020 | Sec | 2022>26 | 13 € — 88
- Vieilles Vignes, brouilly 2022 | Sec | 2023>26 | NC — 89
- Les Roches, brouilly 2020 | Sec | 2023>27 | 22 € — 89
- Les Roches, brouilly 2022 | Sec | 2023>30 | NC — 91

Domaine Jules Desjourneys

L'argent gagné par la diffusion dans le monde de certains des vins les plus recherchés de la planète par l'intermédiaire de sa société Vinifera, a permis à Fabien Duperray de réaliser son rêve de produire à partir d'une viticulture aussi exigeante que celle de Lalou Bize-Leroy, son modèle, les plus grands vins possibles en Beaujolais. Il pense – et nous partageons son sentiment – que les meilleurs terroirs des crus égalent en potentiel les plus grands terroirs du monde et que le gamay leur est idéalement adapté. Ce qui n'exclut pas la plus grande précision et le plus grand contrôle en vinification et surtout l'absence de tout intrant qui viendrait troubler leur expression. L'élevage en barrique de ses premiers millésimes a été abandonné, tout est élevé en cuve inox mais avec un ajustement constant de l'oxygène et de la protection minimale nécessaire en SO2. Avec désormais près de dix ans de culture biodynamique, ses derniers millésimes atteignent une élégance et un charme vraiment uniques qui justifient de placer son domaine au niveau des plus grands de notre pays. Si vous avez la chance d'y avoir accès, accordez-leur le vieillissement nécessaire à leur épanouissement et évidemment le soin nécessaire à leur service. Les 2022 encore en cours d'élevage nous ont impressionné.

- Les Michelons, moulin-à-vent 2021 | Sec | 2025>32 | NC — 91
- Les Chassignols, moulin-à-vent 2021 | Sec | 2026>35 | NC — 95
- La Chapelle-des-Bois, fleurie 2021 | Sec | 2024>29 | NC — 90

Domaine Louis-Claude Desvignes

Le domaine emblématique du Beaujolais, tant par son histoire que par sa réputation, brille sur Morgon et sur le Beaujolais. Le vignoble s'étend sur treize hectares, dont cinq situés sur la Côte de Py. À la tête du domaine, Claude-Emmanuelle et son frère Louis-Benoît, reconnus pour leur rigueur et leur souci du détail, sont les dignes successeurs d'une tradition d'excellence. Les derniers millésimes, entre finesse et gourmandise, sont toujours élégants.

Georges Dubœuf

La maison créée en 1964 par Georges Duboeuf poursuit aujourd'hui sa route familiale sous la direction de son fils Franck et de son petit-fils Adrien. Avec un recentrage bienvenu sur les seuls vins du Beaujolais, elle conserve le principe de cuvées d'assemblage représentatives du potentiel de chaque appellation et cru, et de vins de propriété issus de partenariat avec de nombreux et fidèles vignerons. La nouveauté est la mise en place d'un joli domaine à Chaintré, au cœur du Maconnais, le berceau originel de la famille. Après les progrès constatés avec le millésime 2021, le réussi millésime 2022 confirme que la maison garde le cap avec des vins affichant une précision, retrouvant encore plus la ligne de son fondateur.

- Château des Capitans, juliénas 2022 | Sec | 2025>32 | NC — 94
- Domaine des Rosiers, moulin-à-vent 2022 | Sec | 2025>32 | NC — 92
- Coeur de Presse, beaujolais-villages 2022 | Sec | 2023>28 | NC — 92
- Domaine Pignard, beaujolais 2022 | Sec | 2023>26 | NC — 89
- Domaine des petites violettes, chiroubles 2022 | Sec | 2023>27 | NC — 89
- Domaine Jean et Ernest Descombes, côtes du py, morgon 2022 | Sec | 2025>30 | NC — 94
- Le clos reyssier, pouilly-fuissé 2021 | Sec | 2023>27 | NC — 92

Henry Fessy

La famille Fessy a laissé la place à la nouvelle équipe mise en place par Laurent Chevalier, depuis le rachat par la maison Louis Latour en 2008. S'appuyant sur un vignoble de 70 hectares, présent dans neuf des dix crus (seul Chiroubles est en apport de vendange), le style maison se précise un peu mieux chaque année, avec une volonté affirmée de recourir aux vinifications traditionnelles.

Domaine Grégoire Hoppenot

Il lui tardait d'avoir ses propres vignes et d'y appliquer la viticulture capable d'exprimer pleinement le terroir. C'est chose faite avec la reprise d'un joli domaine de Fleurie. Immédiatement, des pratiques saines à la vigne, à commencer par des replantations repensées pour une vraie viticulture bio, et une discipline de travail encore plus rare à la cave, Grégoire s'affirme comme une des figures marquantes du « nouveau » beaujolais.

- Origines, fleurie 2021 | Sec | 2024>27 | 14 € — 86
- Clos de l'Amandier, Poncié, fleurie 2021 | Sec | 2024>29 | 22 € — 88
- Les Moriers, fleurie 2021 | Sec | 2026>32 | 22 € — 89
- Indigène, fleurie 2021 | Sec | 2024>27 | 16 € — 87

Château des Jacques

★★★★☆ ✦

Le domaine, propriété du Beaunois Louis Jadot mais géré de façon autonome, a bien grandi depuis son acquisition en 1996. Le vignoble s'étend sur 90 hectares, essentiellement en moulin-à-vent dont il est l'un des grands spécialistes. Il possède des parcelles dans les meilleurs secteurs comme Rochegrès, la Roche, Carquelins et depuis peu la Rochelle.

- Clos de Rochegrès, moulin-à-vent 2019 | Sec | 2025>40 | 26.5 € — 94
- moulin-à-vent 2019 | Sec | 2023>27 | 17.8 € — 90
- Clos du Grand Carquelin, moulin-à-vent 2019 | Sec | 2025>35 | 26.5 € — 95
- morgon 2019 | Sec | 2023>28 | 14.2 € — 88
- Côte du Py, morgon 2019 | Sec | 2025>40 | 26.5 € — 92

Domaine Paul et Éric Janin

★★★★☆

Depuis 1937, le domaine Paul Janin et fils produit des moulin-à-vent et des beaujolais-villages rouges et blancs. Eric Janin, l'actuel propriétaire, représente la quatrième génération. Il hérite d'une succession d'investissements qui font aujourd'hui le succès du domaine. Les vins sont de bonne facture et ne déçoivent pas en qualité.

- Héritage du Tremblay, moulin-à-vent 2021 | Sec | 2025>32 | NC — 90
- Domaine des Vignes du Tremblay, moulin-à-vent 2021 | Sec | 2024>32 | NC — 89
- Empreinte, moulin-à-vent 2021 | Sec | 2024>30 | NC — 88

Domaine Labruyère

★★☆☆☆

Le domaine Labruyère compte parmi les plus anciens de l'appellation moulin-à-vent. En 2008, Édouard Labruyère prend la responsabilité du domaine avec pour objectif de hisser celui-ci parmi les références de l'appellation. Sous la compétence de l'œnologue Nadine Gublin (également en charge du domaine Jacques Prieur et des champagnes JM Labruyère) le domaine prend une dimension supérieure sur les derniers millésimes.

- Champ de Cour, moulin-à-vent 2020 | Sec | 2026>34 | 28.5 € — 92
- Le Carquelin, moulin-à-vent 2020 | Sec | 2026>34 | 31.7 € — 93

Domaine Marcel Lapierre

★★☆☆☆

Mathieu et Camille Lapierre continuent l'œuvre bâtie par son père Marcel, trop tôt disparu. Dans les années 1980, sous l'impulsion de Jules Chauvet, Marcel avait décidé de vinifier sans soufre ni levures de culture et de cultiver ses vignes en biodynamie. Ancien chef cuisinier, Mathieu Lapierre continue son œuvre, animé par la précision et la rigueur. Le sans-soufre n'est pas une quête absolue et ne doit se faire que lorsque les conditions sont requises. Les vins continuent de rencontrer un franc succès dans la restauration.

- Raisin Gaulois, vin de france 2022 | Sec | 2024>26 | 13.1 € | ☘ — 87
- morgon 2022 | Sec | 2025>30 | 23.6 € | ☘ — 90
- Le Beaujolais, beaujolais 2022 | Sec | 2024>28 | 18.95 € | ☘ — 88

Maison Le Nid

★★★☆☆

La très dynamique et sympathique famille Lardet, Delphine, Jocelin, Stéphane et leur père, signe des vins de plus en plus aboutis sur les derniers millésimes. Plus précis, sans perdre pour autant leur puissance, les crus s'affirment avec autorité. Les quantités sont faibles mais hautement qualitatives.

- La Rochelle, moulin-à-vent 2021 | Sec | 2025>32 | 24 € — 92
- Rochegrès, moulin-à-vent 2021 | Sec | 2025>32 | 26.9 € — 91

Domaine Les Capréoles

★★★☆☆

Cédric Lecareux et son épouse Catherine ont donné naissance au domaine de Capréoles en juillet 2014 avec trois hectares de vignes attenantes, surface complétée par deux hectares deux années plus tard. Des beaujolais-villages au cru régnié, tout est recommandable, avec, nous semble-t-il, des élevages plus raffinés. Une belle adresse.

- Diaclase, régnié 2021 | Sec | 2024>30 | 17 € | ☘ — 92
- Chamodère, régnié 2022 | Sec | 2023>27 | 14 € | ☘ — 89
- L'Amourgandise - Terroir de Lantignié, beaujolais-villages 2022 | Sec | 2023>26 | 12 € | ☘ — 89
- L'Hydrophobe, brouilly 2022 | Sec | 2024>28 | 15.5 € | ☘ — 89

Domaine Thibault Liger-Belair

★★★☆☆

Propriétaire des plus beaux crus de la côte d'Or, le passionnant Thibault Liger-Belair s'est engagé depuis 2009 dans la production de moulin-à-vent. Un retour aux sources puisqu'il a fait une partie de ses études en Beaujolais. Dès ses premiers achats de vignes, en 2008, il a opté pour la biodynamie et organisé sa production selon une logique parcellaire. Un style bourguignon dans la démarche et très moulin-à-vent dans la bouteille. Le Beaujolais peut être fier de compter un tel ambassadeur dans ses rangs.

- La Roche, moulin-à-vent 2020 | Sec | 2024>28 | 26 € — 92
- Vieilles Vignes, moulin-à-vent 2020 | Sec | 2022>28 | 20 € | ☘ — 91
- Les Pérelles, moulin-à-vent 2020 | Sec | 2024>30 | 24 € | ☘ — 94

Maison Jean Loron

★★☆☆☆

Installée entre la Roche de Solutré en Mâconnais et le Moulin à-Vent en Beaujolais, la maison Jean Loron est l'un des plus anciens et plus grands propriétaires viticoles du sud de la Bourgogne. L'ensemble de la production est solidement construit. La signature est aujourd'hui un gage de qualité pour quiconque découvrirait pour la première fois un vin de la maison. Adresse sérieuse et recommandable.

- Château de la Pierre, régnié 2021 | Sec | 2023>25 | NC — 88
- Château de Fleurie, fleurie 2020 | Sec | 2023>33 | 13 € — 91
- Domaine de la Vieille Église, juliénas 2020 | Sec | 2028>33 | 20 € — 90
- Domaine des Billards, saint-amour 2020 | Sec | 2023>35 | 15 € — 92

Domaine Laurent Martray

★★★☆☆

Laurent Martray, vigneron à Odenas, possède neuf hectares sur Brouilly, dont un sur la commune de Saint-Etienne-la-Varenne. C'est sur les coteaux granitiques de Combiaty faisant face à l'est et au sud-est que sont produites deux cuvées emblématiques du domaine : vieilles-vignes et corentin. Depuis 2016, une troisième cuvée complète la gamme de brouilly : la folie, d'un style plus raffiné. Le leader de l'appellation brouilly.

- Loïs, côte de brouilly 2021 | Sec | 2024>32 | 25 € — 90
- Sur pierreux, brouilly 2021 | Sec | 2025>30 | 17 € — 90

Domaine Mee Godard

★★★☆☆

Après de solides études d'œnologie et un détour par l'Oregon, Mee Godard, encouragée par ses parents et son époux, cherche à s'installer en Beaujolais et tombe sur un départ à la retraite : cinq hectares en Morgon, sur les plus beaux lieux-dits, Corcelettes, Grand Cras et Côte de Py. Le style Godard, c'est des vins purs, jamais stériles, aériens mais structurés, qui transpirent leur origine. Tout est bon.

- Grand Cras, morgon 2021 | Sec | 2024>29 | 27 € — 90
- Côte de Py, morgon 2021 | Sec | 2025>32 | 32 € — 92
- Au Michelon, moulin-à-vent 2021 | Sec | 2024>32 | 33 € — 91

Clos de Mez

★★★★☆

Marie-Élodie progresse année après année sans déroger à ses idéaux. Le style a gagné en précision et les fins de bouche sont plus suaves. Elle a probablement allégé le trait, cherché moins de matière au profit d'un équilibre plus immédiat et plus raffiné. Toujours est-il que la vendange entière démontre avec brio son originalité, et les vins, en particulier sur les derniers millésimes, ont une vraie personnalité. Les vins présentés impressionnent par leur élégance et leur énergie, dans un esprit de finesse toujours remarquable.

- La Dot, fleurie 2019 | Sec | 2026>24 | 22 € | ☘ — 95
- Château Gaillard, morgon 2019 | Sec | 2026>34 | 22 € | ☘ — 94
- Château Gaillard, morgon 2018 | Sec | 2025>35 | 22 € — 93
- Mademoiselle M, fleurie 2021 | Sec | 2024>28 | 14 € | ☘ — 90

Château du Moulin-à-Vent

★★★★☆ ✦

La rénovation ambitieuse et cohérente du vignoble et de la cave décidée par Jean-Jacques Parinet donne aujourd'hui les résultats attendus. Les progrès sont fulgurants et la production continue de dominer l'appellation. Il peut s'appuyer sur une équipe de talent, composée d'Édouard Parinet, de leur maître de chai Brice Lafon et de leur responsable de la communication Morgane Chambriard. Un acteur de poids pour l'appellation et la région, formidable ambassadeur créateur

✦ Star ✚ Valeur sûre ⊛ À suivre de près Ⓝ Nouvelle entrée

Marie-Elodie Zighera-Confuron, Clos de Mez

Presque vingt ans maintenant que Marie-Élodie s'occupe de ce domaine qui porte son nom (MEZ sont ses initiales). De son premier millésime en 2006, elle a gardé invariablement le souci du détail, un goût prononcé pour les vinifications de ses gamays en vendanges entières et le désir sans cesse réaffirmé de proposer des vins respectueux de leur origine, désormais en finesse et en épure. Avec trois vins de grande classe présentés ces dernières années, (Château Gaillard en morgon, La Dot et Mademoiselle M. en fleurie), elle s'impose de plus en plus comme l'une des grandes vigneronnes du Beaujolais et de notre pays. *Louis-Victor Charvet*

de valeur et d'image en France comme dans le monde.

- Les Vérillats, moulin-à-vent 2021 | Sec | 2026>36 | 29 € — 92
- Champ de Cour, moulin-à-vent 2021 | Sec | 2026>40 | 32 € — 95
- moulin-à-vent 2021 | Sec | 2024>29 | 23 € — 92
- La Rochelle, moulin-à-vent 2021 | Sec | 2026>36 | 38 € — 93
- Clos de Londres, moulin-à-vent 2021 | Sec | 2030>45 | NC — 96
- Les Grands Savarins, moulin-à-vent 2021 | Sec | 2026>42 | NC — 95

Domaine de la Pirolette

Avec quinze hectares parfaitement situés autour de la propriété, Grégory Barbet a très tôt compris la nécessité de composer avec l'hétérogénéité du cru. Si sa cuvée village se positionne dans un style fiable et structuré, ses cuvées parcellaires, Poulette et Carjot, sont en devenir. Dans une appellation où les références faisaient défaut, voici un domaine à suivre.

- Carjot, saint-amour 2019 | Sec | 2025>30 | 22 € — 89
- Poulette, saint-amour 2020 | Sec | 2025>31 | 22 € — 91
- Classique, saint-amour 2020 | Sec | 2025>30 | 16 € — 89

Domaine Piron

+

Figure de proue du Beaujolais en général et de Morgon en particulier, Dominique Piron, rejoint depuis par Julien Révillon son associé, développe une gamme solide de crus du beaujolais. Sur plus de 100 hectares, sept crus sont représentés, avec une majorité logique de morgons. Dans un style épuré, aux nez expressifs, tout en conservant la signature stylistique de l'origine, les vins du domaine sont tous réussis.

- Quartz, chénas 2020 | Sec | 2025>30 | 18 € — 90
- Aux pierres, morgon 2017 | Sec | 2027>32 | 44 € — 90
- La Madone, fleurie 2022 | Sec | 2025>32 | 30 € — 91

Château de Pizay

Grande propriété viticole abritant également un hôtel-spa de renom, le château de Pizay est essentiellement installé sur le cru Brouilly. La vaste production manque encore d'homogénéité dans la qualité mais certaines cuvées valent le détour. Prometteur.

- beaujolais 2022 | Sec | 2023>26 | 12.5 € — 89
- Château de Saint-Lager, brouilly 2022 | Sec | 2023>26 | 13 € — 88
- Grand Cras, morgon 2022 | Sec | 2025>30 | 13.5 € — 91
- beaujolais 2022 | Sec | 2023>25 | 9.5 € — 86

Château de Poncié

⊛

Cette grande propriété de Fleurie a été acquise en 2020 par Jean-Loup Rogé. Avec son vaste vignoble (40 hectares), ce domaine historique peut nourrir de belles ambitions et les vins dégustés cette année affichent une belle pureté de fruit qui invite à les déguster dans leur jeunesse. De grands projets d'agroforesterie et de viti-pastoralisme ont accompagné le passage en agriculture biologique.

- Les Hauts du Py, fleurie 2019 | Sec | 2025>35 | 25 € | ☘ — 94
- beaujolais-villages 2020 | Sec | 2023>25 | 15 € | ☘ — 87
- Le Pave, côte de brouilly 2021 | Sec | 2024>30 | 16 € | ☘ — 92

Clos de la Roilette

Domaine bien situé, avec notamment sept hectares sur le fameux secteur de la Roilette, là où Fleurie regarde le moulin-à-vent. Les vins d'Alain Couderc ont toujours beaucoup de finesse et de velouté. Avis aux amateurs de vins fins, les vins de la Roilette ne sont pas des vins de nez, tout est en bouche et dans le toucher. La patience sera récompensée, car la délicatesse de ces vins cache merveilleusement leur grand potentiel de garde.

Domaine Richard Rottiers

⊛

Richard Rottiers a été l'une des victimes les plus touchées par les grêles incessantes des derniers millésimes. Proche de la rupture, il a réussi à trouver un second souffle dans des cuvées de négoce de bonne facture. Les vins présentés par le domaine ont tous en commun cette recherche de la pureté et laissent une belle impression d'harmonie. Un nouveau cap a été franchi avec le millésime 2021.

- moulin-à-vent 2021 | Sec | 2024>32 | 16 € | ☘ — 90
- brouilly 2021 | Sec | 2024>29 | 12 € — 90
- Thorins, moulin-à-vent 2021 | Sec | 2026>36 | 18 € — 93

Domaine des Terres Dorées

+

Depuis Charnay, Jean-Paul Brun est réputé dans tout le vignoble pour ses magnifiques blancs, qui nous feraient presque oublier ses délicieux beaujolais. Exploitant 48 hectares sur six crus différents, Jean-Paul Brun démontre chaque année qu'il est un grand vinificateur et ce depuis presque 30 ans. Dans un style bourguignon, où le gamay pinote, il cisèle les nez et affine les bouches avec délicatesse, parfois en fût, sans jamais rechercher la puissance.

- côte de brouilly 2021 | Sec | 2024>28 | 16 € — 89
- morgon 2021 | Sec | 2025>30 | 16.5 € — 90
- moulin-à-vent 2021 | Sec | 2024>30 | 19 € — 89

Château Thivin

✦

Le château Thivin a engagé une rénovation de son vignoble avec une réflexion sur le travail des sols. En conversion bio, le palissage sur les parcelles les plus pentues, à l'instar de la Chapelle, est désormais la règle. La gamme est large : les blancs et les rouges sur le fruit, les côte-de-brouilly (sept-vignes, griottes-de-brulhié). Le trio magnifique godefroy, chapelle, zaccharie nous a particulièrement impressionné et ému cette année. Une priorité pour l'amateur et une adresse de très grands vins.

- Zaccharie, côte de brouilly 2020 | Sec | 2025>35 | 34 € — 95
- La Chapelle, côte de brouilly 2020 | Sec | 2025>32 | 22.5 € — 93
- Godefroy, côte de brouilly 2020 | Sec | 2025>33 | 22.5 € — 94

Château des Tours

Ce domaine de 70 hectares bien situé au cœur de l'appellation brouilly bénéficie d'un terroir qui lui permet, en particulier grâce à ses vieilles vignes, de sortir des cuvées de bonne facture. Les nouvelles ambitions de sa propriétaire et la volonté de revenir à une vision de terroir devraient permettre à cette propriété de s'affirmer de plus en plus comme une valeur sûre de l'appellation.

- Vieilles Vignes, brouilly 2020 | Sec | 2022>26 | 15 € — 89
- Vieilles Vignes, brouilly 2022 | Sec | 2023>26 | NC — 92
- Combiaty, brouilly 2020 | Sec | 2023>29 | 22 € — 90
- Combiaty, brouilly 2022 | Sec | 2023>30 | NC — 93

Maison Trénel

+

Cette maison de négoce installée entre Beaujolais et Mâconnais propose une expression juste de ces deux régions. Propriété de la maison rhodanienne Chapoutier, elle affirme millésime après millésime ses ambitions, proposant des vins de plus en plus fins. Gamme sérieuse permise par une politique d'achat précise.

- Les Capitans, juliénas 2019 | Sec | 2025>32 | 22.6 € — 92
- Côte du Py - Les Strates, morgon 2021 | Sec | 2026>32 | 23.3 € — 91
- La Madone, fleurie 2020 | Sec | 2024>29 | 18 € — 90
- La Levrattière, fleurie 2020 | Sec | 2024>30 | 17.1 € — 90

✦ Star + Valeur sûre ⊛ À suivre de près N Nouvelle entrée

À gauche, vue sur le prieuré du château Meyney à Saint-Estèphe. Ci-dessus, un arbre (parmi d'autres) dans les vignes du château Cheval Blanc à Saint-Émilion. Ce n'est pas un affrontement entre deux mondes, c'est Bordeaux réinventé, créatif, innovant, capable de tout au service d'un même génie, séculaire et unique, celui de ses vins.

Bordeaux

C'est vrai, ce vignoble a une place à part dans le monde des vins fins. Chaque année, chaque millésime, la planète le regarde, décrypte ses tendances, y cherche l'émotion, trouve ses points forts et parfois ses faiblesses. Comme Bordeaux est un monde, tout n'y sera jamais parfait. Mais quand même, combien de révolutions y ont été menées et combien d'autres viendront ? Le feu sacré ne s'éteint jamais

PROMOTIONS DE L'ANNÉE

GRAVES
CHÂTEAU HAUT-BAILLY
CHÂTEAU SMITH HAUT LAFITTE

SAUTERNAIS
CHÂTEAU COUTET

RIVE DROITE
CHÂTEAU BELAIR-MONANGE

L'AMIRAL DE BEYCHEVELLE

UN PEU MOINS DE TROIS DÉCENNIES APRÈS SON ARRIVÉE, **PHILIPPE BLANC** A TROUVÉ LE BON RYTHME DE CROISIÈRE POUR CE CRU CLASSÉ DE SAINT-JULIEN. IL NAVIGUE À FOLLE ALLURE, SUR LES MERS INTRANSIGEANTES DU GRAND VIN

PAR ***LOUIS-VICTOR CHARVET***

« LE CHÂTEAU, LONG, bas, avec une grande aile, est peut-être le plus imposant et le plus beau du Médoc. Un énorme belvédère, d'au moins 50 mètres de long, des pelouses de gazon descendant vers la Gironde, sur quelques 800 mètres : perspective qui rappelle Versailles à plus petite échelle. » Alexis Lichine, fin connaisseur des vins de Bordeaux, qui consigne cette description dans son Encyclopédie des vins et des alcools (Robert Laffont), s'est sans doute retrouvé plus d'une fois dans le virage de la départementale 2 qui salue Beychevelle. La commune de Saint-Julien, à laquelle le hameau appartient, y a d'ailleurs installé un panneau qui invite le passant à saluer. À cet endroit, difficile de ne pas apercevoir la façade monumentale de cette propriété, classée en 1855, dont la réputation dépasse depuis longtemps son rang. Ce statut à part dans la hiérarchie des vins de Bordeaux, elle le doit en partie aux quelques familles qui s'y sont succédé, des ducs d'Epernon au XVIe siècle à la famille Achille-Fould, sans doute la plus déterminante dans sa destinée heureuse, en passant par la famille Heine. Aujourd'hui entre les mains de la société Grands Millésimes de France, codétenue par les groupes français et japonais Castel et Suntory, Beychevelle doit aussi sa réussite à la vision de son directeur, Philippe Blanc, en poste depuis vingt-cinq ans. Agronome et œnologue de formation, passé par les bancs des écoles de Paris et Montpellier, un temps en Champagne, en Alsace et en Australie, l'homme qui doit tout faire – c'est le labeur des directeurs – sait tout faire. S'il a peu à peu délégué ses missions techniques à une équipe de grande valeur, Philippe Blanc ne s'est jamais fait d'illusion quant aux raisons du succès de Beychevelle, toujours aussi demandé par la place de Bordeaux pour des marchés qui en cherchent. En bon superviseur, il semble ne jamais se lasser de cet écosystème où il est tout aussi décisif de savoir faire du vin que de savoir faire un prix. Taillé pour le rôle que lui ont confié les copropriétaires, il n'est pas non plus de ceux qui pensent que le salut vient de la rareté.

UNE IDÉE DU PLAISIR

Avec presque cent hectares de vignes plantées à disposition, Beychevelle n'a pas construit sa notoriété sur une distribution au compte-goutte, mais plutôt sur un style de vin à part mis en lumière par une viticulture exigeante. Son vignoble en pleine forme (vieux de 30 ans en moyenne) est planté dans les règles de l'art, entre 8 300 et 10 000 pieds par hectare, sur des sols de graves garonnaises typiques du Médoc, soumis à la régulation et à la protection de l'estuaire de la Gironde toute proche. Si bien planté d'ailleurs que le cru a bien résisté aux sécheresses estivales récurrentes de la dernière décennie. Culture raisonnée, agriculture bio sur une partie du vignoble, abandon des herbicides et des insecticides, limitation des pesticides, la propriété n'est pas restée les bras croisés face aux défis du siècle. Et si elle mise, comme beaucoup de ses sœurs, sur la résilience exceptionnelle du cabernet-sauvignon, elle n'a nulle intention d'abandonner les attributs de son style et de son identité, à savoir une part importante de merlot qui donne à son grand vin un profil suave et velouté, semblable dans certains millésimes à celui que l'on retrouve dans les meilleurs vins de Pomerol. Une forme de plaisir à laquelle la propriété est profondément attachée jusque dans sa distribution, qu'elle a choisie la plus large possible afin que les amateurs français et internationaux puissent en profiter (le cru est très représenté chez les cavistes et dans les restaurants). Elle cultive aussi son envie de plaire à une jeune génération de consommateurs grâce à un prix certes statutaire, mais finalement raisonnable par rapport à ceux affichés par quelques crus médocains du même niveau de notoriété. Enfin, elle a activé un levier essentiel dans cette démarche de partage avec une offre oenotouristique importante. De la visite classique jusqu'à la masterclass, des dizaines de milliers de personnes assistent chaque année aux activités et événements artistiques qu'elle propose et découvrent ses jardins majestueux, sa table ou encore ses chambres sublimes. Au fond, Philippe Blanc est à l'image de l'endroit dont il s'occupe et du vin qu'il produit, entre raffinement évident et bonheur immédiat. Que l'amateur se rassure, l'émotion qui dort dans sa cave peut durer plus d'un siècle. C'est ça, les grand bordeaux, bons tout de suite, immenses demain.

MALARTIC
PREND LE LARGE

UN GRAND TERROIR NE SUFFIT PAS À FAIRE UN GRAND VIN. IL FAUT UNE VISION, BEAUCOUP DE DÉTERMINATION ET SANS CESSE RENOUVELER SON MÉTIER, TOUJOURS RÉINVENTER SA PASSION. VOILÀ CE QUE FAIT LA **FAMILLE BONNIE**, DEPUIS DÉJÀ VINGT ANS

PAR **LOUIS-VICTOR CHARVET**

« RIEN D'EXCEPTIONNEL ne peut se faire sans un terroir d'exception. » Voilà, en quelques mots qu'il convient toujours de rappeler, comment la famille Bonnie résume sa situation au château Malartic-Lagravière. Il est vrai que ce cru classé des Graves situé à Léognan, en périphérie de l'agglomération bordelaise, peut s'appuyer sur les qualités de sa situation géographique. Avec 53 hectares sur ce qui est sans doute la plus belle croupe de graves de la commune, Malartic comme on l'abrège souvent, s'est fait depuis longtemps une place parmi les vins qui comptent. Pour autant, ce serait faire trop d'honneur à ce terroir qui en mérite beaucoup que de ne pas accorder à la famille Bonnie, propriétaire des lieux, une large responsabilité dans le succès actuel de la marque. En 1997, Alfred-Alexandre et Michèle Bonnie acquièrent le cru des mains de la famille Nonancourt (Champagne Laurent-Perrier). Malartic retrouve alors rapidement une seconde jeunesse avec l'arrivée de ce couple belge, spécialiste des projets endormis, qui compte à son actif le fait d'avoir complètement relancé les fameux détachants Eau Écarlate pour en faire une success-story. Tout est à faire, en commençant par s'équiper d'un nouveau chai, précurseur pour l'époque, qui utilise les bienfaits de la gravité dans un souci de qualité. Si cette époque justement consacre les vins qui se font en cave plutôt qu'à la vigne, il faut attendre l'arrivée de la nouvelle génération et ses préoccupations pour que les enjeux environnementaux soient aussi pris à bras le corps.

Véronique Bonnie.

DIT CELA, ET APRÈS ?

Jean-Jacques et Véronique, les enfants devenus grands, auraient pu jouer les propriétaires faussement impliqués et ne se soucier de la bonne santé de ce patrimoine que lors de quelques moments clefs de la vie d'une propriété bordelaise – une sortie du vin en primeur en est un, par exemple. Mais ces deux hyperactifs se seraient sans doute ennuyés. Véronique, ambassadrice infatigable de ses vins, n'aurait pas voyagé aux quatre coins du monde pour en faire la promotion. Et Jean-Jacques n'aurait pas les compétences pointues d'agronomie, d'œnologie qui sont les siennes aujourd'hui, ce goût du vin et cette aisance dans l'écosystème bordelais. Véronique, elle, aime le défi, se dire que rien n'est acquis. Jean-Jacques, lui, aime quand ça bouge, quand il sent qu'il avance. Il aime aussi Séverine, sa femme, dont l'implication dans la propriété en fait une sorte de directrice qui sait tout faire, au-delà de la communication dont elle se charge. Le trio, sensible quant à la qualité des vins de Malartic, s'est mis en ordre de marche pour atteindre l'excellence. Si, en cave, les choses sont depuis longtemps réglées et les petits excès du passé disparus, restait encore à donner au grand vin la force et la profondeur que son terroir permet, notamment par l'expression de ses beaux cabernet-sauvignon. Comme dans beaucoup de pessac-léognan, la part de merlot est importante et donne au vin cette rondeur et ce charme qui aide les vins à s'épanouir un peu plus vite en bouteille. Il a parfois masqué, à notre goût, la sève et les arômes très frais de pinède typiques de ce secteur. Depuis le millésime 2018, cette élégance un rien plus austère lui donne finalement ce soupçon de raffinement supplémentaire qui le rapproche, en harmonie comme en finesse, de l'excellent blanc de la propriété. On soupçonne que cette inflexion de style est apparue au fur et à mesure que la propriété multipliait les projets pour relancer une dynamique si difficile à entretenir.

LE VENT DANS LES VOILES

En particulier, la mise en place d'un vaste programme d'agro-écologie, déjà lancé aux débuts des années 2000, mais renforcé ces dernières années face à l'urgence de répondre aux défis du climat et aux attentes des consommateurs sur ces sujets. Concrètement, 500 arbres, soit cinq kilomètres de haies, ont été plantés, abritant une faune riche et quelques prédateurs des ravageurs de la vigne. Le travail au cheval dans le cœur du terroir de la propriété a été privilégié, tout comme le viti-pastoralisme avec l'introduction d'un troupeau de brebis choyées. Tout ça sans tomber dans le green washing, tout ça sous les regards toujours plus nombreux des visiteurs accueillis à la propriété. Bref, conduite dans la bonne direction par un nouvel équipage de son histoire, cette belle propriété familiale est admirablement à rebours de l'univers bordelais tel que le consommateur peut parfois l'imaginer. Accessibles, pédagogues, drôles aussi, les Bonnie semblent avoir trouvé ce petit quelque chose en plus qui la fait avancer d'un pas sûr et rieur vers l'avenir. C'est sans doute cela le secret des grandes familles du vin de Bordeaux pour rester aussi concernées après dix, vingt, trente ans, autant de cycles de la vigne, autant de cycles de la vie. Produire un vin aussi remarquable millésime après millésime doit aider à se réinventer. Après tout, c'est à chaque fois une nouvelle naissance.

an-Jacques
Séverine Bonnie.

Stéphane Rougé.

Véronique Dausse.

Fabrice Bacquey.

LES BONNES FÉES **DE PHÉLAN-SÉGUR**

ABSENT DU CLASSEMENT DE 1855, CE CRU DE SAINT-ESTÈPHE A PRIS SA REVANCHE À FORCE DE TRAVAIL, D'ABNÉGATION, DE COURAGE. IL DOIT TOUT À L'ÉQUIPE QUI S'EN OCCUPE ET À SON TERROIR DE PREMIER ORDRE

PAR ***MICHEL BETTANE***

CE CRU QUI FAIT PARTIE, depuis quelques générations de la très courte élite absolue des crus non classés du Médoc, naît au début du XIXe siècle, comme son voisin chanceux Montrose. Bernard Phélan, d'origine irlandaise comme les Barton, les Lynch ou les Clarke, regroupe progressivement les terres du clos de Garramey et du domaine Ségur de Cabanac. Son fils Frank le développe entre 1840 et 1860, encore une fois comme Desmoulin et Dollfus sur des sols voisins. Il construit un imposant château entre estuaire, prairies et vignes entourées de murs, associant lieu de séjour et lieu d'élaboration du vin. Les familles Delon, Gardinier et Van de Vyvere (depuis 2018) prennent le relais et maintiennent un haut niveau de qualité et un esprit de perfectionnement exemplaires. Véronique Dausse administre la propriété avec charme, énergie et saine ambition. Michel Rolland continue à conseiller la propriété dans le plus pur style médocain, n'en déplaise à quelques esprits mal lunés ou mal informés. Et Fabrice Bacquey ne cesse d'affiner viticulture, vinification et élevage, en parfaite symbiose avec Véronique Dausse.

DE LA CHAIR ET DU CHARME

Les 70 hectares de vignes se divisent en quatre blocs principaux, les parties originelles proches du château ou de Montrose (haut de Fontpetite) et une très belle croupe dans le secteur de Canteloup, acquise après l'achat du cru Houissant. Le sol de graves est argilo-graveleux, sur socle calcaire, et la vigne souffre rarement même en été très sec. L'encépagement planté comprend près de 60 % de cabernet-sauvignon, un peu plus de 35 % de merlot et se dirige vers 5 % de cabernet franc et petit verdot. Le grand vin tend à avoir un peu plus de proportion de cabernet-sauvignon quand sa maturité est idéale, ce qui se produit de plus en plus souvent. Depuis 2017, la propriété est dotée d'un plus grand nombre de petites cuves pour vinifier de plus en plus de parcelles au meilleur moment. Les levures indigènes pour la vinification sont sélectionnées de façon originale, parcelle par parcelle, ce qui explique sans doute la plus grande précision des tout derniers millésimes. Le style du vin s'est toujours distingué du classicisme un peu anguleux de l'appellation, avec des expressions aromatiques rappelant davantage le caractère de quelques crus de Pauillac et Saint-Julien. Le merlot, tout comme à Montrose, enrobe néanmoins les textures, apportant sa chair et son velouté tactile.

2022
Échantillon tiré du fût. Grande couleur, nez puissant de merrain de premier ordre, aucune note de surmaturité, corps généreux et parfaitement équilibré, texture précise, racée. Sans doute le vin le plus accompli jamais produit par la propriété, bénéficiant à plein des petites avancées œnologiques (vin de presse et levures sélectionnées parcellaires) et d'un tri impeccable du raisin sur les parcelles blessées par la grêle dans ce secteur du Médoc.
On a perdu en volume de vin ce qu'on a gagné de façon impressionnante.
95-96/100 (note primeur) - 2028>42

2020
Le cabernet domine nettement au nez et en bouche, dans un ensemble typé du cru, le rapprochant du style classique, cèdre et épices douces de nombreux pauillacs et saint-julien. Bon élevage en rien excessif, respectueux de la matière et qui apporte un soutien tannique de qualité. Comme souvent, on est au niveau d'excellents crus classés. Grand avenir.
94/100 - 2026>40

2019
Plus solaire au nez à ce stade d'évolution que le 2020.
Petite note de prune, de fruits noirs, mais avec retour à l'air du graphite et du minéral et en fin de bouche du menthol rafraîchissant et « montant » typique des beaux médocs.
93/100 - 2025>39

2018
On peut se diviser sur la préférence entre le 2018 et le 2019, le château étant impressionné par ce dernier.
Je préfère (de peu) la finesse et la texture plus stricte du 2018, sa parfaite qualité d'extraction, les vinifications parcellaires permises par le nouveau cuvier et les progrès de viticulture et de vendanges, plus précises que dans un passé proche.
94/100 - 2025>38

2016
Beaucoup de classe et d'élégance aromatique dans un ensemble réunissant une texture moelleuse confortable sur le plan tactile, une saveur définie terminant sur la fraîcheur mentholée qu'on aime dans ce cru et un élevage bien maîtrisé. Un bel exemple du savoir-faire de l'équipe et de son mentor Michel Rolland. Il est construit pour une longue garde.
94/100 - 2023>36

2015
Comme quelques pairs, il passe par une phase d'évolution qui le prive un peu d'élégance et de netteté, qu'il retrouvera certainement dans trois ou quatre ans. On a cependant du mal à imaginer qu'il égalera le 2016 en grandeur d'expression. Les pluies proches de la vendange à Saint-Estèphe se ressentent un peu malgré tout le travail effectué.
90/100 - 2023>35

2014
Nous l'avions toujours apprécié, malgré un contexte international qui n'a pas permis une évaluation du millésime conforme à sa qualité et ses promesses.
Le vin les tient toutes, d'une droiture et d'un éclat exemplaire.
93/100 - 2023>33

FÉE AUX ROSES
Un cru perfectionniste a toujours besoin d'effectuer des essais pour progresser aussi bien à la vigne qu'au chai.
Le précédent administrateur propriétaire du château, Thierry Gardinier, tenait particulièrement à la mise en valeur plus précise de quelques rangs de vigne choisis dans chaque sous-ensemble de la propriété.
Rien de spécial en plus par rapport au reste de la propriété, mais par la force des choses plus de précision dans le choix de la date de vendange et de contrôle de volumes de vinifications plus réduits. Michel Rolland avait aussi conseillé un élevage plus long, d'une trentaine de mois, qui a certainement permis d'amplifier le corps du vin et de mieux l'intégrer au boisé des barriques. L'essai est interrompu – provisoirement nous l'espérons – mais le château met en vente quelques millésimes particulièrement réussis que nous recommandons vivement. Les volumes disponibles sont restreints, à la bourguignonne : quelques milliers de bouteilles.

2013
Réussite incroyable même dans un millésime tardif, difficile et de toute petite production. Superbe nez épicé et floral (on ne trouve pas souvent ce floral dans le grand vin), texture raffinée, beaucoup d'allonge, un vin pour esthète exigeant et qui fait réfléchir.
94/100 - 2023>38

2010
Une seconde bouteille fut nécessaire, l'aération ayant un peu affaibli la première.
Cela en valait la peine car le nez magique de ce 2010 exceptionnel peut égaler, voire dépasser, en finesse et raffinement Lafite lui-même. Merveilleuse fin de bouche.
97/100 - 2023>35

2009
On sent bien davantage le soleil que dans le 2010 et on a le sentiment de changer de rive bordelaise, avec beaucoup de largeur, un peu moins de profondeur et des notes aromatiques plus confites, tout comme la texture. Incontestablement beaucoup de générosité.
95/100 - 2023>34

2008
Un grand médoc classique, sans concession, et tant pis pour les détracteurs du style Rolland, qui parfois parlent trop vite. On admire la perfection et la netteté des notes de cèdre, l'élan de la texture, qui ne fait que commencer un très long parcours en bouteille.
98/100 - 2023>33

2007
Même étonnement. On ne connaît guère de vins plus complets dans le secteur que cette bouteille. Une supplique, valable aussi pour les voisins : Allongez le temps d'élevage en barrique, s'il vous plaît. Vos raisins actuels, bien plus aboutis que dans le passé en maturité et en netteté d'expression de l'origine vous le permettent, sans que cela devienne une règle trop stricte. De toute évidence, même le raisin de 2007 y a gagné.
96/100 - 2023>32

Le nouveau chai, magnifique et épuré, doit permettre à la propriété d'affirmer son potentiel de terroir tout en renforçant la qualité atteinte lors des derniers millésimes.

BELAIR-MONANGE
TOUCHÉ PAR LA GRÂCE

PARMI LES PROPRIÉTÉS DE SAINT-ÉMILION, ON SAVAIT CELLE-CI CAPABLE D'ATTEINDRE LE RANG ULTIME DANS NOTRE HIÉRARCHIE. UN TERROIR EXTRAORDINAIRE, UNE FAMILLE PASSIONNÉE ET DES OUTILS DE POINTE. DÉSORMAIS, ELLE A TOUT, L'ÉMOTION EN PLUS

PAR ***DENIS HERVIER***

DEPUIS SON RACHAT EN 2008 par les établissements Jean-Pierre Moueix, Bélair n'a jamais cessé de progresser. Situés à l'entrée sud-ouest de Saint-Émilion, sur le point culminant du plateau calcaire, les 12,5 hectares de ce premier cru classé sont réputés depuis le XIXe siècle. Les premières éditions du célèbre Cocks & Féret mentionnent que « le château Bélair a toujours été placé en tête des premiers crus de Saint-Émilion », précisant que « c'était le seul vignoble de la Rive droite ayant le potentiel d'intégrer le classement de 1855 ». Durant la guerre de Cent Ans, Bélair est la propriété de Robert Knolles, gouverneur de Guyenne. Malgré bien des vicissitudes, elle reste dans les mains de ses descendants durant des siècles jusqu'à son rachat en 1916 par Édouard Dubois-Challon, le propriétaire d'Ausone. À la mort d'Hélyette Dubois-Challon, en 2003, le régisseur Pascal Delbeck en devient l'unique héritier. Devant les investissements colossaux à entreprendre, il renonce à Bélair et revend ce premier cru classé à la famille Moueix qui le rebaptise Bélair-Monange en l'honneur d'Anne-Adèle Monange, mère de Jean-Pierre Moueix et arrière-grand-mère d'Edouard qui le dirige aujourd'hui.

Ce dernier engage rapidement un véritable travail de fond dans le vignoble. En 2012, Bélair absorbe les onze hectares voisins du château Magdeleine. C'est l'opportunité de réunir, grâce à cette nouvelle surface de 23,5 hectares, les trois types de terroir de l'appellation. Sol calcaire du plateau, argilo-calcaire des terrasses et argiles bleus des côtes, exposées sud-sud-est de manière idéale pour la maturité juste des baies. Restructurations et replantations s'effectuent grâce à des sélections massales de la propriété. Au renouvellement du matériel végétal s'ajoute le souci de mener un travail cultural vertueux, déterminant dans la progression du cru. L'encépagement du vignoble change. Le cabernet franc – 8 % aujourd'hui – devrait doubler dans les prochaines décennies. Le merlot (92 %), dompté par le terroir calcaire, domine largement et représente même, pour certains millésimes, 99 % de l'assemblage final du vin. Parallèlement, de titanesques travaux sont menés pour consolider les kilomètres de galeries souterraines issues des anciennes carrières qui servaient de cave et de chai d'élevage. Dernier grand chantier en date, le nouveau chai. L'outil technique devrait permettre à la propriété d'affirmer encore son formidable potentiel de terroir tout en renforçant la qualité inédite atteinte lors des derniers millésimes.

Souvent défini comme un vin aérien et minéral en raison de son origine calcaire, Belair-Monange a gagné en profondeur à partir des millésimes 2014 et 2015. Cette minéralité ressentie s'exprime avec de nombreuses nuances. Elles vont de la pierre à fusil au silex en passant par la poudre de craie. Le grain de tannin, le fruit précis sculpté et la fraîcheur d'ensemble donnent une singularité certaine à l'ensemble.

2021
Vigueur et profondeur, avec une intensité qui imprime à l'ensemble une délicatesse de saveur unique. 99 % de merlot et un terroir exceptionnel. Tannin ultra savoureux, vin expressif sur sa finale saline. Sommet du millésime.
97/100 - 2025>50

2020
Le calcaire a joué son rôle et évité les stress hydriques liés à la sécheresse estivale. Toucher de tannin soyeux et crémeux, sensualité inédite soulignée par la trame crayeuse en milieu de bouche et la finale. L'assemblage (98 % de merlot, 2 % de cabernet franc) est en place et donne l'un des bélair-monange les plus aboutis de l'histoire.
99/100 - 2025>65

2019
96 % merlot, 4 % de cabernet franc. Avec ce 2019, deux hectares du plateau calcaire font leur entrée dans le grand vin. Le profil du vin change, avec un côté aérien plus persistant. Le sens nord-sud de la plantation a protégé les raisins du soleil de l'été 2019. Équilibre entre fruit subtil et tannin étiré. La qualité de texture le propulse vers le raffinement ultime. Grande émotion renversante.
99/100 - 2022>62

2018
Un record de ces cinquante dernières années que les 1 136 heures d'ensoleillement entre juin et septembre. Vendanges sous un soleil radieux du 18 septembre au 4 octobre. 98 % de merlot, 2 % de cabernet franc. Un 2018 hors norme avec une finesse de taffetas dans sa structure tannique. Séveux et tout en subtilités, sensualité corsetée et charme fou. Taillé pour traverser les décennies.
98/100 - 2022>52

En famille, Édouard et Christian Moueix veillent sur la propriété.

2017
Vendanges du 15 au 30 septembre. 98 % merlot, 2 % cabernet franc. Grâce à son parcellaire protégé, la propriété a été épargnée par les gels de fin avril. L'argile et le calcaire, régulateurs hydriques naturels, ont permis un apport régulier en eau au cours de l'été caniculaire (pluviométrie inférieure de 30 % par rapport à la normale saisonnière). Ouverte, classique et pure, l'aromatique évolue entre cassis, réglisse, épices, fruits rouges et craie. Grande réussite.
97/100 - 2022>52

2016
92 % merlot, 8 % cabernet franc. Printemps doux et arrosé (pluviométrie record de 259 mm entre avril et juin, 108 mm pour la même période en 2015). Une parenthèse ensoleillée en mai a permis une floraison rapide et homogène. Période sèche de mi-juin à mi-septembre, sans sécheresse pour les vignobles situés sur les sols ayant retenu le surplus hydrique du printemps. Robe grenat soutenue, nez de fruits noirs, fruits rouges. Qualité de texture, élan frais, précision finale et retour salin. Il évoluera bien.
98/100 - 2022>62

2015
88 % merlot, 12 % cabernet franc. Millésime marqué par la chaleur et le soleil qui s'est éloigné du profil très solaire de 2003 grâce à un mois de septembre frais et légèrement arrosé. Bonne fin de maturation phénolique et aromatique. Dense et équilibré, avec, à partir de ce millésime, une sève intense et plus de persistance aromatique finale.
97/100 - 2022>52

2014
88 % merlot, 12 % de cabernet franc. Printemps doux et sec, violents orages en été, été indien (comme souvent) salvateur. Vendanges entre le 16 septembre et le 6 octobre. Sa verticalité initiale et sa fougue juvénile s'assagissent, le tannin gagne en profondeur avec un rebond final stylé. Gastronomique et caressant avec les viandes rouges. L'amateur doit le rechercher.
95/100 - 2024>52

2012
« Août chaud et sec fait le moût », a-t-on coutume d'entendre dans les chais. Le mois s'est révélé déterminant après un frais mois de juillet. Fin de maturité en douceur en septembre, vendanges entre le 6 et 11 octobre. Pour la première fois, les meilleurs raisins de Magdeleine sont entrés dans l'assemblage, ce qui a permis de gagner en intensité au niveau de l'arête minérale et de dynamiser une bouche soyeuse et disponible. Délicieux aujourd'hui et tout en charme.
94/100 - 2022>40

2011
90 % merlot, 10 % cabernet franc. Le printemps sec et chaud précède un été capricieux qui se termine avec le retour de la chaleur en août et septembre (vendanges entre 14 et le 24 du mois). Ce millésime est longtemps apparu comme ingrat et un peu dur. Il s'ouvre désormais et gagne en charme : chair étirée, profondeur finale, à son aise avec un chapon serti de diamants noirs.
93/100 - 2022>47

2010
85 % merlot, 15 % cabernet franc. Bel été chaud et sec encadré par des nuits fraîches, atout qualitatif supplémentaire. Le mois de septembre continue sur cette lancée et favorise le développement des polyphénols et des précurseurs d'arômes. La nouvelle équipe commence à prendre ses marques. Fruité joyeux et agreste, profondeur et subtilité tannique. Le meilleur bélair de cette décennie.
96/100 - 2022>52

2009
85% merlot, 15% cabernet franc. Année météorologique quasi parfaite, vendanges entre les 2 et 6 octobre. Robe plus dense qu'en 2008, flaveurs de fraise des bois et notes truffées éphémères, attaque sensuelle, texture soyeuse, parfaitement soutenu en bouche par l'énergie calcique qui étire un tannin dessiné.
94/100 - 2022>42

LES ARTISTES BRÛLENT LES PLANCHES

LA SCÈNE BORDELAISE A DEPUIS LONGTEMPS CONQUIS LA PLANÈTE. AUX AMATEURS FRANÇAIS DE VENIR VOIR JOUER CETTE ÉQUIPE FORMIDABLE. LE SPECTACLE EST GRANDIOSE

SÉLECTION ***HÉLÈNE DURAND, MICHEL BETTANE, LOUIS-VICTOR CHARVET, THIERRY DESSEAUVE*** *ET* ***DENIS HERVIER***

GRAVES SAUTERNAIS

Château d'Arche

★★★☆☆ ✚

Ce cru dispose d'un vignoble bien situé, jouxtant les châteaux Lamothe et Filhot, sur la meilleure partie de la commune de Sauternes. Un petit hôtel de charme y a été construit par ses propriétaires, de façon à faire progresser le tourisme viticole en Sauternais. Le vin est sérieusement élaboré, progressant d'une année sur l'autre et rejoint la qualité qu'on attend d'un vrai cru classé.

- **sauternes 2019** | Liquoreux | 2023>35 | 28 € — 91
- **sauternes 2020** | Liquoreux | 2025>35 | 42 € — 91
- **A, bordeaux 2022** | Sec | 2023>26 | 12 € — 90

Château Bastor-Lamontagne

★★☆☆☆ ⊕

Bastor-Lamontagne produit un sauternes agréable, moins riche que les plus grands crus de la commune, qui joue sur le registre de l'équilibre du fruit et du rapport qualité-prix. Repris par le groupe Grands Chais de France, la propriété est aujourd'hui menée en agriculture biologique. Bon rapport qualité-prix et en progression ces derniers millésimes.

- **sauternes 2020** | Liquoreux | 2024>32 | 23.3 € — 91
- **sauternes 2019** | Liquoreux | 2023>30 | 30 € — 94
- **Confidence, bordeaux 2021** | Sec | 2022>25 | 14 € — 92

Château Bouscaut

★★★☆☆ ✚

Cette propriété classée de Cadaujac possède un terroir à part, avec des sols plus calcaires mieux adaptés aux cépages blancs. Sophie Cogombles et son sympathique mari réussissent d'ailleurs bien leur vin blanc, séveux, complexe, présentant une belle synergie entre sauvignon et sémillon. Les rouges n'ont cessé de progresser depuis quelques millésimes, ils ont maintenant largement rattrapé le peloton de tête de l'appellation.

- **pessac-léognan 2020** | Sec | 2023>29 | 34.17 € — 88
- **pessac-léognan 2019** | Sec | 2025>32 | 33 € — 91
- **pessac-léognan 2020** | Sec | 2024>34 | 34.17 € — 90

Château Brown

★★★☆☆

Cette propriété, qui doit son nom à un négociant écossais, a parfaitement été reprise en main par la famille Mau en 2005, en association avec les Hollandais Dirkzwager. Passionné, Jean-Christophe Mau y consacre beaucoup d'énergie et propose des vins justes, sur le fruit, harmonieux et équilibrés. Les blancs sont irréprochables, précis et purs. Les rouges, de très bon niveau, possèdent un caractère léognan affirmé. Le cru est dans le peloton de tête de l'appellation.

- **pessac-léognan 2019** | Sec | 2025>32 | 31 € — 91
- **pessac-léognan 2020** | Sec | 2023>32 | 31 € — 89
- **pessac-léognan 2020** | Sec | 2023>26 | 26 € — 89

Château Caillou

★★☆☆☆ ⊕

Ce second cru classé, situé au cœur de la partie haute du village, juste à côté de Climens, est la propriété de la famille Ballan-Bravo, incarnée depuis 2017 par la nouvelle génération qui a rejoint la propriété. Dans l'ombre de ses illustres voisins, à l'instar de Climens, ce château continue de produire des vins équilibrés et de bonne composition. Les élevages longs rendent les vins peut-être moins démonstratifs, mais la parfaite évolution de ces derniers fait de château-caillou un excellent barsac à prix doux. Rapport qualité-prix souvent imbattable parmi les crus classés.

- **barsac 2020** | Sec | > | NC — 90

Château Carbonnieux

★★★☆☆ ✚

Appartenant depuis 1956 à l'attachante famille Perrin, ce grand classique de l'appellation pessac-léognan séduit tant par son volume de production, surtout en blanc avec 45 hectares, que par la régularité et la typicité de son style. Aujourd'hui, la quatrième génération s'implique complètement avec le jeune et brillant œnologue Andréa, fils d'Eric. Un nouvel élan pour ce beau domaine qui ne cesse de progresser depuis une dizaine d'années. Les blancs, pâles et frais, supérieurement élégants ont gagné en richesse de constitution. Les rouges, réguliers, peuvent rivaliser avec les meilleurs.

- **pessac-léognan 2020** | Sec | 2023>28 | 39 € — 90
- **pessac-léognan 2019** | Sec | 0>0 | 35 € — 91
- **pessac-léognan 2020** | Sec | 2024>32 | 38 € — 92

✦ Star ✚ Valeur sûre ⊕ À suivre de près Ⓝ Nouvelle entrée

Château de Chantegrive
★★☆☆☆

Cette grande propriété du sud des Graves appartient à la famille Lévêque, par ailleurs courtiers réputés du Bordelais. Elle est désormais suivie par Hubert de Boüard (château Angélus) qui y produit un vin typique en rouge comme en blanc, destiné au plus vif succès. Les vins tant en rouge qu'en blanc sont expressifs, finement aromatiques, raffinés et bien équilibrés. La cuvée caroline, vin phare du domaine, est riche tout en ne manquant pas d'élégance.

- graves 2019 | Sec | 2024>30 | 16 € — 89
- graves 2020 | Sec | 2023>25 | 34.17 € — 88

Domaine de Chevalier
★★★★★ ✦

Voici une propriété estimée de tous, dotée d'un superbe vignoble d'un seul tenant autour du château, parmi les mieux cultivés du Bordelais. Olivier Bernard est un infatigable ambassadeur des vins de Bordeaux dans le monde. Il est aussi l'un de ceux qui connaissent le plus intimement la valeur de leur produit, grâce à des dégustations quotidiennes en compagnie des innombrables visiteurs du domaine, pionnier dans l'accueil du public. Les blancs sont les plus racés de la commune, les rouges des modèles de classicisme bordelais dans leurs proportions et leur saveur. Pour sa quarantième vendanges, Olivier Bernard, accompagné désormais de ses deux fils Hugo et Adrien, peut s'enorgueillir d'avoir construit l'une des marques les plus solides du Bordelais et un vin, en rouge comme en blanc, toujours recherché des connaisseurs, partout dans le monde.

- pessac-léognan 2020 | Sec | 2023>32 | 105.8 € — 95
- pessac-léognan 2019 | Sec | 2025>35 | 61.6 € — 94
- pessac-léognan 2020 | Sec | 2024>45 | 80 € — 95

Château Climens
★★★★★ ✦

Repris par la famille Moitry tombée sous le charme de l'endroit et passionnée par les grands terroirs de Sauternes, Climens devrait continuer d'écrire plus sereinement son histoire grandiose. Mythe absolu de Barsac, la propriété offre toute la magie d'un terroir qui peut parfois surpasser Yquem en finesse et en subtilité aromatique, grâce à son sous-sol calcaire. Le vin sec, Asphodèle, création récente, peut s'imposer dans les grands millésimes comme l'un meilleurs blancs de tout le Bordelais. Sous la direction générale de Jérôme Moitry et la direction technique de Frédéric Nivelle, le cru devrait retrouver rapidement son statut à part parmi les crus classés bordelais.

- Asphodèle, bordeaux 2019 | Sec | 2022>26 | 29 € | — 93
- Asphodèle, bordeaux 2020 | Sec | 2024>32 | NC — 93

Château Closiot
★★★☆☆ ⊕

Jean-Marie Guffens, grand maître du chardonnay, s'est pris de passion pour le sauternes et propose, sur des vignes idéalement situées à proximité de celles du château Coutet, un liquoreux remarquable produit dans les règles de l'art. Tout en gardant la force du grand barsac et ses attributs d'élégance, il impose son style et sa vision.

Château Couhins
★★☆☆☆

Le cru (différent de Couhins-Lurton) appartient à l'INRA, qui pendant longtemps et malgré son classement ne faisait pas grand-chose pour le faire connaître. Ce n'est désormais plus le cas et une équipe technique très compétente le met progressivement au niveau de ses pairs. Seul le blanc est classé, très minéral et proportionnellement plus racé que le rouge. Ce dernier est en net progression.

- pessac-léognan 2020 | Sec | 2025>32 | NC — 90

Château Couhins-Lurton
★★★☆☆

Couhins-Lurton était la propriété emblématique du regretté André Lurton. Depuis 2018, son fils Jacques en a la responsabilité. Vinificateur international de talent, il apporte au domaine son expertise technique et une dynamique nouvelle qui permet de mettre en valeur ce terroir unique. Couhins produit un vin blanc d'une remarquable finesse : un 100 % sauvignon typé par le cépage sur un terroir calcaire unique dans l'appellation pessac-léognan, prenant au vieillissement des notes épicées et minérales. Le rouge a pris une nouvelle dimension. Il est flatteur, élégant, fruité et d'un grand équilibre.

- pessac-léognan 2020 | Sec | 2023>29 | 34 € — 91
- pessac-léognan 2020 | Sec | 2023>33 | 30.4 € — 91

Château Coutet
★★★★★ ✦

Coutet (qui se prononce « Coutette ») est l'autre grand terroir de Barsac, un rien (deux ou trois mètres) plus bas que Climens, avec plus de proportion de fer dans le sol calcaire. L'alsacien Philippe Bally l'administre avec une discipline jamais dénuée d'humour et maintient la propriété d'une petite quarantaine d'hectares au plus haut niveau dans la qualité du vin. Depuis 2010, un vin sec confidentiel mais étonnant, Opalie, montre la voie de la catégorie pour l'appellation. La somptueuse cuvée Madame est une apothéose du barsac. Portée par un propriétaire passionné et par une équipe technique de grand talent, la propriété a atteint ces derniers millésimes un niveau d'excellence qui nous invite à lui décerner une cinquième étoile.

- barsac 2019 | Liquoreux | 2025>40 | 35.5 € — 94
- barsac 2020 | Liquoreux | 2026>46 | 40 € — 92
- Opalie, bordeaux 2021 | Sec | 2025>32 | NC — 93

Château Doisy-Daëne
★★★★☆

Jean-Jacques et Fabrice Dubourdieu dirigent de façon magistrale leur grand cru familial, dans l'esprit initié par leur père Denis, trop tôt disparu. La science agronomique et œnologique la plus pointue est aux prises avec les caprices de la nature, pour le meilleur. Une toute petite production (3 000 bouteilles) d'un vin très liquoreux est produite sous la marque l'extravagant-de-doisy-daëne lorsque la récolte s'y prête. Ce vin peut atteindre des sommets extraordinaires de qualité.

- barsac 2019 | Liquoreux | 2025>45 | 28 € — 98
- barsac 2020 | Liquoreux | 2026>46 | 40 € — 96
- bordeaux 2021 | Sec | 2023>25 | NC — 92

Château Doisy-Védrines
★★★★☆

Cette propriété voisine de Doisy-Daëne, dirigée par Olivier Castéja, partage le même type de sol calcaire, typique du Haut-Barsac, et produit en grand vin un liquoreux classique, bien rôti, généreux, qui plaira à tous. On apprécie le gain en finesse pure, mieux protégée contre l'oxydation, depuis quelques années. Les prix sont sages.

- barsac 2020 | Liquoreux | 2025>35 | NC — 91

Château Ferrande
★★☆☆☆ ⊕

Jolie propriété appartenant depuis longtemps à la famille Castel, Ferrande s'est longtemps maintenu dans le style traditionnel des graves. Il évolue aujourd'hui dans les deux couleurs, avec plus de densité et de précision tannique en rouge et surtout une finesse et une fraîcheur alliées à une complexité aromatique en blanc. Belle reprise en main.

- graves 2020 | Sec | 2024>30 | NC — 91
- graves 2020 | Sec | 2023>29 | NC — 92

Château de Fieuzal
★★★☆☆

Ce cru fut longtemps célèbre d'abord par son vin blanc, un des plus complets de Léognan, mais son rouge, à son meilleur, est l'une des plus brillantes illustrations du caractère des pessac-léognan. La dernière décennie marque le retour au meilleur niveau de fieuzal blanc. Les nouveaux chais, ultra performants, avec de nombreuses petites cuves de contenances diverses, en béton, en inox ou en bois, permettent désormais à Stephen Carrier, le directeur, de faire de la haute-couture. Nous sentons ces derniers millésimes poindre un certain renouveau dans le style du vin, au profit d'une plus grande pureté.

- pessac-léognan 2020 | Sec | 2024>35 | 37.9 € — 92
- pessac-léognan 2020 | Sec | 2023>28 | 56 € — 90

Château Filhot
★★☆☆☆

La nouvelle génération de Vaucelles affiche clairement sa volonté de produire des sauternes de style, riches et sans lourdeur, à partir d'une vendange parfaitement conduite. derniers millésimes le renouveau de style de la propriété, dû à un élevage moins réducteur. Il faut encore plus d'ambition pour rendre au terroir toute sa force. Le cru est sur la bonne voie.

- sauternes 2019 | Liquoreux | 2023>30 | 25 € — 91
- sauternes 2020 | Liquoreux | 2024>30 | NC — 90

Clos Floridène

★★★☆☆

Cette marque, qui associe les prénoms de Florence et Denis Dubourdieu, a bénéficié du savoir-faire et du faire-savoir du célèbre œnologue bordelais disparu en 2016. Les blancs, qui expriment davantage la minéralité étonnante d'un terroir calcaire que les arômes variétaux des cépages locaux, sont incomparables. Une petite quantité de rouge, très soignée et rejoignant maintenant la perfection du blanc, est produite.

- graves 2020 | Sec | 2023>26 | 18 € — 89
- graves 2019 | Sec | 2024>29 | 20 € — 91
- graves 2020 | Sec | 2023>29 | 17 € — 89

Château de France

★★☆☆☆

Avec son vignoble très cultivé, le château de France produit des vins équilibrés et sérieusement constitués. Depuis le retour d'Arnaud Thomassin, le style du vin progresse incontestablement de façon régulière. Les rouges sont volumineux, aromatiques et de garde, et les blancs jouent sur la complexité de fruit, la maturité et l'équilibre. Devenu incontournable dans l'appellation, ces pessac-léognan conservent un prix encore accessible.

- pessac-léognan 2020 | Sec | 2023>34 | 27.5 € — 91

Château Gilette

★★★★★ ✦

Dans la famille Médeville depuis le XVIIIe siècle, aujourd'hui avec Julie Gonet-Médeville, actuelle gérante, Gilette propose depuis les années 1930 un unique vin liquoreux, vieilli entre 15 et 20 années en cuve béton, uniquement les années exceptionnelles. Seul le nectar – crème-de-tête – est conservé pour le grand vin. Au vignoble, quatre hectares et demi alimentent Gilette, dont une parcelle qui a donné le nom au château. Ce vin d'excellence résiste aux modes et incarne l'excellence des grands sauternes.

- Crème de Tête, sauternes 2018 | Liquoreux | 2025>50 | 165 € — 96

Château Guiraud

★★★★☆ ✚

Le château est la propriété de quatre associés : Robert Peugeot, Stephan von Neipperg et Olivier Bernard et désormais Matthieu Gufflet (EPSA). Certifié en viticulture biologique depuis 2011, disposant d'un conservatoire des cépages blancs d'Aquitaine absolument unique (175 souches de sauvignon et de sémillon), Guiraud montre la voie d'une agriculture respectueuse en Sauternais. On y vendange avec précision des raisins parfaitement botrytisés, pour produire deux types de liquoreux. Le grand vin, tout en finesse et c'évolution assez rapide en bouteille et petit-guiraud, moins riche et apte à briller à l'apéritif. L'arrivée de la très expérimentée Sandrine Garbay, en provenance du château d'Yquem, en tant que directrice générale donne à Guiraud de nouvelles ambitions que nous suivrons de très près.

- sauternes 2020 | Liquoreux | 2025>35 | 48 € — 93
- Le G, bordeaux 2021 | Sec | 2023>28 | 20 € — 89

Château Haut-Bailly

★★★★★ ✦

C'est l'un des pessac-léognan les plus attachants de cette belle appellation, repris par la famille Wilmers en 1998. Le vignoble de 30 hectares, qui n'a pas bougé en superficie depuis le XIXe siècle, a la chance d'être âgé (certains pieds atteignent 120 ans), impeccablement tenu par une équipe technique très performante, conduite par Gabriel Vialard, et administré avec passion par Véronique Sanders, petite-fille de l'ancien propriétaire du château. Les vins sont raffinés et équilibrés. Le fruit est précis, le tannin noble, la fraîcheur toujours maîtrisée et l'équilibre irréprochable. Le second vin, haut bailly II, est d'une régularité sans faille et d'une élégance à toute épreuve. La propriété qui cumule un nombre impressionnant de grands millésimes depuis maintenant plus d'une décennie rejoint l'élite des plus grands vins de Bordeaux. Cinquième étoile amplement méritée.

- pessac-léognan 2019 | Sec | 0>0 | 98 € — 96
- pessac-léognan 2020 | Sec | 2025>45 | 149.83 € — 96

Château Haut-Bergey

★★★☆☆ →

Depuis 2014, Paul Garcin œuvre à la tête du domaine acquis en 1991 par ses parents qui avaient réhabilité et agrandi le vignoble tout en reconstruisant le chai. Un beau vignoble de 44 hectares (2 en blanc et 42 en rouge) implanté sur des croupes graveleuses au cœur de la commune de Léognan. Dynamique et passionné, convaincu que la biodynamie permet aux vins de mieux refléter le terroir, il obtient les certifications bio en 2010 et Demeter en 2012. Il crée de nouvelles cuvées dans l'air du temps, comme la cuvée Paul, fruitée et pimpante, sans pour autant perdre l'esprit du premier vin. Le blanc dépasse d'une courte tête en personnalité le rouge qui lui, a besoin de quelques années pour s'assouplir.

- pessac-léognan 2019 | Sec | 2022>26 | 20 € — 91
- pessac-léognan 2019 | Sec | 2023>30 | 26 € | ☘ — 91
- pessac-léognan 2020 | Sec | 2023>30 | 19.58 € — 91

Château Haut-Brion

★★★★★ ✦

Ce cru magistral, enchâssé dans la ville, brille toujours par sa générosité de texture, liée à une bonne proportion de merlot (40 % ou souvent plus) et à la haute maturité d'un raisin qui mûrit précocement dans ce microclimat urbain. S'y ajoutent des notes fumées originales, nées du terroir et de certains clones de vignes propres au château, plus ou moins marquées d'un millésime sur l'autre. On y travaille impeccablement, sous l'impulsion intelligente de Jean-Philippe Delmas et le regard constant du prince Robert de Luxembourg, profondément attaché à cette propriété que sa famille a acquise en 1935 (Clarence Dillon). Le blanc, très rare, équilibre sauvignon et sémillon dans un assemblage d'une autorité et d'un cachet insurpassés à Bordeaux. Le second vin, clarence, témoigne de la noblesse de son grand terroir.

- pessac-léognan 2020 | Sec | 2028>50 | 681.6 € — 98
- pessac-léognan 2020 | Sec | 2025>40 | NC — 95

Clos Haut-Peyraguey

★★★★☆

Le terroir exceptionnel de ce cru de 17 hectares explique l'ampleur et la race des millésimes récents, soignés et conformes à ce qu'on attend d'eux. Bernard Magrez (châteaux Pape-Clément, Fombrauge) fait ici œuvre de mécène pour aller jusqu'au bout du potentiel de ce petit bijou acquis en 2012. Progressivement, les boisés sont plus rapidement intégrés et sauf accident le vin se rapproche de plus en plus en éclat et complexité de château-yquem.

- sauternes 2019 | Liquoreux | 2025>35 | 27.78 € — 94

Château La Garde

★★★☆☆ →

Voisin immédiat du château Latour-Martillac, le terroir de cette propriété historique de la maison Dourthe, qui l'a acquise en 1990, n'a rien à envier à ses semblables primés : 54 hectares d'un seul tenant et d'une diversité géologique impressionnante. Les principaux cépages bordelais y sont plantés, merlot en tête, sur sol d'argile ou de calcaire, cabernet-sauvignon ensuite, sur graves profondes pour les meilleurs. Avec un terroir aussi protéiforme, il fallait un outil de vinification adapté. La Garde a sorti le grand jeu et un chai digne des meilleures propriétés de Bordeaux. Rouges comme blancs sont à rechercher pour leur excellent rapport qualité-prix.

- pessac-léognan 2020 | Sec | 2025>32 | NC — 92
- pessac-léognan 2021 | Sec | 2023>29 | NC — 93

Château La Louvière

★★★☆☆

Encadré par Carbonnieux et Haut-Bailly, le cru est l'un des plus efficaces ambassadeurs de Pessac-Léognan dans le monde. Les vins, rouges et blancs, puissants et d'une régularité sans faille, vieillissent superbement. Les blancs typés sauvignon, racés et d'une fraîcheur exquise, font partie des incontournables de l'appellation. Le rouge est maintenant à la hauteur du blanc, avec un style puissant et vigoureux, non dénué d'élégance. Cette propriété sœur de Couhins-Lurton profite de l'excellent travail de Jacques Lurton et de ses équipes.

- pessac-léognan 2020 | Sec | 2023>29 | 28.3 € — 91
- pessac-léognan 2020 | Sec | 2023>29 | 28.3 € — 91

✦ Star ✚ Valeur sûre → À suivre de près N Nouvelle entrée

Philippe Baly, Château Coutet, Sauternais

Mais comment une famille alsacienne a-t-elle pu se retrouver, à la fin des années 1970, propriétaire de l'un des crus classés de Barsac ? En tombant sans doute sous le charme du lieu. En quarante ans, les Baly, Marcel, le père, Philippe et Dominique, ses fils, et maintenant Aline, ont conduit Coutet sur le chemin de l'excellence et au sommet de notre hiérarchie, avec cinq étoiles cette année. Viticulture au cordeau, sens extrême du détail, création d'un blanc sec, cette famille attachante, d'une gentillesse rare, s'est battue de toutes ses forces pour donner un avenir serein à ce vin de légende. Elle a réussi. *Louis-Victor Charvet*

Château La Mission Haut-Brion
★★★★★

Mission continue à nous régaler avec son grand vin velouté et complexe à souhait, grande expression du merlot sur graves profondes (souvent plus de 50 % de l'assemblage) et d'un exceptionnel cabernet-sauvignon qu'on rêve un jour de déguster pur. Le blanc à dominante de sémillon n'a toujours pas d'égal à Bordeaux en noblesse aromatique et complexité.

- pessac-léognan 2019 | Sec | 2026>36 | 281 € — 98
- pessac-léognan 2020 | Sec | 2025>40 | 365 € — 96

Château La Tour Blanche
★★★★☆

Le château appartient à l'État depuis 1909 et abrite un lycée professionnel agricole et viticole. L'école de viticulture de la république soigne ainsi son bijou le plus précieux et son équipe technique renouvelée a encore affiné les vinifications, avec des vins qui permettent de comprendre pourquoi en 1855 le cru vient en tête de liste des premiers crus classés. Si vous en avez l'occasion, demandez à déguster la confidentielle cuvée de muscadelle, au parfum étrange et magnifique.

- sauternes 2019 | Liquoreux | 2025>45 | 23 € — 95
- sauternes 2020 | Liquoreux | 2025>40 | NC — 91

Château Lafaurie-Peyraguey
★★★★☆ ✚

Silvio Denz permet à la propriété d'affiner encore la qualité de son vin et de remplir dignement son rôle d'ambassadeur des grands sauternes, dans un style que son terroir rend assez proche d'Yquem, associant somptuosité de texture et raffinement aromatique dans le fruité. Mais il a su prolonger ses efforts de façon bénéfique pour l'ensemble de l'appellation par l'ouverture d'un hôtel de luxe et d'un restaurant gastronomique de très haut niveau, dédié à la gloire du sauternes.

- sauternes 2020 | Liquoreux | 2025>45 | NC — 94
- Grand Vin, bordeaux 2021 | Sec | 2023>29 | NC — 91

Château Larrivet Haut-Brion
★★☆☆☆ →

Au cœur de Léognan, cette belle propriété de 75 hectares a été rachetée en 1987 par Philippe Gervoson, également à la tête de l'entreprise Andros. Bruno Lemoine en tant que directeur général et Charlotte Mignon en maitre de chai permettent au cru d'affirmer sa personnalité. Les rouges sont élégants, dans un style plus immédiat que par le passé. Les blancs sont expressifs du point de vue aromatique dotés d'une certaine personnalité. Le cru devrait retrouver le plus haut niveau rapidement. L'équipe ne ménage pas ses efforts.

- pessac-léognan 2020 | Sec | 2023>28 | 37.5 € — 90
- pessac-léognan 2020 | Sec | 2023>30 | 37.5 € — 92

Château Latour-Martillac
★★★☆☆ ✚

Ce cru classé est un modèle de propriété familiale, avec un attachement quasi filial de tous les enfants Kressmann à leur patrimoine et une gestion saine. Un nouveau chai respectueux des contraintes environnementales a vu le jour en 2020. Les rouges qui y sont maintenant vinifiés ont beaucoup gagné en précision, en densité, en finesse de tannins et élégance de texture. Ils sont à la fois classiques, équilibrés et parfaitement harmonieux. Sous la houlette de la très douée et rigoureuse Valérie Vialard, les blancs sont toujours irréprochables, précis, aromatiques et d'une vivacité parfaite.

- pessac-léognan 2020 | Sec | 2023>30 | NC — 90
- pessac-léognan 2019 | Sec | 2025>35 | 45 € — 94
- pessac-léognan 2020 | Sec | 2024>35 | 34.5 € — 92
- Lagrave-Martillac, pessac-léognan 2020 | Sec | 2023>28 | 34.5 € — 93

Château Les Carmes Haut-Brion
★★★★☆ ✦

Petit cru voisin de Haut-Brion, lui aussi sauvé de l'urbanisation de Pessac, Les Carmes Haut-Brion produit un vin très harmonieux et subtil, où le cabernet franc en particulier apporte son incomparable finesse. La propriété a été achetée en décembre 2010 par Patrice Pichet, à la tête du groupe immobilier Patrimoniale Foncière Pichet. 2016 a été le premier millésime vinifié dans le magnifique et très audacieux chai conçu par Philippe Starck et Luc Arsène-Henry. Patrice Pichet a confié la direction du domaine au talentueux et perfectionniste Guillaume Pouthier, qui porte la propriété au niveau des meilleures.

- pessac-léognan 2020 | Sec | 2026>40 | NC — 95

Château Lespault-Martillac
★★☆☆☆

Cette jolie petite propriété de huit hectares de belles graves sur la commune de Martillac appartient à la famille Bernard, par ailleurs propriétaire de l'excellent domaine de Chevalier. On retrouve la patte d'Olivier Bernard dans ces vins particulièrement élégants. Le rouge affiche toujours une légère supériorité par rapport au blanc.

- pessac-léognan 2020 | Sec | 2023>29 | 23.3 € — 89

Château Malartic-Lagravière
★★★★☆ ✚

Propriétaires perfectionnistes, les Bonnie ont rénové les installations techniques de la propriété de manière magistrale, remis en état et agrandi le vignoble et surtout métamorphosé les vins. Le fils Jean-Jacques a pris la suite, avec la même attention et le même devoir d'excellence. Le vignoble compte 53 hectares, dont sept hectares de blancs, certifiés en agriculture raisonnée avec des pratiques vertueuses réfléchies. Les rouges, sévèrement sélectionnés, possèdent une force et une droiture de constitution étonnantes, qui ne déparent pas leur finesse native. Les blancs récents sont remarquables et ont gagné en volume de bouche et en onctuosité. Ils sont racés, nerveux, équilibrés. Le comte-de-malartic, tant en blanc qu'en rouge, est le vrai petit frère du grand vin.

- pessac-léognan 2019 | Sec | 2024>30 | 44.8 € — 95
- pessac-léognan 2020 | Sec | 2023>30 | 18.3 € — 92
- pessac-léognan 2020 | Sec | 2024>38 | 43.75 € — 94

Château de Myrat
★★★☆☆ →

Élisabeth de Pontac et sa sœur Slanie continuent dignement l'œuvre de leur père sur ce terroir de qualité, cru classé de Sauternes. Les raisins sont rentrés avec soin, très riches et rôtis et le vin a beaucoup gagné depuis cinq ans en puissance et en longueur de bouche. Il vieillit certes un peu plus vite que climens ou coutet mais permet de les attendre dans les meilleures conditions, à des prix très raisonnables.

- sauternes 2019 | Liquoreux | 2025>35 | 30 € — 92
- barsac 2020 | Liquoreux | 2025>45 | NC — 94

Château Olivier
★★★☆☆ →

Cette magnifique propriété aux portes de Bordeaux a su conserver, outre son vignoble de 60 hectares, une large part de forêts et de prairies. Au début des années 2000, la famille Bethmann fait d'importants travaux et confie la gestion du domaine à Laurent Lebrun. Sa rigueur et son analyse fine du terroir ont fait faire un réel bond qualitatif aux vins. Le vin blanc, qui contient une bonne proportion de sémillon, est devenu complexe et élégant, avec une personnalité bien affirmée. Les rouges rivalisent avec les meilleurs, ils expriment avec précision l'expression du terroir, racés, complets, équilibrés et énergiques.

- pessac-léognan 2020 | Sec | 2023>32 | 29 € — 94
- pessac-léognan 2020 | Sec | 2025>38 | 30.4 € — 94
- pessac-léognan 2019 | Sec | 2025>35 | 30 € — 92

Château Pape Clément
★★★★☆

La propriété est à son meilleur depuis 1985, époque de la reprise par Bernard Magrez. Avec une constance et une volonté de fer, l'homme a affiné le processus d'élaboration en soignant les détails à toutes les étapes sans perdre de vue l'objectif de tout propriétaire de grand cru classé : le sommet. Le caractère truffé et précis du grain, la texture et le soyeux de la chair, c'est l'essence même d'un grand pessac. Les blancs partagent la même finesse et la même sophistication que les rouges. Le rouge, incroyablement complexe, privilégie expression aromatique, précision du grain et fraîcheur. Le blanc, avec son fumé et sa minéralité inimitables, atteint souvent des sommets.

- pessac-léognan 2020 | Sec | 2023>32 | 131.6 € — 94
- pessac-léognan 2019 | Sec | 2025>35 | 140 € — 92
- pessac-léognan 2020 | Sec | 2024>35 | 50.8 € — 92

✦ Star ✚ Valeur sûre → À suivre de près Ⓝ Nouvelle entrée

DHM
DOMAINES HENRI MARTIN
Château
Gloria
Saint-Julien
Domaines MARTIN
GRAND CRU CLASSÉ EN 1855
CHATEAU SAINT-PIERRE
SAINT-JULIEN
DOMAINES MARTIN
Château
Bel Air Gloria
Haut-Médoc
Cru Bourgeois Supérieur
DOMAINES MARTIN
MISE EN LUMIÈRE, MISE EN NATURE,
DES CRUS PLUS VIVANTS QUE JAMAIS.
L'ABUS D'ALCOOL EST DANGEREUX POUR LA SANTÉ. À CONSOMMER AVEC MODÉRATION.

Château Rabaud-Promis

★★★☆☆

Les Dejean, propriétaires du cru, sont des vignerons accomplis, parmi les derniers à être encore sur leur tracteur, et leur expertise en matière de pourriture noble n'a d'égale que leur prudence, d'autant qu'ils pratiquent une viticulture d'inspiration bio et n'aiment pas trop les surcharges en soufre. Le vin a continué d'affirmer la générosité et la classe du terroir, égalant désormais ses voisins, en conservant un remarquable rapport qualité-prix.

- sauternes 2020 | Liquoreux | 2025>35 | NC — 90

Château Rahoul

★★☆☆☆ ➔

La famille Thiénot, avant de reprendre Dourthe, avait commencé par quelques propriétés peu connues, où elle applique une politique de qualité, comme Rahoul, à Portets. Les vins sont en constante progression. Leurs caractéristiques : élégance, consistance, complexité aromatique, jolis tannins, équilibre sur la fraîcheur pour les rouges, exubérance, richesse fruitée, pureté et vivacité pour les blancs.

- graves 2020 | Sec | 2023>29 | NC — 90
- graves 2020 | Sec | 2024>30 | NC — 91

Château de Rayne Vigneau

★★★★☆ +

Derek Smith, Franco-américain qui a fait fortune dans les activités de vente par correspondance, est un amoureux des grands sauternes et un mécène intelligent qui œuvre à la rénovation de ce premier cru classé, au terroir magnifique, innovant en matière de marketing, de vente et d'œnotourisme. La qualité du vin progresse à chaque nouveau millésime.

- sauternes 2019 | Liquoreux | 2025>40 | 44 € — 94
- sauternes 2020 | Liquoreux | 2025>35 | NC — 92
- Le sec de Rayne Vigneau, bordeaux 2021 | Sec | 2023>30 | NC — 93

Château Rieussec

★★★★☆ +

Rieussec, un des joyaux des domaines Rothschild, exprime la noblesse de son terroir contigu à Yquem en cherchant la perfection de sa production. Le vin impressionne par sa puissance et sa richesse sans manquer de fraîcheur, grâce à une maîtrise technique exemplaire de mise en bouteille. Le second vin carmes ne fait pas dans la démagogie et présente toute la richesse qu'on attend sur ce type de sol, avec un développement plus rapide en bouteille.

- sauternes 2019 | Liquoreux | 2023>35 | 48 € — 94
- sauternes 2020 | Liquoreux | 2026>46 | NC — 94
- R de Rieussec, bordeaux 2020 | Sec | 2023>29 | NC — 92

Château de Rouillac

★★★☆☆ +

Depuis 2010, Laurent Cisneros porte au plus haut ce magnifique domaine haussmannien. À ses vins de Rouillac, le cru ajoute désormais une gamme de bordeaux dans les trois couleurs, petit-dada-de-rouillac, en achetant la matière première chez un viticulteur soigneusement sélectionné. Son objectif : créer une collection de vins gourmands et fruités, axée sur le plaisir. Il vient de lancer la maison Cisneros, qui réunit plusieurs produits (cognac, vins étrangers, thés) soigneusement sourcés.

- pessac-léognan 2020 | Sec | 2024>32 | NC — 92
- pessac-léognan 2019 | Sec | 0>0 | 29 € — 92
- pessac-léognan 2020 | Sec | 2025>35 | 34 € — 93

Château Sigalas-Rabaud

★★★★☆

Voisin direct de Lafaurie-Peyraguey, Sigalas-Rabaud est un petit vignoble de 14 hectares d'un seul tenant (le plus petit cru classé de Sauternes), idéalement exposé, capable de donner un vin très liquoreux et d'une finesse transcendante. La pourriture du raisin, en raison de sa précocité, s'y développe de façon particulièrement noble, comme l'ont prouvé les grands millésimes des vingt dernières années. Laure Compeyrot de Lambert l'oriente vers une viticulture plus respectueuse et élabore des secs de caractère.

- Sémillante, bordeaux 2019 | Sec | 0>0 | 24 € — 91

Château Smith Haut-Lafitte

★★★★★ ✦

Propriété phare de Martillac par la qualité de ses installations et son ouverture au tourisme viticole avec le superbe établissement des Sources de Caudalie (hôtel-spa 5 étoiles et restaurant deux macarons Michelin, La Grand'Vigne), Smith Haut-Lafitte est aussi un vignoble pionnier dans sa catégorie pour sa philosophie de viticulture. Respect du terroir, précision des vinifications, tonnellerie intégrée, dynamisme de la communication : en un quart de siècle, les Cathiard sont entrés de plain-pied dans la légende de Bordeaux. Les vins sont racés, exprimant parfaitement leur terroir et débordent d'énergie. Hauts-de-smith et le-petit-haut-de-smith bénéficient des mêmes attentions que le grand vin. Le gain de pureté affichée ces dernières années, la capacité des vins à vieillir avec grâce tout en donnant beaucoup de plaisir immédiat, la vision irréprochable de l'équipe technique nous incite à propulser Smith dans la galaxie des plus grands vins de Bordeaux. Cinquième étoile.

- pessac-léognan 2019 | Sec | 2024>30 | NC — 94
- pessac-léognan 2020 | Sec | 2025>35 | 152 € — 95
- pessac-léognan 2019 | Sec | 2027>40 | NC — 95
- pessac-léognan 2020 | Sec | 2027>50 | 190 € — 96

Domaine de la Solitude

★★☆☆☆

Sous la houlette d'Olivier Bernard (domaine de Chevalier) depuis 1993 qui a pris les terres du domaine en fermage pour quarante ans, ce domaine a rejoint en bonne place le concert des pessac-léognan. Les vins élégants, frais et équilibrés, tant en rouge qu'en blanc, sont toujours expressifs, avec une intensité aromatique jamais prise en défaut, avec un bon potentiel de garde pour les rouges.

- pessac-léognan 2020 | Sec | 2023>29 | 20 € — 89
- pessac-léognan 2020 | Sec | 2023>26 | 20 € — 88

Château Suduiraut

★★★★★ ✦

La propriété produit les très grands vins que son terroir autorise, avec une régularité et une déclinaison complexe mais parfaitement réfléchie de grand et seconds vins et de deux secs remarquables. Elle a aussi complètement revu sa gamme de blancs secs en proposant son grand vin sec de Suduiraut mais aussi une interprétation magistrale, embouteillée à part de ses sémillons remarquables. Il n'y a guère qu'Yquem pour faire encore un tout petit peu mieux, surtout en matière d'élevage.

- sauternes 2019 | Liquoreux | 2025>40 | 46.2 € — 94
- sauternes 2020 | Liquoreux | 2026>36 | 60 € — 93
- Vieilles vignes - Grand vin blanc sec, bordeaux 2021 | Sec | 2025>35 | 42 € — 93
- Lion de Suduiraut, sauternes 2021 | Liquoreux | 2023>29 | NC — 91

Château d'Yquem

★★★★★ ✦

Yquem jouit d'un statut unique qui le place pratiquement hors de tout jugement critique. La centaine d'hectares exploités se répartissent entre sémillon et sauvignon, sur des croupes graveleuses avec un sous-sol plus argileux. Propriété du groupe LVMH (qui l'a repris en 1999 avec à sa tête Pierre Lurton, arrivé en 2004), Yquem mérite plus que jamais son rang de premier des premiers du Sauternais. L'arrivée du sauvignon dans les assemblages, la souplesse d'adaptation de l'élevage à la nature du millésime, et évidemment un savoir-faire agronomique unique font de chaque millésime une fête encore plus précise et équilibrée que dans les décennies précédentes. Engagée sur tous les fronts pour défendre avec conviction le grand vin de Sauternes partout dans le monde, la propriété a multiplié les initiatives (opération de vin au verre, portes ouvertes). L'arrivée du brillant Lorenzo Pasquini au poste de directeur d'exploitation donne encore un nouvel élan à ce cru mythique.

- sauternes 2020 | Liquoreux | 2025>55 | 375 € — 97
- sauternes 2019 | Liquoreux | 2025>40 | 360 € — 96
- Y, bordeaux 2020 | Sec | 2024>32 | 290 € — 94

✦ Star + Valeur sûre ➔ À suivre de près N Nouvelle entrée

MÉDOC

Château d'Agassac

★★☆☆☆

Ce vignoble de graves est l'un des plus importants du Sud-Médoc, avec 40 hectares. Racheté par Gérard Jicquel (aussi Fourcas-Dupré), le château produit quatre cuvées de qualité, veillant à conserver du fruit, dans un style moderne, tannique mais sans lourdeur. L'agassant, à base de 90 % de merlot, est une cuvée plus ronde, destinée à être bue jeune. La tête de cuvée du château-pomiès-agassac joue sur le registre de l'hyper raffinement. L'esprit-d'agassac est très flatteur, le grand vin, charmeur et équilibré, est un incontournable.

- ■ **haut-médoc 2020** | Sec | 2025>40 | 33 € — 92
- ■ **haut-médoc 2019** | Sec | 2025>32 | 20 € — 90

Château d'Arcins

★☆☆☆☆

Cette propriété classique et très ancienne du Haut-Médoc, située juste avant d'arriver à Margaux, appartient à la famille Castel. Depuis quelques années, le numéro un du vin en France s'attache à redonner ses lettres de noblesse à ce domaine. Le cru est sur la bonne voie.

- ■ **haut-médoc 2019** | Sec | 2024>32 | 13 € — 89

Château d'Armailhac

★★★☆☆ +

Acheté en 1933 par Philippe de Rothschild, ce vignoble jouxte celui de Mouton-Rothschild, sur des graves plus légères et moins naturellement drainées. L'encépagement compte plus de merlot et de cabernet franc qu'au château Mouton-Rothschild, ce qui donne aux vins une rondeur et une souplesse particulières. Porté par une équipe dédiée, le cru s'est doté d'installations de production nouvelles, à la pointe du progrès, et de bâtiments d'accueil dignes de lui. Le vin gagne en puissance dans le raffinement et n'a pas à rougir d'être le petit frère de son grand voisin, bénéficiant du même savoir-faire agronomique et œnologique, en particulier de cette maîtrise rare de l'élevage en barrique. Toujours l'un des meilleurs rapports qualité-prix des crus classés de Pauillac.

- ■ **pauillac 2019** | Sec | 2025>35 | 44 € — 94
- ■ **pauillac 2020** | Sec | 2026>32 | 55 € — 93

Château Arnauld

★★☆☆☆

Depuis 2007, ce château situé à Arcins, sur la route des châteaux, fait partie de la même famille que deux célèbres propriétés détenues également par les assureurs Allianz : Larose-Trintaudon, l'un des plus grands vignobles du Médoc, et le château Larose-Perganson, qui fait partie intégrante du domaine viticole et offre une deuxième marque aux côtés de son aîné. Les vins ont gagné en suavité et en finesse.

- ■ **haut-médoc 2020** | Sec | 2025>35 | 24.95 € — 93
- ■ **haut-médoc 2019** | Sec | 2025>32 | 30 € — 91

Château d'Arsac

★★☆☆☆

Philippe Raoux a acheté en 1986 ce domaine qui comptait parmi les plus anciens du Médoc. Il reconstruit peu à peu le vignoble qui atteint aujourd'hui 112 hectares d'un seul tenant. Il a créé la Winemaker's Collection, laissant carte blanche chaque année à un winemaker de renom : celui-ci peut ainsi sans contrainte sur le terroir médocain du château d'Arsac inventer son vin idéal.

- ■ **margaux 2020** | Sec | 2025>40 | 21.6 € — 93
- ■ **margaux 2019** | Sec | 2025>35 | 23 € — 92

Château Batailley

★★★★☆ ➔

Appartenant à la famille Castéja, le vin a retrouvé la plénitude de son style, associant la puissance dont il a souvent fait preuve entre 1945 et 1961 mais avec infiniment plus de pureté et de finesse aromatique. Les vins ont spectaculairement progressé à partir des années 2000 et constituent l'un des plus sûrs rapports qualité-prix de Pauillac. Depuis 2015, un second vin, lions-de-batailley, permet une sélection encore plus rigoureuse de l'assemblage du grand vin. Le niveau atteint ces derniers millésimes impressionne.

- ■ **pauillac 2019** | Sec | 2026>36 | 50 € — 94
- ■ **pauillac 2020** | Sec | 2025>45 | 58 € — 95

Château Beau-Site

★★☆☆☆

Magnifique chartreuse regardant le fleuve, Beau-Site bénéficie d'un des plus jolis panoramas du nord de l'appellation. Il appartient à Philippe Castéja, également propriétaire des châteaux Batailley et Trottevieille. Le domaine produit un vin élégant, racé, toujours ample sans être dénué ni de finesse ni d'élégance. La propriété a franchi un cap.

- ■ **saint-estèphe 2020** | Sec | 2024>32 | 24 € — 90
- ■ **saint-estèphe 2019** | Sec | 2025>32 | NC — 92

Château Belgrave

★★★☆☆

Belgrave voisine comme Camensac les arrières de Saint-Julien, juste après Lagrange, sur d'excellents sols alternant graves, argile et calcaire. Viticulture soignée et vinification intelligente en font un vin équilibré et régulier, au rapport qualité-prix remarquable. Le second vin, diane, plus souple, partage ces qualités.

- ■ **haut-médoc 2019** | Sec | 2024>33 | 35 € — 90
- ■ **haut-médoc 2020** | Sec | 2025>35 | 29.17 € — 90

Château Beychevelle

★★★★☆ ✦

Cette magnifique propriété, possédant l'une des architectures les plus élégantes du Médoc, a longtemps été surnommée « le petit Versailles ». Propriété de famille d'Aymar-Achille Fould, ministre du Général de Gaulle, elle fut ensuite acquise à la fin des années 2000 par les groupes Castel et Suntory. Le nouveau chai et les moyens donnés à l'excellent directeur Philippe Blanc ont permis d'aller jusqu'au bout de l'expression d'un des terroirs les plus fins du Médoc. Arômes et texture aristocratiques, jolie souplesse liée aux meilleurs merlots de l'appellation, fraîcheur et le caractère cèdre bien marqué des cabernets du secteur.

- ■ **saint-julien 2019** | Sec | 2025>40 | 120 € — 96
- ■ **saint-julien 2020** | Sec | 2026>46 | 119.17 € — 95

Château Boyd-Cantenac

★★★☆☆

Le vignoble est issu d'une division du cru Cantenac, aujourd'hui Cantenac-Brown, d'une seule pièce de dimensions modestes (17 hectares). Les graves argileuses ne font pas souffrir la vigne en été sec et Lucien Guillemet, assisté de son neveu Olivier Salques, aime vendanger ses cabernets bien mûrs. Le vin puissant et strict ne fait pas de concession aux modes, et vieillit parfaitement et avec constance. Ces derniers millésimes, nous notons des qualités de bois un peu en-dessous de ce que l'amateur est en droit d'attendre pour un cru de ce niveau.

- ■ **margaux 2019** | Sec | 2026>35 | 37.8 € — 92
- ■ **margaux 2020** | Sec | 2026>36 | 43.75 € — 91

Château Branaire-Ducru

★★★★☆

Ce cru, situé juste en face du château Beychevelle, a totalement été repris en main par la famille Maroteaux, qui l'a racheté en 1988. Le vin, issu d'un parcellaire réparti sur l'ensemble de l'appellation, exige de la rigueur dans le travail d'assemblage, et l'obtient d'une équipe très compétente. Sa régularité est à citer en exemple ainsi que celle du second vin, duluc. Dans l'élite extrêmement concurrentielle des grands vins de Saint-Julien, branaire reste sans doute l'un des meilleurs rapports qualité-prix de l'appellation.

- ■ **saint-julien 2019** | Sec | 2024>33 | 39.2 € — 92
- ■ **saint-julien 2020** | Sec | 2024>34 | 50 € — 91

Château Branas Grand Poujeaux

★★★☆☆

Désormais propriété du Hollandais Arjen Pen, le cru devrait continuer sur sa dynamique positive, enclenchée ici depuis les années 2000. La réhabilitation du vignoble, la restauration du cuvier et le consulting d'Hubert de Boüard ont permis au cru d'atteindre un haut niveau. Les vins sont colorés, denses, profonds et possèdent une grande suavité de tannins. Le second vin est toujours une bonne affaire.

- ■ **moulis 2020** | Sec | 2024>32 | 27 € — 92
- ■ **moulis 2019** | Sec | 2024>35 | 28 € — 93

Château Brane-Cantenac

★★★★☆ ✦

Le vin doit sa classe et son caractère au cœur du plateau de Cantenac et ses graves siliceuses et argileuses profondes. Sous la direction d'Henri Lurton, il affirme avec une régularité assez rare une souplesse et une finesse aromatique propres à lui, qui le font rechercher des amateurs de vins conformes à ce qu'on attend d'un beau margaux. Dans les tous derniers millésimes, il semble encore franchir une étape dans la précision de l'expression du terroir. Le second vin, baron-de-brane, partage la même esthétique avec une souplesse dans le tannin qui devrait plaire à de nombreux restaurateurs et amateurs.

- **margaux 2019** | Sec | 2026>40 | 60 € — 96
- **margaux 2020** | Sec | 2028>48 | 119.17 € — 95

Château Calon-Ségur

★★★★★ ✦

La restauration achevée du château complète celle du cuvier et de la mise à jour du vignoble, rendant à la propriété l'allure attendue du cru seigneurial de la commune, majestueusement enclos dans ses murs. Une équipe formidablement compétente donne toutes ses chances à un terroir exceptionnel avec désormais des vins du niveau d'un premier grand cru classé. Depuis 2012, le cru appartient à la compagnie d'assurances Suravenir. Plus encore que le second vin, marquis-de-calon.

- **saint-estèphe 2019** | Sec | 2026>40 | 105 € — 96
- **saint-estèphe 2020** | Sec | 2026>46 | 198 € — 96

Château de Camensac

★★☆☆☆

La famille Merlaut veille à faire progresser les vins de ce vignoble assez vaste, voisin des crus de Saint-Julien, qui cherche la régularité et l'homogénéité dans la qualité. Depuis quelques années, nous sentons dans les vins présentés plus d'exigence et de précision, toujours dans un esprit assez médocain, par son côté un peu austère et réservé en primeurs, mais laissant parler le cèdre et les épices.

- **haut-médoc 2019** | Sec | 2024>30 | 24.5 € — 89
- **haut-médoc 2020** | Sec | 2024>30 | 29.17 € — 87

Château Cantemerle

★★★☆☆ ✚

Comme ses voisins du secteur Ludon-Macau, Cantemerle a souffert des intempéries des années 2017 et 2018 ce qui interrompt un peu sa magnifique progression qualitative. Raison de plus pour faire confiance aux années précédentes, montrant toute la finesse dont ce vaste terroir de 90 hectares est capable. Les prix restent accessibles et le cru est en forme en 2019. L'arrivée de Laure Canu enclenche un nouveau cycle pour la propriété.

- **haut-médoc 2019** | Sec | 2025>35 | 25.9 € — 93
- **haut-médoc 2020** | Sec | 2026>38 | 14.17 € — 92

Château Cantenac-Brown

★★★★☆

Beaucoup de changements se profilent dans cette propriété somptueuse, achetée récemment par la famille Le Lous (spécialiste du paramédical et de la cicatrisation). Un nouveau chai entièrement éco-responsable et unique en son genre à Bordeaux sera opérationnel pour accueillir la vendange de l'année 2023. Impeccablement dirigé par le sympathique et talentueux José Sanfins, le cru gagne ces derniers millésimes en raffinement, affichant un profil margalais de plus en plus immédiat tout en gardant sa capacité naturelle à vieillir avec beaucoup de grâce.

- **margaux 2019** | Sec | 2025>35 | 49 € — 93
- **margaux 2020** | Sec | 2028>40 | 56.25 € — 93

Château Capbern

★★★☆☆ ➜

Propriété sœur de Calon-Ségur, aussi bien par sa proximité que dans l'esprit, Capbern s'appuie aussi sur les mêmes équipes très talentueuses, sous la direction de Vincent Millet, pour produire un saint-estèphe de grande qualité, issu des vignes extérieures aux murs du clos de Calon. Nous le recommandons à chaque millésime pour son exceptionnel rapport qualité-prix.

- **saint-estèphe 2019** | Sec | 2024>32 | 25 € — 92
- **saint-estèphe 2020** | Sec | 2025>40 | 25 € — 93

Château Charmail

★★☆☆☆ ✚

Le château Charmail est implanté sur un terroir de graves, tout près de Sociando-Mallet. Ce cru très régulier de Saint-Seurin-de-Cadourne a été acquise il y a deux ans par Olivier Goudet qui a également acheté le château Bardis et le château de Saint-Paul pour refaire le grand Charmail d'autrefois. Cette propriété offre des vins aboutis, sérieux mais toujours plein d'élégance.

- **haut-médoc 2020** | Sec | 2024>32 | 17.08 € — 91
- **haut-médoc 2019** | Sec | 2025>35 | NC — 90

Château Citran

★★☆☆☆

Cette ancienne propriété du Médoc, sur laquelle les marquis de Donissan (alliés plusieurs fois à la famille de France) ont régné pendant 600 ans, et ce jusqu'au milieu du XIXe siècle, a été rachetée en 1996 par la famille Merlaut. Depuis 2015, Sophia Sanchez, dirige ce château qui possède un vignoble de 90 hectares, planté à parts égales entre cabernet-sauvignon et merlot et complété par du cabernet franc. D'importants investissements ont été réalisés pour moderniser l'ensemble des outils de travail.

- **haut-médoc 2020** | Sec | 2025>35 | 18 € — 91
- **haut-médoc 2019** | Sec | 2024>32 | NC — 89

Château Clarke

★★★☆☆

Acquis par Edmond de Rothschild en 1973, la branche cousine de Mouton-Rothschild et Lafite, Clarke fait figure de tête de pont du vignoble de Listrac. Les 54 hectares de vignes, plantés sur des croupes argilo-calcaires, à dominante de merlot, sont soignés comme dans un cru classé. Le cru a progressé et rejoint les meilleurs listracs, désormais conseillé par Éric Boissenot. Toujours généreux et puissants dans leur jeunesse, les vins se fondent au fil des années et deviennent raffinés. Une propriété incontournable qui bascule dans une nouvelle dimension avec la construction de nouvelles installations techniques à la pointe. Il faudra à l'avenir compter sur cet immense domaine, magique par sa situation, et dirigé avec maestria par des équipes visionnaires et concernées.

- **listrac-médoc 2020** | Sec | 2024>34 | 32 € — 92
- **listrac-médoc 2019** | Sec | 2025>35 | 37 € — 92

Château Clément-Pichon

★★☆☆☆

Acheté en 1976 par Clément Fayat, également propriétaire du château La Dominique à Saint-Émilion et du château Fayat à Pomerol, le vignoble est doté d'une superbe bâtisse située à Parempuyre, aux portes de Bordeaux. Depuis plusieurs années, grâce à leur régularité, ces vins sont devenus une valeur sûre de l'appellation. Colorés et denses, ils ne manquent jamais de raffinement et vieillissent bien.

- **haut-médoc 2020** | Sec | 2024>32 | 17 € — 91
- **haut-médoc 2019** | Sec | 2024>32 | 20 € — 90

Château Clerc Milon

★★★★☆

Philippe de Rothschild passa une grande partie de sa vie à reconstituer ce beau vignoble à Pauillac, dans un cru qui avait perdu de sa notoriété. Le terroir est plus argileux que dans le secteur de Mouton, ce qui permet au merlot d'y prendre plus de profondeur et de régularité et de la communiquer à l'assemblage. Le nouveau cuvier, exemplaire sur le plan écologique, permet au vin de gagner en précision et en rigueur de sélection avec l'apparition d'un agréable second vin, pastourelle.

- **pauillac 2019** | Sec | 2026>40 | 71 € — 94
- **pauillac 2020** | Sec | 2025>45 | 110 € — 94

Château de Côme

★★☆☆☆

Certes, la reprise de cette propriété par Maurice Velge date de 1997. Ce n'est pas si récent et les plus connaisseurs d'entre vous ont déjà dû entendre parler de cet excellent saint-estèphe. Le baron Velge nous a quitté, laissant pour héritage ce modèle de super bordeaux, catégorie spécialement inventée pour ces vins de Bordeaux dont le rapport qualité-prix est peut-être l'un des meilleurs au monde. Les derniers millésimes de Côme en font un challenger sérieux pour les crus non classés qui constituent les priorités habituelles des amateurs.

- **saint-estèphe 2019** | Sec | 2025>32 | 27 € — 90
- **saint-estèphe 2020** | Sec | 2025>35 | 30 € — 90

✦ Star ✚ Valeur sûre ➜ À suivre de près N Nouvelle entrée

Château Cos d'Estournel

★★★★★ ✦

Le sol de graves profondes fait généralement de lui le plus corsé des vins du Médoc, le plus voluptueux dans sa texture, tout en conservant une finesse et une complexité caractéristiques de son voisinage avec Lafite. Les derniers millésimes ont encore gagné en pureté aromatique et sincérité d'expression. Un bordeaux blanc aromatique et intense est produit sur les sols de la Goulée, un peu plus au nord, et en porte le nom. La cinquième étoile que nous avons attribuée au cru l'an dernier justifie la vision de Michel Reybier, son propriétaire, et la vista technique de Dominique Arangoits, directeur de grande valeur qui semble avoir compris comme personne les spécificités du terroir de Cos.

- saint-estèphe 2019 | Sec | 2026>45 | 207 € — 97
- saint-estèphe 2020 | Sec | 2030>55 | 237.5 € — 96

Château Cos Labory

★★★☆☆

Le cru possède une bonne partie de son vignoble sur des sols de graves profondes semblables à celles de Cos d'Estournel, son illustre voisin, qui l'a racheté au début de l'année 2023 à la famille Audoy. Il a produit dans les derniers millésimes de grands vins difficiles à départager des ténors de l'appellation, du moins en vin jeune. Le cru qui devrait continuer à exister sous son nom constituait sans doute à ce jour le meilleur rapport qualité-prix du classement 1855. Cela devrait continuer.

- saint-estèphe 2019 | Sec | 2025>35 | 33 € — 92
- saint-estèphe 2020 | Sec | 2024>32 | 34.17 € — 91

Château Croizet-Bages

★★★☆☆

Ce cru classé se situe sur de belles terrasses de graves entre Grand Puy Lacoste et Lynch-Bages. Jean Philippe Quié et sa sœur Anne-Françoise veulent lui donner toutes ses chances et il y a vraiment des progrès depuis 2015, même si pour le 2016 on ne retrouve pas toutes les promesses de la dégustation sur fûts, avant la mise en bouteille. Un nouveau cuvier devrait aider à concrétiser définitivement les progrès.

- pauillac 2020 | Sec | 2024>32 | 32.5 € — 92
- pauillac 2019 | Sec | 2024>30 | 34 € — 90

Château Dauzac

★★★☆☆ ✚

Voisin immédiat de Giscours et de Siran par l'emplacement de ses vignes, ce cinquième cru classé en 1855 appartenait depuis 1988 à la MAIF qui l'a vendu début 2019 au groupe breton Samsic, dirigé par Christian Roulleau. Sous l'impulsion de son directeur Laurent Fortin, la propriété montre l'exemple sur de nombreux points ; la direction a ainsi consenti à d'importants efforts de rénovation des lieux, dans un grand respect de l'environnement et de modernisation des bâtiments techniques, complétés par un niveau de viticulture et de vinification qu'on aimerait rencontrer plus souvent. Les derniers millésimes ont donné des vins complets, salués par la critique, un grand vin puissant et harmonieux et deux seconds vins, aurore, proche du style du premier, et la-bastide, plus souple.

- margaux 2019 | Sec | 2026>35 | 25 € — 94
- margaux 2020 | Sec | 2025>40 | 87.5 € — 94
- Aurore de Dauzac, margaux 2019 | Sec | 2024>30 | 24.9 € — 92

Château Desmirail

★★☆☆☆

Ce cru est l'un des moins connus du classement mais possède d'excellentes parcelles au cœur de son appellation, et son 2010 de haut niveau montre ce qu'il peut faire. Les millésimes suivants naissent en apparence un peu maigres mais trouvent un bel équilibre deux ans après mise, avec un caractère floral élégant et typique de margaux. Il ne lui manque que l'intensité de ses pairs du classement.

- margaux 2020 | Sec | 2024>29 | 34.5 € — 89

Château Ducru-Beaucaillou

★★★★★ ✦

Majestueusement posée au cœur de son vignoble, la propriété est unique, dominant le vaste estuaire qui joue ici un rôle fondamental de modérateur climatique. Son terroir de graves qui inspira les « beaux cailloux » de son patronyme est celui caractéristique du cœur de Saint-Julien, sa viticulture exigeante, ses vinifications en petites cuves et son élevage de dix-huit mois se sont mis au service d'une sélection du grand vin qui s'est révélé drastique dès l'arrivée de Bruno-Eugène Borie en 2003. Depuis vingt ans, Ducru renoue ainsi avec les sommets et les deux autres étiquettes de la propriété – La Croix-Beaucaillou et le Petit-Ducru- affichent un rapport prix-plaisir rare.

- saint-julien 2019 | Sec | 2026>40 | 168 € — 96
- saint-julien 2020 | Sec | 2028>60 | 263 € — 98
- La Croix de Beaucaillou, saint-julien 2020 | Sec | 2025>35 | 43.75 € — 94

Château Duhart-Milon

★★★☆☆

Le plateau de Duhart est situé au cœur des beaux terroirs de Pauillac, proche en qualité de celui de Lafite. L'assemblage fait davantage appel au merlot, ce qui enrobe mieux ce que le tannin très strict du terroir apporte aux cabernets. Les vins ont un caractère pauillac affirmé. Le remarquable 2018 et la belle réussite du cru en 2019 illustrent le retour de la propriété au premier plan et confirment ses progrès, entrevus aussi avec les 2020 et le primeur 2022. La nouvelle gestion des domaines Barons de Rothschild est en passe de remettre le cru à la hauteur de son classement. Que de changements.

- pauillac 2019 | Sec | 2026>35 | 70 € — 93
- pauillac 2020 | Sec | 2025>35 | 82.5 € — 94

Château Durfort-Vivens

★★★★☆

Nous ne cachons pas notre admiration devant le travail réalisé dans cette propriété de Margaux depuis maintenant une décennie. Admirablement conduit par Gonzague Lurton et ses brillantes équipes, Durfort est sans doute le cru qui a le plus spectaculairement progressé ces derniers millésimes, affichant une viticulture éblouissante de maîtrise et de pragmatisme, entre innovation, science et bon sens paysan. Sur les 55 hectares de graves pauvres et profondes, les raisins issus d'une viticulture biodynamique et une vinification intelligente ont produit des vins incomparablement complexes et expressifs de leur terroir, avec des sensations tactiles rares et beaucoup de raffinement. Le cru est régulièrement dans le trio de tête de l'appellation.

- margaux 2019 | Sec | 2026>40 | 43.4 € — 99
- margaux 2020 | Sec | 2030>50 | 73 € — 97
- Plateau, margaux 2020 | Sec | 2024>32 | 70 € — 92
- Hameau, margaux 2020 | Sec | 2026>36 | 70 € — 94

Château Ferrière

★★★☆☆

Un nouveau cuvier et la reprise en main par la compétente Claire Villars-Lurton, qui engage ici une viticulture respectueuse et attentive, permet à ce cru classé de Margaux de retrouver le rang qui doit être le sien. Les millésimes 2018, 2019 et 2020 illustrent les progrès de la propriété. Les vins continuent de gagner en finesse avec deux derniers millésimes qui ont encore gagner en charme et en raffinement de tannin. Bref, Ferrière est de plus en plus margalais, sans se départir de la première de ses forces, son énergie naturelle, donnée par une viticulture d'une précision remarquable.

- margaux 2019 | Sec | 2025>35 | 29 € — 93
- margaux 2020 | Sec | 2025>35 | 39 € — 93

Château Fonbadet

★★★☆☆

Pascale Peyronie perpétue la tradition familiale et protège le château Fonbadet des convoitises de ses riches voisins. Les 20 hectares de la propriété sont dominés à 60 % par le cabernet-sauvignon. Toujours aptes au vieillissement, ces vins aux notes de cèdre et de tabac havane ont gagné en raffinement et en suavité au cours des derniers millésimes. Nous saluons le travail de la propriété et le courage de cette famille qui continue à faire vivre l'esprit du Médoc, aussi bien dans ses vins exemplaires que dans son implication dans la vie de la presqu'île.

- pauillac 2019 | Sec | 2025>35 | 45 € — 92
- Château Pauillac, pauillac 2019 | Sec | 2024>32 | 79 € — 90

Saskia de Rothschild, Domaines Barons de Rothschild

Le talent ne vaut rien sans le travail et une tête bien faite ne suffit pas à faire à un grand dirigeant. Revenue prendre la direction de ses domaines à la suite de son père après une vie de journaliste-reporter à travers le monde, Saskia de Rothschild a imposé en douceur sa vision de la qualité et son sens des valeurs. Étonnamment accessible, engagée sur les questions environnementales et sociétales de son entreprise mondiale, elle multiplie les projets sans se précipiter avec une énergie peu commune. Autant de détermination, de maîtrise et d'envie forcent notre admiration. *Louis-Victor Charvet*

Château Fonréaud

Le vignoble, installé face au château sur des croupes graveleuses, est géré depuis 30 ans par Jean et Marie-Hélène Chanfreau, rejoints maintenant par leurs enfants. Le bordeaux blanc, le cygne-de-fonréaud, est une grande réussite, toujours impeccable de précision et de fraîcheur à chaque millésime. Les rouges ont réellement progressé depuis quelques millésimes.

- listrac-médoc 2020 | Sec | 2024>32 | 18 € — 92
- listrac-médoc 2019 | Sec | 2024>32 | 17 € — 89
- Château Caroline, moulis 2020 | Sec | 2023>30 | NC — 90

Château Fourcas-Dupré

Gérard Jicquel, propriétaire de ce cru incontournable de Listrac mais aussi du château d'Agassac, en a confié la direction générale à Lucas Leclercq. Il conduit avec discernement ce vignoble d'une quarantaine d'hectares d'un seul tenant, sur un sol de graves légèrement argileuses. Les vins gagnent en élégance au fil des années. Bien dirigée et ambitieuse, nous sommes attentifs et sensibles aux nombreux progrès réalisés par la propriété.

- listrac-médoc 2020 | Sec | 2024>32 | 15 € — 91
- listrac-médoc 2019 | Sec | 2024>32 | 20 € — 91

Château Fourcas-Hosten

Depuis le rachat en 2006 par la famille Mommeja (Hermès), les deux frères Laurent et Renaud ont entrepris d'importants travaux de rénovation : tout d'abord l'outil technique, cuvier et chai, avec parallèlement la restructuration du vignoble. La qualité des vins a progressé à pas de géant depuis quelques millésimes. Ils sont devenus plus précis, plus denses, tout en préservant un joli fruit et une superbe délicatesse aromatique. Ici le raffinement est omniprésent. L'arrivée du talentueux Eloi Jacob a permis au cru de franchir un palier supplémentaire en matière de qualité et les vins toujours d'un classicisme exemplaire mérite tout l'attention des vrais amoureux des vins profondément médocains.

- listrac-médoc 2019 | Sec | 2025>35 | 18.48 € — 92

Château Giscours

Cet immense domaine de 300 hectares (dont 80 hectares exploités) situé à Labarde, peut s'appuyer sur un terroir de premier ordre, mis en lumière avec beaucoup de justesse par les équipes d'Alexander van Beek qui dirige le cru avec expérience et maîtrise. Engagée dans des pratiques vertueuses qui mêle viticulture régénératrice des sols et préservation de l'environnement global, la propriété peu facilement rivaliser avec les meilleurs vins du Médoc. Quand il est réussi, ce margaux coloré et corsé, de très longue garde, affiche une singularité propre à son secteur qui traduit à merveille une interprétation unique en son genre du grand style margalais. Les derniers millésimes sont tous des priorités pour l'amateur.

- margaux 2019 | Sec | 2026>40 | 81 € — 94
- margaux 2020 | Sec | 2026>40 | 33.75 € — 93

Château Gloria

Superbement situé sur la commune de Saint-Julien-Beychevelle et entouré de nobles pairs, château Gloria appartient aujourd'hui à Jean-Louis Triaud et à son épouse, la fille d'Henri Martin, son « créateur » (tout comme le château Saint-Pierre). Cette propriété a maintenant complètement retrouvé la plénitude de ses qualités. Les vins de Gloria ont un fruit pur et une trame souple, avec une grande finesse de tannins. Ce sont des grands classiques de l'appellation.

- saint-julien 2019 | Sec | 2025>35 | 84 € — 93
- saint-julien 2020 | Sec | 2025>35 | 40 € — 93
- Château Bel Air Gloria, haut-médoc 2020 | Sec | 2024>30 | 35 € — 91

Château Grand-Puy-Ducasse

Ce cru est issu de plusieurs parcelles réparties sur l'ensemble de l'appellation. L'une, au lieu-dit Grand Puy, lui a donné son nom et produit la partie la plus racée de l'assemblage, qui a bien progressé sous la direction de la très compétente Anne Le Naour. Le nouveau cuvier, opérationnel pour les vendanges de l'année 2023, devrait permettre à cette propriété tenue avec beaucoup de soin, de basculer dans une autre dimension et de rejoindre l'élite des vins de Pauillac. C'est son rang.

- pauillac 2019 | Sec | 2025>35 | 40 € — 92
- pauillac 2020 | Sec | 2024>32 | 18.3 € — 91

Château Grand-Puy-Lacoste

Le cru possède l'un des terroirs les mieux situés et les plus homogènes de Pauillac, avec un appréciable potentiel de vieilles vignes de cabernet-sauvignon qui donnent au cru sa remarquable vinosité et ses arômes épicés très nobles. François-Xavier Borie l'administre avec sagesse, compétence et une fidélité évidente au classicisme médocain. Un domaine de référence qui profite de l'arrivée de la nouvelle génération Borie pour continuer à briller parmi les étoiles de Pauillac, aidée dans cette voie par la talentueuse Christel Spinner, garante du grand style profond et indémodable des vins de cette propriété qui ne cesse de nous impressionner par sa régularité sans équivalence.

- pauillac 2019 | Sec | 2026>40 | 73 € — 94
- pauillac 2020 | Sec | 2025>40 | 76 € — 94

Château Gruaud-Larose

Le vaste vignoble du château est situé sur l'un des plus somptueux et homogènes plateaux de graves profondes de tout le Médoc. Depuis 1997, il appartient à la famille Merlaut. Peu de crus médocains peuvent se vanter d'avoir un terroir aussi homogène, malgré sa surface, que Gruaud-Larose. On pourrait imaginer que 80 % des vignes produisent le grand vin mais on est ici encore plus sévère dans la sélection, ce qui se ressent surtout sur le grand vin, idéalement plein et harmonieux, et encore plus précis ces dernières années grâce à une nouvelle génération féminine de chefs de culture et maître de chai rigoureuse et inspirée. Bravo à Nicolas Sinoquet, Virginie Salette, Stéphanie Lebaron et aux équipes. Nous gardons un souvenir ému des millésimes 2020, 2021 et 2022, tous admirables de ce naturel d'expression que nous recherchons avec passion dans les plus grands vins de la Rive gauche.

- saint-julien 2019 | Sec | 2025>40 | 53 € — 96
- saint-julien 2020 | Sec | 2026>40 | 91 € — 96

Château Haut-Bages Libéral

Les deux dernières années ont vu de grands changements au château, avec l'adoption d'une viticulture biodynamique et un renouvellement technique bienvenu. Le potentiel des meilleures vignes, voisines de château Latour, peut désormais s'exprimer avec force et donner un pauillac vigoureux et racé doté d'un excellent rapport qualité-prix. Ici comme à Ferrière on ne peut que constater le travail impeccable, mûrement réfléchi et sans cesse remis en question de Claire Villars-Lurton.

- pauillac 2019 | Sec | 2025>35 | 26.76 € — 94
- pauillac 2020 | Sec | > | 41.25 € — 91

Château Haut-Bages Monpelou

C'est la propriété de Philippe Castéja, également propriétaire du château Batailley à Pauillac et de Trottevieille à Saint-Émilion. Bien situé sur le plateau au nord de la ville, le cru a toujours produit un vin consistant, qui a gagné en élégance dans les dernières années. Excellent rapport qualité-prix qui met en avant terroir de premier ordre.

- pauillac 2019 | Sec | 2025>32 | 26 € — 90
- pauillac 2020 | Sec | 2025>35 | 25 € — 92

Château Haut-Batailley

La famille Cazes est désormais propriétaire de ce cru issu d'une division du château Batailley. On repère les vignes grâce à la pittoresque tour dite de l'Aspic, qui s'érige en leur milieu et à la couleur rouge vin du chai. Le vin produisait un pauillac élégant et relativement souple qui semble, ces dernières années, avoir gagné en corps et en intensité sans perdre de sa finesse.

- pauillac 2019 | Sec | 2025>35 | 33.6 € — 92

✦ Star ✚ Valeur sûre ⊛ À suivre de près Ⓝ Nouvelle entrée

Lucie Lauilhé, Château d'Armailhac, Médoc

Nous avions repéré le talent de la directrice de cette propriété classée de Pauillac à l'époque où elle s'occupait brillamment du château Patache d'Aux, cru médocain archétypique. Arrivée au sein de l'écurie Mouton, où elle a rapidement trouvé ses marques, Lucie Lauilhé a déjà sans doute contribué aux progrès spectaculaires de d'Armailhac, plus proche que jamais ces derniers millésimes du style de son grand frère iconique. Avec un chai flambant neuf et un outil de travail sur mesure, cette directrice, accessible et pédagogue, aura de quoi s'exprimer et aller encore plus loin. Ça promet. *Louis-Victor Charvet*

Château Haut-Condissas et Château Rollan de By

★★☆☆☆

En achetant deux hectares sur les graves argileuses de Bégadan en 1989, dans le prolongement des terroirs de graves de Pauillac et Saint-Estèphe, Jean Guyon réalise son rêve et donne vie à Rollan de By. Ce vignoble est devenu une valeur sûre, offrant un vin consistant à prix régulier. En créant en 1995 haut-condissas, il se plaçait dans l'optique qui avait été celle des vins de garage de la rive droite, à savoir déployer un maximum d'efforts sur un petit vignoble pour atteindre la qualité des meilleurs grands crus.

■ **Haut-Condissas, médoc 2019** | Sec | 2025>35 | 52 € — 91

Château Haut-Marbuzet

★★★★☆

Ce cru mondialement connu se trouve à Marbuzet, coteau faisant face à la Gironde. Son vignoble est situé à mi-chemin entre Cos d'Estournel et Montrose. Henri Dubosq, figure incontournable du Médoc, vinifie les vins de la propriété depuis 1982 avec la plus grande réussite. Les vins de Haut-Marbuzet sont toujours de grande constitution, alliant rondeur et volupté, avec une grande aptitude au vieillissement. Propriété incontournable de l'appellation.

■ **saint-estèphe 2019** | Sec | 2026>40 | 39 € — 96

■ **saint-estèphe 2020** | Sec | 2026>42 | 45 € — 95

Château d'Issan

★★★★☆ +

Le cru appartient pour moitié à la famille Cruse et pour l'autre moitié à Jacky Lorenzetti. Ceint de murs, le vignoble d'une cinquantaine d'hectares se situe sur un terroir de première classe qui explique la remarquable finesse aromatique du vin, et sa constance malgré les caprices climatiques fréquents dans les derniers millésimes. Récemment, le cru, capable de la plus grande des finesses, a intégré des parcelles bien situées, à proximité du clos. Les derniers millésimes ne déçoivent pas et sont à rechercher par les amateurs de margaux subtils et délicats.

■ **margaux 2019** | Sec | 2025>35 | 64 € — 93

■ **margaux 2020** | Sec | 2025>38 | 73.3 € — 93

Château Kirwan

★★★★☆

Dans la famille Schÿler depuis 1904, important acteur du négoce bordelais, cette propriété de 37 hectares est située sur le plateau de Cantenac, au sud de l'appellation margaux, avec une partie du vignoble située plus à l'ouest, sur des terres plus argileuses. Le magnifique nouveau cuvier vaut la visite et l'engagement de la propriété dans l'œnotourisme la rend particulièrement attractive. Les vins ont gagné en pureté immédiate d'expression et en intégration du boisé et devraient bien vieillir, dans un esprit typiquement margalais. Les récents millésimes, 2020 et 2022 en primeurs, nous ont impressionné : ils rivalisent désormais avec les meilleurs de l'appellation.

■ **margaux 2019** | Sec | 2025>35 | 47 € — 91

■ **margaux 2020** | Sec | 2026>42 | 45.4 € — 96

Château La Fortune

★★☆☆☆

Avec la gérance du prestigieux château du Tertre, la famille Helfrich, propriétaire du très important groupe Grands Chais de France, est devenue un acteur important de l'appellation margaux. Elle avait pourtant déjà commencé à produire sur le secteur avec le bien nommé La Fortune, petite pépite pleine de charme et affichant dans tous les derniers millésimes une profondeur de constitution brillante.

■ **margaux 2020** | Sec | > | NC — 88

Château La Lagune

★★★★☆

La Lagune n'a pas été récompensée par la météo ces derniers millésimes pour sa courageuse viticulture bio. Sous le contrôle de son administratrice, Caroline Frey, le vin a bien progressé ces dernières années, avec des assemblages à plus grand pourcentage de cabernet-sauvignon et des extractions de tannin plus élégantes. Que dire d'autre sinon que nous ne pouvons que nous réjouir du travail accompli dans cette propriété qu'il faut d'ailleurs absolument visiter. Les récentes dégustations placent le cru tout en haut de la hiérarchie de l'appellation haut-médoc : quatrième étoile méritée.

■ **haut-médoc 2019** | Sec | 2025>35 | 57 € — 92

■ **haut-médoc 2020** | Sec | 2026>34 | 22.7 € — 93

Château La Mouline

★★☆☆☆ N

En parallèle de sa carrière, Jean-Christophe Coubris a repris le domaine familial en 2020 et ses 25 hectares. Son épouse, Emmanuelle Coubris, l'accompagne dans ce projet d'envergure et inscrit le domaine au cœur des enjeux sociaux et environnementaux actuels. Le vignoble est certifié HVE et en conversion bio. Les vignes sont plantées sur un sol drainant qui permet à la vigne de s'enraciner profondément. Situé au cœur du Haut-Médoc, à mi-chemin entre Margaux et Saint-Julien, le vignoble occupe la pente sud de deux croupes, l'une argilo-calcaire, l'autre graveleuse. Bien exposés, les raisins y atteignent une maturité optimale et les infrastructures techniques, complètement rénovées, permettent une bonne maîtrise des vinifications, conseillées par Olivier Dauga.

Château La Tour Carnet

★★★☆☆ +

La Tour Carnet est la propriété phare de Bernard Magrez en Médoc. Le vignoble initial se situe sur une butte calcaire unique qui donne un cachet « rive droite » à ses merlots. Il s'est agrandi bien plus au nord d'excellents terroirs plus classiques, sur Saint-Seurin de Cadourne, comme son appellation le permet. Le volume de vin a donc augmenté en prenant encore plus d'assurance et de régularité dans la qualité. Qu'on nous permette cependant de penser que la création d'une cuvée de prestige, issue du seul terroir originel de la propriété classée, en particulier sa butte calcaire unique dans le Médoc, permettrait de mettre encore plus en avant le travail sur-mesure dont sont capables les équipes du cru.

■ **haut-médoc 2019** | Sec | 2023>30 | 13.55 € — 90

■ **haut-médoc 2020** | Sec | 2024>32 | 31.25 € — 91

Château La Tour de By

★★☆☆☆

Ce cru de Bégadan se divise en deux parties : l'une autour du château, en bord de rivière, sur des graves magnifiques, l'autre vers Saint-Christoly. Depuis quelques millésimes, grâce à une sélection sévère et une vinification précise, coïncidant avec l'arrivée de Frédéric Le Clerc et de son cousin Benjamin Richer de Forges, le cru réalise d'immenses progrès, allant vers un style énergique, savoureux et particulièrement digeste.

■ **médoc 2020** | Sec | 2023>35 | 21.4 € — 91

■ **Roque de By, médoc 2019** | Sec | 2023>28 | 13.9 € — 89

Château Labégorce

★★★☆☆

Suite à la réorganisation des propriétés margalaises de la famille Perrodo, Labégorce-Zédé a rejoint le château Labégorce pour ne plus faire qu'un. Marjolaine de Coninck est à la direction générale des propriétés depuis 2010. Les vins produits ont toujours leur identité forte, mais avec aujourd'hui plus de modernité, de finesse et d'élégance.

■ **margaux 2020** | Sec | 2025>35 | 35 € — 90

■ **margaux 2019** | Sec | 2024>32 | NC — 90

Château Laffitte Carcasset

★★☆☆☆

Le château Laffitte Carcasset, qui trouve ses origines au début du XVIIIe siècle, est situé au cœur de l'appellation saint-estèphe, entouré de crus classés. 35 hectares de vignes implantées sur le beau plateau graveleux de Saint-Estèphe où le cabernet-sauvignon (60 %) et le merlot (35 %) s'expriment à merveille. Il appartient depuis 2016 à Pierre Rousseau et à sa famille. Les vins produits sont complexes et fruités, avec une belle structure tannique qui leur offre une très bonne aptitude au vieillissement.

■ **saint-estèphe 2020** | Sec | 2024>32 | 18.3 € — 93

Château Lafite-Rothschild

★★★★★ ✦

Cru suprême de Pauillac, Lafite doit son inégalable finesse à ses graves du nord de l'appellation, sur socle calcaire, avec des sélections extrêmement rigoureuses qui écartent plus de la moitié de la récolte. For-

✦ Star + Valeur sûre ⊛ À suivre de près N Nouvelle entrée

Ludovic David, Château Marquis de Terme

En poste depuis 2009 à la direction de ce cru classé de Margaux, Ludovic David est du genre à tracer sa route, enchaîner les projets, faire avancer, en bon manager, l'excellente équipe qu'il a réunie autour de lui. Avec ce sourire aux lèvres qu'il abandonne rarement, il a aussi convaincu la famille propriétaire, les Sénéclauze, du potentiel des terroirs du cru, donné une âme margalaise à un vin de grande garde et offert au Médoc un concept abouti en matière d'œnotourisme, accessible et décomplexé, mêlant la tradition d'accueil des habitants de la presqu'île et l'univers des wineries californiennes. Franchement, Ludovic, pas mal. *Louis-Victor Charvet*

tement marqué par le cabernet-sauvignon, souvent supérieur à 90 % de l'assemblage, Lafite brille par ses notes de cèdre et de graphite qui demandent plus de quinze ans pour s'épanouir. La nouvelle équipe en charge du domaine (le duo Saskia de Rothschild et Éric Kohler) s'attache à donner plus de dimension aux vins, grand vin et second.

- pauillac 2019 | Sec | 2026>45 | 560 € — 96
- pauillac 2020 | Sec | 2030>60 | NC — 98
- Les Carruades de Lafite, pauillac 2020 | Sec | 2025>35 | NC — 93

Château Lafon-Rochet

★★★★☆

Ce cru classé de Saint-Estèphe donne le meilleur de ses cabernet-sauvignon et de ses merlots pour produire un vin savoureux, régulier, constituant un rapport qualité-prix favorable dans l'appellation. La propriété a récemment été acquise par Jacky Lorenzetti qui nourrit de grands projets pour elle. Nous les suivrons avec attention.

- saint-estèphe 2019 | Sec | 2025>35 | 60 € — 93
- saint-estèphe 2020 | Sec | 2026>42 | 46 € — 92

Château Lagrange

★★★★☆ ✚

Ce vaste domaine viticole, d'une grande homogénéité comme son voisin Gruaud-Larose, a vu ses vignes vieillir et donner une intensité inconnue au grand vin, tout en affinant depuis trois ans son style, grâce aux efforts de l'équipe technique actuelle. Son vin est une expression droite, classique, presque minérale des meilleures terres de Saint-Julien, avouant une communauté de saveur et de style indéniable avec léoville-las-cases, ce qui n'est pas un mince compliment. Excellent rapport qualité-prix.

- saint-julien 2019 | Sec | 2026>40 | 50 € — 95
- saint-julien 2020 | Sec | 2026>40 | 59 € — 94

Château Lamothe-Bergeron

★☆☆☆☆

Fameuse propriété, très en vogue au XIXe siècle, cette belle endormie s'est réveillée en pleine forme il y a quatre ans, grâce au rachat par la maison de cognac Mounier. Charles Lemoine en assure la direction. Situé entre Margaux et Saint-Julien, sur des terroirs de graves, le vignoble compte près de 70 hectares de vignes plantées à parité entre cabernet et merlot. D'importants travaux ont été entrepris afin de redonner au château son lustre d'antan. Moderne et avant-gardiste, conseillé par Hubert de Boüard (château Angélus), le vin conserve toujours finesse et élégance.

- haut-médoc 2020 | Sec | 2024>32 | 18 € — 92
- haut-médoc 2019 | Sec | 2024>32 | NC — 91

Château Langoa-Barton

★★★☆☆

Langoa est le nom de la délicieuse chartreuse où habite la famille Barton, et le lieu où léoville-barton est également vinifié. Nous sommes au cœur du vignoble de Saint-Julien, juste au sud de Léoville, et il est parfois difficile en primeurs de distinguer les deux crus. Le vin de Langoa est d'une facture très classique, dense, tannique, très épicé, complète expression de saint-julien, plus pur et plus exact dans ses derniers millésimes.

- saint-julien 2019 | Sec | 2025>35 | 51.6 € — 93
- saint-julien 2020 | Sec | 2026>40 | 50 € — 89

Château Larose-Trintaudon

★☆☆☆☆

Larose-Trintaudon est l'un des plus grands vignobles du Médoc, avec 180 hectares. Propriété des assureurs Allianz depuis 1986, le château bénéficie de solides engagements financiers et d'une équipe de 55 personnes. Le château Larose-Perganson fait partie intégrante du domaine viticole, c'est une deuxième marque aux côtés de son aîné. En 2007, le groupe acquiert le château Arnauld, situé à Arcins, sur la route des châteaux.

- haut-médoc 2020 | Sec | 2024>32 | 15 € — 90
- haut-médoc 2019 | Sec | 2023>30 | 15 € — 89

Château Lascombes

★★★★☆ ➔

Cette propriété de Margaux s'est dotée d'un nouveau cuvier à la pointe de la technologie, et a récemment nommé comme successeur de Dominique Befve, le talentueux Axel Heinz, œnologue mondialement réputé pour s'être occupé de l'icône italienne Ornellaia depuis 2015. Le vin, toujours issu de vendanges très mûres, se reconnait au sein de ses pairs du classement par sa forte couleur, sa suavité et son fondu de tannin.

- margaux 2019 | Sec | 2025>38 | 75.6 € — 95
- margaux 2020 | Sec | 2025>35 | 37.5 € — 92

Château Latour

★★★★★ ✦

Acquis par François Pinault en 1993, le cru ne s'est pas reposé sur ses lauriers. Sous l'impulsion de son rigoureux directeur Frédéric Engerer, il a encore élevé son niveau d'exigence en convertissant le vignoble à l'agriculture biodynamique. Le second vin, forts-de-latour, produit en grande partie sur les extérieurs du grand enclos, réservé au grand vin, est sans doute le cru le plus complet de sa catégorie. Quant au pauillac du château (le troisième vin), issu de jeunes vignes ou de parcelles récemment achetées, il donne déjà une haute idée de son appellation.

- Grand Vin, pauillac 2019 | Sec | 2028>45 | 510 € — 95
- Grand Vin, pauillac 2020 | Sec | 2030>55 | NC — 97
- Forts de Latour, pauillac 2020 | Sec | 2028>40 | NC — 93

Château Le Boscq

★★★☆☆

Propriété des vignobles Dourthe depuis 1995, ces derniers se passionnent pour la mise en valeur des 18 hectares, situés le plus au nord de l'appellation saint-estèphe. L'équipe Dourthe imprime sa signature en y réalisant des vins typés et élégants, sur des sols très argileux, plantés de merlot à 65 %, avec 25 % de cabernet-sauvignon et 10 % de petit verdot. Les derniers millésimes sont réussis, charmeurs, généreux et équilibrés. Un incontournable.

- saint-estèphe 2020 | Sec | 2025>35 | 26 € — 93
- saint-estèphe 2019 | Sec | 2025>35 | 24 € — 91

Château Le Crock

★★★☆☆

Les 32 hectares du château Le Crock se situent entre Cos d'Estournel et Montrose, et sont limitrophes également de Marbuzet et Haut-Marbuzet. Acquis en 1903 par la famille Cuvelier, avant Léoville-Poyferré, ce superbe château, dont le vignoble est constitué à 46 % de merlot, 40 % de cabernet-sauvignon, le reste se répartissant entre petit verdot et cabernet franc, est conseillé par Michel Rolland. Le vignoble est réparti sur trois zones d'implantation distinctes, bénéficiant ainsi d'une diversité aromatique exceptionnelle et exprimant parfaitement l'originalité du terroir de Saint-Estèphe. Les vins produits sont séduisants, expressifs, énergiques et de bonne garde.

- saint-estèphe 2020 | Sec | > | 40 € — 92

Château Léoville-Barton

★★★★☆

Progressivement, la nouvelle génération Barton-Sartorius prend les commandes de cette propriété exemplaire par la constance de ses vins et de leur style et par une politique de prix intelligente et non spéculative. La partie sud de Léoville donne un vin plus vite formé que la partie nord, puissant, charnu, racé, hautement satisfaisant pour les amateurs de grands médocs. Le nouveau cuvier doit permettre à la propriété de franchir un cap, en proposant des vins encore plus précis dès leur plus jeune âge.

- saint-julien 2019 | Sec | 2025>40 | 87.55 € — 95
- saint-julien 2020 | Sec | 2026>36 | 113 € — 92

Château Léoville-Las Cases

★★★★★ ✦

Certainement le second cru classé le plus proche, et depuis de nombreux millésimes, quand le bouchon ne trahit pas, du niveau des meilleurs premiers crus. Il doit sa classe et sa régularité à la sélection parcellaire qui le fait produire sur le grand enclos qui jouxte celui de château Latour. Mais aussi à un perfectionnisme exemplaire initié par Michel Delon dans les années 1980 et pleinement poursuivi par son fils Jean-Hubert. La finesse et la subtilité de sa saveur n'ont que peu d'égaux dans le monde mais le vin nous fait l'amitié de s'ouvrir plus rapidement que dans le passé. Les jeunes vignes donnent le petit-lion, en plus léger mais pas en moins élégant, et le reste de la propriété le remarquable clos-du-marquis, dont le rapport qualité-prix reste toujours aussi étonnant. L'arrivée à la vice-présidence des domaines Delon de l'expérimenté Jean-Guillaume Prats donne encore une nouvelle dimension à ce cru mythique.

- saint-julien 2019 | Sec | 2025>45 | 250 € — 98
- saint-julien 2020 | Sec | 2030>60 | 314 € — 98
- Clos du Marquis, saint-julien 2020 | Sec | 2026>40 | 62.4 € — 94

✦ Star ✚ Valeur sûre ➔ À suivre de près N Nouvelle entrée

1662
CHATEAU
MEYNEY
DEPUIS 1662
GRAND VIN
SAINT-ESTÈPHE
Le secret le mieux gardé de Saint-Estèphe
L'ABUS D'ALCOOL EST DANGEREUX POUR LA SANTÉ, À CONSOMMER AVEC MODERATION

Château Léoville Poyferré

★★★★★ ⊛

Le cru se situe dans sa partie privilégiée en face des meilleures parcelles de Léoville Las Cases et dans le prolongement de celles de Pichon-Longueville Baron. Le vin reflète parfaitement cette position, régulièrement un des plus puissants mais aussi des plus complexes et des plus harmonieux de tout le Médoc. Un pourcentage de merlot un peu supérieur à celui des deux autres Léoville influe sur sa texture un peu plus ronde. Sara Lecompte-Cuvelier veille à la continuité de l'excellence mise en place. Pavillon-de-poyferré, désormais le vrai second vin du château, progresse tout comme moulin-riche, issu d'un quartier qui lui est propre.

- **saint-julien 2019** | Sec | 2026>40 | 75.6 € — 96
- **saint-julien 2020** | Sec | 2027>40 | 135 € — 94

Château Les Grands Chênes

★★☆☆☆

Situé au bord d'une forteresse du XVIe siècle à proximité de l'estuaire, le vignoble de 12 hectares s'étend sur des sols de graves et argilo-calcaires, au nord de Saint-Estèphe. Pour optimiser l'expression de son joli terroir, Bernard Magrez y fait appliquer la même philosophie de travail que dans ses autres nombreux crus (dont Fombrauge et Pape-Clément).

Château Les Ormes-Sorbet

★★☆☆☆

Le domaine fut dans les années 1980 l'un des artisans du renouveau de l'appellation médoc, sous l'influence de son viticulteur passionné, Jean Boivert. Ses fils travaillent dans le même esprit. Ce cru possède le charme des sols calcaires du secteur mais le choix du cabernet comme cépage principal le relie directement au style classique médocain. Voilà un domaine dont il convient de souligner la qualité et la régularité des vins, toujours pleins de charme mais non dénués d'aptitude au vieillissement.

Château Lestage

★☆☆☆☆

La cinquantaine d'hectares (en grande majorité à Listrac mais aussi à Moulis), d'un seul tenant sur le plateau du Puy de Menjon, entoure le château construit sous Napoléon III. Depuis quelques millésimes les vins, essentiellement issus de merlot, gagnent en profondeur, sans pour autant perdre en expression fruitée ni en fraîcheur.

- **listrac-médoc 2020** | Sec | 2024>32 | 16 € — 90
- **listrac-médoc 2019** | Sec | 2024>32 | 12.5 € — 90
- **Château Caroline, moulis 2020** | Sec | > | 14.5 € — 91

Château Lestage-Simon

★☆☆☆☆

Située sur la commune de Saint-Seurin-de-Cadourne, cette propriété exploitée par les Grands Chais de France dispose de 49 hectares, sur un terroir complexe de graves, le long du fleuve, et d'un plateau calcaire plus à l'intérieur. Michel Rolland en est le conseil depuis le millésime 2010. Les vins sont juteux, avec de belles saveurs et de l'énergie.

- **haut-médoc 2020** | Sec | 2025>35 | NC — 92

Château Lilian-Ladouys

★★☆☆☆ ⊛

Après avoir passé Cos d'Estournel, et faisant face à Lafon-Rochet, les deux tours de Lilian-Ladouys émergent d'un océan de vignes. Cette propriété de 47 hectares a été rachetée par Jacky Lorenzetti en septembre 2008. Le suivi technique, tout comme à Pédesclaux, est assuré par Vincent Bache-Gabrielsen. Denses et colorés, les vins offrent une séduction immédiate. L'archétype du super-bordeaux en route vers une troisième étoile. Il faudra attendre que le très réussi 2022 encore en cours d'élevage se dévoile en bouteille.

- **saint-estèphe 2019** | Sec | 2024>38 | 32 € — 90
- **saint-estèphe 2020** | Sec | 2024>35 | 20 € — 92

Château Lynch-Bages

★★★★☆ ✦

Mondialement célèbre en raison de son opulence et de sa régularité, ce cinquième cru classé de Pauillac appartient à la famille Cazes depuis les années 1930, et a acquis une grande notoriété depuis que Jean-Michel Cazes en a pris la direction en 1973. Le cru maintient toute sa fougue et sa santé dans les derniers millésimes, en conservant sa profondeur et en gagnant en précision tannique. Le château produit un bordeaux blanc sec de plus en plus stylé. L'arrivée du nouveau chai impressionnant devrait permettre à la propriété d'atteindre le sommet. Au moment de mettre ce guide sous presse, nous apprenons avec une immense tristesse la disparition de Jean-Michel Cazes. Toute sa vie, l'homme aura œuvré au rayonnement de sa propriété et des vins de Bordeaux dans le monde. Une vie dédiée à la gloire du grand vin que nous saluons une dernière fois.

- **pauillac 2019** | Sec | 2026>40 | 200 € — 94
- **pauillac 2020** | Sec | 2026>42 | 148 € — 94

Château Lynch-Moussas

★★★☆☆

Philippe Castéja a beaucoup travaillé pour restaurer une superbe propriété familiale située dans l'arrière-pays de Pauillac. Le vieillissement des vignes et la construction d'un outil de travail performant permettent de produire un vin souple et charnu, en progrès constants. Son terroir lui donne la possibilité de s'ouvrir avant la plupart des vins de son appellation, ce qui devrait le rendre plus présent sur les cartes de restaurants, avec un bon rapport qualité-prix.

- **pauillac 2019** | Sec | 2025>35 | 50 € — 92
- **pauillac 2020** | Sec | 2024>34 | 37 € — 92

Château Malescasse

★★☆☆☆

Sur des graves bien drainantes, Malescasse est en de bonnes mains. Beaucoup de travaux ont été entrepris, au vignoble tout d'abord avec l'arrachage des vignes fatiguées, et la plantation de parcelles en haute densité. Les bâtiments ont également été rénovés. Les vins qui étaient très classiques jusqu'à présent ont déjà gagné en précision et en complexité grâce aux interventions de Stéphane Derenoncourt.

- **haut-médoc 2020** | Sec | 2024>34 | 25.8 € — 92
- **haut-médoc 2019** | Sec | 2024>32 | NC — 91

Château Malescot Saint-Exupéry

★★★★☆

Au cœur du terroir margalais, Jean-Luc Zuger, héritier d'une famille passionnément liée à sa commune, tranche avec la plupart des propriétaires locaux. Gourmet, excellent dégustateur mais peu suspect d'aimer les mondanités, il fait un vin à son image, solide, très franc, issu de vendanges bien mûres, fait pour la table. Le terroir ajoute sa classe et son potentiel de longévité.

- **margaux 2019** | Sec | 2025>35 | 49 € — 92
- **margaux 2020** | Sec | 2025>35 | 70 € — 92

Château de Malleret

★★★☆☆ +

Cette propriété compte un peu plus de 54 hectares de vignes en appellation haut-médoc, situés sur les communes du Pian-Médoc et de Ludon-Médoc. Porté par l'excellent duo Aymar du Vivier et Paul Borde, nous nous réjouissons de voir ce cru revenir dans la course des meilleurs vins du Médoc. Il récolte les fruits de nombreux efforts, notamment la refonte complète de l'outil technique avec un cuvier digne des meilleurs crus classés. Souvent denses et puissants pendant la décennie 2000-2010, le style de vins a beaucoup évolué au cours des dix derniers millésimes, affichant plus de finesse immédiate et de charme. Notons aussi la production d'un blanc gras et profond remarquable, qui compte sans doute parmi les plus aboutis en termes de style de tout le Médoc. Peu épargnée par les aléas climatiques ces derniers millésimes, il faut absolument suivre de près cette propriété attachante : c'est une source de grands rapports qualité-prix.

- **haut-médoc 2020** | Sec | 2025>35 | 28 € — 93
- **haut-médoc 2019** | Sec | 2024>32 | 26.5 € — 91
- **bordeaux 2021** | Sec | 2023>28 | 20 € — 93

Bernard Magrez

Le jeune auteur inexpérimenté de ces lignes admet volontiers être parfois intimidé par les grandes figures de Bordeaux. Bernard Magrez est de celles-là – en plus d'être naturellement intimidant – et il suffit de jeter un œil à la liste de ses faits d'armes pour mesurer l'aura du personnage. Dans le Médoc il a transformé le château La Tour Carnet, cru classé d'appellation haut-médoc, en une marque universelle et accessible. N'en déplaise à certains, et nous serions de ceux-là si le vin était décevant, nous voyons là une chance pour des milliers d'amateurs de retrouver à chaque millésime une qualité sans faille et un style fondé sur la rondeur et le plaisir immédiat. Ce n'est pas si fréquent. *Louis-Victor Charvet*

Clos Manou

★★★☆☆

Les vignes de Françoise et de Stéphane Dief sont sur la commune de Saint-Christoly, et grâce à une vinification et un élevage sous bois des plus subtils, ils en extraient le clos-manou, avec l'intention de produire un vin de garde, très pur et d'une grande perfection de style. Pour le petit-manou, une partie de la récolte est maintenant élevée en œuf béton de sept hectolitres. Ce sont des rouges profondément ancrés dans le terroir médocain, avec la charpente nécessaire au vieillissement. L'ambitieuse cuvée clos-manou fait preuve d'un grand savoir-faire mais le deuxième vin petit-manou mérite également le détour.

- médoc 2020 | Sec | 2023>30 | 27 € — 87
- médoc 2019 | Sec | 2025>35 | 20 € — 91

Château Margaux

★★★★★ ✦

Château Margaux joue pleinement son rôle de premier grand cru classé de son appellation. Les assemblages du grand vin à très forte proportion de cabernet-sauvignon expliquent à la fois son étonnante pureté aromatique et son unique distinction, au prix parfois d'une certaine austérité exigeant une longue aération pour libérer les arômes. Dans les derniers millésimes, pavillon-rouge bénéficie des somptueux merlots non retenus pour le grand vin et a beaucoup gagné en chair et en profondeur. Sélectionné avec un soin maniaque, pavillon-blanc nous étonne chaque année par son énergie aromatique, sa tension, son corps et sa complexité. Dirigée d'une main sûre par le talentueux Philippe Bascaules, la propriété continue sa marche en avant et accueille désormais la nouvelle génération de la famille Mentzelopoulos, avec l'arrivée dans des fonctions de direction générale d'Alexandra Petit-Mentzelopoulos et d'Alexis Leven-Mentzelopoulos.

- margaux 2020 | Sec | 2030>50 | 960 € — 96
- Pavillon Rouge, margaux 2020 | Sec | 2025>40 | 235 € — 92

Château Marquis d'Alesme

★★★★☆

Le château au cœur du village devient une de ses attractions majeures, grâce à la beauté de ses installations renouvelées, dans un style inspiré par l'Asie où vit Nathalie Perrodo, son administratrice et propriétaire. Des activités œnotouristiques particulièrement inventives et bien conçues permettront de faire mieux connaissance avec un vin métamorphosé, élégant et racé, fidèle expression de son terroir.

- margaux 2019 | Sec | 2025>35 | 37 € — 92
- margaux 2020 | Sec | 2026>42 | 41.6 € — 92

Château Marquis de Terme

★★★★☆ +

Sous l'efficace direction de Ludovic David, avec le plein soutien de la famille Sénéclauze, propriétaire des 40 hectares de vignes depuis 1935, ce cru a progressivement affiné sa qualité de tannin et l'intégration de son boisé. Ludovic David a procédé à une véritable révolution dans la vinification et l'élevage de ce cru doté d'un remarquable terroir, le dotant des outils les plus modernes, ce qui lui a permis de retrouver sa typicité margalaise et de rivaliser depuis 2010 avec les meilleurs vins du secteur. Saluons l'effort considérable réalisé par cette propriété pour en faire un lieu de vie unique en son genre dans le Médoc, sur le modèle des winery californiennes, appréciés des Médocaines et des Médocains eux-mêmes.

- margaux 2019 | Sec | 2025>40 | 48 € — 93
- margaux 2020 | Sec | 2030>50 | 45 € — 94

Château Mauvesin Barton

★☆☆☆☆

C'est maintenant la très sérieuse et enthousiaste Mélanie Barton-Sartorius qui met en place son savoir-faire d'œnologue conjugué à son atavisme familial dans cette propriété rachetée en 2011 par la famille. Elle donne un vin de caractère, avec l'exubérance du moulis, la race du terroir, l'équilibre résultant d'une bonne vinification et d'un raisin ramassé au juste moment. En progrès.

Château Mayne-Lalande

★★☆☆☆

Alice-Jeanne Lartigue reprend la suite de son père décédé, grande figure du Médoc dont nous saluons encore une fois la mémoire. Elle pourra compter sur le soutien d'Hubert de Boüard qui conseille le cru depuis 2010. Sur 40 hectares de vignes entre Listrac et Moulis, le cru propose des vins qui ont gagné en densité et en finesse, au boisé harmonieux, preuve d'un élevage maîtrisé, et à la fraîcheur évidente.

- listrac-médoc 2019 | Sec | 2024>32 | NC — 91

Château Meyney

★★★★☆

Racheté par CA Grands Crus en 2004, Meyney est un petit bijou d'architecture médocaine, prisé tant par sa situation que par la qualité de ses vins. La cinquantaine d'hectares qui entourent le château, situés sur une croupe de graves siliceuses et d'argiles bleues profondes, en bord de Gironde, donne l'avantage au cabernet-sauvignon. Les vins ont retrouvé le lustre des grandes heures. Ils possèdent un potentiel de longue garde.

- saint-estèphe 2019 | Sec | 2025>35 | 25 € — 93
- saint-estèphe 2020 | Sec | 2026>42 | 30 € — 93

Château Montrose

★★★★★ ✦

Racheté en 2005 par Martin et Olivier Bouygues, le cru a poursuivi dans sa voie d'excellence. Les nouveaux propriétaires et leurs équipes ont veillé à ne pas modifier le style, mais à perfectionner viticulture et vinification pour les adapter aux exigences écologiques et culturelles de notre temps. Le second vin dame-de-montrose, produit en volume appréciable, a progressé en régularité et en expression du terroir. Les derniers millésimes, au sommet du Médoc, égalent les premiers crus classés et devraient continuer à briller, dans un avenir proche, avec l'arrivée de Charlotte Bouygues et de Pierre Graffeuille, nouveau duo de direction de grande valeur dont la vision pour le cru et pour l'ensemble des propriétés du groupe.

- saint-estèphe 2019 | Sec | 2027>40 | 135 € — 97
- saint-estèphe 2020 | Sec | 2027>50 | 112 € — 95

Château Mouton-Rothschild

★★★★★ ✦

Philippine de Rothschild a laissé à ses enfants une propriété en pleine forme, aux mains d'une équipe technique irréprochable. Initialement appelée Brane-Mouton, la propriété devient Mouton-Rothschild en 1853, lorsque le baron Nathaniel de Rothschild en fait l'acquisition. Son arrière-petit-fils Philippe prend la suite en 1922 et débute la commercialisation en bouteilles. Le terroir privilégié de Mouton et ses très vieilles vignes magnifiés dans les derniers millésimes grâce aux faveurs du climat et à l'aide d'un chai magnifique instauré en 2013, produisent peut-être le vin le plus formellement parfait du Médoc. Ce qui ne l'empêchera pas de se refermer en grand millésime avant d'atteindre une apogée qu'on prédit glorieuse. Le second vin petit-mouton ressemble au grand comme un petit frère et le blanc, aile-d'argent, devient progressivement l'un des plus complets du Médoc. Héritier sublime de Philippe Dhalluin, Jean-Emmanuel Danjoy impressionne par sa vision stylistique et son sens du grand vin. Mouton est sans doute, ces derniers millésimes, encore un cran au-dessus de tout nos cinq étoiles dans le Médoc.

- pauillac 2019 | Sec | 2028>45 | 492 € — 100
- pauillac 2020 | Sec | 2030>60 | NC — 97
- Petit Mouton, pauillac 2020 | Sec | 2027>40 | 279 € — 94

Château Ormes de Pez

★★★☆☆

Les Ormes ont disparu mais le hameau de Pez abrite toujours cette jolie propriété, acquise par Jean-Michel Cazes. Les vinifications sont d'ailleurs menées sous l'œil bienveillant des équipes du château Lynch-Bages, ajoutant au vin un petit supplément d'âme et surtout beaucoup d'élégance. Avec des vinifications plus soignées et précises que par le passé, ils ont gagné en raffinement.

- saint-estèphe 2020 | Sec | 2025>35 | 30 € — 92
- saint-estèphe 2019 | Sec | 2024>35 | NC — 91

✦ Star + Valeur sûre ⊛ À suivre de près N Nouvelle entrée

TOUT
DES VINS DES PLUS SÉVEUX
QUI ONT DES CHOSES À DIRE !
EN COLLABORATION
AVEC MATTHIEU COSSE
ADICHATS
ANQUI
ROUPIT
LE DARON
TUTIAC
TOUT BORDEAUX !
GRAND VIN DE BORDEAUX
ANQUI
Un vin des plus "séveux" ou comment, avec du merlot (surtout) et du cabernet sauvignon à point nourris dans l'argile, faire un vin profond, qui se boit tendrement, avec une belle sucrosité!
L'ABUS D'ALCOOL EST DANGEREUX POUR LA SANTÉ. À CONSOMMER AVEC MODÉRATION.

Château Palmer

★★★★★ ✦

Les 55 hectares comptent autant de merlot que de cabernet-sauvignon, avec un peu de petit-verdot, et confèrent à ce cru célèbre par sa régularité et le caractère voluptueux et confortable de ses arômes et de sa texture, une personnalité singulière pour le Médoc. La rareté des bouteilles de Palmer, grand vin ou alter-ego, s'est renforcée par les petites récoltes récentes, liées à la viticulture bio et aux caprices de la météo. Ce qui n'a rien changé à la qualité des vins, parmi les plus originaux et les plus complets du Médoc. Voluptueux, charmeur, à la fois très mûr et frais, Palmer est un vin qu'on n'oublie pas. Il le doit sans doute à la vision de Thomas Duroux, son grand directeur, et au courage de ses équipes pour continuer la bataille d'une viticulture exigeante. Dans les vins qu'elle veut bien donner, elle force le respect et l'admiration.

- margaux 2019 | Sec | 2026>40 | 270 € — 95
- margaux 2020 | Sec | 2026>45 | 373.3 € — 97
- Alter Ego, margaux 2020 | Sec | 2025>38 | 84.17 € — 92

Château Patache d'Aux

★★☆☆☆

Fin 2016, Antoine Moueix Propriétés, filiale d'Advini, a acquis cette belle propriété d'une soixantaine d'hectares qui avait longtemps été hissée à un très bon niveau qualitatif par la famille Lapalu, produisant un vin médocain, avec les saveurs et le tannin épicé. Des moyens importants ont été mis en œuvre, notamment la construction d'un nouveau cuvier pour travailler toujours plus en précision.

- médoc 2020 | Sec | 2026>36 | 11.8 € — 90
- médoc 2019 | Sec | 2024>32 | NC — 91
- Château Leboscq, médoc 2020 | Sec | 2024>32 | 29 € — 91

Château Pédesclaux

★★★☆☆ →

Un nouveau cuvier ultra-moderne, luxueux et efficace, montre les ambitions du nouveau propriétaire Jacky Lorenzetti. Il souhaite produire un des meilleurs vins de son appellation et a acquis des terroirs de très haute qualité, proches de Mouton-Rothschild, qui devraient l'aider dans son ambition. Les vins brillants techniquement sont en progrès à chaque nouveau millésime.

- pauillac 2020 | Sec | 2024>32 | 43 € — 91
- pauillac 2019 | Sec | > | 85 € — 89

Château Petit-Bocq

★★☆☆☆

Ce discret château de 14 hectares, situé à proximité immédiate de Haut-Marbuzet, sur le même plateau, offre une belle représentativité des terroirs de Saint-Estèphe. La forte proportion de merlot dans les assemblages oriente toutefois le vin dans un style délibérément charmeur et flatteur.

- saint-estèphe 2020 | Sec | 2025>35 | NC — 90

Château Peyrat-Fourthon

★★★☆☆ ✚

Propriété depuis 2004 de la famille Narboni, Peyrat-Fourton est situé sur les terroirs de graves de Saint-Laurent-du-Médoc, proches de Saint-Julien. C'est une propriété phare de l'appellation haut-médoc, d'une régularité sans faille. Toujours colorés, amples, élégants, modernistes mais sans excès, les vins se distinguent par leur harmonie, leur complexité, leur côté énergique et la justesse dans leur équilibre. Ils sont difficilement égalés dans cette appellation.

- haut-médoc 2019 | Sec | 2025>35 | NC — 90
- Château Marcus, margaux 2018 | Sec | 2025>30 | NC — 92

Château de Pez

★★★☆☆

Propriété du Champagne Louis Roederer depuis 1995, ce très ancien vignoble d'une petite quarantaine d'hectares se situe à l'ouest de Saint-Estèphe. La maison champenoise n'a de cesse d'investir et de redonner à ce cru son éclat d'antan. Toujours denses, colorés, axés sur le fruit, les vins sont profonds, vigoureux tout en restant élégants. Les vins, plein de charme et de sève, avec plus de corps et de constitution que par le passé, signent le retour au premier plan de cette belle propriété. 2019 et 2020 sont à rechercher par l'amateur.

- saint-estèphe 2019 | Sec | 2024>34 | 30 € — 91
- saint-estèphe 2020 | Sec | 2025>35 | 35 € — 92

Château Phélan-Ségur

★★★★☆ →

Phélan a été vendu en 2018 à un grand passionné de vins de Bordeaux, Philippe Van de Vyvere. Ce cru qui est en quelque sorte le cousin germain de Calon-Ségur est l'un des plus réputés du secteur. Merveilleusement situé en bord de Garonne, il offre un caractère bien spécifique, marqué par des notes de cèdre et une bonne souplesse de milieu de bouche. Ces derniers millésimes, c'est l'une des réussites majeures de l'appellation. Bien dirigé par l'énergique Véronique Dausse et une équipe intelligente et pragmatique, le cru mérite une étoile supplémentaire dans notre hiérarchie.

- saint-estèphe 2019 | Sec | 2025>40 | 55 € — 95
- saint-estèphe 2020 | Sec | 2026>42 | NC — 94

Château Pibran

★★★☆☆

Propriété d'Axa, ce vignoble est idéalement situé sur une croupe de graves, avec des voisins aussi prestigieux que Pontet-Canet et d'Armailhac. Pierre Montégut et les équipes de Pichon-Baron continuent d'affirmer le caractère de ce cru en sélectionnant le meilleur pour Pibran. Grâce au travail accompli depuis plusieurs années, les vins sont de plus en plus aboutis, alliant finesse et élégance sans toutefois perdre leur caractère pauillacais.

- pauillac 2019 | Sec | 2024>32 | NC — 91

Château Pichon Baron

★★★★★ ✦

Le grand vin du domaine est produit juste en face de château Latour, sur des graves parfaitement drainées et bénéficiant du microclimat des bords de Gironde. Pichon possède la vigueur et la puissance des plus grands médocs, dans un style très pur sur lequel a veillé amoureusement Jean-René Matignon pendant de longues années avant de passer le relais au non moins talentueux Pierre Montégut. Deux types de second vin sont produits : tourelles recherche la souplesse et le fruit mais avec une belle plénitude, griffons porte davantage la marque du terroir. Nous sommes ici au plus haut niveau.

- pauillac 2019 | Sec | 2027>45 | 180 € — 97
- pauillac 2020 | Sec | 2028>52 | 175 € — 97

Château Pichon-Longueville Comtesse de Lalande

★★★★★ ✦

La maison de champagne Louis Roederer a acquis ce cru très célèbre avec la ferme volonté d'en faire à nouveau, après quelques millésimes décevants, un grand cru modèle. Sous l'impulsion de Nicolas Glumineau, son énergique directeur général, beaucoup d'efforts ont été accomplis en viticulture, de plus en plus inspirée par le bio. Un cuvier à la pointe du progrès a été construit et les assemblages ont accentué la proportion de cabernet-sauvignon mais en conservant les apports des trois autres cépages, qui font l'originalité du cru. Le vin a gagné en vigueur sans perdre son charme et sa finesse. Cinq étoiles pour un niveau de qualité époustouflant.

- pauillac 2019 | Sec | 2027>45 | 235 € — 98
- pauillac 2020 | Sec | 2027>50 | 247.5 € — 98

Château Pontet-Canet

★★★★★ ✦

Propriétaires concernés et passionnés, Alfred Tesseron et sa fille Justine, nommée directrice générale, sont toujours prêts à tous les risques. Leur complicité a permis la conversion du vignoble à la viticulture bio, inspirante pour tous les voisins, et le perfectionnement d'un outil de travail adapté à leur recherche de vérité dans l'expression du terroir et du millésime. Il n'y a plus de second vin, toute la récolte fait le grand vin. Sur le plan du style, dans les derniers millésimes une proportion d'élevage en cuves béton équilibre le boisé à la perfection et libère toute la pureté aromatique d'un jus exceptionnel.

- pauillac 2019 | Sec | 2025>40 | 115.2 € — 96
- pauillac 2020 | Sec | 2025>50 | 137.5 € — 95

Château Potensac

★★★☆☆ ✚

Cru sans doute le plus estimé de l'appellation médoc, Potensac doit son succès à la qualité des équipes de vinification réunies par la famille Delon, propriétaire du château, et qui travaillent selon les mêmes critères exigeants qu'à Léoville-Las Cases. L'âge très élevé du vignoble, dont certaines parcelles de cabernet ont plus

✦ Star ✚ Valeur sûre → À suivre de près N Nouvelle entrée

de 80 ans, ne l'empêche pas d'être parfaitement productif. Le vin possède au plus haut degré le style classique, avec des notes de cèdre au nez et d'épices dans le tannin, et beaucoup de fermeté. Il évolue actuellement vers plus de finesse immédiate et plus de souplesse. Les derniers millésimes sont majestueux et de grande classe.

- **médoc 2020** | Sec | 2024>32 | NC — 92
- **médoc 2019** | Sec | 2024>32 | NC — 90

Château Poujeaux

★★☆☆☆

Propriété de la famille Cuvelier depuis 2008 (qui possède également clos Fourtet, à Saint-Émilion), ce vignoble de graves profondes du plateau de Grand Poujeaux jouit de formidables terroirs mais aussi d'installations optimales. Conseillé par Stéphane Derenoncourt, on obtient l'un des meilleurs moulis qui soient, à la fois riche et de grande suavité.

Château Prieuré-Lichine

★★★★☆

Doté d'un parcellaire complexe implanté sur différents secteurs de l'appellation, ce cru pour les observateurs attentifs devient peu à peu une référence. Le nouveau cuvier permet de procéder à des vinifications parcellaires, donnant à chacune d'elles sa chance et les choix de viticulture inspirés par le conseiller de la propriété, Stéphane Derenoncourt, expliquent la qualité des dernières vendanges. Le vin a toute la finesse et la grâce attendues, dans une forme immédiatement perceptible et les prix restent raisonnables.

- **margaux 2020** | Sec | 2026>36 | 19.8 € — 94
- **margaux 2019** | Sec | 2025>35 | NC — 94

Château Ramage La Bâtisse

★★☆☆☆

La MACIF est propriétaire depuis 1986 de ce domaine de 65 hectares de vignes, situé à Saint-Sauveur, non loin de Pauillac mais plus à l'intérieur des terres. Constitué de sols graveleux, argileux et sablonneux, Ramage La Bâtisse est un cru bourgeois sagement mené. Ses équipements performants permettent de produire des vins d'une régularité exemplaire. L'engagement environnemental est total et a permis d'obtenir le label HVE3 avec une conversion bio entamée en 2023. Les vins sont toujours élégants, équilibrés, savoureux dans leur jeunesse et vieillissent remarquablement bien.

- **haut-médoc 2020** | Sec | 2025>35 | 12 € — 91

Château Rauzan-Gassies

★★★★☆

Ce cru a la chance de posséder quelques-unes des meilleures parcelles de l'appellation, de même valeur et origine que son voisin Ségla. Une nouvelle génération de la famille Quié met tout en œuvre pour produire des vins dignes de leur lieu de naissance, avec de bonnes pratiques au vignoble et la construction d'un cuvier plus moderne et performant. Dans les derniers millésimes, les progrès sont flagrants. Et le prix reste sage. Il rejoint les meilleurs de l'appellation, ce que nous saluons d'une étoile supplémentaire.

- **margaux 2019** | Sec | 2026>40 | 56 € — 93
- **margaux 2020** | Sec | 2025>38 | 53 € — 91

Château Rauzan-Ségla

★★★★☆

En plein cœur de l'appellation margaux, ce cru de premier ordre a été racheté en 1994 par les frères Wertheimer, propriétaires de la maison Chanel et du château Canon à Saint-Émilion. Le vignoble de 66 hectares bénéficie des soins les plus attentifs de la part de Nicolas Audebert, qui propulse les vins à leur place légitime grâce à un nouveau chai et surtout au travail méticuleux accompli dans les vignes. En pleine forme, le cru exprime avec constance depuis dix ans l'élégance des meilleurs vins de Margaux. L'élargissement du vignoble a surtout bénéficié au second vin, ségla, produit en plus grande quantité, dans un style volontairement direct, souple et fruité.

- **margaux 2019** | Sec | 2026>40 | 74 € — 93
- **margaux 2020** | Sec | 2027>45 | 165.8 € — 92

Château Saint-Pierre

★★★★☆ +

Ce cru, propriété de la famille Triaud, rejoint les meilleurs de Saint-Julien dans les derniers millésimes, les dépassant même parfois en qualité, grâce à ses très vieilles vignes d'une moyenne, de 50 ans, idéalement situés au cœur du village. Le vin a toujours été dense, serré et puissant, continue à chaque millésime à gagner en élégance immédiate, avec un boisé mieux intégré, et toujours une texture de vieilles vignes qui l'égale sur ce plan aux premiers crus classés, voire aux premiers. C'est une des expressions les plus parfaites de l'origine de l'appellation, à des prix encore accessibles.

- **saint-julien 2019** | Sec | 2027>40 | 84 € — 95
- **saint-julien 2020** | Sec | 2025>40 | 58 € — 93

Château Siran

★★★☆☆

Ce cru de Margaux, situé sur les très belles graves de Labarde, est dirigé depuis 2007 par Édouard Miailhe. Les vins de Siran sont toujours charmeurs dans leur jeunesse et se complexifient au vieillissement, avec notamment des notes de rose ancienne et d'épices leur donnant finesse et élégance. On pourrait cataloguer les vins de Siran comme des classiques de Margaux, même si nous constatons ces derniers millésimes un infléchissement de style, qui va vers le registre de l'extrême puissance.

- **margaux 2019** | Sec | 2025>35 | 29 € — 92

Château Sociando-Mallet

★★★☆☆

Figure incontournable du Médoc, Jean Gautreau était l'un des artisans du renouveau de ses crus. Respecté par ses pairs, il a hissé Sociando-Mallet au niveau d'un cru classé, agrandissant largement le vignoble depuis son achat en 1969. Aujourd'hui, sur les 85 hectares de la propriété, une cinquantaine a le niveau d'un troisième voire d'un second cru classé. Ce sont des vins de référence, avec un toucher et une identité inimitables. Médocains dans l'âme, ils ont beaucoup de finesse, cette forme de plénitude et une beauté naturelle dans les meilleurs millésimes.

- **haut-médoc 2019** | Sec | 2025>35 | 28 € — 93

Château Talbot

★★★★☆

Talbot a toujours su jouir d'une véritable reconnaissance de la part des amateurs français comme internationaux. Le cru est toujours apparu comme la garantie d'un luxe accessible grâce à la volonté de la famille Cordier qui le possède depuis plus d'un siècle. Splendidement situé sur les terroirs de graves du nord est de l'appellation, jusqu'aux bornes de l'appellation pauillac, bien mené par son directeur Jean-Michel Laporte, conseillé par Stéphane Derenoncourt, Talbot n'a jamais été aussi brillant et régulier qu'au cours de cette dernière décennie.

- **saint-julien 2019** | Sec | 2026>40 | 58.8 € — 93
- **saint-julien 2020** | Sec | 2025>37 | 33 € — 93

Château du Tertre

★★★☆☆

Située d'un seul tenant sur deux splendides croupes de graves siliceuses, ce cru classé est géré par la famille Helfrich (Grands Chais de France) qui en a fait la figure de proue de ses domaines et propriétés en France. Son caractère aromatique, très frais et élégant doit beaucoup à la proportion importante de cabernets francs dans l'encépagement. Le rapport qualité-prix est indéniable.

- **margaux 2019** | Sec | 2026>35 | 55 € — 93
- **margaux 2020** | Sec | 2024>36 | 42.5 € — 93

Château Teynac

★★★☆☆

Acheté par Philippe et Fabienne Pairault il y a une trentaine d'années, ce joli cru d'une douzaine d'hectares est situé au cœur du village de Beychevelle. C'est l'un des rares châteaux de taille moyenne, cerné par une nuée de crus classés. Le cabernet-sauvignon domine largement, l'élevage est soigné, le résultat est à la hauteur. L'arrivée d'Eléonore, la brillante fille des propriétaires, fait beaucoup de bien à cette propriété qui ne cesse de nous impressionner. C'est l'adresse à suivre.

- saint-julien 2019 | Sec | 2024>32 | NC — 92

Château Tronquoy
★★★☆☆

Moins connu que Montrose, le château Tronquoy-Lalande qui change désormais son nom en le raccourcissant pour Tronquoy, plus simple à retenir, est l'autre propriété de la famille Bouygues. Le même nouveau duo, composé de Charlotte Bouygues et Pierre Graffeuille, a de grandes ambitions pour cette propriété de 18 hectares à Saint-Estèphe, en faisant de l'un des plus anciens vignobles de l'appellation un bordeaux de classe résolument moderne dans son approche, plus décomplexé, sans rien perdre de la race de son terroir d'excellence. Les vins qui y sont produits sont splendides, en particulier un blanc magnifique, priorité pour les amateurs de la couleur à Bordeaux.

- saint-estèphe 2019 | Sec | 2025>35 | 27 € — 93

RIVE DROITE

Château Angélus
★★★★★ ✦

En plein cœur de la côte de Saint-Émilion, exposé plein sud, Angélus dispose d'un des plus beaux terroirs, sur 25 hectares d'un seul tenant. Ce cru porté au sommet par Hubert de Boüard, vinificateur hors pair et âme des lieux, est dirigé par sa fille Stéphanie de Boüard-Rivoal. Fort pourcentage de cabernet franc (40 à 50 %), engagement humain et financier important. Tout ceci forme un arsenal de haute exigence. Le passage en culture biologique achève la montée en puissance du cru. Le changement de style opéré depuis quelques millésimes donne encore plus de complexité.

- saint-Émilion grand cru 2019 | Sec | 2027>40 | 387 € — 98
- saint-Émilion grand cru 2020 | Sec | 2027>57 | NC — 97
- Le Carillon, saint-Émilion grand cru 2020 | Sec | 2024>44 | 105 € — 94
- N°3, saint-Émilion grand cru 2020 | Sec | 2023>33 | 41 € — 90

Château des Annereaux
★★☆☆☆ ➔

Ce vignoble historique de 25 hectares de Lalande-de-Pomerol est situé sur le plateau graveleux et sablo-graveleux. Le gérant de la propriété, Benjamin Hessel, n'a pas hésité à faire découvrir son vin à l'Élysée, qui l'a retenu pour valoriser l'image de la France dans le monde. Depuis le millésime 2010, le cru est passé en agriculture biologique. Les vins produits sont souples et distingués au niveau aromatique. De bons rapports qualité-prix.

- lalande de pomerol 2019 | Sec | 2022>32 | 13.8 € — 92
- lalande de pomerol 2020 | Sec | > | NC — 92

Château Ausone
★★★★★ ✦

Par son harmonie de constitution et le raffinement de sa texture, Ausone figure parmi les meilleurs vins de Bordeaux. Sa longévité en bouteille est extraordinaire. Les vignes sont situées sur un tertre calcaire comprenant pour une petite partie un plateau à la couche de sol peu épaisse, et pour la majorité de leur surface la pente adjacente, exposée plein sud avec un sol beaucoup plus profond. Cette dualité est un atout essentiel qu'a su magnifier, Alain Vauthier, et aujourd'hui ses enfants, Pauline et Édouard.

- saint-Émilion grand cru 2019 | Sec | 2030>90 | 414 € — 98
- saint-Émilion grand cru 2020 | Sec | 2035>70 | NC — 98
- Chapelle d'Ausone, saint-Émilion grand cru 2020 | Sec | 2025>55 | NC — 95

Clos Badon
★★★☆☆

Dans un secteur de pied de côte sur 6,5 hectares, ce domaine appartient à Murielle Andraud et Jean-Luc Thunevin (Château Valendraud). Ce vin pour hédoniste se révèle souple et voluptueux, bénéficiant d'un caractère velouté et de tannins fins, toujours d'une grande gourmandise. Promu fort justement grand cru classé en 2022, ce cru évolue parfaitement dans le temps.

- saint-Émilion grand cru 2019 | Sec | 0>0 | 49 € — 92
- saint-Émilion grand cru 2020 | Sec | 2023>40 | 50 € — 93

Château Barde-Haut
★★★☆☆

Situé dans l'amphithéâtre argilo-calcaire le plus spectaculaire de Saint-Christophe-des-Bardes, la propriété couvre 17 hectares exposés plein sud. Hélène Garcin et Patrice Lévêque, les propriétaires, proposent un vin généreux, intense, franc et de grande classe. Un des meilleurs classés de Saint-Émilion.

- saint-Émilion grand cru 2020 | Sec | 2025>50 | 32.92 € — 95
- Poésia, saint-Émilion grand cru 2020 | Sec | 2027>47 | 33 € — 91

Clos du Beau-Père
★★☆☆☆

Ce cru de Pomerol appartient à Jean-Luc Thunevin (château Valandraud) et à son épouse Murielle, qui ont rassemblé trois hectares provenant de deux parcelles ; l'une située dans le secteur de Bourgneuf, qui apporte la structure, l'autre dans la zone de Bellegrave, pour la souplesse. Le style du cru a bien évolué ces derniers millésimes. Il se révèle charnu, sensuel, profond et plus séducteur.

- pomerol 2019 | Sec | 0>0 | 35 € — 92
- pomerol 2020 | Sec | 2024>44 | 47 € — 93

Château Beauregard
★★★☆☆ +

Les familles Moulin (Galeries Lafayette) et Cathiard (Smith Haut-Lafitte) possèdent cette propriété où le château constitue une merveille d'architecture du XVIIIe siècle. Les 17,5 hectares d'un seul tenant, très bien situés sur le versant sud du plateau, sont cultivés selon les principes de l'agriculture biologique, sous la direction de Vincent Priou. Les derniers millésimes montrent que le vin a gagné en assise et en raffinement.

- pomerol 2020 | Sec | 2025>45 | 65 € — 96

Clos Beauregard
★★☆☆☆

Voisin de La Conseillante, le terroir de clos Beauregard, propriété des Grands Chais de France, est situé en bordure du château Beauregard dont il faisait partie autrefois. Vin de charme au tannin soyeux.

- pomerol 2020 | Sec | 2024>29 | 45 € — 90

Château Beauséjour-Bécot
★★★★☆ +

2017 marque une évolution de style avec l'arrivée comme consultant de Thomas Duclot et de Jean de Cournuaud, formé à l'école Berrouet (celle de Petrus), arrivé à la direction technique pour le millésime 2018. Ceci marque le désir de Juliette Bécot d'infléchir le profil du vin, en incorporant un pourcentage variable de vendange entière (raisins non égrappés). Elle vinifie ainsi plus en infusion. 2018 splendide, 2019 au-dessus et 2020 grandiose. Pour un peu plus de 50 euros, on tient le meilleur rapport qualité-prix des premiers crus classés de Saint-Émilion.

- saint-Émilion grand cru 2019 | Sec | 2025>50 | 95 € — 96
- saint-Émilion grand cru 2020 | Sec | 2027>57 | 91.67 € — 97
- saint-Émilion grand cru 2020 | Sec | 2027>50 | 91.67 € — 94

Château Beauséjour Duffau-Lagarrosse
★★★★☆ ✦

Racheté par la famille Courtin du groupe Clarins, le domaine est maintenant dirigé par Joséphine Duffau-Lagarosse. Avec ses 6,5 hectares d'un seul tenant, idéalement situés sur le flanc ouest de la côte de Saint-Émilion. Beauséjour est le plus petit en superficie des premiers crus de Saint-Émilion. On a abandonné pour le grand vin le cabernet-sauvignon, et le cabernet franc a été replanté sur la dalle calcaire. L'équipe en place depuis les

✦ Star + Valeur sûre ➔ À suivre de près N Nouvelle entrée

dix derniers millésimes a affiné le profil de ce vin unique au fruité très pur, au soyeux raffiné, avec une finale saline savoureuse.

- **saint-Émilion grand cru 2019** | Sec | 2024>35 | 135 € — 98
- **saint-Émilion grand cru 2020** | Sec | 2026>46 | NC — 96

Château Belair-Monange

★★★★★ ✦

Sur 23,5 hectares, ce premier cru classé regroupe les trois grands terroirs de l'appellation : calcaire du plateau, argilo-calcaire des terrasses et argiles bleues des côtes, avec une exposition sud, sud-est, idéale pour la juste maturité des baies. Le renouvellement de l'appareil végétal, ajouté au souci cultural vertueux, sont déterminants dans la progression du cru qui bénéficie également d'un nouveau chai sur mesure, permettant d'être à la hauteur des ambitions. Le cru a rejoint l'élite de notre hiérarchie. Cette cinquième étoile est amplement méritée.

- **saint-Émilion grand cru 2019** | Sec | 2022>62 | 230 € — 99
- **saint-Émilion grand cru 2020** | Sec | 2025>65 | 160 € — 99

Château Bellefont-Belcier

★★★☆☆

La propriété, située dans le prolongement de Pavie et de Larcis-Ducasse, a été rachetée par Peter Kwck. Cet homme d'affaires a senti le potentiel de ce cru classé de 13,5 hectares. La direction a été confiée à Jean-Christophe Meyrou. Les ambitions sont évidentes et cela se traduit par plus de sélection parcellaire et un pourcentage de cabernet franc porté à 30 %. La censité et la fermeté des vins de côte et de pied-de-côte sont atténuées par une vinification douce pour faire ressortir un accent crayeux et plus de complexité au tannin généreux de ce cru classé.

- **saint-Émilion grand cru 2019** | Sec | 2023>45 | 46.8 € — 93
- **saint-Émilion grand cru 2020** | Sec | 2027>50 | 50.42 € — 95

Château Berliquet

★★★☆☆ ⊛

Racheté par Chanel qui possède le prestigieux voisin, le château Canon, Berliquet est une propriété qui s'appuie majoritairement sur des vignes de merlot qui peuvent s'épanouir sur un terroir argilo-calcaire en coteaux. Très classique, généreusement construit mais sans lourdeur, ce vin est l'un des grands classiques de l'appellation. Les derniers millésimes sont prometteurs.

- **saint-Émilion grand cru 2019** | Sec | 2026>42 | 37 € — 93
- **saint-Émilion grand cru 2020** | Sec | 2025>50 | 55.8 € — 93

Vignobles Berrouet

★★★☆☆

Jean-Claude Berrouet, l'homme qui contribua à la gloire de Petrus, et son fils Jeff, produisent un lalande de graves sur argiles (château Samion) au velouté frais et enrobant très enjôleur. Leur montagne (Vieux-Château-Saint-André) offre un tannin vertical de belle étoffe, évoluant dans le temps et le saint-émilion Hyon-la-Fleur monte en gamme. De belles adresses du Libournais.

- **Château Samion, lalande de pomerol 2020** | Sec | 2024>30 | NC — 90
- **Vieux Château-Saint-André, montagne-saint-Émilion 2020** | Sec | 2024>30 | NC — 90

Château Bonalgue

★★★☆☆

Dans la banlieue de Libourne, la silhouette élégante du château Bonalgue fait honneur à l'architecture de la fin du XVIIIe siècle. Jean-Baptiste Bourotte (directeur du négoce et des domaines Audy) y exploite ce grand classique de l'appellation qui offre une superficie de 7,50 hectares avec des vins d'une grande gourmandise : les tannins sont juteux, souples et charnus et le cru évolue parfaitement sur une quinzaine d'années avec une séduction permanente. En achat primeurs, cela reste un bon rapport qualité-prix.

- pomerol 2019 | Sec | 2025>35 | 53 € — 93
- pomerol 2020 | Sec | 2023>42 | NC — 94

Château Bourgneuf

★★★☆☆

Frédérique Vayron est passée de ses études de philosophie à la vigne. La jeune femme a bien pris la mesure de ces 9 hectares argilo-graveleux sur le plateau mythique. Les parcelles les mieux exposées ont été épargnées par le gel de 1956, ce qui fait que le patrimoine de vieilles vignes parle avec le temps. L'enveloppe aromatique du cru est raffinée, l'allonge en bouche se révèle onctueuse et fraîche. Ce vin évolue remarquablement, sans renier une parenté avec son prestigieux voisin, Trotanoy.

- pomerol 2019 | Sec | 2025>35 | 35 € — 94
- pomerol 2020 | Sec | 2027>50 | 54 € — 96

Château Canon

★★★★☆ ✦

Depuis le rachat des 22 hectares de Canon par la famille Wertheimer, ce cru bénéficie du travail long et patient de restauration effectué et ce premier de la classe tient avec constance son rang. Le vignoble a été bien remis en état, avec une augmentation sensible de cabernet franc. Les trois derniers millésimes en bouteille montrent une constance de style fort appréciable, des vins élégants, complexes, sans aucune surcharge. Les 2018, 2019, 2020 ont gagné en chair et sont somptueux.

- saint-Émilion grand cru 2020 | Sec | 2032>60 | 216 € — 97

Château Canon-la-Gaffelière

★★★★☆ ✚

Le 2021 a été le premier millésime de Ludovic von Neipperg, revenu sur les domaines familiaux, aux côtés de son père Stephan qui a écrit l'histoire de ce cru de 19,5 hectares situés au pied de la côte de Saint-Émilion. Le grand vin de la propriété sait aussi bien jouer sur la puissance de constitution que sur la finesse donnée par les délicieux cabernets francs de pied de côte.

- saint-Émilion grand cru 2019 | Sec | 2023>40 | 74.4 € — 94
- saint-Émilion grand cru 2020 | Sec | 2025>50 | 82.5 € — 96

Château Canon-Pécresse

★★★☆☆

Les familles Labrune (château de La Dauphine) et Pécresse (château Canon Pécresse) ont conclu un accord d'association pour valoriser ces deux terroirs. La société de La Dauphine prend le contrôle de Canon Pécresse afin d'accompagner le développement de ce cru de 4,5 hectares ancrés sur une terrasse dominant la Dordogne. Jean-Francis Pécresse y conserve un rôle opérationnel sur ce fleuron de la rive droite certifié bio depuis 2020, dont on apprécie la finesse de tannin et la profondeur.

- canon-fronsac 2019 | Sec | 2025>45 | 22.5 € — 93
- canon-fronsac 2020 | Sec | 2025>50 | 18.33 € — 93

Château Cantin

★★☆☆☆

Cette propriété de Saint-Émilion retrouve de l'ambition avec sa prise en mains par le groupe Grands Chais de France. S'appuyant sur un encépagement complémentaire où merlot (63 %), cabernet franc et cabernet-sauvignon se complètent harmonieusement, Cantin possède un terroir argilo-calcaire très classicue de l'appellation.

- saint-Émilion grand cru 2019 | Sec | 2023>40 | 29 € — 92
- saint-Émilion grand cru 2020 | Sec | 2025>35 | 26 € — 92
- saint-Émilion grand cru 2021 | Sec | 2025>30 | 26 € — 90

Château Capet-Guillier

★★★☆☆ →

Depuis son rachat en 2008 par la filiale bordelaise d'Advini, les démarches durables et parcellaires ont permis une belle progression de ce grand cru de Saint-Hippolyte cultivé selon des principes biodynamiques. La persistance séveuse traduit parfaitement le coteau argilo-calcaire de 4 hectares qui porte le cru avec un profil typique de la côte sud. Sa subtilité tannique toujours volontaire présente une grande qualité de texture propulsant la bouche dans un futur rayonnant. Le cru ressemble à la gueule de l'endroit.

- saint-Émilion grand cru 2019 | Sec | 2026>47 | 42 € — 93
- saint-Émilion grand cru 2020 | Sec | 2026>46 | 37 € — 93

Château Certan

★★★☆☆

Les 5 hectares de ce domaine sont bien placés au sud-est de l'appellation sur le célèbre plateau argilo-graveleux de Pomerol. Ce cru s'affirme au bout de quelques années de cave, grâce à son profil longiligne, sa densité soyeuse, prolongée par une persistance savoureuse et fraîche. Au fil de nos dégustations, le vin gagne en assise et en complexité tannique. De beaux derniers millésimes.

- pomerol 2019 | Sec | 2025>35 | 89 € — 95
- pomerol 2020 | Sec | 2030>60 | 403.3 € — 97

Château Chauvin

★★☆☆☆ →

Sylvie Cazes et sa fille Julie Régimbeau donnent un nouveau souffle à cette propriété de 15 hectares, d'un seul tenant sur le plateau ouest de Saint-Émilion. Son terroir argilo-sableux nuancé d'un peu de crasse de fer, explique le profil pomerolais du cru sur beaucoup de millésimes. Le tannin velouté charme tout de suite et les vins méritent de figurer dans la cave de l'amateur, d'autant que le vin s'est bien étoffé sur les derniers millésimes.

- saint-Émilion grand cru 2019 | Sec | 2022>40 | 44 € — 91
- saint-Émilion grand cru 2020 | Sec | 2024>44 | 33.75 € — 92

Château Cheval Blanc

★★★★★ ✦

Cette propriété mythique occupe une place primordiale sur le plateau sablo-graveleux de l'appellation, un peu plus argileux sur son flanc nord, du côté de Pomerol. Cheval Blanc se distingue de ses voisins par sa longévité légendaire due au fort pourcentage de cabernet franc. Pierre Lurton, son directeur depuis 1991 et ses équipes talentueuses font preuve de rigueur et d'esprit pour perpétuer son style inimitable. Un vin qui parle à livre ouvert, sans aucune retenue. Son charme absolu du début à la fin de bouche se trouve porté par une texture de cachemire étirée par des franges florales sur la finale. La propriété déploie aussi un large volet d'agroforesterie réjouissant et pensé dans les moindres détails, faisant de Cheval l'un des crus de Bordeaux les plus excitants à suivre. Le primeur 2022 était le sommet de tous les vins présentés.

- saint-Émilion grand cru 2019 | Sec | 2026>40 | 605 € — 99
- saint-Émilion grand cru 2020 | Sec | 2025>60 | 745 € — 99
- Petit Cheval, saint-Émilion grand cru 2020 | Sec | 2023>45 | 275 € — 95

Château Clarisse

★☆☆☆☆

Figure du secteur de l'hôtellerie de luxe, Didier Le Calvez et son épouse Olivia ont permis de donner un coup de projecteur sur le plateau de Puisseguin. Leur domaine de 5,10 hectares possède un terroir argilo-calcaire et argilo-siliceux qui mérite toutes les attentions. La progression est indiscutable. La cuvée vieilles-vignes constitue l'une des réussites majeures sur le secteur.

- Vieilles Vignes, puisseguin-saint-Émilion 2020 | Sec | 2025>37 | NC — 91
- puisseguin-saint-Émilion 2020 | Sec | 2023>30 | NC — 89
- castillon côtes de bordeaux 2020 | Sec | 2024>35 | NC — 88

Château Clinet

★★★☆☆

Ronan Laborde, patron de l'Union des grands crus, est propriétaire de ce vignoble situé sur de vieilles graves profondes, mêlées d'argiles et de crasse de fer. Au sommet du plateau de Pomerol, les 11,27 hectares de Clinet sont au cœur des meilleurs terroirs de l'appellation. Le vin, charnu et consensuel, évolue parfaitement bien dans le temps, avec un gain de fraîcheur de constitution dans les derniers millésimes. Beaucoup de plénitude et de distinction.

- pomerol 2019 | Sec | 2025>35 | 99 € — 95
- pomerol 2020 | Sec | 2026>36 | NC — 95

Clos du Clocher

★★★☆☆

Cru de 4,6 hectares trop méconnu de Pomerol, ce vin peut pourtant s'avérer frais et irrésistible au bout de cinq à dix ans de bouteille, dans un style truffé affirmé. On est là sur l'un des meilleurs terroirs du plateau de Pomerol, bichonné par Jean-Baptiste Bourotte (directeur du négoce et des domaines Audy) dont la famille est propriétaire du cru. Sur les derniers millésimes, le vin a gagné en charme immédiat et en étoffe soyeuse.

- pomerol 2020 | Sec | 2027>57 | 85 € — 97

Chantal Perse, Château Pavie

C'est l'inaltérable roc sur lequel Gérard Perse a construit sa vie d'adulte. Ils se sont rencontrés à 18 ans et mariés un an plus tard. Chantal et Gérard forment depuis cette époque un couple qui partage tout, les épreuves comme les (nombreux) succès. Discrète mais loin d'être effacée, Chantal Perse a beaucoup œuvré pour apporter à l'œuvre vigneronne de la famille (Monbousquet, Pavie, Clos Lunelles, etc.) un complément célébrant l'art de vivre à Saint-Émilion (L'Envers du Décor et l'hôtel de Pavie). *Thierry Desseauve*

Château Clos de Boüard

★★☆☆☆

« Mieux vaut un très bon terroir à Montagne qu'un Saint-Émilion de sable », explique Coralie de Boüard, propriétaire de 30 hectares sur le secteur de Musset qui regardent Fombrauge et Troplong-Mondot, les crus voisins les plus célèbres. Si 2016 est aujourd'hui délicieux, le 2020 ouvre de belles perspectives avec un tannin velouté et profond qui s'étire avec éclat. Les bureaux, salles de dégustation et chambres donnent désormais aux bâtiments techniques un véritable air de fête.

- La Dame de Bouard, montagne-saint-Émilion 2020 | Sec | 2023>29 | 10.4 € — 89
- Clos de Boüard, montagne-saint-Émilion 2020 | Sec | 2025>45 | 20 € — 92

Château Corbin

★★★☆☆ ✚

Anabelle Cruse-Bardinet, issue d'une des grandes familles bordelaises du vin, tient désormais bien en main son terroir de Corbin où elle produit sur 13 hectares des vins typiques de ce secteur, plus proches par leur texture du pomerol que des saint-émilion de côte. S'y ajoute une finesse particulière née d'une meilleure maîtrise de l'élevage due, dès le millésime 2016, à la nouvelle cuverie. Remarquable rapport qualité-prix. Avec beaucoup de maîtrise et de sensibilité.

- saint-Émilion grand cru 2019 | Sec | 2022>40 | 50 € — 96
- saint-Émilion grand cru 2020 | Sec | 2025>45 | 22.08 € — 95

Château Corbin-Michotte

★★★☆☆

Jean-Noël Boidron, professeur d'œnologie, continue à cultiver ses 7 hectares de vignes du secteur de Corbin proche de Pomerol, dans la plus pure tradition. Il produit un vin riche en personnalité. C'est le saint-émilion de garde par excellence, d'une subtilité aromatique évidente, avec une structure plus en longueur qu'en largeur. Au bout de cinq ans, on a une forme de plénitude dans le tannin marquée par les 30 % de cabernet franc et 5 % de cabernet-sauvignon.

- saint-Émilion grand cru 2020 | Sec | 2025>45 | 32.2 € — 91

Château Croix de Labrie

★★★☆☆ ➔

Pierre Courdurié, négociant en vin et son épouse Axelle ont acquis ces 3,5 hectares en 2013. Croix de Labrie provient des parcelles de Badon, à côté de Pavie et de terres situées dans le haut de Saint-Christophe-des-Bardes. Ce nouveau grand cru classé produit aujourd'hui l'un des meilleurs vins du secteur jusqu'à devenir un challenger ultra compétitif pour quelques premiers.

- saint-Émilion grand cru 2019 | Sec | 2026>46 | 150 € — 92
- saint-Émilion grand cru 2020 | Sec | 2028>58 | 102 € — 94

Château Dalem

★★★☆☆

Les derniers millésimes de Dalem figurent parmi les meilleurs de son appellation. Leur style vigoureux s'est assoupli avec bonheur et les vins, sans perdre de leur profondeur, ont beaucoup gagné en raffinement. Aux commandes depuis 2002, Brigitte Rullier-Loussert a succédé à son père, Michel Rullier, et a bien pris la mesure de ce vignoble qui compte aujourd'hui plus d'une vingtaine d'hectares.

- fronsac 2019 | Sec | 2022>42 | 19.8 € — 94
- fronsac 2020 | Sec | 2025>35 | NC — 93

Château Dassault

★★★☆☆ ✚

Avec l'intégration sur le millésime 2022 de Faurie de Souchard, Dassault représente aujourd'hui 39 hectares. Le cru bénéficie également de son nouveau chai qui lui permet de gagner en précision, d'où un vin possédant une mâche plus importante un véritable cœur de bouche et une finale montante savoureuse. Un grand cru classé à suivre de près, d'autant que les équipes sont parmi les plus dynamiques de la rive droite.

- saint-Émilion grand cru 2019 | Sec | 2023>40 | 35 € — 93
- saint-Émilion grand cru 2020 | Sec | 2027>42 | 47.5 € — 92

Château de la Dauphine

★★★☆☆ ✚

Propriété de Jean-Claude Labrune, le vignoble se distingue par sa forme d'amphithéâtre. Il compte désormais 53 hectares, exposés au sud, cultivés en bio, posés sur 14 types de sols. Stéphanie Barcusse, la directrice, tire la quintessence de tous ces terroirs, avec des vins de belle étoffe plus en finesse qu'en extraction. Les derniers millésimes sont profonds, racés et séveux et jouent la carte de l'élégance et de l'équilibre. Grand rapport qualité-prix.

- fronsac 2019 | Sec | 2022>45 | 14.95 € — 94
- fronsac 2020 | Sec | 2024>40 | 18.75 € — 93

Château Destieux

★★☆☆☆

Destieux est situé sur un tertre spectaculaire, dans la partie orientale de Saint-Émilion. Propriété de 8 hectares, elle appartient depuis les années 1970 à la famille Dauriac. Le cru atteint un niveau hautement recommandable, avec une juste maturité de raisin et des élevages soignés. Les derniers millésimes renouent avec le style classique du château.

- saint-Émilion grand cru 2020 | Sec | 2027>40 | NC — 92

Château du Domaine de l'Église

★★★☆☆ ✚

En confiant la direction technique à Christophe Dussotour, Philippe Casteja a été un propriétaire inspiré. Le travail à la vigne comme au chai respecte au mieux ce terroir idéalement situé au centre du plateau. La grande finesse et la grande fraîcheur dans la production actuelle offrent un vin qui vieillit avec harmonie. Ce cru est encore méconnu, il ne faut pas s'en priver.

- pomerol 2019 | Sec | 2024>32 | 50 € — 94
- pomerol 2020 | Sec | 2025>35 | NC — 95

Le Dôme

★★★☆☆ Ⓝ

Avec une vue à 360 degrés sur les vignobles d'Angélus ou Canon, le chai circulaire du château Le Dôme, est bien positionné au milieu de son vignoble de 3,2 hectares, avec une place importante réservée au cabernet franc qui entrent généralement pour 80 % dans l'assemblage final, contre 20 % de merlot. Les vignes ont été plantées dans les années 1950 sur un sol sableux reposant sur une couche de crasse de fer, ce qui donne un vin aux saveurs très intenses doté d'une profondeur épicée.

- saint-Émilion grand cru 2020 | Sec | 2026>40 | NC — 95

Clos Dubreuil

★★★☆☆

Ce Saint-Émilion vient d'être promu fort justement grand cru classé. Ses 4,5 hectares se situent sur le plateau calcaire de Saint-Christophe-des-Bardes, nouvel eldorado qualitatif du secteur de Saint-Émilion. Les derniers millésimes ont de l'allant, du volume et de la générosité du vin, avec ce qu'il faut d'élégance. Le bordeaux-clairet est une pure gourmandise. Depuis quelques mois, Alain Raynaud en assure la direction technique.

- saint-Émilion grand cru 2019 | Sec | 2023>40 | 66 € — 92
- saint-Émilion grand cru 2020 | Sec | 2029>50 | 109 € — 93

Château Faizeau

★☆☆☆☆

Cette propriété classique de Montagne-Saint-Émilion a changé de mains mais elle a gardé le style onctueux et savoureux qui était le sien depuis une dizaine d'années. C'est un vin de merlot, au caractère velouté, prêt à boire assez tôt mais vieillissant avec générosité.

- Sélection Vieilles Vignes, montagne-saint-Émilion 2020 | Sec | 2025>32 | 19.9 € — 92
- montagne-saint-Émilion 2020 | Sec | > | 16.5 € — 90

Château Faugères

★★★☆☆

Dans sa bouteille spéciale Lalique, cristallerie qu'il a rachetée en 2008, Sylvio Denz, homme d'affaires suisse, affiche ici son ambition de cuvée de prestige. D'ailleurs Péby Faugères est devenu un cru à part entière, fondé sur une assiette foncière qui lui est propre. Dense et puissant, le vin se révèle flamboyant avec des touches chocolatées et épicées. En grande progression ces derniers millésimes.

- saint-Émilion grand cru 2019 | Sec | 2024>42 | 55 € — 91
- saint-Émilion grand cru 2020 | Sec | 2026>36 | NC — 92
- Cap de Faugères, castillon côtes de bordeaux 2020 | Sec | 2025>30 | NC — 9

✦ Star ✚ Valeur sûre ➔ À suivre de près Ⓝ Nouvelle entrée

Alexandre de Malet-Roquefort, Saint-Émilion

Au château La Gaffelière, que sa famille possède depuis le règne de Louis XIV, Alexandre de Malet-Roquefort va au-delà de la couche « d'Ausone », qu'il regarde depuis son vignoble idéalement situé sur le coteau sud-est de Saint-Émilion. Les vins de la propriété s'en sont considérablement rapprochées cette dernière décennie, portant cette verve crayeuse qui leur donne une allonge. De quoi pousser un « Ah » d'admiration. *Denis Hervier*

Château Fayat
★★☆☆☆

Ce cru de Pomerol a été créé en 2009 par Clément Fayat (industriel du BTP propriétaire du château La Dominique à Saint-Émilion). Ses 15 hectares de vignoble épousent toutes les sensibilités de l'appellation, avec 31 parcelles d'expositions et de natures de sols différentes. Le vin produit aujourd'hui, conseillé par Michel Rolland, offre une séduction immédiate avec un tannin bien enrobé, dans un style flamboyant, profitant de plantations à haute densité et d'un fort pourcentage de merlot (90 %).

- pomerol 2019 | Sec | 2022>30 | 33.6 € — 91
- pomerol 2020 | Sec | 2023>42 | 27.5 € — 93

Château de Ferrand
★★★☆☆ ➔

Ce vignoble d'un seul tenant de 32 hectares, situé sur le plateau de Saint-Hippolyte, point le plus haut de l'appellation, multiplie les progrès et commence à faire parler avec éloquence le terroir. Sous l'impulsion de Pauline Bich Chandon-Moët et de son mari, la propriété s'est dotée, outre d'un nouvel outil de production plus moderne, d'un complexe œnotouristique original, où l'on se voit accueilli « comme à la maison ». L'un des lieux les plus agréables de Saint-Émilion.

- saint-Émilion grand cru 2019 | Sec | 2024>32 | 26.9 € — 93
- saint-Émilion grand cru 2020 | Sec | 2024>45 | 26.25 € — 93

Château Figeac
★★★★★ ✦

Avec 35 % de cabernet franc et 35 % de cabernet-sauvignon, on dit souvent que Figeac, installé sur le plateau graveleux qui borde Pomerol, est le plus médocain des saint-émilion. L'originalité du cru repose sur son terroir central qui est composé de graves günziennes, les mêmes que l'on trouve chez les grands crus classés de la Rive gauche. De ce fait, ce premier cru classé évolue parfaitement dans le temps. La famille Manoncourt, et le talentueux directeur technique Frédéric Faye ont permis à la propriété d'atteindre le sommet de la Rive droite et d'être promue premier grand cru classé A.

- saint-Émilion grand cru 2019 | Sec | 2026>45 | 203 € — 99
- saint-Émilion grand cru 2020 | Sec | 2030>75 | 272.5 € — 99

Château Fleur Cardinale
★★★☆☆ ➔

Ludovic Decoster et son épouse Caroline ont bien pris toute la mesure de ce domaine de côte de 23 hectares, dans la partie est de Saint-Émilion. Les vins ont une générosité rare, même en millésime moyen et ont gagné en finesse. C'est l'une des valeurs sûres de Saint-Émilion et le nouveau chai permet déjà un gain de précision et de pureté. Ce cru est en route vers le sommet, avec des derniers millésimes de haut vol. L'offre œnotouristique est à la hauteur.

- saint-Émilion grand cru 2019 | Sec | 2022>42 | 39.9 € — 94
- saint-Émilion grand cru 2020 | Sec | 2024>47 | 44.58 € — 95

Château Flouquet-Invictus
★★☆☆☆

À la tête de ce cru familial depuis 2015, David Bernard a parfaitement relancé cette propriété de Saint-Émilion. Sur un peu moins de 13 hectares, il cherche à exprimer des vins toujours suaves et expressifs, droits et étirés dans leur finale, grâce à une forte proportion de cabernet franc dans les assemblages (à hauteur de 30 %) qui donne aux vins une personnalité très atypique.

- saint-Émilion grand cru 2020 | Sec | 2026>36 | NC — 92

Château Fombrauge
★★★☆☆

Acquis par Bernard Magrez en 1999, ce grand cru classé du nord-est de Saint-Émilion livre aujourd'hui un vin ample, intensément coloré, toujours d'une grande richesse et d'un style résolument hédoniste, avec une chair imposante et fraîche. Seconde étiquette, Magrez-Fombrauge est une sélection qui bénéficie d'un soin encore plus extrême. Plus riche, avec également une finesse de tannin superbe, il gagne sans cesse en équilibre et en élégance.

- saint-Émilion grand cru 2019 | Sec | > | 27 € — 89
- saint-Émilion grand cru 2020 | Sec | 2027>37 | 32.92 € — 91

Château Fonplégade
★★★☆☆ ➔

Fonplégade est un cru de 18 hectares superbement situé sur la côte de Saint-Émilion, dans le prolongement direct d'Ausone. Repris par un couple d'Américains passionnés en 2004, Denise et Stephen Adams, le cru affirme des choix clairs, viticulture biologique et vinification sans concession, dans un cuvier moderne et chaleureux. Le vin a gagné en élégance dans la définition du tannin et dans le raffinement aromatique. Il faut suivre ce cru, dans une forme éblouissante.

- saint-Émilion grand cru 2019 | Sec | 2023>50 | 68 € — 94
- saint-Émilion grand cru 2020 | Sec | 2025>55 | 41 € — 95

Château Fonroque
★★★☆☆

La famille Guillard, issue du monde de l'assurance, est propriétaire des 17 hectares de ce grand cru classé de Saint-Émilion depuis l'été 2017. Elle a pris comme consultant Alain Moueix qui a mis en place la biodynamie. Le vignoble se répartit sur un plateau et un coteau exposé ouest. La qualité progresse, on apprécie la trame fine et svelte et des équilibres fondés sur la fraîcheur. Quatrième étoile toute proche.

- saint-Émilion grand cru 2019 | Sec | 2023>45 | 27.65 € — 95
- saint-Émilion grand cru 2020 | Sec | 2025>50 | 39 € — 95

Château Fontenil
★★★☆☆

Fontenil (9 hectares) est situé sur des coteaux de terre argileuse de Saillans. Au fil des millésimes, Dany et Michel Rolland ont affiné le style des vins de leur propriété familiale, avec leur professionnalisme et leur rigueur habituels. Les vins sont structurés, concentrés, charnus et suaves. Les vins évoluent avec grâce et les derniers millésimes sont une priorité pour l'amateur, à moins de 25 euros.

- fronsac 2019 | Sec | 2022>36 | 20.15 € — 93
- fronsac 2020 | Sec | 2025>50 | 22 € — 92
- Le Défi de Fontenil, fronsac 2020 | Sec | 2030>45 | 24 € — 93

Clos Fourtet
★★★★☆

La famille Cuvelier met bien en valeur les 20 hectares de ce premier cru classé, bien ancrés sur le célèbre plateau calcaire à astéries qui donne des vins parmi les plus aboutis de l'appellation. Sous l'effet de la biodynamie, le vin a gagné en complexité tannique et en pureté d'expression. Les vins naissent denses et veloutés mais gagnent en nuances et en énergie, avec tout le soyeux et le grand style truffé des meilleurs merlots sur sol calcaire.

- saint-Émilion grand cru 2019 | Sec | 2025>50 | 133 € — 96
- saint-Émilion grand cru 2020 | Sec | 2027>60 | 120 € — 97

Château Franc Maillet
★★★☆☆

Comme son nom l'indique, la propriété est l'une de celles qui se partagent le secteur de Maillet, au sud-est de l'appellation Pomerol et faisant face, sur l'autre rive de la Barbanne, à celle de Lalande de Pomerol. La cuvée domaine joue dans un style souple et classique, nous lui préférons la cuvée jean-baptiste d'une ampleur pulpeuse savoureuse.

- pomerol 2020 | Sec | 2023>42 | 30.8 € — 92
- Cuvée Jean-Baptiste, pomerol 2020 | Sec | 2027>50 | NC — 96

Château Franc Mayne
★★★☆☆ ➔

Depuis son rachat par la famille Savare, ce grand cru classé de Saint-Emilion ne cesse de progresser. Le cru a gagné en assise, soyeux et raffinement. Issu du monde de l'ovalie, le directeur Pierre Arnald fourmille de projets et il peut s'appuyer sur une directrice technique Sophie Mage digne de confiance. 2022 marque le premier millésime certifié bio. A suivre de très près.

- saint-Émilion grand cru 2019 | Sec | 2022>40 | 45 € — 91
- saint-Émilion grand cru 2020 | Sec | 2025>40 | 30 € — 92

Château Gazin
★★★★☆ ✚

Faisant face à Pétrus, Gazin est l'un des grands domaines du plateau mythique de Pomerol, avec 24 hectares d'un seul tenant. Sur cette propriété, la famille de Bailliencourt met toute son énergie pour porter ce cru en haut de la hiérarchie pomerolaise. Le vin séduit pour sa fraîcheur de constitution, sa souplesse de tannin en même temps que sa longueur et la bonne aptitude à évoluer dans le temps. L'un des meilleurs vins de Pomerol, dans un style classique abouti.

- pomerol 2019 | Sec | 2026>40 | 88 € — 97
- pomerol 2020 | Sec | 2027>50 | 83.17 € — 97

✦ Star ✚ Valeur sûre ➔ À suivre de près Ⓝ Nouvelle entrée

Gwendeline Lucas, Vignobles Fayat

Depuis son arrivée à la direction des vignobles Fayat en 2017, Gwendeline Lucas, a observé, tranché, entrepris et fait souffler un vent de qualité sur toutes les propriétés de l'entrepreneur. Du château Clément-Pichon dans le Médoc au château Fayat à Pomerol, sans oublier le château La Dominique à Saint-Émilion, tous les crus connaissent des évolutions très favorables en s'appuyant sur une viticulture de précision. De quoi propulser cette Bourguignonne de 38 ans parmi celles qui comptent à Bordeaux. *Denis Hervier*

Château Grand Barrail Lamarzelle Figeac

★★☆☆☆

Les équipes de la maison Dourthe, l'un des négoces les plus qualitatifs du Bordelais, prennent progressivement la mesure de ce cru qui sort de mieux en mieux dans nos dégustations. Crémeux et énergique, avec une allonge fine, ce vin termine sur une finale enlevée. Le rapport qualité-prix est évident.

- saint-Émilion 2019 | Sec | 2022>32 | 25 € — 89
- saint-Émilion 2020 | Sec | 2025>35 | NC — 92

Château Grand Corbin

★★☆☆☆

Le vignoble de ce grand cru classé compte 28,5 hectares d'un seul tenant. Les parcellaires sont composés de sables d'origine éolienne reposant sur une couche d'argile en profondeur : ce terroir donne un côté pomerol au bouquet qui truffe au bout de quelques années. Les propriétaires, le groupe SMA qui possède également en Médoc le château Cantemerle, ont bien modernisé les infrastructures et embellissent la bâtisse du XIXe. Depuis 2021, la talentueuse Laure Canu dirige les propriétés et apporte un souffle nouveau.

- saint-Émilion grand cru 2020 | Sec | 2025>40 | 21 € — 90

Château Grand Corbin-Despagne

★★★★☆ +

Grand Corbin-Despagne est certainement le meilleur rapport qualité prix de Saint-Émilion, avec ses 29 hectares situés sur un terroir où les sables dominent. François Despagne a travaillé sans relâche pour obtenir ce résultat, avec un engagement bio qui contribue à ce succès. Son vin concilie vigueur, soyeux, distinction aromatique et superbe évolution dans le temps. Avec l'âge, il peut ressembler à un grand pomerol.

- saint-Émilion grand cru 2019 | Sec | 2022>50 | 40 € — 95
- saint-Émilion grand cru 2020 | Sec | 2023>53 | 36.6 € — 95

Château Grand-Mayne

★★★☆☆

S'étendant sur 17 hectares, ce grand cru classé situé sur la côte ouest du plateau de Saint-Émilion est géré par la famille Nony. Sous l'impulsion de Jean-Antoine Nony, de nombreux progrès ont été réalisés par la propriété, qui semble avoir trouvé son rythme de croisière pour produire de grands vins sur ce terroir de premier ordre. Les derniers millésimes confirment ce nouveau cycle. Bravo.

- saint-Émilion grand cru 2019 | Sec | 2023>50 | 60 € — 93
- saint-Émilion grand cru 2020 | Sec | 2027>47 | 40 € — 93

Château Grand Renouil

★★★☆☆

Depuis 2019, Hélène Ponty est la cinquième génération de la famille à la tête des vignobles de Canon-Fronsac, succédant à son père Michel, propriétaire discret et talentueux. Le parcellaire d'une dizaine d'hectares est magnifiquement exposé. Le microclimat permet de profiter de l'ensoleillement des arrière-saisons et sait garder cette fraîcheur qui manque souvent aux vins démonstratifs du secteur. Les vins doivent mûrir quelques années en cave avant d'être bus.

- Grand Renouil, canon-fronsac 2019 | Sec | 2022>40 | 15.6 € — 93
- Grand Renouil, canon-fronsac 2020 | Sec | 2025>40 | 27 € — 93

Château Guillot Clauzel

★★★☆☆

Idéalement situé entre Trotanoy, Nénin et le Pin, ce cru d'1,7 hectare possède un magnifique terroir de belles graves. Depuis début 2018, Guillaume Thienpont (de Vieux Château Certan) suit la propriété comme consultant. Le vin sort régulièrement dans nos dégustations à l'aveugle parmi les meilleurs de Pomerol. On en apprécie la structure ample et soyeuse avec un tannin frais, marqué par le silex, unique sur l'appellation.

- pomerol 2020 | Sec | 2027>47 | 109 € — 95
- Château Chantecaille Clauzel, saint-Émilion grand cru 2020 | Sec | 2025>40 | 105 € — 92

Château Haut-Carles

★★★☆☆ +

Ce domaine de référence du Fronsadais est sous la houlette de Constance et de Stéphane Droulers, ancien associé-gérant de la célèbre banque d'affaires internationale Lazard Frères. Leurs deux filles, Eléonore et Oriane viennent de rejoindre la gérance de l'exploitation. Le vignoble de 20 hectares d'un seul tenant surplombe la vallée de l'Isle. Il a été entièrement restructuré et les deux vins ont atteint un haut niveau. Château-de-carles est un vin de plaisir et haut-carles est la cuvée haute couture du château.

- Haut-Carles, fronsac 2019 | Sec | 2025>35 | 32 € — 93
- Haut-Carles, fronsac 2020 | Sec | 2025>45 | 22 € — 93

Château Hosanna

★★★☆☆

Ce cru qui appartient aux établissements Jean-Pierre Moueix est né en 1999, lors du rachat de Certan-Giraud. Celui-ci part bien dans la vie, avec 4,5 hectares sur argiles et sur graves et des voisins comme Petrus et Lafleur. Il bénéficie des soins méticuleux à la vigne comme en cuverie de toute l'équipe d'Eric Muriscacio, directeur technique qui a succédé à Jean-Claude Berrouet, l'homme fort de Petrus. Hosanna a trouvé son style : élégant, velouté, généreux, et il gagne en raffinement au fil des millésimes.

- pomerol 2020 | Sec | 2030>50 | 177 € — 97

L'If

★★★★☆

Le vignoble (8 hectares) de cette propriété appartenant à Jacques Thienpont et bien mise en valeur par Cyrille Thienpont se répartit entre les communes de Saint-Émilion et Saint-Laurent-des-Combes, en plus d'un hectare à Saint-Étienne-de-Lisse et un peu plus de deux hectares situés à flanc de coteau à Saint-Hippolyte. Le principe est d'assembler la crème des parcelles, environ la moitié, pour composer le grand vin. 25 % de cabernet franc donnent au cru un raffinement supplémentaire depuis 2018. Les derniers millésimes sont du niveau d'un premier cru classé.

- saint-Émilion grand cru 2020 | Sec | 2027>50 | 195 € — 96

Clos des Jacobins

★★★☆☆

Ce cru de 8,5 hectares de la côte ouest de Saint-Emilion appartient aujourd'hui à la famille de Bernard Decoster. Thibaut et Magali Decoster sont accompagnés au niveau technique par Hubert de Boüard. Le vin n'a cessé de progresser tout au long de la décennie pour atteindre un niveau jamais connu auparavant. Ce cru de côte gagne en séduction immédiate et possède un fruité généreux expressif.

- saint-Émilion grand cru 2019 | Sec | 2024>32 | 37 € — 91
- saint-Émilion grand cru 2020 | Sec | 2023>40 | 25.42 € — 92

Château Jean Faure

★★★☆☆ →

À deux pas de Cheval Blanc, les 18 hectares du château Jean Faure, grand cru classé, bénéficient des soins méticuleux et des investissements judicieux d'Olivier Decelle. La discipline de travail dans les vignes est impressionnante. Préparations organiques et biodynamiques, espèces végétales, tout s'organise autour de l'espace naturel. Le vin présente une texture fine bien fournie, grâce à une majorité de cabernet franc comme à Figeac et Cheval Blanc, un fruit quasi bourguignon et une tension subtile.

- saint-Émilion grand cru 2019 | Sec | 2024>55 | 54 € — 95
- saint-Émilion grand cru 2020 | Sec | 2027>52 | 53 € — 94

Clos L'Église

★★★★☆

Depuis 1997, Hélène Garcin et Patrice Lévêque soignent leurs 5,90 hectares touchant l'Église Clinet. L'empreinte des argiles se retrouve dans la densité du cru avec une texture crémeuse qui en fait un vin expressif dans sa jeunesse. Il est toutefois conseillé de l'attendre entre 5 et 15 ans pour qu'il gagne en soyeux et en parfums truffés. Les derniers millésimes affichent plus de raffinement.

- pomerol 2020 | Sec | 2023>50 | 88 € — 96

Château L'Église-Clinet

★★★★☆ ✦

Les 5,5 hectares du vignoble de l'Église-Clinet se trouvent idéalement implantés sur des terroirs d'argiles et de graves argileuses. Les accents floraux de violette et de pivoine consti-

✦ Star + Valeur sûre → À suivre de près N Nouvelle entrée

tuent l'ADN aromatique de ce cru au tannin de satin qui marque son territoire par sa fraîcheur de constitution et sa longueur infinie d'un grand raffinement. Aujourd'hui, la nouvelle génération relève le défi. À moins de 40 euros, le second vin est devenu un cru à part entière.

- **pomerol 2019** | Sec | 2025>50 | 259 € — 97
- **pomerol 2020** | Sec | 2025>50 | 320 € — 99

Château L'Évangile

★★★★☆

Le propriétaire, le baron Éric de Rothschild a doté son cru pomerolais d'installations techniques à la hauteur du potentiel et de la réputation de ce château. Le plan de restauration du vignoble mis en place avec arrachage de vignes et replantations se poursuit sous le regard avisé de la directrice technique Juliette Couderc. L'évangile séduit par sa grande sève, son bouquet généreux de truffe, sa texture veloutée d'un grand raffinement, avec une dimension élégante sans surpuissance.

- **pomerol 2019** | Sec | 2025>45 | 220 € — 96
- **pomerol 2020** | Sec | 2023>40 | 460 € — 91
- **Blason de l'Évangile, pomerol 2020** | Sec | 2023>40 | 64.17 € — 91

Château La Clémence

★★☆☆☆

On parle de ce cru depuis la fin du siècle dernier, avec sa reprise en mains par le docteur Christian Dauriac (aussi propriétaire de Destieux à Saint-Émilion). Sur ses trois hectares, La Clémence présente six parcelles hétérogènes, avec argiles bleues, graves sableuses et sables. Ce cru offre une texture onctueuse quasi crémeuse, avec une belle densité et un style sensuel et flamboyant.

- **pomerol 2019** | Sec | 2024>32 | 55.08 € — 92
- **pomerol 2020** | Sec | 2025>35 | NC — 90

Château La Conseillante

★★★★☆

Ce cru modèle de Pomerol (12 hectares d'un seul tenant) tutoie L'Évangile, Cheval Blanc, Vieux-Château Certan et Figeac. Les sélections parcellaires sont mises en valeur par un cuvier adapté avec des petits contenants. Depuis 2015, c'est Marielle Cazaux qui met en musique toute la partition technique. On apprécie le satiné de tannin du grand vin avec une densité distinguée mettant bien en valeur la pureté du fruit et ses délicieuses notes de violette, caractéristiques de la propriété. Le second vin, duo-de-conseillante, gagne en densité et précision.

- **pomerol 2019** | Sec | 2026>50 | 140 € — 97
- **pomerol 2020** | Sec | 2023>42 | 295.8 € — 98

Château La Couspaude

★★☆☆☆

Situé sur un excellent secteur du plateau calcaire, ce vignoble de sept hectares appartient à la famille Aubert. La génération montante donne plus de finesse à ce cru qui offre une belle régularité depuis une vingtaine d'années. C'est un vin généreux, rond, gourmand, bien élevé, sensuel et ayant gagné en finesse dans les derniers millésimes.

- **saint-Émilion grand cru 2020** | Sec | 2025>35 | 38 € — 92
- **saint-Émilion grand cru 2019** | Sec | 2024>32 | 40 € — 92

Château La Croix du Casse

★★☆☆☆

Ce domaine de Philippe Castéja est l'un des grands classiques de Pomerol. Il bénéficie des mêmes soins techniques que son grand frère, le château du Domaine de l'Église. Les vins vieillissent avec élégance et classicisme. Les derniers millésimes sont de bon niveau. Nous recommandons pour son sérieux et son excellent rapport qualité-prix.

- **pomerol 2019** | Sec | 2024>32 | 28 € — 92
- **pomerol 2020** | Sec | 2025>35 | NC — 93

Château La Dominique

★★★☆☆

Gwendeline Lucas depuis son arrivée à la tête des vignobles Fayat a insufflé une dynamique, avec en premier lieu une évolution spectaculaire de La Dominique, propriété de 29 hectares bien ancrée au sein du plateau mythique pomerolais. Depuis les derniers millésimes, le cru change de dimension avec une finesse de grain et une intensité tannique tout en subtilité. Le toucher de tannin fait très pomerol, puis la suite soyeuse, florale et ferme se poursuit avec la classe des grands saint-émilion.

- **saint-Émilion grand cru 2020** | Sec | 2027>57 | 53.75 € — 95

Château La Fleur de Boüard

Ce domaine de 30 hectares en lalande-de-pomerol est l'un des symboles de la réussite d'Hubert de Boüard et de sa famille propriétaire du château Angélus. La propriété produit un vin ample, profond, d'une remarquable finesse de tannin et d'une dimension sans équivalent dans l'appellation. Chaque année, à partir du terroir graveleux, on réalise le-plus, vin très ambitieux, élevé 33 mois en fût neuf. Il faut l'attendre une bonne dizaine d'années pour ne pas passer à côté.

- lalande de pomerol 2020 | Sec | 2023>40 | 24.17 € — 93
- Le Plus de la Fleur de Boüard , lalande de pomerol 2020 | Sec | 2030>40 | 76.6 € — 94

Château La Fleur-Petrus

Voici un cru de 18 hectares dont le parcellaire a considérablement évolué. Très qualitatifs, les vins gagnent en complexité. Depuis 2011, les raisins issus du terroir de l'ex-château Guillot donnent au cru encore plus d'assise en milieu de bouche. Son tannin plein de grâce possède un satiné rafraîchissant unique dans le secteur. La fleur-petrus est un grand vin de gastronomie. Les derniers millésimes sont des modèles de style.

- pomerol 2019 | Sec | 2024>40 | 81 € — 97
- pomerol 2020 | Sec | 2023>42 | 270 € — 98

Château La Gaffelière

✚

Idéalement située, La Gaffelière a connu durant la dernière décennie une révolution tout en douceur : sur la moitié des 22 hectares s'est mis en place, sous la houlette d'Alexandre de Malet-Roquefort, un meilleur positionnement de l'encépagement. On arrache les merlots et on replante du cabernet franc; dont la proportion augmente et atteint jusqu'à 40 % de l'assemblage final. Le résultat se révèle probant avec des vins plus complexes, floraux, respectant le fruit et la fraîcheur. Derniers millésimes époustouflants.

- saint-Émilion grand cru 2019 | Sec | 2025>50 | 73.5 € — 97
- saint-Émilion grand cru 2020 | Sec | 2027>57 | 97.92 € — 98
- Clos La Gaffelière, saint-Émilion grand cru 2020 | Sec | 2023>30 | 23.33 € — 90

Château La Grâce Dieu des Prieurs

Acquise en 2013 par l'homme d'affaires russe Andrei Filatov, cette propriété bien située du plateau de Saint-Émilion compte neuf hectares plantés à 90 % en merlot sur un sol essentiellement sablo-argileux. Disposant désormais d'un chai en gravité spectaculaire signé Jean Nouvel, la propriété s'appuie sur l'expertise de Louis Mitjavile pour réaliser un vin ambitieux, élevé chaque année entièrement en barriques neuves. Les vins sont présentés dans un format de bouteille original et illustré dans chaque millésime par douze œuvres d'artistes russes.

- saint-Émilion grand cru 2019 | Sec | 2027>47 | 188 € — 93
- saint-Émilion grand cru 2020 | Sec | 2025>35 | NC — 93

Château La Marzelle

⊝

Face à Figeac, le vignoble de ce grand cru classé couvre 17 hectares sur des parcellaires de graves, de sable et d'argiles. Conduite en biodynamie, la propriété produit des vins dignes de son secteur. Grâce à une meilleure sélection parcellaire, un tri de vendange perfectionné, le domaine produit un vin au toucher de bouche soyeux, avec un fruité rayonnant et un corps de belle élégance. Les millésimes récents sont superbes et ils constituent une priorité pour l'amateur.

- saint-Émilion grand cru 2019 | Sec | 2022>40 | 74 € — 93
- saint-Émilion grand cru 2020 | Sec | 2025>45 | 47 € — 95

La Mondotte

C'est un petit vignoble au terroir très argileux de vieilles vignes de merlot, posé sur le plateau calcaire de Saint-Émilion, à la proximité immédiate de Troplong-Mondot et de la côte Pavie. 4,5 hectares seulement acquis en 1996 et qui offrent au bout de 15 ans une expression de truffe noire. Il faut y ajouter l'admirable soyeux de texture, toujours soutenu par une trame fraîche très équilibrée et l'on obtient l'un des vins les plus généreux et les plus distingués de son secteur.

- saint-Émilion 2019 | Sec | 2027>40 | 229 € — 95
- saint-Émilion grand cru 2020 | Sec | 2024>44 | 215 € — 97

Château La Patache

Premier asiatique à avoir investi dans un grand cru bordelais à Saint-Émilion, Peter Kwok est également présent à Pomerol sur ces trois hectares. La Patache se situe sur des graves fines avec de la crasse de fer et un sous-sol argileux, donnant au vin velouté et profondeur de fruit. Une cuvée spéciale 100 % merlot regroupe les quatre meilleures parcelles pour élaborer l'enclos-de-tourmaline. Ce cru charnu et dense joue volontiers dans la cour des grands.

- pomerol 2020 | Sec | 2023>32 | 32.5 € — 93
- La Patache, pomerol 2019 | Sec | 2022>40 | 35.5 € — 92

Château La Pointe

Generali France, propriétaire du cru, peut être satisfait des investissements consentis sur les 22 hectares de la Pointe, situés sur sables et graves. Toujours inspiré, le talentueux directeur de la propriété, Éric Monneret, a su imposer son vin. Il sait parfaitement gérer son équipe technique et il écoute les conseils avisés du consultant Hubert de Boüard. L'une des références du secteur, gagnant au fil des ans en pureté aromatique et en soyeux.

- pomerol 2019 | Sec | 2025>45 | 36 € — 94
- pomerol 2020 | Sec | 2023>42 | 45 € — 95

Château La Serre

Les sept hectares du château La Serre sont situés idéalement sur le plateau calcaire de Saint-Émilion. L'exposition plein sud complète cet avantage naturel. L'édification du nouveau chai bénéficie grandement au 2018, premier millésime vinifié en ces lieux, qui compte parmi les vins les plus frais de l'appellation. 2019 comme 2020 poursuivent sur cette dynamique. Une verticale au château nous a permis de juger de l'évolution favorable dans le temps des vins de cette propriété familiale où les générations cohabitent avec bonheur.

- saint-Émilion grand cru 2020 | Sec | 2027>50 | 52 € — 95
- saint-Émilion grand cru 2019 | Sec | 2024>55 | 55 € — 94

Château La Tour Figeac

Ce cru voisin de Figeac, dont il a été détaché en 1897, est l'un des plus distingués du secteur avec ses 14,60 hectares sur graves, argile et sable. Inspirée de la biodynamie, sa viticulture est l'une des plus performantes du secteur. Le vin offre un profil floral, raffiné et complexe.

- saint-Émilion grand cru 2020 | Sec | 2023>43 | 37 € — 95

Château La Violette

✦

Henri Parent continue avec brio le travail de sa mère Catherine Péré-Vergé qui avait réveillé ce joyau d'1,80 hectare situé au cœur du célèbre plateau de Pomerol. La partie œnologique est assurée par Michel Rolland. Exubérant dans sa suavité, ce cru rayonne en bouche par sa sensualité incomparable. La fulgurance aromatique est exceptionnelle : fruits rouges et fleurs se mêlent de la façon la plus harmonieuse avec une touche d'épices. Un style irrésistible qui place le cru au sommet de Pomerol.

- pomerol 2019 | Sec | 2024>36 | 175 € — 98
- pomerol 2020 | Sec | 2022>42 | 400 € — 99

Château Lafleur

✦

Tenu avec une extrême méticulosité, ce vignoble fait face à Petrus sur une légère croupe graveleuse en son sommet, parsemée de lentilles argileuses et de terrains plus profonds. Les Guinaudeau sont des propriétaires-vignerons connaissant tous leurs ceps. Chaque rang des quatre hectares est cultivé à part pour composer avec la nature de son sol. Sur les graves, le cabernet franc mûrit à la perfection, apportant sa complexité unique pour l'équilibre de l'assemblage. Quant au merlot, sur argiles profondes, il se montre de la même veine. La proportion égale de ces deux cépages se révèle géniale.

- pomerol 2019 | Sec | 2030>50 | 512 € — 98
- pomerol 2020 | Sec | 2032>60 | NC — 99
- Les Pensées de Lafleur, pomerol 2020 | Sec | 2027>47 | NC — 95
- Les Perrières de Lafleur, bordeaux 2020 | Sec | 2027>47 | NC — 94

✦ Star ✚ Valeur sûre ⊝ À suivre de près N Nouvelle entrée

Château Larcis-Ducasse

★★★★☆ +

Ce domaine majeur de 11 hectares d'un seul tenant situés face à la vallée de la Dordogne peut s'appuyer sur un superbe terroir sur l'un des coteaux les mieux exposés de l'appellation. Le vin se caractérise par un magnifique velouté de texture, soutenu par un tannin épicé et truffé de grande classe. Son rang de premier cru est justifié et les derniers millésimes sont incontournables. Un premier cru classé en pleine forme.

- saint-Émilion grand cru 2019 | Sec | 2025>50 | 56 € — 96
- saint-Émilion grand cru 2020 | Sec | 2027>75 | 96.6 € — 98

Château Larmande

★★☆☆☆ ➔

Situé au nord de l'appellation, ce vignoble d'une vingtaine d'hectares repose sur des terroirs assez variés, partagés entre argilo-calcaires et sables. Le propriétaire, le groupe La Mondiale, soigne autant Larmande que Soutard dont il est également propriétaire. Les choses changent progressivement et le vin se montre charmeur, avec un fruit délicat et croquant. En progrès constants ces derniers millésimes. L'équipe comprend de mieux en mieux ce terroir particulier.

- saint-Émilion grand cru 2019 | Sec | 2022>40 | 20 € — 92
- saint-Émilion grand cru 2020 | Sec | 2024>40 | 30.8 € — 93

Château Laroque

★★☆☆☆

Cru classé de Saint-Émilion, Laroque (61 hectares) produit un vin solide, plus construit en charpente qu'en finesse. L'arrivée de David Suire qui officie avec Nicolas Thienpont sur les premiers crus classés de Saint-Émilion redonne de l'élan à ce domaine. Cela est perceptible sur des millésimes comme 2016 et 2017 où il y a plus de raffinement. 2018 marque une progression qualitative importante. L'un des meilleurs rapports qualité-prix du secteur.

- saint-Émilion grand cru 2019 | Sec | > | 36 € — 92
- saint-Émilion grand cru 2020 | Sec | 2027>45 | 49.17 € — 93

Château des Laurets

★☆☆☆☆

Benjamin de Rothschild rachète cette propriété en 2003, persuadé du potentiel du site et de ses 95 hectares. Le cuvier est rénové dès 2004. Les cuves bois et inox, aux volumes réduits, permettent de vinifier parcelle par parcelle pour une approche qualitative qui transfigure les vins de la propriété. Les rendements sont également réduits pour améliorer la qualité des raisins récoltés. Les derniers millésimes constituent une réussite.

- puisseguin-saint-Émilion 2020 | Sec | 2024>37 | 44 € — 90
- Sélection parcellaire, puisseguin-saint-Émilion 2020 | Sec | 2027>37 | 51 € — 91

Château Le Bon Pasteur

★★★☆☆

La société Goldin Group de Hong Kong possède désormais ce domaine d'une quinzaine d'hectares situé dans le secteur de Maillet, avec une partie sur un sol d'argiles et de graves et une autre sur des terroirs plus légers. L'œnologue, Michel Rolland, ex-propriétaire continue de suivre les vinifications. Ce cru brille par une générosité de tannins et une séduisante texture charnue et soyeuse réjouissante. Il évolue parfaitement sur une vingtaine d'années.

- pomerol 2020 | Sec | 2027>40 | 61.6 € — 93

Château Le Chemin

★★☆☆☆

François Despagne, l'homme de Grand Corbin Despagne, a jeté son dévolu sur ce vignoble familial de 93 ares. On aime ce vin au tannin serré, velouté et énergique, issu d'un terroir de pied-de-côte graveleuse. Souple et fruitée en attaque, la bouche monte en puissance, offrant un beau volume, un boisé fondu et une longue finale poivrée.

- pomerol 2019 | Sec | 2022>45 | 40 € — 92
- pomerol 2020 | Sec | 2024>44 | 46 € — 94

Château Le Gay

★★★★☆

Ce château bien restauré est un lieu de réception à la hauteur de son terroir, considéré sur le nord du plateau comme l'un des meilleurs de l'appellation. Henri Parent en assure la direction. En cuverie les vinifications sont réalisées intégralement en barrique, ce qui induit des vins amples et charnus avec un moelleux de texture sculpturale et une intensité de sève bien marqués. Le Gay est l'un des crus les plus recherchés par les amateurs.

- pomerol 2019 | Sec | 2024>40 | 100.5 € — 96
- pomerol 2020 | Sec | 2027>50 | 115 € — 97

Le Pin

★★★★☆

Jacques Thienpont créa Le Pin au début des années 1980. Ce cru a bousculé la hiérarchie de la Rive droite et ses prix se sont alors envolés. Aux abords du village de Catusseau, le vignoble s'appuie largement sur le merlot. Le vin possède une remarquable suavité, exubérante et exotique au bouquet, avec un équilibre et une fraîcheur plus affirmée que par le passé. Sa rareté et son aura mystérieuse en font l'archétype du cru spéculatif mais la qualité du vin est à la hauteur du mythe. C'est aujourd'hui Diana Berrouet Garcia qui a pris la direction générale du mythe.

- pomerol 2019 | Sec | 2022>45 | 850 € — 96
- pomerol 2020 | Sec | 2027>47 | NC — 97

Château Le Prieuré

★★★☆☆ ➔

Ce vignoble de 6,2 hectares se situe à l'est de Saint-Émilion, sur le flanc de la colline argilo-calcaire et calcaire, entre Trottevieille, Pavie-Macquin et Troplong-Mondot. Désormais propriété de l'assureur Suravenir (aussi propriétaire du grand cru classé Calon-Ségur à Saint-Estèphe, de Vray Croix de Gay à Pomerol et de Siaurac en lalande-de-pomerol), la propriété privilégie des vins d'équilibre et de finesse.

- saint-Émilion grand cru 2020 | Sec | 2025>45 | 45.8 € — 95

Château Le Rey

★★☆☆☆

L'homme d'affaires hongkongais Peter Kwok (Vignobles K) s'est associé avec un importateur belge, Philippe Lambrecht, et son directeur Jean-Christophe Meyrou pour racheter les 12 hectares du château Le Rey, présentant les mêmes garanties géologiques que le plateau calcaire de Saint-Émilion. La cuvée Les Rocheuses offre une finale crayeuse savoureuse.

- Les Argileuses, castillon côtes de bordeaux 2020 | Sec | 2023>30 | 28 € — 89
- Les Rocheuses, castillon côtes de bordeaux 2020 | Sec | 2024>37 | 46 € — 90

Château Mangot

★★★☆☆ ➔

Nouveau grand cru classé de Saint-Étienne de Lisse, le château Mangot comprend 34 hectares de vignoble d'un seul tenant sur quatre types de terroirs où dominent les secteurs argilo-calcaires. Yann et Karl Todeschini ont pris la mesure de ce domaine familial à la vigne comme au chai. Les vins y sont denses, puissants et énergiques, ils doivent absolument vieillir ou doivent être carafés deux heures avant le service.

- saint-Émilion grand cru 2020 | Sec | 2027>45 | 24 € — 92
- Distique, saint-Émilion grand cru 2020 | Sec | 2028>55 | 28 € — 92

Château Mazeyres

★★★☆☆

Comme à Fonroque (Saint-Émilion), le directeur Alain Moueix, ingénieur viticole et œnologue talentueux, issu d'une grande famille de viticulteurs et négociants libournais apporte son engagement, son expertise et son savoir-faire. L'apport essentiel de la biodynamie place la progression de ce cru dans un mouvement de qualité ascendant, ce qui lui vaut une promotion méritée. Les vins qui en résultent sont vivants et élégants. Les derniers millésimes se révèlent charmeurs.

- pomerol 2020 | Sec | 2023>40 | 70 € — 93
- pomerol 2019 | Sec | 2022>35 | 19.85 € | ☘ — 92

Château Monbousquet

★★★★☆ +

Très audacieux par leur puissance dans leur prime jeunesse, les vins de ce cru situé en pied-de-côte et transfiguré par le travail de Gérard Perse (également propriétaire de Pavie) vieillissent avec une grande harmonie, rendant justice au remarquable travail effectué dans le vignoble. Jutosité du fruit à la fois croquant et gourmand, paré de rondeurs voluptueuses, Monbousquet joue les séducteurs et évolue parfaitement au fil des années.

- saint-Émilion grand cru 2019 | Sec | 2022>37 | 55 € — 92
- saint-Émilion grand cru 2020 | Sec | 2023>40 | 45.83 € — 93

Château Moncets

Les 19 hectares du château de Moncets sont situés sur des argiles noires qui donnent des vins au tannin enrobant et frais, expressifs très vite : une production au style moderne respectueuse de l'environnement avec la transition vers l'agriculture bio et le développement d'un outil œnotouristique de qualité avec trois suites, une salle de réception et des visites quotidiennes personnalisées.

- lalande de pomerol 2020 | Sec | 2024>29 | 18 € — 88

Château Montlabert

À quelques portées de Cheval Blanc, Figeac et Jean Faure, sur 3,5 hectares, Montlabert nouvellement grand cru classé, regarde en direction du plateau magique de Pomerol et sur neuf hectares, vise en direction de Saint-Émilion. Acquis par la famille Castel, ce domaine trouve ses marques grâce aux investissements culturaux. Ludovic Hérault dirige la manœuvre à la vigne et en cuverie, travaillant en étroite collaboration avec Hubert de Boüard (château Angélus). La propriété est sur la bonne voie et avance rapidement.

- saint-Émilion grand cru 2020 | Sec | 2025>42 | 42 € — 92
- saint-Émilion grand cru 2019 | Sec | 2023>40 | 40 € — 91

Château Montviel

Les vins de Montviel sortent parfaitement sur les derniers millésimes grâce aux parcelles situées sur le secteur de Clinet. Ce fut le premier maillon de Pomerol acheté par Catherine Péré-Vergé, l'une des grandes dames de l'appellation. Son fils Henri Parent reprend avec succès le flambeau. Il bénéficie des mêmes soins que Le Gay et La Violette. À moins de 35 euros, c'est un bon rapport qualité-prix pour ce niveau de qualité et pour l'appellation.

- pomerol 2019 | Sec | 2022>40 | 50 € — 92
- pomerol 2020 | Sec | 2023>40 | 65 € — 93

Château Moulin du Cadet

Ce domaine de cinq hectares, situé sur le plateau du Cadet au nord de Saint-Émilion, est la propriété de Marie-Bénédicte Lefévère qui possède déjà les châteaux Sansonnet et Villemaurine à Saint-Émilion. Faciles d'accès, les vins évoluent vers plus de concentration et une aromatique florale.

- saint-Émilion grand cru 2020 | Sec | 2026>45 | 34 € — 92

Château Nénin

Ce cru peut compter sur l'un des meilleurs terroirs de Pomerol et dispose de 32 hectares. Il appartient depuis 1997 à la famille Delon (château Léoville Las Cases à Saint-Julien) qui y a engagé d'importants travaux. Les millésimes récents sont parmi les meilleurs de l'appellation. Moins démonstratif que la majorité de ses pairs, il est taillé pour la garde. En constante progression pour sa précision structurelle et aromatique, il est désormais dans la cour des plus grands.

- pomerol 2019 | Sec | 2025>45 | 68 € — 96
- pomerol 2020 | Sec | 2028>40 | 85 € — 97

Château Pavie

Gérard Perse a connu un destin hors du commun. Parti de rien, il a construit dans sa troisième vie, une œuvre de grand vigneron faite d'exigence, d'invention et de sens du détail. En particulier pour le château Pavie dont les chais pharaoniques sont à la hauteur de son statut de premier grand cru classé A. Le vignoble, comme les chais, a été entièrement restructuré. Le style du vin réunit dans un équilibre jusqu'ici unique sur la Rive droite la plus extrême ampleur à une noblesse de texture justement calibrée. Le grand terroir parle alors avec une majesté flamboyante, à condition de savoir attendre au moins une dizaine d'années.

- saint-Émilion grand cru 2019 | Sec | 2032>70 | 400 € — 99
- saint-Émilion grand cru 2020 | Sec | 2030>60 | 352.5 € — 99
- Arômes de Pavie, saint-Émilion grand cru 2020 | Sec | 2023>40 | 84.17 € — 94

Château Pavie-Macquin

Les derniers millésimes de Pavie-Macquin sont de haute volée et s'annoncent somptueux. En effet, avec ses 18 hectares, sur le rebord de la côte Pavie, Pavie-Macquin offre un terroir d'argiles fortes reposant sur un socle calcaire à astéries, permettant un drainage naturel et une alimentation hydrique très régulière. Le vin présente toujours un profil d'une grande générosité, avec une bouche corsée et charnue, avec un fruit vivifiant. Il gagne en finesse à chaque nouveau millésime, avec l'inimitable saveur de truffe et une tension minérale explosive. Le tout nouveau cuvier, outil de travail idéal, devrait permettre à cette propriété d'aller encore plus loin dans le raffinement et la précision.

- saint-Émilion grand cru 2019 | Sec | 2026>60 | 95 € — 98
- saint-Émilion grand cru 2020 | Sec | 2025>60 | 106.67 € — 98

Château Petit-Gravet Aîné et Clos Saint-Julien

Catherine Papon-Nouvel obtient à chaque millésime un vin qui suscite notre admiration. La vinification affiche une personnalité consistante et équilibrée, avec un charme fruité pour Petit-Gravet-Aîné (2,5 hectares à côté de Canon-La-Gaffelière) et de la complexité pour Clos Saint Julien (1,2 hectare sur le célèbre plateau calcaire), nouveau grand cru classé. Ces vins possèdent une forte proportion de vieux cabernets francs qui leurs donnent de l'élégance.

- Château Petit-Gravet Aîné, saint-Émilion grand cru 2020 | Sec | 2027>47 | 39 € — 94
- Clos Saint-Julien, saint-Émilion grand cru 2020 | Sec | 2027>52 | 42.5 € — 95

Château Petit-Village

La famille Moulin est aux petits soins pour Petit-Village, avec pour ambition de monter en puissance et de convertir la propriété en bio. 2020 marque la première année de conversion bio et l'engagement du gérant, Augustin Belloy, à faire du cru l'un des meilleurs de Pomerol. À partir de ce millésime, on a réduit de moitié le parcellaire du grand vin en ne retenant, que les 4 à 5 hectares les plus argileux du secteur oriental. 2021 et 2022 sont d'excellente facture.

- pomerol 2019 | Sec | 2023>35 | 60.2 € — 93
- pomerol 2020 | Sec | 2027>52 | 130 € — 96

Petrus

Les 11,5 hectares de Petrus sont exceptionnellement situés sur une boutonnière d'argiles noires gonflantes reposant sur un lit de crasse de fer, au centre du plateau. Dans un sol favorable uniquement au merlot, le vin tire sa force et sa puissance. Il faut au moins une vingtaine d'années pour l'apprécier à sa juste saveur. Tension raffinée et densité profonde, texture de taffetas et retours floraux, Petrus rayonne et s'impose progressivement. Les derniers millésimes sont irrésistibles.

- pomerol 2019 | Sec | 2027>50 | NC — 98
- pomerol 2020 | Sec | 2032>62 | NC — 99

Château Pierre Premier

Ce petit cru, situé sur le plateau calcaire, a été acquis à la fin du siècle dernier par l'attachante famille Dutruilh, dont le père s'est illustré dans le vin et le fils dans le ski. Originellement baptisé la Croix-Figeac, le cru ne fait plus d'ombre à son vénérable voisin en rendant désormais hommage à Pierre Dutruilh, premier du nom. Les vins sont consistants et bien construits, d'une grande régularité millésime après millésime.

- saint-Émilion grand cru 2019 | Sec | 2023>40 | 19 € — 91
- saint-Émilion grand cru 2020 | Sec | 2027>40 | 22.2 € — 91

Château de Pressac

Si la guerre de 100 ans connut son épilogue à Pressac, l'autre date importante pour la propriété fut son rachat en 1997 par Jean-François Quenin, ancien directeur général de Darty. La propriété qui compte une quarantaine d'hectares, est très bien située, sur une veine argilo-calcaire à sols rouges qui s'étend de Saint-Émilion à Saint-Étienne-de-Lisse en une bande étroite. Une grande partie du vignoble a été replantée. Les plants qui comptent une vingtaine d'années commencent vraiment à écrire l'histoire avec des 2018, 2019 et 2020 de belle facture. Le cru est aujourd'hui de plus en plus courtisé.

- saint-Émilion grand cru 2019 | Sec | 2023>50 | 26.5 € — 96
- saint-Émilion grand cru 2020 | Sec | 2027>57 | 30.4 € — 96

✦ Star ✚ Valeur sûre ➔ À suivre de près N Nouvelle entrée

Château Puy Blanquet

★★★☆☆ N

La famille de Malet-Roquefort (La Gaffelière), a racheté ce château durant l'été 2020 et signé son premier millésime en 2021. Le 2022 marque la montée en puissance du cru à l'allonge aérienne, un fruit plein de vitalité, et une tension saline qui dynamise le cœur et la fin de bouche. Une priorité pour l'amateur car le vin devrait conserver son très bon rapport qualité-prix. C'est la plus grande révélation à Saint-Émilion de ces dernières années.

- saint-Émilion grand cru 2020 | Sec | 2025>40 | 28.8 € — 90

Château Quinault l'Enclos

★★☆☆☆

Ce cru situé aux portes de Libourne appartient aux actionnaires de Cheval Blanc ; il bénéficie évidemment des compétences de ses équipes techniques, ce qui explique sans doute son statut de grand cru classé. Les progrès sont notables : le fruit se montre crémeux avec une touche poivrée. La matière présente une charpente délicate qui porte dans le temps sa chair soyeuse.

- saint-Émilion grand cru 2020 | Sec | 2023>37 | 36.6 € — 91

Château Quintus

★★★☆☆

La société familiale Clarence Dillon qui possède également le château Haut-Brion, a regroupé en un même cru l'ex-château Tertre Daugay, son voisin le château L'Arrosée et depuis 2021 le château Grand-Pontet soit un peu plus d'une quarantaine d'hectares, avec des terroirs déclinant le calcaire et l'argilo-calcaire. Le pourcentage de cabernet franc peut avoisiner jusqu'à 40 %. Le vin déploie un tannin concentré, tendu et suave qui évolue de la plus belle des façons.

- saint-Émilion grand cru 2019 | Sec | 2027>47 | 131 € — 94
- saint-Émilion grand cru 2020 | Sec | 2027>47 | 110 — 93
- Dragon de Quintus, saint-Émilion grand cru 2020 | Sec | 2023>30 | 35 € — 89

Château Rol Valentin

★★☆☆☆

Ce saint-émilion grand cru, situé sur des sols argilo-calcaires et sableux, est l'un des meilleurs de sa catégorie et il pourrait rejoindre allègrement les grands crus classés. Alexandra et Nicolas Robin, les propriétaires, s'y emploient avec l'aide de Stéphane Derenoncourt, l'un des meilleurs consultants de la Rive droite. Puissant et profond, le vin est également parfaitement équilibré, et s'il séduit immédiatement il est aussi capable de bien vieillir.

- saint-Émilion grand cru 2019 | Sec | 2024>32 | 40 € — 90
- saint-Émilion grand cru 2020 | Sec | 2025>35 | NC — 92

Château Rouget

★★★☆☆

Édouard Labruyère (Domaine Jacques Prieur en Bourgogne, JM Labruyère en Champagne et Beaujolais) a redonné son rang à ce beau cru du nord du plateau de Pomerol. Le guide Féret en 1868 considérait Rouget comme l'une des cinq meilleures propriétés du secteur. Les derniers millésimes marquent des progrès constants, alliant puissance et élégance, et devenant plus précis dans l'architecture de ses tannins, avec un moelleux de texture qui assoit bien la bouche.

- pomerol 2019 | Sec | 2025>40 | 35 € — 93
- pomerol 2020 | Sec | 2027>37 | 45 € — 93

Clos Saint-Martin

Sophie Fourcade bichonne ce petit clos d'1,33 hectare d'argilo-calcaire qui jouxte les premiers crus classés Beauséjour et Clos Fourtet, possédant un potentiel de qualité digne d'un premier cru classé ce que tend à confirmer les derniers millésimes. Chapelle rayonnante en bouche avec une finale juteuse et tendue savoureuse, ce clos va loin dans les caudalies. Petite production, en moyenne 5 000 bouteilles.

- saint-Émilion grand cru 2019 | Sec | 2025>35 | 80 € — 94
- saint-Émilion grand cru 2020 | Sec | 2026>40 | NC — 95

Château Saint-Pierre

Un grand terroir pour cette vieille propriété qui a enfin sélectionné ses meilleures parcelles et appelé Stéphane Derenoncourt comme consultant. Il y a dès ce premier essai une véritable révolution. Seul handicap, la très petite production. Association magique de suavité (tannin onctueux) et d'énergie en finale, avec ce qu'il faut de profondeur, Saint-Pierre gravit à chaque millésime une marche vers les sommets de Pomerol.

- pomerol 2019 | Sec | 2025>45 | 9.5 € — 94
- pomerol 2020 | Sec | > | NC — 94

Château de Sales

Avec 47,60 hectares de vigne sur un sol de petites graves et de sable avec oxydes de fer, ce domaine possède la plus importante superficie de Pomerol. Les derniers millésimes sont en net progrès grâce à un beau travail de toutes les équipes. Désormais le cabernet franc et le cabernet sauvignon étoffent de belle façon le cœur de bouche et la finale, donnant au vin plus de profondeur et de relief. Le crémeux du tannin et la vitalité du fruit font le reste.

- pomerol 2020 | Sec | 2023>40 | 26.67 € — 91

Château Sansonnet

Fille de vigneron, Marie-Bénédicte Lefévère administre avec beaucoup d'idéalisme et de discipline ce petit bijou de cru de 7 hectares, jouxtant Trottevieille, sur le point le plus élevé du plateau argilo-calcaire. Les derniers millésimes s'enchaînent avec succès. Si le merlot est largement majoritaire (85 %), il est ramassé quand il le faut et vinifié en douceur. Cela donne au vin la suavité et le moelleux habituels mais avec une finesse remarquable qui devrait le faire rechercher des amateurs.

- saint-Émilion grand cru 2019 | Sec | 2022>42 34 € — 95
- saint-Émilion grand cru 2020 | Sec | 2027>52 45 € — 95

Château Sergant

Propriété des Grands Chais de France, Sergant est un bon classique en lalande-de-pomerol, exprimant les qualités et souvent la complexité que le merlot peut atteindre sur ces terroirs. Les derniers millésimes sont savoureux et sérieusement construits. Il faut les apprécier dans les cinq ans qui suivent leur mise en bouteille.

- lalande de pomerol 2020 | Sec | 2023>28 | 18.9 € — 89
- lalande de pomerol 2021 | Sec | 2024>28 | 19.4 € — 89

Château Siaurac

Situé à Néac dans le prolongement du plateau de Pomerol, le château Siaurac est le plus grand domaine de Lalande-de-Pomerol, avec 70 hectares dont plus d'une quarantaine plantés. Comme Le Prieuré et Vray-Croix-de-Gay, il est devenu en 2020 la propriété de l'assureur Suravenir, aussi propriétaire du château Calon-Ségur dans le Médoc. C'est un bon vin d'initiation pour découvrir l'appellation. Nous attendons les vins en bouteille de la nouvelle équipe pour les noter à nouveau.

Château Soutard

Véronique Corporandy, directrice technique talentueuse, incarne le projet qualitatif porté par le groupe d'assurances La Mondiale auquel le cru appartient. Depuis 2012, la propriété intègre le vignoble de château Cadet-Piola et possède désormais une trentaine d'hectares au cœur du plateau de Saint-Émilion, lui permettant d'augmenter le volume de vin sans changer le style. L'accueil œnotouristique est un modèle du genre.

- saint-Émilion grand cru 2020 | Sec | 2025>35 | NC — 94

Château Taillefer

Claire Moueix assure avec attention la direction de Taillefer situé sur le plateau de Pomerol et son vignoble d'un seul tenant. Les 12 hectares de merlot et de cabernet franc s'expriment pleinement sur ce terroir où les oxydes de fer sont connus pour apporter de la complexité au vin avec de la fraîcheur et des arômes de truffe et de violette. Plus délicat que puissant, ce cru évolue parfaitement.

- Taillefer, pomerol 2020 | Sec | 2024>32 | NC — 90

Château Tertre-Rotebœuf ✦

François Mitjavile est un propriétaire artiste. Sur son vignoble promontoire de 5,68 hectares, il recule les limites du possible et même de l'imaginable pour cueillir le raisin au sommet absolu de la maturité, cherchant une richesse inouïe de saveur pour ses vins, monuments de sensualité élégante. Dans la hiérarchie de Saint-Émilion, Tertre Roteboeuf est simplement hors-classe et du niveau des meilleurs premiers crus classés. Chaque millésime délivre une interprétation spécifique de l'exceptionnel terroir argileux du cru.

- saint-Émilion grand cru 2019 | Sec | 2022>45 | 144 € — 97
- saint-Émilion grand cru 2020 | Sec | 2027>57 | 235 € — 98

Château Tour Saint-Christophe

Peter Kwok, banquier hongkongais et taïwanais se trouve sur la Rive droite depuis 1997 et il tient beaucoup au château Tour Saint-Christophe, devenu à juste titre grand cru classé en 2022. Son vignoble de 23 hectares domine les terrasses argilo-calcaires de Saint-Christophe-des-Bardes. Complexe, dense, racé, le vin développe un corps longiligne au grain serré et soyeux, de grande fraîcheur. Il évolue parfaitement.

- Château Haut-Brisson, saint-Émilion grand cru 2020 | Sec | 2024>35 | 26 € — 90
- saint-Émilion grand cru 2020 | Sec | 2027>45 | 36 € — 92

L'Enclos de Tourmaline

Propriété de la famille Kwok, également propriétaire à Saint-Émilion, l'Enclos de Tourmaline regroupe trois petites parcelles sur le plateau magique de Pomerol du côté de La Fleur-Petrus et du Pin. Un très grand soin est apporté à la vigne et au travail du raisin. Le chai possède une magnifique vue plongeante sur le vignoble de Pomerol et a été entièrement rénové en 2016.

- pomerol 2020 | Sec | 2023>40 | NC — 97

Château Troplong-Mondot

Trônant au-dessus de la Côte Pavie, à 110 mètres d'altitude, le tertre de Troplong-Mondot constitue le point culminant de Saint-Émilion et son vignoble possède une situation privilégiée. Depuis le rachat en 2017 de ce premier cru classé B par le réassureur Scor, une nouvelle ère s'ouvre. La propriété confiée à Aymeric de Gironde progresse de belle façon et le cru séduit par le soyeux de sa texture, l'intensité de sa sève et son onctuosité. Le tannin profond de mieux en mieux affirmé dispose d'une finale rayonnante, fraîche et saline. Dans le temps le cru évolue magnifiquement.

- saint-Émilion grand cru 2019 | Sec | 2026>40 | 86.8 € — 96
- saint-Émilion grand cru 2020 | Sec | 2027>60 | 113.33 € — 97
- Mondot, saint-Émilion grand cru 2020 | Sec | 2023>37 | 113.33 € — 91

Château Trotanoy ✦

Voisin de Petrus, Trotanoy est l'une des propriétés phare des établissements Jean-Pierre Moueix. Comptant 7,2 hectares, elle se compose pour moitié d'argiles noires et l'autre moitié de graves argileuses. Cette mixité donne au vin à la fois de la puissance, de l'élégance et de la profondeur mais aussi une intensité aromatique rare par juxtaposition de notes chaudes, d'amande grillée, de truffe, de cèdre et de réglisse. Les derniers millésimes sont de haute volée.

- pomerol 2019 | Sec | 2030>50 | 96.25 € — 96
- pomerol 2020 | Sec | 2027>47 | 435 € — 99

Château Trotte Vieille ✦

Le nouveau chai va encore permettre à cette propriété magnifiquement située sur le plateau calcaire, à la sortie nord-est du village de Saint-Émilion, de progresser. Son grand vin séduit par une intensité très affirmée mais aussi par son équilibre, sa finesse et sa fraîcheur, proposant la personnalité d'un saint-émilion racé, long et svelte, avec tout le chic de grands

✦ Star ✦ Valeur sûre ➔ À suivre de près N Nouvelle entrée

cabernets francs de très vieilles vignes, souvent majoritaires. Vins grandioses.

- saint-Émilion grand cru 2019 | Sec | 2027>60 | 80 € — 97
- saint-Émilion grand cru 2020 | Sec | 2027>57 | 78.33 € — 98
- La Dame de Trottevieille, saint-Émilion grand cru 2020 | Sec | 2023>33 | 75 € — 90

Château Valandraud

Le nouveau chai se révèle à la hauteur de ce premier cru classé, créé ex-nihilo dans le vallon de Fongaban, par Murielle Andraud et Jean-Luc Thunevin. En deux décennies et demie, Valandraud atteint un niveau exceptionnel tant au niveau de la texture que de la structure. Ce domaine s'impose grâce à des vins d'une rare ampleur de constitution, hédonistes mais toujours harmonieux, complexes et surprenants de fraîcheur, conservant un fruit abondant. Ils possèdent certainement l'une des plus belles textures satinées de la Rive droite, grâce à un élevage haute couture.

- saint-Émilion grand cru 2019 | Sec | 2022>45 | 140 € — 97
- saint-Émilion grand cru 2020 | Sec | 2025>55 | 151.67 € — 98
- Virginie de Valandraud, saint-Émilion grand cru 2020 | Sec | 2023>40 | 34.58 € — 92

Vieux Château Certan

La propriété, qui appartient depuis près d'un siècle à la famille Thienpont d'origine flamande, est l'une des superstars de Pomerol. Le merlot représente 65 % de l'encépagement et excelle sur les sols argileux proches de Petrus. Les 35 et 40 % de cabernets franc et sauvignon sont issus de sols de graves. « VCC » gagne en densité veloutée au bout d'une dizaine d'années. Alexandre Thienpont, épaulé par son fils Guillaume, joue sur plusieurs registres, celui du tannin ultra raffiné, de la suavité de texture et de son aptitude à bien évoluer dans le temps. La régularité du cru est impressionnante.

- pomerol 2019 | Sec | 2027>50 | 235.5 € — 98
- pomerol 2020 | Sec | 2027>57 | 403.33 € — 98
- La Gravette de Certan, pomerol 2020 | Sec | 2023>40 | NC — 91

Château Villemaurine

Marie-Bénédicte Lefévère qui possède le château Sansonnet a racheté un de ses voisins, le château Villemaurine. Cette propriété de 7 hectares est superbement située à la sortie nord du village de Saint-Émilion, à côté de Trottevieille, sur le plateau calcaire. Le cru donne des vins puissants et équilibrés, classiques de ce secteur, qui ont trouvé le sens de la finesse exigée avec une expression florale nuancée. Sur les derniers millésimes il s'est étoffé élégamment. Le 2022 en primeur est somptueux.

- saint-Émilion grand cru 2019 | Sec | 2022>42 | 51 € — 93
- saint-Émilion grand cru 2020 | Sec | 2027>50 | 40.4 € — 94

Château Vray Croix de Gay

Propriété de l'assureur Suravenir, ce vignoble est situé au milieu des ténors de Pomerol. Le cru couvre 3,37 hectares, avec une parcelle tutoyant Petrus et une autre derrière Trotanoy. De quoi produire un v n à la texture soyeuse raffinée dotée d'une finale plus énergique et persistante que par le passé. Nous attendons les vins en bouteille de la nouvelle équipe pour les noter à nouveau.

BORDEAUX ET CÔTES DE BORDEAUX

Domaine de l'A

Stéphane Derenoncourt, vigneron et consultant a pris racine avec son épouse Christine dans le sud des côtes-de-Castillon, sur les coteaux argilo-calcaires de Sainte-Colombe où ils cultivent huit hectares de merlot et de cabernet franc. Il propose des vins au toucher de tannin fin et crayeux, avec ce qu'il faut de densité en cœur de bouche et d'allonge. Les vins évoluent parfaitement dans le temps, prenant au fil des ans des accents savoureux de truffe noire.

- castillon côtes de bordeaux 2019 | Sec | 2024>44 | 24 € — 95
- castillon côtes de bordeaux 2020 | Sec | 2025>35 | NC — 94

Château d'Aiguilhe

Stephan von Neipperg (Canon La Gaffelière, La Mondotte), possède sur Aiguilhe un vignoble d'une cinquantaine d'hectares situé sur le plateau de calcaires à astéries, qui bénéficie d'un drainage naturel et d'un excellent ensoleillement. Les derniers millésimes sont des valeurs sûres, faisant preuve d'une grande régularité. Le blanc produit en quantité confidentielle a également fière allure.

- castillon côtes de bordeaux 2020 | Sec | 2023>50 | 20 € — 91
- Le Blanc d'Aiguilhe, bordeaux 2020 | Sec | 2023>33 | 20 € — 92

Château Alcée

Alcée est devenu une des priorités absolues pour l'amateur. Le cru appartient à Nicolas Thienpont, l'un des plus grands consultants de la rive droite (Pavie-Macquin, Larcis-Ducasse). Le vignoble couvre 6,5 hectares mêlant calcaire du plateau et argiles rouges et compactes. La courbe du vin s'arrondit, la texture se densifie et joue désormais dans la cour des grands de l'appellation. C'est un excellent rapport qualité-prix. Il ne faut pas hésiter.

- castillon côtes de bordeaux 2019 | Sec | 2022>37 | 18 € — 94
- castillon côtes de bordeaux 2020 | Sec | 2025>32 | 20 € — 92

Château Ampélia

François Despagne, propriétaire du cru classé Grand Corbin Despagne à Saint-Émilion a toujours été convaincu du fort potentiel qualitatif du terroir de Castillon. Avec les cinq hectares d'Ampélia, plantées à 95 % de merlot sur une mince couche argilo-calcaire reposant sur un socle calcaire, il propose des vins d'une grande franchise de constitution.

- castillon côtes de bordeaux 2019 | Sec | 2022>39 | 9 € — 91
- castillon côtes de bordeaux 2020 | Sec | 2024>37 | 12 € — 90

Château de Belcier

Construit à la fin du XVIIIe siècle, le château de Belcier coiffe un vignoble de 52 hectares sur des sols argilo-calcaires et argilo-limoneux. Il possède comme ingénieur-conseil le célèbre Georges Pauli, homme d'expérience qui s'illustra à Saint-Julien. Les vins sont bien constitués, avec une cuvée domaine franche et dynamique et une cuvée le-pin-de-belcier plus complexe.

- castillon côtes de bordeaux 2020 | Sec | 2023>33 | NC — 90
- Le Pin de Belcier, castillon côtes de bordeaux 2020 | Sec | 2025>40 | 24 € — 91

Château Biac

Le couple libanais Tony et Youmna Asseily a réveillé ce domaine de 600 ans, surplombant la Garonne, avec l'aide de l'emblématique œnologue Patrick Léon, l'ancien directeur technique de Mouton-Rothschild, et à la suite de nombreux investissements dans la vigne et dans le chai. L'assemblage peut varier d'un millésime à l'autre, la philosophie étant de faire un vin qui reflète l'impact du millésime sur le terroir. Le cadillac possède une vraie élégance.

- cadillac côtes de bordeaux 2020 | Sec | 2025>35 | NC — 91

Château Bonnange

Avec sa vingtaine d'hectares autour de Blaye où dominent les sols argilo-calcaires, Bonnange privilégie pour ses replantations une sélection massale bien sourcée. En plus des cuvées classiques, la propriété explore l'expression de différents cépages sur ses plus beaux terroirs. Le malbec sur l'argile dans la cuvée Noir, le merlot sur calcaire avec Pourpre et le sauvignon blanc sur la craie avec Silice. Des cuvées savoureuses qui ont leur place sur les meilleures tables.

- blaye côtes de bordeaux 2020 | Sec | 2024>32 | 17 € — 92
- Pourpre, bordeaux 2020 | Sec | 2027>40 | 40 € — 95
- Silice, vin de france 2021 | Sec | 2023>29 | 40 € — 89
- Noir, vin de france 2020 | Sec | 2027>50 | 150 € — 96

Borie Manoux

★★☆☆☆

Maison bordelaise historique, Borie-Manoux appartient à la famille Castéja, propriétaire de nombreux crus classés (Trottevieille, Lynch-Moussas, Batailley, etc.). Autour du classique Beau-Rivage, elle a composé une gamme de vins de marques axée sur la souplesse et le fruit. Un style accessible et souple, avec quelques jolies réussites.

- Beau-Rivage, bordeaux 2019 | Sec | 2022>26 | 7 € — 88
- Haut-Madrac, haut-médoc 2020 | Sec | 2025>32 | 14 € — 90
- Château Beau Site, saint-estèphe 2020 | Sec | 2024>32 | 24 € — 90

Maison Bouey

★☆☆☆☆

La famille Bouey a créé au tournant des années 1960 cette maison de négoce, sur la rive droite, qui distribue près de 10 millions de bouteilles. Les vins, essentiellement distribués en restauration et à l'export, sont réalisés pour une consommation rapide, avec une large utilisation du merlot. On ne recherche pas la concentration mais le plaisir immédiat.

Château Cantinot

★☆☆☆☆

Située sur le plateau du Blayais, au nord-ouest de Blaye, cette propriété de Florence et Yann Bouscasse fait aujourd'hui partie de ces nouveaux super bordeaux qui ont remplacé avec bonheur la rusticité tannique par un fruité souple, digeste, sapide et fin, en particulier sur la cuvée classique du château.

Vignobles Despagne

★★★☆☆ ✚

La famille Despagne dispose de cinq propriétés et de 300 hectares de vignes, plantées des cépages traditionnels bordelais. Sérieux, inventivité et compétence font que leurs vins, flatteurs mais jamais loin du classicisme bordelais, sont toujours très harmonieux.

Dourthe

★★★☆☆ ⊕

Dourthe est l'un des rares grands acteurs bordelais qui assume, avec talent et constance, le rôle essentiel de proposer des bons vins dans toutes les gammes de prix. Depuis les excellentes cuvées de Dourthe N° 1 jusqu'aux belles propriétés de Belgrave en haut-médoc, La Garde en pessac léognan ou Le Bosq à Saint-Estèphe, l'ensemble de la production met à l'honneur la pureté de fruit, l'équilibre et le naturel d'expression. Sous la conduite avisée du duo Valentin Jestin et Frédéric Bonnafous, Dourthe incarne avec de plus en plus d'acuité une conception contemporaine et accessible des vins de Bordeaux.

- Dourthe N°1, bordeaux 2020 | Sec | 2024>30 | 10 € — 91
- Château Pey La Tour, bordeaux 2020 | Sec | 2024>29 | 7 € — 89
- Promesse de Dourthe, blaye 2020 | Sec | 2024>29 | 12 € | ☘ — 90

Château Gigault

★★☆☆☆

La propriétés de Christophe Reboul-Salze produit ici trois marques aux styles différents, gigault, vin gourmand, les-maréchaux, expression riche et mûre, et la cuvée viva, harmonieuse et concentrée. Le château-belle-coline est tout à fait dans la lignée, équilibré et raffiné.

- Viva, blaye côtes de bordeaux 2020 | Sec | 2023>43 | 14 € — 88

Château Hostens-Picant

★★☆☆☆ ✚

Les Picant font des merveilles sur ce vignoble de 40 hectares dans l'appellation sainte-foy-bordeaux, bien conseillés par Stéphane Derenoncourt. À côté de la cuvée rouge classique, souple et expressive, lucullus se montre charnu et épicé. Les-demoiselles, assemblage sémillon, sauvignon et muscadelle onctueux et dynamique, est un blanc de garde et taillé pour la gastronomie. Une référence de ce secteur.

- cuvée des Demoiselles, sainte-foy-bordeaux 2020 | Sec | 2023>33 | 20 € — 91

Château Latour Camblanes

★☆☆☆☆

Depuis son rachat en 1982, le vignoble a triplé sa superficie et compte aujourd'hui 32 hectares où prospèrent 75 % de merlot et 25 % de cabernet-sauvignon. Il se compose de jolis coteaux argilocalcaires superbement orientés, avec un drainage naturel du meilleur effet. Vin distingué, avec du charme et de la profondeur.

Clos Lunelles

★★★☆☆

Acquis en 2001 par Gérard Perse, l'homme de Pavie, ce castillon sur sol argilo-calcaire, bénéficie des gros efforts effectués dans la vigne comme au chai, aujourd'hui pleinement récompensés. Sur les derniers millésimes, le cru a gagné en élégance et en fraîcheur aromatique qui donne de l'énergie à l'intensité tannique et au soyeux de la texture. La finale énergique et poivrée possède de la classe. C'est un bon rapport qualité-prix.

- castillon côtes de bordeaux 2019 | Sec | 2023>30 | 22 € — 92
- castillon côtes de bordeaux 2020 | Sec | 2025>45 | 21.8 € — 94

Château Marsau

★★★☆☆ ⊕

Anne-Laurence et Mathieu Chadronnier sont en train d'écrire l'une des plus belles histoires du vignoble de Francs. Si Marsau collectionne les coups de cœur dans nos dernières dégustations, c'est sans doute grâce au travail impeccable de mise en valeur de ce terroir qui donne au vin une densité savoureuse et corsetée. On aime la vitalité du fruit et son expression franche, toujours subtile. Très bon rapport qualité-prix.

- francs côtes de bordeaux 2019 | Sec | 2022>35 | 12.5 € — 93
- francs côtes de bordeaux 2020 | Sec | 2024>32 | 18 € — 93

Château Montlandrie

★★★☆☆

Les sols d'argilo-calcaires qui dominent la Dordogne composent le terroir de ce domaine de 12 hectares dirigé aujourd'hui par Noémie et Constance Durantou (château L'Église-Clinet). La propriété écrit les lettres de noblesse de l'appellation castillon et signe un vin charnu, structuré et toujours équilibré, qui mérite d'être attendu en cave quelques années pour donner toute sa mesure.

- castillon côtes de bordeaux 2019 | Sec | 2024>45 | 15 € — 94
- castillon côtes de bordeaux 2020 | Sec | 2025>50 | 23.33 € — 92

Mouton Cadet

★★☆☆☆

Créé en 1930 par le Baron Philippe de Rothschild, Mouton-Cadet est une référence mondiale de l'appellation bordeaux. Elargie à plusieurs appellations, la gamme a fait l'objet d'une refonte significative dans son élaboration en s'appuyant sur des approvisionnements issus de parcelles sélectionnées chez des vignerons partenaires. Un travail important vers des pratiques plus respectueuses de l'environnement porte ses fruits avec une hausse globale du niveau de qualité des vins, dans toutes les appellations.

- bordeaux 2019 | Sec | 2022>27 | NC — 89
- bordeaux 2021 | Sec | 2022>25 | NC — 90
- bordeaux 2022 | Sec | 2023>25 | 12 € | ☘ — 91
- Héritage, bordeaux 2019 | Sec | 2024>32 | NC — 92

Château de Parenchère

★★☆☆☆ ✚

Bien tenu par la famille Gazaniol, ce large domaine peut s'appuyer sur des parcelles bien exposées, vinifiées séparément et retenues soit pour le très bon vin classique, soit pour la remarquable cuvée Raphaël ou encore la cuvée Esprit, produite lorsque le millésime s'y prête. La production est complétée par du bordeaux blanc et du bordeaux clairet et la gamme cohérente propose des vins de caractère, équilibrés et charmeurs, d'une régularité à toute épreuve.

- bordeaux supérieur 2019 | Sec | 2024>32 | 8 € — 90

Château Penin

★★☆☆☆ ✚

Penin est une référence dans différentes appellations. La production des rouges, particulièrement des belles cuvées (les-cailloux et grande sélection), s'effectue sur un terroir noble caillouteux du Quaternaire. Les terroirs sableux et argileux sont réservés à l'élaboration des délicieux rosés et clairets, références de la catégorie. Large gamme de vins à tous les prix, axée sur le fruit, la qualité des tannins et la fraîcheur.

- Les Cailloux, bordeaux supérieur 2019 | Sec | 2023>25 | NC — 8

Basaline et Thibault Despagne, Vignoble Despagne

Artisan et entrepreneur, double caractéristique pas si fréquente, Thibault Despagne dirige avec sa sœur Basaline les vignobles de Tour de Mirambeau et Mont-Pérat, un total de 250 hectares installé dans l'Entre-deux-Mers. Plutôt que de désespérer sur les malheurs d'une région en souffrance économique, Thibault n'a cessé d'innover. La cuvée Girolate, après des débuts « vin de garage », a trouvé son équilibre et sa finesse, le blanc savoureux Biface, le rouge sans soufre L'Onde et les harmonieux blanc et rouge de Mont-Pérat sont des références du bordeaux accessible. *Thierry Desseauve*

Château Pierrail

★☆☆☆☆

Ce grand domaine chargé d'histoire, situé sur les coteaux de la vallée de la Fonchotte, est tenu par la famille Demonchaux. Grâce à un travail acharné, elle lui a rendu tout son éclat et rouges, blancs et rosés ne cessent de progresser. Souvent exubérants et flatteurs, les rouges ont un bon potentiel de garde et les blancs sont classiques mais non dénués de personnalité.

Clos Puy Arnaud

★★★☆☆ ✚

Clos Puy Arnaud est l'un des domaines phares de Castillon. La quinzaine d'hectares cultivés en biodynamie se situe aux confins de Sainte-Colombe, sur les célèbres rochers de Puy Carpin du côté de Belves-de-Castillon. Les calcaires à astéries de ce terroir donnent finesse, fraîcheur et allonge à des vins remarquables. Lors des grands millésimes, le cru sort des cuvées parmi les meilleures de son appellation, même si les derniers millésimes se révèlent irréguliers.

- castillon côtes de bordeaux 2020 | Sec | 2023>35 | 31.3 € — 92
- castillon côtes de bordeaux 2019 | Sec | 2023>30 | 24 € — 92
- Grand Vin, castillon côtes de bordeaux 2019 | Sec | 2024>32 | 36 € | ☘ — 94

Château Puyguéraud

★★★☆☆ ✚

Sous la houlette du talentueux Nicolas Thienpont, Puyguéraud est devenu l'un des crus emblématiques des francs-côtes-de-bordeaux, avec des blancs de caractère qui jouent sur l'aromatique et l'onctuosité. Les rouges possèdent une fraîcheur digne d'éloges, grâce à la part inhabituelle de cabernet franc et de malbec qui assurent une réelle complexité au cru et une évolution dans le temps parfaite. Pour une quinzaine d'euros, voici un excellent rapport qualité-prix.

- francs côtes de bordeaux 2020 | Sec | 2024>35 | 15.6 € — 91
- Les Charmes Godard, francs côtes de bordeaux 2020 | Sec | 2023>33 | 11 € — 92
- Puygueraud, francs côtes de bordeaux 2020 | Sec | 2023>27 | 17.8 € — 91

Château Reynon

★★☆☆☆

Le château Reynon, sur le coteau de Beguey, à côté du village de Cadillac, appartient à la famille de Denis Dubourdieu (le pape de l'œnologie décédé en 2016). Grâce aux efforts culturaux et techniques, c'est aujourd'hui l'un des crus les plus renommés des côtes-de-bordeaux, avec des rouges et des blancs dans un style racé et élancé, séduisants par leur droiture et leur fraîcheur. On suivra le blanc et le rouge, toujours bons et à des prix abordables.

- blaye côtes de bordeaux 2019 | Sec | 2022>30 | 12 € — 89

Roc de Cambes

★★★★☆ ✦

Ce côtes-de-bourg signé par François Mitjavile est situé sur un tertre argilo-calcaire exposé plein sud. Le propriétaire de Tertre-Roteboeuf (à Saint-Émilion) l'a développé avec la même exigence méticuleuse pour en faire un grand vin. Sur un terroir voisin et différent, plus alluvionnaire, cambes propose une expression souple et veloutée. Forts du talent de François Mitjavile et de sa fille Nina, les deux vins ont leur propre personnalité et impressionnent toujours.

- côtes de bourg 2019 | Sec | 2024>45 | 67 € — 94
- côtes de bourg 2020 | Sec | 2025>50 | 79 € — 96

Château Roques Mauriac

★★☆☆☆

Ce vaste vignoble fait partie des propriétés d'Hélène Levieux, fille du créateur des magasins Leclerc. Suivis aujourd'hui par son fils Vincent et son épouse Sylvie, les vins ont gagné en rondeur et en qualité de fruit ces derniers millésimes. La cuvée hélène, agréable, classique, équilibrée, est celle que nous recommandons au sein d'une gamme cohérente, quelque peu hétérogène dans sa qualité.

- Damnation, bordeaux 2019 | Sec | 2023>27 | NC — 90
- Hélène, bordeaux supérieur 2021 | Sec | 2023>27 | NC — 88

Château Sainte-Marie

★★☆☆☆

Près de l'abbaye de la Sauve-Majeure, l'une des plus anciennes de France, la propriété appartient depuis les années 1950 à la famille Dupuch qui défend la typicité de ce terroir de l'Entre-Deux-Mers. La cuvée vieilles-vignes, issue de vignes dépassant les 100 ans, donne un vin charmeur, aux arômes complexes et aux tannins fondus. L'entre-deux-mers est raffiné et plein de personnalité. Une propriété modèle.

- Vieilles Vignes, entre-deux-mers 2019 | Sec | 2022>24 | 7 € — 88

Tutiac

★★☆☆☆ ⊕

Acteurs importants du secteur coopératif bordelais, les vignerons de Tutiac entendent s'inscrire dans une démarche culturale vertueuse, avec 1 000 hectares de rouges bientôt en conversion ou certifiés bios. La dernière fusion en date opérée en Sauternais et la diversification des appellations permettent à la cave de proposer une gamme constituent de franches réussites, bien conseillée par l'excellent vigneron de Cahors, Mathieu Cosse. Les vins gourmands et expressifs se révèlent en constante progression.

- Le Daron, blaye côtes de bordeaux 2019 | Sec | 2025>35 | 16 € — 92
- Origines Font Renard, blaye côtes de bordeaux 2018 | Sec | 2023>29 | 13.5 € — 91
- Origines Ter Pointe, côtes de bourg 2019 | Sec | 2025>32 | 15.5 € — 92
- Origines Verdot, bordeaux 2018 | Sec | 2025>30 | 15.5 € — 89

✦ Star ✚ Valeur sûre ⊕ À suivre de près Ⓝ Nouvelle entrée

CLOS DES AVAUX

*Un clos sous la neige, l'hiver, le clocher d'une église, vibrant,
voilà la Bourgogne éternelle, paysanne, française, fierté de notre patrimoine,
objet de désir pour le monde.*

Bourgogne

La Bourgogne a vécu plus que d'autres des crises multiples. Elle y a toujours répondu à sa façon, empirique, individuelle. La région n'a jamais cessé de se transformer au gré des intuitions et des passions humaines. La voici aujourd'hui à la croisée des chemins

UNE ÉTOILE DANS LES NUITS

À LA DIRECTION TECHNIQUE DU DOMAINE DE L'ARLOT DEPUIS 2014, **GÉRALDINE GODOT** MÈNE CETTE PROPRIÉTÉ DE NUITS-SAINT-GEORGES VERS LES SOMMETS DE L'ÉLÉGANCE AVEC UN CERTAIN GOÛT POUR L'INATTENDU. ELLE NOUS RACONTE COMMENT

PAR **LAURENT GOTTI**

« *JE N'AIME PAS PARLER DE MOI* », nous confie soudainement Géraldine Godot après une heure d'interview. Sans doute une façon de signifier qu'il est temps de passer à l'essentiel. Jusque-là, l'œnologue s'est pliée au jeu des questions-réponses sur son parcours. Elle préfère parler des terroirs dont elle s'occupe. Ses origines près de Montceau-les-Mines (la Bourgogne industrieuse), son DESS de microbiologie, sa rencontre avec le monde du vin ? Relégués au rang d'anecdotes. Mieux vaut lui demander ce qu'elle aime. Avec lequel des climats dont elle s'occupe a-t-elle une affinité particulière ? Réponse immédiate : « *Le clos de l'Arlot* ». Elle s'explique : « *Je l'aime pour le côté atypique et décalé de son paysage (il s'agit d'une ancienne carrière qui donne une forme d'amphithéâtre à ce clos d'un peu plus de cinq hectares en monopole, NDLR). Il l'est aussi par la délicatesse et la couleur légère de son vin, qui existe en blanc comme en rouge. J'aime ce terroir. Il renvoie à l'histoire du domaine et des familles qui s'y sont succédé depuis des siècles* ».
Géraldine n'est pas la première à avoir ce goût pour l'inattendu. En 1891, un certain Jules Belin, négociant en vins, met la main sur cette propriété qu'il agrandit avec l'acquisition du clos des Forêts Saint-Georges (autre monopole de 7,2 hectares). Mais déjà, c'est l'Arlot la vedette. Près d'un siècle plus tard, en 1987, Axa Millésimes se porte acquéreur et confie la gérance de ces lieux à Jean-Pierre de Smet. Le domaine s'étend avec des parcelles à Vosne-Romanée (premier cru Les Suchots) et dans le climat de la Romanée Saint-Vivant. Jean-Pierre de Smet installe les fondamentaux du domaine : biodynamie à la vigne, utilisation raisonnée de la vendange entière en cave. Avec pour feuille de route de « *faire de meilleurs vins, millésime après millésime* », Géraldine Godot prend la direction technique en 2014, à la suite d'Olivier Leriche et de Jacques Devauges, après avoir dirigé la maison Alex Gambal à Beaune. Assistante de Claire Naudin pendant trois ans, elle y a appris « *qu'être vigneron consistait à s'adapter à toute situation et à se remettre en cause en permanence* ». Autre rencontre marquante, celle de Bernard Zito, vigneron et consultant en biodynamie qui lui a enseigné les bases des bonnes pratiques viticoles.

PLEIN DE NUANCES

Géraldine Godot a quitté les laboratoires de microbiologie par envie d'être sur le terrain. Elle porte son attention sur les vignes. « *Nous cherchons à gagner plus en précision. Nous avons par exemple engagé un programme sur la taille. L'enjeu est de redonner de la vigueur à nos ceps.* » Et comme l'inattendu n'est jamais bien loin, elle a replanté en chardonnay une parcelle du clos des Forêts Saint-Georges. Cette cuvée s'ajoutera à une gamme dont Géraldine Godot s'emploie à rendre lisible toutes les nuances, du solide nuits-saint-georges premier cru Clos des Forêts Saint-Georges au fringant côte-de-nuits-villages Clos du Chapeau, en passant par les quatre références blanches déjà présentes, dont le nuits-saint-georges premier cru Clos de l'Arlot et la cuvée issue des jeunes vignes de ce même clos. Côté vinifications, pas de schéma préconçu, en particulier sur l'utilisation de la vendange entière. « *Depuis mon expérience chez Claire Naudin, cette approche fait partie de ma façon de travailler, mais jamais de manière systématique. Je l'utilise seulement lorsque je suis convaincue que cela apporte quelque chose aux vins. En 2021 et 2022, par exemple, la totalité des raisins ont été égrappés.* » Difficile aussi de ne pas évoquer le romanée-saint-vivant, le grand cru du domaine. « *Un terroir béni des dieux. Nous n'y avons jamais connu de gel ou autre accident climatique.* » ▮

LES ESPOIRS D'UNE FAMILLE

LES DROUHIN SONT LES TÉMOINS DES CHANGEMENTS EN BOURGOGNE. PAS QUESTION DE RESTER LES BRAS CROISÉS FACE AUX DÉFIS QUI VIENNENT. ILS ATTENDENT LE FUTUR ET PRÉPARENT LEUR AVENIR

PAR **LOUIS-VICTOR CHARVET**

QU'EST-CE QU'UNE FAMILLE ? Avec les années, le lien solide qui unit celle des Drouhin depuis cinq générations aurait pu se défaire peu à peu. Après tout, combien de grandes familles, centenaires et travailleuses comme celle-ci, se sont détournées doucement de la voie exigeante du grand vin. Pas celle-là. Les Drouhin de Beaune se sont lancés à la poursuite d'un rêve dont il ne se sont jamais éloignés, ne cédant à aucune mode, portés par une vision de la qualité presque immuable. Celle-ci s'exprime aujourd'hui sur un peu plus de cent hectares et le domaine de la famille est l'un des plus importants de la région, réparti entre les cinq sous-ensembles bourguignons (Chablisien, côte de Nuits, côte de Beaune, Chalonnais et Mâconnais). Il continue d'ailleurs à grandir avec de récentes acquisitions à Saint-Véran (château de Chasselas) et à Saint-Romain (domaine Rapet). De Joseph Drouhin le fondateur, la génération actuelle – Philippe, Véronique, Frédéric et Laurent – a hérité cette envie de toujours faire mieux. Une attitude pas si fréquente dans un contexte où les vins de Bourgogne sont toujours plus demandés dans le monde. Mais voilà, le bonheur éphémère d'un marché en pleine forme ne donne aucune garantie quant à la suite de cette histoire dans le siècle qui vient. Sans doute l'aventure américaine de la famille, propriétaire d'un beau vignoble en Oregon, a contribué à lui donner la large ouverture d'esprit dont elle fait preuve aujourd'hui. Au même titre d'ailleurs que son implication dans la vie du vignoble bourguignon et son rôle au sein des *Primum Familiæ Vini*, association prestigieuse dont elle est membre et qui réunit douze familles influentes du monde du vin. Avenir oblige, il restait à la génération actuelle un combat à mener pour donner du sens aux actes d'une famille qui en nourrit le moindre geste.

PIONNIÈRE HIER

Engagé dès le début des année 1990 sur le chemin d'une agriculture vertueuse, biologique et biodynamique, le vignoble est l'objet de toutes les attentions. Il suffit de constater la tenue impeccable du Clos des Mouches, climat historique de l'appellation beaune et fief éternel de la famille, pour réaliser à quel point les questions environnementales, et surtout la pérennité des territoires, est au cœur du travail des Drouhin. Défi de taille, pour réduire l'impact de son activité, la maison s'est lancée dans un vaste programme de refonte de ses pratiques, traquant la moindre dépense énergétique superflue, des bureaux de son siège jusqu'à la distribution de ses vins. Elle a confié à Laurène, la fille de Véronique, la plus difficile des missions d'une entreprise : avancer. Il lui faudra commencer – cette opération en est à ses balbutiements – par changer les mentalités, recourir sans doute toujours plus à la technologie et à l'information et faire des choix difficiles, pour ses fournisseurs, pour ses équipes, pour le marché qu'il faut priver parfois d'une commande afin d'éviter une livraison gourmande en énergie. Déterminée à mettre en place ce cas unique d'engagement vertueux en Bourgogne, en tout cas pour une maison de taille comparable, Laurène sait que beaucoup de travail et de nombreux obstacles la séparent d'une réussite incertaine.

ENGAGÉE AUJOURD'HUI

Au fond, qu'a-t-elle à y gagner et la maison avec elle ? Un peu de bonne conscience ? Un peu comme celles de Joseph, Maurice et Robert avant elles, les deux générations actuelles des Drouhin semblent avoir compris (en avance) que le monde pouvait bien continuer à tourner sans la

De gauche à droite, Laurène, Véronique, Frédéric. En bas, Philippe. Il manque Laurent, aux États-Unis au moment de ce reportage. Toute la famille est prête à relever les défis à venir.

Bourgogne. Certes, la région est aujourd'hui l'épicentre des vins fins. Mais elle n'a pas encore assez multiplié les projets innovants et ambitieux, comme c'est le cas ailleurs en France, pour continuer à être encore longtemps ce qu'elle est aujourd'hui. On sait déjà tous les nombreux problèmes liés à la vie des sols, les réflexions plus ou moins abouties concernant les porte-greffes, etc. Concrètement, la Bourgogne, comme tant d'autres vignobles plus ou moins prestigieux dans le monde, coûte à la planète, y pioche ses ressources et l'épuise. *« L'idée, c'est d'être à l'équilibre »*, concède Laurène. De nombreuses réflexions agronomiques vertueuses ont pris corps dans le vignoble mondial cette dernière décennie. En Bourgogne, c'est la première fois qu'une maison d'une taille aussi significative interroge ses pratiques avec autant d'intransigeance. Il lui faudra sans doute tout remettre à plat, repartir de zéro, essayer, échouer, abandonner, recommencer.

Nous parlions d'un fil invisible à laquelle cette famille se tenait : il ressemble étrangement à celui de l'abnégation et du courage. Deux qualités au service des grands vins, et un héritage bien partagé entre les générations et dans le large répertoire de la maison beaunoise.

LES ROYAUMES **DU CHAMBERTIN**

DIRE LE NOM DE CE VILLAGE, C'EST FAIRE NAÎTRE UN MONDE. À GEVREY, TOUT EST COMPLEXE. NOTRE EXPERT REMET LES CHOSES DANS L'ORDRE POUR QU'ON Y VOIE PLUS CLAIR. SON ANALYSE, SA SÉLECTION

PAR ***ALAIN CHAMEYRAT***

EN 1847, GEVREY-EN-MONTAGNE fut le premier village à avoir l'idée de changer son nom en lui accolant celui de son cru le plus célèbre, le chambertin. Le vignoble est ancien. Une vigne datant du 1er siècle, époque où le village s'appelait Gibriacus, y a été retrouvée. Le nom actuel des habitants, les Gibriaçois en perpétue la mémoire. Les écrits anciens sur la qualité des vins sont rares. Grégoire de Tours, un Auvergnat devenu évêque au VIe siècle, citait les vins de Gevrey comme les meilleurs des alentours de Dijon. Leur notoriété est allée croissant au fil des siècles. L'aumônerie de Gevrey rapportait plus au XIe siècle que l'archevêché de Lyon. La cave de Louis XVI était bien pourvue en chambertin et Napoléon en faisait son ordinaire, coupé à l'eau, il est vrai. La délimitation des terroirs doit énormément aux moines qui ont possédé une grande partie de la Bourgogne viticole jusqu'à la confiscation des biens de l'église à partir de 1790. Une première hiérarchisation des terroirs a été faite par le docteur Jules Lavalle en 1855 et l'organisation actuelle en reste très proche. L'appellation gevrey-chambertin a été obtenue en 1929 puis en 1930 par décision judiciaire avant la vague de création de plus de soixante-dix AOC en 1936 par le prédécesseur de l'actuel institut national des appellations d'origine. Elle s'étend sur les communes de Gevrey-Chambertin et de Brochon plus au nord. Gevrey-Chambertin est l'une des communes viticoles les plus étendues de la côte de Nuits avec 360 hectares de vignoble en appellation gevrey-chambertin, 86 hectares en premier cru et 87 hectares de grands crus (neuf appellations).

LES PREMIERS CRUS

Sur l'étiquette, la mention *« premier cru »* peut-être suivie du nom de ce dernier si le vin provient uniquement de cette source (les vinificateurs qui possèdent plusieurs petites parcelles de différents premiers crus les assemblent parfois). On peut regrouper les climats classés premiers crus en trois zones, la première s'étirant autour du magnifique Clos Saint-Jacques, un terroir que nous verrions volontiers en grand cru. Exposé plein sud, il est entouré en allant vers le sud-ouest par les climats Lavaux Saint-Jacques, Estournelles, Poissenot, Clos des Varoilles, La Romanée et La Bossière. Tous sont rafraîchis par les entrées d'air froides de la combe de Lavaux. Au nord du clos Saint-Jacques, on trouve Les Cazetiers, Petits Cazetiers, La Combe aux Moines, Les Goulots et Les Champeaux. À Brochon, le climat Les Evocelles donne des vins en appellation village dont la qualité tangente régulièrement celle d'un premier cru. Un autre secteur de premiers crus s'intercale en allant vers les grands crus : Clos du Chapitre, Craipillot, Champonnet, Fonteny, Issarts et Les Corbeaux, qui touche le climat Mazis et dont la qualité va bien au-delà de ce qu'évoque son nom peu enviable. Le troisième secteur entoure celui des grands crus : Bel Air est situé au-dessus du clos de Bèze ; Au Closeau, La Perrière, Clos Prieur, Cherbaudes sont sous Mazis ; Petite Chapelle et En Ergot, sous le climat de la Chapelle. Esseulé, tout au sud du village, Aux Combottes s'intercale entre Latricières, Clos de la Roche et Mazoyères, il y a pire voisinage. Parmi les premiers crus de Gevrey-Chambertin, les dix auxquels nous avons accordé les meilleures notes au cours des dégustations de ces douze dernières années sont, par ordre de qualité, Clos Saint-Jacques, Estournelles Saint-Jacques, Aux Combottes, Bel Air, Combe aux Moines, La Romanée, Lavaux Saint-Jacques, Les Cazetiers, Cherbaudes et Clos Prieur. Le haut de la liste, à l'exception de Combottes, provient sans surprise du secteur du Clos Saint-Jacques.

LES GRANDS CRUS DE GEVREY-CHAMBERTIN

Neuf des trente-trois grands crus bourguignons sont situés à Gevrey-Chambertin, ce qui en fait la commune la plus titrée de toute la Bourgogne. Ils occupent le coteau à mi-pente entre 260 et 300 mètres d'altitude sur une bande de terre ininterrompue qui s'étire du sud du village de Gevrey jusqu'au climat Bonnes-Mares de Chambolle-Musigny en passant par les grands crus de Morey-Saint-Denis. Deux grands

Dans les vignes du domaine Rebourseau, le message est clair.

crus ont une réputation supérieure aux sept autres, le chambertin (12,9 hectares) et le chambertin-clos-de-bèze (15,4 hectares). Ils se prolongent sur la même bande de terre et donnent pourtant des vins différents. Le chambertin domine par sa puissance de bouche, sa force. Toute dégustation chez un négociant ou chez un propriétaire qui a la chance de vinifier quelques ares de ce cru permet de constater l'autorité supérieure dont il dispose sur tous ses pairs bourguignons. Ce *« roi »* fait l'objet d'une fête du village à sa gloire, le jeudi qui précède la vente des vins des Hospices de Beaune. Le chambertin-clos-de-bèze possède presque autant de force, mais surprend par son élégance aérienne, sa finesse tactile unique. La géologie n'explique pas ces différences. Tout au plus peut-on remarquer que le climat Clos de Bèze est légèrement plus pentu et a plus de petits cailloux que son voisin, qui bénéficie lui de courants d'air un peu plus frais en provenance d'une combe. Mais ce sont des subtilités. Nous avons renoncé à les départager depuis longtemps par nos notations tant nous avons plaisir à consulter leurs facettes respectives lors de nos dégustations annuelles. Les sept autres grands crus sont tous de haut niveau, nous les présentons par ordre de qualité en fonction des notes que nous leur avons accordées depuis douze ans lors de nos dégustations comparatives.

Latricières-chambertin (7,3 hectares)
Il repose sur un sol brun profond au-dessus de la dalle calcaire. Soumis à des influences d'air frais, il donne la sensation d'un vin un peu plus froid que les autres grands crus, un peu plus ferme en vin jeune mais développe au vieillissement des notes truffées, d'humus magnifiques. Son génie transparaît néanmoins dès les premières années.

Chapelle-chambertin (5,5 hectares)
C'est un grand cru au climat chaud et précoce sur un sol mince et maigre dont les propriétaires se plaisent à dire que c'est un rectangle qu'il faut inscrire dans un rond. Il démarre puissant, voire anguleux et il faut en arrondir la fougue. Il devient alors magnifique, sensuel.

Mazis-chambertin (9,1 hectares)
Il est constitué de deux parties, Mazis-Hauts et Mazis-Bas. La première, réputée supérieure, dispose d'un sol mince. Le climat des Mazis donne un rouge puissant, terrien, réglissé, sur le cuir, apte au long vieillissement. Il se positionne régulièrement en rival du chambertin par sa force de constitution.

Mazoyères-chambertin (18,6 hectares)
Certains producteurs le replient en charmes-chambertin. Le sol est ici plus profond que dans le climat des Charmes et il a la réputation de donner un vin plus strict, ce que nos dégustations récentes infirment souvent. Ce sont des vins de grande noblesse qui peuvent atteindre des sommets de délicatesse et de raffinement.

Ruchottes-chambertin (3,3 hectares)
Sur ce sol maigre et caillouteux, le raisin mûrit tard mais bien, avec une acidité parfaite. Le vin est aromatique, intense, minéral, avec une sensation calcaire, plus en souplesse qu'en force, d'un équilibre proche d'un idéal en année favorable.

Griotte-chambertin (2,7 hectares)
Ce cru est situé dans un amphithéâtre naturel entre les climats Charmes et Chapelle. Les arômes fréquents de cerise de son vin, un peu plus rapide à se faire que d'autres, semblent expliquer son nom, mais rien n'est moins sûr. La pivoine s'invite souvent dans son festival aromatique.

Charmes-chambertin (12,2 hectares)
Le sol rouge laisse voir la roche calcaire. Certains producteurs y replient leur mazoyères-chambertin. La législation le permet bien que les anciens aient clairement distingué les deux climats, à juste titre. Les charmes-chambertin sont des vins réputés séduisants, mais certains producteurs nous les ont montrés fortement constitués, racés, proches du chambertin, d'autres un peu légers pour un grand cru.

GEVREY-CHAMBERTIN

S'il fallait synthétiser le style général des gevrey-chambertin, on pourrait le définir par la prééminence des fruits rouges sur les fruits noirs, à l'exception du secteur du Clos Saint-Jacques, qui fonctionne à l'inverse. Cette prééminence qui est visible depuis Marsannay plus au nord en passant par Fixin s'interrompt au sud de Gevrey-Chambertin. La dominante fruits noirs prend alors l'ascendant, de Morey-Saint-Denis jusqu'au sud de la côte de Beaune.

Domaine Berthaut-Gerbet, gevrey-chambertin 2021
Plus en finesse qu'en puissance brute, c'est par son intensité de bouche qu'il se remarque. La finale sur les fruits rouges termine fleurie, saline, délicate. Un remarquable gevrey de gourmandise.
92/100 - 2023>30 - 38 euros

Domaine Bruno Clair, gevrey-chambertin 2021
Joliment fumé, délicat et sensuel, épicé, superbement raffiné pour l'appellation.
94/100 - 2024>30 - 60 euros

Domaine Sylvie Esmonin, Vieilles Vignes 2021, gevrey-chambertin
La même densité exceptionnelle que le gevrey classique, mais avec une rondeur supplémentaire, un complément d'onctuosité. Le travail des sols et l'âge des vignes supérieur à 70 ans ont fait la différence.
95/100 - 2026>35 - 60 euros

Domaine Jean Fournier, gevrey-chambertin 2021
Sans la concentration de la cuvée Trois Terres en marsannay, mais avec le fruité lumineux et génial de gevrey.
93/100 - 2025>32 - 63 euros

Domaine Jean-Pierre Guyon, Les Platières 2021, gevrey-chambertin
Millésime particulièrement réussi qui dépassera probablement les 2022 au domaine. Il se présente comme un jus de fruits rouges avec une digestibilité particulière. D'un charme unique.
94/100 - 2023>30 - 100 euros

Domaine Philippe Livéra, Clos du Village 2021, gevrey-chambertin
Proche de la texture d'un premier cru qu'il n'est pas, on appréciera son élégance, sa profondeur, ses notes de mandarine confite typiques au domaine.
94/100 - 2024>32 - 64,90 euros

Domaine Philippe Naddef, Vieilles Vignes 2021, gevrey-chambertin
Il y a de la classe et de la race dans cette cuvée de vieilles vignes de 60 ans. Finale séduisante de moka et de fruits noirs.
93/100 - 2025>32 - 60 euros

Domaine Philippe Pacalet, gevrey-chambertin 2021
Un fruité naturel intense, délié, très pur, de grande gourmandise parfaitement inscrit dans le style Pacalet.
93/100 - 2023>30 - 85 euros

Domaine du Château Philippe le Hardi, Carougeot 2021, gevrey-chambertin
Gevrey tendu, profond, épicé et très fruité, gourmand.
91/100 - 2023>30 - 70 euros

Seguin Manuel, Vieilles Vignes 2021, gevrey-chambertin
Nez de ronce, bouche au fruité rouge classique de Gevrey, charmeuse et de belle finesse.
92/100 - 2024>32 - 73 euros

Tortochot, Champerrier 2021, gevrey-chambertin
Les vieilles vignes lui donnent une concentration inhabituelle dans le millésime, il finit onctueux, large en bouche.
92/100 - 2024>31 - 45 euros

Domaine Fabrice Vigot, Etelois 2021, gevrey-chambertin
étonnant dans le millésime, c'est un gevrey intense, généreux en épices et en saveurs. Encore une réussite, à attendre un peu.
92/100 - 2025>30 - 35 euros

Domaine de la Vougeraie, Les Evocelles 2021, gevrey-chambertin
On est proche d'un premier cru avec cette note froide du climat qui donne des gevreys savoureux, racés, gourmands.
94/100 - 2025>32 - 70 euros

GEVREY-CHAMBERTIN PREMIER CRU

Jean-Luc & Paul Aegerter, gevrey-chambertin 1er cru Champonnet 2021
Le premier cru Champonnet repose sur un sol argilo-caillouteux proche du grand cru Ruchottes. La finale est assez puissante, minérale, on l'attendra un peu.
92/100 - 2025>32 - 138 euros

Domaine Arlaud, gevrey-chambertin 1er cru Aux Combottes 2021
Ce gevrey nous montre nombre de nuances, il est délicat, floral avec un toucher de bouche aérien.
93/100 - 2024>32 - 160 euros

Domaine Dujac, gevrey-chambertin 1er cru Aux Combottes 2021
Le nez est enthousiasmant, la bouche est tendue, corsée, sur la ronce, mais d'une délicatesse rare dans l'appellation. Une réussite.
95/100 - 2025>32 - 174 euros

Domaine Harmand-Geoffroy, gevrey-chambertin 1er cru Lavaux Saint-Jacques 2021
La finale est fermée pour l'instant, c'est un lavaux, mais la classe est déjà présente. La note froide du souffle d'air en provenance de la combe de Lavaux est visible bien que le fruit ait été récolté bien mûr.
94/100 - 2025>35 - 86 euros

Domaine Heresztyn-Mazzini, gevrey-chambertin 1er cru La Perrière 2021
Belle bouteille à la bouche saline, racée, encore rentrée, il gagnera vraiment à une petite garde.
94/100 - 2025>32 - 85 euros

Domaine Heresztyn-Mazzini, gevrey-chambertin 1er cru Les Goulots 2021
Nez superbe, bouche racée, saline, tout en délicatesse. C'est un vin à boire sur sa fougue juvénile ou à attendre, il en a le potentiel.
94/100 - 2025>32 - 85 euros

Domaine Humbert Frères, gevrey-chambertin 1er cru Poissenot 2021
C'est un développement rare de parfums subtils, de notes poivrées, réglissées. Puis vient un tannin précis, de grande finesse sans manquer d'une force veloutée dont le Poissenot n'est pas coutumier : nous sommes chez Humbert.
95/100 - 2026>35 - 95 euros

Domaine Michel Magnien, gevrey-chambertin 1er cru Les Goulots 2021
Le jus est d'encre, puissant, un peu sauvage, bien mûr, racé. Ce climat pentu sur d'anciennes carrières d'argile et de pierre réputé produire des vins légers ne reconnaîtrait pas ce millésime tant il est consistant. C'était déjà le cas en 2020.
94/100 - 2026>35 - 190 euros

Nuiton-Beaunoy, gevrey-chambertin 1er cru Clos du Chapitre 2021
Nez expressif, délicat, bouche charmeuse, finale sanguine, très fruitée.
92/100 - 2025>32 - 59 euros

Les Parcellaires de Saulx, gevrey-chambertin 1er cru Les Corbeaux 2021
Superbe texture veloutée tout en étant épurée, avec une explosion de fruits essentiellement rouges en finale, ce qui en fait un vrai gevrey.
94/100 - 2025>35 - Prix NC

Prieuré-Roch, gevrey-chambertin 1er cru Clos des Varoilles 2020
Monopole, ce clos réputé est désormais exploité par le domaine après un rachat récent. Après la perception d'un important gaz dissous, on lui voit un nez craquant de fruits très rouges, explosif, très original.
93/100 - 2024>30 - 675 euros

Remoissenet Père et Fils, gevrey-chambertin 1er cru Les Cazetiers 2021
Le terroir froid et venteux des Cazetiers est hautement qualitatif. La bouche est large, fumée, minérale, juteuse, racée.
92/100 - 2025>32 - 115 euros

GRANDS CRUS DE GEVREY-CHAMBERTIN

Chambertin

Domaine David Duband et François Feuillet, chambertin 2021
Nez de ronce sauvage, de fruits rouges mûrs, bouche ample, généreuse et dominante comme il se doit. Il finit plus en intensité qu'en puissance pure.
95/100 - 2027>35 - 404 euros

Domaine Christophe Perrot-Minot, Vieilles Vignes 2021, chambertin
Sans l'éventail incroyable du clos-de-bèze, il démarre serré dans la vie, il faudra lui accorder du temps, à lui plus qu'à n'importe lequel autre vin de la cave qu'il dépassera dans toutes les dimensions.
99/100 - 2028>40 - Prix NC

Domaine Henri Rebourseau, chambertin 2021
C'est un chambertin moins dominant qu'à l'accoutumée, presque déjà gourmand, la bouche est calée autour des fruits noirs, elle est de grande longueur avec des tannins bien arrondis.
96/100 - 2025>35 - Prix NC

Domaine Armand Rousseau, chambertin 2021
Enrobé, onctueux, profond, sa dimension s'affirme même dans un millésime comme 2021. Dans la bouche, les fruits noirs interpellent les fruits rouges. La longueur est superlative.
97/100 - 2027>37 - 685 euros

Domaine Jean Trapet Père et Fils, chambertin 2021
Puissant, racé, dominant comme il se doit avec un soupçon de notes sauvages. On l'a compris, c'est un vin qu'il va falloir laisser en cave un bon moment. Il le mérite.
97/100 - 2028>35 - Prix NC

Chambertin-clos-de-bèze

Domaine Bart, chambertin-clos de bèze 2021
Il a besoin d'un peu de temps. Sa bouche est gracile comme tout clos-de-bèze, on patientera juste un peu pour que ses tannins juvéniles s'adoucissent.
95/100 - 2027>35 - 280 euros

Domaine Drouhin-Laroze, chambertin-clos de bèze 2021
Il mixe à l'attaque l'assise naturelle du chambertin et l'élégance aérienne du clos-de-bèze. La bouche saline est racée, subtile, sensuelle : elle finit clairement clos-de-bèze. Remarquable bouteille.
96/100 - 2025>35 - 225 euros

Domaine Christophe Perrot-Minot, chambertin-clos de bèze 2021
Il part délicat, vient ensuite la puissance des chambertins, puis la grâce aérienne du clos reprend le dessus. Il finit dans une infinie finesse au milieu d'une profusion de fruits rouges et noirs intenses.
100/100 - 2025>40 - Prix NC

Domaine Henri Rebourseau, chambertin-clos de bèze 2021
Il développe le charme fleuri du clos-de-bèze, sa gracilité, c'est un séducteur par sa bouche aérienne, délicate.
95/100 - 2025>35 - Prix NC

Chapelle-chambertin

Domaine Philippe Livéra, chapelle-chambertin 2021
Un jus dense, profond, crémeux, d'une rare intensité et calé sur les fruits noirs : voici un chapelle de référence, dense et avec la sveltesse que le domaine aime à donner aux vins de ce climat terrien.
96/100 - 2027>40 - Prix NC

Domaine Rossignol-Trapet, chapelle-chambertin 2021
Le caractère grand cru est évident, il montre une force sur les fruits noirs particulièrement enrobée pour un chapelle. C'est une grande réussite à la délicieuse finale saline.
97/100 - 2027>35 - 210 euros

Domaine Cécile Tremblay, chapelle-chambertin 2021
Un grand en construction d'une immense finesse. Sa finale avec ses tannins aériens uniques le loge dans un monde à part.
98/100 - 2028>35 - Prix NC

Charmes-chambertin

Domaine Arlaud, charmes-chambertin 2021
La bouche explose dès l'attaque. C'est un charmes tout en finesse, ce qui n'est que rarement le cas pour ce climat volontiers puissant. Il finit intensément salin, racé, très séduisant.
96/100 - 2025>35 - 240 euros

Domaine René Bouvier, charmes-chambertin 2021
Ce charme de grande finesse provient des mazoyères dont il tire la délicatesse, la note de poivre blanc. Racé, onctueux, très fin, intensément bouqueté, on l'attendra quelques années.
95/100 - 2026>35 - 311 euros

Domaine Castagnier, charmes-chambertin 2021
Si 2021 nous le montre un rien moins dense qu'à l'habitude, sensuel et velouté, c'est un grand cru digne de son rang. Il méritera de la garde pour déployer son potentiel.
94/100 - 2025>35 - 136 euros

Domaine Confuron-Cotetidot, charmes-chambertin 2021
Le niveau grand cru est évident par la force qu'il dégage. Le fruité est profond. Un vin de grande race et d'une harmonie aboutie.
96/100 - 2027>38 - Prix NC

Domaine Thibault Liger-Belair, charmes-chambertin 2021
Nez envoûtant, bouche de fruits rouges magnifiques comme Gevrey-Chambertin sait en produire. La finale est racée, délicate, sensuelle.
96/100 - 2025>35 - Prix NC

Frédéric Magnien, Aux Mazoyères 2021, charmes-chambertin
Ce charmes venu des Mazoyères, montre de l'étoffe, un volume assez important et un fruité gracieux, mais intense.
94/100 - 2025>35 - 280 euros

Latricières-chambertin

Domaine Faiveley, latricières-chambertin 2021
Très latricières-chambertin par son côté un rien froid et solaire à la fois, sa bouche terrienne et son emphase aromatique unique sur la griotte et les fruits rouges et noirs. Un vin de grande classe.
96/100 - 2027>35 - 320 euros

Domaine Jean Trapet Père et Fils, latricières-chambertin 2021
Le sol froid du Latricières, son empreinte minérale, se combinent dans le millésime avec une note fumée. La bouche est racée, longue.
96/100 - 2026>35 - Prix NC

Mazis-chambertin

Domaine Confuron-Cotetidot, mazis-chambertin 2021
Quand le charmes-chambertin exprimait un grand fruit circulaire, ce mazis exprime le sol, la note terrienne habituelle de ce climat. Il finit racé, velouté et regarde les deux chambertins tout proches.
97/100 - 2027>38 - Prix NC

Domaine Faiveley, mazis-chambertin 2021
Robe assez claire, mais la bouche est dense, intense, légèrement terrienne et donc très mazis-chambertin. Il est racé, bien réussi.
95/100 - 2026>35 - 320 euros

Domaine Harmand-Geoffroy, mazis-chambertin 2021
Il y a un réel écart entre les premiers crus du domaine et ce mazis, toujours remarquable avec sa générosité, sa force tranquille, sa complexité, sa note terrienne caractéristique.
96/100 - 2027>40 - 210 euros

Pascal Marchand Tawse, Vignes de la famille Tawse 2021, mazis-chambertin
Superbe nez de mazis avec sa touche de fruits rouges et de réglisse. Il finit terrien à la manière d'un bonnes-mares. Stylé, on pourra le boire un peu plus tôt que d'habitude.
94/100 - 2025>32 - 160 euros

LES JOYAUX DE LA COURONNE

CHABLISIEN, NUITS, BEAUNE, CHALONNAIS, MÂCONNAIS.
DU NORD AU SUD, LA MÊME MAGIE, PAS LES MÊMES PRIX, DES STARS, DES MYTHES ET DES NOUVEAUX, TANT MIEUX

SÉLECTION **ALAIN CHAMEYRAT** *AVEC* **MICHEL BETTANE, GUILLAUME PUZO** *(CHABLISIEN)*

CHABLISIEN

Domaine Bessin-Tremblay

Romain a pris la suite de son père Jean-Claude à la tête du domaine familial, Bessin par son père mais Tremblay par sa mère, donc issu des vignes, ce qui explique le joli patrimoine dont la fameuse Pièce au Comte, sans doute la plus belle exposition au cœur du cru Fourchaume.

- **Vieilles Vignes, chablis 2019** | Sec | 2023>34 | 19 € — 93
- **La Pièce au Comte, Fourchaume, chablis premier cru 2020** | Sec | 2023>40 | 36 € — 94
- **La Pièce au Comte, Fourchaume , chablis premier cru 2019** | Sec | 2027>39 | 40 € — 97

Samuel Billaud

La reprise en 2014 par Faiveley du domaine, Billaud-Simon, a changé la donne. Samuel a récupéré dans la transaction une partie du prestigieux vignoble, notamment de superbes premiers crus. Sa nouvelle cuverie, au cœur du village de Chablis, lui a permis de franchir un palier.

Domaine Billaud-Simon

Suite au rachat du domaine en 2014, Erwan Faiveley a d'emblée entrepris de gros travaux de rénovation des bâtiments de réception et de la cuverie, sans oublier les vignes puisque la parcelle de Clos a été arrachée (puis replantée). Le patrimoine de crus est toujours exceptionnel, les cuvées de 2021 dégustées cette année interprétaient le millésime en version onctueuse, gourmande.

- **Mont de Milieu, chablis premier cru 2021** | Sec | 2023>36 | NC — 93
- **Montée de Tonnerre, chablis premier cru 2021** | Sec | 2023>36 | NC — 94
- **Vaudésir, chablis grand cru 2021** | Sec | 2027>41 | NC — 95
- **Les Preuses, chablis grand cru 2021** | Sec | 2027>41 | NC — 95

Jean-Marc Brocard

L'un des plus vastes domaines de la région, plus de 200 hectares de vignes en exploitation dont une partie est menée en bio et biodynamie. La gamme est vaste et de prime abord l'amateur peut s'y perdre, mais à la dégustation, il trouvera un fil conducteur fait de droiture et de salinité. La gamme Julien Brocard est particulièrement réussie, sans parler de la nouvelle cuvée de chablis VV46, issue d'une vieille vigne... de 1946.

- **Vaulorent, chablis premier cru 2021** | Sec | 2023>36 | NC — 92
- **Côte de Léchet Julien Brocard, chablis premier cru 2021** | Sec | 2023>36 | NC — 92
- **Montée de Tonnerre Julien Brocard, chablis premier cru 2021** | Sec | 2026>36 | NC — 94
- **VV46, chablis 2020** | Sec | 2023>35 | NC — 92

Domaine de Chantemerle

Adhémar n'est plus, son fils Francis a pris sa retraite, mais sa fille Angélique tient aujourd'hui les rênes du domaine. Ce dernier jouit d'une petite notoriété locale, car dans l'histoire récente il fut le premier à revendiquer le climat de l'Homme Mort, en Fourchaume, dont il donne régulièrement une excellente interprétation.

- **chablis 2021** | Sec | 2023>26 | NC — 89
- **Fourchaume, chablis premier cru 2021** | Sec | 2031> | NC — 90
- **L'Homme Mort, chablis premier cru 2021** | Sec | 2023>36 | NC — 92

Maison de la Chapelle

Cette petite affaire de négoce a été créée avec le millésime 2015 par Grégory Viennois et Delphine Carré, et millésime après millésime les choses prennent une très belle tournure. Au départ, la maison ne proposait que des irancys, notamment deux cuvées parcellaires issues des Bâtardes et des Beaux Monts, mais également depuis deux ans un aligoté qui va vous faire changer d'avis sur le cépage, et en 2022 un chablis, minéral et tendu à souhait.

- **irancy 2021** | Sec | 2023>31 | NC — 89
- **Les Bâtardes, irancy 2021** | Sec | 2023>36 | NC — 92
- **bourgogne aligoté 2022** | Sec | 2023>32 | NC — 92
- **chablis 2022** | Sec | 2023>32 | NC — 92

Domaine Vincent Dauvissat

Vincent Dauvissat pratiquait une viticulture des plus soignées et exigeantes avant que le bio devienne une préoccupation généralisée, aujourd'hui ses enfants Étiennette et Ghislain poursuivent son œuvre. Ici les chablis mettent régulièrement vingt années en bouteille pour restituer toute la splendeur de leur tension et la verticalité de la craie kimméridgienne dans le verre, mais les patients sont toujours récompensés.

- **Vaillons, chablis premier cru 2021** | Sec | 2027>41 | NC — 94
- **Forêt, chablis premier cru 2021** | Sec | 2027>41 | NC — 95
- **Les Preuses, chablis grand cru 2021** | Sec | 2031>46 | NC — 98
- **Les Clos, chablis grand cru 2021** | Sec | 2031>46 | NC — 98

Domaine Drouhin-Vaudon

Le Moulin de Vaudon est l'antenne chablisienne de la famille Drouhin de Beaune. Ce domaine important, 40 hectares bien situés, souffre peut-être d'une gestion trop distante car on ne retrouve pas toujours dans le verre ce que les pratiques biodynamiques et la classe des terroirs devraient restituer. À l'image des 2020 dégustés cette année : corrects sans aucun doute, techniquement irréprochables, mais parfois manquant de l'âme saline qui fait un vin de Chablis.

Domaine de l'Enclos

À la suite de la vente de Pascal Bouchard à la maison Albert Bichot, Romain et Damien Bouchard, les enfants de Pascal, ont créé en 2016 leur propre domaine, le Domaine de l'Enclos, situé dans une vieille propriété en plein cœur de Chablis. Viticulture bio, en cave des cuves inox et un peu de fût, bref, des chablis classiques et de belle facture.

- **Montmains, chablis premier cru 2021** | Sec | 2023>31 | NC — 91
- **Mont de Milieu, chablis premier cru 2021** | Sec | 2023>36 | NC — 92
- **La Fourchaume, chablis premier cru 2021** | Sec | 2023>36 | NC — 91
- **Blanchot, chablis grand cru 2021** | Sec | 2023>36 | NC — 93

Domaine Nathalie et Gilles Fèvre

Gilles et Nathalie ont sorti leurs dernières vignes de la cave coopérative en 2016, et depuis leur fille Julie les a rejoints, pour exploiter leur cinquantaine d'hectares sur les secteurs de Fontenay et alentours. Œnologues, leur précision en cave n'a d'égale que la rigueur et la régularité affichées par toutes leurs cuvées, tant le splendide chablis vieilles vignes que les premiers crus fourchaume ou vaulorent, et bien entendu le grand cru Preuses. Des valeurs sûres.

- **Fourchaume, chablis premier cru 2021** | Sec | 2023>31 | NC — 92
- **Vaulorent, chablis premier cru 2021** | Sec | 2023>36 | NC — 93
- **Les Preuses, chablis grand cru 2021** | Sec | 2023>36 | NC — 92
- **Les Clos, chablis grand cru 2021** | Sec | 2023>36 | NC — 94

Domaine du Château de Fleys

La famille Philippon exploite l'un des rares châteaux viticoles du Chablisien, dont ils obtiennent d'ailleurs une cuvée fort intéressante. Mais leur grand terroir reste incontestablement le Mont de Milieu, un premier cru dont leur cuvée de vieilles vignes magnifie toute la splendeur et la minéralité. Proposée à un tarif encore très raisonnable, elle vieillit à la perfection et devrait attirer tout amateur authentique de chablis.

- **Vieilles Vignes, Mont de Milieu, chablis premier cru 2021** | Sec | 2023>36 | 25 € — 93
- **Mont de Milieu, chablis premier cru 2021** | Sec | 2023>31 | 22 € — 91
- **L'Incontournable, chablis 2021** | Sec | 2023>31 | 17 € — 90
- **Le Clos du Château, chablis 2021** | Sec | 2023>31 | 19 € — 91

Garnier et Fils

Les frères Garnier poursuivent leur aventure sur Chablis, celle en IGP Coteaux de Tannay ayant pris fin en 2021. Combinaison astucieuse de vignes en propriété et de négoce, leur gamme donne un bel aperçu de chablis, notamment grâce à des apporteurs de raisin soigneusement sélectionnés. Leur cuvée Grains Dorés est un modèle de chablis vinifié et élevé en fût.

- **chablis 2021** | Sec | 2023>29 | 20 € — 89
- **Mont de Milieu, chablis premier cru 2020** | Sec | 2023>30 | 30 € — 91
- **Grains Dorés, chablis 2020** | Sec | 2023>35 | 23 € — 92
- **Vaudésir, chablis grand cru 2020** | Sec | 2023>30 | 61 € — 91

Domaine Guilhem et Jean-Hugues Goisot

Les aléas climatiques des derniers millésimes n'ont pas épargné ce domaine modèle, pionnier de la biodynamie dans la vallée de l'Yonne. Guilhem Goisot ne perd pas le sourire pour autant, il faut dire que les 2022 qui arrivent s'annoncent excellents.

- **La Ronce, bourgogne côtes d'auxerre 2021** | Sec | 2023>31 | 27 € — 93
- **Corps de Garde, bourgogne côtes d'auxerre 2021** | Sec | 2023>36 | 17 € — 93

- Gueules de Loup, bourgogne côtes d'auxerre 2021 | Sec | 2023>36 | 22 € — 94
- Gondonne, bourgogne côtes d'auxerre 2021 | Sec | 2023>36 | 22 € — 94

Domaine d'Henri

★★★☆☆ ✚

Margaux Laroche a bien en main le domaine créé par son père Michel après que celui-ci ait vendu ses parts dans le domaine Laroche. En premier cru, le domaine n'a que des vignes de famille sur Fourchaume, dont il exploite plusieurs lieux-dits : Fourchaume, Ardilliers, Homme Mort, Vaupulent et aussi Vaulorent. La cuvée Héritage est issue des plus vieilles vignes.

- Vaulorent, chablis premier cru 2021 | Sec | 2023>36 | NC — 93
- Fourchaume, chablis premier cru 2020 | Sec | 2025>35 | NC — 91
- Homme Mort Vieilles Vignes, chablis premier cru 2020 | Sec | 2026>35 | NC — 92
- Héritage, chablis premier cru 2020 | Sec | 2027>40 | NC — 94

La Chablisienne

★★★☆☆ ✚

La seule cave coopérative de Chablis en est toujours le principal producteur, avec une gamme large qui couvre à peu près tous les terroirs et permet depuis toujours à l'amateur d'en découvrir tout le spectre. La fine connaissance de tous ses apporteurs permet notamment de proposer une large gamme dans les cuvées d'entrée de gamme, en Petit Chablis et en Chablis, en tenant compte notamment de l'âge des vignes ou des pratiques culturales. En grand cru, le joyau de la cave est incontestablement le Château Grenouilles, du grand cru éponyme, une cuvée richement élevée et qui trouve son harmonie avec quelques années de garde.

- Château Grenouilles, Grenouilles, chablis grand cru 2020 | Sec | 2025>35 | 65 € — 93
- Les Vénérables Vieilles Vignes, chablis 2020 | Sec | 2023>27 | 20 € — 90
- Fourchaume, chablis premier cru 2020 | Sec | 2023>32 | 30 € — 93
- Les Lys, chablis premier cru 2020 | Sec | 2025>35 | 27 € — 92
- Les Preuses, chablis grand cru 2020 | Sec | 2026>40 | 60 € — 94

Domaine Laroche

★★★★☆ ✦

Gros changements en cours chez Laroche, avec les départs successifs du directeur général Thierry Bellicaud et du directeur technique Grégory Viennois. Nous n'avons pu rencontrer la nouvelle équipe, mais les 2021 dégustés cette année avaient été vinifiés de manière magistrale par l'équipe sortante, notamment de brillants montmains, fourchaume et homme-mort. Affaire à suivre !

- Les Fourchaumes Vieilles Vignes, chablis premier cru 2021 | Sec | 2023>36 | NC — 94
- Les Clos, chablis grand cru 2021 | Sec | 2027>41 | NC — 95
- Les Blanchots, chablis grand cru 2021 | Sec | 2027>41 | NC — 93
- Les Blanchots La Réserve de l'Obédience, chablis grand cru 2021 | Sec | 2027>41 | NC — 96

Domaine Long-Depaquit

★★☆☆☆ ➔

Avec une période de flottement, cette belle propriété semble avoir retrouvé un cap, grâce à l'arrivée de son nouveau régisseur, Louis Gimonnet. Le challenge est là, pour un domaine qui possède près de 10 % de tous les grands crus de Chablis. L'un de ses premiers chantiers a été de lancer la conversion bio en 2022. Mais il n'en oublie pas pour autant de redonner vie aux sols, en y apportant toute la matière organique dont ils ont besoin. Le début du renouveau ?

- Les Blanchots, chablis grand cru 2021 | Sec | 2023>41 | 83 € — 93
- Bougros, chablis grand cru 2021 | Sec | 2023>41 | 83 € — 94
- Les Clos, chablis grand cru 2021 | Sec | 2023>41 | 92 € — 94
- Moutonne Monopole, chablis grand cru 2021 | Sec | 2028>41 | NC — 94

Domaine de la Meulière

★★☆☆☆

Ce domaine de Fleys a ses meilleures vignes dans le premier cru Mont de Milieu, certaines très vieilles, et il en tire régulièrement des cuvées avec tout le sel attendu des bons chablis.

- Les Fourneaux, chablis premier cru 2021 | Sec | 2023>36 | NC — 92
- Mont de Milieu Les Gougueys, chablis premier cru 2020 | Sec | 2023>35 | NC — 94
- Mont de Milieu, chablis premier cru 2021 | Sec | 2023>36 | NC — 93
- Fourchaume , chablis premier cru 2020 | Sec | 2023>30 | NC — 90

Domaine Louis Michel et Fils

★★★☆☆

Vieille famille chablisienne, les Michel exploitent les meilleurs secteurs, en premiers crus comme en grands crus. Le domaine est d'ailleurs l'un des très rares à proposer le grand cru Grenouilles, dont le principal producteur reste la Chablisienne. Depuis 1969, les vinifications se font en cuve inox, si bien que les vins ici démarrent souvent discrètement en bouteille, mais leur minéralité se révèle sans souci après une garde de quelques années.

- Vaudésir, chablis grand cru 2020 | Sec | 2023>35 | 65 € — 93
- Les Clos, chablis grand cru 2020 | Sec | 2023>35 | 65 € — 96
- Grenouilles, chablis grand cru 2020 | Sec | 2023>35 | 65 € — 94

Domaine Christian Moreau Père et Fils

★★★★☆ ✦

Vieille famille chablisienne, aujourd'hui coupée en deux branches, les Moreau côté Christian (et son fils Fabien) ont la chance de posséder un splendide parcellaire, notamment en grand cru. En premier cru ils doivent se contenter des seuls Vaillons mais avec une parcelle de très vieilles vignes dont ils tirent la quintessence. Nouveauté cette année, nous avons pu déguster leur cuvée de chablis issue des Pargues, un joli terroir connu des vieux Chablisiens.

- Chablis Les Pargues, chablis 2021 | Sec | 2023>29 | NC — 90
- Chablis 1er cru Vaillons, chablis premier cru 2021 | Sec | 2023>31 | NC — 90
- Chablis grand cru Les Clos, chablis grand cru 2020 | Sec | 2023>40 | NC — 96

Domaine Moreau-Naudet

★★☆☆☆

Suite au décès brutal de Stéphane Moreau à l'été 2016, alors qu'il venait d'emménager dans sa nouvelle cuverie dans le bas des Vaillons, son épouse Virginie a courageusement repris la suite, bien aidée par l'équipe en vigne et en cave. Les élevages sont longs, le style n'a pas changé, les vins constituent toujours d'excellentes références du terroir chablisien.

Domaine Olivier Morin

★★★☆☆

Depuis plus de deux décennies l'un des vignerons les plus réguliers de l'appellation Chitry, qui comme Chablis est assise sur un socle de craie kimméridgienne, mais avec un climat plus influencé par la vallée de l'Yonne et non par le Serein. Égale réussite en blanc et en rouge, le terroir crayeux convenant au pinot noir comme au chardonnay, sans oublier l'aligoté, régulièrement excellent.

- bourgogne aligoté 2021 | Sec | 2023>30 | 11.5 € | ☘ — 91
- Olympe, bourgogne chitry 2020 | Sec | 2023>35 | 18 € | ☘ — 93
- Constance, bourgogne chitry 2020 | Sec | 2023>30 | 13.5 € — 92
- Constance, bourgogne chitry 2021 | Sec | 2023>28 | 13.5 € | ☘ — 91

Domaine Charly Nicolle

★★★☆☆

Nous suivons ce domaine depuis un certain temps déjà et nous réjouissons du sérieux et de la progression régulière de Charly Nicolle. Exploitant les terroirs de Fleys, dont les deux premiers crus Les Fourneaux et la partie la plus à l'est du Mont de Milieu, il en extrait une courte gamme d'une grande densité en bouche, faisant bien ressortir la minéralité propre à chaque cru. Voilà une valeur sûre pour le secteur.

- Mont de Milieu, chablis premier cru 2021 | Sec | 2023>31 | 22.5 € — 92
- Per Aspera, chablis 2021 | Sec | 2023>29 | 15 € — 90
- Ante MCMLXXX, chablis 2021 | Sec | 2023>29 | 16.5 € — 91
- Ante MCMLXXX, Les Fourneaux, chablis premier cru 2020 | Sec | 2023>35 | 21 € — 92

Domaine Gilbert Picq et Fils

★★☆☆☆

Didier Picq ne change rien à ce qui a fait son succès : des vinifications intégralement en cuve inox, ce qui donne des chablis droits et épurés, avec toujours de beaux tranchants minéraux qui arrivent avec le temps. Classique.

- chablis 2021 | Sec | 2023>29 | NC — 89
- Vieilles Vignes, chablis 2021 | Sec | 2023>31 | NC — 90
- Dessus la Carrière, chablis 2021 | Sec | 2023>36 | NC — 92
- Vosgros, chablis premier cru 2021 | Sec | 2023>31 | NC — 90

Domaine Pinson

★★★☆☆

L'un des vieux domaines de Chablis, où l'on continue de recevoir les clients de passage pour leur faire déguster les vins, même le week-end, ce qui devient rare ! De nombreux premiers crus cultivés avec soin par Laurent, son frère Christophe et sa fille Charlène, dont le fameux Mont de Milieu, régulièrement excellent. Un seul grand cru, mais il s'agit des Clos, décliné en deux cuvées, une normale vinifiée en cuve inox et l'autre élevée en pièces et mise en bouteille au bout d'une année supplémentaire.

- La Forêt, chablis premier cru 2021 | Sec | 2023>36 | 30 € — 92
- Mont de Milieu, chablis premier cru 2021 | Sec | 2023>36 | 30 € — 93
- Les Clos, chablis grand cru 2021 | Sec | 2026>36 | NC — 94
- Les Clos L'Authentique, chablis grand cru 2020 | Sec | 2027>40 | 50 € — 96

✦ Star ✚ Valeur sûre ➔ À suivre de près Ⓝ Nouvelle entrée

Damien Leclerc, La Chablisienne

Patron depuis 2008 de la cave coopérative de Chablis, ce passionné de bateaux a conduit cette marque réputée dans les eaux calmes du succès. Avec le calme et la vista qui lui sont propres, il a dressé une feuille de route ambitieuse pour le premier acteur en volume de l'appellation, encouragé ses adhérents à développer des pratiques vertueuses et consolidé une gamme de vins de plus en plus marquée par les origines de terroir. Si cette cave centenaire est prête à affronter les nombreux défis à relever, en particulier ceux posés par les aléas du climat, il n'y est pas pour rien. *Louis-Victor Charvet*

Domaine Isabelle et Denis Pommier

★★★☆☆

Ce domaine continue de nous régaler avec des cuvées d'une concentration et d'une densité sans peu d'équivalents dans le secteur. Issu d'un terroir très particulier, le Hauterivien, le petit-chablis est sans doute le meilleur de l'appellation. Mais les trois premiers crus tout comme le rouge de pinot noir expriment toute la gourmandise de raisins cultivés en bio, parfois avec beaucoup d'abnégation dans les millésimes compliqués comme Chablis en a connu récemment.

- **Croix aux Moines, chablis 2021** | Sec | 2023>30 | 18 € | ☘ — 91
- **Côte de Léchet, chablis premier cru 2021** | Sec | 2023>36 | 28 € | ☘ — 93
- **Tröesmes, chablis premier cru 2021** | Sec | 2023>36 | 28 € | ☘ — 93
- **Fourchaume, chablis premier cru 2021** | Sec | 2023>36 | NC — 93

Domaine Raveneau

★★★★★

Ce domaine qui avant tous les autres a fait découvrir le grands vins de Chablis dans le monde entier et notamment sur les tables des beaux restaurants a désormais passé la main à une nouvelle génération, Isabelle et Maxime. Les deux cousins auront à cœur de poursuivre l'œuvre de leurs aînés, en produisant des butteaux, des montée-de-tonnerre ou des clos de lente évolution en bouteille, comptez 15 ans pour les premiers crus et 20 ans pour les grands crus. Minimum.

- **Montmains, chablis premier cru 2022** | Sec | 2029>42 | NC — 94
- **Butteaux, chablis premier cru 2022** | Sec | 2029>42 | NC — 95
- **Valmur, chablis grand cru 2022** | Sec | 2032>42 | NC — 97
- **Les Clos, chablis grand cru 2022** | Sec | 2037>47 | NC — 100

Simonnet-Febvre

★★☆☆☆ ➔

La branche chablisienne de la maison Louis Latour est désormais dirigée par Paul Espitalié, qui poursuit son développement de vins de l'Yonne, avec un Vézelay à partir de la récolte 2022. Désormais, les achats se font en raisins ou en moûts, pour une meilleure maîtrise du process. Ne manquez pas la splendide cuvée de chablis D1840, issue des bas de Chapelot, au pied de la Montée de Tonnerre.

- **D1840, chablis 2021** | Sec | 2023>31 | NC — 91
- **Montmains, chablis premier cru 2021** | Sec | 2023>31 | NC — 90
- **Fourchaume, chablis premier cru 2021** | Sec | 2023>31 | NC — 90
- **Montée de Tonnerre, chablis premier cru 2021** | Sec | 2023>31 | NC — 93

Domaine Laurent Tribut

★★★☆☆

Laurent Tribut officiellement en retraite depuis 2018 (mais toujours actif), ce sont désormais ses enfants Adeline, Solange et Gabriel qui gèrent le domaine. Difficile pour l'heure d'y voir le moindre changement de style, d'autant que les 2017 dégustés cette année étaient déjà vinifiés. Une partie des vignes (Montmains notamment) vient de René Dauvissat, le beau-père de Laurent, le reste est issu de ses acquisitions progressives, notamment en Beauroy et Côte de Lechet. Les vins vieillissent à la perfection, dans la meilleure tradition chablisienne.

Domaine Yvon et Laurent Vocoret

★★☆☆☆ Ⓝ

Ce domaine de Maligny exploite un joli parcellaire en Fourchaume et ses différents lieux-dits, qui se sont bien illustrés dans nos dégustations cette année. C'est l'un des vrais spécialistes du fameux Homme Mort !

- **L'Homme Mort, chablis premier cru 2021** | Sec | 2023>31 | NC — 90
- **L'Homme Mort Vieilles Vignes, chablis premier cru 2021** | Sec | 2023>31 | NC — 89
- **Fourchaume, chablis premier cru 2021** | Sec | 2023>31 | NC — 90

Domaine William Fèvre

★★★★★

En poste depuis le rachat du domaine par la maison Bouchard Père et Fils de Beaune voilà près d'un quart de siècle, Didier Séguier a bien fait évoluer la qualité des vins depuis. Certes le patrimoine de vignes est certainement le plus beau de tout le Chablisien, en premiers comme en grands crus, mais le travail appliqué et rigoureux à la vigne comme en cave permet d'extraire toute la quintessence de la minéralité propre aux calcaires kimméridgiens de Chablis. Des vins qui ont régulièrement l'avantage d'être appréciables jeunes mais qui résistent impeccablement au vieillissement.

- **Montée de Tonnerre, chablis premier cru 2021** | Sec | 2023>36 | NC — 93
- **Vaulorent, chablis premier cru 2021** | Sec | 2023>41 | NC — 94
- **Les Preuses, chablis grand cru 2021** | Sec | 2027>46 | NC — 97
- **Les Clos, chablis grand cru 2021** | Sec | 2027>46 | NC — 97

CÔTE-DE-NUITS

Jean-Luc & Paul Aegerter

★★★☆☆ ✚

Cette jeune maison créée par Jean-Luc Aegerter est aujourd'hui dirigée par son fils Paul, par ailleurs créateur à succès de plusieurs cuvées innovantes comme le rosé les-jolies-filles ou la nouvelle gamme cozmic. En Bourgogne, il s'appuie sur un domaine de huit hectares complété par des achats. Les vins rouges ont gagné en finesse de texture et en expression de fruit avec des 2021 bien constitués.

- **charmes-chambertin grand cru 2020** | Sec | 2025>32 | 380 € — 91
- **#4, nuits-saint-georges 2021** | Sec | 2026>32 | 112 € — 93
- **Champonnet , gevrey-chambertin premier cru 2021** | Sec | 2025>32 | 138 € — 92

Closerie des Alisiers

★☆☆☆☆

Issu d'une famille célèbre de Chablis, Stéphane Brocard s'est installé un peu plus au sud, en côte d'Or, où il a créé sa propre maison, la Closerie des Alisiers. La gamme porte sur les appellations régionales de Bourgogne ainsi que quelques crus bien choisis de la côte de Nuits. Nous avons été séduits en 2021 par le fruité et la plénitude du chambolle-musigny et du pommard.

- **La rue au port, pommard 2021** | Sec | 2026>32 | 30 € — 91
- **chambolle-musigny 2021** | Sec | 2024>29 | 38 € — 91

Domaine Arlaud

★★★★☆ ✦

Cyprien Arlaud a rejoint le domaine en 1997 et vinifie depuis 2004, aidé aux vignes par sa sœur qui a créé une société de labour à cheval. Quinze hectares principalement sur Morey, dont quatre premiers crus, quatre grands crus et cinq hectares de bourgogne Roncevie qui furent autrefois classés en gevrey village. Les vignes sont conduites en bio depuis 2010, en biodynamie depuis 2014. L'activité domaine est complétée par 3,5 hectares de négoce sous l'étiquette &Arlaud. La vendange entière a été développée depuis 2008 mais le pourcentage de raisins non égrappés varie selon les millésimes pour garder la cohérence des vins proposés et ne dépasse pas 30 %. Cyprien recherche des vins de grande délicatesse avec des tannins soyeux, très fins, y compris dans les vins qui sont d'un naturel puissant comme le clos saint-denis.

- **gevrey-chambertin 2021** | Sec | 2025>31 | 61 € | ☘ — 92
- **clos saint-denis grand cru 2021** | Sec | 2026>35 | 390 € | ☘ — 96
- **Les Sentiers, chambolle-musigny premier cru 2021** | Sec | 2025>32 | 155 € | ☘ — 94

Domaine de l'Arlot

★★★★☆ ✦

Ce domaine célèbre, appartenant à Axa Millésimes, a été bâti sur trois monopoles, le clos du Chapeau, le clos des Forêts Saint-Georges et bien sûr le clos de l'Arlot. Ces cuvées monopole de volume important ont donc la chance d'avoir une commercialisation plus conforme à la tradition, avec un vin de trois ans en vente et non de deux ans comme partout ailleurs. Le style des derniers millésimes, absolument remarquables, profite d'une culture en biodynamie et d'une vinification très aboutie de raisins entiers, ce qui donne au vin une noblesse de parfum incomparable. L'excellente Géraldine Godot (ex-Alex Gambal) est aux manettes. 2018 et 2019 voient une évolution vers des vins encore plus délicats, 2020 conjugue cette élégance à la force du millésime, 2021 poursuit ce style superbe sans surjouer un millésime de retour au classicisme bourguignon.

- **Monopole, Clos des Forêts Saint-Georges, nuits-saint-georges premier cru 2021** | Sec | 2024>32 | 105 € | ☘ — 95
- **Les Suchots, vosne-romanée premier cru 2021** | Sec | 2026>33 | 190 € | ☘ — 95
- **romanée-saint-vivant grand cru 2021** | Sec | 2025>35 | 685 € | ☘ — 96

Domaine Bart

★★★☆☆ ✚

Cousin de Bruno Clair, Martin Bart partage avec lui non seulement quelques crus fameux mais aussi une même vision sérieuse, classique et intemporelle du vin de Bourgogne, privilégiant l'expression exacte du terroir, sans ignorer toutefois l'hédonisme pur des textures. Le domaine évolue vers des textures très élégantes

✦ Star ✚ Valeur sûre ➔ À suivre de près Ⓝ Nouvelle entrée

et des fruités gourmands. La collection de Marsannay est de haut niveau et son bonnes-mares est régulièrement l'un des meilleurs représentants de ce cru.

- Hervelets, fixin premier cru 2021 ¦ Sec ¦ 2024>32 ¦ 45 € 93
- Les Champs Salomon, marsannay 2021 ¦ Sec ¦ 2023>30 ¦ 30 € 92
- Es Chezots, marsannay 2021 ¦ Sec ¦ 2024>30 ¦ 23 € 91

Domaine Bertagna

★★★★☆ +

Ce domaine appartient à la famille Reh, riches vignerons de la Moselle allemande, et possède des terroirs prestigieux en côte de Nuits, sur Gevrey, Morey, Vougeot et Flagey, ainsi qu'un superbe corton-charlemagne. Après des périodes plus ou moins fastes, la qualité ne se dément pas depuis des années du début au sommet de la gamme avec des vins généreux et soignés dans leur élevage. Le vougeot premier cru les Cras blanc est de haut niveau, l'un des meilleurs blancs de la côte de Nuits. Nous saluons l'avancée de ce domaine vers l'élite de la Bourgogne avec des rouges au toucher tactile des plus délicats. Tout ceci mérite une quatrième étoile.

- clos saint-denis grand cru 2021 ¦ Sec ¦ 2026>35 ¦ 156 € 96
- Les Murgers, Aux Murgers, nuits-saint-georges premier cru 2021 ¦ Sec ¦ 2023>32 ¦ 86 € 94
- Les Cras, vougeot premier cru 2021 ¦ Sec ¦ 2023>30 ¦ 91 € 95

Domaine Berthaut-Gerbet

★★★☆☆ →

Amélie Berthaud, la septième génération, a en charge depuis 2013, après la Napa Valley et la Nouvelle-Zélande, les domaines Berthaut de Fixin et Gerbet de Vosne-Romanée, 18 hectares et 23 appellations réunis sous une seule bannière. Elle utilise la vendange entière dans des proportions très variables, de 20 à 80 % selon les terroirs et les millésimes. Quand certains vignerons sont pétris de certitude, Amélie ne cesse de se remettre en question et multiplie les essais avec un souhait évident d'encore faire progresser la qualité des vins. C'est assurément la démarche d'un grand de demain. Les fixins qui nous étonnent depuis quelques millésimes par leur finesse en opposition de style avec le style dit classique de l'appellation sont désormais rejoints par les vins de Vosne et du clos de vougeot.

- Les Arvelets, fixin premier cru 2021 ¦ Sec ¦ 2024>30 ¦ 50 € 94
- Les Crais, fixin 2021 ¦ Sec ¦ 2023>29 ¦ 26 € 91

Jean-Claude Boisset

★★★☆☆ +

Cette maison a complètement révolutionné sa position dans l'univers bourguignon et métamorphosé le style de ses vins. La famille Boisset, sans doute agacée des commentaires habituels et fière du renouveau de son domaine de la Vougeraie, a eu l'heureuse idée d'engager le talentueux Grégory Patriat, jeune, brillant et surtout anticonformiste, formé à l'école de Lalou Bize-Leroy, pour produire des vins dignes des meilleurs producteurs. C'est aujourd'hui chose faite, au prix d'une considérable diminution des volumes.

- Les Charbonnières, nuits-saint-georges 2021 ¦ Sec ¦ 2024>34 ¦ 54 € 90
- clos de la roche grand cru 2021 ¦ Sec ¦ 2026>40 ¦ NC 94
- Les Pruliers, nuits-saint-georges 2021 ¦ Sec ¦ 2025>40 ¦ 64 € 93
- Les Echanges, chambolle-musigny 2021 ¦ Sec ¦ 2024>32 ¦ NC 90

Domaine René Bouvier

★★★★☆ +

Bernard Bouvier fait partie des tout meilleurs vignerons de Marsannay qui mettent en valeur le riche patrimoine de cette commune. Partisan résolu de l'infusion qui rompt avec les extractions poussées que la Bourgogne a connues par le passé, il aime les vins qui ont de la chair, bons jeunes et bons vieux, les vendanges à maturité et intervient le moins possible. Signalons la gentillesse de l'accueil au domaine, une démarche bio, une gamme de gevreys, de marsannays et de fixins de référence de grande homogénéité, les vins sont les plus proche possible de leur terroir d'origine avec le tact dans les vinifications qui caractérise la production du domaine. Les 2021 sont délicieux après une série ininterrompue de belles réussites, ils pourront être bus plus vite. Une adresse qui ne déçoit pas.

- Racines du Temps, gevrey-chambertin 2021 ¦ Sec ¦ 2024>30 ¦ 84 € 92
- Longeroies, marsannay 2021 ¦ Sec ¦ 2023>29 ¦ 42.3 € 92
- Combe au moine, gevrey-chambertin premier cru 2021 ¦ Sec ¦ 2024>32 ¦ 158 € 94

Domaine Castagnier

★★★★☆ ➔

Ce domaine est repris par la cinquième génération de vignerons. Son patrimoine de vignes est un des plus remarquables du village, quatre hectares, ce qui est peu mais dont deux de grands crus, ce qui est rare. Jérôme Castagnier, trompettiste et ancien membre de l'orchestre de la garde républicaine, est revenu au domaine où il mène son vignoble en approche biodynamique et complète sa gamme par des raisins achetés notamment dans les chambertins, les échezeaux et dans les amoureuses. Jérôme affine ses élevages selon chaque cru et les vins sont en progression continue depuis des années. Goûtez son simple chambolle pour vous faire une idée de ce que peut faire le domaine avec ses crus plus célèbres. Et le vigneron a le sens de l'accueil au domaine, dans la grande tradition de l'hospitalité bourguignonne, ce qui devient rare, hélas.

- **clos de la roche grand cru 2021** | Sec | 2025>35 | 136 € — 95
- **clos de vougeot grand cru 2021** | Sec | 2026>35 | 144 € — 96
- **chambolle-musigny 2021** | Sec | 2024>30 | 46 € — 92

Domaine Philippe Charlopin-Parizot

★★★★☆ +

Vingt hectares en côte d'Or, cinq à Chablis avec un patrimoine de vignes impressionnant en très belles appellations. Les Charlopin, Philippe le père et Yann le fils, n'ont cessé de progresser vers plus de précision. Le fils est très attentif dès le travail de la vigne et le père, fin dégustateur, donne le cap. L'humour de Philippe n'a d'égal que son exigence qualitative aidée par un chai très fonctionnel, à l'hygiène impeccable. Les rouges de la côte de Nuits ne peuvent qu'impressionner par leur précision, le rendu des terroirs d'origine est d'une remarquable lisibilité. 2020 a été une nouvelle évolution vers une finesse des textures superlative. Le gel de 2021 a lourdement impacté les volumes d'une récolte jugée décevante. Quand presque tous ont relevé significativement les prix des 2021, les Charlopin ont décidé de ne proposer que deux cuvées repliées en Bourgogne côte d'or et organisées selon le fameux classement du docteur Lavalle en 1851. La Tête de cuvée regroupe l'ensemble des grands crus du domaine, chambertin compris, une expérience unique de synthèse de ce qui se fait de mieux en côte de Nuits. La Première cuvée regroupe l'ensemble des villages du domaine et le premier cru Bel Air de Gevrey. Deux cuvées, deux «must have». Il fallait oser.

- **Tête de cuvée, bourgogne côte d'or 2021** | Sec | 2025>32 | NC — 96
- **Première cuvée, bourgogne côte d'or 2021** | Sec | 2024>30 | 46.3 € — 93

Domaine Georges Chicotot

★★★★☆ +

Ce petit domaine artisanal de 9,5 hectares s'affirme d'une année sur l'autre comme une des sources les plus remarquables. Les parcelles sont petites mais toutes très bien situées et les vins, méticuleusement vinifiés depuis 23 ans par Pascale, l'épouse de Georges Chicotot rejointe par leur fils Clément peuvent servir de modèle de style. Depuis 2018, tous les millésimes y compris le 2021 confirment le tournant vers des rouges encore plus fins tout en étant de garde, sans la pointe de réduction qui demandait un carafage avant le service en vin jeune. Par son sens inné de l'accueil, une descente de cave avec le truculent Georges est un grand moment dans la grande tradition de l'hospitalité vigneronne bourguignonne.

- **Rue de Chaux, nuits-saint-georges premier cru 2021** | Sec | 2024>32 | 85 € | ☘ — 93
- **Les Saints-Georges, nuits-saint-georges premier cru 2021** | Sec | 2025>35 | 139 € | ☘ — 97
- **Les Vaucrains, nuits-saint-georges premier cru 2021** | Sec | 2025>35 | 139 € | ☘ — 96

Domaine Chopin et fils

★★★☆☆ ➔

Arnaud Chopin et son frère Alban, après avoir travaillé au domaine, en ont repris la destinée et ont diminué la superficie de 14 à 9 hectares pour tendre vers une viticulture de jardin. Une parcelle de 0,4 hectares de vougeot premier cru vient d'être reprise pour proposer cette appellation. Tout est vinifié en grappe entière pour des vins au charnu exceptionnel : le raisin est particulièrement bien traité ici et cela se ressent dans le résultat final. Les élevages s'allongent progressivement et sont désormais de 18 mois. Après une promotion accordée au classement du domaine, il est résolument en route vers l'échelon supérieur avec des 2021 incroyablement denses pour le millésime.

- **Les Damodes, nuits-saint-georges premier cru 2021** | Sec | 2024>32 | 50 € — 95
- **Au Bas de Combe, nuits-saint-georges 2021** | Sec | 2024>30 | 40 € — 93
- **clos de vougeot grand cru 2021** | Sec | 2026>35 | 180 € — 96

Domaine Bruno Clair

★★★★☆ ✦

Le patrimoine de vignes est un des plus nobles qui soit, avec les grands joyaux de Gevrey comme le clos Saint-Jacques, les Cazetiers et le clos de Bèze. À signaler la reprise d'un hectare de Bonnes-Mares depuis 2016. Elle permet au domaine de posséder toute la partie sur Morey Saint-Denis de cette appellation également présente sur Chambolle-Musigny. La régularité dans la réussite et la préservation d'un même style mérite un grand coup de chapeau, en particulier à Philippe Brun, associé à Bruno Clair dès le début de l'aventure, et qui met toute son expertise de vinification au service de ces grands terroirs. Arthur et Edouard Clair ont rejoint le domaine pour les vinifications. On est ici au sommet du nord de la côte de Nuits avec des bouches infiniment sensuelles. Parmi les très grands, le style Bruno Clair mérite impérativement d'être connu.

- **chambertin-clos de bèze grand cru 2021** | Sec | 2028>36 | 325 € — 96
- **bonnes-mares grand cru 2021** | Sec | 2027>35 | 325 € — 97
- **Charmes aux prêtres, marsannay 2021** | Sec | 2023>29 | 35 € — 92

Domaine du Comte Liger-Belair

★★★★★ ✦

Louis-Michel Liger-Belair s'est hissé progressivement au premier rang de la Bourgogne. Il s'agit de la lente reconstruction d'une propriété qui possédait les meilleurs finages de la côte de Nuits au début du XXe siècle mais qui avait été démembrée par les successions. Pour y parvenir, il pratique une des viticultures les plus strictes et disciplinées de la côte certifiée en biodynamie depuis 2012. 5,5 hectares sont loués pour compléter les trois hectares patiemment reconstitués dont le fleuron, l'illustrissime Romanée, dont le vin ressemble d'ailleurs de plus en plus aux autres grandes romanées, y compris en matière de prix. Ce vigneron n'aime pas parler d'un style domaine. On le reconnaît pourtant dans tous ses vins, une infusion de tannins extrêmement fins, aériens, dans les nuages. Des vins d'une immense délicatesse au plus haut niveau de la Bourgogne. Louis-Michel a ouvert une superbe auberge dans le village de Vosne-Romanée qui redonne vie à ce bourg prestigieux.

- **Échezeaux grand cru 2021** | Sec | 2024>35 | NC | ☘ — 98
- **Aux Reignots, vosne-romanée premier cru 2021** | Sec | 2024>32 | NC | ☘ — 96
- **clos de vougeot grand cru 2021** | Sec | 2025>32 | NC | ☘ — 96

Domaine Confuron-Cotetidot

★★★★☆ +

Domaine artisanal exemplaire, avec un patrimoine de vignes idéalement réparties sur les communes principales de la côte de Nuits, et un pied à Pommard où Yves Confuron est le brillant régisseur du domaine de Courcel. Dans sa propriété familiale, il travaille en duo avec son frère Jean-Pierre et ce tandem conserve le style noble mais robuste mis au point par leur père, en dehors des modes. Les matières sont toujours magnifiques, tout comme les couleurs mais il faut savoir leur donner du temps au risque de les trouver austères en vin jeune ! Les 2021 très réussis sont un peu plus tendres que les millésimes précédents tout en restant des vins de grande garde.

- **Les Suchots, vosne-romanée premier cru 2021** | Sec | 2027>35 | NC — 95
- **Lavaut Saint-Jacques, gevrey-chambertin premier cru 2021** | Sec | 2027>35 | NC — 95

Édouard Delaunay

★★★★☆ ➔

Plus qu'une nouveauté, une renaissance. Le retour de cette vieille maison fait du bien. L'homme qui l'a réveillé s'appelle Laurent Delaunay. Il est l'arrière petit-fils du fondateur et s'est imposé comme une référence en matière de vin de plaisir du Languedoc dans la grande distribution. C'est en Bourgogne, sur ses terres, qu'il affiche une nouvelle

✦ Star + Valeur sûre ➔ À suivre de près N Nouvelle entrée

Erwan Faiveley, Bourgogne

Erwan a repris Faiveley en 2005, rejoint par sa sœur Eve en 2014. L'implantation nuitonne initiale de la famille au début du XIXe siècle s'est élargie avec 12 hectares de grands crus et 27 hectares de premiers crus. Mais aussi en côte Chalonnaise avec plus de 70 hectares dont le fameux clos de la Framboisière à Mercurey. Une petite activité de négoce complète la production du domaine impliqué également à Chablis (Billaud-Simon) et en Californie. Erwan a changé le style des vins pour les rendre gourmands plus tôt sans altérer leur potentiel de garde. Son sens de l'esthétique s'est aussi appliqué à la construction de l'un des plus beaux chais de Bourgogne, synthèse entre modernité et classicisme assumé. *Alain Chameyrat*

fois toute l'étendue de son talent et de sa vision. Nous recommandons particulièrement les cuvées de nuits-saint-georges, vinifiées avec un soin extrême et un souci d'extraction du tannin qui permet d'obtenir des vins voluptueux et tendres, toujours droits. L'ensemble de la gamme est irréprochable.

- clos de vougeot grand cru 2021 | Sec | 2024>38 | 200 € — 93
- corton grand cru 2021 | Sec | 2025>40 | 85 € — 93
- Les Argillats , nuits-saint-georges 2021 | Sec | 2026>42 | NC — 94
- Les Millandes, morey-saint-denis premier cru 2021 | Sec | 2025>40 | 95 € — 93
- Les Referts, puligny-montrachet premier cru 2021 | Sec | 2024>34 | 116 € — 90

Domaine Drouhin-Laroze

★★★☆☆ ⊕

Ce domaine prestigieux, fort de ses 14 hectares essentiellement en propriété dont six de grands crus, est de plus en plus sous la responsabilité de Nicolas et Caroline Drouhin, les enfants de Philippe. La cave empierrée sur deux niveaux est l'une des plus belles de la côte. Le style du domaine a évolué vers des vins profonds, pleins, intenses mais onctueux. Cette patte du domaine, clairement identifiable, respecte les typicités des terroirs d'origine. La cuvée de base, Dix climats, est particulièrement recommandable et annonce le style du reste de la gamme. Le domaine est en route vers une quatrième étoile au vu des échantillons présentés, nous ferons un point sur l'ensemble de la gamme.

- chambertin-clos de bèze grand cru 2021 | Sec | 2025>35 | 225 € — 96
- Lavaux, gevrey-chambertin premier cru 2021 | Sec | 2026>32 | 85 € — 94
- Dix climats, gevrey-chambertin 2021 | Sec | 2025>32 | 55 € — 93

Domaine David Duband et François Feuillet

★★★★☆ ⊕

David Duband et François Feuillet forment un duo vigneron et propriétaire devenu référent en Bourgogne. Et la gamme de vins vinifiés impressionne avec cinq grands crus et six premiers crus. 17 hectares dont cinq en Hautes-Côtes et des achats de raisins. David Duband affine d'une année sur l'autre une vinification respectueuse du raisin, revenant à la tradition de la vendange entière, de 60 à 90 % selon les cuvées, ce qui confère à ses vins fraîcheur, finesse et complexité, grâce à un travail à l'ancienne, avec le moins d'interventions possible et pigeage au pied pour ne pas casser la rafle. La vendange entière peut serrer les vins jeunes mais ils retrouvent après quelques années la finesse de texture que l'on aime de ce domaine.

- nuits-saint-georges 2021 | Sec | 2023>30 | 54 € | ☘ — 94
- Aux Thorey, nuits-saint-georges premier cru 2021 | Sec | 2025>32 | 81.5 € | ☘ — 95

Domaine G.Y. Dufouleur

★★★☆☆ ✚

Ce domaine est géré par le descendant de l'une des familles nuitonnes les plus connues, également président de l'appellation Nuits-Saint-Georges. Il s'étend de Fixin à Santenay. Yvan a renoncé au négoce familial pour se consacrer à son vignoble. La qualité de la gamme ne souffre d'aucun reproche, dès les appellations régionales, ce qui n'est pas pour nous étonner quand on connaît l'exigence d'Yvan. Elle progresse même depuis des années, il nous propose des 2021 épatants dans ce millésime souvent inégal. Achat en toute confiance.

- Clos des Perrières, Les Perrières, nuits-saint-georges premier cru 2021 | Sec | 2024>32 | 62 € — 94
- Clos du Chapitre, fixin premier cru 2021 | Sec | 2023>31 | 46 € — 93
- Renardes, corton grand cru 2021 | Sec | 2025>35 | 102 € — 95

Domaine Dujac

★★★★☆ ✦

La nouvelle génération, Jérémy, Alec et Diana, est aux manettes. Le domaine n'a jamais été aussi maître de son art, profitant à plein d'une discipline impeccable de viticulture et de la fidélité à la vinification pour partie en raisins entiers, qui donne un cachet et un pouvoir de vieillissement supplémentaire à la plupart des vins. À l'activité autour des 17 hectares du domaine s'ajoute, sur cinq hectares et pour quelques cuvées de village, une petite activité de négoce, sous le nom de Dujac Fils et Père (dans cet ordre), avec des vins de même style. Les vins sérieusement construits par le passé ont radicalement évolué vers des textures aériennes, plus légères, plus délicates. 2021 comme 2019 a été construit ici sur l'élégance. L'adresse est très sûre, unanimement respectée en Bourgogne, très en forme.

- morey-saint-denis premier cru 2021 | Sec | 2023>32 | 124 € | ☘ — 95
- morey-saint-denis 2021 | Sec | 2023>30 | 70 € | ☘ — 93
- Échezeaux grand cru 2021 | Sec | 2026>35 | 282 € | ☘ — 95

Domaine Sylvie Esmonin

★★★★☆ ✦

Sylvie Esmonin mène son domaine dans une démarche inspirée du bio. Elle a adopté progressivement les vinifications en grappe entière, à partir de raisins provenant d'une viticulture rigoureuse de longue date. Cela a donné des millésimes récents d'anthologie, rappelant les vins mythiques du XIXe siècle dans leur parfum et leur consistance. La sève incroyable de ces vins leur permet de survoler systématiquement la dégustation des gevreys dès la simple appellation village. En catégorie premier cru, le clos-saint-jacques met KO, par sa race et sa profondeur, presque tous ses compétiteurs. 2021 voit les appellations communales dans une forme étonnante dans le millésime. Bravo.

- Vieilles Vignes, gevrey-chambertin 2021 | Sec | 2026>35 | 60 € — 95
- gevrey-chambertin 2021 | Sec | 2026>33 | 60 € — 94

Domaine Faiveley

★★★★☆ ✦

Disposant de 120 hectares dont 70 en côte chalonnaise, de l'un des plus beaux chais de la Bourgogne à Nuits-Saint-Georges, avec ses récents agrandissements comme le fermage du domaine Zibetti et la reprise des domaines Dupont-Tisserandot et Billaud-Simon, Faiveley devient plus que jamais un ambassadeur incontournable des grands vins de Bourgogne dans le monde. Et l'on se réjouit que cela ne soit pas au détriment de l'exigence en matière de qualité et de style à tous les niveaux d'appellation et de prix. La réflexion sur le travail à la vigne porte ses fruits, les vins de la maison jouent sur la droiture et la précision de l'expression de chaque cuvée, en blanc comme en rouge. Après des 2018 éblouissants, 2019 et 2020 poursuivent sur cette voie avec un charme tactile qui est désormais la signature maison, 2021 la confirme avec le classicisme bourguignon de ce millésime.

- clos des Cortons Faiveley, corton grand cru 2021 | Sec | 2027>35 | 240 € — 95
- Les Damodes, nuits-saint-georges premier cru 2021 | Sec | 2025>32 | 100 € — 94
- Domaine de La Framboisière , Le Clos du Roy, mercurey premier cru 2021 | Sec | 2024>30 | 40 € — 92
- Champs Gain, puligny-montrachet premier cru 2021 | Sec | 2023>32 | 110 € — 93

Domaine Jean Fournier

★★★☆☆ ⊕

Laurent Fournier, avec son humour, son intelligence et sa délicatesse est un des talents les plus brillants de la nouvelle génération bourguignonne. Il nous fait plaisir en cherchant et réussissant à retrouver les secrets des très grands vins d'autrefois, vinifiés à partir de raisins entiers en démarche bio. Les terroirs se montrent ainsi avec une grande précision. Ses côtes-de-nuit-villages et plusieurs marsannays bousculeraient bien des gevrey-chambertin. Tout est réussi depuis des millésimes et 2021 nous épate de la densité trouvée dans le millésime. C'est l'une des adresses idéales pour les amoureux de la belle Bourgogne à des prix encore accessibles.

- Clos du Roy, marsannay 2021 | Sec | 2025>32 | 40 € | ☘ — 93
- Longeroies, marsannay 2021 | Sec | 2026>32 | 40 € | ☘ — 93
- Trois Terres , marsannay 2021 | Sec | 2026>35 | 63 € | ☘ — 94

Domaine Gallois

★★★★☆

Dominique Gallois cultive les 4 hectares de vignes du domaine familial, installé depuis 1901 à Gevrey-Chambertin. Il produit désormais des vins corsés, de couleur sombre, de grande garde avec le fond attendu. Leur puissance charnue en 2019 est relayée par une pointe d'acidité qui les rafraîchit, les 2020 sont impeccables. Le niveau des vins progresse depuis des années, l'attribution d'une quatrième étoile est pleinement justifiée. Les 2021 ne seront pas sur le marché pour des raisons familiales mais le domaine devrait revenir en forme avec les 2022.

✦ Star ✚ Valeur sûre ⊕ À suivre de près Ⓝ Nouvelle entrée

Domaine Philippe Gavignet

Un vigneron à l'esprit curieux de grands vins, en témoigne une impressionnante cave personnelle faite de grands crus de partout, notamment de grands bordeaux, fait suffisamment rare en Bourgogne pour être relaté. Philippe Gavignet aime les vins veloutés et fins et ce style leur permettra d'être consommés plus jeunes que d'autres. Benoît, cinquième génération, a rejoint le domaine après avoir travaillé chez Sylvain Pataille, Henri Gouges et Bruno Clavelier pour s'occuper des 13 hectares en production dont 6 en nuits et nuits premier cru. Le simple nuits-saint-georges a été particulièrement remarqué lors de notre dégustation, les premiers crus sont tous remarquables en 2021.

- **Aux Bousselots, nuits-saint-georges premier cru 2021** | Sec | 2024>32 | 42 € — 94
- **Les Pruliers, nuits-saint-georges premier cru 2021** | Sec | 2025>35 | 42 € — 94
- **Aux Thorey, nuits-saint-georges 2021** | Sec | 2025>32 | 42 € — 94

Domaine Henri Gouges

Ce domaine célèbre parmi les célèbres de Nuits-Saint-Georges, entièrement implanté sur ce finage avec pas moins de sept premiers crus, est désormais passé des mains de Christian Gouges à celles de Grégory aux vinifications et d'Antoine, licence de commerce des vins en poche. Ils ont désormais en charge les 14,5 hectares de vignes. Des installations techniques complètement renouvelées, conformes à ce que l'on doit attendre d'une telle source, permettent de travailler par gravité et d'adoucir des tannins qui, dans certains millésimes, avaient une tendance à l'austérité. Si la philosophie de la maison reste de produire des vins sérieux et de longue garde, on constate un changement de cap vers des tannins plus aériens sans que le vin ne perde en énergie, bien au contraire et sans surjouer les millésimes plus délicats. Chaque rouge réalisé domine régulièrement ses pairs du même climat, et ce depuis des années y compris en millésime atypique comme 2021. Une curiosité, le perrières en blanc, est réalisé à base de pinot blanc.

- **Les Saints-Georges, nuits-saint-georges premier cru 2021** | Sec | 2025>35 | 432 € — 96
- **Les Vaucrains, nuits-saint-georges premier cru 2021** | Sec | 2026>34 | 295 € — 95
- **Les Dames Huguettes, hautes côtes de nuits 2021** | Sec | 2025>30 | 32 € — 92

Domaine Jean Grivot

La jeune génération, Mathilde et Hubert, est revenue sur les 15 hectares d'un domaine qui pourrait être une incarnation d'un certain classicisme bourguignon. Ce domaine très réputé de Vosne-Romanée a révolutionné son style à la fin des années 1980. Étienne Grivot aime la profondeur dans ses cuvées faites pour vieillir. Aujourd'hui, si le style reste affirmé, il recherche également plus de gourmandise dans ses vins qu'il souhaite plus «courtois» dans leur jeunesse. Bref, une adresse infiniment respectable, à la fois gardienne du temple et résolument moderne, un classicisme intelligent qui s'adapte à chaque vendange. Les 2021 n'ont pas surjoué le millésime et sont déjà délicieux, la finesse de leur texture ne nuit en rien à l'expression de la patte du domaine si reconnaissable.

- **Échezeaux grand cru 2021** | Sec | 2025>35 | 294.5 € — 96
- **clos de vougeot grand cru 2021** | Sec | 2025>35 | 238.3 € — 96
- **Les Charmois, nuits-saint-georges 2021** | Sec | 2024>29 | 49.1 € — 93

Domaine Jean-Pierre Guyon

Ce petit domaine familial bio et en route vers la biodynamie exploite neuf hectares et produit depuis quelques millésimes des vins d'une rare beauté de style, à partir d'une philosophie de viticulture et de vinification d'une extrême exigence, au prix des plus grands risques. Chaque grappe est découpée au ciseau, l'utilisation du soufre est faite avec parcimonie mais une dégustation de la gamme ouverte depuis plusieurs jours a montré que les vins ne faiblissaient pas à l'air. Les cuvées de vosne-orveaux et brûlées, d'échezeaux et de clos-vougeot font partie entre autre des tout grands vins de la Bourgogne actuelle. Parfaitement maîtrisée, la vinification en raisins entiers est systématique quel que soit le millésime. L'ampleur des bouches et la précision des finales sont le point commun des vins très classiques dans leur approche du pinot noir.

- **vosne-romanée 2021** | Sec | 2023>30 | 194 € | ☘ — 94
- **En Orveaux, vosne-romanée premier cru 2021** | Sec | 2023>30 | 495 € | ☘ — 96
- **clos de vougeot grand cru 2021** | Sec | 2027>35 | NC | ☘ — 98

Domaine Harmand-Geoffroy

Ce domaine possède une palette complète de vins de Gevrey-Chambertin, exprimant toutes les spécificités de la plupart des secteurs du village. Nous avons beaucoup apprécié la générosité, l'évidence et la tenue des vins depuis 2015. Ce sont des vins assez structurés, de facture classique avec des tannins profonds et bien dessinés. Excellent gevrey vieilles-vignes et à l'autre extrémité de la gamme, splendide mazis, assemblage de la partie haute et de la partie basse pour avoir une approche globale de ce grand cru. Très réussis également dans le secteur Saint-Jacques, le champeaux et bien sûr le lavaut-saint-jacques. Le domaine incarne le mélange du classicisme bourguignon et du savoir-faire moderne qui sait affiner les textures pour rendre les vins bons jeunes et grands vieux.

- **La Perrière, gevrey-chambertin premier cru 2021** | Sec | 2025>32 | 78 € — 93
- **Vieilles Vignes, gevrey-chambertin 2021** | Sec | 2025>32 | 54 € — 93
- **En Jouise, gevrey-chambertin 2021** | Sec | 2024>32 | 44 € — 92

Domaine Heresztyn - Mazzini

Une sympathique nouvelle génération de la famille, Florence et Simon, est à l'œuvre sur un peu plus de cinq hectares. Certifiés bio, les vins ont un style qui associe la probité d'un vrai travail artisanal à la vigne à une recherche louable d'équilibre dans le vin. Le domaine travaille beaucoup sur ses élevages, avec une recherche du meilleur mariage entre chaque cru et le bois qui lui convient le mieux. L'utilisation de plus en plus importante de vendange entière a gommé la discrétion que pouvaient avoir les vins. Ce sont des rouges intenses mais délicats, précis, séduisants au premier abord mais que l'on peut également choisir de garder. Un domaine en grande forme avec des 2021 très réussis.

- **Vieilles Vignes, gevrey-chambertin 2021** | Sec | 2024>32 | 50 € | ☘ 92
- **Les Millandes, morey-saint-denis premier cru 2021** | Sec | 2025>32 | 85 € | ☘ 94
- **Champonnet , gevrey-chambertin premier cru 2021** | Sec | 2025>32 | 90 € | ☘ 94

Domaine Huguenot

★★★☆☆ ✚

Philippe Huguenot est un pragmatique. Certifié en bio depuis 2013, il a initié cette démarche pour permettre à ses vignes de retrouver la bonne rusticité qu'il ne trouvait plus. La vendange mécanique a également été abandonnée. Ce domaine va de l'avant et ses vins sont de plus en plus élégants avec un fruité agréable qui séduit dès leur prime jeunesse, l'accélération de la qualité a été spectaculaire depuis quelques millésimes. Personnage d'une rare gentillesse avec des vins à son image, il aime recevoir ses clients dans son nouveau caveau quand beaucoup ont fermé leurs portes devant le succès commercial. La qualité ici est particulièrement homogène et constante.

- **Les Crais, gevrey-chambertin 2021** | Sec | 2025>30 | 36 € | ☘ 92
- **Terre brune, fixin 2021** | Sec | 2024>30 | 28 € | ☘ 92
- **Héritage, marsannay 2021** | Sec | 2024>30 | 26 € | ☘ 91

Domaine Humbert Frères

★★★★☆ ✚

Emmanuel Humbert, rejoint par son neveu Pierre-Yves, est un très fin et exigeant dégustateur, il applique à sa production toute l'exigence que l'on peut et doit avoir quand on exploite d'aussi beaux terroirs que ceux de Gevrey. Tous les millésimes récents sont réussis, dans un style associant parfaitement puissance, complexité, finesse et générosité. 2015 interprétait magnifiquement la densité possible dans le millésime sans la moindre rudesse mais avec une profondeur que peu de domaines vont chercher, 2016 joue sur une matière moins volumineuse mais fort bien traitée, on le boira un peu plus tôt. 2017 joue la partition en version plus élégante, un rien moins concentrée, millésime oblige. 2018 a capté tout le potentiel de ce grand millésime. 2019 voit une inflexion de style vers de l'infusion plutôt que la puissance ultime et donnera des rouges plus accessibles en vins jeunes. 2020 poursuit dans cette voie avec la plénitude d'un très grand millésime. 2021 sera prêt un peu plus tôt et tous les crus sont déjà savoureux. Ici on aime le travail bien fait.

- **Petite Chapelle, gevrey-chambertin premier cru 2021** | Sec | 2026>35 | 95 € 95
- **charmes-chambertin grand cru 2021** | Sec | 2027>35 | 150 € 96
- **Lavaut Saint-Jacques, gevrey-chambertin premier cru 2021** | Sec | 2025>33 | 95 € 95

Domaine Joliet

★★★☆☆

Le domaine ne possède qu'un seul cru, mais en monopole, le clos de la Perrière, à Fixin, considéré depuis toujours comme le meilleur climat de son village, avec un potentiel de grand cru. Une petite partie est plantée en blanc mais c'est le rouge qui exprime le mieux la noblesse du terroir. Connue des moines de Cîteaux déjà au XIIe siècle, cette parcelle de cinq hectares est gérée par Bénigne Joliet, la sixième génération aux commandes avec le savoir-faire de son conseiller Philippe Charlopin. Elle applique une culture au plus proche de la charte bio, sans être certifiée. Les doses de soufre sont minimales avec une vinification et un élevage séparés des quatre terroirs de ce clos selon l'exposition, les calcaires actifs et la proportion des argiles. Une trilogie de 2019 à 2021 a montré la profondeur racée de ce terroir. Une troisième étoile s'impose.

- **Clos de la Perrière, fixin premier cru 2020** | Sec | 2023>32 | 60 € 93
- **Clos de la Perrière, fixin premier cru 2019** | Sec | 2025>32 | 60 € 94

Domaine des Lambrays

★★★★☆ ✦

Domaine phare de Morey Saint-Denis, avec son clos de 8,7 hectares, quasi-monopole, coincé entre le clos Saint-Denis et le clos de Tart : on a vu un voisinage moins prestigieux. La propriété plus deux belles cuvées de Puligny-Montrachet, la cave historique et le parc ont été acquis par LVMH en 2014, évitant ainsi le risque d'un dépeçage du grand cru. Le clos possède de grandes variantes de terroir et d'expositions qui en font son originalité. Jacques Devauges a franchi le mur qui sépare le clos des Lambrays du clos de Tart et a immédiatement engagé la conversion en bio du domaine. Les vins sont tous de très haut niveau tant en rouge qu'en blanc. Grand style, proche de la cinquième étoile.

- **clos des lambrays grand cru 2021** | Sec | 2024>35 | 600 € 97
- **Les Loups, morey-saint-denis premier cru 2021** | Sec | 2025>32 | 115 € 94
- **morey-saint-denis 2021** | Sec | 2024>30 | 85 € 92

Maison Dominique Laurent

★★★★★ ✦

Promu au plus haut niveau de notre hiérarchie grâce à une cohérence remarquable de la gamme, Dominique Laurent a inauguré il y a plus de 25 ans le concept de négoce haute couture, qu'on peut définir ainsi : choix très exigeant de vins issus de vieilles vignes de pinot noir et de chardonnay fins, et élevage méticuleux dans des fûts qu'il produit dans sa tonnellerie, adaptés à chaque cuvée, avec une utilisation minimale du SO_2, et mise en bouteille la plus douce et la moins traumatisante possible. Sa gamme se décline en plusieurs niveaux : les vins les plus aboutis sont les villages numéro-1 de très vieilles vignes, et naturellement les premiers et grands crus de côte de Nuits et de côte de Beaune. Le rapport qualité-prix du début de gamme et en particulier des villages est sans rival. 10 à 30 % de premiers crus leur sont systématiquement incorporés pour les transformer en villages de référence, selon une ancienne tradition bourguignonne qui s'est beaucoup perdue. Dominique est aujourd'hui secondé par sa fille Marie aidée par son autre fille, Sophie. La nouvelle cave est à la hauteur des ambitions de la maison et participe à son rayonnement.

- **chambertin grand cru 2020** | Sec | 2024>35 | 300 € 95
- **chambertin-clos de bèze grand cru 2020** | Sec | 2024>35 | 260 € 97
- **chambolle-musigny 2020** | Sec | 2024>35 | 54 € 93
- **Cuvée n°1, bourgogne 2019** | Sec | 2024>30 | NC 90
- **Charmes, chambertin grand cru 2020** | Sec | 2024>35 | 150 € 92

Domaine Vincent Ledy

★★★☆☆ ⊛

Vincent Ledy est un jeune vigneron installé à Nuits-Saint-Georges, qui a vinifié son premier millésime en 2007 mais son domaine de 2,8 hectares n'a vraiment démarré qu'en 2013. Il reprend progressivement des vignes familiales dans les Hautes-Côtes de Nuits, à Savigny-lès-Beaune et Nuits-Saint-Georges. Certifié bio à compter de la vendange 2021, il est peu interventionniste et ses vignes produisent peu. Elles sont âgées, beaucoup datent des années 1930. Il laisse en 2021 une pointe d'acidité dominer ses vins dans une logique de vins nature. Les aficionados du style adoreront la sensualité des matières. C'est un vigneron à suivre de près.

- **Vieilles vignes, Les Porrets-Saint-Georges, nuits-saint-georges premier cru 2021** | Sec | 2024>30 | 90 € | ☘ 91

Domaine Leroy

★★★★★ ✦

Chaque bouteille de ce domaine légendaire, comme celui de son jumeau d'Auvenay, est un événement gustatif, donnant la pleine mesure des plus beaux terroirs de la Bourgogne, du génie de ses cépages et du caractère individuel de chaque millésime. La viticulture biodynamique pratiquée ici est la plus instinctive mais aussi la plus aboutie que nous connaissions, produisant des raisins d'un équilibre formidable en saveur et en acidité naturelle qui, vinifiés avec une simplicité biblique, donnent des émotions inoubliables. Bien sûr cette qualité, unique au monde, a son prix, justifié par les tout petits volumes, par le nombre d'heures passées sur chaque pied de vigne et par une demande mondiale très au-delà des capacités de production du domaine. Les fins d'apogée que nous indiquons pour chacun des vins sont certainement

Charlotte Bouygues et Pierre Graffeuille, Domaine Henri Rebourseau

La raison de la présence de notre duo bordelais dans notre guide de la Bourgogne ? C'est à lui que revient désormais la mission de redonner au domaine Henri Rebourseau, l'un des plus prestigieux de Gevrey-Chambertin, la notoriété qui doit être la sienne. Main dans la main avec la nouvelle génération de la famille Surrel, Charlotte et Pierre ont déjà commencé à réveiller cette belle endormie. À Bordeaux, dans la Loire (Clos Rougeard) ou en Bourgogne, cette fine équipe a des idées et plein de projets. *Louis-Victor Charvet*

très prudentes. Une récente dégustation des vins du domaine de 1990 à 1937 a montré que ces vins bien nés sont capables de défier le temps.

- Les Fremières, chambolle-musigny 2017 | Sec | 2022>30 | NC — 95

Domaine Thibault Liger-Belair

★★★★☆ ⊕

Ce domaine de neuf hectares, dont l'histoire viticole remonte au début du XVIIIe siècle, a été repris en main par Thibault Liger-Belair, un des viticulteurs les plus passionnés de sa génération et les mieux pourvus en grands terroirs. Sa modestie naturelle et son goût du grand vin le rendent à l'écoute du raisin et de l'exemple donné par les meilleurs vinificateurs. Un travail pointu sur l'origine et la chauffe spécifique de chaque barrique, adaptée aux différentes cuvées, a donné aux millésimes récents une précision supérieure et une définition encore plus exacte de l'origine. On est ici dans une expression très pure du pinot noir, ceux qui en recherchent la finesse superlative seront au pinacle ici. Le domaine éponyme en Beaujolais s'inspire des mêmes préceptes.

- clos de vougeot grand cru 2021 | Sec | 2025>35 | NC — 95
- Les Grands Chaillots, bourgogne 2021 | Sec | 2023>28 | NC — 91
- En Créot, gevrey-chambertin 2021 | Sec | 2025>35 | 69 € — 93

Domaine Philippe Livéra

★★★★☆ ⊕

Ce domaine de 8,5 hectares était également connu sous le nom des Tilleuls. Jeune viticulteur talentueux, Damien Livéra, inspiré par le style des vins de son ami Arnaud Mortet, et sa sœur Hélène, impliquée dans l'administratif mais également à la vigne, ont métamorphosé les vins du domaine : leur couleur, leur parfum et leur personnalité tranchée les font remarquer depuis 2007 dans nos dégustations à l'aveugle. Il n'y a pas de premiers crus au domaine mais une parcelle de chapelle-chambertin et une série de villages vinifiés sous le nom de leur climat d'origine. Des vins de haut niveau qui savent se montrer aimables jeunes sans se départir d'un certain classicisme pour préserver leur capacité de vieillissement. Nous ne regrettons pas la quatrième étoile attribuée depuis deux ans au vu des 2020 et des superbes 2021.

- En Champs, gevrey-chambertin 2021 | Sec | 2025>32 | 60 € — 92
- bourgogne 2021 | Sec | 2023>30 | 30,9 € — 92

Bertrand et Axelle Machard de Gramont

★★★☆☆

Petit comaine de six hectares dont quatre à Nuits qui compte les magnifiques terrasses des Vallerots créées alors que l'impossible mécanisation avait fait abandonner ces sols trop pentus. Une partie des vignes provient de la famille Dufouleur, avec une viticulture très respectueuse de l'environnement. Axelle prend la relève de son père Bertrand et se laisse guider par son talent de dégustatrice. À l'image de la vigneronne, les vins s'expriment sur la tendresse et le charme en privilégiant les remontages plutôt que les pigeages, sans extractions fortes. Le domaine propose des rouges de plus en plus fins et délicats. Quel dommage qu'Axelle ne possède pas de premiers ou grands crus tant ses appellations communales sont resplendissantes.

- Les Hauts Pruliers, nuits-saint-georges 2021 | Sec | 2024>30 | 48 € | ☘ — 93
- Les Grands Chaillots, bourgogne 2021 | Sec | 2023>28 | 20 € | ☘ — 90
- vosne-romanée 2021 | Sec | 2024>30 | 54 € | ☘ — 93

Frédéric Magnien

★★★☆☆

Il faut faire la distinction entre les vins de négoce, même s'ils sont vinifiés en raisin par le talentueux et énergique Frédéric Magnien, et ceux de la propriété, signés Michel Magnien, où un meilleur contrôle des vignes explique parfois un supplément de finesse et de précision. Viticulteur passionné, Frédéric aime, comme ses clients, un style de vin riche en couleur et en tannin mais nous constatons une évolution bienvenue des rouges vers plus d'intensité que de puissance pure.

- Lavaut Saint-Jacques, gevrey-chambertin premier cru 2021 | Sec | 2025>32 | 127 € | ☘ — 94
- Les Damodes, nuits-saint-georges premier cru 2021 | Sec | 2024>32 | 91 € | ☘ — 93
- Petite Chapelle, gevrey-chambertin premier cru 2021 | Sec | 2025>32 | NC — 93

Domaine Michel Magnien

★★★☆☆ +

Frédéric Magnien vinifie les vins du domaine familial, Michel Magnien, dans le même esprit que ceux de sa maison de négoce. Les vins produits ont toujours une couleur soutenue et souvent beaucoup de puissance avec une orientation depuis quelques millésimes vers une vinification plus à l'écoute de la finesse possible. La gamme est large, bien réussie. Le domaine élève ses vins avec une forte proportion de jarres en terre et d'amphores qui dominent par rapport au bois utilisé classiquement. Cela apporte une signature particulière aux vins qui les rend très originaux. Les 2020 sont particulièrement bien réussis et beaucoup de 2021 sont dans ce cas.

- clos de la roche grand cru 2021 | Sec | 2027>35 | 325 € | ☘ — 94
- Les Sentiers, chambolle-musigny premier cru 2021 | Sec | 2025>32 | 127 € | ☘ — 94
- clos saint-denis grand cru 2021 | Sec | 2027>35 | 370 € | ☘ — 96

Pascal Marchand Tawse

★★★☆☆

Le vibrionnant Pascal Marchand s'est installé depuis 2006 à son compte comme négociant et vinifie des vins de la côte de Nuits et de la côte de Beaune. Il a acheté avec son actionnaire canadien Tawse huit hectares dont le magnifique Mazis de la famille Maume. L'activité de négoce porte sur des volumes du même ordre que la production du domaine. Toutes les vignes sont aujourd'hui cultivées en biodynamie, certaines sont labourées à cheval. La gamme est homogène, de grande délicatesse que l'on pourra boire sans trop tarder, à l'exception des grands crus plus spécifiquement construits pour la garde. Les 2021 raviront la restauration par leur fruité accessible dès maintenant.

- Champeaux, gevrey-chambertin premier cru 2021 | Sec | 2024>30 | 90 € — 91
- Vignes de la famille Tawse, mazis-chambertin grand cru 2021 | Sec | 2025>32 | 160 € — 94

Château de Marsannay

★★★☆☆ ⊕

Olivier Halley, descendant de la famille propriétaire de Promodès, actionnaire de Carrefour, a acheté en 2012 ce domaine de 40 hectares dont 28 de Marsannay, en même temps que le château de Meursault, et en a confié la direction à Stéphane Follin-Arbelet. Les investissements culturaux, techniques et humains qui ont dû être engagés car le domaine avait connu une période difficile payent désormais. Sylvain Pabion, après avoir travaillé au clos Delorme de Bertrand Minchin, a rejoint le château pour l'exploitation et pour le réceptif. Une grande salle de réception peut accueillir ici jusqu'à 350 personnes assises, ce qui est rare en Bourgogne viticole. La gamme met en avant le fruit avec beaucoup de délicatesse en préservant l'équilibre entre buvabilité immédiate et intensité de bouche pour demain.

Domaine Méo-Camuzet

★★★★☆ ✦

Le style actuel de ce domaine prestigieux, propriétaire entre autres d'une large parcelle du clos Vougeot superbement située, juste à côté du château, tente avec succès de concilier tradition et modernisme. Jean-Nicolas Méo est méticuleux et réfléchi, se remettant continuellement en question. Les vins ont longtemps été vigoureux et denses mais avec style, bâtis pour un long vieillissement pour nombre de crus avec l'élégance florale distinguée qui est la marque des très grands bourgognes rouges. Les 2021 ont gagné à l'élevage, ils sont d'un style souple, plus aérien que puissant, en rupture avec les millésimes antérieurs mais en cohérence avec ce millésime à petits rendements dont les baies disposaient néanmoins de beaucoup de jus.

- clos de vougeot grand cru 2021 | Sec | 2025>35 | NC — 96
- nuits-saint-georges 2021 | Sec | 2024>30 | NC — 94
- Aux Murgers, nuits-saint-georges premier cru 2021 | Sec | 2025>32 | NC — 95
- Aux Brûlées, vosne-romanée premier cru 2021 | Sec | 2025>35 | NC — 97

Moillard

★☆☆☆☆

Très ancienne maison au parcours plutôt chaotique au cours des vingt dernières années, Moillard a été repris l'an dernier par le puissant groupe Grands Chais de

France qui veut en faire l'une de ses têtes de pont en Bourgogne. La gamme est encore très hétérogène, avec quelques vins confortables et accessibles.

Domaine Jacques-Frédéric Mugnier

★★★★★ ✦

Ce domaine n'a cessé de perfectionner viticulture et vinification depuis le début des années 1990. Le domaine compte aujourd'hui 14 hectares dont près de 10 à Nuits Saint-Georges. Bien qu'au sommet de notre hiérarchie, le domaine piloté par Frédéric Mugnier brillamment assisté de François Moriamez n'hésite pas à mettre ses bouteilles à l'aveugle dans nos dégustations syndicales et ceux-ci sortent sans encombre dans le peloton de tête bien qu'ils ne jouent pas les fort-à-bras, bien au contraire. Il produit en plus du clos-de-la-maréchale, un nuits d'une finesse subtile, une petite gamme de vins de Chambolle, tous délicats, subtils, pudiques, parfaites expressions de leurs terroirs, vraiment dans l'esprit que nous aimons et défendons. Les 2021 jouent l'équilibre bourguignon d'un millésime classique où la rose est en avant après des 2020 plus complets mais qui devront être attendus longtemps.

- **musigny grand cru 2021** | Sec | 2028>40 | NC — 98
- **Clos de la Maréchale, nuits-saint-georges premier cru 2020** | Sec | 2026>32 | NC — 96
- **Les Amoureuses, chambolle-musigny premier cru 2021** | Sec | 2025>35 | NC — 96
- **bonnes-mares grand cru 2021** | Sec | 2027>35 | NC — 96

Domaine Philippe Naddef

★★☆☆☆

Après être passé par le domaine Comte George de Vogüe, Philippe Naddeff a repris en 1983 le domaine familial qu'il a fait passer de 2,5 à 6 hectares. Le domaine progresse, d'un style assez puissant à plus de complexité dans ses marsannays, fixins. Le gevrey premier cru Champeaux nous a particulièrement séduit en 2021.

- **Champeaux, gevrey-chambertin premier cru 2021** | Sec | 2024>32 | 78 € — 93
- **En Songe, gevrey-chambertin 2021** | Sec | 2024>32 | 50 € — 92
- **Les Clos, fixin 2021** | Sec | 2024>30 | 26 € — 91

Domaine Michel Noellat

★★★☆☆ ➔

Repris par la sixième génération de l'une des plus anciennes familles de Vosne-Romanée, Sophie et son cousin Sébastien Noellat, ce domaine a progressé et propose désormais des vins dignes des superbes pedigrees de leurs origines. Le domaine travaille pour gommer l'irrégularité constatée parfois et y est parvenu au vu des échantillons de 2021 que nous avons dégusté. Ils font partie des références du secteur, ce que nous saluons.

- **vosne-romanée 2021** | Sec | 2023>29 | 57 € — 92
- **Les Suchots, vosne-romanée premier cru 2021** | Sec | 2023>30 | 98 € — 93
- **clos de vougeot grand cru 2021** | Sec | 2024>35 | 210 € — 96

Nuiton-Beaunoy - Cave des Hautes-Côtes

★☆☆☆☆

Avec ses 80 vignerons, Nuiton-Beaunoy est le nouveau nom de la cave des Hautes-Côtes fondée en 1957. Cela correspond aussi à une nouvelle ambition qualitative de la cave, animée par une nouvelle équipe technique à la fois jeune et compétente. La cave s'est associée à celle des Terres Secrètes pour renforcer le dynamisme commercial de l'ensemble. La gamme est constituée de blancs et de rouges de bonne qualité, très recommandables.

- **gevrey-chambertin 2021** | Sec | 2023>29 | NC — 91
- **Les Sionnières, morey-saint-denis 2019** | Sec | 2023>32 | 36 € — 92

Manuel Olivier

★★★☆☆

Issu d'une famille d'agriculteurs et de producteurs de crèmes de cassis, Manuel Olivier, viticulteur des Hautes-Côtes, a suivi un chemin atypique. Il a démarré son domaine en 1990 et exploite maintenant dix hectares de vignoble répartis sur les Hautes-Côtes de Nuits, la côte de Nuits et la côte de Beaune. Une activité de négoce lui permet d'offrir une gamme plus complète. Il affiche une viticulture « paysanne » et n'hésite pas à se remettre en question pour affirmer son style vers des vins plutôt souples, idéals pour la restauration. Le sommet de la gamme est incontestablement le clos-de-vougeot, exceptionnel, à côté d'une gamme de vins frais et aromatiques, dont l'appellation est parfaitement lisible, ce qui n'est pas si fréquent.

- **Les Damaudes, vosne-romanée 2021** | Sec | 2023>32 | NC — 92
- **morey-saint-denis 2021** | Sec | 2024>30 | NC — 91
- **nuits-saint-georges 2021** | Sec | 2023>30 | NC — 91
- **aloxe-corton 2021** | Sec | 2024>30 | NC — 91

Domaine des Perdrix

★★★★☆ ✚

Exploité par la famille Devillard, qui possède notamment le château de Chamirey à Mercurey, le vignoble se situe sur des terroirs remarquables du sud de la côte de Nuits, et sa production est vinifiée dans l'esprit des vins modernes, en recherchant une haute maturité du raisin et des textures profondes et voluptueuses. Le résultat est probant dès les appellations communales, avec des matières aux jus très fins et délicats. Les 2021 sont hautement recommandables.

- **nuits-saint-georges 2021** | Sec | 2023>30 | 78 € — 93
- **Aux Perdrix, nuits-saint-georges premier cru 2021** | Sec | 2024>32 | 100 € — 95
- **Echezeaux du dessus, Échezeaux grand cru 2021** | Sec | 2025>35 | 335 € — 97

Domaine Christophe Perrot-Minot

★★★★★ ✦

Christophe Perrot-Minot propose une large gamme de vins issus du domaine ou élaborés à partir de vendanges achetées mais soigneusement surveillées. Les vins deviennent aujourd'hui des références incontournables pour toutes les appellations concernées. La recherche d'équilibre, d'un tannin parfaitement harmonieux et sans accroche sont pour Christophe la garantie de vins capables d'être bons jeunes et bons vieux. Il en résulte des crus très séduisants dès leur jeunesse, incarnant le charme que sait emprunter le grand bourgogne. Des vins de sensualité sans qu'ils ne soient jamais phtisiques, bien au contraire. Avec une rare intelligence dans la compréhension de la vigne et du vin, on est ici au meilleur niveau de la côte de Nuits. Après des 2019 et des 2020 qui continuent à entretenir le mythe, les 2021 plus classiques font plus en subtilité qu'en volume absolu. C'était le bon choix dans le millésime.

- **La Combe d'Orveau, chambolle-musigny premier cru 2021** | Sec | 2024>32 | NC — 96
- **La Richemone, nuits-saint-georges premier cru 2021** | Sec | 2024>32 | NC — 96
- **chapelle-chambertin grand cru 2021** | Sec | 2025>35 | NC — 97
- **charmes-chambertin grand cru 2021** | Sec | 2025>35 | NC — 98

Domaine Henri Rebourseau

★★★☆☆ ➔

Les changements se mettent en place. Le domaine Rebourseau fut de référence et le rachat partiel par la famille Bouygues n'est que la face visible du mouvement. Des changements s'opèrent en profondeur et sont menés par la famille de Surrel restée aux commandes malgré la perte du contrôle du domaine pour faire face aux droits de succession. La conversion en bio puis en biodynamie a été entamée en 2009, les méthodes de taille ont été revues, la gravité remplace les pompages et le travail du sol porte clairement ses fruits. L'intensité des matières nous étonne, très supérieure à la moyenne du millésime. Mais c'est pour une fois au chai où les changements sont les plus spectaculaires. Les élevages ont été modifiés et s'affinent progressivement. Les 2021 ont été vinifiés avec un grand tact, sans chercher à aller au-delà du potentiel du millésime.

- **charmes-chambertin grand cru 2021** | Sec | 2025>33 | 160 € — 94
- **mazis-chambertin grand cru 2021** | Sec | 2025>35 | NC — 95
- **Fonteny, gevrey-chambertin premier cru 2021** | Sec | 2024>33 | 105 € — 94

Domaine de la Romanée-Conti

★★★★★ ✦

Le domaine est cogéré par la famille Leroy et par Aubert de Villaine, secondé depuis quelques années par Bertrand de Villaine. Bien qu'il pilote le domaine le plus recherché de la planète, Aubert de Villaine a su montrer au monde que rigueur et passion peuvent parfaitement cohabiter avec une modestie exemplaire. Le domaine dispose d'une incroyable collection de grands crus. Au sommet, la romanée-conti développe son exceptionnel bouquet et sa plénitude de constitution sans égale. La tâche, moins avancée en vin jeune, démarre plus rentrée dans ses arômes mais se révèle au vieillissement. Depuis 2015, le richebourg est moins frontal qu'il en a la réputation. La romanée-saint-vivant joue l'élégance même

✦ Star ✚ Valeur sûre ➔ À suivre de près Ⓝ Nouvelle entrée

Albéric Bichot, Maison Albert Bichot

En un peu plus d'un quart de siècle passé à la direction de la maison familiale, Albéric a transformé cette institution beaunoise dirigée de père en fils depuis 1831. Avec humour, discrétion et modestie, il n'a cessé de la remettre au centre du jeu bourguignon, regardant avec un temps d'avance les évolutions d'une région depuis le début des années 1990. Développement et mise en avant des six domaines familiaux (de Long-Depaquit à Chablis jusqu'à Rochegrès à Moulin-à-Vent), passage à l'agriculture bio pour les vignes de Côte-d'Or, maîtrise poussée des approvisionnements pour la partie négoce. Fière de ses racines et tournée vers le monde, la maison peut préparer son bicentenaire en fanfare. *Thierry Desseauve*

si elle connaît parfois une phase d'austérité juvénile. Les échezeaux et grands-échezeaux sont au sommet de ces appellations et le corton assemble les trois climats les plus recherchées de ce cru. En blanc, le montrachet est au sommet de ce qui se produit sur ce cru mythique avec depuis 2019 la reprise en fermage de vignes de corton-charlemagne de Bonneau du Martray qui le challengent de près. La responsabilité technique de la cave est portée par Alexandre Bernier, au domaine depuis 2010 après un passage chez Chanson. Le domaine utilise depuis 2020 100% de vendange entière et a réduit les doses de soufre. Nous notons une évolution du domaine vers des vins de plus en plus caressants sans qu'ils ne perdent rien de leur intensité.

- la tâche grand cru 2021 | Sec | 2028>38 | NC | ☘ — 99
- grands-Échezeaux grand cru 2021 | Sec | 2026>35 | NC | ☘ — 98
- richebourg grand cru 2021 | Sec | 2027>35 | NC | ☘ — 98
- romanée-conti grand cru 2021 | Sec | 2029>38 | NC | ☘ — 99
- romanée-saint-vivant grand cru 2021 | Sec | 2026>35 | NC | ☘ — 98

Domaine Rossignol-Trapet

★★★★☆ ➔

Louis Rossignol, le père, était venu de Volnay épouser une Trapet. Le domaine compte onze hectares sur Gevrey et deux sur Beaune, essentiellement en Teurons. David et Nicolas Rossignol (ne pas confondre avec l'homonyme de Volnay) forment un couple de frères vignerons attachés à la préservation de leurs splendides terroirs, fiers, légitimement, de leur viticulture biodynamique depuis 2003, un cas rare à Gevrey. Les deux frères Rossignol aiment des vins élégants et francs, le fruité frais est bien mis en avant depuis 2016. Nous constatons une évolution vers plus d'intensité, même en 2021, ce qui est une performance. C'est une adresse sérieuse tenue par des passionnés.

- Petite Chapelle, gevrey-chambertin premier cru 2021 | Sec | 2025>33 | 113 € | ☘ — 92
- Vieilles Vignes, gevrey-chambertin 2021 | Sec | 2025>32 | 45 € | ☘ — 93

Domaine Georges Roumier

★★★★☆ ✦

Ce domaine de réputation mondiale, spécialiste de Chambolle-Musigny avec des vignes idéalement réparties sur l'ensemble de la commune, fut le premier à donner plus de puissance et de corps aux vins de cette appellation, sans altérer leur incomparable finesse. Ce faisant, Christophe Roumier a posé les fondements d'un nouveau classicisme bourguignon, et il peut en être fier. Ses 13 hectares voient des vinifications précises qui cherchent à ne pas marquer les vins, sans levurage ni enzymage. Il recherche l'acidité naturelle avec un apport de vendange entière de 15 à 40 % selon le niveau des crus et en fonction du millésime, son idéal étant de maintenir la spécificité de chaque terroir. Rejoint par son neveu Alexis, leurs 2021 feront référence dans le millésime par leur profondeur étonnante avec une pointe saline constante.

- bonnes-mares grand cru 2021 | Sec | 2028>35 | NC — 98
- Les Cras, chambolle-musigny premier cru 2021 | Sec | 2025>35 | NC — 95
- chambolle-musigny 2021 | Sec | 2025>32 | NC — 92

Domaine Armand Rousseau

★★★★★ ✦

Éric Rousseau dispose d'un patrimoine de vignes insurpassable en noblesse d'origine et le niveau de vinification a toujours été élevé. Une série unique de grandes réussites depuis 2000 le montre capable d'obtenir le meilleur de cycles végétatifs différents, ce qui n'est pas si fréquent. Sa fille Cyrielle l'a rejoint depuis 2012 et reprend progressivement la main quand Éric se consacre aux vinifications et à l'élevage. Les vendanges sont assez précoces ici pour capter la palette de fruits rouges dont Gevrey et le domaine ont le secret, les vinifications sont très classiques, la grappe entière n'est utilisée qu'avec parcimonie. Le domaine est une référence incontournable d'une commune qui compte pourtant bien des talents.

- chambertin grand cru 2021 | Sec | 2027>37 | 685 € — 97
- mazis-chambertin grand cru 2021 | Sec | 2026>35 | 220 € — 96
- gevrey-chambertin 2021 | Sec | 2024>31 | 52 € — 92

Domaine Tortochot

★★☆☆☆

Ce domaine fut très célèbre après-guerre en raison de la forte figure bourguignonne que fut Gabriel Tortochot : les vins avaient nettement baissé de qualité mais la reprise est là par sa fille Chantal et les terroirs sont de la plus haute qualité. À noter que la parcelle de Chambertin du domaine est la plus haute du coteau sur un sol qui serait idéal... pour produire du blanc ! Mais le 2016 a démontré que l'on peut y produire un chambertin splendide, à l'égal des meilleurs. Il n'a pas été présenté à nos dégustations depuis. Les autres 2021 goûtés cette année sont bien construits, charmeurs. Une troisième étoile n'est pas loin.

- mazis-chambertin grand cru 2021 | Sec | 2025>33 | 200 € | ☘ — 94
- Lavaut Saint-Jacques, gevrey-chambertin premier cru 2021 | Sec | 2024>32 | 72 € | ☘ — 94

Domaine Jean Trapet Père et Fils

★★★★★ ✦

Jean-Louis Trapet, vigneron idéaliste d'une rare gentillesse, magnifiquement aidé par son épouse Andrée, vigneronne alsacienne aussi engagée que lui, porte son célèbre domaine familial aux sommets de la Bourgogne actuelle. La viticulture obéit aux principes les plus sains de la biodynamie, et les sols à nouveau vivants expriment dans les vins finis les plus subtiles nuances du terroir. Il recherche et trouve des tannins d'une rare élégance. Peu de domaines de ce niveau, malgré la série de petites récoltes connues ces dernières années, ont maintenu une tradition d'accueil au domaine. Nous sommes sensibles à l'idée de ne pas rompre le lien entre les très grands bourgognes et les grands amateurs, locaux ou plus éloignés, qui font la démarche de venir comprendre sur place. L'usage de la vendange entière varie selon les crus et les millésimes, sauf Capita qui ne connait qu'elle. Après des 2018 magnifiques qui succédaient à moultes réussites, les 2019 nous ont impressionnés par le charnu de leurs textures racées. Les 2020 semblent partis pour les dépasser quand les 2021 seront des classiques bourguignons de grand style pour le millésime.

- chapelle-chambertin grand cru 2021 | Sec | 2027>35 | NC — 96
- 1859, gevrey-chambertin 2021 | Sec | 2026>32 | NC — 93
- Corbeaux, gevrey-chambertin premier cru 2021 | Sec | 2025>32 | NC — 95

Domaine Cécile Tremblay

★★★★★ ✦

Cécile Tremblay, en bio depuis ses débuts en 2003, s'oriente vers la biodynamie et s'affirme chaque année davantage comme une vinificatrice hors pair, intuitive mais ayant beaucoup réfléchi, lu et appris, et surtout comme une dégustatrice redoutable, précise et exigeante. Le soin le plus extrême est apporté de la vigne jusqu'à la vendange où les raisins sont récoltés en mini caissettes de 5 kg. Les vins ne sont disponibles que chez les meilleurs cavistes ou à la carte de restaurants choisis par elle avec beaucoup de discernement. Avec une précision irréprochable dans les fins de bouche et des finesses de parfum uniques, tous les vins, d'origine grande ou modeste, atteignent depuis des millésimes ce que la côte de Nuits fait de plus fin, aérien, sensuel. Une bonne nouvelle pour ceux qui auraient des difficultés à se procurer les crus, le domaine vient de s'agrandir de 4 à 7 hectares par la reprise de fermages en morey-saint-denis, vosne-romanée les Beaumonts et en clos de Vougeot. Au prix de mille efforts, 2021 avec son gel, son mildiou, son oïdium montre le talent de la vigneronne. L'échezeaux est d'anthologie, peu en ont produit de la sorte dans les dernières décades même si le chapelle-chambertin gagnera le match, plus tard. En attendant régalez-vous du chambole premier cru Les Feusselottes et même du simple bourgogne côte d'or : il donne le la de ce festival.

- Échezeaux grand cru 2021 | Sec | 2025>35 | NC — 98
- Les Feusselottes, chambolle-musigny premier cru 2021 | Sec | 2025>32 | NC — 96
- bourgogne 2021 | Sec | 2023>28 | NC — 92

Domaine Fabrice Vigot

★★☆☆☆

Ce petit domaine artisanal s'est recentré sur 2,5 hectares. Il produit des vins probes, équilibrés avec une démarche éco-responsable orientée vers la biodynamie avec une certifi-

✦ Star ✚ Valeur sûre ➔ À suivre de près Ⓝ Nouvelle entrée

cation en cours. Nous aimons beaucoup la digestibilité de ce qui est produit ici, une qualité qui n'est pas si fréquente même en Bourgogne. On se sent bien ici, accueil au domaine des plus amicaux et généreux, dans une grande tradition bourguignonne qui se perd parfois à Vosne-Romanée, hélas. Les 2021 montrent une progression qualitative du domaine dans un millésime qui ne fut pourtant pas simple grâce à la vendange entière, à des vinifications plus affinées et à des élevages plus précis.

- Les Damaudes, vosne-romanée 2021 | Sec | 2024>32 | 75 € — 93
- Les Chalandins, vosne-romanée 2021 | Sec | 2024>32 | 60 € — 94

CÔTE DE BEAUNE

Jacques Bavard

★★☆☆☆

Ce vinificateur doué installé à Puligny-Montrachet achète des raisins à des partenaires de confiance et commercialise environ 15.000 bouteilles par an. La qualité de ses blancs nous incite à vous le faire découvrir. Il propose également des formules d'œnotourisme au domaine, une table autour de ses vins et une suite pour pouvoir y loger.

- bourgogne 2019 | Sec | 2023>28 | NC — 90
- Les Clous, auxey-duresses 2018 | Sec | 2023>28 | 35 € — 91

Domaine Françoise André

★★★☆☆ +

Le domaine des Terregelesses, créé en 1983, est devenu domaine Françoise André pour signifier le retour à une exploitation familiale. Fait rare, c'est une belle-fille de la famille, Lauriane, qui en a repris les rênes en 2009 en abandonnant son métier de DRH, épaulée par Jérôme Després, régisseur du domaine à partir de l'année suivante. Avec modestie et enthousiasme, ce duo ne manque pas d'ambition. Il travaille aujourd'hui un vignoble de 11 hectares situé majoritairement au nord de la côte de Beaune et cultivé selon les préceptes biodynamiques. Cette taille de domaine approche de l'optimum pour Lauriane qui privilégie la qualité du vin. Les rouges ne subissent pas d'extraction importante. S'ils sont accessibles assez vite, ils offrent comme les blancs une représentation fidèle de leur terroir d'origine.

- Sous Frétille, pernand-vergelesses premier cru 2021 | Sec | 2025>30 | 43.6 € | ☘ — 91
- corton - charlemagne grand cru 2021 | Sec | 2025>35 | 144.2 € | ☘ — 93
- Ez Connardises, savigny-lès-beaune 2021 | Sec | 2025>30 | 29.2 € | ☘ — 91

Domaine d'Ardhuy

★★☆☆☆

Situé à Corgoloin, le domaine d'Ardhuy possède 38 hectares de vignes réparties sur la côte de Beaune et la côte de Nuits. La gamme des appellations que l'on peut y trouver est extrêmement variée et propose des grands crus et premiers crus depuis l'appellation vosne-romanée jusqu'à celle de puligny-montrachet, en passant par le fameux clos des Langres, vignoble unique de 3 hectares autrefois propriété des chanoines de Langres et dont le domaine a aujourd'hui le monopole. Il est depuis 2012 cultivé en bio avec une certification abandonnée depuis mais les pratiques bio ont été maintenues. La gamme de rouges présentée cette année était de bon niveau, recommandable. En blanc, nous avouons un penchant pour le ladoix premier cru le Rognet 2021 et son fruité distingué et séduisant.

- **corton - clos du roi grand cru 2020** | Sec | 2027>35 | 105 € — 95
- **Les Chaillots, aloxe-corton premier cru 2020** | Sec | 2024>33 | 49.5 € — 92

Domaine Bachey-Legros

★★★☆☆ ✚

Ce domaine historique et familial de 19 hectares possède un patrimoine de vieilles vignes hors du commun. Lénaïc et Samuel Bachey, la sixième génération, y développent une série de vins superbes issus des vignobles de Santenay, Maranges et Chassagne-Montrachet dont 80% ont été plantés avant 1950. La construction d'une nouvelle cuverie donne à ce trio familial les moyens de transcender davantage les climats magnifiques dont ils disposent. Dans les deux couleurs, les vins sont de vraies expressions de leurs terroirs mis en valeur par des élevages élégants. Les rouges 2021 sont des classiques bourguignons qui nous régalent de leur gourmandise et de leur race, des modèles pour Santenay. Les blancs sont à l'avenant.

- **Les Petits Clos Vieilles Vignes, Morgeot, chassagne-montrachet premier cru 2021** | Sec | 2023>30 | 68 € — 93
- **Fourneaux Vieille Vignes, Clos Rousseau, santenay premier cru 2021** | Sec | 2025>32 | 47 € — 93
- **La Comme, santenay premier cru 2021** | Sec | 2024>30 | 39 € — 92

Albert Bichot

★★★★☆ ✚

Cette maison historique fondée en 1831 est aujourd'hui menée tambour battant par Albéric Bichot, sixième génération de cette famille dont la présence en Bourgogne remonte au XIIIe siècle. Épaulé par Alain Serveau (directeur technique) et Christophe Chavel (directeur viticole), ces trois mousquetaires ont su bâtir un modèle original de maison bourguignonne, avec des vins signés Bichot dans toutes les appellations de la grande Bourgogne mais aussi quatre domaines richement dotés en beaux crus : Long-Depaquit pour le Chablisien, Clos-Frantin pour la côte de Nuits, domaine du Pavillon pour la côte de Beaune, et domaine Adélie pour la côte chalonnaise.

- **Domaine du Pavillon, Clos des Maréchaudes, corton grand cru 2021** | Sec | 2024>34 | 59 € — 91
- **Domaine du Clos Frantin, Aux Malconsorts, vosne-romanée premier cru 2021** | Sec | 2025>35 | 201 € — 93
- **Domaine du Clos Frantin, Échezeaux grand cru 2021** | Sec | 2024>40 | 54 € — 94
- **Château Gris - Les Terrasses, nuits-saint-georges 2021** | Sec | 2024>32 | 79 € — 90

Domaine Bonneau du Martray

★★★★★ ✦

Jean-Charles Le Bault de la Morinière a été contraint de céder début 2017 le contrôle de ce domaine familial depuis 1835, suite à des problèmes de succession qu'il n'a pu surmonter. Stanley Kroenke, le nouvel acquéreur impliqué dans le sport, à Arsenal notamment et en Napa Valley au domaine Screaming Eagle, a trouvé onze hectares d'un seul tenant sur la colline de Corton où aucun détail de la vigne au chai n'a été épargné par son prédécesseur. Le blanc est cristallin, d'un raffinement et d'une luminosité ultimes, dans un équilibre somptueux. Ce corton-charlemagne est l'un des plus originaux par son opulence mesurée en raison d'une orientation vers Pernand, plus fraîche. Le rouge offre des tonalités florales, des tannins d'une rare subtilité sur ce cru, et un toucher de bouche délicieux. Le vignoble en rouge devra être remplacé en grande partie pour le renouveler et préparer le futur. Notons de splendides 2021 au domaine.

- **corton grand cru 2020** | Sec | 2028>36 | NC — 98
- **corton - charlemagne grand cru 2021** | Sec | 2024>32 | NC — 96

Bouchard Père et Fils

★★★★☆ ✦

Des Cazetiers à Bouzeron, cette grande maison de négoce beaunoise fondée en 1731 possède plus de 142 parcelles sur 130 hectares de vignoble en propriété, dont 73 hectares en premier et grand cru. Elle vient d'être cédée à la famille Pinault. Son patrimoine viticole de premier choix permet à Fréderic Weber, vinificateur talentueux, préalablement en charge du château de Poncié, de produire environ 600 000 bouteilles sur le total des trois millions d'unités produites ici chaque année, la majeure partie de la production est issue d'achats de raisins pour les grands rouges, et de moûts savamment sélectionnés pour les blancs autres que ceux du domaine. Réussite impressionnante en blanc et en rouge dans les derniers millésimes.

- **bonnes-mares grand cru 2020** | Sec | > | NC — 93
- **bâtard-montrachet grand cru 2020** | Sec | > | NC — 93
- **(domaine), beaune 2020** | Sec | > | NC — 89

Philippe Bouzereau Fils

★★☆☆☆

Le domaine Philippe Bouzereau Fils est logé au cœur de Meursault, avec pour patrimoine 18 hectares de vignes répartis sur 5 villages de la Côte de Beaune. Depuis la reprise du domaine par Philippe fils, de nouvelles touches personnelles sont apportées aux vinifications. Il en résulte une série de vins gourmands et charnus, que l'on pourra boire assez vite et que la restauration appréciera. Nous avons néanmoins été agréablement étonnés par la race des Duresses 2021 d'Auxey et par la densité des Teurons de Beaune du même millésime.

- **Vieux clos du Château de Cîteaux, meursault 2021** | Sec | 2024>30 | 33 € — 91
- **Les Teurons, beaune premier cru 2021** | Sec | 2025>35 | 28.5 € — 93

Domaine Pierre Brisset

★★☆☆☆

Installée au Château de Bligny à Bligny-lès-Beaune et propriétaire de vignes à Chassagne-Montrachet, la maison Pierre Brisset s'inscrit dans la tradition des plus exigeants vinificateurs et éleveurs de vins de Bourgogne. Sa gamme se compose de vins blancs et rouges issus des parcelles classées en premier et grand cru de la côte de Nuits et de la côte de Beaune.

- **Aux Thorey, nuits-saint-georges premier cru 2021** | Sec | 2024>31 | 80 € — 92
- **pommard premier cru 2021** | Sec | 2025>32 | 85 € — 93

Domaine Henri et Gilles Buisson

★★★☆☆ ✚

Frédérick et Franck Buisson, dont la présence familiale dans le village remonte au XIIe siècle, représentent la huitième génération de vignerons de ce domaine historique de Saint-Romain. Certifié Écocert depuis 2012, ils y développent une viticulture et une œnologie des plus naturelles. Les vins rouges, qui contiennent toujours un peu de grappes entières offrent une vision précise de leur terroir qui milite pour la redécouverte d'un Saint-Romain que nous n'avons pas souvent vu à ce niveau. Les blancs, précis, ne sont pas en reste.

- **Sous la Velle, saint-romain 2021** | Sec | 2024>30 | 55.8 € | ☘ — 92
- **corton - le rognet-et-corton grand cru 2021** | Sec | 2025>35 | 230 € | ☘ — 94
- **Sous le Château, saint-romain 2021** | Sec | 2023>30 | 55.8 € | ☘ — 92

Butterfield Wine

★★★☆☆

Arrivé de Toronto à Beaune en 1986 pour prêter main forte au développement des activités œnotouristiques de ses parents, David Butterfield s'est épris des vins de la région. Après une expérience chez Deux Montille et au domaine de la Vougeraie, il a développé sa propre enseigne de négoce, basée à Beaune. Il achète les raisins des mêmes parcelles chaque année pour optimiser la qualité des vins produits. Sa femme Juliette Lardière, nourrie aux meilleures sources techniques de Louis Jadot le seconde. Les blancs sont d'une précision exemplaire et les rouges ne sont pas en reste avec de très beaux équilibres entre tannins soyeux, acidité et intensité du fruit. Les blancs 2021 sont épurés, longilignes et les rouges sont soyeux, faciles d'accès.

- **Charmes, meursault premier cru 2021** | Sec | 2023>30 | 110 € — 92
- **nuits-saint-georges 2021** | Sec | 2025>30 | 45 € — 92
- **Les Charmots, pommard premier cru 2021** | Sec | 2024>30 | 57 € — 92

Dimitri Bazas, Maison Champy

Grec d'origine, mais Bourguignon depuis des lustres, Dimitri Bazas est l'un des œnologues qui ont le plus contribué au renouveau de la Bourgogne. Le prolixe winemaker de Champy, vénérable maison (née au début du XVIIIe siècle) passée dans le giron du groupe Advini en 2016, a su en maintenir la cohérence qualitative et définir pour l'ensemble de ses vins un profil précis et intense qui en font de beaux exemples de bourgognes contemporains. Axée sur la côte de Beaune avec un beau vignoble à Pernand-Vergelesses (Domaine Laleure-Piot), Champy est en forme, Dimitri aussi. *Thierry Desseauve*

Domaine Marguerite Carillon

★☆☆☆☆

Appartenant désormais au groupe Grands Chais de France, Marguerite Carillon rassemble un éventail large de vins de la côte de Beaune et de Chablis, encore hétérogène, dont nous extrayons quelques recommandations.

- chorey-lès-beaune 2020 | Sec | > | 18.9 € — 89

Champy

★★★☆☆

Fondée en 1720 par Edmé Champy, maître tonnelier, cette maison de négoce est une des plus anciennes de Bourgogne. Elle appartient désormais au groupe Advini qui avait déjà revitalisé Laroche à Chablis. Il s'appuie sur un beau domaine maison sur Beaune et Pernand-Vergelesses et sur le talent de vinification de Dimitri Bazas qui depuis 2000 travaille à donner aux vins un style exemplaire. Les vins du domaine, cultivés et certifiés bio, souvent même en biodynamie, ont plus de personnalité que les vins d'achat.

- Île de Vergelesses, pernand-vergelesses premier cru 2021 | Sec | 2026>32 | 55 € — 90
- Vieilles Vignes, beaune 2021 | Sec | 2025>31 | 40 € — 91

Domaine Chandon de Briailles

★★★★☆ ✦

Cette superbe bâtisse du XVIIIe siècle posée sur des caves cisterciennes abrite un domaine familial créé en 1834. Géré depuis 2001 par le duo sœur-frère Claude et François de Nicolay, celui-ci s'étend sur près de 14 hectares intégralement conduits en biodynamie depuis 2005. Les vinifications sont des plus traditionnelles : raisins entiers, températures de fermentation n'excédant pas 30 °C, et pas ou très peu de bois neuf. Un trio de conditions qui résume l'identité des vins, dont l'extraction colorante est aussi limitée que leur expression est intensément florale et raffinée. Le style des vins a beaucoup évolué en peu de temps. Timides dans leur jeunesse et se révélant au vieillissement, ils sont désormais beaucoup plus expressifs jeunes sans rien perdre de leur capacité à fort bien évoluer. Les progrès en quelques années ont été considérables ici, tant en rouge qu'en blanc. Les rouges 2021 dégustés en échantillon sont prometteurs.

- Les Lavières, savigny-lès-beaune premier cru 2021 | Sec | 2025>32 | 111.67 € | ☘ — 93
- Île de Vergelesses, pernand-vergelesses premier cru 2021 | Sec | 2025>33 | 138.33 € | ☘ — 93
- corton - bressandes grand cru 2021 | Sec | 2026>35 | NC | ☘ — 96

Domaine Changarnier

★★☆☆☆

Antoine et Christophe Changarnier ont confié la gérance de cette propriété familiale de 300 ans à Fabrice Groussin. Ce jeune Charentais y applique depuis 2012 les méthodes d'une viticulture biologique et biodynamique sur le patchwork de 5 hectares de vignobles qui alimentent la production de pas moins 12 appellations. Les vins blancs, qui représentent un tiers de la production, sont vinifiés et élevés 12 mois en fût (10 à 15 % de bois neuf) et ne reçoivent ni bâtonnage, ni soutirage, ni collage, ce qui leur confère un aspect tendu à la fraîcheur acidulée. Les rouges, bien qu'éraflés à 100 %, présentent une extraction mesurée et une gourmandise qui permettra de les consommer sans trop attendre.

- Le Clos, monthélie 2021 | Sec | 2023>30 | 31 € | ☘ — 91
- Les Malpoiriers, meursault 2021 | Sec | 2023>30 | 39 € | ☘ — 92

Chanson Père et Fils

★★★★☆

Fondée en 1750 par Simon Verry et acquise par le groupe Bollinger à la fin des années 1990, la plus ancienne des maisons beaunoises possède 45 hectares de vignobles situés dans les crus de référence des deux côtes. Les rouges de négoce proviennent essentiellement d'achats de raisins, vinifiés par la maison pour préserver l'unité de style avec le domaine. Ce domaine est devenu un modèle de viticulture, avec l'instauration des labours, l'abandon des amendements, et l'adoption d'une viticulture biologique. Les vins de Chanson préservent une très grande proportion de rafles lors de leur vinification en blanc comme en rouge. Le mot d'ordre est l'équilibre dans la tension. Les blancs sont entonnés avec un maximum de lies afin de garantir un aspect réducteur tout au long d'un élevage de 14 à 20 mois en fûts (20 % de bois neuf). Les rouges, dont la maturité de pinot est poussée à l'optimum, préservent une trame tannique et acide vibratoire et se parent d'un fruit charnu aux notes sous-jacentes d'épices douces et de réglisse. Des vins qui méritent quelques années de patience dans les deux couleurs.

- Clos des Fèves, beaune premier cru 2021 | Sec | 2025>35 | NC — 92
- corton - les vergennes grand cru 2021 | Sec | 2025>35 | 150 € — 95
- Clos des Marconnets, beaune premier cru 2021 | Sec | 2025>35 | 56.4 € — 91
- Les Chenevottes, chassagne-montrachet premier cru 2021 | Sec | 2025>35 | NC — 93
- En Caradeux, pernand-vergelesses premier cru 2021 | Sec | 2023>33 | 55.2 € — 92
- Clos du Roi, beaune premier cru 2021 | Sec | 2025>35 | 54 € — 90

Domaine Jean Chartron

★★★☆☆ ➔

Les 14,5 hectares de ce domaine familial installé au milieu du XIXe siècle sont depuis 1998 sous la responsabilité de Jean-Michel Chartron, rejoint par sa sœur Anne-Laure. Depuis 2004, ils sont cultivés en agriculture biologique, sans certification. La gamme comporte une superbe représentation des climats de Puligny et de Chassagne, avec trois enclaves iconiques dans les Pucelles, le Cailleret et le Chevalier. Tous les vins possèdent une puissance minérale réelle combinée à la délicatesse et la pureté cristalline attendues de ces crus. Après des 2020 impressionnants, 2021 joue le classicisme bourguignon. On est proche de la quatrième étoile.

- Clos des Chevaliers, chevalier-montrachet grand cru 2021 | Sec | 2025>35 | 345.5 € — 96
- bâtard-montrachet grand cru 2021 | Sec | 2025>35 | 362.4 € — 96
- chassagne-montrachet 2021 | Sec | 2023>30 | 53.8 € — 92

Domaine Chevalier Père et Fils

★★★☆☆

L'histoire du domaine commence avec trois hectares de gamay en 1850 et perdure aujourd'hui avec trois des cinq filles de Claude Chevalier : Julie au commerce, Anaïs à la gestion et Chloé depuis 2010 aux manettes techniques des 16 hectares du vignoble acquis à la cause de la colline de Corton et de ses environs. Chloé a eu à cœur de faire progresser les rouges qui vivaient dans l'ombre des blancs et affirme le potentiel de ses ladoix dont on sous-estime souvent la puissance native qu'il faut canaliser. Les rouges 2021 présentés par le domaine montrent une interprétation intelligente de ce millésime compliqué avec un aloxe-corton velouté et puissant, archétypal de son appellation.

- aloxe-corton 2021 | Sec | 2025>32 | 35 € — 91

Domaine Françoise et Denis Clair

★★★☆☆ ➔

Jean-Baptiste Clair gère le domaine depuis 2011. Les 14 hectares du vignoble, dont 8,5 hectares plantés en rouge, se concentrent sur Saint-Aubin et Santenay et couvrent les climats les plus convoités tels qu'En Remilly, Murgers des Dents de Chien, ou encore Sous Roche Dumay. Les vins rouges, qui étaient la spécialité de son père Denis, sont ici vinifiés en cuves béton et offrent un caractère floral, un fruit croquant et une tendresse particulière. Les 2021 pourront être bus assez vite. Les blancs, qui ont progressé de façon spectaculaire depuis l'arrivée de Jean-Baptiste et dont la vinification s'effectue à Saint-Aubin, présentent une droiture cristalline et une précision remarquable avec au sommet le murgers-des-dents-de-chien tout proche du montrachet ou encore le puligny-montrachet La Garenne.

- Clos de Tavannes, santenay premier cru 2021 | Sec | 2024>32 | 29 € — 93
- Les Murgers des Dents de Chien, saint-aubin premier cru 2021 | Sec | 2023>30 | 38 € — 93

Domaine Bruno Colin

★★★☆☆

Bruno Colin, le plus jeune fils de Michel Colin-Deleger, s'est installé à son compte en 2004 pour développer une interprétation précise et stylée du chardonnay bourguignon. Avec pas moins de huit premiers crus sur la seule appellation de chassagne-montrachet, les neuf hectares de vignoble s'étendent sur 50 microparcelles, également sur les communes de Puligny-Montrachet, Saint-Aubin, Maranges et Santenay. Les blancs qui impressionnaient par la précision de leur texture et la cohérence avec leur terroir d'origine sont rejoints par les rouges dans le même esprit.

- La Truffière, puligny-montrachet premier cru 2021 | Sec | 2023>30 | 160 € — 94
- chassagne-montrachet 2021 | Sec | 2023>30 | 68 € — 92

✦ Star ✚ Valeur sûre ➔ À suivre de près Ⓝ Nouvelle entrée

Domaine du Comte Armand

★★★★☆ ✦

Le talentueux Paul Zinetti est depuis 2014 le régisseur de ce domaine emblématique de neuf hectares créé en 1826. Le vignoble y est conduit en accordance des pratiques biodynamiques depuis plus de 10 ans et contient le fameux clos des Épeneaux, joyaux de 5,3 hectares du domaine. Pas de faute d'orthographe ni de faute de goût ici, épeneaux est un monopole qui se décline sous des aspects racés de pommard, avec une grande finesse de tannins. Splendide volnay premier cru les Frémiets qui égale le pommard en terme de puissance absolue. Les boisés qui ont pu faire débat par le passé sont désormais bien intégrés et laissent s'exprimer la qualité remarquable des jus. Le domaine fait référence sur ses climats, notons en 2021 à côté du brillant clos des Épeneaux un volnay épatant pour une simple appellation communale.

- volnay 2020 ¦ Sec ¦ 2025>33 ¦ 58 € ¦ ☘ — 93
- Clos des Épeneaux, pommard premier cru 2020 ¦ Sec ¦ 2025>35 ¦ 170 € ¦ ☘ — 96

Domaine des Comtes Lafon

★★★★★ ✦

Ce domaine, créé à la fin du XIXe siècle, dispose de l'un des plus beaux patrimoines de la côte de Beaune. Les 16,5 hectares de son vignoble cultivé sous influence biodynamique se situent non seulement dans les tous meilleurs crus de Meursault et de Volnay, mais représentent également les parcelles les plus admirablement placées au sein de leurs climats respectifs ! Pierre et Léa ont pris la suite de Dominique Lafon et maintiennent ce domaine familial au sommet de son art à un niveau qualitatif exceptionnel. Les blancs, qui ont bâti la réputation du domaine alors que celui-ci produit un tiers de vins rouges, se distinguent par une énergie saline, vibratoire et sapide et un toucher de bouche élancé et velouté. Les rouges, vinifiés sans les rafles, possèdent une identité pulpeuse, dense et savoureuse. Le domaine ne peut pas prendre de nouveaux clients mais maintient 40% de sa distribution en France pour la belle restauration et les bons cavistes. Des volumes sont disponibles ponctuellement sur nosclimats.com, un site ouvert sur demande aux grands amateurs.

- Clos de la Barre, meursault 2021 ¦ Sec ¦ 2024>32 ¦ NC ¦ ☘ — 95
- Genevrières, meursault premier cru 2021 ¦ Sec ¦ 2025>35 ¦ NC ¦ ☘ — 97
- Perrières, meursault premier cru 2021 ¦ Sec ¦ 2024>35 ¦ NC ¦ ☘ — 98
- montrachet grand cru 2021 ¦ Sec ¦ 2024>35 ¦ NC ¦ ☘ — 98

Domaine de Courcel

★★★★★ ✦

Le domaine va encore plus loin que n'importe lequel des autres producteurs de pommards de longue date. Les 10 hectares appartiennent à la famille de Courcel depuis le XVIe siècle. Ce domaine possède le plus homogène des vignobles de Pommard, essentiellement composé de premiers crus, avec une parcelle royale de 5 hectares d'Épenots et de très vieilles vignes. Yves Confuron, vigneron passionné et talentueux, y développe depuis 1996 une viticulture de haute couture aux rendements infimes qui lui permet de repousser les dates de vendanges vers une maturité optimale des raisins qui seront vinifiés en grappes entières. Ce sont des rouges de très grande garde, même en 2021, ils expriment un absolu en côte-de-beaune dans cette couleur. Le domaine nous présente parfois des verticales d'un cru pour montrer à quel point les vins évoluent bien sur le long terme. La densité de texture du simple bourgogne du domaine le fait démarrer à un niveau où bien des premiers crus de Pommard ne vont pas.

- Grand Clos des Épenots, pommard premier cru 2021 ¦ Sec ¦ 2027>35 ¦ NC — 95
- Les Rugiens, pommard premier cru 2021 ¦ Sec ¦ 2027>36 ¦ NC — 95
- Les Croix Noires, pommard premier cru 2021 ¦ Sec ¦ 2025>32 ¦ NC — 94

Domaine des Croix

★★★☆☆ ➔

Après des années en tant que vinificateur de la maison Camille Giroud, l'œnologue David Croix se concentre sur un petit domaine de huit hectares en copropriété avec des Américains qui est étendu sur quelques jolis terroirs du secteur de Beaune et de Corton. Il recherche à donner aux vins une grande finesse tactile, l'éclat du fruit frais et la pureté. 2019 affichait tout le charme tactile qui fait la réputation des vins du domaine et 2020 suivait le même rythme. Les 2021 montrent de la densité dans ce millésime compliqué dont le vigneron a su sortir le potentiel.

- corton - grèves grand cru 2021 | Sec | 2026>35 | 158 € — 95
- corton - charlemagne grand cru 2021 | Sec | 2024>32 | 202 € — 95
- Les Bressandes, beaune premier cru 2017 | Sec | 2023>28 | 42 € — 94

Rodolphe Demougeot

★★★☆☆

Bien qu'installé depuis 1998 dans la commune de Meursault, Rodolphe Demougeot développe depuis 1992 un domaine dont le cœur de 7,8 hectares se compose principalement d'une jolie représentation des crus de Pommard et de Savigny-lès-Beaune. Les vins rouges, issus de raisins minutieusement triés, égrappés ou non, vinifiés en cuves béton, ont une énergie qui leur assure une buvabilité dès leur jeune âge dans un style gourmand, très adapté à la restauration et à ceux qui aiment boire leurs vins jeunes. Les blancs, quant à eux, offrent droiture et verticalité.

- Les Vignots, pommard 2021 | Sec | 2025>32 | 44 € — 93
- Le Coeur des Dames, Les Charmots, pommard premier cru 2021 | Sec | 2024>32 | 54 € — 94

Joseph Drouhin

★★★★☆ ✦

Originaire de l'Yonne, Joseph Drouhin fonda cette maison iconique en 1880. Celle-ci demeure, près de 140 ans plus tard, une histoire de famille, avec Frédéric à la gestion, Laurent aux marchés export, Philippe à la vigne et Véronique dans les chais. La viticulture biologique a fait ses débuts sur les 80 hectares du domaine en 1988, et les premières préparations biodynamiques y furent appliquées en 1997. Cette maison fait partie des rares domaines bourguignons à porter une attention notable au contrôle de sa merranderie afin d'imposer une sélection de bois des plus précises, ainsi qu'un temps de séchage adéquat (minimum 3 ans) pour chacune de ses cuvées. La même minutie est appliquée à la vigne, où les achats de raisins sont suivis dès le mois de mai afin d'établir les méthodes de vinification qui accompagneront chacune des parcelles. Il en découle un style de vin, en blanc comme en rouge, axé sur l'élégance, la finesse et l'expression du fruit dans sa phase primaire. Chaque climat s'exprime ici de façon limpide et précise.

- Clos des Mouches, beaune premier cru 2021 | Sec | 2024>32 | NC — 92
- Les Petits Monts, vosne-romanée premier cru 2021 | Sec | 2025>40 | NC — 94
- charmes-chambertin grand cru 2021 | Sec | 2026>42 | NC — 95
- vosne-romanée 2021 | Sec | 2025>35 | NC — 93

Domaine Dubuet-Boillot

★★☆☆☆ +

Après la mécanique en sport automobile, Maxime Dubuet-Boillot est revenu à Volnay. Après une série de 2020 épatants, 2021 joue l'immédiateté, on pourra les boire plus rapidement. Ils seront parfaits en restauration et permettront une compréhension aisée des terroirs.

- Carelle sous la chapelle, volnay premier cru 2021 | Sec | >31 | 72.8 € | ☘ — 92
- En l'Argillière, pommard premier cru 2021 | Sec | 2026>31 | 74.9 € | ☘ — 93

Domaine Jean Féry

★★☆☆☆

Domaine familial de 14 hectares installé entre Beaune et Nuits Saint-Georges qui travaille 22 appellations. Frédéric et Laurent Féry s'impliquent de plus en plus dans ce domaine relancé par leur père Jean-Louis et qui est certifié en bio. Nous avons apprécié la réussite des deux savignys rouges, Sous la Cabotte et les Vergelesses construits avec la plus grande délicatesse. Ils se sont adjoints les services de l'œnologue Laurence Danel pour faire progresser le niveau des vins, c'est donc un domaine à suivre de près.

- Sous la cabotte, savigny-lès-beaune 2020 | Sec | 2022>28 | 29 € | ☘ — 91
- Les Vergelesses, savigny-lès-beaune premier cru 2020 | Sec | 2022>30 | NC | ☘ — 93

Domaine Follin-Arbelet

★★★☆☆

Franck Follin-Arbelet exploite et vinifie une belle gamme d'appellations sur la commune et ses environs, dont quatre grands crus et quatre premiers crus. C'est un vigneron discret et ses vins sont à son image. Dans un style très classique, sans concession, les vins sont taillés pour le futur. Les aloxe-corton expriment au mieux les terroirs qui les portent, avec un clos du Chapitre et des Vercots qui constituent des premiers crus de référence. Le corton joue, bien sûr, un cran au-dessus. Les 2019 et les 2020 sont bien réussis, certains 2021 pas en place lors de nos dégustations précoces mériteront d'être revus prochainement. Soulignons que les prix restent accessibles pour des côtes de Beaune.

- corton grand cru 2021 | Sec | 2027>35 | 80 € — 92

Domaine Vincent Girardin

★★★★☆ +

Vincent Girardin créa en 1982 ce négoce novateur puis l'entreprise a été cédée en 2012 à la Compagnie des Vins d'Autrefois, basée à Beaune. Éric Germain, associé de la première heure, continue la gestion de l'équipe et de ses vignobles qui ne cessent de s'agrandir et comptent aujourd'hui 22 hectares entre propriété et prestation de service, avec une représentation unique des climats de côte de Beaune. Aujourd'hui les blancs et les rouges, toujours réussis, sont devenus des valeurs sûres et peuvent servir de métronome sur la côte, chaque cru correspond à l'idée que l'on peut se faire de ce terroir quand il est bien mené. Ceux qui connaissent mal les grands bourgognes pourront venir ici s'en faire une idée juste.

- Santenots, volnay premier cru 2021 | Sec | 2024>32 | 90 € | ☘ — 95
- Champans, volnay premier cru 2021 | Sec | 2025>35 | 100 € | ☘ — 95
- Perrières, meursault premier cru 2021 | Sec | 2023>32 | NC — 96
- Blanchot Dessus, chassagne-montrachet premier cru 2021 | Sec | 2024>32 | NC | ☘ — 95

Camille Giroud

★★★★☆ +

Carel Voorhuis a succédé au talentueux David Croix depuis 2017, parti s'occuper de son domaine personnel sur Beaune. Camille Giroud est un petit négoce de 75 000 bouteilles sur 28 cuvées qui existe depuis 1865. Les vins s'imposent par leur pureté, leur spontanéité, leur soyeux et le parfum du pinot noir qu'ils exhalent. Blancs et rouges sont d'un haut niveau, infiniment gourmands, racés, du plus modeste vin aux grands crus, avec la délicatesse et les touchers de bouche subtils qui sont la marque de cette maison qui mérite sa quatrième étoile.

- Les Vergers, chassagne-montrachet premier cru 2021 | Sec | 2023>32 | 115 € — 90
- charmes-chambertin grand cru 2021 | Sec | 2026>40 | 340 € — 97
- corton - charlemagne grand cru 2021 | Sec | 2025>35 | 330 € — 94
- corton - renardes grand cru 2021 | Sec | 2025>45 | 205 € — 93
- Clos des Godelles, morey-saint-denis premier cru 2021 | Sec | 2025>45 | 110 € — 93
- Les Cras, pommard 2021 | Sec | 2024>34 | 65 € — 90

Domaine Alain Gras

★★★☆☆

Alain Gras incarne la cinquième génération de cette famille vigneronne de Saint-Aubin. Conseiller de chasse du regretté Bernard Loiseau, il a réussi grâce à la qualité de ses vins à les voir figurer sur les cartes des établissements culinaires les plus réputés. Vigneron affable et charismatique, il donne davantage de hauteur à ce cru de Saint-Romain qui culmine déjà pourtant dans la côte de Beaune du haut de ses 400 mètres. Il est désormais rejoint par son fils Arthur. Le pinot prend ici des allures gourmandes avec son croquant de cerise et ses notes florales de pivoine et de violette, quand le chardonnay donne des blancs minéraux, digestes et complexes.

- Très Vieilles Vignes, auxey-duresses 2021 | Sec | 2025>32 | 39.9 € — 91
- Les Crais, auxey-duresses 2021 | Sec | 2024>29 | 39 € — 90

Domaine Antonin Guyon

★★★☆☆ +

Avec 47 hectares sur 25 climats, ce domaine familial assemblé à partir d'innombrables parcelles dispose d'un patrimoine viticole unique, avec en particulier une représentation de premier choix des alentours de la colline de Corton. Les vins sont fidèles à leurs terroirs d'origine, sans artifice, pleins de sincérité. Le domaine est géré par Dominique Guyon, conduit en bio et certifié à partir du millésime 2018. Les rouges, issus de raisins partiellement égrappés, allient maturité de fruit et tannins fins. Ils sont de fidèles représentants de leur terroir d'origine. En blanc, le meursault les Charmes Dessus et le corton-charlemagne 2021 sont salivants, les rouges 2021 sont très réussis,

Brice de la Morandière, Domaine Leflaive

Préserver la race des blancs somptueux de ce domaine de légende n'est pas le résultat d'un miracle, mais de mille petites attentions que Brice de la Morandière sème avec un pragmatisme fait d'observation et de réflexion. Il porte une attention particulière à la vigueur de la vigne, aux premières 24 heures lors de la vendange et aux dernières 24 heures avant l'embouteillage avec une gestion millimétrée de l'oxygène dissous. Entre les deux, il a mis en place une gestion réfléchie des cinétiques de fermentation pour éviter l'oxydation des moûts. *Alain Chameyrat*

assez denses pour le millésime et sont construits pour la garde.

- Dessus, Charmes, meursault premier cru 2021 | Sec | 2023>30 | 105 € | 93
- corton - clos du roi grand cru 2021 | Sec | 2027>35 | 125 € | 96
- Clos du Village, chambolle-musigny 2021 | Sec | 2025>32 | 79 € | 93

Maison Louis Jadot

★★★★☆

L'implication de la famille Gagey au sein de cette véritable pièce du patrimoine historique bourguignon intervient au décès de Louis-Auguste Jadot. Sans héritier, la maison est confiée en 1962 à André Gagey, qui en demeurera le régisseur jusqu'en 1991, date à laquelle il cédera les rênes à son fils Pierre-Henry, aujourd'hui à la tête des 225 hectares de vignoble. Les vinifications sont assurées depuis 2011 par Frédéric Barnier, qui a parfaitement succédé à Jacques Lardière, en améliorant encore la constance et l'homogénéité de toutes les mises. Les blancs sont pressés en pneumatique et fermentés directement en fûts où ils recevront un élevage sur lies aux bâtonnages périodiques durant 12 à 20 mois. Les vins rouges sont vinifiés éraflés, non-foulés, sans pré-fermentaire à froid, et effectuent une cuvaison de 25 à 27 jours avant de débuter leur élevage de 12 à 22 mois en fûts, dont un tiers de fûts neufs.

- clos de vougeot grand cru 2021 | Sec | 2025>35 | NC | 93
- corton - charlemagne grand cru 2021 | Sec | 2025>35 | 271 € | 96
- musigny grand cru 2021 | Sec | 2026>40 | NC | 94
- Genevrières, meursault premier cru 2021 | Sec | 2024>34 | NC | 93
- Les Amoureuses, chambolle-musigny premier cru 2021 | Sec | 2025>40 | NC | 95
- Perrières, meursault premier cru 2021 | Sec | 2024>34 | 21 € | 92

Domaine Claudie Jobard

★★★☆☆ +

Bien née, avec un père pépiniériste et une mère œnologue, Claudie Jobard se partage entre la maison Remoissenet, où elle assure la direction technique, et son domaine familial essentiellement situé à Rully (même si elle possède aussi des parcelles à Pommard et Beaune). Viticultrice respectueuse de ses sols et vinificatrice sensible et adroite, elle réussit des blancs et rouges savoureux et fins.

- Les Épenottes, beaune 2021 | Sec | 2025>32 | 52.5 € | 94

Labruyère Prieur Sélection

★★★☆☆

L'activité de négoce du domaine Jacques Prieur, développée par Édouard Labruyère, propose des vins vinifiés par Nadine Gublin, issus principalement d'achats de raisins pour compléter la production du domaine. Les cuvaisons sont moins longues qu'au domaine, avec des élevages préférant le foudre aux traditionnels fûts et qui s'orientent vers une recherche de buvabilité accrue. Superbe chassagne-montrachet premier cru Morgeot vinifié en rouge, c'est une rareté hautement recommandable.

- Morgeot, chassagne-montrachet premier cru 2021 | Sec | 2023>32 | NC | 93
- Morgeot, chassagne-montrachet premier cru 2021 | Sec | 2025>32 | NC | 94

Domaine Hubert Lamy

★★★★☆ ✦

Olivier Lamy, après s'être forgé une expérience en France et à l'étranger, a rejoint son père en 1995. Il fait partie de ces vignerons chercheurs, à la vigne comme en cuverie. Les cuves miniatures utilisées dans le chai construit sur trois niveaux attestent de l'attention portée aux détails. Chaque parcelle y trouve sa place, chaque âge de vigne y est dissocié, et chaque vin y développe sa propre identité sans l'interférence du bois neuf. Les 18 hectares de vignes plantées en haute densité (depuis 1990 et variant de 14 à 25 000 pieds/ha) sont cultivés de manière biologique, avec minutie. À l'arrivée, les vins blancs montrent une identité cristalline, de belle profondeur et les rouges affichent une texture soyeuse et ample. Les blancs 2021 sont au sommet de ce que Saint-Aubin peut faire.

- Clos de la Chatenière Vieilles Vignes, La Chatenière, saint-aubin premier cru 2020 | Sec | 2023>30 | 120 € | 94
- En Remilly, saint-aubin premier cru 2020 | Sec | 2023>30 | 120 € | 96

Louis Latour

★★★★☆ +

Cette maison familiale, fondée en 1797, est majoritairement liée à la côte de Beaune où elle possède l'essentiel de son vignoble, avec en point d'orgue une somptueuse implantation sur le coteau fameux de Corton. Florent Latour, onzième génération de Latour a repris la présidence du directoire familial après la disparition subite de son frère, Louis-Fabrice, admiré par tous. Il est épaulé par une équipe soudée, de haut niveau et d'excellents vinificateurs. Les rouges ont vu allonger leur durée de fermentation ce qui leur donne plus de chair et d'étoffe, les blancs montrent une recherche constante d'équilibre qui parfois les fait sous-estimer dans leur jeunesse, mais ils vieillissent magnifiquement. On peut accorder toute confiance aux cuvées issues des vignes du domaine. Les blancs 2021 sont de très bon niveau dans ce millésime compliqué, les rouges n'ont pas cherché une extraction importante, ils permettront d'attendre les trois millésimes précédents.

- Les Quatre Journaux, romanée-saint-vivant grand cru 2021 | Sec | 2025>32 | 652 € | 96
- Héritiers Latour, chambertin grand cru 2021 | Sec | 2026>35 | 429 € | 97
- Les Charmes, chambolle-musigny premier cru 2021 | Sec | 2025>32 | 125.5 € | 94
- Les Chaumes, vosne-romanée premier cru 2021 | Sec | 2024>31 | 125.5 € | 94

Domaine Vincent Latour

★★★☆☆ →

Né avec la République sous le nom de Latour-Labille, ce domaine porte depuis le millésime 2010 le nom de Vincent Latour. Avec son épouse Cécile, ils en exploitent les 8 hectares auxquels s'ajoutent 2 hectares de négoce pour assurer une jolie représentation des crus de Meursault, Chassagne-Montrachet, Saint-Aubin et Pommard. Une large gamme de meursaults blancs permettra de comprendre le caractère de tous les secteurs du village, avec même un très bon rouge du premier cru les Cras. Vincent Latour est depuis plusieurs millésimes maître de son style. Les 2021 sont remarquables de franchise et d'expression de leur terroir, d'une rare pureté.

- Les Frionnes, saint-aubin premier cru 2021 | Sec | 2025>30 | 44 € | 92
- Les Cras, meursault premier cru 2021 | Sec | 2023>30 | 92 € | 93
- Clos des Magny, meursault 2021 | Sec | 2023>30 | 55 € | 93

Domaine Leflaive

★★★★☆ ✦

Sur ce domaine, de très grands vignerons tels que Vincent ou Anne-Claude Leflaive, monument de la viticulture bourguignonne disparue trop tôt et prescriptrice de principes biodynamiques au sein de son vignoble depuis 1990, se sont succédés. C'est aujourd'hui Brice de la Morandière, neveu d'Anne-Claude, avec l'attache de Pierre Vincent, auparavant à la Vougeraie, tout aussi doué que discret, qui pilote les 44 hectares de ce vignoble (24 hectares à Puligny et 20 hectares à Mâcon). Il devient par la même occasion garant d'un style considéré par tous comme l'une des références absolues de la planète chardonnay. La pureté des blancs du Maconnais est ravissante et la race de ceux de la côte de Beaune est impressionnante de millésime en millésime, 2021 ne dépareillant en rien dans la collection du domaine.

- Clavoillon, puligny-montrachet premier cru 2021 | Sec | 2023>32 | NC | 95
- Les Pucelles, puligny-montrachet premier cru 2021 | Sec | 2025>35 | NC | 97
- bâtard-montrachet grand cru 2021 | Sec | 2025>35 | NC | 98
- puligny-montrachet 2021 | Sec | 2023>30 | NC | 94
- pouilly-fuissé 2021 | Sec | 2023>28 | NC | 93

Olivier Leflaive

★★★★☆ +

En un peu plus de trente ans, Olivier Leflaive est une maison qui s'est construite une solide réputation autour d'une production axée à 90% sur les blancs. Elle peut compter sur une équipe soudée de collaborateurs fidèles à leurs postes, à leurs convictions et à leur dévotion pour une expression des vins de la côte de Beaune sous une physionomie avenante et digeste. La gamme se décline aujourd'hui sur plus de 80 appellations, dont 13 hectares de vignobles en nom propre et un total de 100 hectares vinifiés par les talentueux Franck Grux et Solène Panigai. La qualité des vins sur un nombre aussi important de cuvées est tout simplement remarquable et mérite que l'on s'arrête les déguster à la table d'hôte du domaine où on peut les acheter, ce qui n'est pas si fréquent en Bourgogne.

- Clos des Angles, Les Angles, volnay premier cru 2020 | Sec | 2024>30 | 70 € | 92
- Les Sétilles, bourgogne 2020 | Sec | 2023>28 | 30 € | 91
- Abbaye de Morgeot, chassagne-montrachet premier cru 2020 | Sec | 2024>35 | 122 € | 94

✦ Star + Valeur sûre → À suivre de près N Nouvelle entrée

■ Margot, bourgogne 2020 ¦ Sec ¦ 2023>28 ¦ 35 € 91
■ Clos des Monsnières, beaune 2020 ¦ Sec ¦ 2023>28 ¦ 33 € 92
■ Les Fichots, pernand-vergelesses premier cru 2020 ¦ Sec ¦ 2025>30 ¦ 40 € 93

Domaine Lejeune

★★★★☆ +

Aubert Lefas, gendre de François de Pommerol disparu en 2017 et qu'il secondait depuis 2005, a repris les rênes de ce domaine de 10 hectares, référent à Pommard auquel est associée une toute petite activité de négoce sur Meursault, Chassagne-Montrachet et sur les grands épenots en pommard. Le domaine connu autrefois pour des vins rouges plébiscitant la vendange entière et pour des élevages particulièrement longs aptes à produire des pommards bâtis pour la garde, d'un classicisme assumé, a évolué vers des vins plus ronds pendant leur jeunesse sans que leur potentiel de garde n'en soit diminué. Il est désormais certifié bio. Les 2021 ont été extraits avec finesse sans brusquer ce millésime parfois compliqué mais très goûteux au domaine.

■ Les Rugiens, pommard premier cru 2021 ¦ Sec ¦ 2026>32 ¦ 100 € ¦ ☘ 94
■ Les Argillières, pommard premier cru 2021 ¦ Sec ¦ 2024>31 ¦ 60 € ¦ ☘ 94
■ En Remagnien, monthélie 2021 ¦ Sec ¦ 2023>29 ¦ 28 € ¦ ☘ 91

Domaine Chantal Lescure

★★★☆☆

Chantal Lescure, qui détenait la société d'emboutissage bourguignonne, SEB, a fondé ce domaine de 18 hectares essentiellement sur Pommard et pour 3,5 hectares en côte de Nuits. Le domaine a été repris en 2022 par Jean-Philippe Girard qui œuvre dans la farine industrielle accompagné par Eric Rousseau du domaine éponyme à Gevrey-Chambertin. Les vinifications, assurées par François Charveriat, le régisseur et gérant depuis 1996, sont un compromis réussi entre tradition et modernité. Les vins certifiés bio depuis 2006 ont du corps, de la sève, des tannins présents mais sans agressivité. La lecture des terroirs est très compréhensible pour ceux qui veulent s'initier à la diversité bourguignonne. Il est possible d'acheter des vins au caveau du domaine après avoir pris rendez-vous, ce qui devient rare en Bourgogne.

■ clos de vougeot grand cru 2021 ¦ Sec ¦ 2026>35 ¦ 248 € ¦ ☘ 93
■ Les Chouacheux, beaune premier cru 2021 ¦ Sec ¦ 2024>30 ¦ 56 € ¦ ☘ 92
■ Les Vaumuriens, pommard 2021 ¦ Sec ¦ 2025>32 ¦ 59 € ¦ ☘ 93

Domaine Catherine et Claude Maréchal

★★★☆☆

Les appellations du domaine ne sont pas les plus réputées de la côte de Beaune, mais les vins concentrent toute l'essence du pinot noir. Le couple inséparable créa ce domaine en 1981 pour y développer, avec expérience et au fur et à mesure de rencontres (H. Jayer, A. Clape, ou encore J. Thévenet), une viticulture exemplaire et exempte d'artifices chimiques. Les 13 hectares du domaine bénéficient de labours millimétrés et d'une taille très courte garantissant des rendements infimes de grappes gorgées de saveurs. Les 2021 sont d'un style classique, un peu plus fermes qu'à l'habitude, ils gagneront à un peu de patience.

■ Vieilles vignes, savigny-lès-beaune 2021 ¦ Sec ¦ 2024>30 ¦ 34 € 91
■ volnay 2021 ¦ Sec ¦ 2024>30 ¦ 48 € 91

Domaine du Château de Meursault

★★★★☆

Ce magnifique domaine continue sa progression vers les sommets de la Bourgogne, avec en rouge et en blanc des choix de vinification classiques mais aboutis, précis, homogènes, et une grande adresse dans la façon de vendanger. Aucune dilution en blanc, aucune surcharge alcoolique en rouge, les vins sont typés de leur origine et délicats dans leurs tannins, aptes à bien vieillir. Il faut compter avec eux et féliciter l'équipe technique, Stéphane Follin et Emmanuel Escutenaire en tête, qui bénéficie du plein soutien du propriétaire, Olivier Halley. Les rouges 2021 sont délicieux et pourront donner du plaisir assez vite tout en étant de garde.

- Clos des Épenots, pommard premier cru 2021 | Sec | 2024>32 | 95 € 95
- Perrières, meursault premier cru 2021 | Sec | 2024>32 | 125 € 94
- Les Marechaudes, corton grand cru 2021 | Sec | 2025>35 | 175 € 95

Domaine de Montille

Le domaine de Montille, dirigé par Étienne de Montille, se balade sur les toits de la Bourgogne, avec des vins qui ont de la résonance et transcendent les millésimes tout en faisant parler les climats. Ils sont issus de 20 hectares d'appellations régionales, rouges et blancs, de villages et essentiellement de premiers et grands crus en côtes de Beaune et de Nuits. À partir du millésime 2017, la production du château de Puligny est englobée au domaine, le tout en biodynamie. Les rouges sont d'une noblesse rare, provoquant de l'émotion et les blancs sont vinifiés dans une recherche de tension et de verticalité. Ce domaine fait incontestablement partie de la caste des grands. Un peu de vente aux particuliers est possible sur le site nos-climats.com accessible sur demande aux grands amateurs.

- cuvée Christiane, Aux Malconsorts, vosne-romanée premier cru 2021 | Sec | 2025>35 | 690 € | 99
- corton - charlemagne grand cru 2021 | Sec | 2026>35 | 231.25 € | 98
- Les Sizies, beaune 2021 | Sec | 2024>30 | 60 € | 93

David Moret

Jovial, gastronome, chasseur, David Moret est un négociant épicurien vinifiant des blancs taillés pour la table qui évoluent de belle façon. On va du plaisir immédiat à la grande complexité. De plus en plus de restaurants étoilés font appel à ce Bourguignon et les accords mets et vins en sortent grandis. Nous voyons depuis 2016 une lignée ininterrompue de grandes réussites qui démarrent dès les entrées de gamme tarifées à un prix raisonnable. La qualité des 2021 dégustés conforte la promotion que nous avons accordé au domaine dans notre hiérarchie.

- Les Narvaux, meursault 2021 | Sec | 2023>30 | 52 € 93
- Vieilles Vignes, chassagne-montrachet 2021 | Sec | 2023>30 | 52 € 93
- Blagny, meursault premier cru 2021 | Sec | 2023>30 | 86 € 94

Domaine Albert Morot

Pour les amateurs de beaunes rouges dont nous sommes, une dégustation de la production des huit hectares du domaine permet de montrer bien des facettes de l'appellation quand elle est bien représentée comme ici. Diplôme d'œnologie de l'université de Montpellier en poche, Geoffroy Choppin de Janvry s'est installé ici en 2000 afin d'y insuffler une viticulture plus saine (certifiée bio en 2015), aux rendements faibles, et des méthodes de vinification très peu interventionnistes où l'usage du soufre n'apparaît qu'à la fin d'un long élevage dans les caves fraîches du domaine. Les 2021 sont des classiques bourguignons très réussis, le domaine nous a habitué à cette régularité depuis longtemps.

- Les Bressandes, beaune premier cru 2021 | Sec | 2025>35 | 59 € | 94
- Les Teurons, beaune premier cru 2021 | Sec | 2024>32 | 59 € | 93
- Les Cents Vignes, beaune premier cru 2021 | Sec | 2024>30 | 59 € | 92

Les Parcellaires de Saulx

Les Parcellaires de Saulx, nouveau nom donné à l'ancien Manoir Murisaltien, est une maison de négoce rachetée en 2017 par un couple d'Américains passionnés d'art de vivre à la française et par son directeur Jean-Luc Vitoux. Ils ont conjointement acquis le domaine Belleville à Rully, ainsi que le château et le clos de la Commaraine à Pommard. Cette maison vinifie et élève des vins provenant d'appellations prestigieuses de la Bourgogne avec une philosophie et une pratique originales puisqu'elle ne réalise aucun assemblage. Chaque vin provient d'un seul viticulteur et d'une seule parcelle, afin de respecter et de mettre en valeur chaque terroir. Le fil rouge de la production en rouge est la finesse d'extraction des tannins. Elle est en blanc la pureté dans des textures élégantes. A suivre de près.

- Les Corbeaux, gevrey-chambertin premier cru 2021 | Sec | 2025>35 | NC 94
- Morgeot, chassagne-montrachet premier cru 2021 | Sec | 2023>30 | NC 93
- Les Millerands, meursault 2021 | Sec | 2023>30 | NC 93

Domaine Lucien Muzard et Fils

Le domaine de Claude et Hervé Muzard s'étend sur 20 hectares, avec une représentation majoritaire des climats de Santenay, dont 5 premiers crus. La fille de Claude, Capucine les a rejoints. Une petite activité de négoce complète la gamme du domaine sur les climats tels que Puligny, Chassagne ou Volnay. Le style des vins rouges correspond à des santenays qui possèdent une gourmandise dès leur jeunesse, à l'exception de quelques climats à attendre quelques années. Les blancs, qui ne représentent que 20 % de la production, sont également rapidement accessibles. Ce domaine donne aujourd'hui l'une des plus belles expressions de Santenay à travers de vieilles vignes vinifiées avec un évident talent. Les rouges 2021 très parfumés pourront être bus assez vite, le corton-charlemagne est d'un style constant, très classique.

- Clos Faubard, santenay premier cru 2021 | Sec | 2023>29 | 34.5 € 91
- Les Meix Chavaux, meursault 2021 | Sec | 2023>29 | 54 € 92

Domaine Antoine Olivier

Antoine Olivier est un vigneron-négociant à la tête de l'activité familiale de Santenay qu'il a reprise en 2003. Certes, il est en recherche permanente de la qualité, mais surtout du plaisir au travers de ses vins, le tout sous le signe de l'humour, que l'on saura apprécier avec les noms donnés à ses cuvées. Le vignoble tend vers une viticulture biologique depuis 2010, la certification est attendue pour 2023. Les vins sont à tendance très minérale et sont expressifs du terroir calcaire en blanc, énergiques et salins en rouge.

- Les Noizons, pommard 2021 | Sec | 2025>30 | 42 € 91
- Les Gorges de Narvaux, meursault 2021 | Sec | 2023>30 | 52 € 92

Domaine Philippe Pacalet

Tombé dans le chaudron sans soufre depuis son plus jeune âge, Philippe Pacalet débute sa carrière chez son oncle Marcel Lapierre, dans le Beaujolais puis chez Prieuré-Roch jusqu'en 2001. Aujourd'hui il cultive 15 hectares en Bourgogne et développe également quelques projets satellites dont un à Moulin-à-Vent et un à Cornas. La vinification des rouges se fait en raisins entiers, sans sulfitage. L'élevage est ici appelé « affinage » et dure un an en fût (très peu de bois neuf), suivi d'une période en masse de 4 à 6 mois. Le style Pacalet a ses aficionados, d'autres préféreraient un peu plus de protection autour de ces matières remarquables. Mais tous s'accorderont sur la digestibilité et la fraîcheur des vins du domaine. Nous notons une évolution depuis 2019 vers des vins exempts de tout reproche dans un nouveau style Pacalet avec un charnu des textures superlatif auquel nous adhérons sans hésitation.

- nuits-saint-georges 2017 | Sec | 2023>27 | 65 € 94
- gevrey-chambertin 2018 | Sec | 2023>30 | 62.5 € 93
- ruchottes-chambertin grand cru 2021 | Sec | 2024>32 | 550 € 95
- Grands Charrons, meursault 2020 | Sec | 2023>28 | 125 € 93

Domaine Agnès Paquet

Agnès Paquet a vinifié son premier millésime à Meloisey en 2001 sur une parcelle familiale située à Auxey-Duresses. Elle a su mener son domaine de main de maître pour être à la tête maintenant de 12,5 hectares, en Hautes-Côtes de Beaune, Auxey-Duresses, Chassagne-Montrachet et Saint-Aubin où les vignes sont menées avec intelligence, selon les principes du bio avec une certification depuis le millésime 2022. Les blancs sont droits et ciselés et les rouges, vinifiés partiellement en grappes entières, sont précis et gourmands. À noter la production d'un étonnant et goûteux effervescent maison, en méthode ancestrale, produit uniquement avec de l'aligoté.

- Aliboitboit et les 40 Buveurs - Méthode ancestrale, Blanc de Blancs, vin mousseux 2022 | Sec | 2023>25 | 11.5 € | 89
- Le clou et la plume, bourgogne aligoté 2021 | Sec | 2023>25 | 17 € 91

Domaine du Château Philippe le Hardi

Ce grand domaine de 90 hectares, appartenant au Crédit Agricole, est basé à Santenay dans l'une des plus belles demeures de Bourgogne aux tuiles vernissées, ancienne propriété de Philippe le

✦ Star ✚ Valeur sûre → À suivre de près N Nouvelle entrée

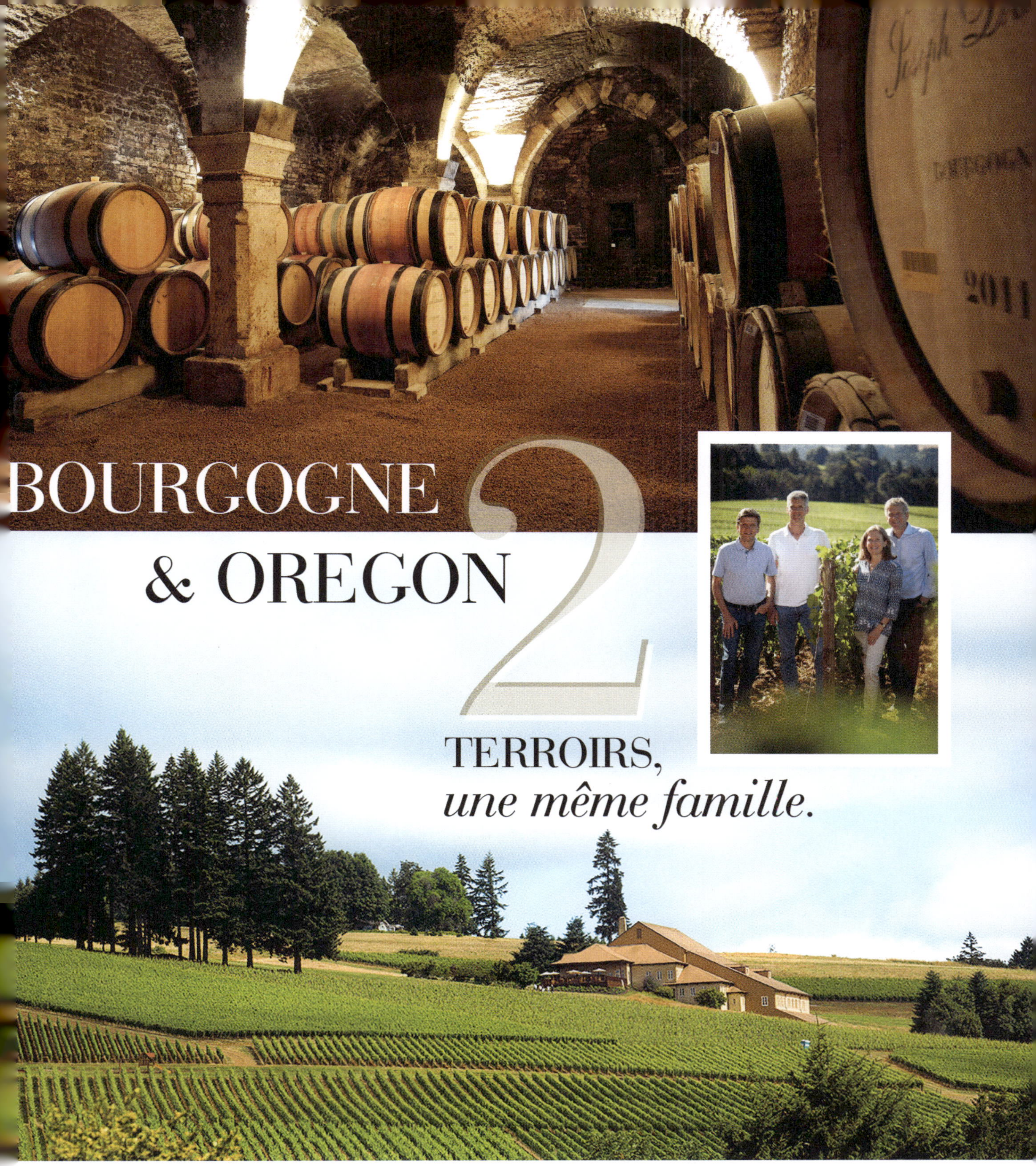
BOURGOGNE
& OREGON
2
TERROIRS,
une même famille.

Hardi. Ses vignes sont réparties entre la côte d'Or et la côte chalonnaise sur 14 appellations, avec une viticulture certifiée Terra Vitis. La gamme de vins présentée progresse en douceur vers la qualité.

- Les Condemennes, chambolle-musigny 2021 | Sec | 2023>30 | 75 € | ☘ 91
- Clos de Tavannes, santenay premier cru 2021 | Sec | 2024>30 | 54 € | ☘ 91

Château de Pommard

★★☆☆☆

Avec 20 hectares de vignes d'un seul tenant sur lesquelles se dresse un château tricentenaire, ce domaine représente le monopole privé le plus vaste de Bourgogne. Emmanuel Sala s'en est vu confier les clés par Maurice Giraud en 2007, avant d'y accueillir le nouvel heureux propriétaire Michael Baum en 2014. Une activité de négoce complète désormais la gamme du château et répond aux demandes de vins blancs sur les marchés locaux et internationaux. Les vins de ce domaine, en blanc comme en rouge, passent par une période d'élevage sous bois très longue. Les rouges possèdent l'empreinte véritable du terroir de Pommard sur sa partie basse, avec ses aspects charnus et la puissance que lui confère une présence accrue de l'argile dans les sols.

Domaine Jacques Prieur

★★★★★ ✦

Grand par sa palette de terroirs, mais tout aussi grand par la qualité de ses vins, le domaine Jacques Prieur est un incontournable des grands domaines bourguignons. Les efforts sont évidents sur les 28 hectares, conduits depuis 1997 de façon biologique sans certification, sous le contrôle sérieux de Daniel Godefroy. Ce sont des raisins d'une qualité exceptionnelle qui sont ensuite vinifiés de main de maître par Nadine Gublin, experte reconnue, qui apporte sa touche personnelle à l'élaboration de cette palette exceptionnelle de climats. Elle réussit à merveille, en jouant avec la vendange entière pour les rouges, permettant la pure révélation du terroir, sans artifice. Le musigny 2021 fera date.

- Clos des Santenots Monopole, Santenots, volnay premier cru 2021 | Sec | 2026>35 | NC 96
- musigny grand cru 2021 | Sec | 2027>35 | NC 99
- Clos de Mazeray - Monopole, meursault 2021 | Sec | 2025>32 | NC 92

Prieuré-Roch

★★★☆☆ ⊛

Henri Roch, était co-administrateur avec Aubert de Villaine du Domaine de la Romanée Conti. Depuis son décès, le domaine continue d'être géré techniquement par le même maître de chai, Antonio Quari qui poursuit un style de vins avec des fruités explosifs et un charme tactile particulier. Malgré les bonnes relations que nous entretenions avec le propriétaire, le domaine se refusait à soumettre ses vins à nos dégustations comparatives. Nous avons eu récemment l'occasion de faire un point limité sur sa production et nous n'avons pas été déçus. A suivre.

- ladoix 2019 | Sec | 2023>28 | 228 € 91
- savigny-lès-beaune 2018 | Sec | 2023>28 | 285 € 92

Prosper Maufoux

★☆☆☆☆

La maison Prosper Maufoux a été acquise par Éric Piffaut, dirigeant de la maison Veuve Ambal. Le site installé sur la place de Santenay vient d'être revendu aux propriétaires du château de la Crée et la marque Prosper Maufoux conservée par Éric Piffaut.

- Les Gravières 2020, santenay premier cru | Sec | 2023>29 | NC 90
- Clos du Château 2020, saint-aubin premier cru | Sec | 2023>30 | NC 90

Domaine Rapet Père et Fils

★★★★☆ ✚

Vincent Rapet a succédé à son père pour gérer les 20 hectares de vignoble, principalement situés autour de la colline de Corton. Les murs historiques du chai accueillent depuis quelques années une cuverie moderniste qui, associée à une série d'investissements dans le renouvellement du matériel de culture, offre désormais à Vincent un outil de production qui permet de bousculer les meilleurs de la Bourgogne. Depuis 2015 les rouges nous épatent. Ils ont rejoint des blancs de réputation ancienne, notamment le corton-charlemagne et le pernand premier cru blanc Sous Frétille. Les 2021 ont su capter la grande délicatesse possible dans le millésime. C'est une adresse très sûre où aucun vin de la large gamme ne déçoit.

- corton grand cru 2021 | Sec | 2026>35 | NC 95
- corton - charlemagne grand cru 2021 | Sec | 2024>32 | NC 96
- Les Grèves, beaune premier cru 2021 | Sec | 2024>32 | NC 93

Remoissenet Père et Fils

★★★☆☆

Fondée en 1877, cette maison beaunoise fut gérée durant de très longues années par l'infatigable Roland Remoissenet. À sa retraite, celle-ci fut vendue, avec son stock impressionnant de vieilles bouteilles et ses caves magnifiques du XIVe siècle, à des banquiers et collectionneurs new-yorkais, Edward et Howard Milstein. Avec un vignoble de 15 hectares complété par des achats de raisins dans toutes les belles appellations de la côte d'Or, la très douée œnologue Claudie Jobard peut réaliser un travail très intéressant. Les vins ont un profil à la fois séduisant et profond, tant pour les blancs amples et floraux que pour les rouges d'un brillant équilibre.

- Les Cazetiers, gevrey-chambertin premier cru 2021 | Sec | 2025>32 | 115 € 92
- Vergelesses, pernand-vergelesses premier cru 2021 | Sec | 2025>30 | 44 € 92

Domaine Roulot

★★★★☆ ✦

Jean-Marc Roulot, vigneron connu et reconnu, que l'on croise parfois sur grand écran, l'homme étant acteur à ses heures, représente la sixième génération de ce domaine familial de 16 hectares. Depuis le début des années 2000, les vignes sont conduites selon les préceptes biodynamiques et de nouvelles réflexions sont en cours sur la gestion du soufre après vendanges. Dans la recherche d'une pureté minimaliste et cristalline dans ses vins, il a créé une émulation pour toute une génération de vignerons. Ses blancs très réussis, ont une pureté et un ciselé rares. Les 2020 sont de haut niveau.

- bourgogne 2020 | Sec | 2023>28 | NC | ☘ 90
- Clos des Bouchères, meursault premier cru 2020 | Sec | 2023>30 | NC | ☘ 94

Étienne Sauzet

★★★★☆ ✦

Le domaine Etienne Sauzet a été créé vers 1955 par un commercial en biscuits secs qui approvisionnait les belles tables parisiennes. Il a acheté des vignes et a proposé ses vins à ses anciens clients. C'est aujourd'hui sa descendante, Émilie Boudot, et son mari Benoît Riffault, fils de vigneron sancerrois (domaine Claude Riffault), qui l'exploitent en continuant de faire croître sa surface qui est maintenant de 15 hectares, dont dix à Puligny-Montrachet et cinq en Hautes-Côtes de Beaune. Le vignoble est mené en biodynamie, certifié Ecocert depuis 2009. Le chardonnay possède ici une splendide pureté d'expression, une finesse et un potentiel de garde notables, des vins d'énergie à la fine acidité, de grand fruit. On entre ici de plain-pied dans la grande Bourgogne !

- Les Combettes, puligny-montrachet premier cru 2021 | Sec | 2025>34 | NC | ☘ 96
- Les Referts, puligny-montrachet premier cru 2021 | Sec | 2024>35 | NC | ☘ 97
- Jardin du calvaire, hautes côtes de beaune 2021 | Sec | 2023>26 | NC | ☘ 91

Seguin Manuel

★★★☆☆ ✚

Thibault Marion, dont la famille fut liée à l'histoire de Chanson, s'est associé à Jean-Luc Coupet en 2004 pour reprendre cette ancienne activité de négoce familiale. La gamme du domaine, qui compte pas moins de 30 climats aux quantités de bouteilles limitées, est complétée par des achats de raisins et de moûts sur les deux côtes. Les rouges jouent intelligemment la carte des millésimes sans excès de puissance ni de maturité. Les vins blancs sont assez puissants, sapides. C'est une adresse sûre.

- Champs-Pimont, beaune premier cru 2021 | Sec | 2025>32 | 59 € 92
- Clos des Mouches, beaune premier cru 2021 | Sec | 2024>30 | 90 € 92
- corton - le rognet-et-corton grand cru 2021 | Sec | 2026>35 | 176 € 94

Domaine du Comte Senard

★★★★☆ ✚

Entre tradition et modernité, Lorraine Senard-Pereira a entrepris depuis 2005 des changements radicaux afin de procurer à ses vins l'élégance nécessaire pour

✦ Star ✚ Valeur sûre ⊛ À suivre de près N Nouvelle entrée

une consommation plus immédiate, tout en préservant le potentiel de garde et la qualité intrinsèque des grands cortons, dont le domaine possède aujourd'hui une représentation sur pas moins de 6 climats ! Nous ne cessons de nous étonner devant la finesse de tannins des vins depuis le millésime 2016. 2018 fut une réussite brillante, 2019 a été également fort bien géré par le domaine. Les 2021 retrouvent un classicisme bourguignon bienvenu et expriment la finesse du pinot noir et en blanc, le corton impressionne par son volume comme toujours.

- Les Valozières, aloxe-corton premier cru 2021 | Sec | 2024>32 | 78 € — 94
- corton grand cru 2021 | Sec | 2025>32 | 175 € — 94
- Jules, aloxe-corton 2021 | Sec | 2023>30 | 43 € — 92

Henri de Villamont

★★☆☆☆

Installée à Savigny-lès-Beaune, cette maison de négoce appartient au grand groupe suisse Schenk. Son vignoble en propre compte 10 hectares, principalement à Savigny mais aussi sur la côte de Nuits. Les rouges, solides et bien construits, sont très réguliers depuis plusieurs millésimes. Les blancs, notamment les savignys et savignys premier cru, issus du domaine maison, ne manquent pas de personnalité.

Domaine Anne-Marie et Jean-Marc Vincent

★★★☆☆ +

Anne-Marie et Jean-Marc Vincent sont des vignerons attachants, volubiles et surtout en perpétuelle quête d'une viticulture de pointe. Rien n'est laissé au hasard dans les vignes et leur travail fait référence. Ils proposent une gamme de vins tout simplement remarquable, rarement égalée, avec des rouges profonds qui font honneur à Santenay, une appellation qui mérite d'être redécouverte et des blancs 2021 comme d'habitude au meilleur niveau de leurs appellations. Epatant puligny blanc, Corvée des Vignes.

- Les Hautés, auxey-duresses 2021 | Sec | 2023>30 | 65 € — 92
- Beaurepaire, santenay premier cru 2021 | Sec | 2025>32 | 70 € — 92
- Corvée des Vignes, puligny-montrachet 2021 | Sec | 2023>32 | 75 € — 94

CHALONNAIS

Domaine Belleville

★★★☆☆

Cette maison historique de Rully créée au début du XXe siècle a été acquise en 2017 par un couple d'Américains passionnés d'art de vivre à la française, également propriétaire de la maison de champagne Leclerc-Briant. Le domaine est dirigé par Jean-Luc Vitoux, co-propriétaire, entouré de Charles Nebout, régisseur. Les 22 hectares sont en conversion bio. La gamme montre nombre de cuvées appétantes, fidèles à leur terroir d'origine.

- La Pucelle, rully premier cru 2021 | Sec | 2023>30 | 42 € — 93
- Le Clos l'Évêque, mercurey premier cru 2021 | Sec | 2023>30 | 52 € — 92
- Champ Ladoy, mercurey 2021 | Sec | 2023>30 | 35 € — 92

Vignerons de Buxy

★★☆☆☆

La cave des Vignerons de Buxy, créée en 1931, est animée par 120 vignerons et 45 salariés et commercialise 7 millions de bouteilles par an. Elle vinifie 75 % des vins issus de l'appellation montagny et ce regroupement d'une multitude de petites exploitations familiales permet la création d'un outil de production performant, qui s'engage dans une vraie démarche qualitative de vinification et de production (Vignerons en Développement Durable). Elle vient d'ouvrir la maison Millebuis, un espace de dégustation et d'œnotourisme. Les 2021 jouent la gourmandise immédiate du fruit. Les vins présentés montrent que la coopération viticole est capable de valoriser ses appellations avec des rapports qualité-prix extrêmement attractifs comme le montagny premier cru Les Coères.

- Millebuis, Les Coères, montagny premier cru 2021 | Sec | 2023>27 | 15.5 € — 90
- Montcuchot, montagny premier cru 2021 | Sec | 2023>27 | 15.9 € — 89

Domaine du Cellier aux Moines

★★★☆☆ +

Le Cellier aux Moines à Givry certifié en bio puis bientôt en biodynamie ne se contente plus d'être un superbe lieu viticole cistercien, restauré magnifiquement par Catherine et Philippe Pascal ; il est devenu une propriété incontournable de l'appellation. Le travail minutieux et passionné effectué dans le vignoble avec des palissages plus adaptés au stress hydrique et en cave par Guillaume Marko, co-gérant, marque chaque année de vrais résultats. Le domaine comprend 4,7 hectares du clos du Cellier aux Moines, où une grande partie des vignes a été replantée. Il continue à s'agrandir en côte de Beaune et en côte chalonnaise. Le style des vins est affirmé grâce à l'utilisation adroite de raisins entiers ou vinifiés en fonction de l'âge des vignes dans une cuverie en gravité totale. Une adresse sûre.

- Les Pucelles, puligny-montrachet premier cru 2020 | Sec | 2025>30 | 120 € | ☘ — 92
- Les dessus, givry premier cru 2020 | Sec | 2025>32 | 120 € | ☘ — 93

Château de Chamirey

★★★☆☆ +

La famille Devillard est une référence à Mercurey, le château de Chamirey reste la plus importante de leurs propriétés bourguignonnes avec 37 hectares, dont quinze en premiers crus. La particularité du domaine est aussi de proposer une table d'hôtes au cœur du hameau. Une équipe technique compétente, avec l'arrivée d'une nouvelle maître de chai, Carole Briffox conseillée par l'œnologue Enrico Peyrone, réfléchit sans discontinuer à améliorer le travail dans les vignes, en vinification et en élevage, toujours à la recherche de l'excellence. Après des blancs 2020 épatants, 2021 moins atypique que ses prédécesseurs retrouve un classicisme bourguignon en cohérence avec le millésime. Superbe clos l'Évêque 2021 en rouge. On se régale ici.

- La Mission, mercurey premier cru 2021 | Sec | 2025>30 | 49.5 € — 92
- Le Clos l'Evêque, mercurey premier cru 2021 | Sec | 2024>30 | 40 € — 93
- Cuvée Hors-Ligne, mercurey 2021 | Sec | 2024>30 | 105 € — 93

Domaine Vincent Dureuil-Janthial

★★★★☆ +

Vincent Dureuil est la référence suprême de l'appellation rully et de la côte chalonnaise. Avec son épouse et beaucoup de modestie et de rigueur, il mène remarquablement et minutieusement son vignoble de 20 hectares qui décline 23 cuvées réparties principalement sur Rully mais également sur Puligny et Nuits-Saint-Georges. Nous avons été conquis par les blancs et les rouges 2021 cette année. Praticuant une « viticulture paysanne », il tient à recevoir lui-même ses clients au domaine sur rendez-vous.

- rully 2021 | Sec | 2023>30 | NC — 92
- Vieilles Vignes, Le Meix Cadot, rully premier cru 2021 | Sec | 2023>30 | NC — 95
- Chapitre, rully premier cru 2021 | Sec | 2025>32 | NC — 94

Domaine de la Ferté

★★★☆☆

Située à Givry, cette petite propriété de 2,5 hectares est exploitée par la famille Devillard, également propriétaire du château de Chamirey. Elle est composée de trois parcelles, deux en appellation village dont le clos Mortière, une en premier cru Servoisine. Les vignes sont exploitées en culture raisonnée, sous la houlette de Enrico Peyron, les vendanges sont manuelles et les élevages longs. Les parcelles sont voisines et très bien placées sur l'appellation. Les quantités sont donc limitées mais produites avec un soin comparable aux mercureys du château de Chamirey. C'est une adresse sûre.

- Clos de la Servoisine, givry premier cru 2021 | Sec | 2024>30 | 40 € — 91
- Clos de Mortières, givry 2021 | Sec | 2023>30 | 31 € — 91

Domaine P & M Jacqueson

★★★☆☆ +

C'est l'une des adresses phare de l'appellation, indissociable de son essor ! La nouvelle génération est désormais à l'œuvre, incarnée depuis 2015 par Marie Jacqueson et son frère Pierre, qui gèrent les 18 hectares de vignoble sur Rully, Bouzeron et Mercurey (pour les rouges). Rien n'est laissé au hasard, que ce soit dans la vigne ou en cave, avec des vinifications parfaitement maîtrisées et des élevages de grand style. Les Jacqueson signent une gamme harmonieuse, de grand classicisme, qui ne déçoit jamais. On y compte des cuvées plus simples d'accès à côté d'autres plus ambitieuses et remarquables comme le bouzeron ou les premiers crus rouges de Mercurey.

- La Pucelle, rully premier cru 2021 | Sec | 2023>28 | 36.9 € — 91
- Les Préaux, rully premier cru 2021 | Sec | 2023>30 | 26 € — 92

Domaine Michel Juillot

★★★☆☆

Laurent Juillot est à la tête de ce domaine familial de 31 hectares de vignes, situés à Mercurey et Corton. Il a été rejoint par son fils Pierre depuis 2021. Conduite soignée des vignes, maîtrise parfaite des équilibres en cave, sans pompage et peu d'intervention pour laisser le fruit le plus intact possible : tout ici est sagement ordonné, livrant des cuvées de belle facture, élevées en barriques et en demi-muids. La gamme de mercureys est brillante. Une adresse recommandable.

- Les Vignes de Maillonge, Vigne de Maillonge, mercurey 2021 | Sec | 2023>28 | 24 € — 91
- Le Clos du Roy, mercurey premier cru 2021 | Sec | 2023>30 | 35 € — 94
- corton - charlemagne grand cru 2021 | Sec | 2023>35 | 185 € — 93
- Perrières, corton grand cru 2021 | Sec | 2026>35 | 79 € — 95

Domaine Bruno Lorenzon

★★★★☆ ✦

Bruno Lorenzon est incontestablement l'un des vignerons contemporains les plus doués de Bourgogne. Son exploitation phare de Mercurey est exemplaire, tant par la conduite de ses vignes qui peuvent atteindre une densité de 20 000 pieds à l'hectare (le double de la norme !), que par la maîtrise absolue des vinifications. Vendanges en petites caisses, foulage au pied, hygiène drastique forment ce modèle d'exigence, sous label bio. L'utilisation très adroite et progressive de la vendange entière ces derniers millésimes donne des vins fabuleux et prouve une fois de plus que les vins reflètent l'âme du vigneron capable de sublimer des terroirs quand l'osmose opère. Superbes 2021 qui confirment la prééminence du domaine dans son secteur.

- Les Champs Martin, mercurey premier cru 2021 | Sec | 2027>35 | 60 € — 95
- Les Champs Martin, mercurey premier cru 2021 | Sec | 2023>32 | 60 € — 95
- Le Mont Laurent, montagny premier cru 2021 | Sec | 2023>30 | 54 € — 95

Maison François Martenot

★☆☆☆☆

Sous cette signature historique - la maison existe depuis plus d'un siècle - sont produits plusieurs appellations emblématiques de la Bourgogne, de Chablis jusqu'au Maconnais, du pinot jusqu'au crémant. La maison, ainsi que beaucoup d'autres (Moillard, Moillard Grivot, Reine Pédauque, Chartron et Trébuchet), a été reprise et intelligemment restructurée par l'entreprenant Joseph Helfrich et son groupe.

Domaine Ninot

★★★☆☆

Erell et Flavien Ninot, sœur et frère, exploitent en binôme ce domaine de treize hectares transmis par leur père et répartis sur Rully et Mercurey. La production est pour moitié chardonnay, pour moitié pinot noir. Leur philosophie est de respecter au mieux la nature, en culture bio. On aime le travail bien fait ici et cela se voit dans les vins. Leur style évolue et progresse chaque année vers davantage d'homogénéité et de race, notamment sur les rouges, les blancs s'en approchent.

- Marissou, rully premier cru 2021 | Sec | 2024>30 | 30 € | ☘ — 92
- Les Velleys, mercurey premier cru 2021 | Sec | 2024>30 | 44 € | ☘ — 94

Domaine Jean-Baptiste Ponsot

★★★☆☆ ✚

C'est à l'âge de 20 ans que Jean-Baptiste Ponsot a repris le flambeau du domaine et l'a progressivement transformé radicalement. Les deux tiers de la surface sont classés en premier cru, les sols sont travaillés avec beaucoup de labours pour des vignes saines, sans herbicide, dans l'objectif d'obtenir de beaux raisins. Le millésime 2020 a réussi tant aux blancs qu'aux rouges avec dans cette couleur un premier cru La Fosse au sommet. 2021 poursuit cette réussite avec style, race et buvabilité.

- Molesme, rully premier cru 2021 | Sec | 2023>30 | 25 € — 91
- La Fosse, rully premier cru 2021 | Sec | 2023>30 | 25 € — 92

Domaine Ragot

★★★☆☆

Le domaine Ragot s'étend sur neuf hectares à Givry dont un tiers en premier cru. Nicolas Ragot, qui a repris la suite de son père en 2008, n'a pas de secret : il passe sa vie dans les vignes où la gestion de l'enherbement par la double culture vignes-herbes mérite d'être remarquée. Les désherbages sont mécaniques, la vendange est manuelle, égrappée et des vinifications traditionnelles sont menées avec beaucoup de rigueur. Le résultat est dans la bouteille, avec des vins précis, francs et intenses aux fruités profonds.

- La Grande Berge, givry premier cru 2021 | Sec | 2023>31 | 30 € — 93
- Clos Jus, givry premier cru 2021 | Sec | 2024>32 | 30 € — 94

Domaine François Raquillet

★★★☆☆ ✚

Les Raquillet sont vignerons de père en fils depuis treize générations et leur domaine de Mercurey s'étale maintenant sur 14,5 hectares, dont 3,5 en blancs. Amoureux de la vigne et du raisin, François Raquillet n'hésite pas à se remettre en question. Sa passion du métier lui donne cette émulation pour mener le domaine au meilleur niveau. Sa gamme se décline sur quatre cuvées de blancs et six de rouges et il y a toujours une cuvée de la maison qui se place dans le peloton de tête de nos dégustations à l'aveugle. Une adresse incontournable.

- Les Velley, mercurey premier cru 2021 | Sec | 2023>32 | 34 € — 92
- Les Velley, mercurey premier cru 2021 | Sec | 2023>30 | 34 € — 92
- Les Vaumuriens, pommard 2021 | Sec | 2025>32 | 45 € — 92

Domaine de Suremain

★★★☆☆ ➔

Le domaine de Suremain est probablement l'un de ceux qui nous surprend le plus ces dernières années. Avec la chance d'être doté des meilleurs climats de Mercurey classés en premier cru, Loïc de Suremain, aidé de ses parents Yves et Marie-Hélène, exploite les 18 hectares de ce domaine. Une attention particulière au respect des terroirs donne différents mercureys aux typicités et nuances bien tranchées. Loïc, passionné de viticulture, s'attache à faire évoluer les vins vers davantage de fruit et d'homogénéité, en passant par une vraie compréhension de ses sols. La cuverie a été entièrement rénovée et agrandie, les vins sont de plus en plus précis et font un zéro faute lors de nos dégustations à l'aveugle. La progression est remarquable et place encore les 2021 dans le trio de tête de l'appellation.

- La Bondue, mercurey premier cru 2021 | Sec | 2024>30 | 35 € — 93
- En Sazenay, Sazenay, mercurey premier cru 2021 | Sec | 2025>32 | 31 € — 93
- mercurey premier cru 2021 | Sec | 2024>30 | 33 € — 92

Domaine Theulot-Juillot

★★★☆☆

Depuis la fin des années 1980, Nathalie Theulot et son mari Jean-Claude travaillent d'arrache-pied pour obtenir le meilleur de ce domaine de douze hectares, situé sur la commune de Mercurey. Sa particularité est d'être depuis le début du XXe siècle transmis par les femmes. Leur fil conducteur est la maîtrise des rendements et un travail aussi naturel que possible. En plus des appellations village, le domaine possède six parcelles de premiers crus dont le monopole du climat emblématique la Cailloute. Le style du domaine a évolué depuis 2019. Les pinots noirs légers et très mûrs sont devenus plus denses avec un sens abouti de l'équilibre et de la gourmandise. Nous n'avons pas dégusté les blancs 2021 mais ils sont habituellement de vrais vins de repas.

- Les Combins, mercurey premier cru 2021 | Sec | 2025>32 | 29 € — 92
- Monopole, La Cailloute, mercurey premier cru 2021 | Sec | 2025>32 | 32 € — 92

✦ Star ✚ Valeur sûre ➔ À suivre de près Ⓝ Nouvelle entrée

MACONNAIS

Château de Beauregard

★★★☆☆

Sous cette identité château de Beauregard, à Pouilly-Fuissé, Frédéric-Marc Burrier dirige en réalité plusieurs propriétés, totalisant environ 50 hectares, dont 12 en Beaujolais, avec la majeure partie certifiée bio ou en conversion. Il est secondé par Michel Rey, chef de culture, pour produire les vins des domaines Joseph Burrier, de la Rochette, de Beauregard, château du Clos, le tout commercialisé par la maison Joseph Burrier. Son sens du collectif l'a amené également à se dévouer à la reconnaissance des premiers crus de Pouilly-Fuissé. Les vins blancs sont des expressions fidèles de leurs terroirs d'origine. Il ne faut surtout pas manquer une remarquable gamme de crus du Beaujolais, superbement vinifiés, où le gamay joue l'élégance florale ultime.

- **Vers Cras, pouilly-fuissé premier cru 2020** | Sec | 2023>30 | 33.3 € 94
- **Vers Cras, pouilly-fuissé premier cru 2021** | Sec | 2024>30 | 39.8 € 94

Domaine de la Bongran - Jean et Gautier Thévenet

★★★☆☆

Gautier le fils et Jean, le père, sont les dignes représentants de ce fabuleux secteur de Quintaine, entre Viré et Clessé. Ils gèrent un ensemble de trois domaines, la Bongran, dans la famille depuis le XVe siècle et couvrant 15 hectares, Roally avec 4 hectares à Viré et Émilian Gillet, 10 hectares sur Quintaine. Tous les domaines sont certifiés bio depuis 2008, les vins sont vinifiés et élevés longuement en cuve, sans aucun passage en fût pour rechercher l'âme des vins, qui sont toujours savoureux et d'une grande originalité, la sensation de surmaturité n'étant jamais éloignée de ces chardonnays.

- **Domaine de la Bongran - Quintaine - cuvée E.J. Thévenet, viré-clessé 2019** | Sec | 2023>28 | 29.9 € | ☘ 91
- **Domaine Émilian Gillet - Quintaine, viré-clessé 2020** | Sec | 2023>30 | 21.9 € | ☘ 92

Domaine Laurent Cognard

★★☆☆☆

D'importants changements ont eu lieu chez Laurent Cognard, qui a investi un nouveau lieu de production, le château de Buxy, en plein cœur du village. De quoi accueillir les 17 hectares qui composent désormais le domaine, agrandi avec 4 hectares en Mâconnais avec des vignes provenant de ses grands-parents paternels. Le cœur du vignoble reste bien sûr les montagnys, de style plutôt puissant et généreux avec de belles allonges où le terroir s'exprime. Les rouges sont plus sérieux et tendus que par le passé, avec davantage d'énergie, sans doute due à des vinifications avec une part de vendange entière. Une adresse sûre !

Domaine Cordier

★★★☆☆

Boulimique de travail et de terroirs, Christophe Cordier a agrandi son entreprise de 12 à 35 hectares en 15 ans, avec 120 parcelles réparties sur 8 villages. Il a investi dans des installations techniques d'un niveau rare dans la région, à la pointe des progrès œnologiques. Les vendanges sont manuelles, les sols travaillés, avec des essais en biodynamie, les vins élevés environ 18 mois en foudre ou cuve bois, sur lies et peu filtrés. 90 % de la production est exporté. Le rapport entre la taille de l'exploitation et la qualité des vins est remarquable, les terroirs sont bien identifiés, ils ont du caractère et font référence dans la région avec une réussite patente depuis 2019.

- **Vers Cras, pouilly-fuissé premier cru 2021** | Sec | 2023>30 | 48.3 € 92
- **Les Reisses, pouilly-fuissé premier cru 2021** | Sec | 2023>30 | 57.5 € 92

Domaine Dominique Cornin

★★★☆☆

Ce domaine conduit en biodynamie, certifié bio depuis 2003, est mené par Dominique Cornin et son fils Romain. Le vignoble de 12,5 hectares est réparti sur Chaintré, Chânes, Fuissé et en Beaujolais blanc. Les Cornin ont aussi le privilège d'être vignerons des Hospices de Beaune pour 1,5 hectare. Romain a fait ses classes aux États-Unis, en Nouvelle-Zélande et chez Verget et pratique des élevages longs de 20 mois sur lies, sans collage ni filtration. Les vins sont d'une belle précision et ont cette énergie si particulière issue de la biodynamie ; ce travail mérite d'être largement reconnu et récompensé avec en pointe le pouilly-fuissé Les Chevrières cette année.

- **Les Plessys, pouilly-fuissé 2021** | Sec | 2024>30 | 30.4 € | ☘ 91
- **Les Chevrières, pouilly-fuissé 2021** | Sec | 2024>30 | 34 € | ☘ 92
- **Clos du roy, pouilly-fuissé 2021** | Sec | 2024>30 | 29.2 € | ☘ 92

Domaine des Deux Roches

★★☆☆☆

Ce domaine est né en 1986 de l'association de Jean-Luc Terrier et Christian Collovray, deux amis d'enfance qui ont épousé deux sœurs héritières d'un patrimoine de vignes dans le Mâconnais. Aujourd'hui, le domaine s'étend sur 45 hectares dont 20 en Saint-Véran et 7 à Chardonnay, et n'emploie que des composts naturels sans aucun désherbant. C'est un domaine dynamique et incontournable qui fait référence en appellation saint-véran, avec des vins toujours expressifs et très abordables. Il a entamé sa conversion vers le bio depuis 2020, les 2021 sont bien réussis.

- **Les Crays, pouilly-fuissé premier cru 2021** | Sec | 2024>28 | 32 € 93
- **pouilly-fuissé premier cru 2021** | Sec | 2024>31 | 31 € 93

Domaine J.A. Ferret

★★★★☆

Ce domaine de 18 hectares, lové au cœur du village de Fuissé, a été racheté en 2008 par la maison Jadot, qui a eu la brillante idée d'en perpétuer la tradition et l'histoire en plaçant à sa tête une femme. Dans la lignée de Jeanne et Colette Ferret, qui ont marqué l'appellation, c'est l'émouvante et sensible Audrey Braccini, habitée par sa mission de fidélité aux climats, qui a fait évoluer le domaine vers une viticulture en conversion bio à partir de 2020. Tous les vins produits sont vegan. Elle a pérennisé par ailleurs, en toute liberté, l'esprit Ferret, très cohérent avec le style Jadot, par un travail sur la vivacité des vins par des malolactiques partielles et des élevages conduits avec habileté. Une merveilleuse adresse, où maîtrise et excellence sont les atouts majeurs. Au sommet, le match Tournant-de-pouilly versus les Ménétrières est passionnant. Le reste de la gamme n'est pas loin derrière.

- **Hors Classe - Les Ménétrières, pouilly-fuissé 2021** | Sec | 2025>32 | 66.6 € 95
- **Hors Classe - Tournant de Pouilly, pouilly-fuissé premier cru 2021** | Sec | 2025>32 | 66.6 € 96
- **pouilly-fuissé 2021** | Sec | 2023>30 | 34.5 € 93

Château de Fuissé

★★★☆☆

Antoine et Bénédicte Vincent, frère et sœur, dirigent cette propriété historique de 40 hectares, répartis sur les appellations pouilly-fuissé, saint-véran, mâcon et juliénas. Les sols sont travaillés, la viticulture est raisonnée et l'élevage des vins se fait avec les fûts d'un seul tonnelier pour maintenir une constance, dans une optique rigoriste. On trouve des cuvées commercialisées sous une gamme château et une gamme négoce. A noter que les cuvées le Clos et les Brûlées sont classées en premier cru depuis le millésime 2020. Les 2021 forcent le respect ici.

- **Tête de Cuvée, pouilly-fuissé 2021** | Sec | 2023>30 | 34 € 92
- **saint-véran 2021** | Sec | 2023>30 | 24.5 € 92

Domaine de la Garenne

★☆☆☆☆

Situé sur les coteaux d'Azé, le domaine de la Garenne a été racheté en 2008 grâce à l'alliance des familles Beaumont et Devillard (propriétaires du château de Chamirey et du domaine des Perdrix). Géré par les équipes Devillard et leur œnologue Robert Vernizeau, il s'est agrandi en 2014 avec des vignes en Mâcon-Bussières et Pouilly-Fuissé. Les blancs sont sincères et bien réalisés.

- **pouilly-fuissé 2021** | Sec | 2024>30 | 33 € 91
- **Mâcon Solutré, mâcon-solutré-pouilly 2021** | Sec | 2023>28 | 22 € 90

Domaine Guffens-Heynen

★★★★★

Jean-Marie Guffens est certainement l'un des plus habiles vinificateurs de chardonnay au monde. Ce Belge iconoclaste a posé ses valises dans le Mâconnais en 1976, d'abord comme régisseur d'un petit domaine, puis comme propriétaire de quelques parcelles à Pierreclos dès 1979.

En parallèle, il crée en 1990 une petite activité de négoce de très haute qualité, Verget, couvrant aussi bien la côte d'Or que le Chablisien. Puis achète en 1997 le château des Tourettes, 40 hectares face au Ventoux et dernièrement, huit hectares à Barsac, le château Closiot, jouxtant les Premiers Crus Climens et Coutet. Aujourd'hui, la roche calcaire de cette Bourgogne Sud hautement prisée permet l'éclosion de vins qui tranchent par leur droiture et leur énergie. « La précision n'est pas une forme d'art : c'est une nécessité » dit-il. S'il a inspiré de nombreux artisans-vignerons du Mâconnais, Jean-Marie Guffens reste aujourd'hui le seul artiste capable d'initier un style et une identité remarquables, forgés par une vendange très mûre, des fermentations prolongées et un sens génial de l'élevage. Il faut au moins goûter une fois les vins de Guffens pour voir ce que l'on peut faire avec du chardonnay. Il produit des quantités déjà trop réduites pour satisfaire la demande internationale. Il faut donc s'en emparer aussi souvent que l'occasion se présente. Les 2021 continuent la lignée avec emphase.

- **Cuvée Unique, saint-véran 2021** | Sec | 2023>32 | 89 € — 95
- **Deuxième vendange de Chavigné, mâcon-pierreclos 2021** | Sec | 2023>32 | 69 € — 95

Domaine des Héritiers du Comte Lafon

Dominique Lafon, célèbre pour son domaine de Meursault et vinificateur de génie, pourrait profiter de cette notoriété pour ne plus rien avoir à prouver. Pourtant, la remise en question et la recherche permanente l'animent constamment, désireux de toujours hisser un peu plus haut ses vins du sud de la Bourgogne. La nouvelle génération, Pierre et Léa s'inspirent de son action depuis 2021 en infléchissant le style par petites touches. Les 27 hectares sont conduits en bio et biodynamie sur des terroirs variés, sous la direction de Caroline Gon. Les vins sont travaillés sur la réduction, il est donc préférable de les attendre deux à trois années avant d'en profiter pleinement, dans toute leur complexité. Une adresse irréprochable et incontournable qui transcende les appellations du Maconnais.

- **viré-clessé 2021** | Sec | 2023>30 | 30 € — 94
- **saint-véran 2021** | Sec | 2023>30 | 30 € — 93
- **En Chatenay, pouilly-fuissé 2021** | Sec | 2024>30 | 39 € — 94

Domaine La Soufrandière - Bret Brothers

Les frères Bret, qui ne manquent jamais d'idées ni d'inventivité, sont devenus une référence en Mâconnais grâce à leur maîtrise aigüe de la biodynamie. La plupart des travaux de la vigne sont faits à la main, en dehors des labours et traitements (au tracteur ou cheval) et leurs vignes sont devenues le terrain de jeu des chercheurs de l'INRA. La Soufrandière est le domaine familial de 11 hectares, aujourd'hui certifié Demeter. Bret Brothers est l'activité de négoce, en achats de raisins, produisant 15 micro-cuvées (dont dix sont certifiées bio). Les vins sont toujours d'une énergie remarquable, d'une grande pureté avec une digestibilité hors pair. Une des adresses modèle de la région, en toute confiance, dès les entrées de gamme.

- **Le Clos de Grand-Père, mâcon-vinzelles 2021** | Sec | 2023>27 | 28.9 € — 92
- **En Chatenay, pouilly-fuissé 2021** | Sec | 2025>32 | 48.9 € — 94
- **Ovoïde, La Bonnode, saint-véran 2021** | Sec | 2023>28 | 40 € — 93
- **Au Vignerais, pouilly-fuissé premier cru 2021** | Sec | 2025>32 | 46.5 € — 94

Domaine Nicolas Maillet

Installé en 1999, Nicolas Maillet, ingénieur agronome et œnologue, fait référence dans le Mâconnais pour la conduite de son vignoble de 7,5 hectares certifiés bio avec des pratiques de la biodynamie. Le cœur de son domaine est à Verzé, avec des vignes âgées en moyenne de 50 ans, sur les quatre cépages bourguignons. Sans aucune levure exogène, les fermentations et les élevages se font uniquement en cuve, pour la plus pure expression du terroir. Les vins ont de la franchise et du caractère ; ils sont gourmands et pleins de saveurs. En regardant ces vignes magnifiques, tous les vignerons de la vallée de Verzé devraient s'inspirer de ces pratiques agricoles. Une adresse modèle qui impressionne par l'expression unique de ses blancs magistraux.

- **bourgogne aligoté 2021** | Sec | 2023>26 | 20 € — 92
- **Le Chemin Blanc, mâcon-verzé 2021** | Sec | 2023>30 | 23 € — 93
- **mâcon-verzé 2021** | Sec | 2023>28 | 20 € — 92
- **mâcon-igé 2021** | Sec | 2023>27 | 20 € — 92

Merlin

Installés en 1987, Olivier et Corinne Merlin ont été rejoints par leurs fils, Théo et Paul, tous deux s'étant forgés une expérience dans les vignobles étrangers. Ils apportent dans l'escarcelle du domaine huit hectares supplémentaires et l'exploitation s'étend désormais sur 23 hectares dans le Mâconnais et en moulin-à-vent (comprenant le château des Quarts). Leurs installations modernes au cœur de la Roche Vineuse leur permettent d'innover et de toujours se remettre en question. Les vins s'expriment avec franchise et un sens abouti de l'équilibre.

- **pouilly-fuissé 2021** | Sec | 2024>30 | 28.3 € — 92
- **Les Chevrières, pouilly-fuissé 2021** | Sec | 2024>32 | 40.7 € — 92

Domaine Normand

Sylvaine et Alain Normand, tous deux diplômés en viti-œnologie, se sont installés avec 13 hectares comme coopérateurs en 1993. En 2010, l'entreprise a pris une autre dimension, passant à 35 hectares. Les vignes sont réparties sur Solutré, Chaintré, Saint-Véran et la Roche Vineuse, cultivées avec une attention particulière après la certification HVE, la lutte raisonnée pour aller vers la certification bio. Leur fils Thomas les a rejoint en 2023. La construction d'un nouveau chai et d'un lieu d'accueil d'œnotourisme permet d'apprécier sur place le style des vins, agréable et complexe pour les meilleurs.

- **Vieilles Vignes, mâcon-la roche-vineuse 2021** | Sec | 2023>28 | 15.5 € — 91
- **Aux Vigneraies, pouilly-fuissé 2020** | Sec | 2024>30 | 29.5 € — 93

Maison Louis Picamelot

Cette petite maison de crémant de Rully, propriétaire de 14 hectares de vignes, créée en 1926, est dirigée par Philippe Chautard. Nous sommes ici dans la haute couture du crémant, où la créativité et la diversité sont des constantes, où les cuvées sont avant tout des vins de Bourgogne issus du parcellaire, tout en restant attachés à un superbe rapport qualité-prix-plaisir. La maison remet à jour des terroirs oubliés à Dijon (Talant) et a construit une cuverie bioclimatique à Rully dans une ancienne carrière. Incontournable !

- **En Espetouieres, crémant de bourgogne 2019** | Sec | 2023>27 | 19.9 € — 91

Domaine Rijckaert

Florent Rouve, également présent dans le Jura, a repris le domaine de Jean Rijckaert et emploie une énergie peu commune à la préservation du style de cette belle maison. Soit un travail revendiqué « à l'ancienne », un soin extrême à la qualité de la vendange et des élevages longs. Il produit ainsi une très belle gamme de vins, soignés et savoureux, issue des vignes de la propriété ou d'achats de raisins avec toujours une attention qualitative élevée. Le niveau impressionne, les 2021 sont très réussis.

- **Levant, mâcon-la roche-vineuse 2021** | Sec | 2023>30 | 20.9 € — 91
- **Bien élevé, bourgogne aligoté 2021** | Sec | 2023>28 | 17.5 € — 91
- **Vieilles vignes, pouilly-fuissé 2021** | Sec | 2023>30 | 29.9 € — 92

Château des Rontets

On peut aisément comprendre pourquoi les époux Montrasi ont vite abandonné leur métier d'architecte en Italie pour reprendre cette maison de famille et se reconvertir au métier de vigneron, tellement le lieu est magique. Ils ont patiemment remis cette propriété historique de près de sept hectares au plus haut niveau de Pouilly-Fuissé, tirant aujourd'hui le meilleur d'un terroir original situé en altitude. Un travail méticuleux des vignes en mode biologique et des élevages soignés et longs ont construit des cuvées au profil inimitable. Ce domaine est une inspiration pour tous les vins de la région mais certaines cuvées prélevées en échantillon ne montraient pas tout le potentiel de leur terroir. Nous les redégusterons après la mise.

✦ Star ✚ Valeur sûre ⊕ À suivre de près Ⓝ Nouvelle entrée

Domaine Jacques Saumaize

★★★☆☆

Ce beau domaine de Vergisson, développé avec passion par Jacques et Nathalie Saumaize depuis une trentaine d'années, confirme le tournant pris avec l'arrivée de leur fils Anthony. Le père peut doublement se réjouir : une harmonie et une continuité s'inscrivent avec la poursuite d'une viticulture proche du bio et des essais de biodynamie, avec un refus de la mécanisation. Le vignoble de 12,5 hectares répartis en Saint-Véran, Pouilly-Fuissé et Mâcon, est vinifié brillamment de façon parcellaire. Les vins ont gagné en énergie et en précision et nous nous réjouissons de cette voie prise. La gamme 2020 compte nombre de belles réussites, les 2021 vont s'épanouir sous une paire d'années.

- Les Courtelongs, pouilly-fuissé 2021 | Sec | 2024>30 | 28 € — 92
- En Crèches, saint-véran 2021 | Sec | 2025>30 | 20 € — 91
- pouilly-fuissé premier cru 2021 | Sec | 2025>32 | 30 € — 92

Vignerons des Terres Secrètes

★★☆☆☆

Les Vignerons des Terres Secrètes représentent trois caves coopératives (Prissé, Verzy et Sologny), avec 120 coopérateurs qui cultivent l'équivalent de 900 hectares, dont 650 de chardonnay. Depuis 2013 la cave est labellisée en Développement Durable. Tout le savoir-faire de la cave a été mis en œuvre dans le délicieux saint-véran Révélis produit à 2.500 exemplaires et qui mérite d'être recherché.

- Croix-Jarrier, mâcon-verzé 2020 | Sec | 2023>28 | NC — 90
- Révélis, saint-véran 2018 | Sec | 2023>28 | NC — 92
- mâcon-pierreclos 2021 | Sec | 2023>28 | NC — 89

Domaine Thibert Père et Fils

★★★☆☆

Ce grand domaine de Fuissé atteint maintenant 30 hectares, composé d'une large palette de terroirs, avec un beau potentiel de futurs premiers crus. Sandrine et son frère Christophe gèrent la propriété et ce dernier veille méticuleusement sur les vins, avec une remise en question permanente. Son parti-pris de les proposer le plus possible avec un décalage de millésime est à saluer. Ce sont les 2018 et les 2019 qui sont actuellement proposés. Les vinifications parcellaires sont intelligemment menées dans de magnifiques installations modernes, parfaitement adaptées. C'est sans conteste un domaine de référence dans le Mâconnais qui développe l'agroécologie et où l'on trouvera des vins de garde. À leur apogée, les vins développent une palette aromatique remarquable.

- Les Cras, pouilly-fuissé 2018 | Sec | 2025>32 | 47 € — 94
- Bois de la Croix, mâcon-fuissé 2019 | Sec | 2023>30 | 25 € — 92

Verget

★★★★☆

La maison de négoce Verget fait partie de la galaxie Guffens-Heynen, où Jean-Marie Guffens, épaulé par son fidèle second Julien Desplans, applique les recettes éprouvées sur son domaine d'élite depuis les années 1980, qui servent de référence mondiale en matière de chardonnay. Le fer de lance reste ici le Mâconnais mais les achats sur le Chablisien sont réguliers et, en fonction des millésimes, il y a de belles cuvées en provenance de la côte de Beaune. La vente des vins est rapidement épuisée, la réservation en primeurs sera d'autant plus judicieuse que cela peut donner l'opportunité d'acheter en capsule à vis des vins « sans terroir », preuve que ce n'est pas toujours le terroir qui fait foi en matière de qualité. Une adresse exemplaire.

- Terroir de Vergisson La Roche, pouilly-fuissé premier cru 2021 | Sec | 2024>32 | 40.2 € — 94
- Terroir de Pouilly Les Combes Vieilles Vignes, pouilly-fuissé 2021 | Sec | 2024>32 | 40.2 € — 93
- Grands terroirs oubliés, pouilly-fuissé 2021 | Sec | 2024>32 | 36.8 € — 94

Domaine Vuillemez Père et Fils

★☆☆☆☆

Après une carrière dans l'horlogerie chez Cartier, Valentin et Paul Vuillemez ont rejoint le domaine familial créé à la fin des années 1980 et y appliquent la rigueur et la précision de leur première vie professionnelle. Ils ont engagé une conversion vers l'agriculture bio et développent l'œnotourisme au départ de leur maison de maître pour y déguster leur jolie gamme de mâcons. Pour découvrir des chardonnays du village de Chardonnay, c'est ici.

- Chardonnay, mâcon-villages 2022 | Sec | 2023>25 | 14 € — 88
- Bourgogne Pinot Noir «17 Rubis», bourgogne 2021 | Sec | 2023>25 | 22 € — 89

L'air et la pierre, la vie au-dehors et le silence sous la terre, la nature insaisissable et les marches à gravir, le monde du champagne court après un grand rêve : la liberté la plus haute dans la joie la plus franche.

Champagne

Il y a dans le champagne plus qu'un vin, plus que des bulles, plus qu'un simple esprit de fête : l'envie de reconstruire, encore et toujours, quelles que soient les épreuves, sa part de bonheur. Et cela nous semble être une sacrée preuve d'humanité

TAITTINGER
BRUT
CHAMPAGNE
TAITTINGER
à Reims
BRUT
RÉSERVE

POUR LA PREMIÈRE FOIS DEPUIS VINGT ANS, LA PLUS VIEILLE DES MAISONS DE CHAMPAGNE SORT DE SES CAVES UNE NOUVELLE CUVÉE. ELLE DIT TOUT SUR LE CLIMAT ET SES CHANGEMENTS. DU JAMAIS VU

PAR **LOUIS-VICTOR CHARVET**

RUINART PLURIEL, BLANC SINGULIER

VINGT ANS QUE RUINART n'avait pas sorti une nouvelle cuvée de ses caves. Une éternité dans un monde où chaque maison rivalise d'ingéniosité pour présenter, aussi souvent que possible et en réponse à une demande pressante des marchés, une interprétation neuve de son travail. Si la cuvée Blanc Singulier répond aussi à ces préoccupations, sa raison d'être est ailleurs, comme l'explique l'œnologue Florence Boubée-Legrand : *« C'est la nature elle-même qui, d'une certaine façon, est à l'origine de Blanc Singulier et nous n'avons fait que prendre note des évolutions dont les vins sont les témoins »*. En analysant les données climatiques de ces derniers millésimes, les équipes de la maison ont pris conscience des changements profonds à l'œuvre en Champagne. Autrement dit, le réchauffement climatique a considérablement modifié les terroirs. Température, ensoleillement, les marqueurs du changement ont atteint un seuil critique. *« Depuis les années 1990, ces variations s'amplifient et s'accélèrent. Ces trente dernières années, par rapport aux trente années précédentes, la température moyenne a augmenté de 1,3 degré. Dans le même temps, le cycle de la vigne s'est raccourci, passant de 100 à moins de 90 jours en moyenne entre la floraison et la vendange. »* D'un climat frais, la région est passé à un climat tempéré. Sans surprise, cette révolution brutale – on n'en mesure à peine aujourd'hui les conséquences – a un impact sur le profil gustatif des raisins et des vins. Ce constat alarmant est perceptible à la dégustation des vins clairs de chardonnay, cépage pilier du style d'une maison si appréciée dans le monde pour son fameux blanc de blancs. Réputé pour sa fraîcheur et sa dimension florale délicate, le cépage s'est chargé lors des récents millésimes chauds de notes aromatiques plus lourdes, empruntant aux fruits exotiques leur exubérance et affichant une forme d'opulence en bouche difficilement compatible avec la finesse recherchée des champagnes Ruinart. Frédéric Panaïotis, chef de cave de la maison depuis 2007, résume la situation : *« Le climat, ou l'année climatique, a toujours été un élément prépondérant pour l'élaboration des grands vins. Je ne dirais pas qu'il est plus important aujourd'hui que par le passé. Mais le fait qu'il change nous oblige à nous poser de nouvelles questions, à changer nos façons de faire. Bref, à nous réinventer »*.

L'ÉPREUVE DU TEMPS

En avance sur ses engagements au vignoble, la maison devait trouver aussi des éléments de réponse en cave face à cette inquiétude naissante. Impossible pour elle de rester les bras croisés en regardant son style perdre de sa superbe. Plutôt que de lutter contre – est-ce seulement possible désormais ? –, elle a fait le pari de regarder cet individu atypique comme un autre ruinart. Un 100 % chardonnay, issu à 80 % d'une seule année, complété par des vins de réserve vieillis en foudre qui apportent patine et complexité. La cuvée Blanc Singulier édition 18, qui a attendu son heure dans l'obscurité humide des crayères pendant trois ans, n'est en rien comparable à ce que la maison propose d'ordinaire tout en affichant la maîtrise œnologique habituelle et un sens de l'assemblage des origines assez prodigieux qui permet à cette jeune interprétation d'être révélée aussi vite. La maison a-t-elle déjà tiré un trait sur son identité ? L'affirmer serait calmer trop vite la formidable énergie qu'elle déploie, à un rythme sans doute plus soutenu que les autres maisons du groupe auquel elle appartient, pour mener à bien cette opération de résistance. Au sujet des actions en faveur de la préservation de l'environnement et de la biodiversité, Louise Bryden, œnologue en charge des projets R&D, résume bien la mission qui commence au vignoble : *« Mesurer précisément, avec une méthode scientifique, les changements apportés par la vitiforesterie afin peut-être de convaincre nos voisins de se lancer eux aussi dans l'aventure. C'est un projet sur le long terme, à l'échelle de la pousse des arbres »*. Côté cave, la situation est la même. Seul le temps long jugera du potentiel gustatif de ce nouveau *« singulier »*. Les champagnes Ruinart sont capables de vieillir près d'un siècle, tel ce 1926 retrouvé il y a peu, avec une constance dans le style que le goût du temps qui passe enrichit. Qu'adviendra-t-il de cette cuvée dans cent ans ? Il fera peut-être deux ou trois degrés de plus qu'aujourd'hui. Y aura-t-il toujours du champagne ? Celui que nous connaissons aujourd'hui sera sans doute un souvenir. À l'image de son fondateur, la maison anticipe ce que sera le futur de la viticulture champenoise. Il n'y a pas de raison de penser qu'elle se trompe.

Frédéric Panaïotis,
chef de cave au sommet de son art.

SI LE CHAMPAGNE EST UN FRUIT DE LA TERRE, FÛTS ET FOUDRES SONT LES FLEURS DES FORÊTS. DEUX IMMENSES SAVOIR-FAIRE, UNE SÉLECTION

PAR **PHILIPPE JAMESSE**

PROMENONS-NOUS DANS LES BOIS

« Je suis persuadé aussi que le bois de chêne, matière vivante de mémoire, peut se mettre au service du terroir et des vins de Champagne à partir du moment où il est bien utilisé. Grâce au travail effectué pour ce livre, j'ai beaucoup appris sur cette synergie magique, notamment avec l'utilisation des bois issus des forêts locales proches des vignes »

Philippe Jamesse est un poète, une plume ultra-sensible, qui a dédié sa vie à celle d'une région, d'un vin, d'un mythe. Dans *Fûts et foudres de la Champagne* (Editions de l'Effervescence), il dresse une anthologie des rencontres entre le champagne et le bois. Extraits choisis d'un livre fondamental. ***L.-V. C.***

Douelles, chauffes, le savoir-faire est partout à la tonnellerie de Champagne.

AGRAPART, AVIZOISE, BLANC DE BLANCS (EXTRA-BRUT)

Les chardonnays sont récoltés sur des hauts de coteaux à sols profonds d'argiles crayeux. Or clair scintillant, émaillé de fruits blancs s'enrichissant d'une souche céréalière et de pain grillé, épicentre lumineux, crayeux, salin et de grande envergure. Cendre chaude, iode douce, agrumes verts et jaunes sur zestes. Séduisante fusion du contenant et de la matière première. La bouche, rigoureuse et ample, présente une grande dimension dotée d'un fruité orangé confit. La finale aux amers adéquats rappelle la belle osmose du bois et de la matière. Elle s'offre dans un frais torrent, sapide et salin.

BILLECART-SALMON, BRUT SOUS BOIS

Les trois cépages champenois s'unissent à part égale pour construire cette cuvée vinifiée en fûts, issue d'une solera débutée en 2006, dont 35 à 45 % de vins de réserve enrichissent la conception. Matière d'une fascinante complexité, exotisme du fruité jaune à noyau, extraction rancio d'une grande définition, douceur du beurre caramel assortie d'un majestueux fumé, capiteuses notes grillées du pain de campagne, dense liqueur de fleur de sureau, mandarine impériale et sensation exotique. Musclée en bouche, la chair tropicale est garnie d'empreintes boisées et d'une douce enveloppe qui intègre des fragments forestiers de marrons et de châtaignes. Quelques touches humides de terre argile, de réglisse et de truffe blanche établissent son éminente personnalité.

H.BLIN, L'ESPRIT NATURE, BLANC DE BLANCS

Rayonnant sur une large partie de la vallée de la Marne, ce chardonnay bio se présente avec 20 % de vin éduqué sous bois et 24 mois en cave. Senteurs de roche blanche et grise, fraîcheur des fleurs blanches, de l'humus printanier, de végétaux frais, d'iode et de sel citronné. Le sentiment vertical magnétise. Les fruits blancs à pépins dévoilent leur chair et leur peau avec un croquant sincère, tandis que l'ascension olfactive sublime le calcaire sous un fumé marin. Le palais est frappé d'un acidulé rigoureux, allongé par les agrumes verts et la pomme Granny. La structure mêle sève et craie avec une force soudaine. Émotion sans filtre, abrupte, finale vive portée vers la roche-mère et les fonds marins. Un fil tendu, extrême et précis.

FRANCK BONVILLE, LES BELLES VOYES 2013, BLANC DE BLANCS

Expression parcellaire de la plus vieille vigne du vignoble maison, située sur le terroir du village d'Oger. Après une vinification sous fût de chêne, les vins séjournent de nombreuses années sur lies. Essences d'un jaune citrus connecté à de friandes notes arlequines sucrées qui évoluent au côté d'une charmante gomme arabique. Les fragrances de confiture citronnée embaument avec une acidité japonisante qui tend vers de verts zestes, gingembre et wasabi frais. Un véritable conte de printemps. Ce chardonnay charme par ses embruns racinaires de fenouil et d'épices anisées, girofle et muscade. Bouche de tension ultime, qui crayonne une roche iodée à l'exceptionnelle verticalité. Le bois délivre de grands amers frais avec une salinité marine accrue. En clôture, une profondeur terrestre émerge et nous propulse dans l'abyssale immersion d'une craie sauvage.

CASTELNAU, HORS-CATÉGORIE

Les vins de réserve choisis parmi les belles années et les crus signent à hauteur de 85 % cette cuvée où pinots et chardonnays s'accordent. Premières effluves lactées et crémées, aspect fruitier condensé, pulpe jaune éclatante du fruit et amer de son noyau.

Présents, les meuniers complètent avec exotisme ce captivant tableau. Le boisé toaste ce voyage agricole, en pleine saison des moissons, avec quelques confiseries (réglisses, caramels et autres bonbons). Enveloppée d'arachides grillées, la bouche étonne avec son cœur vif et tonique serti de petites dragées acidulées. Apports captivants du bois sur la matière et finale incisive qui déploie son filet salin avec d'adorables amers boisés qui révèlent un vin qu'on pourrait laisser grandir.

CHARPENTIER, TERRE D'ÉMOTION, BLANC DE NOIRS (EXTRA-BRUT)

Expression multi-géologique des crus de Charly-Sur-Marne et Saulchery, où des parcelles de vieilles vignes sont choisies pour y extraire pinots noirs et meuniers. Les vins anoblissent leurs vertus sous bois de chêne et s'endorment ensuite sur lattes durant cinq années. L'olfaction s'ancre dans un bois ancien avec un aspect ciré rancio. La définition racinaire de bois de santal captive et nous emmène au centre d'une terre qui convoque argile rouge, cuir et vieille boîte à cigare. Le tout s'agence dans un parfait équilibre, seul le film de couverture, d'un contrasté liquoriste distillé de framboise et de prunelle, se distingue. Quel fond ! Quel potentiel et quelle concentration interne pour arriver jusqu'à un tissu aussi pur et intense ! La bouche gourmande ajoute une fascinante complexité qui s'inscrit dans une sapidité avec le retour de l'anisé racinaire. La finale fait entrer en jeu une formidable double pigmentation qui convoque zeste et fleur de sel.

VEUVE CLICQUOT, VINTAGE 2012

Pinots et chardonnays dans une respiration d'agrumes et de fleurs coiffés d'effets lactés de beurre, en synergie avec une caramélisation saline. La fine pâtisserie se revendique ensuite avec force à travers le moka, le praliné et l'éclair au café, accentuant ces impressions boisées et torréfiées et enrobant l'intelligent édifice. La ligne s'affirme avec grâce et élégance. Le tout est inauguré par un sensationnel fumé. Bouche de tension inégalée, le millésime y illustre une bouillonnante jeunesse au potentiel saisissant. La finale met en scène une ultime tension à la vibration résonnante.

DE SOUSA, CUVÉE DES CAUDALIES, BLANC DE BLANCS

Les chardonnays proviennent de vieilles vignes âgées de plus de 50 ans. Chaque année, 50 % de vins de réserve prélevés d'une réserve perpétuelle débutée en 1995 se joignent à la création. Cocktail fruité tropical et ensoleillé, amalgamant ananas, mangue délicate avec un coing qui habille ce mélange d'une touche méditerranéenne et d'embruns boisés. Grande inertie des vins de réserve, enrichie par une splendide ligne boisée. Suave en bouche, la richesse du sujet se dessine grâce à une constitution crayeuse. Somptueux amers conjugués à un intelligent alliage en sel, surplombés par la craie blanche. Puissance boisée et mélange caféiné (cappuccino, tiramisu) avec quelques pâtisseries vanillées.

DEHOURS ET FILS, LIEU-DIT LA CROIX JOLY TROISSY (RÉSERVE PERPÉTUELLE)

Alliance d'une réserve perpétuelle initiée en 2013, d'un terroir argilo-sableux sur dalle calcaire et d'une vieille vigne de meunier à mi-côte, exposée nord-ouest. Nous sommes captivés par un fruité radieux, macéré et séché au soleil. Le majestueux bois bruni avec force le style qui laisse apparaître un univers oriental d'épices blondes et de citron confit au prolongement embaumé assuré. Bouche à l'axe vif, passionnante de puissance. Les amers boisés s'avèrent fermes. Finale royale par sa sapidité étirée, se déployant dans un orientalisme sucré porteur de pâtisserie et de sensations laquées mellifères.

DRAPPIER, GRANDE SENDRÉE 2010

Cette grande contexture entrelace pinots noirs et chardonnays. Quelques-uns des interprètes sont affinés en foudre de chêne, soulignés par l'admirable liqueur de dosage mûrie sous bois durant quinze années. Les senteurs denses évoquent la cuisson d'une marmelade de fruits jaunes à maturité, les agrumes jaunes mordorés et un miel de fleur où l'acacia prime. Intensité, ligne racée, ce vin révèle le potentiel d'un terroir à l'identité affirmée. L'outil en bois, la méthode, le temps et la liqueur raffinée s'accordent. La bouche copieuse de matière fruitée et croustillante est percée par un ciselé de calcaire fuselé. Nous retrouvons dans la finale cette sapidité terrestre, souterraine, de terre et de caves autour d'amers combinés à la matière prodigieuse.

HENRI GIRAUD, MV 16 AŸ

Recueil minutieux de quelques parcelles de pinot noir réhaussé de 20 % de chardonnay. Rarissime, les vins réalisent leur fermentation durant une année dans des bois de chêne de la forêt d'Argonne. Construit autour de la vendange 2016, une réserve perpétuelle amorcée en 1990 venant parfaire la dimension de l'assemblage. Parfaite entrée en matière : marron chaud, noisette et chêne torréfié. Ce vent de chaleur est enrichi de petites confiseries citronnées et de fleurs d'été. Fruits jaunes, rouges et pâtisseries génoises aromatisées aux eaux-de-vie de fruits blancs à noyau, d'où se dégagent avec puissance champignons noirs cuits au beurre salé, aspect sauvage, humide et forestier. La bouche sensuelle s'ouvre par une matière fruitée rouge (groseille et framboise). Ce bouquet, aux saveurs de fruits des bois, véhicule un jus épanoui, porté par un soutien gras de tannins et de fleur de sel agilement entremêlée.

ALFRED GRATIEN, BRUT

Combinaison aux multiples origines de terroirs et vinification traditionnelle sous bois de 228 litres. Symbiose historique et sans égal pour le style de cette maison, où la respiration fait partie de l'âme profonde. Les effluves lactés émanent des cuissons d'un beurre noisette, d'une pâte à chou, aux côtés d'une génoise et d'une crème pâtissière humectées au Grand Marnier dans une atmosphère douce. Quelques notes de bouquet garni (herbes aromatiques, menthe, basilic, coriandre fraîchement ciselés) et de chêne frais parachèvent ce sentiment de sérénité. La bouche est un exemple de comportement effervescent, la bulle soulève la vive énergie de ce vin constituant une référence d'intégration et s'est fixé pour objectif la démultiplication des sens gustatifs. Les amers de finale s'installent et le boisé se dévoile fantastique dans sa discrète présence intégrée, en juxtaposition fuselée d'une inimaginable sapidité.

HATHYR, MILLÉSIME 2012

80 % de chardonnay se marient aux pinot noir et meunier afin de résonner en harmonie. L'olfaction initiale se démarque par la densité de la chair. Tendre matière, enrichie d'empreintes mellifères qui évoluent dans un délice tropical fleuri et fruité. Le fond corsé des chardonnays empli d'un bienveillant oxygène confère relief et verticalité. L'enveloppe couvrante aide à identifier le gras d'amande et de noisette agréable à inspirer. Lorsque le corps s'ouvre, nous pouvons apprécier la grande complexité d'essences végétales, de thé et d'écorces confites citronnées qui côtoient d'autres touches pâtissières, viennoises, de cendre chaude et de roche marine. Le soyeux en bouche d'un gras lié au bois contraste par la couture saline au fil fin et étiré avec précision d'une lumière interne resplendissante. Très élancée, la finale grise nos sens au service d'une sublime fleur de sel.

LALLIER, OUVRAGE (EXTRA-BRUT)

Cet « *ouvrage* » recueille des chardonnays issus de la parcelle des Hureaux à Oger et des pinots noirs provenant de la parcelle

du Meurtet à Aÿ – deux parcelles âgées. En complément du vin de l'année sont intégrés 20 % de vins de réserve. L'âme de cet opuscule repose aussi sur le fait qu'il descend en cave sous liège et agrafe et s'y repose cinq années. Les contours transcrivent le rapport à l'oxygène et les étapes de respiration que le vin a connu. Des effluves de levain de pain renforcent cet avant-goût. Les amandes fraîches conversent avec les écorces d'agrumes jaunes. Exquis fruits blancs juteux (pomme, poire), poivre blanc et épices vertes, cardamome, curry vert, agrumes splendides tout autant que les fleurs blanches. L'enrobage de bouche est savoureusement filmé et fait étinceler les terroirs, l'exigence crayeuse, etc. La finale entraîne ce contenu dans un élan onctueux à la classe sapide de grande couture.

LOMBARD, CRAMANT GRAND CRU - LIEU-DIT « *LES BAUVES* » (BRUT NATURE)

Ce pur chardonnay a été récolté en 2015 sur une parcelle qui concilie argiles, limon et craie friable profonde. Les jeunes bois de chauffe humide et légère accueillent les vins durant 6 à 8 mois après leur fermentation en cuve. Impression de richesse, où l'agrume doré rayonne avec concentration aux côtés de fruits blancs à pépins en chair et peaux de parfaite maturité. Le cisèlement crayeux se présente dans une adroite dissimulation et des notes de terre de vignes parfument la surface de respiration. Le terrestre s'élève vers le céleste. L'élevage apporté à cette parcelle construit la fraîche enveloppe de chêne gras en alliance avec quelques soupçons épiciers : sa densité est en extension, comme un film protecteur qui concentre l'aspect confit où apparaissent quelques essences tropicales. Fascinant de richesse et de complexité, majestueux exemple de brut nature.

MAILLY GRAND CRU, BLANC DE PINOT NOIR

Union intuitive de lieux-dits symboliques vinifiés séparément en cuve et fût de chêne, les vins de réserve proviennent d'une solera. Touches tropicales de mangue, corossol et coing avec d'évanescents parfums de fleurs violettes et quelques notes gourmandes de gâteaux aux pommes et de tartelettes aux fruits blancs. Infinie précision représentative du pinot noir et outil de vinification qui élève la dimension du cépage sur son terroir. Quelques petites marques grillées de café frais s'articulent adroitement dans un fruité, juteux et solaire, où des fruits blancs à noyau se démarquent. La bouche est d'une tactile délicatesse.

PEHU SIMONET, "FINS LIEUX N°1" 2013, BLANC DE NOIRS

En provenance du lieu-dit Les Perthois, ces pinots noirs de Verzenay sont vinifiés pour partie dans des barriques de chêne issu de la forêt de Verzy, établissant ainsi une discussion de proximité. Sensations denses d'une matière fruitée à pleine maturité. La délicate chair et la douce peau dévoilent un haut potentiel sucré et naturel. Le relief fruité est jaune à noyau, organisant un duel au sommet, entre pêche jaune et abricot sec. Le bois donne naissance à quelques touches de liquoristeries artisanales. Puis, l'aération étire l'ensemble dans sa fraîche envergure, le terroir s'érige avec droiture. La bouche est d'une vivacité électrique et la matière fruitée associe citronnier et pêcher. Trajectoire nette, sans aucun filtre, où les clairvoyants amers des bois de Verzy se fondent avec élégance et souplesse dans une virtuose finale.

PHILIPPONNAT, LES CINTRES 2008 (EXTRA-BRUT)

Grands et Petits Cintres, parcelles les plus lumineuses de pinot noir du clos des Goisses se réunissent ici, vinifiées sous bois et sans fermentation malolactique. Amas fruité jaune et blanc à noyau rehaussé de pulpe copieuse, tel un îlot luxuriant d'où s'échappe un fumé qui corrobore avec l'inventive combinaison du bois et du terroir. Effluves d'amandes fraîches, comme une frangipane aromatisée au kirsch. Quant aux épices, l'anis est au bras de la réglisse dans une communion qui prend appui sur une amplitude olfactive inouïe. L'évolution vers les plantes culinaires et les confitures tièdes de citron donne un cadre convivial à cette cérémonie. La bouche n'attend pas pour révéler une grande fidélité à la qualité du millésime par l'expression d'une jeunesse et d'une tension de précision chirurgicale. Ce grand vin d'avenir est clos par une finale rocheuse, en apothéose.

ÉRIC RODEZ, CUVÉE DES GRANDS VINTAGES

Signature unique qui marie pinots noirs (70 %) et chardonnays. La récolte 2015 s'enrichit des années 2014, 2013 et bien plus. La chênaie règne dans cette composition aux choix étudiés. Les fragrances luisent dans un intense alignement, parfaites par leur combinaison : voile d'huiles végétales et de fruits secs à coques (amandes, noix de pécan et de cajou), zestes et jus d'agrumes, notes caillouteuses. À l'aération, les bois ouvrent leurs veines de transmission. La bouche est gravée de gras lacté et de grasses graines. Retentissement humide sous l'égide des valeurs de pureté – terroir, savoir-faire et temps – qui projettent nos sens vers les plus beaux horizons. Le sous-bois viendra avec ses jolis champignons. Nous sommes gastronomes en le dégustant.

TAITTINGER, COMTES DE CHAMPAGNE 2008

Les premières fragrances évoquent le maritime, la pierre grise (silex), l'iode et le végétal printanier. Les zestes verts, jaunes et les zistes favorisent une extrême précision des amers végétaux. Confiseries d'agrumes, senteurs de tarte citron meringue splendides et réglisse frais, effets lactés, viennois, en relation complexe avec le bois. La pellicule formée par les vins qui ont connu le bois délivre une fine perception huileuse. Le racinaire anisé, fenouil, menthol s'associe aux grands amers gras. D'une splendide allonge vivifiante, la finale sapide soulève un voile à l'amplitude calcaire magnétique. Une merveille de chardonnay.

VILMART & CIE, GRAND CELLIER

Cueillis sur des vignes âgées de plus de 30 ans, les chardonnays accueillent un tiers de pinot noir. L'agrément a séjourné sans fermentation malolactique durant 10 mois en foudre de chêne afin de parfaire son vieillissement. Élégante et angélique étoffe confite, enrichie d'une fière meringue à l'italienne. Essences de terres brunes, d'épices noires, de réglisse et vanille douce traversent l'ensemble qui tend vers des zestes et du jus d'agrumes verts. Les foudres utilisées scellent avec tendresse les contours de cette verticalité. On y perçoit un soupçon de chaleur fruitée qui fait frire poire, prune blanche mûre et raisin sec. Le cœur de bouche rayonne grâce au concours d'un citron jaune frais, d'une mandarine juteuse et d'une immaculée pierre blanche approvisionnée en sodium. Sur la fraîcheur de son gras, un rayon lumineux annonce une magnifique allonge à la saillance acidulée, chargée d'oligo-éléments.

KRUG
LA RÉVÉLATION PERPÉTUELLE

ON POURRAIT CROIRE LE MYTHE IMPÉNÉTRABLE, C'EST TOUT LE CONTRAIRE. POUR SES NOMBREUX AMATEURS, LA MAISON BALAIE D'UN REVERS LES DERNIERS SECRETS DE SON HISTOIRE ET DE SON STYLE. IL N'A PAS CHANGÉ

PAR ***HICHAM ABOU RAAD***

« LA TRADITION EST DEVANT NOUS »

Joseph Krug ne serait sans doute pas décontenancé en voyant ce qu'est devenue la maison qu'il a fondée en 1843. Précision du travail dans les vignes, notion du temps long au cœur de la qualité, sens de tous les détails : son rêve originel de créer un grand champagne chaque année n'est pas devenu une chimère. Chaque nouvelle édition de son grande-cuvée est une histoire écrite par plus de vingt ans de vins différents. La 171e, mise en bouteilles en 2016 et présentée cette année, contient des vins qui remontent jusqu'à l'année 2000. La maison Krug a su garder un esprit familial. Pour son directeur Olivier Krug, sixième génération, cela ne veut pas dire que le ton à donner doit être conservateur. Il tient ça de son père et de son grand-père. Olivier est arrivé au moment où la maison fêtait son 150e anniversaire. C'était il y trente ans. Il y a vingt ans, Krug rejoignait le groupe Moët-Hennessy, ses structures fortes et sa vision solide. Depuis, Krug n'a jamais cessé de se réinventer, notamment en explorant son passé, fouillant ses archives, exhumant de ses origines le « rêve » de son fondateur. *« Il donne toutes les raisons pour lesquelles mon arrière-arrière-arrière-grand-père a créé la maison »*, explique Olivier Krug. Bref, Krug n'est pas obsédé par la tradition, réflexe et forme de fermeture selon Manuel Reman, son président. La maison demande à chacun de ses musiciens – ses parcelles et ses crus – de jouer du mieux qu'il peut, sans compromis dans la performance. À Julie Cavil, en cheffe d'orchestre, de composer. *« Au moment de l'élaboration de la Grande Cuvée, certains d'entre nous vont être frappés par la fraîcheur, d'autres par la richesse. »* Ce style, c'est la générosité. La maison veut raconter le millésime.

Olivier Krug porte le portrait de Joseph Krug, le fondateur de la maison. Julie Cavil, cheffe de cave, a la responsabilité des 250 échantillons, un par parcelle. Ils feront l'objet d'une note de dégustation. En bas, la maison historique de la famille est bâtie fièrement sur ses caves.

UN JARDIN DE CENTRE-VILLE

Le patrimoine viticole de Krug est important, avec à son sommet le clos du Mesnil, joyau de la maison et petit jardin niché au cœur du centre-ville du Mesnil-sur-Oger. Il fait 1,84 hectare et représente cinq à six parcelles différentes pour les équipes de la maison au moment des vendanges. En 2012, il a fallu dix jours pour vendanger la totalité du clos. *« Nous évoquons énormément les dates de vendanges chez Krug. C'est clairement notre obsession. Ce n'est pas la vérité en Champagne, c'est la nôtre »*, explique Julie Cavil. Les vignes du clos n'ont pas toutes été plantées au même moment. Sur sa pente, en été, les arbres du parc font jusqu'à midi de l'ombre sur le bas de la parcelle, ce qui engendre un décalage de maturité. Derrière le pressoir encastré dans un petit décrochement du mur, les pieds les plus anciens, plantés en 1972, profitent de la réverbération et sont, en général, prêts à être vendangés avant le reste. Millésime après millésime, le changement climatique se ressent. Les années chaudes et sèches deviennent presque la règle et donnent des chardonnays expressifs, gras et riches. Julie Cavil confirme : *« C'est le cas du dernier millésime où il nous manque ce côté citron vert, citron jaune, pamplemousse très tendu. Nous allons le chercher dans les vins de réserve issus d'années plus fraîches. Ces derniers n'apportent pas que de la patine et du vieillissement. Ils sont aussi là pour donner du punch et de la tension »*. La maturité parfois un peu élevée des derniers millésimes donne beaucoup d'expressions de fruits mûrs, mais également une légère sensation de chaleur et d'alcool. Julie Cavil a aussi multiplié les années de réserve et le nombre des crus. Désormais, la grande cuvée intègre douze lots issus du seul grand cru Ambonnay. Pareil pour le grand cru Villers-Marmery. *« Nous avons multiplié ces individualités pour aboutir à la générosité si singulière de nos champagnes et utilisé quelques vins de réserve un peu plus âgés pour avoir cette patine et ce côté miellé et grillé. »*

UN VIN, 250 INDIVIDUALITÉS

Au moment de l'assemblage, Julie Cavil travaille à la fois sur la diversité du registre aromatique et sur celle des textures. Ce moment crucial exige une concentration maximale. D'ailleurs, la cheffe de cave préfère le faire chez elle, isolée de toute distraction extérieure. *« Je tire un fil et je vais jusqu'au bout. Je travaille d'abord sur l'aromatique pour m'assurer d'avoir le fruit frais et citronné, d'avoir aussi un fruit d'été mûr et salivant, sans négliger les notes de fruits confits. Nous aimons beaucoup ce côté pot-pourri. »* Pour le retrouver, il faut chercher dans les cépages, dans les crus et dans des années différentes. Vient ensuite le travail sur la structure et la construction. Il faut des vins qui apportent longueur, rondeur et profondeur. La sélection se fait dans cette palette de parcelles et de vins de réserve à disposition. Pour construire sa cuvée, Julie Cavil et son équipe se reposent sur 250 à 300 parcelles différentes qu'ils connaissent parfaitement, 80 % des raisins provenant de vignerons avec lesquels Krug a un accord. La majorité des contrats de la maison avec ses livreurs sont anciens. Krug les accompagne techniquement pour mettre en place une viticulture durable et de précision. La réflexion est aussi menée sur les dates de vendanges. *« Il n'y a pas de recette »*, précise-t-elle. *« Le savoir-faire, c'est de connaître ses parcelles et de goûter les vins. Ces 250 vins vont tous être goûtés au minimum deux fois, à l'aveugle et par plusieurs personnes. »* Pour comprendre un millésime, la maison établit environ 4 000 notes de dégustation. Un travail titanesque pour un champagne pour lequel la demande est très forte.

Les grands contenants en cours de vieillissement dans l'obscurité des caves.

LES OUTRENOIRS DE LANSON

FER DE LANCE DE LA MAISON RÉMOISE, LA CUVÉE **BLACK LABEL** SE TRANSFORME POUR RÉPONDRE AUX EXIGENCES DES CONSOMMATEURS AVERTIS. UNE TENDANCE NOUVELLE EN CHAMPAGNE

PAR ***GUILLAUME PUZO***

EN CHAMPAGNE, la coutume veut que la gamme débute par un vin non millésimé, également appelé brut multi-millésimes ou brut sans année (BSA). Cette cuvée est tellement importante, elle représente en général près de 80 % des volumes produits chaque année, qu'on lui donne un nom propre au sein de la marque. Chez Lanson, jusqu'alors, c'était Black Label. La cuvée, son nom et son style avaient été créés par Victor Lanson en 1937, l'anglicisme étant un hommage de la maison à son premier marché, le Royaume-Uni. L'hommage ne disparaît pas, mais la cuvée change de nom pour devenir Le Black Création, avec un article défini et le mot création écrit en français comme un clin d'œil à Victor Lanson. Bien sûr, le mot black est toujours là pour conserver l'identité de la cuvée. Comme le détaille Hervé Dantan, le chef de cave de la maison : *« Depuis 86 ans, ce champagne s'appelle Black Label. Changer ce nom n'est donc pas une petite décision. Mais il ne s'agit pas uniquement de cela, j'ai également redonné un nouveau cap au Black, sans en perdre l'âme, le style, la philosophie, et sans dénigrer le travail de Bernard Gasco et Jean-Paul Gandon, mes prédécesseurs »*.

UNE AFFAIRE DE DÉTAILS

Désormais, la cuvée Le Black Création porte un numéro : 257 pour celle qui sort cette année, c'est le nombre d'assemblages de brut non millésimé élaborés par la maison Lanson depuis sa fondation en 1760. Ces changements s'inscrivent dans la lignée des actions entreprises par Hervé Dantan depuis son arrivée en 2013. Une nouvelle cuverie parcellaire, un chai pour les contenants en bois et la fin du dogme *« zéro fermentation malolactique »* qui n'est plus un enjeu de style. Longtemps, les maisons expliquaient que leurs BSA n'étaient pas faits pour être gardés, mais pour être bus. Aujourd'hui, elles expliquent – à raison – que même ces champagnes peuvent vieillir. En indiquant le numéro de création sur l'étiquette, et grâce à quelques outils de communication modernes (type QR code), le discours sur le vin s'enrichit et le consommateur dispose des informations dont il a besoin.

Hervé Dantan, le chef de cave expérimenté de Lanson, mesure la profondeur du travail accompli avec la création de cette nouvelle cuvée. Dans ses caves dorment aussi quelques trésors, au moins aussi ardents que cette collection de différents flacons. Préparons-nous.

Le Black Création n°257
Base : vendange 2017.
Dégorgement : novembre 2022.
Dosage : 8 g/l.

« Une vendange d'août », précise Hervé Dantan. Le raisin a donné à ce champagne de beaux amers citronnés en bouche, des petites touches florales printanières très fraîches et une finale épurée et saline. Belle réussite.
92/100 - 2023>32

Le Black Création n°244
Base : vendange 2004.
Dégorgement : juin 2008.
Dosage : 8 g/l.

« Un bon millésime en Champagne, des gros rendements » et un vin entièrement réalisé sans malo. Il le fallait car les dosages étaient bien plus appuyés à l'époque. Le style des vins a changé, l'époque aussi, entre goût des consommateurs et effets du changement climatique.
90/100 - 2023>29

Le Black Création n°219
Base : vendange 1979.
Dégorgement : juin 1983.
Dosage : 11 g/l.

Il a complètement évolué sur des belles notes de truffe blanche, de grillé, d'épices (curry), de pain toasté, de vieux cuir. Moins puissant et moins ample que la cuvée Noble du même millésime, mais avec beaucoup de noblesse des parfums. Vinifié à l'époque intégralement sans fermentation malolactique. Le vin a bien tenu et son dosage, *« à l'image de ce qu'on faisait à cette époque »*, explique Hervé Dantan, est aujourd'hui parfaitement intégré.
94/100 - 2023>29

Le Black Création n°200
Base : vendange 1960.
Dégorgement : 1963.
Dosage : 12 g/l.

Robe bien cuivrée. Nez intense et épicé, girofle, café. En bouche, le dosage ressort un peu et pour un si vieux vin les arômes sont puissants. Il séduit par sa splendide fraîcheur aromatique (menthol) en finale.
91/100 - 2023>29

DEUTZ, ŒUVRES COMPLÈTES

AVEC AMOUR ET WILLIAM DEUTZ, CETTE MAISON APPARTIENT AU CERCLE DES CHAMPAGNES D'ÉMOTION. DÉGUSTATION BOULEVERSANTE

PAR ***THIERRY DESSEAUVE***

PARMI LES GRANDS NOMS DE LA CHAMPAGNE, Deutz constitue certainement la marque qui correspond le plus à la mention *« pour initiés »*. Depuis sa création en 1838, la maison a toujours suscité l'admiration respectueuse de connaisseurs grâce à des champagnes profonds, droits, parfois un peu austères. Lorsque Fabrice Rosset arrive à sa tête en 1996, mandaté par Jean-Claude Rouzaud, alors patron de Roederer et acquéreur de la marque, la belle endormie se réveille sans perdre ce statut si particulier. Le succès s'est construit grâce à un brut non millésimé toujours impeccable, Classic, mais aussi à deux cuvées de prestige aussi dissemblables qu'unanimement brillantes : William Deutz, réunissant les trois principaux cépages champenois, s'appuie majoritairement sur le pinot noir ; Amour est quant à elle un pur blanc de blancs de chardonnay. Toutes deux sont millésimées, assez régulièrement de surcroît, et longuement conservées sur pointe avant leur commercialisation. Aujourd'hui, la maison a connu un double changement de génération. Après une vie professionnelle de près d'un demi-siècle consacrée au champagne, Fabrice Rosset a passé la main à Marc Hoellinger tandis que Caroline Latrive, ex-cheffe de cave d'Ayala, a succédé à Michel Davesne à ce poste. Cette double verticale, portant uniquement sur des millésimes parvenus à leur optimum de maturité, consacre donc le travail des deux hommes. C'est peu dire que l'impression générale est extraordinairement élevée. Chacune de ces cuvées, dans leur registre, délivre nombre d'éclatantes réussites et confirme que la maison fait indiscutablement partie des (très) grandes.

AMOUR DE DEUTZ

Création de Fabrice Rosset et ses équipes techniques, ce blanc de blancs a trouvé sa place dans cette maison historique d'Aÿ, fameuse à ce titre pour ses pinots noirs. Dès les premiers millésimes de la fin des années 1980, la cuvée impose sa marque, intense, profonde, découvrant en seconde partie de bouche une onctuosité et un pouvoir de séduction impressionnant.

2002

Or pâle et brillant, grand nez floral, zeste de citron, touches de miel de tilleul, très frais. Onctuosité splendide en bouche, grande texture tendre et délicate, profondeur subtile, persistance aromatique inouïe. La définition même du mot Amour.

99/100 - 2023>2033

2000

Fins agrumes, belles notes florales, miel très fin en bouche, fraîcheur délicate. Pas immensément long, mais tendre, spirituel, brillant, subtil.

93/100 - 2023>2028

1999

Bel or brillant, petit caractère végétal, mais également vivacité citronnée, allonge intense. Un amour nerveux et intense.

95/100 - 2023>2026

1998

Robe or. Grand nez, miel, nougatine, citron confit. Générosité savoureuse, grand blanc de blancs de gastronomie (viandes blanches à la crème). Final vif, frais sur le zeste, longueur brillante et épanouie. Une magistrale richesse.

98/100 - 2023>2028

1997

Bel or brillant, vif, citronné, belle fraîcheur apéritive, une complexité aux notes d'orange amère confite, l'écorce et les notes de maturité se révèlent dans une belle finale.

97/100 - 2023>2028

1996

Nez évolué et un rien sauvage assez typique du millésime, droit et vivace. Le vin impressionne plus par sa grande vigueur acide que par un équilibre de bouche parfait. L'allonge est nerveuse.

95/100 - 2023>2028

1995

Robe plus dorée et évoluée que son *alter ego* William dans ce millésime. Epicé, des amers assez fins, à la fois corpulent et vif, solide et complet, mais pas l'harmonie des plus grands millésimes de cette cuvée.

95/100 - 2023>2028

Caroline Latrive a succédé à Michel Davesne au poste de chef de cave.

1993
Doré, avec des notes de miel et de zeste, un corps tendre et opulent avec ce qu'il faut de vigueur et de fraîcheur. C'est un vin qui déploie une grande séduction languide, avec sa finale aromatique et épanouie, sa richesse généreuse. L'un des plus grands 1993 jamais dégustés.
98/100 - 2023>2033

1990
Or brillant et juvénile, notes de zeste, nuances calcaire, nez très vif encore, pas de tertiaire, intensité et puissance, vigoureux mais plus linéaire et moins complexe que d'autres.
96/100 - 2023>2026

1988
Vivace, fruité, intense, étonnamment juvénile, le tilleul et le miel se révèlent dans une finale tendre et longue. Allonge onctueuse et brillante. Premier millésime d'Amour, et déjà une sensation d'éternité.
98/100 - 2023>2033

WILLIAM DEUTZ

Cette cuvée historique démontre dans les plus anciens millésimes une personnalité qui ne craint pas le long vieillissement et impose une vigueur un rien austère fondée sur des acidités marquées. Tout au long des années 1990 – avec en point d'orgue un fabuleux 2002 – la cuvée gagne en amabilité et en charme sans jamais perdre cette énergie originelle.

2002
Belle robe or pâle, notes de miel, floral, délicatesse fruitée, grande générosité de chair dans une trame fraîche, droite, pure, magnifique, encore très jeune. Confirmation d'une exceptionnelle réussite dans cette grande année.
99/100 - 2023>2038

2000
Bouquet de fruits rouges, belle intensité vigoureuse en attaque, charnu et juvénile, grande réussite d'un millésime pas simple.
95/100 - 2023>2028

1998
Robe dorée, nez concentré, un rien austère. L'attaque est marquée par une générosité épicée, puis aussitôt le vin se révèle architecturé, long, sérieux, profond, évolué aromatiquement mais juvénile de constitution. Moins consensuel que la cuvée Amour dans ce millésime, mais marquant.
98/100 - 2023>2028

1996
Robe dorée, nez évolué et séduisant avec des notes de fruits rouges séchées, de bois précieux, d'encaustique. Le corps onctueux associe un caractère crémeux et du nerf. Le vin est complexe et possède un caractère exceptionnel. L'un des grands 1996.
98/100 - 2023>2033

1995
Robe juvénile d'un or brillant, petits fruits rouges précis et expressifs, nez floral séduisant. En bouche, la vigueur et la vivacité s'associent magnifiquement, l'allonge est dynamique, ciselée, intense, un éternel jeune athlète.
99/100 - 2023>2033

1993
Or pâle, intensité et sève, fruit précis, allonge stricte et élégante, longueur précise et ciselée, expression magnifique. Confirmation de la brillante réussite de la maison dans ce millésime.
98/100 - 2023>2028

1990
Robe dorée, petites notes évoluées de fruits au marc, ensemble charnu et profond, intense, assez sévère dans sa définition, vigoureux et long.
97/100 - 2023>2028

1988
Vigueur et équilibre, harmonie parfaite, fruit expressif, subtilité et longueur, vivacité splendide. Un vin d'une jeunesse somptueuse.
98/100 - 2023>2033

1985
Vin très droit, pur, intense, toute la définition de l'austérité selon Deutz qu'il fallait savoir attendre. Trente-sept ans plus tard, le vin est impressionnant de rectitude.
96/100 - 2023>2028

REINES DU STYLE, MAÎTRES DU TEMPS

NOUS PRESSENTIONS QUE TOUT CHANGERAIT ET TOUT A CHANGÉ. PORTÉE PAR UN SUCCÈS FOU, LA CHAMPAGNE EST DEVENUE LE CENTRE DU MONDE OÙ NAISSENT TANT D'IDÉES ET DE JOIES. C'EST GRÂCE À CEUX QUI SUIVENT

SÉLECTION ***MICHEL BETTANE, LOUIS-VICTOR CHARVET, THIERRY DESSEAUVE, PHILIPPE JAMESSE*** *ET* ***GUILLAUME PUZO***

Abelé 1757

★★☆☆☆ ➔

Cette maison forte de 260 ans d'histoire a été reprise par le groupe Nicolas Feuillatte. Profitant de sa réputation, elle s'appuie sur des approvisionnements en raisins avec comme spécialité le vignoble des Riceys pour les vins rouges et rosés, les assemblages sont faits sur mesure et bénéficient d'un long vieillissement. Le célèbre Sourire de Reims que l'on peut admirer sur la Cathédrale constitue le fer de lance de la maison, bien conduite par Marie Gicquel, sa directrice.

- **1757, champagne** | Brut | 2023>29 | 39 € — 90
- **Le Sourire de Reims, champagne 2009** | Brut | 2023>28 | 65.23 € — 92

Agrapart

★★★★★ ✦

Pascal Agrapart est un homme franc, sincère et attaché aux valeurs du terroir. Son fils Ambroise l'accompagne désormais, apportant sa fraîcheur sur le domaine (12 hectares) au cœur de la côte des blancs (Avize, Cramant, Oger et Oiry pour les grands crus, Avenay Val d'Or, Coligny et Vauciennes pour les premiers crus). Pascal ne revendique aucune certification, ayant choisi depuis la fin des années 1980, les principes d'une viticulture organique. Les nouvelles interprétations de l'année 2014 affirment ce travail entre enracinement, amour, passion du vivant et respect de la nature. Un modèle.

- **Grand Cru Vénus, Blanc de Blancs, champagne 2014** | Non dosé | 2022>32 | 125 € — 99
- **Grand Cru Minéral, Blanc de Blancs, champagne 2014** | Extra-brut | > | 59 € — 95
- **Grand Cru L'Avizoize, Blanc de Blancs, champagne 2014** | Extra-brut | 2022>26 | 79 € — 96

Alexandre Bonnet

★★★☆☆ ➔

Cette maison des Riceys a complètement revu son fonctionnement, proposant une image de domaine, avec de nombreuses cuvées parcellaires inspiré d'un modèle bourguignon. Elle est spécialiste des raisins noirs (même si elle réalise une honorable cuvée de pinot blanc et chardonnay, harmonie-de-blancs) et en particulier d'un délicieux rosé de saignée, c'est-à-dire issu d'un début de vinification en rouge et pas, comme c'est plus souvent le cas en Champagne, d'un assemblage de rouge et de blanc. Les champagnes ont gagné progressivement en profondeur de goût et en finesse de texture.

- **Blanc de Noirs, champagne** | Extra-brut | 2023>28 | 44 € | ☘ — 90
- **La forêt rosé de saignée, champagne 2018** | Extra-brut | 2024>30 | NC — 93
- **La Géande 7 cépages, champagne 2018** | Non dosé | 2023>30 | 93.6 € | ☘ — 93
- **Rosé des Riceys, rosé des riceys 2019** | Sec | > | 44 € | ☘ — 9
- **champagne** | Extra-brut | > | 50.8 € | ☘ — 9
- **Blanc de blancs, champagne** | Extra-brut | > | 54 € | ☘ — 9
- **La forêt Rosé de macération, champagne 2018** | Extra-brut | > | 82.5 € | ☘ — 9

Alfred Gratien

★★★★☆ ✚

Appartenant au groupe allemand Henkell & Co (Gratien-Meyer dans la Loire), Alfred Gratien cultive, avec réussite, régularité et précision son originalité champenoise : vinifications sous bois dans le chai qui compte quelques milles fûts, absence de fermentation malolactique, tirage liège pour les cuvées millésime, longs vieillissements. Nicolas Jaeger, chef de caves descendant de cette lignée familiale, assure la continuité du style. L'ensemble de la gamme est de très haut niveau et séduira les amateurs de champagne de gastronomie.

- **champagne** | Brut | 2023>30 | 37 € — 93
- **Brut Millésimé, champagne 2015** | Brut | 2023>33 | 67 € — 94
- **Blanc De Blancs, champagne 2015** | Brut | 2023>30 | 57 € — 94
- **Brut Nature, champagne** | Brut | 2023>30 | 39 € — 93

Champagne Aspasie

★☆☆☆☆

Paul-Vincent Ariston produit sur le terroir original de Brouillet (vallée de l'Ardre), des vins pleins de charme, fruités, généreux et frais. Douze hectares de vignes en grande partie plantés de meunier, sur des sols de tuf, une terre plus légère et friable que la craie. L'arrière-arrière-grand-mère Aspasie le cultivait déjà, comme l'arbanne, le pinot blanc et le petit meslier, cépages blancs autorisés en Champagne mais aujourd'hui quasiment disparus. Paul-Vincent les réhabilite depuis plus de 20 ans et les assemble dans sa cuvée-d'antan. La cuvée brut de fut est une réussite.

- **Cépages d'Antan, champagne 2013** | Brut | 2023>26 | 86 € | ☘ — 90
- **Brut de fût, champagne** | Brut | 2024>26 | 46 € | ☘ — 89

✦ Star ✚ Valeur sûre ➔ À suivre de près Ⓝ Nouvelle entrée

Ayala

Née à Aÿ en 1860, cette maison historique a été reprise par sa voisine Bollinger en 2005. Les fondamentaux de la maison – excellence, pureté, droiture – ont été réaffirmés. Des champagnes d'esthètes où le chardonnay tend vers l'élégance et la fraîcheur, axés aussi sur de précurseurs faibles dosages. Les tirages liège et les longs vieillissements démontrent cette volonté d'aller vers la qualité et de respecter certaines traditions champenoises. L'ensemble est donc de très bon niveau, avec tout de même un écart sensible entre les cuvées de prestige -La Perle et le blanc de blancs- et le reste de la gamme.

- **Rosé Majeur Brut, champagne** | Brut | 2023>28 | 49 € — 90
- **Blanc de Blancs, champagne 2016** | Brut | 2023>30 | 65 € — 91
- **La Perle, champagne 2013** | Sec | 2023>30 | 150 € — 92

Champagne Barnaut

Cette maison vigneronne, l'une des premières à faire ses propres champagnes dès 1874, appartient toujours aux descendants du fondateur : c'est aujourd'hui Philippe Secondé et désormais son fils Guillaume qui en tiennent la barre avec talent et générosité. Le vignoble de Bouzy exprime ici le meilleur du pinot noir, et la gamme rend justice avec beaucoup de nuances à la complexité et à la vinosité des raisins de ce terroir. On trouvera aussi en complément un très séduisant blanc de blancs : bref une adresse sûre et complète !

- **Éclat de chardonnay, Blanc de Blancs, champagne** | Brut | 2023>28 | NC — 92
- **Bouzy, Blanc de noirs, champagne** | Brut | 2023>28 | NC — 92
- **Bouzy, Blanc de noirs, champagne 2012** | Brut | 2023>32 | NC — 94

Beaumont des Crayères

Petite coopérative classique de la vallée de la Marne, produisant depuis longtemps des vins équilibrés et souples, réunissant les qualités des trois cépages. Mais la marque gagne d'année en année en précision de style, tandis que les prix demeurent sages. Un bel ensemble de champagnes possédant tous une véritable personnalité et quelques spécialités intéressantes, telle la gamme de mono-cépages baptisée Fleur.

Champagne Françoise Bedel

Françoise Bedel est l'une des vigneronnes les plus attachantes de la Champagne. Avec son fils Vincent, ils portent haut les couleurs de la biodynamie en la pratiquant avec une intelligence rigoureuse sur les 8,5 hectares de leur domaine situé à Crouttes-sur-Marne, dans la vallée de la Marne. Les vins progressent d'année en année et sont un juste témoignage du terroir qui les porte, brillants par leur maturité et leur complexité. Ce sont avant tout des vins de repas mais il faut les découvrir sans retenue car ils offrent une lecture à la fois originale, engagée et soignée de la Champagne.

- **Millésimé , champagne 2010** | Brut | 2023>35 | NC — 94
- **Entre Ciel et Terre, champagne** | Extra-brut | 2023>30 | 61.15 € | ☘ — 92
- **Dis, Vin Secret, champagne** | Extra-brut | 2023>30 | 51.2 € | ☘ — 92

Champagne Bérèche et Fils

Raphaël et Vincent Bérèche figurent parmi les acteurs les plus dynamiques du vignoble champenois et perpétuent la tradition familiale engagée depuis le XIXe siècle. Si Vincent est l'homme des vignes, Raphaël définit le style des vins. Ce duo bien rodé fait merveille et produit des vins au style affirmé qui gagnent en sagesse. Adeptes de ce que l'on nomme un peu vite la minéralité, les frères l'affirment avec force. Le style s'affiche avec élégance, plénitude et harmonie. Cette recherche stylistique de l'origine conduit vers une forme d'universalisme qui se traduit à merveille dans les derniers millésimes. Une adresse culte.

- **Brut Réserve, champagne** | Brut | 2024>32 | 50 € — 96
- **Le Cran, champagne 2014** | Brut | 2025>40 | 80 € — 99
- **Mailly-Champagne, champagne 2016** | Extra-brut | 2025>40 | 135 € — 98

Besserat de Bellefon

L'arrivée de Nathalie Doucet a remis cette maison, propriété du groupe BCC (Lanson, Boizel), sur la voie de l'excellence, aidée dans sa mission par l'excellent Cédric Thiébault, le chef de cave. Sa particularité est de produire des champagnes onctueux et peu effervescents en raison d'une pression moindre obtenue par une adjonction faible de liqueur de tirage avant la phase de prise de mousse. Ces récentes évolutions du style et la nouvelle orientation donnée à la gamme permettent aujourd'hui à BB (comme on l'abrège) de compter parmi les marques à suivre en Champagne. Dernier projet, la maison commence à révéler les trésors qui dorment dans ses caves, preuve supplémentaire d'une confiance retrouvée dans la qualité des vins et le potentiel de la marque.

- **BB 1843, champagne NM** | Brut | 2026>32 | 60 € — 92
- **BB Bleu Brut, champagne** | Brut | 2024>27 | 39 € — 91
- **Millésimé, champagne 2013** | Brut | 2024>32 | 65 € — 93
- **BB Blanc de Blancs, Blanc de Blancs, champagne** | Brut | 2024>28 | 39 € — 94

Billecart-Salmon

Mathieu Roland-Billecart dirige avec talent cette maison de Mareuil-sur-Aÿ, deux fois centenaire et familiale, qui a acquis sa réputation dans les années 1990 grâce à ses flacons uniques et son célébrissime rosé. Elle peut s'appuyer sur le savoir-faire de ses hommes (Denis Blé au vignoble et au chai, Florent Nys en chef de cave), mais aussi sur un vignoble maison de 100 hectares et un approvisionnent d'une superficie totale de 300 hectares dans 40 crus. Les vignes sont choyées au rythme de la nature, avec pour fleuron le remarquable clos Saint-Hilaire. Les millésimes sortent après un long vieillissement et l'assurance qu'ils soient prêts.

- **Élisabeth Salmon, champagne 2009** | Brut | 2023>33 | 180 € — 96
- **Clos Saint-Hilaire, Blanc de Noirs, champagne 2005** | Extra-brut | 2023>33 | 430 € — 97
- **Nicolas François, champagne 2008** | Brut | 2023>33 | 170 € — 98
- **Brut Réserve, champagne** | Brut | 2023>28 | 50 € — 92

Champagne H. Blin

★☆☆☆☆

Bénéficiant d'un beau terroir au cœur de la vallée de la Marne, cette coopérative cultive 118 hectares, dont 70 % de meuniers. Les progrès affichés depuis quelques années sont encourageants.

- Brut Tradition, champagne NM | Brut | 2023>26 | 18 € — 88
- Esprit Nature, Blanc de noirs, champagne | Extra-brut | 2023>27 | 35 € | ☘ — 89

Boizel

★★★☆☆ ✚

Boizel est une maison née en 1834. Après Évelyne et son mari, une nouvelle génération reprend aujourd'hui le flambeau avec dynamisme. La gamme, très classique, décline avec sagesse un style équilibré, savoureux et consistant, qu'on imagine autant à table qu'à l'apéritif. À son sommet on trouve une belle cuvée de prestige au nom évocateur, joyau-de-france et un superbe classique, la sous-bois. La gamme est très complète et surtout d'une homogénéité remarquable. C'est une marque sûre qui ne déçoit jamais.

- Grand Vintage, champagne 2013 | Brut | 2023>30 | 62 € — 92
- La Côte premier cru, champagne | Sec | 2023>29 | 48 € — 91
- La Montagne premier cru, champagne | Sec | 2025>32 | 47 € — 92
- Joyau, champagne 2008 | Sec | 2023>32 | 125 € — 94

Bollinger

★★★★★ ✦

Née en 1829, la maison d'Aÿ est au plus haut niveau. Les cuvées émeuvent par leur race et leur définition. Certifiée HVE en 2012, la recherche, l'amélioration des process et les démarches environnementales sont au cœur des préoccupations comme le pinot noir, sur lequel le style de la maison repose. Son vignoble de 178 hectares (dont 100 de pinot noir) en grands et premiers crus lui assure plus de 60 % de ses besoins en raisin. Outre les vinifications sous bois et une malo partie prenante du style, les vins de réserves conservés en magnums depuis 1890 sont une mosaïque fascinante pour l'assemblage des non millésimés, plus brillants que jamais. Les cuvées grande-année et RD affirment leur pureté intérieure. Que dire des émouvantes vieilles-vignes-françaises ou de la côte-aux-enfants. Récemment, la maison s'est lancée dans un programme de création de nouvelles cuvées qui mettent en avant le parcellaire de son vignoble.

- R.D., champagne 2008 | Extra-brut | 2025>45 | 370 € — 98
- Spécial Cuvée, champagne | Brut | 2022>30 | 52 € — 93
- Grande Année, champagne 2014 | Brut | 2025>35 | 147 € — 95
- Vieilles vignes françaises, champagne 2013 | Brut | 2025>35 | NC — 98
- PN TX17, champagne | Brut | 2024>34 | 110 € — 96

Champagne Bonnaire

★★★☆☆

Située à Cramant, terroir de référence pour les grands chardonnays, ce domaine familial de 22 hectares est aujourd'hui aux mains de Jean-Étienne et Jean-Emmanuel Bonnaire. Très apéritifs, ces champagnes constituent des valeurs sûres du secteur. La fratrie gère également les Champagnes Paul Clouet, une maison cousine adjointe au vignoble familial depuis 1992. Les cuvées sont pour certaines élevées sous bois et les vieux millésimes peuvent faire l'objet d'un dégorgement à la demande. Voici une adresse sûre qui progresse et affine son style.

- Cramant Vintage, champagne 2015 | Extra-brut | 2024>30 | 53 € — 92
- Paul Clouet Bouzy Vintage, champagne 2015 | Extra-brut | 2024>32 | 53 € — 92
- Love story, champagne 2012 | Extra-brut | 2025>35 | 99 € — 93

Champagne Franck Bonville

★★★☆☆

Olivier Bonville incarne la troisième génération qui travaille la vigne dans ce secteur béni du chardonnay. Les 20 hectares du domaine s'étendent sur les communes de Cramant, Oger et Avize. Les vins possèdent une délicieuse saveur donnée par les accents crayeux de la côte des Blancs. Pas de dureté ici, la fraîcheur se veut saline et caressante.

- Les Belles Voyes, Blanc de Blancs, champagne 2015 | Brut | 2026>32 | 80 € | ☘ — 92
- Pur Avize, champagne 2015 | Brut | 2025>30 | 65 € | ☘ — 92
- champagne 2015 | Extra-brut | 2025>32 | 48 € | ☘ — 92

Champagne Boulard & Fille

★★★★☆

Francis Boulard est associé à sa fille Delphine. Le duo travaille en biodynamie 3,35 hectares, à Mailly en grand cru, et des parcelles aussi qualitatives dans la proche montagne de Reims. L'ensemble de la gamme est de haute volée, raffinée et complexe. L'amateur appréciera ces champagnes complets et ciselés, où l'expression minéralité prend tout son sens, la fine amertume et les notes iodées accompagnant toutes les fins de bouche avec subtilité. Des vins racés et des vignerons authentiques.

- Les Rachais, champagne 2015 | Brut | 2025>40 | 75 € | ☘ — 96
- Grand Cru Mailly, champagne | Brut | 2024>36 | 55 € | ☘ — 94
- Les Murgiers, champagne | Non dosé | 2024>34 | 50 € — 93

Brimoncourt

★☆☆☆☆

Jeune maison assumant résolument un style chic et trendy, Brimoncourt s'appuie sur quatre cuvées - un brut, un extra-brut, un rosé et un blanc de blancs non millésimé - affirmant toutes un caractère très aimable et harmonieux, toujours apéritif.

- Blanc de Blancs, champagne | Brut | 2023>29 | 42 € — 91
- Grand Cru, champagne | Extra-brut | 2024>32 | 49 € — 91
- MMIX, champagne 2009 | Brut | 2023>29 | 109 € — 93

Edouard Brun

★★☆☆☆

Cette petite maison d'Aÿ, fondée en 1975 et tenue depuis le milieu des années 1990 par la famille Delescot, a considérablement progressé ces dernières années. En plus de ses achats de raisins, les huit hectares du vignoble familial situés dans la Montagne de Reims, permettent à la maison de signer une gamme soignée. Une bonne adresse que nous recommandons.

- Brut Nature, Grand Cru, champagne | Non dosé | 2022>25 | 58 € — 91
- Premier Cru, Blanc de Blancs, champagne NM | Brut | 2023>29 | 28 € — 89

Bruno Paillard

★★★★★ ✦

Depuis 2019, la maison est entre les mains d'Alice Paillard, fille de Bruno. Elle peut s'appuyer sur son chef de cave, Laurent Guyot. Le vignoble en propre compte 32 hectares, dont 12 en grands crus et premiers crus et plus de 110 parcelles toutes vinifiées séparément. Les champagnes sortent de cave après un temps de repos de 3 à 11 ans. Les dosages sont désormais toujours extra-brut, signe d'une matière première saine et d'un savoir-faire méticuleux. Certifié HVE3, le vignoble est la priorité d'Alice, attentive aux besoins de la nature. Verticaux, architecturés, les vins trouvent leur véritable expression à table. Toute la gamme est recommandable.

- Première Cuvée Extra-Brut, champagne | Extra-brut | 2023>30 | 45 € — 94
- Rosé Première Cuvée Extra-Brut, champagne NM | Extra-brut | 2023>29 | 41 € — 94
- Dosage : Zéro, champagne | Non dosé | 2024>32 | 58 € — 96
- Cuvée 72 Extra-Brut, champagne | Extra-brut | 2025>35 | 62 € — 96

Canard-Duchêne

★★☆☆☆ ➔

Appartenant au groupe Thiénot, Canard-Duchêne a su intelligemment rajeunir son image en créant une gamme issue de la viticulture bio. La marque produit des champagnes souples et apéritifs, tous bien constitués, dans un registre d'approche facile. Très bien distribuées, les références sont faciles à trouver. La maison peut compter sur l'expérimenté Laurent Fresnet et sur une équipe dirigeante impliquée pour continuer sa marche en avant.

- Charles VII, Blanc de Blancs, champagne NM | Brut | 2024>28 | 36 € — 90
- Charles VII, Blanc de Noirs, champagne | Brut | 2025>30 | 45 € — 90
- Parcelle 181, champagne NM | Extra-brut | 2024>29 | 28 € | ☘ — 90
- V2012, Nature, champagne 2012 | Brut | 2025>35 | 65 € — 92

Castelnau

★★★☆☆

Cette réunion de caves coopératives a récemment fusionné avec le groupe Nicolas Feuillatte, mais la marque perdure. Depuis quelques années, elle a le vent en poupe et s'associe aux plus grandes manifestions sportives et aux grandes tables gastronomiques. Les vins sont sages et proposent des registres de plénitude exceptionnels pour le prix. Une patience doublement récompensée à chaque nouvelle sortie. Il faut absolument découvrir les vieux millésimes que la marque met sur le marché, tutoyant pour beaucoup l'excellence.

- Réserve, champagne NM | Brut | 2023>29 | 25 € — 90
- Millésimé, champagne 2006 | Brut | 2024>32 | 43.8 € — 93
- Millésimé, champagne 2008 | Brut | 2024>32 | 42 € — 93

✦ Star ✚ Valeur sûre ➔ À suivre de près Ⓝ Nouvelle entrée

10 ANS
BIODYNAMIE
CHAMPAGNE
De Sousa
2023
10 ans de certification en biodynamie
LSF
www.champagnedesousa.com
AB
AGRICULTURE BIOLOGIQUE
demeter

Cattier

★★☆☆☆

Cette maison classique, qui s'enorgueillit à juste titre de posséder l'un des derniers véritables clos de Champagne, le clos du Moulin, propose une belle gamme de champagnes souvent marqués par le caractère à la fois fin et vineux du terroir de Chigny-lès-Roses. Les dégustations de cette année confirment que la marque continue sa mue stylistique vers plus de pureté et de définition. Des champagnes élégants, souples et toujours énergiques. La troisième étoile se rapproche.

- **Premier Cru, Blanc de Blancs, champagne NM** | Brut | 2023>30 | 29 € 90
- **Premier Cru Nature, champagne** | Non dosé | 2023>28 | 43 € 91
- **Millésimé Premier Cru, champagne 2014** | Brut | 2025>35 | 58 € 94
- **Millésimé premier cru Meunier, champagne 2016** | Brut | 2025>35 | 120 € 93

Charles Heidsieck

★★★★★ ✦

Fondée à Reims par l'incroyable voyageur Charles Camille Heidsieck, la maison est le fleuron de la famille Descours. Elle doit ce statut à la superbe onctuosité singulière de chacun de ses champagnes, caractéristique du « style Charles ». Un style fondé sur une harmonie virtuose et pure que le temps sublime, une bibliothèque de vins de réserve exceptionnelle et une philosophie entre noblesse végétale et dosage révélateur. Les vins affichent des potentiels de garde exceptionnels.

- **Rosé Millésimé, champagne 2012** | Brut | 2025>40 | 145 € 97
- **Brut Réserve, champagne** | Brut | 2023>30 | 48 € 93
- **Brut Millésimé, champagne 2013** | Brut | 2024>32 | 105 € 95
- **Blanc de Blancs, Blanc de Blancs, champagne** | Brut | 2024>32 | 70 € 94

Charpentier

★★★☆☆ N

Installé dans la vallée de la Marne et spécialiste du pinot meunier, Jean-Marc Charpentier s'occupe de ses vignes comme d'un jardin. Il les a conduit sur la voie de la biodynamie et propose une gamme de champagnes harmonieux et ciselés, qui allient avec beaucoup de réussite fraîcheur aromatique et vinosité. Une adresse à suivre.

- **Terre d'émotion - Blanc de noirs, champagne** | Extra-brut | 2024>32 | 46 € | ☘ 93
- **Terre d'émotion - Brut Vérité, champagne** | Brut | 2024>30 | 40 € | ☘ 91
- **Pinot Meunier, champagne** | Non dosé | 2024>32 | 59 € | ☘ 92

Champagne Chartogne-Taillet

★★★★★ ✦

À deux pas de Reims, à Merfy, sur le massif de Saint-Thierry, dans la petite Montagne de Reims, Alexandre Chartogne est un perfectionniste. Le travail à la vigne est le moins intrusif possible, les sols sont travaillés au cheval pour éviter les tassements. La compréhension du lieu est fondamentale. Esthète du terroir, Alexandre communique à travers ses vins la composition des sols en essayant de ne pas perturber la plante. La nouvelle cave construite de ses mains lui permet d'accentuer son attention personnalisée sur la vinification, gestion des raisins, des jus, séparation si nécessaire et adaptation ultra précise des bois. À la dégustation, le magnétisme terrestre prédomine largement aux registres aromatiques et gustatifs classiques. Génie intuitif et exigeant, c'est aussi un chirurgien du terroir qui opère ses sols.

- **Heurtebise, Blanc de Blancs, champagne 2016** | Extra-brut | 2024>34 | 65 € 98
- **Les Couarres, champagne 2016** | Extra-brut | 2022>40 | 65 € 98
- **Les Grands Champs, Blanc de Blancs, champagne 2016** | Extra-brut | 2025>45 | 65 € 96

Chassenay d'Arce

★★★☆☆

Cette marque de la cave coopérative de la côte des Bar (qui se qualifie joliment de « maison de vignerons »), dans l'Aube, a beaucoup progressé et témoigne avec efficacité du potentiel certain de ce terroir « méridional » de la champagne viticole. Les champagnes possèdent une personnalité certaine, comme en témoigne par exemple l'étonnant pinot blanc. De plus en plus cohérente, la gamme méritait cette année d'être récompensée d'une nouvelle étoile dans notre hierarchie.

- **pinot blanc, Blanc de Blancs, champagne 2014** | Extra-brut | 2026>32 | 47 € 92
- **Blanc de Blancs, champagne 2014** | Brut | 2024>30 | 33.4 € 91
- **Audace, champagne 2014** | Extra-brut | 2025>30 | 42.3 € | ☘ 92

Champagne Ulysse Collin

★★★☆☆

Olivier Collin, revenu au domaine familial en 2003 après des études de droit, fait merveille parmi les adresses qui font bouger la Champagne des vignerons. Son vignoble de 4,5 hectares, en cours de conversion à la biodynamie, est situé sur le terroir crayeux de Congy, au sud de la côte des Blancs. Il y cisèle une gamme de champagnes singuliers, élevés sous bois, qui font sa force et son originalité, aux contours délicats et aux trames très fines. Les vins, vinifiés en parcellaire, non millésimés et monocépages, sont de plus en plus courtisés, avec des sélections parcellaires de haute volée. Une adresse confidentielle dédiée aux amateurs.

- **Blanc de Blancs, champagne NM** | Extra-brut | 2022>26 | NC 94

Champagne Vincent Couche

★☆☆☆☆ N

Installé dans la côte des Bar, Vincent Couche exploite treize hectares de vignes en biodynamie, répartis sur deux communes de l'Aube : Montgueux, un sol crayeux planté en chardonnay et Buxeuil, où poussent neuf hectares de pinot noir. Ce vigneron passionné produit une large gamme de champagnes de demi-corps au joli toucher. Les expressions sont pulpeuses et pleines d'énergie, offrant beaucoup de plaisir.

- **Millésimé, champagne 2015** | Brut | 2024>32 | 70 € | ☘ 92
- **Millésimé, champagne 2014** | Extra-brut | 2023>29 | 65 € | ☘ 92
- **Chloé, champagne NM** | Extra-brut | 2024>28 | 37 € | ☘ 92
- **ADN Montgueux, champagne 2011** | Brut | 2024>32 | 218 € | ☘ 93

Champagne Roger Coulon

★★★☆☆ →

Éric et Isabelle Coulon, désormais rejoint par leurs enfants Louise et Edgar, exploitent dix hectares éclatés en 109 parcelles dont des chardonnays du grand cru Chouilly. Pour mieux marquer les identités de leurs cuvées, ils ont différencié la gamme en deux collections : référence s'adosse aux assemblages des années, des terroirs et des cépages, empreinte remarque l'exclusivité de l'année et signe le terroir. Adresse précieuse de beaux champagnes, entre pureté et élégance, où le dynamisme de la nouvelle génération épouse parfaitement le savoir-faire de l'expérimentée.

- **Esprit de Vrigny, champagne** | Non dosé | 2023>28 | 72 € 89
- **Millésimé, Blanc de Noirs, champagne 2013** | Brut | 2023>28 | NC 92
- **Heri Hodie, champagne** | Extra-brut | 2023>28 | NC 90

Champagne De Sousa

★★★★★ ✦

Dans les pas de leur père disparu trop tôt, l'attachante nouvelle génération continue de propulser ce domaine vers le plus haut niveau. Julie travaille les vignes avec ses deux chevaux. Charlotte et Valentin sont aux vinifications et au commerce. La famille possède dix hectares de vignoble répartis à Avize, Oger, Le Mesnil sur Oger, Cramant, Ay et Ambonnay. À la vigne, tout est fait pour favoriser l'aération des sols et l'enracinement profond des très vieilles vignes de 70 ans. Les dernières cuvées véhiculent une émotion et un sentiment d'aboutissement.

- **Brut Tradition, champagne** | Brut | 2023>29 | 42 € 92
- **Cuvée 3 A Grand Cru, champagne** | Extra-brut | 2024>34 | 95 € 96
- **Umami, champagne 2009** | Extra-brut | 2023>35 | 142 € | ☘ 99
- **Caudalies Avize Grand Cru, Blanc de Blancs, champagne 2010** | Extra-brut | 2025>45 | 160 € 98

Champagne Dehours et Fils

★★★☆☆ ✚

Jérôme Dehours est l'un des producteurs les plus talentueux et les plus précis du secteur de Cerseuil, terre de prédilection du meunier qui représente 60 % de l'encépagement de son domaine. Il a suivi l'excellente logique de la vinification parcellaire sous bois de ses meilleures vignes, réalisée avec de très faibles dosages en sucre. Tous ses vins ont une grande classe. Les cuvées blanc-de-meunier, les-genevraux et les vignes-de-la-vallée sont toutes recommandables, chacune dans son style mais toutes très gourmandes, faites pour la table, suaves et élégantes, aux textures très raffinées.

- **Maisoncelle, champagne 2003** | Extra-brut | 2024>30 | 34.5 € 93
- **Grande Réserve, champagne** | Brut | > | 36 € | ☘ 92
- **Terre de meunier, champagne** | Extra-brut | 2023>28 | 46 € | ☘ 91

Delamotte

★★★★☆

Cette maison fondée à Reims en 1760 par François Delamotte appartient au groupe Laurent-Perrier depuis 1988. Elle est liée par le mariage avec Champagne Salon. L'excellent Didier Depond dirige en maître ces deux joyaux champenois. Le Mesnil-sur-Oger est la craie angulaire du style qui prend naissance sur les grands

✦ Star ✚ Valeur sûre → À suivre de près N Nouvelle entrée

chardonnays et s'enrichit des villages voisins de la Côte des Blancs (Oger, Avize, Cramant) et des pinots de la Montagne de Reims provenant de Bouzy, Ambonnay et Tours-sur-Marne. Suivis par l'expérience de Michel Fauconnet, les vins accentuent leur brillance interne, affirmant avec élégance l'origine des sources à travers un reflet sensoriel, tactile et radieux.

- Brut, champagne | Brut | 2022>25 | 34 € — 90
- Collection, Blanc de Blancs, champagne 1999 | Brut | 2022>28 | 300 € — 91

Deutz

★★★★★ +

Après une dernière vendange 2022, qui restera dans les mémoires comme excellente pour la qualité des raisins, Michel Davesne passe les clefs de la cave à Caroline Latrive, mais les fondamentaux de cette belle maison d'Aÿ, fondée en 1838, demeurent. La plupart des approvisionnements proviennent d'un rayon de 30 kilomètres autour d'Épernay, les trois cépages sont à l'honneur, et les vinifications se font en cuves inox, tout comme le stockage des vins de réserve. La gamme est bien construite, hormis le rosé non millésimé qui pourrait gagner en profondeur. On se régale du blanc de blancs, de la cuvée Amour, et bien entendu des William Deutz et Hommage à William Deutz.

- Brut Classic, champagne | Brut | 2023>29 | NC — 93
- Blanc de Blancs, champagne 2017 | Brut | 2023>32 | NC — 94
- Amour de Deutz Rosé, champagne 2013 | Brut | 2023>33 | NC — 97
- William Deutz, champagne 2013 | Brut | 2023>33 | NC — 95

Champagne Devaux

★★☆☆☆

Fondée en 1846 à Épernay par la famille Devaux, cette maison installée dans un magnifique manoir au cœur de la Côte des Bar a conservé son caractère familial. Elle est depuis près de 30 ans la propriété de l'Union Auboise (Alliance Champagne), coopérative créée en 1967. Dans cet ensemble, Devaux représente le meilleur, avec sa pertinente Collection D (sélections parcellaires, vins de réserve élevés en foudres et vieillissement de cinq ans minimum, sept ans pour les magnums) dont les vins sont produits à partir de 80 hectares rigoureusement choisis. Le niveau progresse.

- Collection D D Rosé, champagne NM | Brut | 2022>26 | 40 € — 91
- Collection D D Millésimé, champagne 2008 | Brut | 2022>25 | 60 € — 91

Dom Pérignon

★★★★★ ✦

Dom Pérignon est le vin de Champagne le plus insaisissable. Ces émotions reposent sur une sélection brillante et un savoir-faire chirurgical. S'appuyant sur un équilibre artistique entre chardonnay et pinot noir, développé sur le meilleur des immenses vignobles appartenant au groupe LVMH, complété par des approvisionnements de haut vol, la marque revendique la volonté d'exprimer les années sans exception. Blanc ou rosé, Dom Pérignon décline et déroule ses éternelles vies, ses phases temporelles sous différentes plénitudes. Intelligemment conduite par Vincent Chaperon, le chef de cave, la maison a ce pouvoir du temps, de prendre la patience de l'ambivalence et des contrastes unis.

- Dom Pérignon, champagne 2013 | Brut | 2025>45 | 260 € — 98
- Dom Pérignon Rosé, champagne 2009 | Brut | 2023>44 | NC — 100
- Plénitude 2, champagne 2004 | Brut | 2024>44 | 520 € — 100

Champagne Didier Doué

★★★☆☆

Fort d'un parcellaire épars sur les différents terroirs de Montgueux, en Côte des Bar dans l'Aube, Didier Doué vinifie séparément chaque vigne pour en tirer la quintessence. Il s'affirme comme l'une des références en matière d'expression de ce terroir. Certifiés en agriculture biologique depuis 2012, les vins sont remarquables de pureté, avec des dosages placés et une expression aromatique digne des crus de la Côte des Blancs. Ce joli domaine compte parmi les références.

- Les Corres, champagne 2016 | Non dosé | 2024>29 | NC | ☘ — 91
- Le Truchat, champagne 2015 | Extra-brut | 2025>32 | NC | ☘ — 92
- Le Faite, champagne 2015 | Brut | 2025>35 | NC — 92

Champagne Drappier

★★★★☆ +

Installée à Urville, au cœur de la Côte des Bar depuis 1808, la famille Drappier avec à sa tête Michel, accompagné de ses enfants, détient 55 hectares de vignes en propre et 50 hectares en contrats associés. Les vins produits en majeure partie sur des sols issus du Jurassique kimmeridgien font briller les cépages classiques de champagne. Si le pinot noir est roi, on trouve aussi du petit meslier, du blanc vrai et de l'arbane. Attaché à respecter son environnement et l'identité des cépages, Michel Drappier compose des assemblages méticuleux, précis et sincères. Pionnier dans l'élaboration de bruts nature à l'aide d'une viticulture saine, il élabore soigneusement sa liqueur de dosage pour les autres cuvées.

- Brut Nature pinot noir, champagne | Non dosé | 2022>30 | 31.5 € — 94
- La Grande Sendrée, champagne 2010 | Brut | 2022>30 | 61.1 € — 96
- La Grande Sendrée, champagne 2012 | Brut | 2024>36 | 95 € — 96
- Carte d'Or, champagne | Brut | 2022>30 | 27.4 € — 94

Duval-Leroy

★★★☆☆

Sous la conduite énergique et passionnée de Carol Duval, désormais épaulée par ses fils, cette maison installée depuis 1859 à Vertus, dans la Côte des Blancs, n'a cessé d'élever son niveau d'exigence. Le vignoble en propre est très important, couvrant 200 hectares avec une belle proportion de grands crus. Cela représente un tiers des besoins de la maison, qui achète par ailleurs beaucoup de raisins et produit chaque année cinq millions de bouteilles. La chef de cave est également une femme, Sandrine Logette-Jardin. Les vins sont francs et précis. Il faut également découvrir ses très intéressantes cuvées parcellaires, réalisées avec beaucoup de précision. La cuvée femme-de-champagne, millésimée, à 95 % chardonnay, vinifiée de façon parcellaire en fût de chêne et vieillie en cave pendant neuf ans, est la grande cuvée de la maison.

- Femme de Champagne, champagne 2002 | Brut | 2022>26 | 250 € — 95
- Prestige grand cru, Blanc de blancs, champagne | Extra-brut | 2022>25 | 55 € — 92
- Rosé Prestige Premier cru, champagne | Brut | 2022>25 | 49 € — 90

Champagne Egly-Ouriet

✦

À Ambonnay, Francis Egly est un conducteur de vignes et un vinificateur hors pair. Au sommet de la hiérarchie champenoise, il a su choisir les meilleurs gestes au vignoble et fait des choix d'élaboration personnels. Respect de la plante et des sols, maturité parfaite des raisins, vinifications en fût, absence de fermentation malolactique, longs vieillissements entre quatre et six ans et caves ultra fraîches permettent de créer cette alchimie d'émotions pures et captivantes. Le vignoble se compose de dix hectares en grands cru (Ambonnay, Bouzy, Verzenay), de deux hectares en premiers cru sur les fameuses vignes de Vrigny et de 3,25 hectares sur le terroir de Trigny. Les vins profonds, complets et complexes, affichent une ultime vibration, entre terroir, élaboration et vieillissement.

- Vieilles Vignes Grand Cru Les Crayères, Grand Cru Ambonnay Les Crayères Blanc de Noirs, champagne | Extra-brut | 2025>40 | NC — 100
- Premier Cru Les Vignes de Vrigny, Blanc de Noirs, champagne | Extra-brut | 2024>32 | 60 € — 92
- Grand Cru VP Extra Brut, champagne | Extra-brut | 2025>35 | NC — 98
- Les Prèmices, champagne | Extra-brut | 2024>32 | 50 € — 91

Champagne Fleury

Jean-Sébastien et Benoît Fleury développent une large gamme de vins millésimés hautement savoureux, à partir de 27 hectares de coteaux argilo-calcaires, en culture biodynamique depuis 1989. Les vins sont finement équilibrés, entre un fruit riche et une grande fraîcheur. Tout ici n'est que précision et intransigeance : les millésimés sont tirés sous liège, les dégorgements sont réalisés à la demande et les dosages réajustés.

Champagne Gatinois

Louis Cheval gère le vignoble familial avec la plus grande application. Il y bichonne ses sept hectares sur Aÿ avec beaucoup de succès. Les champagnes de belle densité pinotent de la plus belle des façons. Ce sont de bons rapports qualité-prix, ils sont en progrès constant sur les derniers millésimes.

- Brut Grand Cru Tradition, champagne | Brut | 2023>28 | 23 € — 90
- Grand Cru, champagne 2014 | Brut | 2023>30 | 45 € — 93
- Grand Cru, champagne | Brut | 2023>30 | 28 € — 92

Champagne René Geoffroy

À la fin des années 1980, lorsque Jean-Baptiste Geoffroy reprend la propriété, l'outil de production de Cumières se révèle vite limité. La délocalisation à Aÿ est décidée : l'achat en 2006 des locaux de la plus vieille coopérative de Champagne donne de l'oxygène au domaine et une capacité de production en accord avec le nombre de cuvées produites. La gamme est construite autour d'une cuvée entrée de gamme expression irréprochable, qui évolue vers un profil rafraîchissant et dynamique. Le rosé de saignée reste une référence dans un style sans équivalent. Quant aux millésimés, ils sont fiables dans un style plus vineux. La véritable surprise vient de la magnifique cuvée les-houtrants, raffinée et harmonieuse. La cuvée issue de vignes complantées trouve dans le verre une véritable résonance.

- Premier Cru Expression, champagne NM | Brut | 2024>32 | 16.5 € — 93
- Rosé de Saignée, champagne 2018 | Brut | 2024>32 | 48 € — 96
- Les Houtrants, champagne | Brut | 2025>40 | 156 € — 97
- Volupté, champagne 2015 | Extra-brut | 2025>35 | 58 € — 95

Champagne Pierre Gimonnet et Fils

Didier et Olivier Gimonnet perpétuent le domaine familial, cultivant 30 hectares et 40 parcelles, sur cinq villages de la Côte des Blancs, Cuis, Cramant, Oger, Chouilly et Vertus, dont ils s'efforcent de livrer la version la plus pure, avec de faibles dosages. Amoureux de la vigne, le mode de viticulture est tourné vers le respect des sols et la biodiversité. Précurseurs dans les vinifications parcellaires en cuve inox, dans l'art de l'assemblage et des véritables champagnes sans dosage, le style Gimonnet est reconnaissable dans sa complexité fine, précise et élancée.

- Gastronome, champagne 2018 | Brut | 2022>28 | 43 € — 90

Champagne Philippe Gonet

✚

Chantal Gonet est l'une des femmes les plus attachantes de la Champagne ; elle forme avec son frère Pierre l'un des duos de choc du Mesnil-sur-Oger. Ils produisent sur 19 hectares des champagnes au style abouti, compromis idéal de gourmandise et de fraîcheur. Ils exploitent également un beau vignoble à Montgueux, sans doute le meilleur terroir de l'Aube pour le chardonnay, qui allège et égaie leur blanc de blancs de base. Les vins sont taillés pour l'apéritif et certains iront sans difficulté sur la table. Un domaine à la qualité irréprochable.

- 3210, Blanc de blancs, champagne NM | Brut | 2025>30 | 23 € — 92
- TER noir, champagne NM | Brut | 2025>35 | 40 € — 94
- TER blanc, champagne | Brut | 2024>32 | 55 € — 93
- Signature, Blanc de Blancs, champagne NM | Brut | 2023>27 | 29 € — 90

Gonet Sulcova

S'appuyant sur un vignoble de 20 hectares essentiellement sur la Côte des Blancs, avec également des parcelles dans l'Aube, la famille Gonet-Sulcova produit une gamme homogène de champagnes vineux et solides. La plupart des vins sont à large dominante de chardonnay et forment une gamme de bonne facture.

- Grand Cru, champagne 2012 | Brut | 2022>25 | 34 € — 90
- Blanc de Blancs, champagne NM | Brut | 2022>25 | 20 € — 89
- Cuvée de Montgueux, champagne | Brut | > | 26 € — 89

Gonet-Médeville

✚

Xavier Gonet et son épouse Julie Médeville (châteaux Gillette et Les Justices, entre autres) sont un couple connu du monde viticole. Propriétaires de douze hectares, en partie sur les grands crus Mesnil-sur-Oger, Oger et Ambonnay, ils s'affirment parmi l'élite avec un style à rebours des champagnes modernes. Les vins sont élevés dans la recherche de l'harmonie, d'une mousse crémeuse et de complexité aromatique. Une idée de l'excellence dans ses équilibres, sa finesse et sa complexité : la dimension hédoniste de ces vins, loin de toute volonté démonstrative, est réjouissante.

- Tradition, champagne NM | Brut | 2023>28 | 15.5 € — 92
- Champ d'Alouette - Grand Cru Le Mesnil, champagne 2007 | Brut | 2023>3[illegible] | 120 € — 97
- Blanc de noirs, champagne | Brut | 2023>28 | 41 € — 93
- Rosé, champagne | Brut | 2023>30 | 45 € — 96

Christian Gosset

Après 30 années passées au sein du domaine familial Gosset-Brabant, Christian Gosset a choisi d'élaborer son propre vin issu de son vignoble d'Aÿ de cinq hectares dont une petite partie à Chouilly, certifié HVE/VDC. La gamme se compose de deux assemblages vinifiés en cuves et de quatre cuvées parcellaires vinifiées sous bois. Elle démontre l'expertise et la volonté d'exprimer un lieu, un style tranchant aux dispositions naturelles mais aussi d'une grande capacité de garde et de prise expansive de complexité. Tout est très bon.

- Brut grand Cru A02, champagne | Extra-brut | 2022>30 | 34 € — 96

Gosset

✚

Gosset reste une petite maison dans l'univers des géants de la Champagne, avec en moyenne un million de cols écoulés chaque année. À la tête de l'équipe technique, un duo de choc constitué d'Odilon de Varine et de Gabrielle Malagu, pour une gamme qui ne change pas ses fondamentaux : fraîcheur, vivacité et minéralité. Pour garder ce cap malgré les changements récents du climat et la plus haute maturité du raisin, la maison privilégie désormais le chardonnay dans ses assemblages, avec une part de pinot noir en retrait afin de garder constant le goût final. Un style amplifié par l'absence de malo, là rien n'a changé.

- Celebris Vintage Extra-Brut, champagne 2012 | Extra-brut | 2024>[illegible]8 | 260 € — 96
- Grand Millésime Brut, champagne 2015 | Brut | 2022>30 | 62 € — 96
- Celebris Rosé Extra-Brut, champagne 2008 | Extra-brut | 2024>[illegible]5 | 220 € — 95
- 12 ans de cave a minima, champagne NM | Brut | 2022>35 | 85 € — 94

Hathyr

★★★☆☆ N

À Charly-sur-Marne, Monica Marini s'est lancée seule et a décidé de créer sa propre marque avec ses petits moyens. Le vignoble est certifié Haute valeur environnementale et Viticulture durable en Champagne depuis 2016. Des 52 hectares, dont plus de la moitié à Charly, elle sélectionne les raisins qu'elle veut pour elle. Le vignoble est majoritairement planté en meunier, puis en chardonnay, qui révèlent une grande richesse et assurent ainsi la membrane de transparence et de pureté de ses vins. Le reste en pinot noir. Ses quatre cuvées, brut sans année, blanc de blancs, rosé et millésimé, présentent un vrai style gustatif.

- **Terre de Vallée, champagne** | Brut | 2023>29 | NC — 91
- **Rémanence de Terroirs, Blanc de blancs, champagne** | Brut | 2023>30 | NC — 93
- **Mademoiselle Rosé, champagne** | Brut | 2023>30 | NC — 92

Champagne Marc Hébrart

★★★☆☆

Jean-Paul Hébrart est un vigneron passionné et précis qui pratique la lutte raisonnée sur ses quatorze hectares où domine le pinot noir sur les secteurs de Mareuil, Avenay Val d'Or et Bisseuil. Les 25 % de chardonnay sont sur les secteurs de Oiry et Chouilly. Le style Hébrart est admirable de régularité, et privilégie l'élégance à la puissance. Une certaine classe qui passe parfois inaperçue. Domaine hautement recommandable.

- **Rive Gauche Rive Droite, champagne 2014** | Brut | 2024>32 | 75 € — 92
- **Noces de Craie, champagne 2016** | Extra-brut | 2025>35 | 60 € — 95

Champagne Henriot

★★★★☆ +

La maison Henriot, certifiée HVE et bientôt VDC, s'est donnée comme objectif d'affirmer le potentiel de son vignoble : transparence pure et charnelle des vins de chardonnays lumineux issus de grands terroirs. Alice Tétienne poursuit l'œuvre et continue à accentuer les valeurs environnementales des terroirs, comme les recherches sur une vinification en respectueuse adéquation. La gamme dégustée est typée par sa matière et son socle de naissance. Champagnes de temps, le fil et le tissu de chacune des cuvées semblent promis à la fusion. Nous ne pouvons que mentionner notre admiration pour le niveau atteint par la maison. À l'heure où nous imprimons, le groupe Terroirs & Vignerons de Champagne (Nicolas Feuillatte, Castelnau) devrait faire l'acquisition de la maison.

- **Brut Rosé, champagne NM** | Brut | 2022>26 | 35 € — 93
- **Brut Millésimé, champagne 2012** | Brut | 2022>27 | 70 € — 96
- **Cuvée Hemera, champagne 2008** | Extra-brut | 2024>40 | 190 € — 97

Huré Frères

★★★☆☆

Le domaine de Pierre (ingénieur en viticulture) et François Huré (œnologue) se situe à Ludes, à l'est de la montagne de Reims. Il est constitué d'une dizaine d'hectares sur, principalement, les villages de Ludes et Villedommange. Les frères Huré ont pu s'engager avec passion dans une production de qualité dont la philosophie repose tout aussi bien sur le matériel végétal que sur le travail en cave. Le style cristallin et tonique trouve notre totale adhésion. Les Huré ont tout compris.

- **Mémoire, champagne** | Extra-brut | 2024>34 | NC — 97
- **Insouciance, champagne** | Brut | 2024>34 | NC — 96
- **Quatre éléments - Pinot Meunier, champagne 2016** | Brut | 2024>36 | NC — 95

Champagne André Jacquart

★★★☆☆

Sur les 23 hectares du domaine, 16 sont situés sur Vertus et au Mesnil-sur-Oger, en pleine côte des Blancs. Depuis 2004, Benoît et Marie Doyard ont repris cette propriété familiale. Les cuvées produites affichent une tension stylée qui exprime avec fidélité et précision la race des terroirs de Vertus et du Mesnil. Saluons le très beau mesnil 2008, un modèle du genre.

- **Vertus Expérience, champagne** | Extra-brut | 2022>24 | 30 € — 89
- **Mesnil Expérience, champagne** | Extra-brut | 2024>28 | 35 € — 92

Champagne Jacquesson

★★★★★ ✦

Portée au sommet par les Laurent et Jean-Hervé Chiquet, Jacquesson est désormais la pépite champenoise des vignobles de la famille Pinault. Si les cuvées de la série 700 (chaque unité renvoyant à l'année de base composant l'assemblage) ont avec justesse construit la réputation de la maison, les deux cuvées parcellaires, à Avize en chardonnay et Aÿ en pinot noir, sont aujourd'hui parmi les plus brillants représentants des champagnes du cru. Dans un style vineux et profond, Jacquesson est une maison remarquable en tous points.

- **Avize - Champ Caïn, Blanc de Blancs, champagne 2013** | Extra-brut | 2023>30 | 180 € — 96
- **Aÿ - Vauzelle Terme, Blanc de Noirs, champagne 2013** | Extra-brut | 2023>33 | 205 € — 98
- **Cuvée N° 741, champagne** | Extra-brut | 2023>35 | 100 € — 95
- **Cuvée n°746, champagne** | Extra-brut | 2024>29 | 63 € — 93

Joseph Perrier

★★★★☆ +

Cette petite maison de Châlons-en-Champagne est dirigée par les Fourmon, descendants de Joseph Perrier. Le vignoble compte 21 hectares qui couvrent un quart des besoins de la maison, avec notamment de belles parcelles à Cumières, et d'étonnantes caves creusées dans la colline. Le brut non millésimé est assurément l'un des meilleurs de sa catégorie, comme l'excellent blanc de blancs. La cuvée joséphine, champagne de classe bien habillée dans sa bouteille sérigraphiée, associe superbement saveur et raffinement. La maison est en pleine forme.

- **Royale Rosé, champagne** | Brut | 2024>28 | 53 € — 89
- **Royale Rosé, champagne** | Brut | 2023>29 | 55 € — 93
- **Vintage, champagne 2013** | Brut | 2024>32 | 64 € — 94
- **La Côte à Bras, champagne 2013** | Brut | 2024>34 | 70 € — 92

Krug

★★★★★

La maison appartient depuis 1999 au groupe LVMH, brillante illustration de l'art de l'assemblage et figure singulièrement au sommet de l'appellation. La cheffe de cave Julie Cavil poursuit l'œuvre et l'enseignement du maître Eric Lebel, en accentuant la vision environnementale générale du vignoble. Vinifiés séparément sous bois, élevés et conservés individuellement en cuve adaptée, chaque village, parcelle et cépage forment une bibliothèque profonde afin de recréer chaque année la grande-cuvée. Les vintage et vintage collection sont les représentations d'une année. Le clos-d'ambonnay rejoint l'excellence du mythique clos-du-mesnil, expressions parcellaires ultimes extrêmement soignées. Le rosé est tout aussi spectaculaire.

- **Grande Cuvée 170ème édition, champagne** | Brut | 2024>40 | NC — 99

Champagne JM Labruyère

★★★☆☆

Présente sur le Beaujolais, la Bourgogne et Pomerol, la famille Labruyère croit beaucoup au potentiel de ses 5,5 hectares de grands crus situés sur le secteur très qualitatif de Verzenay. Et pour cause, les Rochelles, les Champs Saint-Martin ou encore les Potences comptent parmi les belles parcelles du domaine. Deux cuvées à dominante de pinot noir et un blanc de blancs composent la gamme dans un style élégant et exploitant pleinement la puissance et la race du grand cru Verzenay. L'entrée de gamme prologue en est l'exemple le plus évident. Un beau domaine à suivre de près.

- **Page Blanche, Blanc de Blancs, champagne NM** | Brut | 2023>29 | 55 € — 90
- **Anthologie, champagne** | Brut | 2024>32 | 74 € — 92
- **Prologue, champagne** | Brut | 2023>29 | 39 € — 91

Champagne Lafalise-Froissart

★★★☆☆ ➔

Après dix ans comme commercial chez Rémy Martin, puis chez Champagne Henriot, Paul Froissart a développé un sens aigu du business avant de reprendre les vignes familiales à Verzenay. Toutes en grand cru. Premiers tirages en 2016, premières mises en marché en 2019. Trois cuvées pour commencer, un rosé et deux blancs sous la marque Lafalise-Froissart. Il peut maintenant envisager de nouveaux projets, de nouvelles cuvées. C'est parti et bien parti.

- **045 Grand cru, champagne** | Brut | 2024>32 | 60 € — 93
- **276 Grand cru, champagne** | Brut | 2024>34 | 60 € — 94
- **Rosé, champagne** | Brut | 2024>30 | 60 € — 92

Champagne Benoît Lahaye

★★★★☆

Benoît Lahaye est l'un des vignerons les plus doués de sa génération. Installé sur Bouzy, il est maintenant rejoint par ses fils

✦ Star + Valeur sûre ➔ À suivre de près N Nouvelle entré

Stéphanie et Alexandra de Nonancourt, Laurent-Perrier

À la tête de Laurent-Perrier depuis plus de quinze ans, les deux filles du charismatique Bernard de Nonancourt ont fait taire les rumeurs qui bruissaient lors de sa disparition en 2010. Laurent-Perrier est restée une maison familiale (même si une partie de son capital est coté) et la qualité de la production est au beau fixe, toujours menée par la cuvée Grand Siècle – assemblage au sommet de trois millésimes et de onze grands crus vieillis dix ans sur pointe – et par La Cuvée, remarquable exemple de brut multimillésimé. Il y a dix ans, elles nous confiaient leur désir de pérenniser *« cette énergie qui a permis de reconstruire la France après la guerre et dont Laurent-Perrier détient une part »*. L'énergie est toujours là. *Thierry Desseauve*

Étienne et Valentin. Il possède ainsi 4,5 hectares de vignes conduites en biodynamie. Les vins sont d'une parfaite harmonie, dans une vibration optimale entre le fruit et les composants du vin. Au brut vinifié sans soufre et non dosé, à la cuvée naturessence, mi-chardonnay mi-pinot noir, de grande complexité, s'ajoute cette année une cuvée parcellaire, le jardin-de-la-grosse-pierre, à partir d'une complantation datant de 1923. Un domaine recommandable.

- **Grand cru, Brut Nature, champagne** | Non dosé | 2029>29 | 47 € — 94
- **Violaine, champagne 2016** | Brut | 2025>40 | 87 € — 98
- **Jardin de la Grosse Pierre, champagne 2017** | Brut | 2025>35 | 150 € — 97

Champagne Laherte frères

★★★☆☆

Depuis 2005, Aurélien Laherte, septième génération, apporte un souffle nouveau à ce domaine familial, sous le regard bienveillant de son père Thierry et de son oncle Christian. Sur les coteaux sud d'Épernay, la côte des Blancs et la vallée de la Marne, Aurélien pratique une viticulture exemplaire et s'en voit récompensé : les vins partagent tous cette densité remarquable et une tonicité jamais austère. L'élevage en barrique est l'autre caractéristique du domaine, qui démontre un véritable savoir-faire en la matière. L'ensemble de la gamme est hautement recommandable.

- **Les 7, champagne NM** | Extra-brut | 2024>34 | 41 € | ☘ — 97
- **Les Empreintes, champagne 2016** | Extra-brut | 2025>35 | 83 € — 96
- **Les Longues Voyes, champagne NM** | Extra-brut | 2024>32 | 36 € — 94

Champagne Lallier

★★★☆☆ ⊖

Bien que fondée en 1906, la marque n'a pris son envol qu'en 2004, à l'initiative de Francis Tribaut, qui a posé de solides fondamentaux. Lorsque Dominique Demarville devient chef de caves en 2021, il n'a plus qu'à pousser les curseurs pour cette marque fer de lance champenois du groupe Campari. Le vignoble est modeste (18 hectares) mais la gamme bien articulée. Autour du R., nouveau concept de brut non millésimé avec un numéro d'édition, une superbe cuvée Ouvrage, haut de gamme de la maison. Dominique ne manque pas de projets, peut-être le prochain sera-t-il d'étendre le concept du R. au rosé non millésimé, plutôt terne par rapport au reste de la gamme ?

- **R. 019, champagne** | Brut | 2023>34 | NC — 92
- **Ouvrage, champagne** | Brut | 2023>34 | NC — 93
- **Millésimé Collection Mémoire, champagne 2014** | Brut | 2023>34 | NC — 94
- **Blanc de Noirs, champagne** | Brut | 2023>32 | NC — 92

Champagne Lancelot-Pienne

★★★★☆ ✚

Gilles Lancelot exploite 8,30 hectares sur la côte des Blancs et la vallée de la Marne. Cet œnologue de formation dirige la maison familiale vieille de plus d'un siècle depuis 2005. Dans un style très épuré, aux expressions aromatiques d'une grande pureté, le style Lancelot est un subtil mélange de texture et de fraîcheur qui ne durcit jamais le fruit. Une qualité indispensable quand on travaille le chardonnay sur craie. Les entrées de gamme sont simples mais savoureuses, mais le cœur du style maison s'exprime avec la-table-ronde, tandis que la cuvée marie-lancelot possède toute la profondeur que l'on attend du grand cru Cramant.

- **Marie Lancelot, Blanc de Blancs, champagne 2017** | Extra-brut | 2023>30 | 54 € | ☘ — 93
- **Instant présent, Blanc de Blancs, champagne** | Extra-brut | 2023>26 | 32 € — 89
- **La Table Ronde, Blanc de Blancs, champagne** | Extra-brut | 2023>28 | 39 € | ☘ — 92

Lanson

★★★★☆ ✚

Installée au cœur de la ville de Reims avec son jardin (le Clos Lanson), cette maison chargée d'histoire a célébré cette année ses 260 ans avec un objectif majeur : la reconquête. Avec ses 550 hectares d'approvisionnement (57 en propre et 16 en viticulture biologique et biodynamique), de nombreux investissements ont été réalisés afin de rendre l'outil d'élaboration optimum : une cuverie parcellaire, un chai à foudre dédié aux vins de réserve et un nouveau centre de pressurage. L'arrivée d'Hervé Dantan, chef de cave talentueux présageait de ces choix pertinents. La gamme Extra-Age disparaît et deux nouvelles cuvées illustrent ce renouveau : black réserve et blanc-de-blancs. Elles témoignent de la volonté d'investir dans les modes de conservations des vins de réserves et sur le fait de ne plus pratiquer systématiquement le non-malo. Les durées de vieillissement sont allongées, les dosages minutieux et les habillages superbement relookés jusqu'à une contre étiquette ultra détaillée d'informations techniques utiles.

- **Noble Cuvée , champagne 2004** | Brut | 2024>32 | 185 € — 96
- **Le Rosé, champagne NM** | Brut | 2024>30 | 32 € — 91
- **Le Blanc de Blancs, Blanc de Blancs, champagne** | Brut | 2024>30 | 58 € — 92
- **Le Green Bio-Organic, champagne** | Extra-brut | 2024>30 | 51 € ☘ — 92

Champagne Larmandier-Bernier

★★★★☆

Pierre et Sophie Larmandier, accompagnés de leur fils Arthur, cultivent 16 hectares en biodynamie depuis plus de vingt ans. Peu de domaines viticoles, toutes régions confondues, peuvent se targuer d'une telle régularité à ce haut niveau. La gamme est remarquablement tenue et proposée à des prix raisonnables. Dans les cuvées mythiques du domaine, vieille-vigne-du-levant est incontestablement une référence de la côte des Blancs. Le style revendique des textures crémeuses où l'équilibre est une valeur centrale. Dans cette élégance discrète, l'on trouve souvent ce que la côte des Blancs à de plus beau à offrir. Une adresse prisée.

- **Terre de Vertus Premier Cru, champagne 2015** | Extra-brut | 2025>40 | NC — 96
- **Rosé de Saignée premier cru Extra-Brut, champagne NM** | Brut | 2024>32 | 35 € | ☘ — 94
- **Longitude, champagne NM** | Brut | 2023>29 | 34.5 € | ☘ — 94

Laurent-Perrier

★★★★★ ✦

Toujours délicate et raffinée, la signature des champagnes Laurent-Perrier s'appuie aujourd'hui sur une remarquable maturité et justesse des vins. Toutes les cuvées, à commencer par la-cuvée, un des meilleurs bruts de maison, sont proposées à des niveaux de prestance et de complexité suprêmes. L'ensemble est d'un niveau superbe et ascensionnel. Première maison à avoir très tôt développé un champagne rosé, un ultra-brut précurseur, Laurent Perrier demeure et perdure dans ce registre une référence. Intelligemment, la fameuse et brillante cuvée Grand- Siècle, s'identifie désormais à travers des itérations numérotées qui permettent de connaître les traditionnelles trois années composant l'assemblage. Alexandra et Stéphanie de Nonancourt et Michel Fauconnet, chef de cave émérite, poursuivent avec passion l'œuvre joaillière.

- **Brut Millésimé, champagne 2012** | Brut | 2023>32 | 95 € — 93
- **La Cuvée, champagne** | Brut | 2024>29 | 40 € — 92
- **Alexandra Rosé, champagne 2012** | Brut | 2024>36 | 290 € — 95
- **Grand Siècle Itération n°26, champagne** | Brut | 2024>36 | NC — 98

Le Brun de Neuville

★★☆☆☆ ⊖

Sur 148 hectares, la maison Le Brun de Neuville possède des vignes principalement situées dans le Sézannais. Sous l'impulsion de Damien Champy, accompagné par une équipe talentueuse et créative, l'ensemble des vins séduit par sa souplesse et sa précision aromatique. Ce sont des champagnes d'intensité moyenne, agréables et faciles à boire. La gamme progresse régulièrement et les grandes cuvées sont ici un must-have pour l'amateur.

- **Chemin empreinte, champagne** | Extra-brut | 2023>27 | 39 € — 89
- **Croisée des Chemins, champagne** | Extra-brut | 2023>28 | 39 € — 88
- **Autolyse noirs et Blancs, champagne** | Brut | 2023>28 | 55 € — 90

Champagne Leclerc-Briant

★★★★☆ ✚

Cette marque située à Épernay, pionnière de la viticulture bio en Champagne, créée par la famille Leclerc en 1872, a connu une renaissance sous l'égide de Pascal Leclerc-Briant dans les années 1990 et 2000. La maison de négoce a été rachetée en 2012 par un couple d'Américains, Mark Nunnelly et Denise Dupré, passionnés de champagne et d'art de vivre à la française. La maison a aujourd'hui trouvé une brillante maturité, complétée par la relance spectaculaire de l'hôtel Royal Champagne. Tous les champagnes, issus d'une viticulture biodynamique, sont de grande personnalité et d'une expression intense et profonde. Hervé Jestin, l'actuel chef de cave, n'y est certainement pas étranger.

- **Réserve, champagne NM** | Brut | 2024>29 | 24 € | ☘ — 96
- **Clos des Trois Clochers, champagne 2016** | Brut | 2026>36 | NC — 97

✦ Star ✚ Valeur sûre ⊖ À suivre de près 🅝 Nouvelle entrée

AVIZE
MESNIL-SUR-OGER
LOUVOIS
BISSEUIL
VERTUS
MAREUIL-SUR-AŸ
GRAUVES
CUMIÈRES
A SENSATION BB*
CHAMPAGNE
BESSERAT DE BELLEFON
1843
BLEU BRUT
"Notre signature intemporelle, un champagne gorgé de fruits et d'épices, il est à la fois délicat, profond et suave."
Cédric Thiébault
Chef de Caves
CHAMPAGNE
BESSERAT DE BELLEFON
1843
180 ANS DE SENSATION BB
horizon-bleu.com
*des bulles 30% plus fines avec une mousse donnant une saveur crémeuse
BUS D'ALCOOL EST DANGEREUX POUR LA SANTÉ, À CONSOMMER AVEC MODÉRATION.

Champagne Xavier Leconte
★☆☆☆☆

Alexis Leconte co-dirige avec son père un vignoble constitué d'une quarantaine de petites parcelles réparties sur les villages de Troissy, Dormans, Mareuil-le-Port, Vandières et Aÿ. Chaque sol est considéré selon sa composition et sa capacité à révéler un cépage. Les cuvées alexis, charme-d'anaïs, prestige et la gamme scellés-de-terroirs sont de ce point de vue travaillées de façon parcellaire. Certaines cuvées sortent du lot, en particulier Ageius, et trahissent un vrai potentiel.

Champagne Valentin Leflaive
★★★☆☆ ⊕

Une maison avec laquelle il faudra désormais compter, surtout depuis qu'une nouvelle équipe a décidé de prendre les choses en main. Elle produit des champagnes sur la délicatesse, tout en tension calcaire, un premier blanc de blancs abouti, et des parcellaires tous plus réussis les uns que les autres. Il faut la suivre de près.

- **MA 17-60, champagne** | Brut | 2032>28 | 54 € — 93
- **Avize 16-40, champagne** | Extra-brut | 2024>32 | 61 € — 95
- **Le Mesnil-sur-Oger 17-50, champagne** | Extra-brut | 2024>32 | 64 € — 95

Champagne Legras et Haas
★★★☆☆ ⊕

Le style de cette maison évolue vers une expression précise et fraîche. La gamme, avec une offre plus large, reste cohérente sur les différentes qualités proposées. Un travail long et difficile qui nous semble atteindre aujourd'hui une forme de maturité pour les amateurs de la maison et ceux qui recherchent des champagnes élégants, frais, privilégiant le fruit et d'une qualité irréprochable. Une maison fiable et recommandable, conduite avec talent par Jérôme Legras, passionné par les terroirs champenois. Ce grand curieux des de Champagne mais aussi des vins de France est aussi impliqué dans la vie locale et associative de la région, mettant un point d'honneur à promouvoir un champagne encore abordable et accessible au plus grand nombre. Depuis peu, il fait revivre en Allemagne le domaine Alte Grafschaft et ses onze hectares situés sur des terroirs de premier ordre.

- **Les Sillons, Grand Cru Chouilly Blanc de Blancs, champagne 2014** | Brut | 2024>32 | 110 € — 94
- **Millésimé, Grand Cru Chouilly Blanc de Blancs, champagne 2014** | Brut | 2024>32 | 70 € — 92
- **Blanc de blancs, champagne** | Extra-brut | 2024>29 | 40.3 € — 91

A.R. Lenoble
★★★☆☆ ⊕

Basée à Damery, la maison fait la part belle au chardonnay qui provient du grand cru Chouilly, dont elle possède 10 hectares. Les pinots noirs de Bisseuil impriment leur empreinte soit dans la cuvée blanc de noirs, soit en complément du chardonnay dans les assemblages et composent de belles cuvées qui progressent en élégance et en raffinement. Le brut, baptisé intense, a été repensé, les vins de réserve étant vieillis en magnums et bouchés liège, apportant plus de corps et de complexité. La famille Frère-Gallienne (via sa holding notamment actionnaire du domaine Cheval Blanc) est devenue majoritaire du capital de la maison.

- **Grand Cru Chouilly, Blanc de Blancs, champagne 2012** | Brut | 2022>25 | 59 € — 91
- **Les Aventures Grand Cru, Blanc de blancs Chouilly, champagne** | Extra-brut | 2025>35 | 103.5 € — 94
- **Rosé Terroir «Mag 15», champagne** | Extra-brut | 2024>29 | 46 € — 91

Champagne Lombard
★★★☆☆

Cette maison se recentre sur une recherche passionnante d'expression de grands terroirs. Complètement relancée par Thomas Lombard et par une équipe dévouée et passionnée, les champagnes ont considérablement progressé offrant des expressions pures, soit en assemblage, soit en monocru (Cramant, Verzenay et Le Mesnil), pas ou très peu dosés et d'une grande intensité. Les cuvées possèdent un style vineux, profond et intense qui gagnent en élégance. C'est désormais l'adresse à suivre de près aussi bien pour son dynamisme que pour son approche en matière de pratiques vertueuses.

- **Verzenay Grand Cru, champagne NM** | Non dosé | 2026>32 | 58 € — 93
- **Chouilly grand cru, champagne** | Non dosé | 2026>32 | 65 € — 93
- **Extra Brut, champagne** | Extra-brut | 2024>29 | 30 € — 91

Mailly Grand Cru
★★★★☆ +

Coopérative d'excellence, Mailly Grand Cru fait figure de modèle, revendiquant un fonctionnement domaine et une démarche environnementale engagée. Située au cœur du village de Mailly, elle possède 75 hectares de vignes classées en grand cru, soit un tiers de la surface du dit cru. Les adhérents apportent leurs raisins pour l'élaboration d'une gamme homogène, de grande exigence, partiellement élevée sous bois, en barriques ou en foudres. À dominante de pinot noir, les vins ont une finesse et un équilibre spécifique qui les rend harmonieux à tout âge. Les cuvées de prestige de la cave sont des expressions abouties et rivalisent avec ce qui se fait de mieux.

- **Grand Cru L'Intemporelle, champagne 2016** | Brut | 2026>34 | 79 € — 94
- **Grand Cru Brut Réserve, champagne** | Brut | 2023>29 | 38.5 € — 90
- **Les Échansons, champagne 2012** | Brut | 2024>38 | 130 € — 95
- **Grand Cru Extra-Brut, champagne 2016** | Extra-brut | 2024>32 | 51 € — 91

Mandois
★☆☆☆☆

Le vignoble de la maison Mandois, dont le siège est à Pierry, s'étend sur une quarantaine d'hectares et fait la part belle au chardonnay (70 %). Les origines de la maison sont très anciennes (1735) mais c'est véritablement vers 1830 qu'elle prend tout son essor sous l'impulsion de Victor Mandois. C'est pourquoi les cuvées haut de gamme éponymes lui rendent hommage. Depuis peu, c'est Claude Mandois, représentant la neuvième génération familiale, qui préside aux destinées de la maison. Une partie des vins, les grands crus, est élevée sous bois dans des demi-muids de 600 litres.

- **Blanc de Blancs, champagne 2018** | Brut | 2023>27 | 38.8 € | ☘ — 90
- **Brut Origine, champagne** | Brut | 2023>26 | 32.5 € — 89
- **Blanc de Noirs, champagne 2018** | Brut | 2024>29 | 38.8 € — 90

Champagne Margaine
★★★☆☆

La 5ème génération Margaine, représentée par Mathilde, confirme son potentiel. Cette dernière s'est construite un univers esthétique riche et varié à travers les voyages et une large culture du vin. Spécialistes du chardonnay de Villers-Marmery, les Margaine développent une gamme où trace cette pointe minérale qui n'est pas sans rappeler la pierre à fusil. La vinosité du terroir est toujours rattrapée par une excellente fraîcheur que l'usage des vins de réserve finit d'harmoniser. Hautement recommandable et en pleine forme.

- **Le Brut, champagne** | Brut | 2024>29 | 29 € — 90
- **L'Extra Brut, champagne** | Extra-brut | 2024>29 | 39 € | ☘ — 91

Champagne Marguet
★★★★☆

Biodynamie, géobiologie, phytothérapie, aromathérapie, les concepts s'accumulent chez Benoit Marguet. Chaque idée trouve sa place dans un système harmonieux. La qualité indiscutable des vins fait écho au discours. Aucune fausse note dans la gamme de ce remarquable vinificateur-éleveur qui mélange vignes en propriété et achat de raisins. L'entrée de gamme Shaman pose le niveau général tandis que les crus à l'élevage subtil font ressortir quelques bijoux. Les parcellaires d'Ambonnay sont remarquables.

- **Cuvée Ambonnay, champagne 2017** | Brut | 2024>32 | NC — 92
- **Les Crayères, champagne 2017** | Non dosé | 2025>35 | NC — 97
- **Sapience, champagne 2012** | Extra-brut | 2024>32 | NC — 98

Champagne Mercier
★☆☆☆☆

Le Champagne Mercier est une maison de Champagne fondée à Épernay en 1858. Maison séculaire, appartenant au groupe LVMH, Mercier produit des champagnes fédérateurs par excellence, constituant une gamme accessible de vins simples mais forts bien exécutés, en réel progrès depuis l'arrivée de Christophe Bonnefond comme chef de caves. Proposés à des prix très abordables, facilement disponibles en grande distribution, ils constituent une gamme cohérente, fondée sur l'équilibre et la tonicité, que l'on pourra servir sans attendre à l'apéritif.

- **Blanc de Noirs, Blanc de Noirs, champagne NM** | Brut | 2022>24 | 22.5 € — 88
- **Vintage, champagne 2002** | Brut | 2022>24 | NC — 89

✦ Star + Valeur sûre ⊕ À suivre de près Ⓝ Nouvelle entrée

Vitalie Taittinger

« La feuille de route, c'est la liberté. » Répondant aux questions de Nicolas de Rouyn, mon prédécesseur et mentor, Vitalie Taittinger dévoilait au lendemain de sa nomination à la gouvernance de la maison familiale sa feuille de route pour les champagnes qui portent son nom. C'était en 2020. Depuis, la maison Taittinger a continué d'être elle-même, mécène du patrimoine qu'elle défend, pilier de la jeune génération des grands chefs de demain, superbe dans les dernières versions de son comtes-de-champagne (2012 en blanc, 2011 en rosé). Bref, une performance d'équilibriste *« entre le classicisme et la modernité »*. *Louis-Victor Charvet*

Champagne Pierre Mignon

Pierre et Yveline Mignon dirigent le domaine familial avec leurs deux enfants Céline et Jean-Charles. Le vignoble de 16 hectares est situé sur les meilleurs crus de la vallée de la Marne, de la côte des Blancs et de la région d'Épernay). Les cuvées millésimées ont du caractère.

- Grand Vintage Rosé Année de Madame, champagne 2012 ¦ Brut ¦ 2024>30 ¦ 50 € ¦ ☘ — 89
- Grand Cru, Blanc de blancs, champagne ¦ Non dosé ¦ 2024>29 ¦ 42 € ¦ ☘ — 89
- Grand vintage Année de madame, champagne 2012 ¦ Brut ¦ 2024>32 ¦ 50 € ¦ ☘ — 91

Moët & Chandon

✦

Sous l'impulsion de son brillant chef de cave Benoît Gouez, Moët a progressé sans renier ses fondamentaux : le fruité, l'équilibre, l'accessibilité juste, la faculté captivante au vieillissement, avec un style frais en quête de précision. Les cuvées s'affranchissent du dosage en harmonie avec les avancées en viticulture et une recherche technique de pointe. Les vins laissent entrevoir une dimension supplémentaire. Les fers de lance de la maison, impérial et rosé-impérial, sont des champagnes d'une précision aromatique et d'une finesse impressionnantes. Les assemblages sont millimétrés. Les millésimes affichent une empreinte stylistique identitaire, à l'image du dernier 2013, millésime atypique remarquablement réussi. La « grande maison » est en forme.

- Impérial, champagne NM ¦ Brut ¦ 2022>25 ¦ 32 € — 90
- Grand Vintage Rosé, champagne 2015 ¦ Extra-brut ¦ 2024>32 ¦ 70 € — 95
- Grand Vintage, champagne 2013 ¦ Extra-brut ¦ 2022>26 ¦ 55 € — 93
- Grand Vintage, champagne 2015 ¦ Extra-brut ¦ 2024>32 ¦ 64 € — 94

Champagne Moutard

Moutard-Diligent est l'une des plus anciennes maisons de la côte des Bar, installée à Buxeuil depuis 1642, un village très au sud de Reims, près de Troyes. Elle propose une intéressante gamme de champagnes issus de ces terroirs argilo-calcaires spécifiques, ainsi qu'une cuvée assez rare dans son genre, composée des six cépages autorisés dans l'aire d'appellation champagne et devenus très rares : arbane (blanc), petit meslier (blanc), pinot blanc, chardonnay, pinot noir et meunier, ainsi qu'une cuvée millésimée de pure arbane.

- 6 Cépages, Côte des Bar, champagne 2012 ¦ Brut ¦ 2024>32 ¦ 82 € — 93
- Brut Nature, Côte des Bar, champagne ¦ Brut ¦ 2024>29 ¦ 35.5 € — 90

G.H. Mumm

La marque au cordon rouge, parmi les plus célèbres au monde, appartient au groupe Pernod-Ricard depuis 2005. Elle propose une gamme classique complète et savoureuse, mais aussi une magnifique gamme dédiée aux grands amateurs, RSRV, qui présente quatre cuvées excitantes : le fameux mumm-de-cramant, un blanc de blancs d'une finesse éblouissante, son alter ego en pinot noir, blanc de noirs, un rosé intense et racé baptisé foujita et une cuvée d'assemblage plus longuement vieillie en cave. S'ajoute à cette gamme brillante une remarquable interprétation de la légendaire cuvée lalou. Tous les vins sont à redécouvrir d'urgence. Les grandes maisons sont éternelles et Mumm ne fait pas exception. De nombreux changements lui permettent aujourd'hui de s'engager encore plus dans la voie de l'excellence.

- RSRV rosé Foujita, champagne NM ¦ Brut ¦ 2022>28 ¦ 43 € — 93
- Grand Cordon, champagne NM ¦ Brut ¦ 2022>26 ¦ 35 € — 90
- RSRV, Blanc de Blancs, champagne 2014 ¦ Brut ¦ 2022>30 ¦ 78 € — 93
- RSRV, Blanc de noirs, champagne 2013 ¦ Brut ¦ 2022>30 ¦ 72 € — 94

Nicolas Feuillatte

+

Guillaume Roffiaen, chef de caves, a entre les mains un formidable outil technique puisque Feuillatte est la marque qui réunit 80 caves coopératives au sein du Centre Vinicole de Champagne. De ce vaste approvisionnement, qui s'étend sur tous les secteurs de la Champagne, il construit une large gamme où chaque vin trouve sa place, avec quelques petites pépites qui devraient attirer l'amateur, notamment les blancs de blancs ou blancs de noirs. Notre dégustation cette année portait sur les vins de la gamme CHR, disponibles notamment chez les cavistes.

- Réserve Exclusive Premier Cru, champagne ¦ Extra-brut ¦ 2023>30 ¦ NC — 92
- Blanc de Blancs Collection Vintage , champagne 2017 ¦ Brut ¦ 2023>30 ¦ NC — 92
- Blanc de Blancs Grand Cru Millésime , champagne 2011 ¦ Brut ¦ 2023>31 ¦ NC — 94
- Palmes d'Or, champagne 2008 ¦ Brut ¦ 2023>33 ¦ NC — 94
- Palmes d'Or Rosé Intense, champagne 2008 ¦ Brut ¦ 2023>33 ¦ NC — 95

Palmer & Co

+

Cette belle cave aux installations ultra-modernes aux portes de Reims fonctionne avec la rigueur et le sérieux d'une maison, ce qui se retrouve dans le soin apporté à la gamme. Les approvisionnements sont marqués par les secteurs nord de la Montagne de Reims, ce qui se retrouve dans la droiture des cuvées, depuis le réussi blanc de blancs jusqu'au rosé Solera, élaboré à partir d'une originale solera de vin rouge, ce qui lui confère un cachet inimitable. Les millésimes vieillissent ici à la perfection, et sont remis sur le marché après quelques années supplémentaires en cave.

- Amazone, champagne NM ¦ Brut ¦ 2022>30 ¦ 30.2 € — 92
- Extra Réserve, champagne ¦ Extra-brut ¦ 2022>30 ¦ 37 € — 92
- Rosé Solera, champagne ¦ Brut ¦ 2022>35 ¦ 40 € — 94

Pannier

Cette maison est une émanation de la cave coopérative de Château-Thierry, à l'extrémité occidentale de l'appellation et des vignobles de la vallée de la Marne. Pour le chardonnay, elle s'approvisionne aussi avec d'autres provenances, notamment à Cramant. L'ensemble de la gamme est cohérente avec des cuvées blanc de blancs plutôt souples et apéritives. Le blanc de noirs millésimé et égérie sont de belles cuvées vineuses vieillissant remarquablement, velours se destine à la gastronomie.

- Égérie, champagne 2012 ¦ Extra-brut ¦ 2024>32 ¦ 86 € — 93
- Millésime, Blanc de Noirs, champagne 2016 ¦ Brut ¦ 2023>25 ¦ NC — 90

Champagne Franck Pascal

Isabelle et Franck Pascal constituent l'un des couples les plus attachants de la vallée de la Marne où ils cultivent un peu plus de quatre hectares. La culture est biologique et biodynamique et l'élevage se veut le plus naturel possible. Franck Pascal, disciple d'Anselme Selosse, est un de ceux qui, dans le secteur du pinot meunier, travaille avec le plus de régularité. Les vins sont peu ou pas dosés, épurés et précis, avec de l'élan et des équilibres d'une grande subtilité. De grands vins pour la gastronomie.

Champagne Paul Goerg

Située en pleine côte des Blancs, sur la commune de Vertus, la coopérative La Goutte d'Or commercialise ses vins sous la marque Paul Goerg. C'est une structure à taille humaine, qui en outre bénéficie d'approvisionnements de premier ordre, notamment en ce qui concerne le chardonnay. Ses cuvées de premiers crus (blanc de blancs, tradition ou vintage) s'affichent à des prix raisonnables eu égard à leur qualité d'ensemble.

- Absolu Premier Cru, Blanc de Blancs, champagne ¦ Extra-brut ¦ 202[illegible]>24 ¦ 40.5 € — 91
- Vintage Premier Cru, champagne 2012 ¦ Brut ¦ 2022>25 ¦ 48 € — 92

Champagne Penet-Chardonnet

Alexandre Penet tient à séparer les vins qu'il vend sous son nom de ceux qu'il continue à élaborer dans la société familiale, sous la marque Penet-Chardonnet. Les vignes de ce domaine modèle de 6 hectares sont situées au cœur de la montagne de Reims et les vins produits possèdent dans toute leur plénitude les qualités de vinosité du secteur. Assemblages issus d'une sélection rigoureuse de parcelles grand cru de Verzy et de Verzenay, la gamme terroirescence est de haute volée. La gamme parcellaire est pertinente tandis que la gamme prestige n'a jamais autant mérité son nom. Une production solide et de haut niveau.

- Les Fervins, champagne 2010 ¦ Extra-brut ¦ 2023>27 ¦ 85 € — 92
- Les Blanches Voies, Blanc de Blancs, champagne 2013 ¦ Extra-brut ¦ 2023>28 ¦ 90 € — 94
- La Croix l'Aumônier, Blanc de Noirs, champagne 2012 ¦ Extra-brut ¦ 2023>28 ¦ 85 € — 94

Perrier-Jouët

✦

Appartenant au groupe Pernod-Ricard, la maison peut s'appuyer sur son vignoble de 65 hectares, presque intégralement en grands

✦ Star + Valeur sûre ⊕ À suivre de près Ⓝ Nouvelle entrée

crus, dont les deux tiers de chardonnays sur Cramant et Avize, avec deux parcelles de légende, les Bourons Leroy et Bourons du Midi, réservés à la cuvée belle-époque. Avec désormais un rosé et un blanc de blancs, belle-époque offre une gamme complète et réussie, repensée par l'excellente Sévérine Frerson, la cheffe de cave.

- **Belle Époque, champagne 2013** | Brut | 2022>32 | 160 € — 96
- **Belle Époque, champagne 2014** | Brut | 2024>34 | 175 € — 96
- **Belle Époque, champagne 2013** | Brut | 2022>29 | 260 € — 97

Champagne Pertois-Lebrun

Clément et Antoine Bourret progressent sur ce domaine familial de neuf hectares, qui prévaut pour ses parcelles situées en grand cru sur Cramant, Chouilly, Oiry, Oger et Le Mesnil-sur-Oger. Depuis 2009, un travail parcellaire de qualité a été entrepris, qui porte ses fruits. La finesse d'expression est perceptible sur toutes les cuvées qui sont en constante progression.

- **L'Ambitieuse, Blanc de Blancs, champagne** | Extra-brut | 2023>29 | 39 € — 92
- **L'égoiste, champagne 2014** | Extra-brut | 2025>32 | 46 € — 90
- **Les chetillons n°15, champagne 2015** | Extra-brut | 2025>35 | 88 € — 93

Champagne Pierre Péters

Rodolphe Péters, œnologue de formation, a apporté sa précision et vision à la gamme. Précision, entre autres, dans la gestion des lies et du pressurage, vision dans le développement de ses propres levures. À cela s'ajoute un art de l'assemblage que ses aïeux ont su préserver au fil des générations, la cuvée-de-réserve contient par exemple plus de vingt années différentes. Cet arbitrage subtil entre tradition et modernité a enfin trouvé son point d'équilibre dans un style qui civilise l'origine. Toutes les cuvées sont hautement recommandables.

Philipponnat

Cinq siècles plus tard et Philipponnat poursuit son histoire familiale en Champagne. Installée à Mareuil Sur Ay, la maison est célèbre pour son Clos-des-Goisses, le plus vaste clos de toute la Champagne (5,5 hectares) qui surplombe abruptement la Marne et qu'elle détient depuis 1935. Depuis 1997, elle n'a cessé de progresser sous la direction de Charles Philipponnat. Le vignoble est conduit en respectant les gestes essentiels pour le préserver. En cave, les fûts et les foudres donnent le ton et la signature du style complexe, riche et précis à l'ensemble des cuvées. Un détail résume aussi l'attention portée ici aux vins : la contre-étiquette précise les dates de tirage et de dégorgement (qui permettent de comprendre que le vieillissement est largement supérieur à la règle) ainsi que le dosage et l'origine de l'assemblage. Des habillages d'une élégante sobriété à la race de l'ensemble des cuvées, tout ici converge vers la perfection. La maison affiche brillamment ses terroirs de Mareuil et d'Aÿ avec de formidables cuvées parcellaires et bien sûr l'excellent clos-des-goisses, en blanc comme en rosé. Au sommet de son art.

- **Clos des Goisses, champagne 2013** | Extra-brut | 2025>40 | NC — 97
- **Royale Réserve Rosé, champagne** | Brut | 2022>25 | 54 € — 90
- **1522 Grand Cru, champagne 2015** | Extra-brut | 2025>35 | 102 € — 96
- **1522 Premier Cru, champagne 2014** | Brut | > | 120 € — 96

Piper-Heidsieck

Le travail patient mené par les équipes de la maison depuis la reprise de la marque en 2011 par Christopher Descours a brillamment porté ses fruits. Agé d'une trentaine d'années, Emilien Boutillat officie brillamment en tant que chef de cave et assure la continuité de l'évidente ascension du style. La gamme essentielle affiche l'ambition gastronomique de la famille des non millésimés, les millésimés (dont le dernier 2014) impressionnent comme les créations de la maison dont le rare hors-série 1971. Outre l'esprit lifestyle dans différents univers artistiques, les ambitions vins et gastronomie ne font plus l'ombre d'un doute.

- **Brut, champagne** | Brut | 2023>28 | 38.9 € — 90
- **Essentiel, Blanc de blancs, champagne** | Extra-brut | 2024>30 | 54.9 € — 92
- **Vintage , champagne 2014** | Brut | 2024>32 | 55.9 € — 93
- **Essentiel, Blanc de noirs, champagne** | Brut | 2024>34 | NC — 94

Pol-Roger

C'est l'une des dernières grandes maisons familiale et indépendante. La force de la maison repose dans la sagesse d'un développement plus fondé sur le maintien d'une qualité et d'un style que sur le développement volumétrique : le vignoble maison de 90 hectares continue à couvrir 65 % de ses besoins, et les approvisionnements sont maitrisés, tandis que la maison fait patiemment vieillir un stock de 9 millions dans les 7,5 kilomètres de caves, les plus fraîches et profondes de la région. Épure, précision caractérisent les cuvées mais toutes offrent également une personnalité hédoniste et séduisante qui les rend accessibles à tous.

- **Sir Winston Churchill, champagne 2015** | Brut | 2023>40 | 240 € — 98
- **Vintage, Blanc de Blancs, champagne 2015** | Brut | 2023>33 | 100 € — 97
- **Rosé Vintage, champagne 2015** | Brut | 2023>30 | 105 € — 96
- **Vintage, champagne 2016** | Brut | 2023>30 | 75 € — 95

Pommery

Pommery est l'une des grandes marques historiques de la Champagne. Propriété de Paul-François Vranken depuis 2002, la marque conserve le style fin et délié qu'ont toujours apprécié les chefs de caves de la maison. Ne manquez pas la visite des caves, certainement parmi les plus spectaculaires et impressionnantes de Champagne. À tous les points de vue, cette maison a retrouvé aujourd'hui l'importance et le niveau qualitatif qui était le sien il y a un quart de siècle. La cuvée de prestige, louise, est millésimée et existe en deux versions, l'une brut, l'autre non dosée. Essayez également à l'apéritif le demi-sec blue-sky qui se boit avec des glaçons.

- Louise, champagne 2005 | Brut | > | NC — 94
- Grand Cru Royal, champagne 2009 | Brut | > | NC — 91
- Blanc de blancs Apanage, champagne | Brut | > | NC — 92

Rare Champagne

★★★★★

Séparée de Piper-Heidsieck, son ancienne maison mère, Rare Champagne est désormais une marque à part entière dédiée à un seul vin, décliné en blanc et en rosé, toujours millésimé. Il faut féliciter Régis Camus, iconique chef de cave, pour le travail réalisé. Parti à la retraite, il laisse à Maud Rabin, la directrice et Emilien Boutillat, l'actuel chef de cave de Piper, ce joyau unique. Tout est grandiose : millésimes 2006 et 2008 en blanc sont au sommet et le rosé 2012 est spectaculaire. Bravo.

- Rare, champagne 2013 | Brut | > | 229 € — 97
- Rare, champagne 2012 | Brut | > | 410 € — 100

Champagne André Robert

★★★☆☆ →

Claire Robert et Jean-Baptiste Denizart sont à la tête de cette exploitation de quatorze hectares, qui comptent une majorité de premiers et grands crus. Passionnés, ils ont mis toute leur énergie et leur compétence pour reprendre ce domaine et proposent une gamme parfaitement bien construite. Fruits d'un travail très sérieux à la vigne et en cave, toutes les cuvées valent le détour, de la cuvée Pauline jusqu'à la série collection-d'auteur qui met en avant le chardonnay du Mesnil-sur-Oger. La dégustation de cette année confirme tout le bien que nous pensons de cette adresse sérieuse.

- Terre du Mesnil, champagne 2016 | Extra-brut | 2028>40 | 65 € | ☘ — 94
- Terre du Mesnil, champagne 2017 | Extra-brut | 2026>34 | 65 € | ☘ — 92
- Les Horizons, champagne | Extra-brut | 2024>30 | 36 € | ☘ — 91
- Rose de Vignes, champagne | Extra-brut | 2025>32 | 48 € | ☘ — 92

Champagne Éric Rodez

★★★☆☆

Éric Rodez est l'un des vignerons les plus cotés d'Ambonnay. Certifié en biodynamie, bio et HVE, le vignoble de six hectares entoure le village grand cru, ce qui permet de réaliser un nombre important de cuvées singulières. Son fils Mickaël l'a rejoint et s'occupe du vignoble. On ne peut que saluer les progrès considérables réalisés en une petite dizaine d'années. La gamme est remarquable dans sa consistance et dans la précision des élevages. Style limpide et maîtrisé, compositions subtiles, où les équilibres servent une signature aromatique originale et raff née.

- cuvée des Grands Vintages, champagne NM | Brut | 2024>34 | 41 € | ☘ — 97
- Empreinte noire, champagne 2010 | Brut | 2023>33 | NC — 95
- Les Beurys, Blanc de Noirs, champagne 2015 | Brut | 2024>32 | NC — 96
- Les Genettes, champagne 2015 | Extra-brut | 2024>32 | NC — 95

Louis Roederer

★★★★★ ✦

Fondée à Reims en 1776, c'est l'une des rares grandes maisons de Champagne à être toujours détenues par la famille fondatrice. Elle fût la première à investir sur les soins naturels au vignoble et à l'attention environnementale. Il en résulte un patrimoine qui relève d'une exceptionnelle sincérité, porté par une vision vers l'avenir qui force le respect. 126 hectares sur 242 que Louis Roederer possède sont conduits en biodynamie, le reste est certifié HVE et VDC. Frédéric Rouzaud, 7ème génération de la lignée, poursuit cette incroyable ascension. Jean-Baptiste Lecaillon, éminent chef de cave ne cesse d'impressionner à travers les vins qu'il élabore. En recherche permanente, au vignoble, en cuverie et en cave, il continue sa quête d'excellence avec la volonté de la partager à l'ensemble des vins. Un modèle et une inspiration.

- Vintage, champagne 2013 | Brut | > | 68 € — 18
- Cristal, champagne 2014 | Brut | 2025>35 | 230 € — 95
- Collection 243, champagne | Brut | > | 48 € — 93

Barons de Rothschild

★★★☆☆

Ce champagne aux cinq flèches évoque les cinq branches historiques de la famille Rothschild. Aujourd'hui, trois d'entre elles se sont réunies (celles de Mouton, de Lafite et de Clarke) pour produire par l'entremise de la cave de Vertus des champagnes bien campés sur leur approvisionnement, de nature à plaire à un large public. Nous notons cette année de sérieux progrès dans la définition des champagnes produits, allant vers plus de pureté et d'élégance naturelle.

- Rare Collection, Blanc de blancs, champagne 2012 | Extra-brut | 2025>35 | 205 € | ☘ — 94
- Concordia, champagne | Brut | 2023>26 | 53 € | ☘ — 90
- Blanc de blancs, champagne | Extra-brut | 2024>32 | 71 € | ☘ — 92

Ruinart

★★★★☆ ✦

Que dire sur cette maison sinon qu'elle est dans une forme éblouissante, portée par un chef de cave, Frédéric Panaïotis, au sommet de son art, et par des équipes techniques, au vignoble, en cave mais aussi dans les fonctions supports, animées par une même exigence et un même souci d'innover. Toute la gamme gagne spectaculairement en précision et en intensité, sans rien perdre de son style fondé sur l'éclat aromatique. Plutôt axés sur les chardonnays de la côte des blancs et de la montagne de Reims, les champagnes témoignent tous d'une grande délicatesse et d'une pureté aromatique où la craie, les fleurs, les fruits blancs et les agrumes s'expriment remarquablement. Les dernières éditions de la cuvée dom-ruinart nous ont grandement impressionnés. Engagée dans l'art et la création, la maison fait appel aux plus grands talents afin d'interpréter son ADN, son style et son art de vivre.

- Dom Ruinart, Blanc de Blancs, champagne 2010 | Brut | 2022>32 | NC — 97
- Blanc Singulier, champagne | Brut | 2024>30 | NC — 95

De Saint-Gall

★★★☆☆

L'Union Champagne est un groupement coopératif s'appuyant sur des vignobles situés en premier ou en grand cru, avec une nette majorité de villages de la côte des Blancs et en particulier Avize, siège de la cave. Elle a créé cette marque qui s'appuie essentiellement sur les nombreux excellents approvisionnements de la côte des Blancs dont elle dispose. Aussi, les vins possèdent de la finesse et ont gagné en équilibre. C'est aujourd'hui une très bonne adresse pour trouver de beaux champagnes de la côte des Blancs à des tarifs sages. Nous la recommandons sans hésitation.

- Premier cru Tradition, champagne NM | Brut | 2023>26 | 29.4 € — 90
- SO Dark Grand Cru, champagne 2016 | Brut | 2024>28 | 50 € — 91
- Grand Cru, Blanc de blancs, champagne | Extra-brut | 2023>27 | 42 € — 90

Salon

★★★★★

Cette petite maison célébrissime fait partie, avec sa jumelle voisine Delamotte, du groupe Laurent-Perrier depuis 1988. Elle est dirigée par l'efficace et talentueux Didier Depond et les vins sont cousus par Michel Fauconnet. Salon ne produit qu'un seul vin, uniquement dans les très grands millésimes (seulement 37 élaborés au XXe siècle) exclusivement à partir de chardonnay issu de la parcelle « Jardin de Salon » et 19 autres du Mesnil-sur-Oger. La marque n'a cessé de progresser sous l'impulsion de Laurent-Perrier.

- champagne 2012 | Brut | 2024>32 | 650 € — 96

Champagne Sanger

★★☆☆☆

Sanger a été conçu dans une philosophie de partage, de transmission et de savoir-faire qui unit différentes générations. Avec un statut un peu à part, elle vinifie les apports de 80 vignerons pour un équivalent de 9 hectares auxquels se rajoutent les six hectares du domaine du lycée viticole d'Avize. L'ensemble est orchestré de main de maître par Nicolas Robert, le chef de cave pour produire des champagnes très identitaires, dotés d'une forte expression du goût et des saveurs. A découvrir.

- Voyage 360, champagne | Brut | 2023>27 | 32 € — 91
- Grand Cru Pères d'Origine, champagne 2014 | Brut | 2023>28 | 55 € — 93
- Tango paradoxe, champagne | Brut | 2023>27 | 32 € — 93

Champagne Savart

★★★☆☆

Pour comprendre les champagnes de Frédéric Savart, il faut s'intéresser à l'homme, passionné de vins, comme tous les plus grands vignerons. Une culture indispensable à qui souhaite un jour atteindre l'excellence. Sur les terroirs de la petite montagne, il a su pleinement exploiter le potentiel des sols légers d'Écueil dans un style délicat et suave. Sa

✦ Star + Valeur sûre → À suivre de près N Nouvelle entrée

Émilien Boutillat, Piper-Heidsieck

Passé par des études d'agronomie à Montpellier puis par la maison Cattier, cet enfant de la bulle (il est issu d'une famille de vignerons de la Marne) et de la balle (il monte sur les planches quand il quitte sa cuverie) a hérité en une seule fois des clefs des caves de Piper-Heidsieck et de Rare Champagne, héritage du maître Régis Camus parti à la retraite. On aurait pu s'attendre à quelques hésitations. Au lieu de cela, le jeune homme, technicien brillant et fin pédagogue, a endossé avec une facilité déconcertante les deux costumes de ses maisons, avec un état d'esprit pop — très Piper – diaboliquement entraînant. Du peu qu'on se souvienne, on n'a jamais vu ça. *Louis-Victor Charvet*

gamme admirable démontre avec brio ses talents remarquables de vinificateur.

- L'Accomplie, champagne | Extra-brut | 2024>32 | 65 € 95
- Le Mont Benoit, champagne 2018 | Extra-brut | 2025>35 | NC 98
- L'Ouverture, Blanc de Noirs, champagne | Brut | 2024>30 | 50 € 94

Jacques Selosse

★★★★★ ✦

Anselme Selosse poursuit avec sa juste liberté intuitive ses convictions champenoises. Avant-gardiste sur de nombreux sujets, sa vision intellectuelle et philosophique ne laisse jamais indifférente, ses vins suivent cette mouvance. Avec son fils Guillaume, ils réalisent ensemble des vins singuliers que le monde s'arrache. Les grandes vinifications sous bois issues et l'éducation des vins sous solera mettent en avant des champagnes de terroirs où le sol exprime tout sa grande singularité au cœur d'une matière à la richesse concentrée et inouïe. Plus qu'un style, une envie.

- Version Originale Grand Cru Extra-Brut, Blanc de Blancs, champagne | Non dosé | 2024>32 | NC 95
- Ay «La Côte Farcon» Grand Cru Blanc de Noirs, champagne | Extra-brut | 2024>30 | NC 98
- Grand Cru Extra-Brut Millésimé, champagne 2010 | Extra-brut | 2024>34 | NC 98

Taittinger

★★★★★ ✦

Depuis plus d'un siècle, quatre générations dans un fort esprit de famille ont dessiné l'âme de cette maison encrée dans le paysage champenois. L'histoire Taittinger est exemplaire en termes de respect et d'engagements. Entourée d'une équipe fidèle et qualifiée (Damien le Sueur, directeur général et Alexandre de Ponnavoy, chef de cave) Vitalie Taittinger préside la maison et son vignoble de 288 hectares certifié Haute valeur environnementale. Tous les vins ont ce supplément d'élégance qui repose souvent sur le chardonnay. Chaque cuvée possède en outre sa propre personnalité, avec au sommet comtes-de-champagne blanc, composé uniquement de chardonnays issus de cinq grands crus de la côte des Blancs et comtes-de-champagne rosé, majestueux et captivant, prêt à défier les années. Ces deux vins affrontent le temps et s'en nourrissent splendidement. Le reste de la gamme est recommandable et la maison est devenue un beau modèle pour la Champagne et le vin en général.

- Brut Réserve, champagne NM | Brut | 2022>25 | 31 € 92
- Comtes de Champagne Rosé, champagne 2011 | Brut | 2024>40 | NC 99
- Comtes de Champagne, Blanc de Blancs, champagne 2011 | Brut | 2025>35 | 160 € 95
- Comtes de Champagne, Blanc de Blancs, champagne 2012 | Brut | 2024>40 | 200 € 98

Champagne Tarlant

★★★☆☆

Ce vignoble de 14 hectares, situé au cœur de la vallée de la Marne, compte 55 parcelles, plantées des trois cépages traditionnels mais aussi de pinot blanc, de petit meslier et d'arbanne. Benoît et Mélanie Tarlant y développent des cuvées parcellaires abouties, vieillis cinq ans en moyenne, très peu, voire pas du tout dosées. Ce respect du temps long leur permet de sortir un excellent champagne-zéro en entrée de gamme. Une preuve que la Champagne peut faire équilibré, complexe et rafraîchissant sans tomber dans les micro-cuvées. L'amateur aurait tort de ne pas s'aventurer sur le reste de la gamme.

- Cuvée Louis Tarlant, champagne | Non dosé | 2023>29 | 105 € 92
- La Vigne d'Antan, champagne 2004 | Non dosé | 2025>35 | 208 € 95
- BAM, champagne | Non dosé | 2023>29 | 129 € 93

Telmont

★★☆☆☆ ⊛

Depuis deux ans, « cette petite maison » de Champagne comme aime à le rappeler Ludovic du Plessis, son président, gravit les échelons. Située à Damery, proche d'Épernay, détenue majoritairement par le groupe familial Rémy Cointreau depuis 2020, elle s'est lancée dans un projet éco-responsable d'envergure « au nom de la terre », en phase avec les valeurs et les ambitions de Rémy Cointreau, notamment à propos de la Responsabilité sociale des entreprises (RSE), sur les 20 hectares dont elle est propriétaire, mais aussi avec ses partenaires apporteurs de raisins. Une idée mise en application dans les vignes avec une première cuvée bio, Réserve de la Terre, lancée dès 2021 et un objectif de certification biologique de 100 % des vignes du domaine pour 2025.

- Réserve de la Terre, champagne 2017 | Brut | 2025>32 | 66 € 92
- Réserve Rosé, champagne | Brut | 2024>28 | 56.75 € 90
- Blanc de noirs, champagne 2014 | Extra-brut | 2025>30 | 121 € 93

Thiénot

★★★☆☆

Tête de pont champenoise de famille Thiénot, propriétaire de Dourthe à Bordeaux et de Canard-Duchêne et Joseph Perrier en Champagne, cette marque dispose d'une personnalité propre grâce à sa gamme complète. La nouvelle génération, Garance et Stanislas Thiénot, veille au grain, réussissant notamment la montée en gamme avec les cuvées qui portent leurs prénoms mais aussi un superbe monocru d'Avize, la vigne-aux-gamins. Les vins sont apéritifs, toujours sans aucune lourdeur ni acidité mordante. Les millésimes et cuvées de prestige sont tous réussis.

- La Vigne aux Gamins, champagne 2010 | Brut | 2024>30 | 150 € 96
- Brut Rosé, champagne | Brut | 2024>28 | 45 € 91
- Garance, Blanc de Noirs, champagne 2011 | Brut | 2022>29 | 90 € 93

De Venoge

★★☆☆☆

Animée par le tandem Gilles de la Bassetière à la direction et Isabelle Tellier en cave, De Venoge fait partie depuis 1998 du groupe BCC. Aucun hectare de vignoble, que des approvisionnements, mais cela n'empêche pas de produire une longue et vaste gamme. Une gamme où l'on se perd parfois, avec les concepts de Cordon Bleu et de Princes recyclés au maximum, quitte ensuite à les décliner suivant les dosages ou en blancs de blancs ou blancs de noirs. Au final, une sensation générale domine, celles de vins au toucher soyeux, agréables, accessibles.

- Princes Blanc de Noirs, champagne | Brut | 2023>30 | NC 92
- Grand Vin des Princes Blanc de Blancs, champagne 2015 | Brut | 2023>28 | NC 90
- Grand Vin des Princes Rosé , champagne 2015 | Brut | 2023>30 | NC 93
- Louis XV, champagne 2014 | Brut | 2023>29 | NC 94

Champagne Jean-Louis Vergnon

★★★☆☆

Les cinq hectares de vignes de ce domaine de la Côte des Blancs sont plantés en chardonnay et cultivés en lutte raisonnée. La gamme est habilement construite : une entrée de gamme plutôt sur la gourmandise tandis qu'éloquence s'ouvre sur des notes minérales. Ces deux cuvées sont de véritables pépites à prix raisonnable. Confidence, la cuvée phare du domaine, exige du temps pour se révéler et fait partie des grandes bouteilles de Champagne.

Veuve Clicquot

★★★★★ ✦

La veuve la plus célèbre du monde continue de pétiller année après année. Sous la houlette du talentueux Didier Mariotti, chef de caves, et grâce à certainement l'un des plus beaux patrimoines de vins de réserve en cuverie, la recréation du Brut Carte Jaune est chaque année un enchantement. N'hésitez pas à déguster les magnums, toujours vieillis plus longuement et d'un niveau encore supérieur. La gamme est courte mais bien étalonnée, depuis le fantastique Extra Brut Extra Old, une cuvée unique en Champagne, jusqu'aux cuvées La Grande Dame, qui depuis le millésime 2008 font la part très belle au pinot noir (90 % contre 70 % auparavant), assumant pleinement l'identité de la maison. Sans oublier les rosés, l'une des spécialités de la maison, Madame Clicquot ayant mis au point voici deux siècles la technique des rosés d'assemblage.

- Brut Carte Jaune, champagne | Brut | 2023>30 | NC 93
- Vintage , champagne 2012 | Brut | 2027>37 | NC 93
- La Grande Dame Rosé , champagne 2012 | Brut | 2028>42 | NC 98
- La Grande Dame, champagne 2015 | Brut | 2023>40 | NC 98

Veuve Fourny

★★★★☆

Charles-Henry et Emmanuel Fourny ont transformé cette petite maison familiale, installée à Vertus depuis 1856, en une adresse sûre et excitante pour les amateurs de champagnes précis, vineux et authentiques. Le vignoble compte une rareté, un clos : celui du faubourg Notre-Dame, utilisé pour les millésimes uniquement. Si les chardonnays dominent largement, les pinots noirs ne sont pas absents, vinifiés pour partie en

✦ Star ✚ Valeur sûre ⊛ À suivre de près Ⓝ Nouvelle entrée

fût de chêne. Ce sont aujourd'hui des champagnes de grande race exprimant superbement le terroir de Vertus mais aussi des vins hédonistes et séduisants, les cuvées R et les millésimes étant destinés à accompagner la table.

- Premier Cru Monts de Vertus, Blanc de Blancs, champagne 2016 | Extra-brut | 2023>30 | 61 € | ☘ — 91
- Cuvée R Premier Cru, champagne | Extra-brut | 2023>30 | 53 € | ☘ — 93
- Clos du Faubourg Notre-Dame Premier Cru, champagne 2012 | Extra-brut | 2023>30 | 135 € | ☘ — 95
- Cuvée R «20 ans d'âge» Premier cru, champagne | Extra-brut | 2023>28 | 168 € | ☘ — 93

Champagne Vignon Père et Fils

★★★☆☆

Essentiellement situés sur les terroirs grand cru de Verzenay et de Verzy, les 5,8 hectares de vignes sont gérés par Stéphane Vignon, qui les conduit vers une certification en viticulture durable. Les engrais sont bio, les traitements sont à base de cuivre et de soufre et les vinifications parcellaires sont réalisées pour une moitié en fûts, sur lies. Ici on préfère les levures du raisin et, chaque fois que possible, le collage et la filtration sont évités. Les vins portent la puissance du cru. Un domaine sérieux.

- Réserve des Marquises, champagne 2016 | Extra-brut | 2024>32 | NC — 95
- Les Espérances, champagne 2018 | Brut | 2024>32 | NC — 94

Champagne Vilmart & Cie

★★★☆☆

Au cœur de la montagne de Reims, la maison Vilmart cultive sur 11 hectares 60 % de chardonnay et 40 % de pinot noir. Laurent Champs, cinquième génération, est à la tête du domaine depuis 1995. Il pratique avec une grande maîtrise les élevages en foudres et en fût de chêne. À la vigne, le domaine exclue l'usage d'engrais chimiques, d'herbicides et d'insecticides. Les champagnes sont d'une pureté brillante et intense, avec une précision de définition qui en font des vins complets et tous réussis.

- Grand Cellier , champagne | Brut | 2023>28 | 41 € — 92
- Cœur de Cuvée, champagne 2015 | Brut | 2023>30 | 98 € — 94
- Grand Cellier d'Or, champagne 2018 | Brut | 2023>30 | 60 € — 93

Vranken

★★☆☆☆

Fondée en 1976 par Paul-François Vranken, la maison de Champagne Vranken est devenue l'une des marques importantes du groupe géré par le tourbillonnant homme d'affaires. Pommery, Heidsieck & Co Monopole ou encore Charles Lafitte complètent son portefeuille champenois, en plus des vignobles qu'il possède en France, au Portugal et en Angleterre. En 2004, Paul-François Vranken et son épouse ont racheté et rénové la villa Demoiselle à Reims, l'un des fleurons de l'Art Nouveau. Les champagnes sont souples et faciles, dans un registre net, clairement destiné à l'apéritif.

- Diamant, champagne NM | Brut | > | 43 € — 88
- Demoiselle, champagne NM | Brut | > | 25.4 € — 90

Champagne Waris Hubert

★★★☆☆

La quatrième génération de la famille Waris-Hubert, installée à Avize dans la côte des Blancs, dispose de terroirs (11 hectares) en premiers et grands crus parmi les plus réputés du secteur. La gamme, dont les cuvées portent des noms inspirés et poétiques, proposent des sélections de terroirs. On trouve ici de grands champagnes racés et fins, tous très distingués.

- Lilyale - Grand Cru, Blanc de Blancs, champagne NM | Non dosé | 2023>30 | 35 € — 94

Deux images et presque tout est dit : au loin, la Méditerranée fait semblant de dormir, la montagne joue à cache-cache avec la pluie, l'arc-en-ciel la débusque, le vignoble lézarde entre les chemins qui serpentent et les forêts qui louvoient. C'est le cœur de la merveille.

Corse

Comme le sublime est une invitation à l'immobilisme, on pourrait croire que rien ne change jamais en Corse. À la suite des pionniers qui ont fait la renommée viticole de l'île, une génération courageuse est en train d'emprunter les sentiers du grand vin. En y semant les graines, pour ne pas se perdre en route, d'une viticulture héroïque

PATRIMONIO LES POSSIBILITÉS D'UNE ÎLE

CE TERROIR ÉTAIT UN MONDE DE PROMESSES. PORTÉ PAR UNE GÉNÉRATION AMBITIEUSE, IL COMMENCE À TOUTES LES TENIR, SURTOUT POUR SES BLANCS PRODIGIEUX

PAR ***MICHEL BETTANE***

DISONS-LE FRANCHEMENT, l'appellation contrôlée la plus connue de Corse nous a trop souvent globalement déçus dans les quinze dernières années. Certes, les producteurs vedettes se montraient à la hauteur de leur réputation, même en boudant systématiquement les dégustations comparatives – encore plus celles faites à l'aveugle. Sur l'île, les susceptibilités individuelles sont encore plus exacerbées que sur le continent. Trop de vins médiocres ou mal vinifiés s'opposaient aux progrès constants et spectaculaires des autres secteurs de l'île. Il faut dire que l'appellation est née fort ambiguë. Géographiquement, le somptueux amphithéâtre regardant la mer et nommé à juste titre la *« Conque d'Or »* est né de sédiments complexes sur un socle schisteux très anciens. Le calcaire ou le granit peuvent y recouvrir la roche-mère, tout comme l'inverse. On y a ajouté en 1968, lors de la parution du décret d'appellation, pour faire plaisir aux vignerons influents de l'après-guerre, les terres plus plates (et d'ailleurs remarquables) purement schisteuses qui vont en direction du désert des Agriates. Les vins ont naturellement des caractères différents selon la nature des sols. L'ensemble dépasse un peu 400 hectares avec un potentiel de 14 à 15 000 hectolitres en production. On a également inventé une fausse tradition d'encépagement pour les vins rouges et rosés (presque 80 % de la production), en tirant fierté de la couleur plus intense et de la vinosité du cépage nielluccio, qui s'oppose à la tradition sudiste du sciaccarello et à ses vins plus délicats et parfumés, mais moins intenses. Le climat et les sols du secteur s'adaptent mieux à la vigueur de ce cépage frère du sangiovese toscan, qui assure un rendement plus régulier au viticulteur. Le décret d'appellation le rend majoritaire par obligation, jusqu'à 75 % pour les rosés et plus encore pour les rouges. Cet encépagement était infiniment plus complexe au XIXe siècle. Si l'on a conservé et recommence à planter de nombreux cépages rouges ou blancs, impossible de les vendre autrement qu'en IGP ou en vin de France – un comble pour un vrai Corse – puisque les appellations d'origine continuent à les bouder. Le sciaccarello affine considérablement le nielluccio, spécialement sur les terroirs schisteux. On pourrait en dire de même des cinsaults pour les rosés. Les bons vignerons locaux commencent à faire fi de cette ségrégation et on les encourage volontiers à continuer. En blanc, en revanche, rien à dire, le vermentino semble toujours idéal, même si le bianco gentile, dans quelques micro secteurs, apporte un caractère différent, moins original mais très savoureux, si l'on sait le récolter à point et le vinifier sans altération.

SAVOIR ATTENDRE

Depuis trois ans, le niveau global des vins est en grand progrès et nous avons été impressionnés par notre dégustation de mai 2023. On doit certainement ce progrès à un changement de génération de producteurs et plus encore à une révolution agronomique liée au classement de tout le secteur comme *« Grand site de France »*. Une consécration évidemment bien méritée et qui a interdit automatiquement l'usage de tout désherbant de synthèse, et donc du glyphosate en viticulture. On retravaille les sols et on essaie de recréer un environnement vert et plus écologique, ce qui a immédiatement donné de meilleurs raisins. Quelques grands vignobles historiques ont révolutionné leurs pratiques et de nombreux jeunes viticulteurs, plus idéalistes, suivent le même courant, quand ils ne l'ont pas devancé. Voici en résumé notre sentiment global : les rouges préservent mieux les notes fruitées de leurs cépages et sont moins marqués par des notes animales, encore hélas trop appréciées par le consommateur local. Leur tannin est plus élégant et c'est mieux ainsi. Les rosés, bus trop tôt dans leur première année alors qu'ils seraient meilleurs l'année suivante, ont une vinosité remarquable qui les rend souvent plus mémorables que leurs cousins provençaux du Var. Mais pour nous, les blancs restent les grandes expressions du secteur, avec leurs notes magnifiques d'agrumes, leur fraîcheur, leur corps et leur capacité (hélas si rarement vérifiée) de vieillir dix ans ou plus en bouteille pour prendre de somptueux arômes terpéniques capables de rivaliser avec ceux des plus grands rieslings. Aux amateurs intelligents donc d'en tenir compte et de les attendre cinq ans ou plus. Espérons pour terminer que l'appellation ouvrira ses portes au riche patrimoine historique de cépages italiens ou méditerranéens qui faisaient la gloire des vins de l'île depuis l'Antiquité.

L'appellation est située sur des terroirs entre mer et montagnes.

LES ROUGES

Clos Alivu, Aspettata 2019
Superbe nez épicé, excellent corps, texture élégante avec beaucoup de style. Ce secteur des Agriates a beaucoup à offrir. Coup de cœur à l'aveugle, à boire.
94/100 – 2023-2028 - 20 euros

Domaine Giacometti, Cuvée Sarah 2020
Jolis arômes de maquis et un raisin vendangé plus frais que d'autres, ce qui donne une acidité sympathique. Simple et bien fait.
89/100 – 2023-2026 - 12 euros

Yves Leccia, E Croce 2020
Arômes purs et expression naturelle du niellucciu, souple et plein en bouche. Cela donne une excellente version moderne de ce style.
92/100 – 2023-2029 - 29 euros

Domaine Montemagni, Louis 2020
Corps solide, parfum corse de myrte qui témoigne d'un bon raisin et d'un bon terroir. On sent une vinification attentive pour ce domaine de grande tradition qui progresse de toute évidence.
90/100 – 2023-2028 - 14 euros

Domaine Orenga de Gaffory, Cuvée des Gouverneurs 2020
Propre et savoureux au nez et en bouche, construit avec précision et fait pour donner du plaisir immédiatement.
90/100 – 2023-2029 - 23,50 euros

Domaine Paradella, patrimonio 2019
Expressif au nez sur les notes d'herbes de maquis, avec une belle intégration du boisé (rare dans le secteur) donnée par le vieillissement en bouteille et l'allonge apportée par la qualité de l'élevage.
91/100 – 2023-2029 - 48,90 euros

Clos Signadore, patrimonio 2020
Corps ample, chaleureux, vin de soleil qui a réussi à conserver un équilibre favorable au vieillissement.
90/100 – 2023-2029 - 20,50 euros

Clos Teddi, Grande Cuvée 2021
Belle expression de ce terroir particulier de Patrimonio et du millésime, vinifiée avec adresse et compétence. Robe noire, nez de fruits noirs, sans note terreuse ou animale, tannin souple et bien présent en support, élevage réussi, vivement recommandé.
92/100 – 2023-2031 - 17,50 euros

LES BLANCS

Clos Alivu, Aspettata 2021
Vin très droit, net, typique de son secteur, qui gagnera encore en complexité au cours de la prochaine année.
92/100 – 2024-2030 - 32 euros

Domaine Antoine Arena, patrimonio 2021
Un blanc exemplaire, fait avec des raisins mûrs. Parfait équilibre dans un millésime moins facile que 2022.
92/100 – 2023-2030 - 30 euros

Clos de Bernardi, patrimonio 2022
Magnifique par ses beaux arômes de cédrat, cette vraie bombe montre une maîtrise de maturité de raisin idéale. Une nouvelle génération est à l'œuvre.
93/100 – 2023-2030 - 24 euros

Domaine Castellu Piattu, Cuvée Valle 2022
Une révélation qui montre les progrès considérables accomplis par Franck Santini sur un terroir exceptionnel. Parfait nez de cédrat, corps équilibré, beaucoup de nuances.
93/100 – 2023-2030 - 15,60 euros

Domaine Giacometti, Cru des Agriate 2022
Raisin mûr, terroir bien marqué, vin équilibré et savoureux, de grand rapport qualité-prix.
89/100 – 2023-2028 - 18,90 euros

Domaine Leccia, patrimonio 2022
Corps remarquable, vin pur, savoureux et complexe, encore jeune, il faudra l'attendre au moins deux ans si l'on peut.
92/100 – 2023-2030 - 23 euros

Domaine Orenga de Gaffory, Cuvée Felice 2022
Parfaite maturité du raisin qui exprime avec classe les sols argilo-calcaires du secteur de Saint-Florent qui entrent en grande partie dans l'assemblage. Vinification idéale.
93/100 – 2023-2028 - 19,80 euros

Domaine Paradella, patrimonio 2021
Mariage étonnant et réussi entre le bois et l'aromatique naturel du vermentino, avec de l'allonge. Ce domaine en net progrès est désormais maître de ce style. Vin de haute gastronomie.
92/100 – 2023-2030 - 43,90 euros

Clos San Quilico, patrimonio 2022
Magnifiques arômes primaires, maturité idéale du raisin et expression de toute la classe d'un grand terroir. On peut déjà le savourer.
92/100 – 2023-2030 - 19 euros

Clos Signadore, A Mandria 2022
Robe dorée et exceptionnelle maturité du raisin, vendangé à contre mode. Corps magnifique, égalant les meilleurs blancs de l'Hermitage. Coup de cœur pour sa force d'expression et son naturel.
94/100 – 2023-2032 - 26 euros

Clos Teddi, Grande Cuvée 2021
Savoureux, sur un départ d'amers et de fumé original, on prendra du plaisir à le boire dès à présent, il est à point.
91/100 – 2023-2028 - 24,85 euros

LE CHŒUR DE LA BEAUTÉ

L'ÎLE CULTIVE SA DIFFÉRENCE, SON HISTOIRE, SES TRADITIONS, SA LANGUE ET SA VIGNE SUPERBE. CE N'EST PAS UN PIÈGE À TOURISTES, C'EST UNE TERRE DE GRANDS VINS, DANS TOUTES LES COULEURS

SÉLECTION ***MICHEL BETTANE***

Vignerons d'Aghione

★☆☆☆☆ (N)

Cette cave coopérative de taille respectable (850 hectares) travaille de façon quasi familiale sur des vignes d'un seul tenant, sous le contrôle technique d'un remarquable jeune œnologue, Christophe Paitier. Les vins effervescents sont étonnants de franchise mais les vins tranquilles tout autant, particulièrement le domaine Casanova, célèbre pour ses muscats de dessert non mutés. Ici on fait des essais en permanence et on les transforme !

- Terra di Nostri, île de beauté | Sec | 2023>28 | NC — 88

Castello di Alba

★☆☆☆☆

Le domaine vient d'être replanté par Jean André Cardosi, producteur estimé d'agrumes bio dans la même ferme. Pour sauver ses agrumes d'un gel dévastateur il y a vingt ans, il avait arraché ses vignes. Avec le retour de la prospérité, il a eu à cœur de les replanter, aidé par son ami Manu Venturi. Excellent premier millésime. Le terroir calcaire donne au vin finesse et énergie.

- corse 2020 | Sec | 2023>30 | 25 € — 87

Clos Alivu

★★☆☆☆

Petit domaine viticole situé sur des terres argilo-calcaires et schisteuses, particulièrement propices à la qualité du vermentino. Depuis deux millésimes, ses vins sont bien représentatifs de l'appellation tout en étant modernes dans leur netteté de fruit. Dans le difficile millésime 2018, Éric Poli n'a pas tout réussi mais son blanc aspetatta 2017 montre le potentiel du terroir.

- patrimonio 2019 | Sec | 2022>30 | NC — 88
- Aspetatta, patrimonio 2021 | Sec | 2024>30 | 32 € — 92
- Aspetatta, patrimonio 2019 | Sec | 2023>28 | 20 € — 94

Clos d'Alzeto

★★☆☆☆

Un des domaines les plus haut perchés de l'île et de France, Alzeto est une propriété remarquablement conduite par la famille Albertini, qui soigne aussi bien son vignoble que ses vinifications, dans un cuvier parmi les plus modernes et les mieux conçus que nous connaissions. Les vins les mieux réussis ont une finesse et une fraîcheur uniques en blanc et beaucoup de puissance en rouge. Excellents 2018 vinifiés avec une grande sûreté.

- Prestige, ajaccio 2022 | Sec | 2025>30 | 26.6 € — 88
- ajaccio 2018 | Sec | 2023>30 | 27.2 € — 90

Domaine Antoine Arena

★★★☆☆

De tous les vignerons corses, Antoine Arena est sans doute celui qui a eu la plus grande volonté de faire connaître ses vins au-delà de l'île. Avec l'aide de sa femme Marie, et il a hissé son domaine parmi les meilleurs de Corse, travaillant dans une approche naturelle, sans produits de synthèse, certifié en agriculture biologique. Les trois domaines Arena (le sien et ceux de ses fils Antoine-Marie et Jean-Baptiste) n'ont pas envoyé de vins à notre dégustation. Nous ferons le point l'an prochain.

- patrimonio 2021 | Sec | 2023>30 | 30 € — 92

Domaine Antoine-Marie Arena

★★★☆☆ (→)

Antoine-Marie, fils d'Antoine Arena, a repris en 2014 quelques parcelles et produit en bio, sur 6 hectares, ses propres vins avec la même énergie et le même talent que son père, allant vers encore plus de précision et de rigueur, aussi bien dans le choix idéal de la date de vendanges que par le contrôle minutieux des vinifications. En toute logique, il est devenu très vite l'un des grands de la viticulture corse.

Clos Canarelli

★★★★☆ ✦

Yves Canarelli cultive, en biodynamie, plus de 30 hectares dans les secteurs de Figari et de Bonifacio, puisant parmi les cépages corses les plus adaptés à son goût et son terroir. Le nouveau chai permet la vinification dans différents contenants : amphores, œufs béton, barriques, foudres. Après avoir donné naissance à son grand cru sur le terroir calcaire de Bonifacio, Tarra di Sognu, la grande nouvelle est le défrichement et la plantation d'un superbe nouveau vignoble par et pour Simon, son fils, qui s'annonce aussi bâtisseur et doué que son père. Parcours sans faute cette année.

- bianco gentile, ile de beauté 2021 | Sec | 2022>27 | 26 € — 91
- Alta rocca, corse - figari 2019 | Sec | 2022>27 | 51 € — 92
- Clos rouge, corse - figari 2020 | Sec | 2022>30 | 25 € — 91

Clos Canereccia

Christian Estève reste fidèle à une ligne de conduite qui lui fait essayer toute sorte de contenant pour l'élevage avec une préférence de moins en moins secrète pour les amphores en terre. Il y a encore de la disparité entre toutes ses cuvées mais on apprécie chez lui la netteté des vinifications et le suivi des mises. Évidemment les vins plus aboutis sont hors appellation d'origine tant notre conservatisme fait de tort à notre patrimoine.

- Cuvée des Pierre, corse 2021 | Sec | 2023>29 | 17.2 € — 89
- corse 2019 | Sec | 2024>32 | 16.9 € — 89

Domaine Comte Abbatucci

✦

Dans ce haut-lieu historique du vignoble d'Ajaccio, Jean-Charles Abbatucci pratique avec une générosité contagieuse une viticulture irréprochable. La collection unique de vieux cépages blancs locaux a fait prendre conscience de l'obligation morale et culturelle de diversifier l'encépagement de toute la Corse. Le domaine a subi un grave incendie qui a détruit la cave de vinification, qui sera reconstruite plus grande et plus efficace. Les 2021 en bouteilles pour la plupart sont magistraux.

- Faustine, vin de france 2022 | Sec | 2025>35 | 25 € — 92
- Monte Bionco, vin de france 2021 | Sec | 2025>35 | 66.5 € — 94

Domaine du Comte Peraldi

Le vignoble touche la ville qui l'entoure à la façon de la banlieue bordelaise à Pessac. La nature reprend ses droits dès les premiers rangs de vignes et le granite produit les expressions fines qu'on associe à Ajaccio sous la direction attentive de la nouvelle génération des Poix. Les rouges ont une expression proche de celles de grands pinots noirs.

- Cuvée du Cardinal, ajaccio 2017 | Sec | 2023>27 | 46.9 € — 90
- vin de france 2021 | Sec | 2025>35 | 21 € — 90

Domaine Culombu

+

Un nouveau cuvier à la pointe du progrès permet à ce domaine d'aller encore plus loin dans les vinifications parcellaires et de rivaliser à armes égales avec son ami Pierre Acquaviva (Alzipratu). Le fils d'Étienne Suzzoni est venu rejoindre son père avec un parfait savoir agronomique et œnologique. Ne manquez pas les nouvelles cuvées de la série storiadi, dédiées aux cépages anciens retrouvés.

- Clos Culombu, corse - calvi 2022 | Sec | 2023>28 | 14.9 € — 91
- Ribbe Rosse , corse - calvi 2021 | Sec | 2023>26 | 26 € — 92
- Storia Di Ecce Fructus, vin de france | Sec | 2026>40 | 22.5 € — 94
- Storia di Minustellu, vin de france 2020 | Sec | 2024>32 | 23.7 € — 90

Domaine de Fiumicicoli

Le domaine ne présente pas souvent ses vins en dégustation comparative. Cette année, il les a présentés et nous avons pu apprécier la netteté de ses vinifications, leur habileté technique au service d'une expression juste et consensuelle du terroir.

- corse - sartène 2022 | Sec | 2025>32 | 22.9 € — 91
- corse - sartène 2021 | Sec | 2023>26 | 21.5 € — 89

Domaine Giacometti

En limite d'appellation, à l'entrée du désert des Agriates, le terroir change de nature par rapport au cœur de Patrimonio, avec des sols granitiques et un microclimat encore plus sec. La famille Giacometti, respectueuse de la nature et de l'environnement, continue son œuvre. Trop de vins du domaine manquaient cette année de précision ou de définition sauf ceux que nous avons sélectionnés et qui conservent le naturel, la gourmandise et leur remarquable rapport qualité-prix.

- cuvée Sarah, patrimonio 2020 | Sec | 2023>26 | 12 € — 89
- Cru des Agriates, patrimonio 2022 | Sec | 2023>28 | 18.9 € — 89

Domaine Giudicelli

Murielle Giudiccelli exploite une propriété située au cœur du vignoble historique de Patrimonio, conduite en agriculture biologique et biodynamique. Vigneronne hors norme dont nous défendons le travail depuis longtemps, ses vins n'étaient pas encore en bouteille en mai. Nous ferons le point l'an prochain.

Domaine Granajolo

Tenu par deux viticultrices idéalistes, parmi les premières à cultiver bio en Corse, ce domaine produit avec constance des vins purs et souples, mais quelques imprécisions aromatiques. Progrès évidents avec une meilleure homogénéité qualitative dans les trois couleurs, et un naturel d'expression à la hauteur d'une viticulture respectueuse. Bon rapport qualité-prix.

- Le J, corse - porto-vecchio 2020 | Sec | 2025>32 | 24 € — 89
- corse - porto-vecchio 2022 | Sec | 2023>29 | 19 € — 90

Clos Landry

Ce domaine emblématique de Calvi, qui trouve avec une nouvelle génération une seconde jeunesse, confirme son retour au premier plan de la qualité, avec des vins de mieux en mieux vinifiés et expressifs de leur origine. Une finesse particulière les caractérise au sein d'un ensemble remarquable de viticulteurs locaux.

- Roche Mer, corse - calvi 2021 | Sec | 2025>30 | 34 € — 89
- Léa, corse - calvi 2021 | Sec | 2024>29 | 31.5 € — 90

Domaine Leccia - Annette Leccia

Annette Leccia avec beaucoup de générosité a légué son domaine à son neveu Lysandre, vinificateur précis comme son père Yves, et qui a parfaitement réussi ses 2018 blancs et rosés. Les rouges ont encore trop de dureté tannique, comme souvent dans cette appellation, mais aucun défaut d'hygiène. Annette continue à signer ses muscats équilibrés et délicieux.

- patrimonio 2022 | Sec | 2023>30 | 23 € — 92
- Pétale, patrimonio 2019 | Sec | 2023>29 | 31.9 € — 89

Yves Leccia

+

Yves Leccia a quitté en 2005 le vignoble familial, repris par sa sœur Annette, en conservant une partie des vignes de son père sur le secteur plus schisteux d'E Croce et une autre partie de vignoble en fermage. Le vignoble compte désormais 15 hectares entièrement sur Patrimonio, dont les magnifiques parcelles de E Croce et Partinelone, des coteaux exposés sud-ouest bénéficiant de l'influence maritime. Le domaine maintient année après année une haute qualité d'ensemble pour toute sa production. La précision et la rigueur des vinifications permettent un vieillissement remarquable des vins.

- E Crocce, patrimonio 2020 | Sec | 2023>29 | 29 € — 92
- Y.L, ile de beauté 2022 | Sec | 2023>28 | 23 € — 90
- YL, ile de beauté 2022 | Sec | 2024>32 | 23 € — 90
- O Ba, vin de france 2018 | Sec | 2025>32 | 39 € — 92
- Biancu Marinu , ile de beauté 2022 | Sec | 2024>32 | 23 € — 92

Domaine Mondange

Laura et Andria Mondange, deux jeunes viticulteurs avec un bon esprit et une cave moderne se sont installés sur le domaine familial de 40 hectares, quittant la coopération locale. Les vins précis, encore un peu simples mais d'un fruité agréable sont d'un rapport qualité prix exceptionnel.

- corse 2019 | Sec | 2022>28 | 15.5 € — 86
- Primizia, ile de beauté 2021 | Sec | 2022>24 | 8.5 € — 88
- Spargolato , corse 2020 | Sec | 2024>29 | 20 € — 89

Domaine Orenga de Gaffory

+

Cet important vignoble au cœur de Patrimonio appartient à la famille Orenga. Ses vins sont des classiques de l'île, largement distribués dans tous les restaurants et hôtels. Elle est aussi propriétaire du domaine San Quilico, Ces deux propriétés réussissent toujours proportionnellement mieux leurs vins spéciaux que les cuvées courantes qui manquent souvent de définition à la hauteur de la qualité des terroirs. La cuvée Impassitu est une pure merveille.

- Felice, patrimonio 2022 | Sec | 2023>28 | 19.8 € — 93
- Cuvée des Gouverneurs, patrimonio 2020 | Sec | 2023>29 | 23.5 € | ☘ 90
- Impassito, muscat du cap corse 2013 | Liquoreux | 2023>30 | 18 € — 96
- VDN Rappo, vin de france | Doux | 2023>50 | 24 € — 94

Domaine Paradella

★★☆☆☆

Lionel Wojcik, nouveau-venu à Patrimonio, a choqué le petit monde local par sa résolution et sa façon de bousculer les traditions corses en empruntant à Bordeaux des principes de vinification et d'élevage qui typent ses vins. On peut ne pas les trouver à son goût mais au moins ils font preuve de précision, d'énergie et de vrai savoir-faire en matière d'extraction tannique. Leur boisé appuyé actuel évoluera certainement avec l'expérience.

- patrimonio 2019 | Sec | 2023>29 | 48.9 € — 91
- patrimonio 2021 | Sec | 2023>30 | 43.9 € — 92

Domaine Pieretti

★★★☆☆

Ce magnifique domaine situé à proximité de la mer, à une trentaine de kilomètres au nord de Bastia, sur les flancs est du Cap Corse est dirigé par Lina Pieretti-Venturi. Avec détermination, elle produit des vins jouant plus sur la finesse plus que sur la puissance, dans le respect de l'originalité du microclimat marin. Ses cuvées marine n'ont guère de concurrence en matière de finesse pure.

- Marine, corse - coteaux du cap corse 2021 | Sec | 2022>28 | 31.2 € — 91
- A Murteta, corse - coteaux du cap corse 2020 | Sec | 2022>28 | 25.5 € — 89
- A Murteta, corse - coteaux du cap corse 2020 | Sec | 2023>29 | 25.5 € — 90

Domaine Bernard Renucci

★★☆☆☆

Bernard Renucci a accepté d'envoyer à nouveau ses vins à notre dégustation et bien lui en a pris, nous avons retrouvé tout ce que nous aimions chez lui il y a une dizaine d'années, avec plus d'homogénéité qualitative encore dans les trois couleurs.

- Pitraia, vin de france 2020 | Sec | 2024>32 | 23.5 € — 93
- Bianco Gentile, vin de france 2022 | Sec | 2025>32 | 12.5 € — 92
- San Roccu, vin de france 2021 | Sec | 2024>32 | 32 € — 91

Domaine Sant-Armettu

★★★★☆ ✦

Gilles Seroin produit les vins les plus réguliers de Sartène, bénéficiant de vieilles vignes et d'un sens inné de l'équilibre en vinification. Il réalise des cuvées de terroir sur 40 hectares, et favorisant de vieilles variétés de cépages. Son domaine est le plus septentrional de l'appellation, près de Propriano dans la vallée du Baracci, entouré d'oliviers et ouvert sur le golfe du Valinco. Les derniers millésimes confirment le talent du vinificateur avec un parcours sans faute dans les trois couleurs et des vins d'une complexité qui égale les meilleurs. Les enfants ont aujourd'hui rejoint l'aventure.

- Myrtus, ile de beauté 2021 | Sec | 2025>40 | 36.8 € — 94
- Rosemarinu, corse - sartène 2022 | Sec | 2023>28 | 21.6 € — 89
- Ermite, corse - sartène 2021 | Sec | 2025>35 | 75 € — 92
- Burghese, ile de beauté 2019 | Sec | 2024>32 | 75 € — 92

Domaine Saparale

★★★☆☆

Une de nos plus belles et plus homogènes dégustations à l'aveugle, qui récompense un travail très sérieux de vinification parcellaire et d'essais d'élevage. Philippe Farinelli se montre moins taiseux que par le passé et parle de mieux en mieux de ses vins : il peut être fier de ses deux derniers millésimes. Ce domaine qui fut vers 1900 peut être le plus remarquable de Corse retrouve tout son prestige.

- corse - sartène 2021 | Sec | 2024>32 | NC — 90
- Casteddu, corse - sartène 2021 | Sec | 2025>35 | 20.04 € — 93
- Natura, vin de france 2022 | Sec | 2023>29 | 13.4 € — 91

Clos Signadore

★★☆☆☆

Vigneron-artisan courageux et déterminé, Christophe Ferrandis produit dans son chai de poupée très peu confortable des vins de caractère, typiques de leur quartier et vinifiés dans un esprit bio bien compris. Il faut leur donner deux à trois ans de bouteille. Souhaitons-lui de disposer assez vite d'un outil de travail à la hauteur de ses efforts.

- A Mandria, patrimonio 2022 | Sec | 2023>32 | 26 € — 94
- Clos Signadore, patrimonio 2020 | Sec | 2023>29 | 20.5 € — 90
- Inizia, vin de france 2021 | Sec | 2024>32 | 20.5 € — 93

Richard et Marjorie Spurr L'Enclos des Anges

★★★☆☆

Richard Spurr, britannique devenu plus corse dans l'âme que tous les Corses, produit sur 15 hectares des vins qui vont au bout de la logique d'expression du terroir. Il confirme qu'il est le maître incontesté des rouges de son secteur de Calvi. Son vin mérite de figurer sur les belles tables gastronomiques méditerranéennes. Les blancs ne manquent pas de caractère mais il faut aimer leur petit départ d'oxydation.

- Sesto, corse - calvi 2019 | Sec | 2025>35 | NC — 94
- Sesto, corse - calvi 2020 | Sec | 2025>40 | 20 € — 95

Clos Teddi

★★☆☆☆

Les granites du Clos Teddi ne sont pas la roche-mère la plus originale de Patrimonio mais permettent de comprendre la typicité de ses vins. Marie-Brigitte Poli les aime frais, nerveux, immédiats, ce qui réussit d'ailleurs mieux aux blancs qu'aux rouges. En 2018, la grande cuvée de blanc sort largement du lot.

- Grande Cuvée, patrimonio 2021 | Sec | 2023>28 | 24.85 € — 91
- Grande Cuvée, patrimonio 2021 | Sec | 2023>31 | 17.5 € — 92
- Vintina, vin de france 2021 | Sec | 2024>32 | 39.5 € — 92

Domaine de Torraccia

★★★☆☆

Sur 43 hectares de vignoble d'arènes granitiques (et 25 hectares d'oliviers) conduits en agriculture biologique, Marc Imbert a trouvé ses marques dans cette superbe propriété de bord de mer du secteur de Porto-Vecchio. Le domaine excelle dans les trois couleurs de vin, en jouant sur la finesse, la tension et la minéralité.

- corse - porto-vecchio 2018 | Sec | 2024>30 | 18 € — 88
- Torraccia, corse - porto-vecchio 2017 | Sec | 2022>30 | 13.5 € — 90

Domaine Vaccelli

★★★☆☆ ✦

Avec ses étiquettes reconnaissables parmi toutes et une gamme bien découpée, ce domaine tenu d'une main de maître par Gérard Courrèges s'impose de plus en plus comme l'une des références majeures du vignoble corse. Les vins, prisés des amateurs, sont difficiles à trouver sur le marché. On recommande absolument l'ensemble de la gamme.

- Granit, ajaccio 2020 | Sec | 2022>28 | NC — 91
- Granit 174, ajaccio 2018 | Sec | 2022>30 | NC — 90
- Chioso Novo, ajaccio 2020 | Sec | 2024>30 | 60 € — 93

Domaine Vecchio

★★☆☆☆

Grande réussite globale pour ce domaine en constants progrès avec des vins d'une personnalité affirmée, dotés d'une matière dense, mûre, savoureuse, originaux tout en exaltant les notes aromatiques du maquis. Les vins blancs sont moins réussis, sans doute vendangés un peu trop mûrs.

- Mélusine, corse 2020 | Sec | 2024>30 | 42 € — 93
- Collezione, ile de beauté | Sec | 2024>32 | 10 € — 91
- Mélusine, corse 2021 | Sec | 2023>29 | 42 € — 91
- Uva antica, ile de beauté 2022 | Sec | 2023>28 | 20 € — 92

Clos Venturi

★★★★☆ ✦

Manu Venturi incarne la viticulture corse dans ce qu'elle a de plus visionnaire. Après avoir converti les vignes à la biodynamie, introduit de la vie animale et maîtrisé l'enherbement. Il dispose de nombreuses parcelles où revivent des cépages anciens, ce qui lui permet d'élargir sa gamme avec de nouvelles cuvées. Il pratique une courageuse politique de vieillissement en bouteille pour mettre en marché des vins arrivés à maturité.

- Clos Venturi, corse 2021 | Sec | 2022>28 | NC — 88
- Clos Venturi, corse 2021 | Sec | 2022>27 | NC — 87
- Chiesa Nera, vin de france 2016 | Sec | 2022>30 | 75 € — 95
- Chiesa Nera, vin de france 2019 | Sec | 2022>30 | NC — 93

Domaine Zuria

★★★☆☆

Christian Zuria, agrumiculteur, est passé des clémentines au vin de Bonifacio. Avec la plantation de l'incroyable parcelle de Spinella, sur un grand terroir passionnant, la famille Zuria possède un vignoble d'élite (3,5 hectares). Les premiers vins issus des parcelles Stintinu (calcaire et granite en bandes complémentaires) et Musella montrent la force du terroir. Les blancs rivalisent avec ceux de Terra de Sognu.

- Initiale, ile de beauté 2021 | Sec | 2025>32 | 33 € — 92
- Stintinu, ile de beauté 2021 | Sec | 2024>32 | 50 € — 90

Jeanne, Guillaume et Gilles Seroin, Domaine Sant Armettu

La vie des domaines familiaux est faite de choix difficiles et de sujets essentiels pour atteindre le succès. À Sant Armettu, dans le sud-ouest de la Corse, ceux qui concernent la transmission des savoir-faire sont au cœur du travail des Seroin. Vigneron grandiose, habité par l'esprit de son père Paul, Gilles sait tout des terroirs des vallées de Baracci et de Tizzano où le domaine produit ses grands vins d'émotion. Il partage désormais cette expérience avec ses deux enfants, Jeanne et Guillaume, parfaitement formés et prêts à reprendre avec fougue et passion ce beau patrimoine de vignes, de cépages endémiques et d'idées. *Louis-Victor Charvet*

Les paysages du Jura sont mal connus.
Ses domaines, leurs vignobles de coteaux, leurs caves de belles pierres, leurs vins originaux, restent encore trop secrets. Bref, une mine d'or inexplorée pour l'amateur curieux et le chineur passionné.

Jura

Il suffit de se rendre dans n'importe quel bistrot branché de Paris, Londres ou New York pour tomber nez à nez avec un verre de vin du Jura. Depuis quelques années, le vignoble-comète illumine de ses prodiges inattendus de nombreuses cartes des vins et affole le marché des enchères. C'est nouveau et c'est mérité. Tant de bonnes choses vont encore se passer

LA RÉGION EST À LA FOIS UNE ÉCOLE ET UN TERRAIN DE JEU, ON Y APPREND BEAUCOUP, ON S'AMUSE (PRESQUE) TOUT LE TEMPS

PAR **GILLES DURAND-DAGUIN**

L'AVENIR LEUR APPARTIENT

COMME LEURS CAMARADES DE SAVOIE, et d'ailleurs, les Jurassiens ont souffert en 2021. Toutes les calamités les ont frappés. Après un débourrement précoce, le gel est arrivé en avril. Puis la pluie, et même la grêle, avec une forte pression de mildiou. Au final, le rendement a chuté de 70 %. C'est la plus petite récolte depuis 1991, 34 000 hectolitres seulement. Ce vignoble n'est déjà pas bien grand. Le voilà amputé des deux tiers de sa production au moment où sa notoriété explose. Ce succès est dû à de multiples raisons : beaucoup de consommateurs ont été rendus curieux par les prix dissuasifs de la Côte-d'Or voisine ; le Jura, très vert, abrite de nombreux jeunes viticulteurs en bio, biodynamie et nature ; la région cultive sa singularité avec les vins oxydatifs et des cépages autochtones comme le savagnin, le poulsard ou le trousseau. Bref, ça buzze dans les bars et restos branchés de Paris, Londres, New York, San Francisco et ailleurs. Et la région, très authentique, n'était pas forcément préparée. Souvent vendus au niveau local ou aux amateurs pointus, ses vins sont désormais convoités par de nombreux importateurs, distributeurs, restaurateurs qui ont flairé le filon à marges. Il faut voir, au salon de producteurs bio Le Nez dans le Vert, la queue qui se forme avant l'ouverture de gens souhaitant repartir avec quelques bouteilles de chez Labet ou Nicolas Jacob. Les risques d'une déstabilisation de ce micro-marché sont réels. Comme ceux d'assister à des phénomènes de starification quasi instantanée de vignerons qui n'ont pas encore prouvé grand-chose, voire dont les vins ne sont pas toujours très nets. Espérons que le millésime 2022, beaucoup plus généreux (96 000 hectolitres), permette de synchroniser l'offre et la demande. Le Jura a de belles perspectives devant lui. Reste à transformer l'essai, de façon à ce que des producteurs plus classiques trouvent aussi leur place.

LE DOMAINE À SUIVRE

Cellier Saint Benoit, la juste maturité

En 2018, vous auriez demandé à Benjamin Benoit où il se voyait en 2023, il n'aurait pas pu imaginer tout ce qui lui est arrivé. Avec son physique à être "casté" dans le prochain Superman, ce pas-encore-trentenaire a connu une maturité express, un peu comme ces raisins qui peuvent parfois mûrir en trois jours plus vite qu'en trente. Il se savait destiné au vin, mais pensait sans doute prendre son temps. La vie a accéléré ce temps. À peine revenu au domaine en 2018, elle lui a pris son père, Denis, décédé en février 2019, le jour de la Saint-Valentin. Il avait cinquante-trois ans. L'épreuve aurait pu écraser Benoit. Elle l'a galvanisé. Il faut dire qu'il avait été bien préparé. Un BTS viti-oeno à Beaune lui avait enfin permis de trouver le goût des études et quelques copains, comme Guillaume Overnoy ou Charles Lachaux, chez qui il va faire un stage en 2004. Amusant de voir comment, presque dix ans après, on retrouve quelques principes similaires chez l'un et l'autre : le goût de la vigne, avec des pratiques de taille identiques et l'absence de rognage. Benjamin a décidé de tout faire bien, d'y aller à fond, inaugurant même une nouvelle cuverie pour le millésime 2023. Il peut évidemment s'appuyer sur un très beau capital de vignes à Pupillin, patiemment assemblé par les trois générations précédentes, avec de beaux terroirs singuliers sur les lieux-dits Côte de Feule, Le Grapiot ou Courbes Raies. Benjamin travaille ses "climats" à la bourguignonne, en les vinifiant individuellement. Et il adapte ses pratiques en fonction des besoins de chaque vin. Pas de vendange entière pour le ploussard, mais que de la vendange entière pour le trousseau et le pinot noir, et des contenants plus ou moins grands, plus ou moins vieux pour les élevages. Un travail minutieux qui finit par payer, 2022 lui ayant fourni des rendements généreux qui compensent le famélique 2021. Le Benjamin de 2023 semble avoir les choses bien en main. Il vaut mieux, car la vie lui aussi repris son grand-père Gilbert cette année. Ce dernier ne passera plus dans son dos pour rogner les vignes que Benjamin laissait vivre leur vie. Désormais, un peu comme dans les westerns, Benjamin est *the last man standing* (le dernier homme debout). Son destin lui appartient.

TROIS DOMAINES QUI MONTENT

Domaine Labet

On n'est même pas sûr qu'il faille encore présenter la fratrie Labet, composée d'une sœur et de deux frères. C'est d'abord Julien qui a donné l'impulsion, à la fin des années 1990, en revenant de Bourgogne. Romain et Charline lui ont emboîté le pas. À eux trois, ils ont mené haut les quatorze hectares du domaine avec des cuvées singulières et très identitaires. Ils vont au bout de leurs idées avec des élevages parfois assez longs. Il leur faut maintenant gérer ce succès. Le marché s'est emparé de leurs vins, mettant à mal leur modestie naturelle et la volonté de rester accessible. Là comme ailleurs, il leur faudra trouver la bonne solution.

Jérôme Arnoux

Il a longtemps travaillé pour Stéphane Tissot, tout comme sa mère, avant de diriger le château de Chavannes pendant quelques années. Depuis 2015, il signe ses cuvées d'un JA graphique depuis sa cave de la Reine Jeanne qui date de 1322. En plein Arbois, il y propose visites, hébergement, boutique. Il a aussi un négoce, Le Cellier des Tiercelines. Les vins sont de qualité, avec une belle gamme en blanc comme en rouge. Il les fait comme il les aime, c'est-à-dire pas trop acides, avec une jolie patine d'élevage. La certification bio est en cours.

Domaine Grand

Cela fait quelques siècles que les Grand sont enracinés à Passenans, entre Poligny et L'Étoile. Mais c'est en 2015 qu'Emmanuel Grand a "remixé" le domaine avec sa compagne Nathalie, elle-même fille de viticulteurs arboisiens. Les vingt-quatre hectares de vignes ont été réduits à dix pour *« moins courir, mieux vivre, passer en bio »*. La certification est arrivée en 2021. Les étiquettes, très graphiques, font leur effet. Une jolie gamme de blancs et une tradition du vin jaune soigneusement respectée qui donne des vins très fins. Les rouges surprendront, avec une grosse recherche de maturité qui leur donne un côté sudiste très atypique.

Jérôme Arnoux.

Benjamin Benoît.

Nathalie et Emmanuel Grand.

Charline Labet.

LA NURSERIE DES ÉTOILES

LE *NOUVEAU BETTANE+DESSEAUVE* A PASSÉ EN REVUE LES FORCES VIVES ET LES NOUVEAUX VIRTUOSES D'UN VIGNOBLE QUI NE CESSE DE BRILLER. AUTANT DE TALENTS, QUELLE CHANCE

SÉLECTION **GILLES DURAND-DAGUIN**

Château d'Arlay

★★★☆☆

Propriétaire du plus ancien château viticole de France, ancien couvent classé monument historique, Alain de Laguiche a œuvré depuis le millésime 2012 pour rafraîchir le style des vins et mettre en place l'agriculture bio sur les 22 hectares. Son fils aîné Pierre-Armand, qui a eu une première carrière, l'a rejoint en 2020 et a passé en alternance un BTS viticulture-œnologie à Montmorot. Il a appris avec le maître de chai Philippe Soulard et utilise des pratiques biodynamiques.

- Vin jaune, côtes du jura 2013 | Liquoreux | 2025>45 | 35 € — 95
- Chardonnay - En Treize Vent, côtes du jura 2019 | Sec | 2023>27 | NC — 92
- Naturé, côtes du jura 2020 | Sec | 2023>27 | 20 € — 90

Domaine Jérôme Arnoux

★☆☆☆☆

Il a longtemps été le bras droit de Stéphane Tissot, sans doute la meilleure école qui soit. Puis il a dirigé le Domaine de Chavannes, qu'il a passé en biodynamie. Il s'est installé à son compte en 2012 – avec un négoce qu'il avait monté avec Tissot – en association avec un investisseur. Désormais installé dans une belle bâtisse au centre d'Arbois, avec de magnifiques caves voutées du XIVe siècle, il exploite 21 hectares et sera certifié bio en 2023. Il a une gamme assez large. Il fait les vins comme ils les aime, c'est-à-dire pas trop acides. Si les élevages ne se sentent pas trop, il aime arrondir le touché de bouche de ses vins.

- Vin jaune, arbois 2015 | Sec | 2023>40 | 58 € — 91
- Authentique - savagnin, côtes du jura 2018 | Sec | 2023>30 | 19 € — 90
- Friandise, côtes du jura 2022 | Sec | 2023>28 | 19 € — 89

Benoît Badoz

★☆☆☆☆

Il incarne la dixième génération de Badoz à Poligny. Formé au lycée viticole de Beaune, il est revenu au domaine en 2003 et a inauguré la cuverie en 2004. Il a mis du temps à passer en bio, mais la certification a été obtenue en 2019. Le vignoble du domaine est situé sur les lieux-dits Roussots et Grands Roussots. La moitié du domaine est en savagnin, ce qui ne veut pas dire qu'il faut négliger les rouges. Il pousse un peu loin les élevages en fûts sur certaines cuvées.

- Les Roussots, côtes du jura 2022 | Sec | 2025>35 | 15.9 € — 92
- Dédicace à Pierre, côtes du jura 2020 | Sec | 2023>30 | 19.5 € | ☘ — 90
- Trousseau Marnes Rouges, côtes du jura 2022 | Sec | 2024>30 | 18.5 € — 90

Domaine Berthet-Bondet

★★☆☆☆

C'est Chantal et Jean qui ont fondé le domaine. Quinze hectares, dont 4,5 de château-chalon où ils sont installés sur un éperon rocheux qui domine l'appellation. Leur fille Hélène les a rejoints en 2013. Elle mène le domaine depuis 2018. Il a évidemment une tradition de vins jaunes, château-chalon oblige, sur la finesse. Mais Hélène développe la gamme de vins ouillés et s'intéresse à ses rouges autant qu'à ses blancs. Certifié bio depuis 2013.

- Tradition, côtes du jura 2018 | Sec | 2023>27 | 19.8 € — 89
- La Poirière, Poirière, côtes du jura 2020 | Sec | 2023>26 | 18.8 € — 88

Domaine Bruno Bienaimé

★☆☆☆☆ (N)

Il s'est installé en 2018 avec très peu de vignes. Il exploite désormais 3,6 hectares, mais les derniers millésimes l'ont fortement éprouvé. Il fait contre mauvaise fortune bon cœur. Champenois d'origine, mais pas du milieu vinicole, il s'est formé chez Vincent Laval, ainsi qu'en Toscane, à Gaillac et dans le Jura où il finit par s'installer. Le décès de son épouse chamboule sa vie, mais il persévère et lutte contre les éléments en 2020 et 2021. Il veut aller au bout de son idée du vin, quitte à froisser les instances qui le titillent sur la typicité. Et comme les éléments se sont acharnés sur ses vignes de chardonnay, il a aussi des envies de cépages plus résistants, comme l'assyrtiko. Ses vins ont à la fois de l'aromatique et de la tension. Il excelle évidemment en effervescent.

- Trousseau, côtes du jura 2022 | Sec | 2024>32 | NC — 92
- Pinot noir, côtes du jura 2022 | Sec | 2024>34 | NC — 93
- La Bulle d'Amélie , crémant du jura 2019 | Sec | 2023>32 | NC — 92

Domaine de la Borde

★★☆☆☆ ✚

Julien Mareschal fête ses vingt ans au domaine qu'il a créé en 2003. Fils d'agriculteur de la région de Dole, il s'est vite tourné vers le vin. Après l'obtention d'un DNO, il s'est installé à son compte sur son domaine qui s'est peu agrandi et fait sept hectares aujourd'hui. Formé au domaine de la Pinte, il s'est tourné vers le bio et la biodynamie, sans se faire certifier sur cette dernière. Il possède quelques belles parcelles sur les terroirs complexes de Pupillin, cherche peu les notes oxydatives et élève ses vins dans des grands contenants. Les vins sont fins et tout en tension.

- Chardonnay Côte de Caillot, arbois 2021 | Sec | 2023>30 | 34 € — 92
- Trousseau Sous la Roche, arbois 2020 | Sec | 2023>30 | 25 € — 92
- Plous'saperlipopette, arbois pupillin 2020 | Sec | 2023>28 | 43 € — 91

Domaine de la Cibellyne

★☆☆☆☆ N

Double-actif, Benoit Royer, ingénieur et œnologue, est également professeur au lycée viticole de Montmorot. En 2004, il s'est installé sur deux hectares avec la volonté de faire des vins les plus naturels possibles. Ses juments comtoises, Kigali au début, Avallon désormais, ne sont pas loin de lui voler la vedette. Il est en bio depuis le départ. Évidemment, il produit peu et on croise rarement ses vins qui séduisent par leur extrême vivacité. Adresse confidentielle et de qualité.

- Les Orchis, arbois 2020 | Sec | 2023>32 | 22 € — 92
- Sous le Chêne , arbois 2020 | Sec | 2023>34 | NC — 93

Domaine Courbet

★★☆☆☆

Bien formé, avec un diplôme national d'œnologue obtenu à Dijon, Damien Courbet est revenu au domaine familial en 2011 pour prendre soin de son joli patrimoine de vignes (neuf hectares, dont la moitié en appellation château-chalon). Son père Jean-Marie a dirigé la Société de Viticulture du Jura. Son grand-père Vichot-Girod a laissé quelques excellents souvenirs de dégustation à Michel Bettane. Le domaine est certifié bio depuis 2019 et a quelques pratiques biodynamiques. Le cœur de la gamme, c'est évidemment les blancs, notamment les savagnins, mais les rouges sont également de bon niveau. Domaine discret et encore accessible.

- Trousseau Violette, côtes du jura 2022 | Sec | 2023>33 | 25 € — 91
- L'Origine, côtes du jura 2021 | Sec | 2023>33 | 28 € — 91

Les Canons du Jean - Julien Crinquand

★☆☆☆☆ N

Encore un jeune récemment installé. Pourtant, au départ, le métier de son père, qui était apporteur à la fruitière vinicole d'Arbois, ne lui faisait pas envie. Après quelques années comme commercial, Julien Crinquand est revenu à la vigne. Formé à Montmorot, le lycée pépinière de talents de la région, puis avec Philippe Bornard et Fabrice Dodane, il exploite depuis 2016 cinq hectares de vignes à Les Arsures. Même s'il n'a commencé à embouteiller une partie de sa production que depuis 2019, rouges et blancs séduisent par leur finesse et leur précision. Reste à espérer que les aléas climatiques cessent d'amputer la production.

- Chardo, vin de france 2020 | Sec | 2023>32 | 28 € — 91
- Poulsard, côtes du jura 2022 | Sec | 2023>29 | 40 € — 90

Domaine Ganevat

★★★★☆ ✦

Jean-François Ganevat, surnommé Fanfan, est une figure pittoresque de la région. Avec les Labet il a mis le Revermont, le sud du Jura, sur la carte. Il s'est formé dix ans chez Jean-Marc Morey à Chassagne-Montrachet avant de revenir à Rotalier où sa famille est enracinée depuis huit générations. Il a converti le domaine au bio en 1998, à la biodynamie en 2006, puis monté un négoce en 2013 avec sa sœur Anne. Plus récemment, il a vendu le domaine à un Russe qui, à cause des sanctions de l'UE, a dû lui aussi revendre à un « gestionnaire d'affaires ». Ganevat et Benoit Pontenier, ancien régisseur d'une autre propriété de Pumpyanski, voulaient racheter. C'est chose faite, avec également le régisseur Jocelyn Broncard. Les vins du domaine (étiquetés Jean-François Ganevat) sont d'excellente qualité. Les cuvées de négoce (étiquetées Anne et Jean-François Ganevat) sont nombreuses, mais pas toujours aussi satisfaisantes, en particulier les inégales cuvées à étiquettes « rigolotes ».

Domaine Grand

★☆☆☆☆ Ⓝ

Emmanuel assure la continuité de ce domaine familial avec sa femme Nathalie, mais dans la rupture. Le domaine était grand, 24 hectares, mais ils voulaient travailler différemment. Ils n'en ont gardé que dix, pour faire ce qu'ils voulaient et passer en bio. Ils ont renouvelé les étiquettes, très graphiques et réussies, symbole de ce renouveau. Très belle gamme de vins blancs ouillés, ainsi que des traditions et des vins jaunes assez subtils. Les rouges sont dans un style très mûr, ce qui peut déconcerter.

- Chardonnay, côtes du jura 2021 | Sec | 2023>30 | 16 € — 90
- Tradition, côtes du jura 2016 | Sec | 2023>34 | 23 € — 91

Nicolas Jacob

★★☆☆☆ ➲

Une des nouvelles têtes du Revermont, zone dynamique du Jura. Nicolas s'est formé chez les Macle puis chez Ganevat de 2015 à 2018, après être sorti de la première promo du BTS viti-oeno en agriculture biologique de Montmorot. Il a commencé avec peu de vignes, 70 ares à L'Étoile. Il exploite désormais six hectares avec un parcellaire éclaté. Plus à l'aise avec le faire que le dire, il produit une jolie gamme de blancs, les trois quarts de sa production, et de rouges qui lui valent un succès express. Durement éprouvé par le gel en 2021, il a dû se replier sur du négoce avec pas mal de cuvées exotiques (gamay, gringet, riesling), forcément inégales. Il retrouvera sa vitesse de croisière avec les 2022.

- Le Clos, côtes du jura 2021 | Sec | 2023>30 | 45 € — 90
- Les Chazeaux, côtes du jura 2021 | Sec | 2023>31 | 40 € — 91
- Aux Perrières - savagnin, côtes du jura 2021 | Sec | 2023>33 | 62 € — 92

Domaine Labet

★★★★☆ ✦

La fratrie Labet (Julien, Romain, Charline) est en train de récolter le travail effectué depuis trente ans. C'est Julien qui a dégainé le premier, partant se former en Bourgogne, et revenant au pays avec de nombreuses idées révolutionnaires. Papa moyennement convaincu, Julien est parti les appliquer de son côté, avant que la jeune génération ne prenne le pouvoir et applique ses principes au 14 hectares du domaine : du bio, des interventions minimales, pas d'intrant, éventuellement un peu de SO2 avant la mise, point final. Et surtout une sorte de patte quasi-artistique avec des élevages aussi longs que nécessaires. L'archétype des vins d'auteur qui connaissent un succès mérité. Reste à réguler le marché, la simplicité des Labet ne se retrouvant pas toujours dans les prix pratiqués en bout de chaîne.

- En Chalasse, côtes du jura 2015 | Sec | 2023>35 | 25 € | ☘ — 94
- Chardonnay Les Champs Rouges, côtes du jura 2018 | Sec | 2023>33 | 106 € — 93
- Lias Nature, côtes du jura 2020 | Sec | 2023>38 | 39 € — 95

Domaine Frédéric Lornet

★★☆☆☆

Un domaine familial de Montigny-les-Arsures installé dans le Cellier de Gênes qui a appartenu à des moines cisterciens. Frédéric a démarré dans les années 1980 avec un beau capital de vignes qu'il a toujours planté ou replanté en sélections massales. Il mène aujourd'hui vingt hectares. Quinze en appellation arbois et cinq sur le côteau de Chamoz, à Salins-les-Bains, sur des sols calcaires. La large gamme, inégale, représente bien les vins du Jura. Ses savagnins naturés (ouillés) sont très bien sortis à l'aveugle.

- Naturé, Fertant, arbois 2020 | Sec | 2025>32 | 26 € — 91
- Vieilles vignes, crémant du jura | Non dosé | 2023>28 | NC — 89

Domaine Macle

★★★★☆ ✚

Sa réputation n'est plus à faire. Il cultive la discrétion, se payant même le luxe de ne pas avoir de site internet. Si son origine remonte à 1850, c'est Jean Macle qui a fait sa réputation à partir des années 60. Depuis 2003, son fils Laurent, avec sa femme Béatrice et sa sœur Christelle, poursuivent l'œuvre du père. Le domaine est réputé pour ses vins jaunes qui proviennent des pentes de marnes bleues de Château-Chalon. Mais il produit également des vins blancs élevés plus brièvement sous-voile (trois ans), ce qui leur donne une typicité sans trop les marquer aromatiquement. Le domaine est connu pour sa régularité.

Domaine des Miroirs

★★☆☆☆

L'archétype du domaine branché du Jura. Le japonais Kenjiro Kagami et son épouse Mayumi se sont installés à Grusse en 2011 après une dizaine d'années à travailler pour les autres. C'est l'incontournable Jean-François dit Fanfan Ganevat qui les aide à acquérir 3,2 hectares qu'ils complètent de quelques locations pour exploiter 4,2 hectares. Entre la précision japonaise qui en fait des « jardiniers » méticuleux et la volonté de s'inscrire dans une école proche de la nature et sans intrant, le domaine a fini par acquérir un statut culte. Les bouteilles sont difficiles à trouver, si ce n'est à des tarifs spéculatifs particulièrement dissuasifs.

Domaine de Montbourgeau

★★☆☆☆ ➲

Fondé en 1920 par Victor Gros, le domaine était incarné depuis 1986 par Nicole Deriaux. Ce sont désormais ses fils, César et Baptiste, qui pilotent le domaine. Onze hectares de vignes à L'Étoile, quasiment que des blancs, et une fraction de rouges. Si le domaine n'a pas de certification environnementale, il bénéficie de dix hectares de prés et de vingt hectares de bois. César a introduit des moutons sur l'exploitation et semble sensible à ces questions. Il a déjà infléchi le style de certaines cuvées en travaillant sur les lies et la réduction. Une nouvelle cuverie est aussi sortie de terre. Elle devrait permettre au domaine de continuer à progresser significativement. Les étiquettes, emblématiques, restent marquées de leur étoile rouge gravée des initiales VG.

- Savagnin, Les Budes, l'Étoile 2021 | Sec | 2023>33 | 35 € — 92
- Cuvée Spéciale, l'Étoile 2018 | Sec | 2025>40 | 27 € — 92
- Poulsard, côtes du jura 2022 | Sec | 2023>31 | 42 € — 91

Valentin Morel - Les Pieds sur Terre

★★☆☆☆ Ⓝ

Vigneron trentenaire et atypique, Valentin Morel a fait des études de droit et a commencé à travailler en préfecture. C'est la lecture d'Éloge du Carburateur et le départ à la retraite de son père, qui était associé dans le domaine Morel-Thibaut, qui l'ont décidé à reprendre 6,5 hectares de vignes à Poligny en 2014. Valentin est passé en bio et met un soin particulier à travailler ses vignes. Presque aussi speed que Stéphane Tissot, il a aussi besoin de nourrir sa tête, d'où l'écriture d'un livre « Un autre vin : comment penser la vigne face à la crise écologique ». Ses vins sont précis et déjà prisés.

Pierre Overnoy – Emmanuel Houillon

★★★☆☆ ✚

La légende du Jura. Pierre Overnoy a étudié à Beaune à la fin des années 1960. Il en est revenu dubitatif de ce qu'on lui avait appris : engrais, désherbage chimique, pesticide, soufre. Mais il lui faudra attendre la rencontre avec Jules Chauvet dans le Beaujolais pour réussir à vinifier sans soufre au milieu des années 1980. Sans enfant, il a transmis son domaine à Emmanuel Houillon, qui a commencé à travailler avec lui au début des années 1990, alors qu'il avait quatorze ans. La formule est restée la même : pas d'interventions inutiles, de chimie « réparatrice », et de la patience. Leurs vins, en particulier jaunes, sont devenus cultes et affolent le marché. On espère pouvoir goûter un plus large échantillon de la gamme l'année prochaine.

- Chardonnay, arbois pupillin 2017 | Sec | 2023>35 | 370 € — 92
- Savagnin, arbois pupillin 2020 | Sec | 2023>33 | NC — 91

Domaine Guillaume Overnoy

★☆☆☆☆ Ⓝ

Il porte un patronyme magique, mais ne souhaite pas être l'objet de toutes les attentions comme son grand-oncle. Fils de Jean-Louis, qui représente la branche de la famille installée dans le sud du Jura, il s'est bien formé à Beaune. Quand il est revenu au domaine, son père lui a laissé

Julien Labet

Qu'il semble loin le temps où Julien Labet se formait chez les Ramonet à Chassagne-Montrachet. Revenu dans les années 2000 sur ses terres du Sud-Revermont, il a repris le domaine familial avec son frère et sa sœur en 2012. Résolument bio, avec un joli capital de vignes en sélections massales, les Labet vinifient par terroir et ne s'interdisent rien. Ils voudraient sûrement que ça reste des vins de copain. Le monde sait déjà que ce sont de grands vins jurassiens. *Gilles Durand-Daguin*

faire ce qu'il voulait. Guillaume s'est lancé dans le bio, partisan d'une viticulture respectueuse de l'environnement. Pour s'adapter aux aléas climatiques, il s'est diversifié avec de la bière et des jus de fruits. Il essaie de pousser ses élevages pour apporter de la complexité à ses vins. D'un naturel discret, il ne souhaite que faire du bon vin. Une jeune valeur sûre, loin des projecteurs et des influenceurs.

- Pinot noir, côtes du jura 2021 | Sec | 2023>30 | 24 € 89
- Vigne Derrière , côtes du jura 2020 | Sec | 2023>32 | 26 € 91
- Savagnin ouillé, côtes du jura 2019 | Sec | 2023>33 | 32 € 92

Domaine du Pélican

★★☆☆☆ ✚

C'est Guillaume d'Angerville, du célèbre domaine de Volnay, et son régisseur, François Duvivier, qui ont constitué ce domaine à partir de 2012 en rachetant le domaine de Chavanes, puis 4,5 hectares à Puffeney et enfin cinq autres hectares à l'entrée d'Arbois. Ça fait quinze en tout, certifiés Demeter, avec près de la moitié en savagnin. Les vins sont classiques, purs, maîtrisés, assez traçants, sans note oxydative, même dans les vins ouillés. Ils ont aussi sorti un crémant ambitieux et original, le Brut S Zéro, un 100 % savagnin.

- Savagnin ouillé, arbois 2018 | Sec | 2023>31 | 35 € 92
- Grand Curoulet, arbois 2022 | Sec | 2025>35 | 52 € 93

Domaine Pignier

★★★☆☆ ✚

Vignerons à Montaigu, Jean-Étienne, Antoine et Marie-Florence Pignier constituent une fratrie qui possède quinze hectares de vigne situés dans deux vallées reculées : le val de Vallière et le val de Sorne. Le domaine a été certifié en biodynamie (Demeter) en 2003. La moitié du domaine est plantée en chardonnay. Ils signent des vins avec une précision d'orfèvre qui garantit la pureté et la netteté du fruit. Une adresse sûre.

Domaine de la Pinte

★★☆☆☆

Fondé en 1953 par Roger Martin, le domaine appartient toujours à la famille, qui est dans le BTP à Dijon. Pour diriger le domaine, elle peut compter sur François Duboz, récemment arrivé, et l'œnologue Emmanuelle Goydadin, en place depuis douze ans. Le domaine est en bio depuis 1999 et en biodynamie depuis 2009. Trente-trois hectares bien placés entre Arbois et Pupillin, avec presque la moitié des vignes plantées en savagnin et un tiers de rouges. Un style sur la finesse et l'élégance.

- La Capitaine, arbois 2020 | Sec | 2023>32 | 21 € 92
- Savagnin, arbois 2019 | Sec | 2023>32 | 22.5 € 91
- Poulsard Pinte Bien, arbois 2022 | Sec | 2023>33 | 19 € 90

Domaine Rijckaert - Jura

★★★☆☆

Au départ c'est Jean Rijckaert, un Belge, qui vient faire du vin en Bourgogne dans les années 90, et achète aussi quelques hectares dans le Jura. En 2013, il passe la main à Florent Rouve, forestier reconverti dans la vigne, qui possède désormais sept hectares dans la région. Il vinifie et élève ses vins « à la bourguignonne » et ne fait que des vins ouillés. Quasiment que des blancs, quasiment que du chardonnay, avec des élevages en fûts (mais pas neufs), poussés jusqu'à 24 mois pour la cuvée Grand Élevage. Le style est plutôt gras et large, avec des notes boisées.

- Chardonnay Les Sarres, côtes du jura 2021 | Sec | 2023>25 | 27 € 90
- Vigne des Voises, côtes du jura 2021 | Sec | 2023>28 | 24 € 90

Domaine Rolet Père et Fils

★☆☆☆☆

Un des rares grands domaines du Jura, puisque Rolet, installé comme Stéphane Tissot à Montigny-les-Arsures, exploite 66 hectares. Créé par Désiré Rolet en 1942, puis dirigé par ses quatre enfants pendant cinquante ans, la propriété met en avant une jeune équipe composée du régisseur Cédric Ducoté, de la maître de chai Chloé Weber et du chef de culture Louis Morel. Le domaine passe progressivement, et prudemment, au bio, avec déjà vingt hectares convertis et vingt-cinq autres sans désherbant. Les vins très classiques, inégaux avant le rachat, sont désormais plus fiables. Rolet monte tranquillement en puissance.

- Cœur de chardonnay, crémant du jura 2018 | Brut | 2023>28 | 20 € 89
- Savagnin, côtes du jura 2015 | Sec | 2023>33 | 11.8 € 88
- Trousseau, arbois 2019 | Sec | 2023>28 | 13 € 89

Cellier Saint-Benoît

★☆☆☆☆ N

Quatrième génération de ce domaine de Pupillin, avec six hectares bien placés sur certains des plus beaux terroirs du village. Bien formé en Bourgogne, Benjamin aurait sans doute aimé prendre le temps de travailler avec son père qui est décédé prématurément alors qu'il venait de revenir au domaine. Ça ne l'a pas coupé dans son élan. Il a une idée assez précise de ce qu'il veut faire. Une nouvelle cuverie est pleinement opérationnelle pour les vendanges 2023. Très méticuleux et respectueux de la vigne, Benjamin utilise des pratiques bio sans se faire certifier. Il fait des vinifications parcellaires, avec une belle gamme en blanc comme en rouge.

- Les Charots, arbois 2022 | Sec | 2024>32 | NC 91
- Le Grapiot , arbois 2022 | Sec | 2024>34 | NC 92
- Côte de Feule, arbois 2022 | Sec | 2024>32 | NC 92

Domaine de Savagny

★★☆☆☆

Ce domaine appartient au géant Grands Chais de France depuis 2002 dont l'entité jurassienne s'appelle La Maison du Vigneron. Le domaine possède 54 hectares de vignes. Emilie Noël en est l'œnologue depuis 2011. Elle a plusieurs fois décroché des prix d'excellence et des médailles d'or au Concours Général Agricole. Les vins jaunes sont classiques et fiables. Les chardonnays bénéficient d'élevages sous-bois de dix-huit mois.

- château-chalon 2016 | Sec | 2025>33 | 40 € 92
- Vin Jaune, côtes du jura 2016 | Sec | 2023>33 | 35 € 94

Domaine André et Mireille Tissot - Stéphane Tissot

★★★★☆ ✚

Une véritable locomotive pour la région. Installé à Montigny-les-Arsures, Stéphane Tissot est le grand représentant de l'appellation arbois. Il a repris le domaine familial avec sa femme Bénédicte en 1990 et s'est focalisé sur les terroirs. La certification bio est arrivée en 1999, la biodynamie en 2009. Avec près de cinquante hectares, le volubile et hyperactif Stéphane peut proposer une large gamme de vins du Jura, avec des vinifications par terroirs. Chacun y trouvera son compte, des effervescents aux vins jaunes, eux aussi vinifiés individuellement. Un domaine remarquable qui porte haut les couleurs du Jura partout dans le monde.

- Chardonnay Clos de La Tour de Curon, arbois 2021 | Sec | 2025>35 | 119 € 94
- Chardonnay Les Bruyères, arbois 2020 | Sec | 2023>33 | 39.9 € 92
- En Spois, arbois 2014 | Sec | 2023>43 | 68 € 93

Domaine de la Touraize

★☆☆☆☆ N

André-Jean Morin est la huitième génération de vignerons à Arbois. S'il a rejoint son père en 1983, ce n'est que depuis 2008 qu'il met en bouteilles sa propre production. Il a d'ailleurs réduit le domaine à cette occasion, pour ne garder que dix hectares et se faire construire une cuverie en 2014. Il travaille avec sa femme Héléana, et sans doute sa fille très prochainement. Le domaine est certifié Demeter depuis 2020 et travaille dans un esprit nature. Le domaine s'est équipé d'un couloir rafraichissant en 2022 qui devrait encore améliorer la précision des vins. Très belle gamme de blancs. Les rouges qu'on a goûtés étaient encore en élevage. On les reverra en bouteilles pour se prononcer.

- Les Moulins, arbois 2021 | Sec | 2023>28 | 25 € 90
- Chardonnay En Flandre, arbois 2020 | Sec | 2023>30 | 23 € 91

Stéphane Tissot

On l'appellerait volontiers « Monsieur 100 000 volts » si ce n'était pas déjà pris. Formé en Bourgogne, Stéphane est revenu en 1989 travailler avec ses parents dont il a laissé le nom sur les étiquettes du domaine. Il lui a fallu dix ans pour passer en bio puis en biodynamie afin d'aller plus loin dans l'expression de ses vins. Sur cinquante hectares, c'est un défi. Obsessionnel du terroir, il va jusqu'à vinifier des cuvées de vin jaune par parcelles. Meilleur ambassadeur du vignoble d'Arbois, il propage la parole jurassienne partout dans le monde. *Gilles Durand-Daguin*

Parcelles isolées, arbres majestueux, soleil rasant du couchant, dans l'immense Languedoc viticole, la beauté est partout, éphémère et majestueuse comme les flamants de Camargue.

Languedoc

Disons-le franchement, aucune autre région viticole française n'a connu pareils changements dans le temps du siècle dernier. Révolutions de la qualité, combats pour la reconnaissance, le Languedoc s'est mis en ordre de marche pour les batailles à venir. Deux mots d'ordre : détermination et solidarité

Le pic Saint-Loup, la zone la plus fraîche et arrosée du Languedoc.

LA GUEULE DU LOUP

AUX PIEDS DU PIC SAINT-LOUP, LES GRANDS VINS SONT NOMBREUX. L'APPELLATION CHASSE EN MEUTE POUR ATTEINDRE LE SOMMET

PAR ***ALAIN CHAMEYRAT***

ON APERÇOIT LE PIC SAINT-LOUP perché à 658 mètres depuis la promenade du Peyrou, point culminant du centre historique de Montpellier. Il se découpe devant les premiers contreforts des Cévennes. Près de 1 400 hectares et dix-sept communes, pour soixante-treize caves particulières et trois caves coopératives, composent l'aire de production de ce terroir. Promu vin délimité de qualité supérieure (VDQS) en 1955, ce vignoble est devenu une dénomination à part au sein des coteaux du Languedoc en 1985. On parlait alors de coteaux-du-languedoc Pic Saint-Loup. Une appellation à part entière, pic-saint-loup, a été obtenue en 2017 pour les rouges et les rosés. Les blancs attendront. La syrah rentre au minimum à 50 % dans les assemblages de ces rouges avec le grenache noir et le mourvèdre. On peut les compléter avec des cépages dits accessoires comme le carignan noir, le cinsault noir, la counoise noire ou le morrastel noir. Le cahier des charges fixe une durée minimum d'élevage de neuf mois, souvent largement dépassée.

UN CÉPAGE, UN TERROIR

Si les arômes poivrés et épicés de la syrah signent l'arôme des vins, c'est le terroir qui leur donne leur singularité. Le pic Saint-Loup est un contrefort avancé des Cévennes avec des précipitations annuelles de l'ordre de mille millimètres d'eau. C'est largement plus que la moyenne nationale (700 millimètres) et c'est ce qui en fait le terroir le plus arrosé du Languedoc. Ces précipitations d'automne, d'hiver et de printemps permettent aux vignes de bien résister aux fortes chaleurs et aux sécheresses estivales languedociennes. Au-delà de la seule pluviométrie, les amplitudes thermiques sont ici importantes. Fortement contrastées entre le jour et la nuit en période de véraison, elles favorisent une maturation optimale des raisins. Grâce à son relief, le terroir est préservé des forts coups de vent. Les souffles réguliers et modérés du mistral et de la tramontane protègent le vignoble des avancées du « vent marin » humide en ventilant les baies d'un air frais et sec. Marqué par les pointes calcaires du pic Saint Loup et du massif de l'Hortus, ce territoire est le résultat d'un plissement de roche vers le nord à l'ère secondaire. En haut des côtes se trouvent des éboulis calcaires issus de la fragmentation par le gel datant des périodes glaciaires du Quaternaire. En bas, affleurant à la surface, se trouvent les sols marno-calcaires jouxtés par endroits de sols composés d'alluvions déposées par la Méditerranée voilà 90 mil-

lions d'années. En plaine, les sols constitués de glacis d'éboulis particulièrement profonds et poreux ont une excellente capacité de drainage de l'eau tout au long du cycle de la vigne. Exception à cette règle générale, le village de Lauret dont les sols marno-calcaires sont situés sur les hauteurs de la commune. La mini plaine de la Gravette de Corconne se singularise par un étalement de glacis-éboulis de couleur gris clair qui donnent une minéralité très identifiable aux vins qui en sont issus. On les reconnaît entre cent en dégustation à l'aveugle. Ce terroir spécifique méritera un jour une appellation à lui seul quand l'époque sera venue de compléter par des climats spécifiques la délimitation en cours des AOC du Languedoc, comme la Bourgogne l'a fait il y a bien longtemps.

LES MEILLEURS

La fraîcheur des vins du Pic leur permet de se distinguer parmi tous les rouges languedociens. Les rouges se reconnaissent surtout par leur fraîcheur menthée, unique dans la région, mais aussi par leurs notes délicatement florales, poivrées et fruitées. Le prix du foncier, qui atteint voire dépasse 60 000 euros par hectare, limite le fourmillement de jeunes talents comme en AOC terrasses-du-larzac, bien que cette dernière voit également le prix des terres augmenter ces dernières années. Ici, le chef de file est incontestablement Christophe Peyrus. Il signe les vins du domaine Clos Marie, qui peuvent atteindre des sommets de délicatesse. On retiendra aussi les excellents domaines de Mortiès, de l'Hortus, Bergerie du Capucin, Ermitage du Pic Saint-Loup, La Chouette du Chai, Les Grandes Costes, Mas Bruguière, Mirabel, Château Lancyre, Château de Lascaux. Et chez les négociants haute couture, mention particulière à Calmel & Joseph et Hecht & Bannier.

Au pied de l'Hortus et du pic Saint-Loup.

LES ROUGES

Bergerie du Capucin, Dame Jeanne 2020
La note cassis domine, comme souvent dans cette cuvée. La bouche est fraîche, délicate.
88/100 - 2023>27 - 18 euros

Bergerie du Capucin, Larmanela 2019
En prise avec le boisé qui doit se fondre, la matière est délicate, finement lardée comme s'y prêtent volontiers les 99 % de syrah de cette cuvée.
90/100 - 2024>30 - 29 euros

Mas Bruguière, L'Arbouse 2021
Avec de la fraîcheur et une acidité un peu soutenue dans le millésime, c'est un bon représentant du Pic. Bouche fruitée complétée d'épices.
89/100 - 2023>28 - 20 euros

Calmel & Joseph, Les Cuvées Rares - Le Pic 2021
Frais et élégant, c'est une interprétation réussie de son appellation comme le sont tous les membres des Cuvées Rares produites par le domaine.
92/100 - 2023>30 - 20 euros

Le Chemin des Rêves, Gueule de Loup 2021
Bien constitué, avec le charme frais et fruité des bons pic-saint-loup.
88/100 - 2023>28 - Prix NC

Domaine La Chouette du Chai, Rien ne m'effraie 2020
Bouche complète, notes épicées, finale fumée-lardée comme la syrah dominante dans la cuvée s'y prête bien, tannin velouté.
92/100 - 2023>30 - 16 euros

Clos Marie, L'Olivette 2021
Une bouche très fraîche avec une sensation tactile de premier plan, des tannins d'une finesse presque touchée par la grâce. Un vin en dentelles. Grande réussite dans ce millésime qui n'était pas si simple.
95/100 - 2022>30 - 21,90 euros

Clos Marie, Simon 2019
Un vin très réussi avec une gracilité de tannins unique, d'une finesse époustouflante. Quelle délicatesse, avec une mâche sensuelle. Une grande idée du pic-saint-loup.
96/100 - 2022>30 - 32 euros

Château Fontanès, En Foule 2020
Les vignes à dominante de syrah sont complantées avec d'autre cépages tous vinifiés ensemble. La bouche est fraîche, bien dans l'esprit du pic. De jolis fruits noirs s'en dégagent et nous apprécions la qualité des tannins, fins et gourmands. Une belle cuvée.
91/100 - 2023>28 - 17,90 euros

Château Fontanès, Sereen 2019
Cette cuvée tire son nom de la petite serine, la souche originelle de la syrah selon les ampélographes, une variété sujette à la coulure qui avait presque été abandonnée. Elle donne un rouge rond, assagi, sans l'impétuosité de la syrah. Encore en prise avec le bois, il faudrait l'attendre un peu.
90/100 - 2025>30 - 38 euros

Domaine Les Grandes Costes, Les Grandes Costes 2019
Bouche originale avec une pointe d'orange sanguine. Le tannin est fin dans un ensemble qui joue la délicatesse.
91/100 - 2023>30 - 28 euros

Hecht & Bannier, pic-saint-loup 2021
Archétype du pic-saint-loup par sa fraîcheur menthée caractéristique et un grain de tannin très fin. Très réussi.
91/100 - 2023>28 - 15 euros

Hommes et Terres du Sud, La Cordée 2021
Elevage discret, bien réalisé pour un rouge élégant, subtil à la finale fruitée et fraîche.
89/100 - 2023>28 - Prix NC

Domaine de l'Hortus, Grande Cuvée 2020
Une matière élégante, plus légère que dans les millésimes antérieurs, mais tout en charmes, joli style.
92/100 - 2025>30 - 29 euros

Domaine de l'Hortus, Le Dit de l'Hortus 2020
Très forte proportion de syrah dans cette cuvée qui renoue avec la densité de la grande cuvée des millésimes antérieurs. Finale fleurie, épicée avec des tannins superlatifs.
93/100 - 2024>30 - 75 euros

Château Lancyre, Vieilles Vignes 2020
La cuvée vieilles vignes est élevée en cuve sans apport de bois. Elle se présente sérieuse, dense, tout en préservant sa remarquable qualité de fruits de millésime en millésime. Elle vieillit bien.
91/100 - 2023>31 - 16 euros

Château Lancyre, Madame 2018
La touche minérale calcaire est visible dès le nez, elle se poursuit en bouche. Les tannins sont très fins, portés par une pointe d'amertume saline et une touche d'iode qui pourra être clivante.
91/100 - 2024>30 - 29 euros

Château de Lascaux, Les Nobles Pierres 2019
C'est généreux tout en restant très frais, la finale est confondante de fruits rouges gourmands, de notes menthées.
91/100 - 2022>30 - Prix NC

Château de Lascaux, Carra 2021
Sur la composante calcaire des sols qui le portent avec un tannin onctueux, terrien dans ce millésime. Un rouge frais et une gourmandise façonnée par les terroirs du Pic.
91/100 - 2024>30 - 15 euros

Domaine Mirabel, Les Bancels 2021
Le jus impressionne par son intensité, la touche calcaire est visible et apporte une complexité particulière à cette cuvée qui distille un charme affirmé.
92/100 - 2022>28 - 17 euros

Domaine Mirabel, Le Chant du Sorbier 2021
Un côté aérien qui plaît dans cette cuvée sur éboulis calcaires de grande élégance, de charme. Un air de ne pas y toucher et l'esprit de la chose plutôt que la chose.
92/100 - 2023>28 - 18 euros

Domaine Mirabel, Les Éclats 2021
La cuvée la plus intense dans ce millésime avec des tannins très fins, une finale saline racée, légèrement iodée. Quelle longueur !
94/100 - 2022>30 - 21 euros

Mortiès, pic saint-loup 2021
Le nez n'était pas en place lors de notre dégustation, mais la bouche nous montrait des tannins très fins. Ce sera une belle bouteille.
91/100 - 2024>30 - 17,50 euros

Mortiès, Que Sera Sera 2021
Le tannin est particulièrement fin, un zeste d'élevage va s'intégrer pour nous montrer une cuvée de grand charme, d'une élégance de bouche rare.
94/100 - 2024>30 - 40 euros

Mas Peyrolle, Chant de l'Aire 2020
Syrah, mourvèdre et cinsault se conjuguent pour produire cette cuvée élégante aux tannins fins. Jolie finale d'assez bonne longueur qui finit fraîche. L'ensemble joue dans un registre délicat.
91/100 - 2023>28 - 18,50 euros

Mas Peyrolle, Sorelline 2020
Rouge aux tannins fins, aériens, plus calés sur la recherche d'élégance que de longueur absolue. Il sera facile à boire.
90/100 - 2023>28 - 19,50 euros

Domaine Sentier des étoiles, pic-saint-loup 2021
Un tannin souple dans un rouge fin, agréable à boire.
88/100 - 2023>27 - Prix NC

Domaine Uma, Hommage 2021
Assez puissant tout en étant frais, intensément fruité.
89/100 - 2023>27 - 26,50 euros

Les Vignerons de la Gravette, L'Intégrale 2021
Typique de son terroir, la Gravette de Corconne, dont il tire son style tout en élégance, en sensation aérienne.
92/100 - 2023>29 - Prix NC

Les Vignerons de la Gravette, Gravettissime 2021
Bien typé de la Gravette, il s'exprime avec charme sur son grand fruité expressif.
90/100 - 2023>28 - Prix NC

LES ROSÉS

Bergerie du Capucin, Dame Jeanne 2022
Rosé frais et friand, avec un bon volume de bouche et une touche fraîche, menthée en finale.
89/100 - 2023>23 - 12,50 euros

Château Lancyre, D'ici on voit la mer 2022
C'est un rosé de saveurs, profond et intense vise la table. Il reste très frais en fin de bouche.
90/100 - 2023>25 - 12 euros

Château de Lascaux, Carra 2022
Rosé friand, porté par une pointe acide fine. Il finit sur les fruits rouges, les agrumes.
88/100 - 2023>23 - 12 euros

Domaine Mirabel, Les Éboulis 2022
Rosé délicieux, aérien, d'une fraîcheur confondante comme dans la plupart des millésimes récents du domaine.
93/100 - 2023>25 - 10 euros

CHANCES EN STOCK

ON AURA DU MAL À TROUVER AILLEURS DANS LE MONDE AUTANT DE BONS RAPPORTS QUALITÉ-PRIX. L'AMATEUR A DE LA VEINE, NOTRE EXPERT LES LUI SERT

PAR ***ALAIN CHAMEYRAT***

LES ROUGES

Abbaye Sylva Plana, La Closeraie 2021, faugères
Étonnant, velouté, avec du style, il finit épicé.
91/100 - 2023>28 - 13 euros

Domaine de l'Accent, Petit Accent 2021, IGP pays-d'hérault Mont Baudile
Du cinsault, du grenache noir et de la syrah pour une cuvée élégante, sans aspérités de tannins, avec une vraie longueur. La finale est toute en délicatesse.
90/100 - 2023>28 - 12 euros

Domaine d'Aigues Belles, Lombarde 2021, IGP pays-d'oc
L'attaque est encore sur le boisé fin de l'élevage mais il est déjà racé, très fin, facile à boire.
92/100 - 2024>30 - 13,90 euros

Anne de Joyeuse, La Butinière 2020, limoux
Ample, sanguin, c'est un limoux intensément fruité. Il a du fond.
90/100 - 2023>29 - 12,90 euros

Domaine de l'Aster, Trescol 2021, languedoc
Simple, bien fruité, un vin de copains autour de grillades de viande.
86/100 - 2023>27 - 8,40 euros

Clos Bagatelle, Donnadieu Sentiers de Bagatelle 2021, saint-chinian
La dominante de syrah lui donne son côté fumé, sapide, épicé et réglissé. C'est comme d'habitude un très bon rapport qualité prix, à boire dès maintenant sur sa gourmandise.
90/100 - 2022>27 - 11 euros

Domaine Bertrand-Bergé, Origines 2021, fitou
Épicé, un rien rocailleux, très expressif en goût pour des grillades savoureuses.
88/100 - 2022>27 - 9,80 euros

Domaine Bertrand-Bergé, Ancestrale 2020, fitou
Les qualités habituelles de la cuvée sont bien présentes. Après un élevage qui a besoin de se fondre, on trouvera une palette large de saveurs, des fruits noirs aux épices délicates. Ce sera un modèle pour l'appellation.
92/100 - 2023>28 - 15 euros

Borie La Vitarèle, Terres Blanches 2021, saint-chinian
La sensation calcaire est perceptible dans un rouge minéral, profond, réglissé avec une jolie fin de bouche aux tannins lissés, gourmands, délicats.
91/100 - 2023>28 - 12,50 euros

Calmel & Joseph, Am Stram Gram, Chapi-Chapo 2021, IGP pays-d'oc
C'est facile à boire sans manquer de fond. Un vin à base de petit verdot et de malbec qui régalera votre bande de copains et copines.
89/100 - 2023>27 - 7 euros

Les Maîtres Vignerons de Cascastel, Col de Rochelongue 2020, cabardès
Cuvée produite à près de 100 000 bouteilles dans un style frais, aux accents menthés. La bouche reste souple avec le marqueur corbières un peu rocailleux mais parfaitement maîtrisé pour qu'il laisse la fraîcheur s'exprimer en premier plan.
88/100 - 2022>28 - 6,95 euros

Les Maîtres Vignerons de Cascastel, L'Accord Parfait 2021, fitou
Fitou puissant qui sait rester frais. Bouche épicée et marquée par la garrigue et par les épices dans un ensemble assez puissant.
88/100 - 2022>27 - 9,90 euros

Castelmaure, Les Hauts 2021, cabardès
Un vrai sens du vin dans ce rouge gracile à la bouche élégante, où le terroir s'exprime.
90/100 - 2023>28 - 4,40 euros

Le Chai d'Émilien, Espiègle 2020, languedoc
La fraîcheur du vin étonne, la finesse des tannins également. On se régale de cette entrée de gamme tarifée à un prix très raisonnable.
91/100 - 2023>28 - 9,80 euros

Mas des Chimères, Œillade 2022, IGP pays-d'hérault Coteaux-du-Salagou
Un vin de pur cinsault, ou plutôt d'œillade, un cépage qui lui est apparenté. Remarquable fraîcheur avec des tannins discrets et une belle poursuite de bouche.
91/100 - 2023>28 - 13,20 euros

Mas des Chimères, Nuit Grave 2021, terrasses-du-larzac
Une version plus construite que la cuvée Œillade par un encépagement fait de grenache, syrah et mourvèdre. La fraîcheur est confondante et la densité sans tannins accrocheurs est remarquable.
92/100 - 2024>30 - 14,80 euros

Clos Constantin, Les Polissons 2022, languedoc
Cette cuvée Polissons prend de l'ampleur en termes d'intensité tout en restant très gracile, aisément buvable. La bouche est svelte, longue, réjouissante.
91/100 - 2023>30 - 12 euros

Domaine de l'Églisette, Terre astrale 2019, terrasses-du-larzac
Sans aucun élevage sous bois, ce rouge a du fruit, un joli fond, il est aussi original dans ses arômes qu'il est frais.
91/100 - 2023>28 - 13,50 euros

Château de l'Engarran, La Lionne 2020, IGP pays-d'oc
Le cabernet franc et sa touche de poivron sont complétés ici par le grenache et la syrah. C'est un rouge digeste, facile à boire, tarifé à un prix très raisonnable.
89/100 - 2023>27 - 10 euros

Château de L'Engarran, Cuvée Sainte-Cécile 2020, languedoc
La note de garrigue domine cette cuvée et lui donne un grand charme. C'est un vin de copains qui ne se satisfont pas de rouges sans personnalité. Frais, il finit sur les épices douces et le sous-bois.
90/100 - 2023>28 - 10,50 euros

Château Estanilles, Vallongue 2021, faugères
Faugères bien construit, sérieux, qui a de la mâche, une bonne longueur. Bien que positionné comme un vin d'entrée de gamme, on pourra pourtant le garder un peu.
89/100 - 2024>30 - 12 euros

Château Faîteau, minervois 2020
Avec sa note fumée, lardée et terrienne, c'est un bon représentant du Minervois. Agréablement épicé, il finit suave, gourmand.
89/100 - 2023>28 - 11 euros

Domaine Girard, Pech Calvel - Pinot noir 2020, IGP pays-d'oc
Voici un remarquable pinot noir exposé au sud. De grande finesse, avec du style, son bouquet est ravissant.
90/100 - 2023>28 - 12 euros

Domaine Girard, pinot noir 2020, IGP pays-d'oc
Issu de parcelles situées en altitude et exposées au nord, un vin terrien, profond, de bonne longueur, délicatement floral. C'est un pinot de référence dans le secteur.
89/100 - 2023>28 - 11 euros

Mas Granier - Mas Montel, Les Grès 2020, languedoc
Une note vanillée le porte et complète une palette aromatique de fruits noirs bien mûrs, de tabac, de garrigue, de poivre gris, de réglisse. La sensation minérale en finale confirme l'origine de cette cuvée qui a pris pour nom le type de sols qui porte les vignes.
92/100 - 2023>30 - 13,50 euros

Mas Granier - Mas Montel, La Clémence 2020, languedoc
D'agréables notes de garrigue, de sauge portent ce rouge aux tannins fins dans un millésime complet, mûr mais sans excès. Un rouge de charme qui fait honneur à l'appellation régionale Languedoc.
90/100 - 2023>28 - 8 euros

Hecht & Bannier, Bio 2021, languedoc
C'est un vin simple, mais il a de la profondeur. épicé et intensément fruité, c'est un très bon rapport qualité-prix.
88/100 - 2023>26 - 7,90 euros

Hecht & Bannier, Nouvelle vague - Pinot noir 2022, vin de France
C'est un pinot noir fidèle à son cépage, il en a la note ludique, légère, gourmande pour un barbecue entre copains.
88/100 - 2023>25 - 9,90 euros

Vignobles Jeanjean, Devois des Agneaux d'Aumelas 2020, languedoc
Le vin a du fond, une grande énergie et un tannin bien construit. C'est un rouge de style puissant, complet pour une viande rouge en sauce ou au barbecue.
89/100 - 2024>30 - 8 euros

Jeff Carrel, Les Darons 2021, languedoc
Rouge frais, bien structuré sans qu'il ne perde en buvabilité. Sur les fruits rouges et noirs avec une finale légèrement ferme qui plaira à table.
88/100 - 2022>27 - 9 euros

Château Jouclary, Tradition 2021, cabardès
Cette entrée de gamme étonne par sa densité et par sa précision. Belle réussite, typique du cabardès.
89/100 - 2024>28 - 7,50 euros

Château La Bastide, Tradition 2019, cabardès
Avec un sens de l'équilibre, il est épicé, délicat avec du charme.
89/100 - 2023>28 - 10 euros

Domaine La Croix de Saint-Jean, Lo Mainatge 2021, minervois
Robe foncée dans le millésime, bouche épicée, gourmande, terrienne à la manière d'un bonne-mares en Bourgogne. Ce rouge sanguin appelle la côte de bœuf plutôt saignante ou mieux encore un magret rôti à la texture ferme et très goûteuse.
90/100 - 2023>30 - 12 euros

Domaine La Croix de Saint-Jean, La Croix du Père Michel 2021, minervois
Il aura besoin d'un léger carafage pour éliminer un peu de gaz dissous. Ensuite la matière se montrera savoureuse, très fruitée, gourmande.
89/100 - 2023>28 - 8 euros

Château La Dournie 2020, saint-chinian
Frais, plutôt facile à boire dans le millésime, la finale est tendre. Cette cuvée évolue vers le vin de soif et reste tarifée à un prix très raisonnable.
89/100 - 2022>27 - 10 euros

Domaine La Linquière, Le Chant des Cigales 2020, saint-chinian
Un style à part avec cet enrobé de bouche très velours, il est gourmand et original.
90/100 - 2023>28 - 10,90 euros

Clos La Rivière, saint-chinian 2020
La dominante est ici syrah quand elle est grenache sur la cuvée Les Schistes de Paul. Avec un supplément de profondeur lié au millésime 2020 pour cette cuvée et à un élevage en barrique dont n'a pas bénéficié l'autre rouge du domaine. Le rapport qualité-prix est exceptionnel.
92/100 - 2022>28 - 8 euros

Clos La Rivière, Les Schistes de Paul 2021, saint-chinian
La gourmandise habituelle de ces vieilles vignes de 55 ans est au rendez-vous en 2021. C'est l'un des meilleurs rapports qualité-prix de tout le Languedoc.
90/100 - 2022>27 - 7 euros

La Tête dans les Étoiles, Douceur céleste 2020, languedoc
Autour d'un joli fruité, c'est un charmeur équilibré, digeste et très prévenant avec votre portefeuille.
91/100 - 2023>28 - 7,50 euros

La Tête dans les Étoiles, Au-delà des rêves 2020, terrasses-du-larzac
40 % de syrah, autant de mourvèdre et le reste en grenache noir pendant 14 mois en barriques. C'est d'une très grande buvabilité avec un charme tactile incroyable, un ensemble savoureux.
93/100 - 2023>30 - 11,70 euros

Château de Lascaux, Garrigue 2021, languedoc
Un joli jus pour un vin de copains assez concentré, frais et gourmand. Une côte de bœuf lui ira comme un gant.
90/100 - 2023>26 - 11 euros

Château de Lastours, La Bergerie 2020, cabardès
2020 est un millésime complet de la-bergerie. On apprécie sa plénitude de bouche, une cuvée au rapport qualité-prix très bien placé.
90/100 - 2023>27 - 8,50 euros

Château de Lastours, Grande Réserve 2018, cabardès
Aucune âpreté visible, aucun tannin accrocheur, le style parfois rustique des corbières est invisible ici. Il laisse place à un vin aux tannins ronds, fins avec une bouche complexe, fraîche et raffinée. Belle réussite.
92/100 - 2022>30 - 15 euros

Domaine Le Nouveau Monde, Un Monde nouveau 2022, languedoc
Rouge facile à boire tout en ayant du fond, une bouche longue, gourmande, bien fruitée.
90/100 - 2023>30 - 13 euros

Domaine Les Païssels, Le Banel 2021, saint-chinian
On se régale comme d'habitude de cette cuvée d'un grand charme. La bouche est néanmoins profonde, pleine, très calée sur les fruits noirs et les épices.
90/100 - 2022>28 - 9 euros

Vignobles Lorgeril, Domaine de la Borie Blanche, Terroirs d'Altitude 2021, minervois-la-livinière
De grande fraîcheur avec une note fumée et lardée autour de tannins fins.
91/100 - 2023>28 - 12,80 euros

Vignobles Lorgeril, Haut des Bories - Grande cuvée 2021, minervois-la-livinière
Le type La Livinière est bien visible, on aime sa bouche fraîche et son énergie, sa profondeur de goût et la rondeur de son fruit.
90/100 - 2022>28 - 12,80 euros

Mas d'Albo, Perarol 2020, saint-chinian
Pour moitié à base de carignan, la syrah et le grenache noir en complément, c'est un rouge aux tannins très fins et de bonne fraîcheur.
90/100 - 2023>28 - 10 euros

Mas d'Albo, Augustin 2020, saint-chinian
Joli fonds, du style, élancé et riches en saveurs. Entrée de gamme remarquable pour son prix.
89/100 - 2023>28 - 8,50 euros

Château de la Négly, La Côte 2021, languedoc
Un joli jus, de la finesse, on aime la franchise et la justesse d'expression du goût de son terroir.
92/100 - 2023>28 - 12 euros

Domaine de Nizas, Le Clos 2020, languedoc
Remarquable languedoc avec des tannins fins et une profondeur de goût rare dans cette grande appellation régionale qui regroupe les entrées de gamme de bien des domaines.
90/100 - 2023>28 - 12 euros

Château de Nouvelles, Augusta 2020, fitou
Dans le style fitou avec des fruits noirs très mûrs et une pointe d'acidité fraîche en finale. Velouté, il fonctionnera avec des viandes puissantes.
90/100 - 2023>28 - 10,50 euros

Château de Nouvelles, Vieilles Vignes 2020, fitou
Fruité et épicé, des nuances d'aubépine, de menthe, bouche fondante, aromatique, pleine de charme, de fraîcheur, dotée d'un bon équilibre bien que puissante.
91/100 - 2023>30 - 14 euros

Château Ollieux-Romanis, Classique 2021, cabardès
Rouge profond, sapide, très réussi, sans aucun tannin accrocheur. Les carignans ont été vinifiés en macération carbonique pour extraire leur fruit. On se régale à un prix très raisonnable.
90/100 - 2022>27 - 12 euros

Château Pech-Redon, Les Cades 2022, languedoc
Cuvée d'une rare gourmandise à base d'une dominante de syrah qui libère de superbes arômes de poivre. Il est complété par du cinsault et de jeunes plantiers de mourvèdre. Généreux en volume et en arômes, la finale exprime la garrigue, le cèdre, les poivres gris, noirs et blancs. C'est le prototype du vin gourmand, facile d'accès bien qu'il soit très au-delà du standard de l'appellation régionale.
92/100 - 2023>32 - 12,50 euros

Domaine Roque-Sestière, Carte Blanche 2018, cabardès
Frais, typé corbières, avec du fond et de l'élégance.
89/100 - 2023>28 - 10,30 euros

Clos des Roques 2020, minervois-la-livinière
En élégance sans manquer de fond avec une très agréable expression du fruit.
91/100 - 2023>28 - 12,50 euros

Château Rouquette-sur-Mer, L'Esprit Terroir 2021, la-clape
2021 nous montre une pointe un peu plus végétale qu'à l'accoutumée mais en bouche la qualité du tannin charme, comme toujours.
90/100 - 2024>28 - 10,20 euros

Domaine Saint-Antonin, Cazalet 2021, faugères
Svelte, suave, ses tannins sont bien arrondis.
90/100 - 2023>28 - 12 euros

Château Saint-Martin de la Garrigue, Bronzinelle 2020, languedoc
La densité possible dans le millésime 2020 a un peu modifié le style de la cuvée. On la voit un peu plus ferme, elle demandera un peu de patience mais les senteurs de garrigue sont toujours très en avant et lui donnent son charme aromatique.
90/100 - 2024>30 - 12 euros

Château Saint-Martin de la Garrigue, "Les 37" 2021, languedoc
Entrée de gamme fraîche qui donne une idée du potentiel du domaine. La finale un peu serrée conviendra à un barbecue de viandes rouges grillées.
86/100 - 2023>28 - 8,80 euros

Domaine Sainte-Marie des Crozes, Les Mains sur les hanches 2021, cabardès
Il y a un sens gracile dans ce vin, un côté aérien, beaucoup de charme.
89/100 - 2023>28 - 12,50 euros

Domaine Sarrat d'en Sol, fitou 2020
Très équilibré, bien fruité, délicat, on reconnaîtra aisément le charme tactile spécifique à Fitou.
91/100 - 2023>28 - 13 euros

Domaine de Saumarez, Cuvée S' 2021, languedoc
Équilibré, complet, avec de jolies notes de fruits noirs mûrs, de poivre. C'est une version aboutie de l'appellation régionale.
89/100 - 2023>28 - 8,50 euros

Domaine de Saumarez, Trinitas 2020, languedoc Grés de Montpellier
Le sol d'origine jurassique apporte une fraîcheur particulière à ce rouge. Les essences de pin portent la palette aromatique de ce rouge complet et gourmand.
91/100 - 2023>28 - 12 euros

Domaine Sauta Roc, Codoliera 2020, languedoc
Rouge assez dense, complet, avec de la mâche et une finale fumée et épicée.
90/100 - 2024>30 - 13 euros

Caves du Sieur d'Arques, Pure Velvet 2021, IGP pays-d'oc
Cette cuvée est l'occasion pour les amateurs de déguster du marselan avec sa bouche fruitée et sa structure un peu ferme. Il fera un rouge agréable pour la table. L'étiquette en imitation velours ne manque pas d'allure.
88/100 - 2023>28 - 9,70 euros

Château de Vaugelas, "V" 2020, cabardès
Fumé, lardé, épicé, nous avons beaucoup apprécié sa sève, sa finale.
92/100 - 2023>30 - 9,95 euros

Les Vignes Oubliées, Autour du cinsault 2021, languedoc
On est au plus haut niveau de l'expression possible de ce cépage. Finale haute en saveurs, sur les fruits noirs et la réglisse, le tannin est très fin dans un ensemble puissant en goût, savoureux, addictif. Rapport qualité prix unique.
94/100 - 2023>32 - 14 euros

Domaine Vila Voltaire, Les Orchis du Mazet 2019, saint-chinian
Nez de cuir noble, d'épices douces, de caramel, bouche très suave aux tannins très ronds. La dominante grenache est complétée de carignan et d'une pointe de syrah. C'est très gourmand, pour un plaisir immédiat, en rupture de style avec les millésimes du passé de cette cuvée.
90/100 - 2023>28 - 12 euros

LES BLANCS

Antech, Réserve brut 2020, blanquette de Limoux
Bulle de grande finesse, nez élégant de poire Williams, de fleurs blanches, bouche à l'avenant avec une agréable vivacité. La finale est digeste.
90/100 - 2023>27 - 11,15 euros

Domaine de l'Aster, Prélude 2022, languedoc
Blanc gras et frais, bien équilibré, de belle facture à un prix très raisonnable.
89/100 - 2023>25 - 8,60 euros

Clos Bagatelle, saint-chinian 2022
Roussanne, grenache blanc et carignan blanc s'associent ici autour d'un sorbet de fruits jaunes et blancs. Finale fraîche et gourmande.
90/100 - 2023>25 - 11 euros

Le Chai d'Émilien, Eternam 2022, IGP pays-d'oc
Dynamique, séveux et très fruité, sa fraîcheurs donne l'impression de sucer un glaçon.
90/100 - 2023>25 - 8,90 euros

Mas de Daumas-Gassac, Combe calcaire 2021, IGP pays-d'hérault
Chardonnay, viognier et sauvignon sont les acteurs de cette pièce aromatique. Sa fraîcheur lui permettra de démarrer l'apéritif, son gras poursuivra la dégustation à table.
89/100 - 2023>26 - 12 euros

Château de L'Engarran, La Lionne 2022, IGP pays-d'oc
La Lionne à base de sauvignon blanc n'est pas marquée par les notes variétales du cépage. Elle montre un fruité gourmand, son onctuosité équilibre la fraîcheur permise par 2022. Belle réussite.
90/100 - 2023>27 - 10 euros

Château Estanilles, Vallongue 2021, faugères
On croque dans de la poire comice juteuse, il finit frais, délicieux.
90/100 - 2023>25 - 12 euros

Mas Fabregous, "Chapitre 7" 2022, languedoc
Blanc vif, frais, élancé et délicat pour un apéritif festif réussi.
89/100 - 2023>25 - 8,50 euros

Domaine Girard, chardonnay sur lies fines 2021, IGP pays-d'oc
Nous l'avons trouvé renversant, c'est un chardonnay tout simplement exceptionnel, une référence en Languedoc.
92/100 - 2023>30 - 10 euros

Mas Granier - Mas Montel, Bouquet de Blancs 2022, IGP pays-d'oc
2022 n'a pas joué ici le fruité croquant mais le volume de bouche. Bien frais, on le verra de l'apéritif à une entrée de poissons.
88/100 - 2023>25 - 8,50 euros

Mas Granier - Mas Montel, Les Marnes 2021, languedoc
Plus de dimension de bouche que dans la cuvée Bouquet de blancs, de bonne longueur et d'une intensité aromatique en prise avec les minéraux du sol. Une réussite.
90/100 - 2023>25 - 11,50 euros

Vignobles Jeanjean, L'Inédit du Mas Neuf 2022, IGP pays-d'oc
La base de muscat à petits grains est relayée par la fraîcheur du sauvignon pour un blanc moelleux tout en restant très frais. Ce sera délicieux avec une soupe de fruits frais.
90/100 - 2023>28 - 8,50 euros

Château Jouclary, grenache gris 2022, IGP pays-d'oc
Sur les fleurs blanches, les fruits du verger, la bergamote, la bouche nous montre une vivacité et une finesse agréables.
89/100 - 2023>25 - 9 euros

Château La Dournie, Wizz 2022, IGP pays-d'oc
Blanc frais, sur la pêche blanche. Pour un apéritif entre copains.
88/100 - 2023>25 - 10 euros

Clos La Rivière, Pierres Blanches 2022, languedoc
Porté par une pointe de gaz dissous qui contribue à sa fraîcheur, on le boira jeune sur son fruité croquant.
88/100 - 2023>25 - 7,50 euros

Château Lancyre, La Rouvière 2022, languedoc
Blanc friand, frais, fleuri, agréable avec ses notes de melon, de pamplemousse et de fruits blancs.
89/100 - 2023>26 - 10 euros

Château de Lascaux, Garrigue 2022, languedoc
Ce 2022 est croquant de fruit, dynamique et très frais. Il séduira.
90/100 - 2023>27 - 11 euros

Château de Lastours, La Bergerie 2022, cabardès
Vif, agréable, avec ce qu'il faut de gras pour participer à un apéritif festif.
88/100 - 2023>25 - 8,50 euros

Mas d'Albo, Louis 2022, languedoc
La roussanne représente 95 % de la cuvée avec un zeste de grenache blanc. Croquante de fruit, cette cuvée incarne un idéal du blanc languedocien avec la fraîcheur en prime. Rapport qualité-prix imbattable.
90/100 - 2023>25 - 8,50 euros

Domaine Mirabel, Loriot 2022, IGP pays-d'oc
Comme souvent il nous montre ce côté poire comice très présent dans ce superbe blanc aérien, délicat, très frais.
94/100 - 2023>27 - 14 euros

Domaine Ollier-Taillefer, Allegro 2022, faugères
Dans le style du 2021 dégusté récemment avec un supplément de croquant de fruit et une touche de finale sur la poire comice magnifique. Très frais.
92/100 - 2023>27 - 14 euros

Cave de Pomerols, Chevalier HB 2022, picpoul de Pinet
Avec une sensation de surmaturité, c'est un picpoul hors du commun qui aura l'usage d'un demi-sec, il régalera à table.
91/100 - 2023>28 - 16,50 euros

Château Rouquette-sur-Mer, Cuvée Arpège 2022, la-clape
Frais comme un glaçon, intensément aromatique, c'est un blanc de soif délicieux, avec une réelle complexité pour son prix.
90/100 - 2023>25 - 10,60 euros

Château Saint-Martin de la Garrigue, Bronzinelle 2022, languedoc
Le fruit est croquant, la bouche est très gourmande, on se régale de ce millésime.
90/100 - 2023>25 - 11 euros

Château de Vaugelas, Les Falaises 2022, languedoc
Blanc de gastronomie, épicé, poivré, assez rond en bouche.
88/100 - 2023>25 - 10 euros

LE GRAND SUD FRAPPE À LA PORTE

COMBIEN SONT-ILS À FAIRE RAYONNER EN FRANCE
ET DANS LE MONDE CE LANGUEDOC AUX MILLE VISAGES ?
VOICI CEUX QUI SE SURPASSENT ET CEUX QUI ÉBLOUISSENT

SÉLECTION ***ALAIN CHAMEYRAT***
AVEC ***THIERRY DESSEAUVE***

Abbotts et Delaunay

★★☆☆☆ ⊕

Laurent Delaunay a installé ses chais de vinification à Marseillette, petit village viticole non loin de Carcassonne, et l'œnologue Vincent Charleux en a la charge. Ces deux passionnés des terroirs du Languedoc mettent en commun leurs talents afin de sélectionner au mieux le parcellaire, les vinifications, les assemblages et l'élevage. Laurent Delaunay, avec son épouse Catherine, œnologue comme lui, avaient déjà créé en 1991 Les Jamelles, une gamme de vins de cépages remarquables.

- **A tire d'Aile, corbières 2021** | Sec | 2023>30 | 14 € — 90
- **A Tire d'Aile, minervois 2021** | Sec | 2023>30 | 11.9 € — 88

Domaine de l'Accent

★★☆☆☆ N

Konrad Pixner est un jeune Suisse-Allemand venu s'implanter en Languedoc après plusieurs expériences dans le monde. Il a créé son domaine en 2019 à Arboras et frappe fort dès ses premiers essais. Una Notte et Petit Accent sont deux IGP très gourmands. Son talent s'exprime sur ses cuvées en terrasses-du-Larzac. C'est un nouvel entrant dans le guide qui est prometteur. Il faudra donc le suivre de près.

- **Elliot, terrasses du larzac 2020** | Sec | 2023>28 | 16 € | ☘ — 92
- **La Rocheuse, terrasses du larzac 2021** | Sec | 2023>30 | 19 € | ☘ — 92
- **Accenteur, mont baudile 2022** | Sec | 2023>28 | 15 € | ☘ — 90

Clos Aguilem

★☆☆☆☆ ⊕

Créé en 2015 par une vingtaine d'amis autour de 7 hectares, le clos Aguilem s'est agrandi à 13 hectares aujourd'hui. Le vigneron de la bande est Jean-Charles Aufret qui ne manque pas de talent, il prend pour l'instant la mesure de ses terroirs. Nos dégustations nous incitent à suivre ce domaine de près, si tout n'est pas encore abouti, il est fort possible que ce domaine devienne une référence dans quelques années au vu de ce que nous avons entraperçu.

- **1959, saint-guilhem le désert 2020** | Sec | 2023>28 | 19 € | ☘ — 90
- **Kiara, terrasses du larzac 2020** | Sec | 2023>30 | 20 € | ☘ — 91

Domaine d'Aigues Belles

★★★☆☆ ✚

Gilles Palatan dirige ce domaine d'une vingtaine d'hectares, installé dans le Gard. La réussite en igp d'oc est exceptionnelle, elle surpasse comme chaque année tout ce que nous avons goûté sous cette dénomination. Le Blanc est un pur chardonnay quand l'Autre Blanc est emporté par la roussanne, le sauvignon et une pointe de chardonnay. Un nouveau-venu est dédié au rolle depuis quelques millésimes. En rouge, le Grand Classique est un assemblage de cépages languedociens à base de mourvèdre quand l'Insolent ne connaît que ce cépage. Ne pas oublier le rosé, lui aussi l'un des meilleurs du Languedoc. Une cuvée de Pic saint-loup, l'Epique, donne le la pour l'appellation. Une autre cuvée, MAJ, voit le jour en 2021, dédiée au cinsault avec un complément de mourvèdre. Ne manquez pas une visite au domaine, la convivialité des vins est à l'image de celle de l'homme qui les fait.

- **Le Blanc, oc 2021** | Sec | 2024>30 | 18 € — 94
- **L'Autre Blanc, oc 2020** | Sec | 2023>30 | 17 € — 96
- **L'Autre Blanc, oc 2021** | Sec | 2023>30 | 17.5 € — 96
- **MAJ, oc 2021** | Sec | 2023>30 | NC — 92

Mas d'Albo

★★☆☆☆

Fabien Azéma a repris le domaine familial que son père avait commencé à cultiver comme un jardin. Il fait de superbes cuvées de

✦ Star ✚ Valeur sûre ⊕ À suivre de près N Nouvelle entrée

soif, légères et représentatives de saint-chinian. La gamme monte en puissance avec Perarol, Orbrun puis Mythique. Chaque cuvée gagne en intensité, orientée vers la volupté, aucun vin n'est fatigant. Le millésime 2020 a renforcé la sensation vanillée des cuvées élevées sous bois et, à côté, les deux entrées de gamme ne dépareillent pas et pourront même être préférées cette année. Superbe blanc, Louis 2022, croquant de fruit.

- Or brun, saint-chinian 2020 | Sec | 2024>28 | 15 € — 90
- Mythique, saint-chinian 2020 | Sec | 2024>30 | 24 € — 91

Domaine Allegria

★☆☆☆☆ ⊕

Nouvelle entrée dans le guide de ce domaine de Caux près de Pézenas. Ghislain et Delphine d'Aboville exploitent leurs 12 hectares en bio depuis 2011. Nous avons été séduits par une série de rouges remarquables, sans défaut bien que sans sulfite. Les hauts de gamme sont de grande ambition. 2020 voit la plantation d'une parcelle de cinsault en spirale. A suivre de près.

- Tribu du volcan, languedoc-pézenas 2021 | Sec | 2023>28 | 15 € | ☘ — 90
- La belle histoire, languedoc-pézenas 2021 | Sec | 2023>30 | 30 € | ☘ — 93
- L'aventure c'est l'aventure, hérault 2021 | Sec | 2023>28 | 20 € | ☘ — 91

Antech

★★☆☆☆ +

Françoise Antech-Gazeau dirige de main de maître cette performante maison de négoce qui a fait des vins effervescents sa spécialité depuis six générations. Près d'un million de bouteilles sortent chaque année des caves. Une large gamme de vins très cohérente, d'un bon niveau qualitatif, avec une recherche évidente de pureté, de minéralité et d'équilibre sur la fraîcheur. La cuvée M30 à base de mauzac nous a épaté par sa formidable capacité apéritive et la blanquette Réserve 2020 en entrée de gamme est tout aussi apéritive.

- Réserve, blanquette de limoux 2020 | Brut | 2023>27 | 11.15 € — 90
- M le Mauzac, blanquette de limoux 2019 | Sec | 2023>28 | 21.4 € — 91

Aubert & Mathieu

★★☆☆☆ ⊕

Aubert et Mathieu ont décidé après d'autres aventures professionnelles de revenir en Languedoc pour créer une gamme de vins dont le point commun est le respect des valeurs écologiques. Trois rouges bien réalisés partagent la même finesse de tanins et une expression intense des saveurs méditerranéennes avec la fraîcheur en fil rouge.

- terrasses du larzac 2020 | Sec | 2024>30 | 24.9 € — 92
- Milo, minervois-la-livinière 2020 | Sec | 2023>28 | 24.9 € — 91

Domaine d'Aupilhac

★★★☆☆ ✦

Généreux comme lui, les vins de Sylvain Fadat vont désormais vers plus de fraîcheur et d'élégance que par le passé. Ses 13 hectares sont complétés par les Cocalières, un amphithéâtre nord-ouest planté en pleine garrigue à 350 mètres d'altitude. En haut de gamme, le-clos, la-boda et les-cocalières rouge dominent la gamme de leur finesse.

- La Boda, languedoc 2020 | Sec | 2023>30 | 35.6 € | ☘ — 92
- La Boda, coteaux du languedoc 2021 | Sec | 2024>30 | 35.6 € | ☘ — 90

Château d'Aussières

★★☆☆☆ +

Les barons de Rothschild (branche Lafite) ont redonné vie au hameau d'Aussières en replantant les vignes à l'abandon et en rénovant les installations. Le vignoble immense (167 hectares) est situé sur les contreforts de Fontfroide. Dans cette zone climatique fraîche des Corbières, les vins affichent une élégance toute bordelaise, avec de la fraîcheur et de la délicatesse.

- corbières 2018 | Sec | 2022>26 | 39 € — 90
- Blason d'Aussières, corbières 2019 | Sec | 2022>27 | 19 € — 90
- Altan d'Aussières, corbières 2021 | Sec | 2022>25 | 24 € — 89

Clos Bagatelle

★★★☆☆

Christine Deleuze et son frère Luc Simon mènent ce domaine de 60 hectares, installé sur des sols argilo-calcaires et de schistes, avec certaines vignes centenaires. Parvenu dans l'élite de Saint-Chinian, le duo propose des vins aux arômes parmi les plus expressifs de l'appellation. Mathieu, la nouvelle génération arrive aux vinifications. Signalons la mise en marché d'une cuvée très haut de gamme, l'Aventure, splendide expression de l'appellation réservée seulement à quelques « happy few ». Mais on peut se régaler de toute la gamme dès son début.

- saint-chinian 2022 | Sec | 2023>25 | 11 € — 90
- Au Fil de Soi, saint-chinian 2019 | Sec | 2024>30 | 16 € — 91
- L'Aventure, saint-chinian 2020 | Sec | 2024>30 | 90 € — 94

Domaine de Baronarques

★★★☆☆ +

Une bonne maîtrise du terroir (43 hectares de sols argilo-calcaires) permet de produire des vins aboutis. L'assemblage varie au gré des millésimes, entre cépages atlantiques (merlot, cabernet franc, cabernet-sauvignon) et méditerranéens (syrah, malbec, grenache). Les chardonnays donnent l'un des meilleurs blancs de l'appellation. Un nouveau chai à barriques inauguré en 2018 assure la progression et l'ambition du domaine. Géré comme un cru classé, c'est une valeur sûre.

- Grand Vin, limoux 2018 | Sec | 2022>30 | 38 € — 89
- Grand Vin, limoux 2018 | Sec | > | 22.8 € — 91

Domaine de la Baume

★★☆☆☆ +

Ce très vaste domaine (qui mettait déjà sa production en bouteille au début du XXe siècle) est situé entre Béziers et Pézenas. Propriété du très important groupe alsacien Grands Chais de France, La Baume est devenue en quelques années l'une des meilleures références qui soit en matière de vins de cépages, tous réalisés sans aucune caricature variétale et construits avec un remarquable sens de l'équilibre.

- Syrah, oc 2022 | Sec | 2023>25 | 8.5 € — 89
- Merlot, oc 2022 | Sec | 2023>24 | 8.5 € — 88
- Viognier, oc 2022 | Sec | 2023>24 | 8.5 € — 88

Mas Belles Eaux

★★☆☆☆ +

Cette vaste propriété est située au nord de Pézenas. Entourée de sources qui sont à l'origine du nom, elle s'étend sur près de 100 hectares répartis autour d'une folie du XIXe siècle. Après un passage d'une quinzaine d'années dans le giron d'Axa Millésimes, le cru a été repris par l'ambitieux groupe Grands Chais de France. La gamme se partage entre vins d'appellation pézenas et vins de cépages.

- Grenache blanc, languedoc 2022 | Sec | 2023>25 | 9 € — 89
- languedoc 2022 | Sec | 2023>27 | 9 € — 90

Domaines Gérard Bertrand

★★★★☆ ✦

Gérard Bertrand a fait de son nom l'une des marques les plus dynamiques du vignoble français. S'il revendique faire des vins du Sud comme un « art de vivre », il est d'abord un vigneron méticuleux et exigeant, en recherche d'excellence pour ses 17 domaines. Cette quête trouve son aboutissement avec le Clos d'Ora, magnifique cru sur les hauteurs de la Livinière et avec un rosé du terroir de Cabrières, le clos-du-temple, qui brille par son intense personnalité. Il mène depuis 2002 une large conversion de son vignoble en culture biologique et biodynamique, soit l'un des plus imposants de France en matière de viticulture vertueuse. Tous les vins des domaines sont remarquables.

- La Forge, corbières-boutenac 2021 | Sec | 2023>28 | NC | ☘ — 96
- Hospitalitas, coteaux du languedoc - la clape 2021 | Sec | 2023>28 | NC — 96
- Domaine de l'Aigle chardonnay, oc 2021 | Sec | 2023>28 | NC | ☘ — 95
- La sauvageonne grand vin, terrasses du larzac 2020 | Sec | 2024>30 | 31 € | ☘ — 93
- Clos d'Ora, minervois-la-livinière 2020 | Sec | 2023>32 | NC | ☘ — 96
- Clos du Temple, languedoc-cabrières 2022 | Sec | 2023>28 | NC | ☘ — 97
- Villa Soleilla, vin de france 2021 | Sec | 2023>26 | NC — 94

Domaine Bertrand-Bergé

★★★☆☆ ✦

La rigueur et le travail de Jérôme Bertrand, sur les beaux terroirs de Paziols, ont fait du domaine Bertrand-Bergé le modèle à suivre pour toute l'appellation. Les entrées de gamme en rouge sont accessibles en termes de prix et se placent au-delà des standards qualitatifs de Fitou. L'onctueuse cuvée Jean Sirven porte le nom de l'aïeul, qui œuvrait déjà pour une viticulture de qualité au début du siècle dernier. Cette cuvée s'impose aujourd'hui, par sa race et sa densité, dans le gotha des plus grandes cuvées du Sud. Une adresse indispensable.

- Ancestrale, fitou 2020 | Sec | 2023>28 | 15 € | ☘ — 92
- Jean Sirven, fitou 2020 | Sec | 2025>30 | 38 € | ☘ — 93
- La Boulière, fitou 2019 | Sec | 2023>30 | 19.5 € | ☘ — 91

Borie La Vitarèle

★★☆☆☆

Camille Yzan soutenue aujourd'hui par son mari Ulrich signe des vins tous recommandables. Le domaine est entre de bonnes mains après la disparition accidentelle de son père, le regretté Jean-François Yzan. Terres-blanches est une entrée de gamme qui a l'air d'un haut de gamme et mérite d'être recherchée. La cuvée Les Schistes affiche une grande capacité de garde, Les Crès sont sur des sols de galets roulés du Villafranchien. Midi-rouge en appellation saint-chinian Roquebrun est la cuvée la plus ambitieuse de ce domaine en biodynamie depuis 1998.

- Les Schistes, saint-chinian 2021 | Sec | 2024>30 | 17.7 € | ☘ 90
- Les Crès, saint-chinian 2019 | Sec | 2024>30 | 22 € | ☘ 91
- Midi Rouge, saint-chinian roquebrun 2018 | Sec | 2025>30 | 40 € | ☘ 92

Mas Bruguière

★★☆☆☆

Ce domaine de Valflaunès, situé à l'ombre de l'impressionnant pic Saint-Loup, a été l'un des pionniers du renouveau qualitatif en Languedoc. Xavier, la nouvelle génération des Bruguière, explore la biodynamie et obtient des résultats dans des rouges frais, structurés et gourmands. L'original blanc Les Mûriers est destiné à la gastronomie. Le domaine a fait le choix courageux de revendre une partie de ses vignes pour se recentrer sur les terres familiales historiques entre le Pic et le massif de l'Hortus.

- L'Arbouse, pic saint-loup 2021 | Sec | 2023>28 | 20 € | ☘ 89

Mas Cal Demoura

★★★★☆ ✦

Rigueur et soin, intelligence et précision, ainsi qu'une idée claire du grand vin ont amené les rouges du talentueux Vincent Goumard au sommet. Ils s'inscrivaient dans un classicisme exemplaire qui ne tendait jamais vers l'austérité. L'évolution sans ne rien perdre de ces qualités vers une sensualité confondante constitue l'aboutissement d'un cycle, où dominent précision et finesse des tannins. Les blancs progressent avec notamment une cuvée L'étincelle confondante de fraîcheur. Nouveauté en 2020 : passage en bouteilles bourguignonnes pour l'ensemble de la gamme puis création sur le millésime 2021 d'une nouvelle cuvée de cinsault, remarquable de fruit, d'une incroyable buvabilité.

- Les Combariolles, terrasses du larzac 2021 | Sec | 2024>28 | 37 € | ☘ 95
- Feu Sacré, terrasses du larzac 2021 | Sec | 2023>28 | 52 € | ☘ 95
- Terre de Jonquières, terrasses du larzac 2021 | Sec | 2023>30 | 27 € | ☘ 94

Calmel & Joseph

★★★☆☆ ✚

Maison idéale pour qui veut connaître la spécificité des terroirs du Languedoc. Jérôme Joseph et Laurent Calmel sont des négociants sans chai. Ils élèvent les cuvées sélectionnées chez les vignerons auxquels ils les achètent, respectueux des saveurs et des terroirs d'origine. Une large gamme gourmande avec de nombreux vins réussis se complète de quelques surprises épatantes dans les premiers vins. La gamme Les Crus nous impressionne depuis plusieurs années par la fidélité d'expressions de chacun de ses représentants à son terroir d'origine. Bravo ! Cela mérite une étoile supplémentaire.

- Les Cuvées Rares, languedoc-pic saint-loup 2021 | Sec | 2023>30 | 20 € 92
- La Planette, minervois-la-livinière 2018 | Sec | 2024>30 | 22 € 91
- La délicate envie, coteaux du languedoc - terrasses du larzac 2021 | Sec | 2023>30 | 18 € 92

Château de Caraguilhes

★★☆☆☆ ✚

Sur le terroir de Boutenac, Caraguilhes couvre 600 hectares dont un vignoble de plus de 130 hectares d'un seul tenant, entouré de garrigues, qui depuis les années 1990 n'a jamais reçu le moindre traitement chimique. La partie en appellation boutenac est conduite en biodynamie. Les vins sont aromatiques et frais, de très bon niveau. Ici, tout est bon dans les trois couleurs.

- Solus, corbières-boutenac 2021 | Sec | 2024>30 | 22 € | ☘ 92
- Le trou de l'ermite, corbières-boutenac 2021 | Sec | 2023>29 | 15 € | ☘ 91

Domaine de Cébène

★☆☆☆☆ ⊙

Brigitte Chevalier travaillait pour Jean-Luc Thunevin avant de monter son domaine à Faugères. Le nom du domaine vient de Cébèna, fille des titans sensible à la beauté du monde. Elle aurait donné la forme de son corps à la montagne qui culmine au-dessus de Faugères. Les rendements au domaine sont limités, souvent moins de 20 hectolitres par hectare. Nous avons le plaisir de retrouver le domaine à bon niveau sur les millésimes 2018 à 2021, avec des vins dotés de la précision que nous leur connaissions et la grande gourmandise des vins sur terroirs de schiste.

- Les Bancèls, faugères 2020 | Sec | 2023>28 | 20 € | ☘ 91
- Felgaria, faugères 2018 | Sec | 2023>28 | 45 € | ☘ 93
- Belle Lurette, faugères 2021 | Sec | 2023>28 | 26 € | ☘ 91

Château Champ-des-Sœurs

★★☆☆☆ ✚

Le château Champ-des-Sœurs, installé dans la zone maritime de l'appellation fitou, est depuis quelques années déjà l'un des leaders incontestables de l'appellation. Les vins de cette propriété sont très harmonieux, de la cuvée de base, toujours très fruitée, en passant par la cuvée Bel Amant, généreuse et équilibrée, et pour finir par la Tina, issue de très vieux carignans, élevée en cuves de bois tronconiques et en fûts. Les derniers millésimes ont donné des rouges structurés et onctueux dans le style des fitous modernes.

- La Tina, fitou 2019 | Sec | 2023>30 | 17 € 90
- Le septième jour, fitou 2018 | Sec | 2023>30 | 35 € 91

Mas Champart

★★★☆☆

Isabelle et Mathieu Champart avaient créé leur domaine de toutes pièces en 1976 et en avaient fait une signature car année après année, tout y était toujours excellent. L'apparente simplicité de ces vins de l'ombre n'avait d'égale que la longueur et la complexité des finales. Le domaine a changé de mains, Pascaline Bour apparentée à la famille Mulliez l'a repris. Nous attendons les vins produits par la nouvelle équipe, espérons qu'ils poursuivront une série incroyable de grandes réussites dans une appellation qui souffre curieusement d'un manque de notoriété.

- Causse du Bousquet, saint-chinian 2018 | Sec | 2022>30 | 21.1 € 93
- Clos de la Simonette, saint-chinian 2018 | Sec | 2022>30 | 31.2 € 94
- Côte d'Arbo, saint-chinian 2019 | Sec | 2022>30 | 20 € 92

Chante-Cocotte

★★☆☆☆

Le domaine Chante-Cocotte, créé par le dessinateur Régis Franc, propose des vins qui misent tout sur la fraîcheur aromatique, la gourmandise et l'équilibre. Les vins continuent de progresser vers plus de pureté et de naturel. Les rouges gagnent en équilibre naturel tandis que la recherche stylistique menée sur les blancs donne désormais des résultats probants.

- La Cocotte Blanche, oc 2019 | Sec | 2023>28 | 20 € 91
- Chante-Cocotte, oc 2019 | Sec | 2024>30 | NC 91

Mas des Chimères

★★☆☆☆ ✚

Le secteur d'Octon propose un paysage dantesque, alternant entre terres rouges arides, sols noirs basaltiques et masse d'eau du lac artificiel du Salagou. Guilhem Dardé, paysan vigneron, affiche sa sincérité dans ses vins qui évoluent à chaque millésime vers l'élégance, la délicatesse et la fraîcheur. Remarquables 2021 proches d'une troisième étoile.

- coteaux du salagou 2021 | Sec | 2023>27 | 13.2 € | ☘ 90
- Œillade, coteaux du salagou 2022 | Sec | 2023>28 | 13.2 € | ☘ 91
- Nuit Grave, terrasses du larzac 2021 | Sec | 2024>30 | 14.8 € | ☘ 92

Mas Combarèla

★★★☆☆

Olivier Faucon ne cesse de nous étonner avec ses rouges magnifiques, aériens et d'une rare intensité, impressionnants par leur finesse de grain et leurs finales salines. Depuis son premier millésime, ce domaine de 11 hectares n'a cessé de se rapprocher des grands et mérite amplement la troisième étoile attribuée l'an passé après seulement trois millésimes produits.

- Ode aux Ignorants, terrasses du larzac 2021 | Sec | 2025>30 | 23 € | ☘ 92
- Le Clos Secret, saint-guilhem le désert 2022 | Sec | 2024>30 | 20 € | ☘ 93
- Lueur d'espar, terrasses du larzac 2021 | Sec | 2025>32 | 38 € | ☘ 93

Mas Conscience

Mas Conscience a changé de main et est désormais dirigé par Audrey Bonnet-Koenig qui avait en charge la technique au château de Sérame et a dirigé La Peira après être passée chez Dubourdieu. Elle est secondée par le célèbre œnologue Claude Gros. Souhaitons à cette nouvelle équipe de perpétuer le renouveau qualitatif de cette belle propriété que Nathalie et Éric Ajorque avaient initié.

- **L'Éveil, terrasses du larzac 2020** | Sec | 2023>30 | NC | 92
- **La conscience, terrasses du larzac 2020** | Sec | 2023>29 | 24 € | 89

Clos Constantin

Pierre Halley et Samuel Durand ont créé ce domaine en 2017, sur les contreforts du Larzac, à 20 kilomètres de Montpellier, réalisant leur rêve de gosse. Rosés, blancs et rouges composent la gamme issue des 15 hectares éparpillés en petites parcelles conduites dans un esprit bio. Buvabilité des rouges remarquable, maîtrise des tannins, style accessible, délicat et savoureux. À suivre de près, c'est un prétendant à une étoile supplémentaire.

- **Les Polissons, languedoc 2022** | Sec | 2023>30 | 12 € | 91
- **Arjies, terrasses du larzac 2021** | Sec | 2023>30 | 21 € | 91
- **Strate, languedoc 2021** | Sec | 2023>27 | 18.9 € | 93

Mas de Daumas-Gassac

Aimé Guibert - disparu en 2016 - avait su identifier sur Aniane, des terroirs qualitatifs aptes à porter un cabernet-sauvignon non autorisé par les appellations locales. En blanc, il a également choisi de vinifier un assemblage de chardonnay, viognier et petit manseng qui lui interdisait également l'accès à l'appellation. Il a su imposer des IGP de l'Hérault à un niveau de prix inconnu dans cette catégorie. Les vins, tant en blanc qu'en rouge, sont d'une pureté, d'une précision et d'une complexité inégalables, et vieillissent remarquablement bien. La gamme est complétée par des igp agréables, conçues pour être bues rapidement. Le rosé Frizant 2022 est l'un des meilleurs effervescents du sud. Une valeur sûre de la région.

- **hérault 2019** | Sec | 2023>29 | 60 € | 90
- **Combe calcaire, hérault 2021** | Sec | 2023>26 | 12 € | 89

Domaine de l'Églisette

Voici un domaine qui ne fait pas beaucoup parler de lui. Certifié en bio depuis 2020, il est situé à la pointe nord-est de l'appellation terrasses-du-Larzac. Les amplitudes thermiques y sont donc conséquentes et contribuent à la finesse des tannins des vins. A suivre de près, plusieurs vins de nos dégustations de cette année nous ont épatés.

- **Terre astrale, terrasses du larzac 2019** | Sec | 2023>28 | 13.5 € | 91
- **Modoki, terrasses du larzac 2020** | Sec | 2023>28 | 25 € | 92
- **Raison folle, languedoc 2020** | Sec | 2023>26 | 14.8 € | 91

Le Chai d'Émilien

Le vignoble Fournel, propriété familiale, n'a cessé de croître (35 hectares aujourd'hui). Émilien, dernière génération, a décidé avec sa femme Ophélie de devenir vigneron-récoltant en créant le Chai d'Émilien en 2014. Un joli blanc, un rosé délicieux et des rouges (Espiègle, Épopée) originaux par leurs arômes. Il y a du talent dans ce domaine et ce vigneron, après quelques réglages, pourrait être un grand de demain.

- **Eternam, oc 2022** | Sec | 2023>25 | 8.9 € | 90
- **Épopée, languedoc-grés de montpellier 2020** | Sec | 2023>28 | 15 € | 90
- **Espiègle, languedoc 2020** | Sec | 2023>28 | 9.8 € | 91

Château de l'Engarran

On admire l'énergie et la saine ambition des deux sœurs Diane et Constance qui mènent avec dynamisme l'Engarran (50 hectares), disséminés autour d'une folie du XVIIIe siècle. Diane, en charge des vinifications, recherche la précision. Le style met en avant une grande maturité des raisins qui rend les vins opulents, avec des progrès dans la qualité des tannins, plus fins et plus ronds. 2020 a donné des vins originaux, bien mûrs et d'un grand charme aromatique. Rapport qualité-prix épatant avec Sainte-Cécile.

- **Quetton Saint-Georges, languedoc 2019** | Sec | 2023>30 | 24 € | 92
- **Château de l'Engarran, languedoc-grés de montpellier 2020** | Sec | 2023>28 | 16.5 € | 90
- **Château de l'Engarran, languedoc-grés de montpellier 2019** | Sec | 2023>29 | NC | 90
- **Sainte-Cécile, languedoc 2020** | Sec | 2023>28 | 10.5 € | 90

Château Estanilles

Grandeur de Faugères dans les années 1990, ce domaine a été repris en mains par Julien Seydoux, venu ici avec la modestie d'apprendre le terroir et l'envie de porter les Estanilles au premier plan. Les élevages s'adaptent aux matières et progressent ces derniers millésimes. Outre les rouges puissants et hauts en saveurs, des vins de forte personnalité, on trouvera aussi de délicieux blancs 2021 à boire jeunes sur leur fruit.

- **Sous les rocs, faugères 2019** | Sec | 2023>28 | 16 € | 90
- **Vallongue, faugères 2021** | Sec | 2023>25 | 12 € | 90

Foncalieu

Bien repris en main, ce groupement de producteurs s'appuie sur une base solide de vignobles dans le secteur des coteaux d'Ensérune. Les vins sont simples et aromatiques, avec une recherche bienvenue d'équilibre et de fraîcheur. Les igp pays-d'oc sont aromatiques et souples, le corbières possède plus de fond. Huit vignerons ont réuni leur savoir-faire pour réaliser l'ambitieuse et très réussie cuvée les Illustres.

- **Sillages d'Albarino, oc 2021** | Sec | 2022>25 | 8.5 € | 90
- **Petit Paradis, saint-chinian 2021** | Sec | 2022>25 | 10 € | 88

Domaine Gayda

Le domaine Gayda est installé au pied des contreforts des Pyrénées, dans le Languedoc, sur une soixantaine d'hectares. Une équipe de passionnés, venus des quatre coins du monde (le Britannique Tim Ford et le Sud-Africain Anthony Record, Vincent Chansault, le vinificateur, et Marc Kent, le conseiller), y réalise depuis une quinzaine d'années des vins IGP d'Oc mono-cépages convaincants, et des cuvées encore plus ambitieuses, comme Figure Libre.

- **Chemin de Moscou, oc 2020** | Sec | 2023>28 | 24 € | 92
- **Figure Libre - cabernet franc, oc 2020** | Sec | 2023>28 | 18.5 € | 92

Domaine Girard

Philippe Girard s'est installé en 2000 pour poursuivre la tradition familiale autour du village d'Alaigne dans la Malepère, un peu oublié à l'ouest du terroir languedocien. Il bouscule tout ce qui se fait dans le secteur, que ce soit en cépages atlantiques traditionnels de la Malepère et surtout en pinot noir, chenin et chardonnay sous la bannière de l'IGP Oc. Les prix permettront de se régaler par ces temps d'inflation forcenée. Nous lui réattribuons deux étoiles, une troisième n'est pas loin si ces pépites se pérennisent l'an prochain.

- **Chardonnay sur lies fines, oc 2021** | Sec | 2023>30 | 10 € | 92
- **Pech Calvel - Pinot noir, oc 2020** | Sec | 2023>28 | 12 € | 90
- **Chenin, oc 2021** | Sec | 2023>30 | 15 € | 91

Château du Grand Caumont

Le site est splendide et riche culturellement puisqu'à l'époque romaine, le domaine était une grande villa romaine baptisée la Villa Manzanetto. La famille Rigal l'acheta dans les années 1900. Laurence après une première vie dans la publicité a rejoint la propriété en 2003 et la gère avec Patrick Blanchard. Château du Grand Caumont est l'un des plus vastes domaines des Corbières, avec 100 hectares de vignes. Toute la gamme montre des rapports qualité-prix raisonnables, on se régalera de ces corbières bien vinifiés et au fort accent de terroir.

- **Impatience, corbières 2020** | Sec | 2023>26 | NC | 90
- **Capus Monti, corbières 2020** | Sec | 2023>28 | NC | 91

Mas Granier - Mas Montel

Jean-Philippe Granier conseille techniquement l'ensemble des vignerons des appellations du Languedoc. Le domaine familial, situé sur le secteur de Sommières, propose des vins parfaitement propres, impeccablement vinifiés, des igp jusqu'aux languedocs : c'est à la qualité des entrées de gamme que l'on reconnaît un bon domaine. Il y a ici une recherche évidente du goût et des saveurs que doit exprimer tout vin de la région. Une adresse très sûre, d'autant qu'en complément des rouges, les blancs sont tout aussi réguliers et le rosé Parenthèse est régulièrement exceptionnel.

- **Les Grès, languedoc 2020** | Sec | 2023>30 | 13.5 € | 92
- **Camp de l'Oste, languedoc-sommières 2019** | Sec | 2023>28 | 19 € | 90
- **Camp de l'Oste, languedoc-sommières 2020** | Sec | 2023>30 | 19 € | 92

Hecht & Bannier

✚

Grégory Hecht et François Bannier sélectionnent minutieusement leurs raisins sur tout le pourtour méditerranéen, du Roussillon à la Provence, ils vinifient et élèvent avec soin des cuvées ambitieuses. A côté de vins de grande ambition, plusieurs cuvées jouent la frivolité, la facilité d'accès telle Nouvelle Vague mais elles bénéficient des mêmes attentions avec des rapports qualité-prix très attractifs. Une marque à privilégier pour sa régularité et son homogénéité.

- pic saint-loup 2021 | Sec | 2023>28 | 15 € | ☘ — 91
- picpoul de pinet 2021 | Sec | 2023>25 | NC | ☘ — 89

Domaine de l'Hortus - Vignobles Orliac

Un pied sur le Pic Saint-Loup, l'autre sur l'appellation languedoc et les IGP, la famille Orliac possède 80 hectares de vignes dans la garrigue, au cœur de l'Hérault. Jean supervise avec une grande intelligence la destinée du domaine malgré les deuils qui ont touché la famille. Avec plusieurs gammes de vin réparties sur cette large palette de terroirs (Bergerie de l'Hortus, clos du Prieur), la famille Orliac œuvre pour des vins de grande justesse, notamment les rouges, fins et élégants. Le style des vins évolue avec une cuvée onéreuse, Le Dit de l'Hortus qui reste dans la lignée du domaine, les autres cuvées évoluent vers plus de légèreté pour être accessibles rapidement.

- Bergerie de l'Hortus, val de montferrand 2022 | Sec | 2023>27 | 14.5 € — 90
- Domaine de l'Hortus - Grande Cuvée, val de montferrand 2021 | Sec | 2024>30 | 29 € — 91
- Le dit de l'hortus, pic saint-loup 2020 | Sec | 2024>30 | 75 € — 93

Les Jamelles

Après un séjour en Californie, les œnologues Catherine et Laurent Delaunay, originaires de Bourgogne, se sont installés dans la région en 1991 pour y créer une activité de négoce ambitieuse, privilégiant les vins de cépage. La gamme est supervisée par Catherine Delaunay, véritable chef d'orchestre qui sélectionne drastiquement les meilleurs raisins, jus et terroirs et réalise les meilleurs assemblages puis élevages. Le résultat est remarquable, d'autant que le rapport prix-plaisir est tout à fait convaincant.

- Les Jamelles - Gewurztraminer, oc 2021 | Sec | 2022>24 | 7.85 € — 88
- Sélection Parcellaire Syrah Vallée de la Bretonne, oc 2018 | Sec | 2023>26 | 19.95 € — 89
- Syrah, oc 2020 | Sec | 2022>25 | 6.95 € — 89

Domaine La Jasse Castel

N

Pascale Rivière mène ce domaine de Saint-Jean de Fos. La finale des vins rouges est en progression avec moins de notes d'herbes sèches que par le passé. Nous recommandons la cuvée Combariolles 2021 avec une profusion de saveurs remarquables.

- Bleu Velours, coteaux du languedoc - montpeyroux 2021 | Sec | 2023>28 | 31 € | ☘ — 90
- Les Combariolles, coteaux du languedoc - terrasses du larzac 2020 | Sec | 2023>28 | 31 € | ☘ — 91

Vignobles Jeanjean

Depuis 1870 et cinq générations qui se sont succédé, la famille Jeanjean participe à l'histoire viticole du Languedoc. Leur ambition est de faire découvrir les terroirs sur lesquels sont implantés leurs sept domaines, représentatifs de la diversité des crus et appellations du Languedoc avec un vignoble essentiellement en bio. Les propriétés sur lesquelles la maison Jeanjean s'appuie sont entre autres le Causse d'Arboras, le Mas de Lunès ou le Devois des Agneaux. Également des vins réalisés en partenariat avec des caves locales, comme celles de Castelmaure en Corbières ou de Pinet. La petite révolution culturelle apportée par cette maison à ses propriétés pour qu'elles égalent les meilleurs vignerons de chaque secteur porte ses fruits.

- Devois des Agneaux d'Aumelas, languedoc 2020 | Sec | 2024>30 | 8 €89
- L'inédit du Mas neuf, oc 2022 | Doux | 2023>28 | 8.5 € | ☘ — 90

Château Jouclary

Pascal Gianesini a repris cette propriété familiale d'une soixantaine d'hectares. Les rouges sont d'inspiration plutôt atlantique, avec une forte proportion de cépages bordelais. Ce domaine mérite amplement son classement car depuis quelques années il prime par sa régularité et par l'homogénéité de sa gamme. Certes, Guillaume-de-Jouclary, cuvée la plus ambitieuse du domaine, est un zeste au-dessus des cuvées plus simples par son raffinement, mais les autres cuvées sont tout bonnement délicieuses, pleines de personnalité et très intelligemment vinifiées. Une adresse incontournable dans le secteur !

- Tradition, cabardès 2021 | Sec | 2024>28 | 7.5 € — 89
- Guilhaume de Jouclary, cabardès 2021 | Sec | 2025>28 | 14 € — 90
- Grenache gris, oc 2022 | Sec | 2023>25 | 9 € — 89

Mas Jullien

✦

Installé initialement à Jonquières à l'ouest de Montpellier, Olivier Jullien, référence incontestée et incontestable, est parvenu avec intuition et intelligence à hisser au plus haut le niveau qualitatif des vins de la région et a entraîné derrière lui toute une génération de jeunes vignerons. Il s'est installé en 1985 et son domaine compte aujourd'hui 18 hectares de terres aux sols très variés (argilo-calcaires, silices, grès), cultivés dans une démarche d'agriculture biodynamique non revendiquée pour échapper aux dogmes. Tous les rouges sont au meilleur niveau du Languedoc et évoquent pleinement sa typicité, avec des notes de sauge, de garrigue et de thym, d'une fraîcheur constante. Le maître à penser de la nouvelle génération de vignerons talentueux garde une longueur d'avance, ce qui ne nous fait pas regretter l'attribution l'an passé d'une cinquième étoile.

- Carlan, terrasses du larzac 2021 | Sec | 2023>32 | 42 € | ☘ — 98
- hérault 2021 | Sec | 2023>28 | 42 € | ☘ — 93
- Lous Rougeos, terrasses du larzac 2021 | Sec | 2025>35 | 42 € | ☘ — 97
- Autour de Jonquières, terrasses du larzac 2020 | Sec | 2024>32 | 42 € | ☘ — 97
- La Brune, terrasses du larzac 2020 | Sec | 2023>32 | 42 € | ☘ — 98

Domaine L'Oustal Blanc

✚

Claude Fonquerle réalise une gamme de vins précis, frais et racés. Privilégiant les cépages autochtones (carignan, cinsault, grenache, syrah) et l'originalité, il possède une douzaine d'hectares sur les terroirs de La Livinière, Minervois et un peu également sur Saint-Chinian. Il y produit des vins de petits rendements (25 hl/ha) avec une ambition de finesse et de complexité. Des vins à part dans l'appellation, toujours gourmands, avec l'obsession de privilégier le fruit et l'équilibre sur la fraîcheur.

- Prima Donna, minervois-la-livinière 2019 | Sec | 2024>32 | 40 € — 93

Domaine de La Cendrillon

✚

Situé à Ornaisons, aux frontières des terroirs de Boutenac, le domaine de la Cendrillon existe depuis cinq générations. Il dispose d'un vignoble d'une cinquantaine d'hectares avec ses vieilles vignes et ses jeunes plantations aux cépages originaux, albariño et verdejo. Dans les années 2000, Robert Joyeux a mené conjointement sa carrière d'industriel et les travaux de rénovation profonde à la propriété lui permettant de réaliser le corbières dont il rêvait. Le domaine est certifié bio depuis 2012, le raisin est soigné à la perfection, les extractions douces permettent d'obtenir des vins généreux mais raffinés et sincères.

- Inédite, corbières 2017 | Sec | 2023>30 | 19.5 € — 90
- N°1, corbières 2018 | Sec | 2023>30 | 40 € | ☘ — 91

Domaine La Chouette du Chai

→

Une nouvelle histoire a commencé pour Sylvie Guiraudon après avoir œuvré au renouveau du domaine Mortiès en Pic Saint-Loup. À l'heure où bien des 2014 n'évoluent pas forcément vers le vin idéal, sa cuvée Un Beau Roman Une Chouette Histoire se montre idéale à boire, tous tannins rentrés, toutes saveurs en avant, sans aucune sensation sèche. Seules les meilleures cuvées de nos bons domaines évoluent ainsi. Les entrées de gamme comme Rien Ne M'effraie ou Autoportrait sont très recommandables.

- Rien ne m'effraie, pic saint-loup 2020 | Sec | 2023>30 | 16 € | ☘ — 92
- Ne vous déplaise, vin de france 2021 | Sec | 2022>30 | 18 € | ☘ — 91

Domaine La Croix de Saint-Jean

✚

La Croix de Saint-Jean a été créée en 2004 par Michel Fabre, vigneron, et Fabrice Leseigneur, pho-

✦ Star ✚ Valeur sûre → À suivre de près N Nouvelle entrée

GÉRARD BERTRAND
clos d'ORA
GÉRARD BERTRAND
clos d'ora
PAIX · AMOUR · HARMONIE
CLOS D'ORA RÉVÈLE NOTRE PHILOSOPHIE DÉDIÉE À L'EXCELLENCE ET À L'EXPRESSION DES TERROIRS DU SUD DE LA FRANCE. CE VIN, PORTEUR D'UN MESSAGE, SYMBOLISE LE LIEN ENTRE LA BIODYNAMIE ET L'ESPRIT QUANTIQUE.

tographe de presse. Le domaine produit trois cuvées sur les terroirs de Minervois, Lo Mainatge, Lo Paire et une cuvée au nom du domaine. Ce sont de grandes expressions racées et profondes de ce beau terroir, qui entrent dans le gotha du meilleur de cette appellation. Les vins sont d'une superbe régularité, avec des arômes subtils, une texture solide sans manquer de raffinement, de fraîcheur et surtout d'un bon équilibre. Une adresse à connaître.

- ■ **Lo Mainatge, minervois 2021** | Sec | 2023>30 | 12 € — 90
- ■ **La croix du père Michel, minervois 2021** | Sec | 2023>28 | 8 € — 89

Château La Dournie

★★☆☆☆

Cette grande propriété de près de 50 hectares vient d'être reprise comme le mas Champart par des membres de la famille qui possède Auchan. Elle élabore plusieurs cuvées complémentaires qui s'inscrivent dans un registre puissant et généreux, dans la typicité conférée par les zones de schistes de Saint-Chinian. Des cuvées Etienne et Elise se dégage le profil aromatique puissant que ce type de sol confère aux rouges. Les derniers millésimes voient une recherche plus orientée vers la profondeur que vers l'expression aromatique immédiate.

- ■ **Élise, saint-chinian 2019** | Sec | 2024>30 | 19.5 € | ☘ — 91
- ■ **Étienne, saint-chinian 2019** | Sec | 2022>28 | 15 € | ☘ — 91

Château La Font des Ormes

★★☆☆☆

Ce sont vingt hectares d'un seul tenant qui constituent ce domaine certifié en bio (en conversion biodynamique) dans la dénomination Pézenas, sur des calcaires et pour l'essentiel sur des éboulis basaltiques. Guy Cazalis de Fondouce, Languedocien d'origine, a repris ce domaine après une carrière de psychiatre sur l'île de la Réunion. Les débuts de ce néo-vigneron prometteur, secondé par Bertrand Querne et Mireille Fabre, confirment nos espoirs. La gamme s'est étoffée : autour de l'igp caux, on trouve désormais un languedoc et un languedoc-pézenas. Ce sont des vins assez mûrs, toujours très goûteux, qui savent devenir aériens grâce à la qualité des grenaches qui les composent.

- ■ **Terres Mêlées, languedoc-pézenas 2019** | Sec | 2023>30 | 20 € | ☘ — 90
- ■ **Basalte, languedoc 2019** | Sec | 2023>30 | 30 € | ☘ — 91

Domaine La Linquière

★☆☆☆☆

Domaine classique de Saint-Chinian géré par Pierre Salvestre, un homme rigoureux. La cuvée des Cigales est régulière, sur schistes mais également sur argilo-calcaires. La perception de boisage des cuvées est en régression, ce que nous saluons au vu des matières superbes que l'on entrevoit avant les élevages.

- ■ **Le Chant des Cigales, saint-chinian 2020** | Sec | 2023>28 | 10.9 € — 90

La Réserve d'O

★☆☆☆☆

La Réserve d'O est un domaine d'une dizaine d'hectares, situé à Arboras sur les hauteurs des Terrasses du Larzac. Créé en 2004 par Frédéric et Marie Chauffray, conduit selon les principes de la biodynamie, il s'est vite hissé parmi les adresses reconnues du secteur. La cuvée qui porte le nom du domaine affiche un style très gourmand, longiligne. Bilbo et Hissez-O sont de bons représentants de l'appellation terrasses-du-Larzac, dans un style plutôt charnu.

- ■ **Hissez O, terrasses du larzac 2020** | Sec | 2023>28 | 28 € | ☘ — 90
- ■ **La Réserve d'O, terrasses du larzac 2020** | Sec | 2023>30 | 22 € | ☘ — 91

Clos La Rivière

★★☆☆☆ ⊛

Les sols argilo-calcaires et plus encore les sols de schistes de Saint-Chinian permettent des vins particulièrement aromatiques et gourmands. Jean-Philippe Madale vinifie avec talent son domaine familial de 17 hectares. Ses deux rouges sont une grande réussite, ils incarnent comme nul autre en Languedoc la notion de vin de copains. Au sommet de la gamme, la cuvée qui porte le nom du domaine, essentiellement à base de syrah et tarifée 8 euros, est délicieuse mais son entrée de gamme, les Schistes-de-Paul, du nom du grand père qui a planté les vignes, est aussi un coup de cœur, un archétype du vin facile à boire. Ce n'est certes pas le vin le plus ambitieux du Languedoc mais, franchement, à 7 euros on ne sait pas quel meilleur rapport qualité-prix vous recommander.

- ■ **saint-chinian 2020** | Sec | 2022>28 | 8 € — 92
- ■ **Les Schistes de Paul, saint-chinian 2021** | Sec | 2022>27 | 7 € — 90

La Tête dans les Étoiles

★★☆☆☆ ⊛

Luc Jourdan est un nouveau vigneron doué qui tourne la page d'une carrière à la chambre d'agriculture pour mener à bien ses convictions vigneronnes. Installé sur neuf hectares certifiés en bio de schistes et de galets roulés, il a amené sa cuvée au-delà-des-rêves à un niveau étonnant en quelques millésimes. À base de syrah et de mourvèdre complétés par du grenache noir, la finale onctueuse et de grande délicatesse ralliera tous les suffrages sans réserve, du plus néophyte au plus exigeant des amateurs. Et les prix sont restés tendres, ce qui ne gâche rien.

- ■ **Au delà des rêves, Terrasses du Larzac 2020** | Sec | 2023>30 | 11.7 € — 93
- ■ **Douceur céleste, Languedoc 2020** | Sec | 2023>28 | 7.5 € — 91

Château Lancyre

★★☆☆☆ ✚

Après Bernard Durand, qui a accompagné la reconversion du Pic Saint-Loup de la polyculture à dominante ovine jusqu'à sa reconnaissance en zone viticole qualitative, Régis Valentin, son neveu, a repris les rênes techniques. Sans tambours ni trompettes, c'est un domaine à rechercher pour l'élégance et la fraîcheur de sa cuvée Vieilles Vignes, puissante tout en étant savoureuse, son clos des Combes, sa Grande Cuvée. La cuvée Madame est encore plus ambitieuse et le rosé est régulièrement délicieux.

- ■ **Vieilles Vignes, pic saint-loup 2020** | Sec | 2023>31 | 16 € — 91
- ■ **Grande Cuvée, languedoc 2020** | Sec | 2024>30 | 21 € — 91
- ■ **Madame, pic saint-loup 2018** | Sec | 2024>30 | 29 € — 91

Château de Lascaux

★★☆☆☆ ✚

Le château de Lascaux est dirigé depuis 1990 par Jean-Benoît Cavalier, ingénieur agronome qui préside également aux destinées de la vaste appellation languedoc. Le domaine, installé sur Vacquières, exploite des parcelles dont certaines sont classées en Pic-Saint-Loup. Ce domaine de 45 hectares, plutôt orienté vers la syrah, est en agriculture biologique. Le domaine ne cesse d'innover et n'hésite pas à se remettre en question, gage de progrès. Il vinifie par terroirs en isolant les parcelles installées sur les différents types de sols, dont la gravette de Corconne aux accents si identitaires. On peut vraiment se régaler ici dès les entrées de gamme.

- ■ **Les Pierres d'Argent, languedoc 2019** | Sec | 2023>28 | 18 € | ☘ — 89
- ■ **Carra, pic saint-loup 2021** | Sec | 2024>30 | 15 € | ☘ — 91

Mas Lasta

★★☆☆☆ ⊛

Mas Lasta veut dire « le dernier » en esperanto. Après avoir vinifié près d'une dizaine d'années aux quatre coins de la planète, notamment au château Latour à Pauillac, Anne-Laure Sicard a démarré avec huit hectares proches de la parcelle des Rougeots d'Olivier Jullien. Elle a réalisé son premier millésime en 2017 et signé l'une des meilleures cuvées en appellation languedoc. Elle poursuit depuis la même lignée sur ses deux cuvées, le languedoc et le terrasses-du-Larzac. Ses vins sont denses, fougueux mais domptés, avec des tannins puissants et très fins.

- ■ **terrasses du larzac 2020** | Sec | 2025>35 | 21 € | ☘ — 92
- ■ **languedoc 2022** | Sec | 2025>30 | 14 € | ☘ — 90

Château de Lastours

★★☆☆☆ ✚

D'importants travaux ont été réalisés sur la propriété, située dans le secteur méditerranéen des Corbières. Un tout nouveau chai a été mis en service et depuis 2012, c'est le talentueux Stéphane Derenoncourt, consultant prisé, qui suit le domaine. Les 2020 dégustés cette année ainsi que le grand vin 2018 profitent à plein des investissements réalisés. Le site de Lastours abrite également un circuit automobile où viennent s'entraîner les meilleures écuries, ainsi qu'un complexe d'œnotourisme, avec une restauration et une hôtellerie de qualité.

- ■ **Grande Réserve, corbières 2018** | Sec | 2022>30 | 15 € | ☘ — 92
- ■ **corbières 2021** | Sec | 2024>28 | 15 € | ☘ — 89

✦ Star ✚ Valeur sûre ⊛ À suivre de près Ⓝ Nouvelle entrée

Jean-Claude Mas, Domaines Paul Mas

Parmi les nombreux vignobles, vins et projets de l'entreprenant Jean-Claude Mas, le domaine de la Ferrandière est aujourd'hui l'un des plus originaux. Les cent hectares du domaine sont installés sur des marais asséchés au XVIIIe siècle par des Vénitiens experts en la matière. Contrairement à la plupart des sites viticoles languedociens confrontés à une sécheresse de plus en plus systémique, l'étang asséché de Marseillette, situé au sud du Minervois et à côté du bien nommé village d'Aigues-Vives, ne manque jamais d'eau. Il est même régulièrement inondé en hiver grâce à un quadrillage ingénieux de canaux protégeant les vignes du phylloxéra. Jean-Claude Mas y produit de nombreux vins de cépages d'une fraîcheur et d'une sapidité étonnantes. *Thierry Desseauve*

Domaine J. Laurens

Ce domaine très qualitatif dans la conception et la réalisation de ses différentes cuvées s'est, en moins de dix ans, hissé aux avant-postes de l'appellation. Un travail soigné et des vendanges manuelles font que les vins sont des plus séduisants. Toujours présents lors de nos dégustations à l'aveugle, blanquettes et crémants de cette petite maison sont régulièrement de premier ordre. Des vins précis, raffinés, séduisants, énergiques, avec une recherche aboutie d'équilibre sur la fraîcheur.

- Clos des Demoiselles, crémant de limoux 2021 | Brut | 2023>27 | 14.5 € 90

Mas Laval

Sans bruit mais avec une évidente réussite, les Laval réalisent des vins étonnants. Une hygiène irréprochable, un chai climatisé, ce qui n'est pas si fréquent en Languedoc, et des barriques magnifiques, rarement neuves mais d'un an, en provenance d'emblématiques domaines de Bourgogne, permettent une gamme qui ne comporte que deux vins rouges : les-pampres, en igp de l'hérault, un deuxième vin tarifé comme tel, est très accessible, bien vinifié, gourmand et équilibré, et la grande cuvée, un terrasses-du-larzac. La finesse des tannins est la marque de fabrique de ce domaine étonnant, cultivé comme un jardin.

- La Grande Cuvée, terrasses du larzac 2020 | Sec | 2023>32 | 29 € 94

Domaine Le Clos du Serres

Le clos du Serres a été constitué en 2006 à Saint-Jean-de-la-Blaquière, sur les contreforts du Larzac, à près de 300 mètres d'altitude. Millésime après millésime, on retrouve la même recherche systématique de sincérité. L'ensemble de la gamme ne se différencie que par des nuances, la patte du domaine imprégnant fortement l'ensemble des cuvées dans un style assez puissant, charnu, aux tannins fins.

- Les Maros, terrasses du larzac 2021 | Sec | 2023>30 | 18 € 92
- Humeur Vagabonde, terrasses du larzac 2021 | Sec | 2023>30 | 35 € 92
- Sainte-Pauline, terrasses du larzac 2021 | Sec | 2023>30 | 18 € 92

Domaine Le Conte des Floris

Catherine et Daniel Le Conte des Floris se sont implantés sur le terroir de Pézenas. Les blancs, remarquables de profondeur, démontrent l'intérêt du carignan blanc et rappellent combien son arrachage massif en Languedoc fut une erreur. Les vignerons les plus avisés de la région commencent à en replanter, signe des temps. La gamme de rouges se décline autour des terroirs qui les voient naître: carbonifère, basaltique et villafranchien. Le domaine s'amuse également à produire des cartagènes, des mistelles dont la réputation était forte par le passé. Nous vous incitons à redécouvrir ce produit, un moût de raisin complété par de l'alcool pur.

- Villafranchien, languedoc-pézenas 2021 | Sec | 2023>30 | 24 € 91
- Lune Blanche, languedoc-pézenas 2020 | Sec | 2023>28 | 50 € 92
- Cartagène noire, vin de france 2011 | Doux | 2023>50 | 18 € 93

Domaine Les Aurelles

Basile Saint-Germain va prochainement passer la main, ce perfectionniste va aussi loin que possible pour réaliser des vins dans la zone de Pézenas qui satisfont à ses exigences de fin dégustateur. Proche de Pézenas, à une trentaine de kilomètres de la Méditerranée, son domaine des Aurelles, d'une petite dizaine d'hectares, jouit d'un terroir de rêve, unique en son genre, mêlant basaltes et graves dans un paysage à couper le souffle qui se déploie jusqu'aux Cévennes. Solen, la première cuvée, dépasse la plupart des vins du Languedoc, Aurel est le grand vin. Les deux cuvées sont commercialisées après un temps conséquent de maturation en bouteille et ne connaissent aucun bois. Aurel blanc est unique, distribué après plusieurs années de cave : voilà un très grand vin de gastronomie.

- Solen, languedoc 2017 | Sec | 2023>28 | 37 € 94
- Aurel, languedoc 2017 | Sec | 2025>35 | 80 € 94
- Aurel, languedoc 2018 | Sec | 2024>35 | 78 € 96
- La roussanne, vin de france 2019 | Sec | 2024>34 | 160 € 96

Domaine Les Grandes Costes

Après une première carrière dans la presse viticole, Jean-Christophe Granier est revenu dans son village de Vacquières, une commune qui fait partie de la zone du pic Saint-Loup. C'est un domaine hautement fréquentable qui fait preuve de régularité. La cuvée La Ruche étonne par des notes originales issues de la gravette de Corconne, une roche calcaire grise. Toutes les cuvées, Musardises, Sarabande et Grandes Costes jouent la buvabilité.

- Grandes Costes, pic saint-loup 2019 | Sec | 2023>30 | 28 € 91
- La Sarabande, languedoc 2020 | Sec | 2023>27 | 19.5 € 89

Domaine Les Païssels

Ce domaine récent est mené par deux ingénieurs agronomes, dont un ancien directeur d'une cave de Fitou qui a repris les vignes familiales sorties de la coopération. Après des 2016 sur la générosité, de grandes réussites en 2017, nous avons remarqué le haut niveau de jalouses en 2018, un vin de référence des terroirs de schistes. Les 2019 continuant sur cette impressionnante lancée, 2020 est plus généreux encore.

- Le Banel, saint-chinian 2021 | Sec | 2022>28 | 9 € 90
- saint-chinian 2020 | Sec | 2024>30 | 14 € 90
- Les jalouses, saint-chinian 2020 | Sec | 2024>30 | 28 € 92

Les Vignes Oubliées

Jean-Baptiste Granier fait l'un des cinsaults les plus excitants, cultivant en virtuose une petite dizaine d'hectares depuis ses débuts en 2007, propulsé par un certain Olivier Jullien. Finale délicieuse, florale, sur les fruits rouges, la réglisse : la similitude de sensations tactiles avec les grands pinots noirs de Bourgogne est évidente. Il a tout d'un grand, sauf le prix. La grande cuvée, en terrasses-du-larzac, n'est tombée dans aucun des pièges classiques, sur-maturité et sur-extraction, elle est en route vers les modèles du genre. Le blanc s'est imposé en quelques années comme l'un des meilleurs vins de gastronomie de la région.

- terrasses du larzac 2021 | Sec | 2023>32 | 22 € 95
- Autour du cinsault, languedoc 2021 | Sec | 2023>32 | 14 € 94
- languedoc 2021 | Sec | 2023>30 | 22 € 92

Château de la Liquière

La famille Vidal-Dumoulin exploite depuis plusieurs générations ce domaine historique de Cabrerolles en Faugères certifié en bio depuis 2011. Nous avons été séduits par les millésimes 2020 et 2021 autour d'un faugères au nom du château, de grande fraîcheur. Trois autres cuvées de rouge le complètent, Cistus avec ses syrahs d'altitude, Malpas encore plus abouti avec une même dominante de syrah et Tucade, le plus fin de tous emmené par de remarquables mourvèdres dans le millésime 2020. N'oubliez pas le blanc Cistus, très rafraîchissant avec ce qu'il faut de complexité.

- Cistus, faugères 2020 | Sec | 2022>28 | 18.4 € 92
- Tucade, faugères 2020 | Sec | 2023>30 | 22.2 € 92
- Les Malpas, faugères 2020 | Sec | 2022>28 | 22.2 € 91

Lorgeril

En vingt ans, Nicolas et Miren de Lorgeril ont remis sur pied le vignoble historique ainsi que le château, dessiné initialement par Le Vau et dont le parc fut aménagé et conçu par Le Nôtre. Le domaine s'étend désormais sur 350 hectares. Il produit des vins sur neuf appellations dont Minervois, Corbières, Saint-Chinian, Faugères et Côtes-du-Roussillon, avec le même souci qualitatif qu'en Cabardès et une constance inébranlable. Ici les vins sont classiques, réguliers, dotés d'une grande richesse aromatique, d'une excellente fraîcheur notamment sur les terroirs d'altitude et d'un équilibre jamais pris en défaut. Une adresse de référence.

- Domaine de La Borie Blanche Grand Vin, minervois-la-livinière 2021 | Sec | 2022>28 | 27 € 91
- Domaine de la Borie Blanche Terroirs d'Altitude, minervois-la-livinière 2021 | Sec | 2023>28 | 12.8 € 91
- Haut des Bories - Grande cuvée, minervois-la-livinière 2021 | Sec | 2022>28 | 12.8 € 90
- Les Anges, vin de france 2021 | Sec | 2022>28 | 34 € 91

Clos Marie

Ce domaine phare du pic Saint-Loup est mené de main de maître depuis 1995 par Christophe Peyrus. Figure de l'appellation, le vigneron cultive 23 hectares. Salués pour leur intensité, leur

✦ Star ✚ Valeur sûre → À suivre de près N Nouvelle entrée

finesse, leur chair et leur distinction, les vins du domaine ne font pourtant pas l'unanimité car certains amateurs sont gênés par les acidités liées à des choix de faible protection des vins. Sans approuver cette caractéristique clivante, nous défendons Clos Marie pour sa finesse de tannins unique ainsi que la délicatesse de ses goûts. Son entrée de gamme, l'Olivette se décline en 2021 dans l'esprit de la chose plutôt que la chose, un idéal du grand vin dans un millésime qui n'était pas si simple grâce à l'art d'un vigneron hors du commun. Remarquable Simon 2019, selon les mêmes concepts, un cran au-dessus.

- **Simon, pic saint-loup 2019** | Sec | 2022>30 | 32 € | ☘ — 96
- **L'Olivette, pic saint-loup 2021** | Sec | 2022>30 | 21.9 € | ☘ — 95
- **Manon, languedoc 2021** | Sec | 2023>28 | 22 € | ☘ — 90

Domaine Mirabel

★★★☆☆

Le domaine Mirabel est situé à la limite nord-est de l'aire d'appellation du Pic Saint-Loup, sur un terroir d'argilo-calcaires. Les frères Feuillade mènent leurs 14 hectares avec passion, ils les cultivent avec le plus grand soin, comme un jardin. Le rendement moyen est faible, de l'ordre de 20 hectolitres par hectare. Sans bruit ni tapage, on ne théorise pas au domaine sur la bio : on la pratique, on aime le travail bien fait, la sincérité, et ça se voit, pour le plus grand plaisir des amateurs. Les rouges sont délicieux, associant harmonieusement intensité et buvabilité. Avec des blancs d'une fraîcheur confondante, des rosés d'une précision incroyable, ce domaine d'une régularité exemplaire ne cesse de nous étonner.

- **Loriot, oc 2022** | Sec | 2023>27 | 14 € | ☘ — 94
- **Les Éclats, pic saint-loup 2021** | Sec | 2022>30 | 21 € | ☘ — 94
- **Les Bancels, pic saint-loup 2021** | Sec | 2022>28 | 17 € | ☘ — 92

Mont Tauch

★☆☆☆☆

Cette coopérative, qui vinifie les deux tiers de l'appellation, a réussi à imposer à ses adhérents une discipline sévère, fondée sur une rémunération des apports de raisin en fonction de la dégustation des vins qu'ils permettent. La rigueur technique assurée par le directeur Pierre Amiot et le dynamisme commercial des Grands Chais de France sont le point fort de cette cave à la large gamme d'un bon rapport qualité-prix. Des vins de caractère, équilibrés et bien représentatifs de leur terroir. La cuvée haut de gamme Hommage est toujours pleine de caractère.

- **Cuvée Hommage, fitou 2020** | Sec | 2023>28 | 19 € — 90

Domaine de Montcalmès

★★★★☆ ✦

Moncalmès veut dire mont calcaire en occitan. Créé en 1999 à partir des vignes familiales qui étaient apportées en coopérative, le domaine couvre aujourd'hui 25 hectares en bio sur Puechabon et ses calcaires lacustres, sur Aniane et ses galets roulés, sur Saint-Saturnin et ses éboulis calcaires et sur les argilo-calcaires de Saint-Jean-de-Fos. Fort d'une expérience à la Grange des Pères, chez Olivier Jullien et Alain Graillot, Frédéric Pourtalié vinifie ses grenaches, syrahs et carignans terroir par terroir avant l'assemblage. La gamme de rouges est resserrée, la cuvée en terrasses-du-larzac est, par ses tannins ultra fins, un vin aux tannins au sommet de l'élite du Languedoc, un vin de songes. Également un blanc en quantités plus confidentielles.

- **terrasses du larzac 2020** | Sec | 2023>32 | 32 € | ☘ — 97

Domaine Mortiès

★★☆☆☆ ✦

Au bord d'impressionnantes falaises d'argile noire, ce domaine racheté par trois amis produit plusieurs cuvées de rouge, dont jamais-content et un remarquable languedoc devenu pic-saint-loup depuis la création de cette AOP. Si la qualité des blancs est encore aléatoire, nous suivons avec intérêt le renouveau de ce domaine en rouge avec ses matières denses et son sens du tannin fin, même dans un millésime 2021 un peu compliqué au Pic. Ceci nous convainc de lui accorder une seconde étoile.

- **Que Sera Sera, pic saint-loup 2021** | Sec | 2024>30 | 40 € | ☘ — 94
- **languedoc 2021** | Sec | 2023>28 | 17.5 € | ☘ — 91
- **pic saint-loup 2021** | Sec | 2024>30 | 17.5 € | ☘ — 91

Château de la Négly

★☆☆☆☆

Le château de la Négly fait partie des références languedociennes. Installé sur la Clape, sur un sol argilo-calcaire, ce grand domaine de 50 hectares est la propriété de la famille Paux-Rousset. La gamme de la Négly est large, les cuvées ont comme dénominateur commun une fraîcheur mentholée unique, nous les recommandons sans réserve. L'Ancely, vouée au mourvèdre, est le trait d'union entre cette gamme et les cuvées ambitieuses, produites en tirages limités et recherchées par les amateurs étrangers fortunés.

- La Falaise, languedoc-la clape 2021 | Sec | 2023>30 | 23 € — 93
- La Côte, languedoc 2021 | Sec | 2023>28 | 12 € — 92

Domaine de Nizas

★★☆☆☆

Situé dans la zone de Pézenas, ce domaine est peu connu en France bien qu'il réalise régulièrement de très jolis vins. Il a rejoint la galaxie de François Lurton que l'on retrouve sur plusieurs continents. Les cuvées en AOP sont constituées de syrah pour l'essentiel ainsi que de mourvèdre et de grenache. Deux cuvées se remarquent cette année, le languedoc Le Clos 2020, un modèle pour l'appellation régionale languedoc et le languedoc-pèzenas tout aussi réussi.

- languedoc 2021 | Sec | 2023>27 | 19 € — 90
- Le Clos, languedoc 2020 | Sec | 2023>28 | 12 € — 90
- languedoc-pézenas 2020 | Sec | 2023>30 | 22 € — 93

Château de Nouvelles

★★☆☆☆ ✚

Le château de Nouvelles et ses 67 hectares, installé à Tuchan dans une zone assez reculée, a été un pionnier de la progression qualitative en Fitou. Initialement réputé pour ses vins doux naturels, il continue d'offrir une gamme qui s'avère réussie. L'infatigable Jean Daurat, qui a porté haut et fort la réputation du fitou pendant des décennies, est secondé par son fils Jean-Rémy. Les vins sont élégants, tant par la complexité aromatique que par la texture. Le carignan apporte une délicieuse fraîcheur. Une adresse sûre, à découvrir sans plus attendre.

- Vieilles Vignes, fitou 2020 | Sec | 2023>30 | 14 € — 91
- Gabrielle, fitou 2020 | Sec | 2023>30 | 18 € — 92
- Augusta, fitou 2020 | Sec | 2023>28 | 10.5 € — 90

Domaine Ollier-Taillefer

★★☆☆☆

Françoise Ollier et son frère Luc ont repris l'exploitation familiale. Ce domaine produit des vins empreints de naturel et d'humanisme, sans recherche du sensationnel. La cuvée de blanc, Allegro, va chercher la roussanne et le rolle mais renonce au bois pour exprimer leur naturel. Elle est très réussie en 2021. Castel-Fossibus (traduisez par-là le château de Fos) emprunte à la syrah, au grenache et au mourvèdre leur fruité fin et les notes de fumé. C'est la cuvée de référence du domaine.

- Castel Fossibus, faugères 2019 | Sec | 2024>30 | 20 € | ☘ — 90
- Allegro, faugères 2021 | Sec | 2023>25 | 14 € | ☘ — 91
- Allegro, faugères 2022 | Sec | 2023>27 | 14 € | ☘ — 92

Château Ollieux-Romanis

★★☆☆☆

Pierre Bories a hissé son domaine familial au sommet de l'appellation Corbières et le gère depuis 2001 d'une main de maître, affichant la même détermination et la même exigence dans les vignes qu'au chai. Constitué d'un vaste ensemble de 150 hectares (dont l'ancien terroir du Château des Ollieux), à une dizaine de kilomètres de Narbonne, le vignoble permet de réaliser des vins de grande élégance, de la cuvée prestige à la cuvée Or, jusqu'à Atal-Sia, réalisée en appellation corbières-boutenac, incontestablement l'un des fleurons de la propriété. Toute la gamme est au diapason, ce qui propulse cette adresse parmi nos favorites du secteur.

- Cuvée Or, corbières-boutenac 2021 | Sec | 2023>30 | 29 € | ☘ — 92
- Classique, corbières 2021 | Sec | 2022>27 | 12 € | ☘ — 90
- Atal Sia, corbières-boutenac 2021 | Sec | 2022>30 | 26 € | ☘ — 93

Domaine de L'Ostal

★★☆☆☆ ✚

Lorsque le regretté Jean-Michel Cazes (château Lynch-Bages, château Les Ormes de Pez, domaine des Sénéchaux) a investi le Minervois, ce ne fut ni par hasard, ni sans ambition. Le vignoble de 60 hectares a été replanté pour moitié et restructuré lors de son rachat en 2002. Le secteur chaud où sont implantées les vignes marque les vins, ce sont des minervois denses et sérieusement construits. Son fils Jean-Charles a fait évoluer les vins vers un style bien à lui, vrai mix entre le classicisme et l'élégance bordelaise, avec l'exubérance aromatique due aux cépages et au climat méditerranéens. Une très belle adresse, sérieuse et régulière, dont on ne se lasse pas.

- Estibals, minervois 2020 | Sec | 2023>30 | 14 € — 90
- minervois-la-livinière 2020 | Sec | 2023>30 | 23 € — 92

Domaine du Pas de l'Escalette

★★★☆☆

Julien Zernott et Delphine Rousseau ont acquis en 2002 ce vignoble implanté en terrasses entourées de murets de pierres sèches. Perchées à 350 mètres d'altitude sur une vingtaine d'hectares, au pied du plateau du Larzac, les vignes sont menées en bio, baignées d'un micro-climat frais et venté et bénéficiant de ce terroir d'éboulis calcaires du causse et de toute la biodiversité du lieu. Le fil rouge ici est la fraîcheur, permise par l'altitude du vignoble ; on la retrouve dans toutes les cuvées, sans exception, ce qui en fait un domaine à part des terrasses du larzac qui trouve la parfaite adéquation entre fraîcheur et structure. Ce domaine est une valeur sûre et incontournable, il mérite sans hésitation une troisième étoile au vu des derniers millésimes produits.

- Le Grand Pas, terrasses du larzac 2021 | Sec | 2023>30 | 28 € | ☘ — 93
- Les Frieys, terrasses du larzac 2020 | Sec | 2023>32 | 42 € | ☘ — 94
- Ze cinsault, hérault 2021 | Sec | 2023>28 | 24 € | ☘ — 92

Les domaines Paul Mas

★★★☆☆ ✚

Fils de vigneron très tôt saisi par l'entrepreneuriat, Jean-Claude Mas a réalisé une première carrière en France et aux États-Unis avant de retrouver la filière viti-vinicole. En deux décennies, ce pur languedocien a bâti un patrimoine de plus de 800 hectares de vignes et a créé des marques dont la plus fameuse demeure le savoureux Arrogant Frog. Centré aujourd'hui sur ses domaines, l'hyperactif Jean-Claude Mas sait donner aux syrah languedociennes une personnalité savoureuse, juteuse et fruitée. En blanc, le style est gourmand, porté par des chardonnays et viogniers gorgés de soleil. Hormis quelques cuvées de prestige issues des meilleures parcelles des domaines, la plupart des vins sont proposés à des tarifs angéliques, une autre caractéristique de ce que Jean-Claude Mas appelle « luxe rural ».

- Château Paul Mas - Clos du Moulinas, languedoc-pézenas 2020 | Sec | 2024>28 | 19.7 € — 91
- Domaine Les Verrières Les Pierres Plantées, languedoc 2019 | Sec | 2023>27 | NC — 92
- Astelia - Le Grand Vin, terres du midi 2018 | Sec | 2024>30 | 50 € — 92
- Château des Crès Ricards - Stécia, terrasses du larzac 2021 | Sec | 2023>27 | NC — 92

Château Pech-Redon

★★★☆☆ ✦

Christophe Bousquet est très en phase avec la nature sur son terroir faiblement arrosé par les pluies mais qui nous semble le plus qualitatif de la Clape. Sur les hauteurs de Gruissan tout près de Narbonne, à un kilomètre de la Méditerranée, avec ses 30 hectares pâturés par les brebis en hiver et menés en bio certifiée, Pech-Redon réalise de longue date les meilleurs vins du secteur de la Clape, les plus frais et complexes. La visite des blancs, notamment La Centaurée, s'impose. L'Epervier rosé est superbe. En rouge, La Centaurée fait la course à part dans un style absolu, un vin de réflexion aux tannins très fins qui surpasse Les Cades ou l'Epervier. Christophe fait de plus en plus la part belle au mourvèdre qui se plait particulièrement ici car il voit la mer.

- L'Épervier, languedoc-la clape 2020 | Sec | 2023>28 | 17 € | ☘ — 91
- La Centaurée, languedoc-la clape 2018 | Sec | 2025>32 | 25 € — 95
- L'Éperon, vin de france 2021 | Sec | 2023>28 | 15 € | ☘ — 90

Domaine Peyre Rose

★★★★☆ ✦

Cette exploitation, perdue au bout d'un chemin introuvable, est conduite en agriculture biologique par Marlène Soria. Marlène produit trois cuvées de rouge à dominante de syrah, le Clos des Cistes, Syrah Léone devenue Belle Léone, puis depuis le millésime 2003, Marlène-n°3 sur un nouveau terroir. Les Cistes proviennent de la partie la plus haute du domaine, installée sur des sols caillouteux

✦ Star ✚ Valeur sûre ⊕ À suivre de près Ⓝ Nouvelle entrée

Constance et Diane de Losfelt, Château de l'Engarran

Magnifique bâtisse construite vers 1720, le château de l'Engarran est ce que l'on appelle une folie montpelliéraine. Par attachement au lieu et par passion pour le vin, les sœurs Losfelt, Diane et Constance, ont pris la suite de leur mère qui gérait le domaine. Ingénieure agronome, Diane supervise la technique dans une démarche éco-responsable. La gamme est large, des IGP pays-d'oc savoureuses aux vins qui mettent en avant les terroirs des Grés de Montpellier et ceux de Saint-Georges d'Orques, trop méconnus. Un domaine à suivre de près. *Alain Chameyrat*

très durs. Cette cuvée porte plus d'acidité que Belle Léone, installée sur des roches plus friables et facilement traversées par l'eau : c'est souvent la cuvée la plus sensuelle. Marlène-n°3 n'est ni un troisième ni un second vin. Troisième plantation du domaine, c'est certainement la mieux plantée des parcelles avec une proportion plus importante de grenache, elle est celle qui gagne le plus au vieillissement. En blanc, Oro est à base de rolle, de roussanne et de viognier, complétés par plusieurs autres cépages languedociens. S'il fallait donner un synonyme à Peyre Rose ce serait sûrement mille et une nuits tant les finales sont envoûtantes.

- Clos des Cistes, languedoc 2014 | Sec | 2023>34 | NC — 98
- Oro, languedoc 2009 | Sec | 2023>30 | 99 € — 96
- Marlène n°3, languedoc 2014 | Sec | 2023>34 | 92 € — 99
- Belle Léone, vin de france 2014 | Sec | 2023>33 | 92 € — 98

Cave de Roquebrun

Cette cave sérieuse de Saint-Chinian-Roquebrun produit l'essentiel des vins de l'appellation avec 720 hectares d'apports dont 450 de syrah. On est ici au nord de l'appellation saint-chinian et on y produit des vins typés par leur cépage majoritaire et par la macération carbonique qui signe le style de la cave. Elle est dirigée par un nouveau directeur, Cyril Marescale et fait partie des rares coopératives languedociennes remarquées pour leur réussite. Nous apprécions la cohérence de la gamme, ces vins puissants expriment ce goût inimitable de fumé et de lardé à la finale réglissée.

- Absolu de schiste, saint-chinian roquebrun 2020 | Sec | 2023>28 | 13.46 € — 90
- Zenith de schiste, saint-chinian 2022 | Sec | 2023>27 | 9.8 € — 89
- Zenith de schiste, saint-chinian 2022 | Sec | 2023>25 | 9.8 € — 88

Château Rouquette-sur-Mer

Avec un vignoble bien tenu, Jacques Boscary montre que le secteur de la Clape peut produire de grands vins dans les trois couleurs, très appréciés et identifiables en dégustation. Voici une adresse où il n'est pas indispensable de monter haut en gamme pour se régaler, ce qui fait du château une valeur sûre. L'élégance et la gourmandise sont les caractéristiques des vins de la propriété. Amarante et Esprit-Terroir sont des entrées de gamme délicieuses. Au sommet, les cuvées Henry Lapierre, Château-de-la-Tour et Absolu revisitent la-clape avec des tannins particulièrement fins, elles sont intensément savoureuses.

- Le Clos de la Tour, la clape 2020 | Sec | 2023>30 | 34 € — 94
- Henry Lapierre, languedoc-la clape 2020 | Sec | 2023>30 | 21.9 € — 92

Château Saint-Martin de la Garrigue

Ce grand domaine de 170 hectares, dont 55 plantés en vignes, a été racheté par Tom Pedersen, un investisseur norvégien en 2019. Les terroirs exploités, sur les grés de montpellier et en picpoul de pinet, produisent des vins axés sur le plaisir et sur la fraîcheur quand le millésime s'y prête. La cuvée Bronzinelle en rouge et en blanc est régulièrement l'une des meilleures du secteur par sa précision, elle affiche un rapport qualité-prix remarquable. Onctueuse et un peu plus élégante et complexe dans son tannin, la cuvée de grés-de-montpellier qui jouait habituellement la puissance interprète un 2019 plus en finesse et un remarquable 2018.

- Bronzinelle, languedoc 2020 | Sec | 2024>30 | 12 € — 90
- languedoc-grés de montpellier 2018 | Sec | 2023>30 | 17 € — 92
- Bronzinelle, languedoc 2022 | Sec | 2023>25 | 11 € — 90

Château Sainte-Eulalie

Mené par un couple d'œnologues, le domaine est constitué de 35 hectares d'un seul tenant, sur les hauteurs de la Livinière, à environ 250 mètres d'altitude. Cette situation permet une gamme de rouges au fruité de très belle qualité. Les sols sont très caillouteux et l'intégralité de la production est en appellation minervois et minervois-la-livinière. Dès l'entrée de gamme, véritable vin plaisir comme l'indique son nom, à la Grande Cuvée, le fil conducteur reste l'équilibre, le charme, la fraîcheur et la qualité du grain de tannin.

- La Cantilène, minervois-la-livinière 2020 | Sec | 2023>30 | 16.5 € — 92
- Plaisir d'Eulalie, minervois 2022 | Sec | 2024>30 | NC — 89
- Bellezour Anima, minervois-la-livinière 2021 | Sec | 2025>32 | NC — 91

Château de Sérame

Cette ancienne bâtisse du XIIe siècle, installée à Lézignan près du canal du Midi, dans la zone des corbières, peut compter sur un large domaine de 580 hectares, dont 240 hectares de vignes, pour retrouver sa gloire passée. La famille d'Exea y nourrit de grandes ambitions et en a confié la gestion à Anne Besse. Aidée par l'excellent Aymeric Izard, le domaine propose une gamme de vins fruités et agréables, représentatifs des terroirs languedociens, entre appellations corbières et minervois. Une découverte à suivre de près.

- Les Rives d'Argens, minervois 2020 | Sec | 2023>27 | NC — 88
- Château d'Argens, minervois 2020 | Sec | 2023>28 | NC — 90

Mas de la Seranne

Le mas de la Seranne, situé dans la zone des terrasses du larzac, appartient à Jean-Pierre Venture. Ce vigneron s'est extirpé de l'industrie agro-alimentaire pour revenir à la vigne où il s'est patiemment construit un domaine d'une quinzaine d'hectares. La gamme de rouges est orientée vers la gourmandise, dans un style accessible et flatteur, faite pour être bue dès la mise sur le marché mais sans manquer de profondeur. Tous les vins partagent la note charmeuse fumée et lardée qui semble un archétype habituel de la syrah mûre, même quand ils ne contiennent pas de syrah ! Cette note est donc la patte du domaine où on retrouve le souci constant d'obtenir des tannins très souples.

- Le Clos des Immortelles, terrasses du larzac 2021 | Sec | 2024>28 | 18.5 € — 90
- Antonin et Louis, terrasses du larzac 2020 | Sec | 2024>30 | 25 € — 92
- Bonaventura, terrasses du larzac 2019 | Sec | 2024>30 | 35 € — 92

Caves du Sieur d'Arques

La coopérative du Sieur d'Arques est l'acteur économique majeur de Limoux car elle met en marché 16 millions de bouteilles. Pionnière dans la sélection parcellaire, elle poursuit la réalisation de cuvées très bien calibrées. La gamme des blancs Toques et Clochers, à base de chardonnay, issue des 4 terroirs limouxins, est élevée en barriques, à la bourguignonne, avec bâtonnages, ce qui donne des vins généreux, charmeurs et parfaitement équilibrés. Une jolie gamme de bulles de qualité complète parfaitement l'ensemble des vins de la cave. Sa régularité qualitative en fait un véritable fer de lance pour l'appellation.

- Pure Velvet, oc 2021 | Sec | 2023>28 | 9.7 € — 88
- Pure Velvet, oc 2022 | Sec | 2023>25 | 9.7 € — 86

Villa Tempora

Le domaine a été repris en 2017 par Agathe Dalisson et Amaury Coste. Les 10 hectares ont été agrandis par la plantation de cépages patrimoniaux du Languedoc. L'influence Pézenas est bien marquée dans l'ensemble d'une gamme sérieusement construite. Une adresse à découvrir que nous suivons de près.

- Les copains d'abord, coteaux du languedoc 2022 | Sec | 2023>27 | 10.5 € — 86
- coteaux du languedoc - pézenas 2022 | Sec | 2023>28 | 14 € — 89
- Démon du midi, languedoc-pézenas 2020 | Sec | 2023>30 | 17 € — 91

Domaine de Tholomies

Cette propriété de la Livinière appartient au groupe Grands Chais de France. Très bien situé au pied du Causses, le cru ne manque pas d'atout et est cultivé en agriculture bio.

- minervois-la-livinière 2019 | Sec | 2023>27 | NC — 91
- minervois 2022 | Sec | 2023>26 | 9 € — 90

Domaine Uma

Karen Turner conseille ce domaine de Valflaunès après avoir œuvré au prieuré Saint-Jean de Bébian en pézenas. Ce nouveau domaine est en fait la réunification des domaines Valcyre et Terre des Cambon réalisée par Emmanuel Clausel qui a choisi cette seconde vie après avoir travaillé dans la promotion immobilière. Les deux vins présentés en rouge sont de très bons représentants du Pic Saint-Loup, également de jolis blancs et un rosé qualitatif.

L'été 2023 verra l'ouverture d'un bar à vins.

- Hommage, languedoc 2022 | Sec | 2023>26 | 24.5 € | ☘ — 89
- Hommage, pic saint-loup 2021 | Sec | 2023>27 | 26.5 € — 89

Domaine Vaïsse

★★☆☆☆

Pierre Vaïsse possède deux hectares hérités de ses parents sur Puechabon, l'un des secteurs les plus intéressants du Languedoc à proximité d'Aniane. Il leur a ajouté 11 hectares et produit une entrée de gamme, l'Aphyllante, à majorité de mourvèdre et Galibaou du Russe issu pour moitiés de syrah et de mourvèdre. Il s'agit du nom d'un arbre ancien en bordure de la parcelle qui appartenait à... un Russe. Parfaites représentations du meilleur de l'appellation terrasses du larzac et clairement dans la cour des grands rouges, les vins ne revendiquent pourtant qu'une IGP de l'Hérault sur l'étiquette.

- Galibaou du Russe, hérault 2020 | Sec | 2023>30 | 30 € — 93
- Les garrigues, pays d'hérault 2018 | Sec | 2024>32 | 50 € — 93

Château de Vaugelas

★★☆☆☆ +

Depuis 2000, cette propriété de 150 hectares appartient à la famille Bonfils, très implantée dans les vignobles du Sud et également en Montagne-Saint-Émilion. Le vignoble a l'originalité de n'être implanté que sur une seule et même parcelle. Le terroir n'est pas facile mais le domaine parvient, par son savoir-faire et son exigence, à se positionner au niveau des très bons corbières. Les vins sont incontestablement bien vinifiés, généralement très flatteurs, exubérants, bien représentatifs de leur terroir, toujours bien équilibrés et agréables à boire. Les cuvées V et 140 en sont les représentants les plus aboutis bien que le Prieuré nous régale également pour une dizaine d'euros.

- Le Prieuré, corbières 2021 | Sec | 2023>28 | 10 € — 90
- Cuvée V, corbières 2020 | Sec | 2023>30 | 9.95 € — 92

Domaine Vila Voltaire

★★☆☆☆

Cécile Garidou et Stéphane Yerle exploitent les 15 hectares de ce domaine de Cazouls-lès-Béziers. Il est mené en bio depuis 2007 et nous avons noté de grands progrès en quelques années. Toutes les cuvées sont intéressantes dès les Orchis du Mazet. Au sommet, la Faute est une remarquable syrah élevée avec talent qui ne demande qu'à vieillir un peu.

- La Faute, saint-chinian 2020 | Sec | 2025>30 | 20 € | ☘ — 94
- Les Orchis du Mazet, saint-chinian 2019 | Sec | 2023>28 | 12 € | ☘ — 90

Le long du fleuve royal, l'eau est partout : glissante sous la coque d'une gabarre, bateau typique de la Loire, prisonnière de la pierre de tuffeau qui la conduit vers les profondeurs de la terre et le sein nourricier de la vigne.

La Loire

Comme il y a les pays de la Loire, il y a les vignobles de la Loire. Le fleuve si long traverse tant de paysages, façonne tant de terroirs. Ce sont les royaumes des grands blancs, les territoires des beaux rouges, des terres de belles bulles, des fiefs de liquoreux géants et le théâtre d'une civilisation profondément tournée vers le monde. Sa conquête commence

PROMOTION DE L'ANNÉE

DOMAINE DU CLOS NAUDIN

Les coteaux de Savennières offrent de nombreuses expositions sous lesquelles le chenin exprime le caractère des terroirs.

SAVENNIÈRES ENTRE LES MURS

MENÉE PAR DES FORTES PERSONNALITÉS, L'APPELLATION A SUIVI TRÈS TÔT UNE ROUTE SINGULIÈRE ET LES PRINCIPES D'UNE VITICULTURE BIO. AVEC L'ARRIVÉE D'UNE GÉNÉRATION AUSSI ENGAGÉE, ELLE EST À SON PLUS HAUT NIVEAU

PAR **DENIS HERVIER**

ENCHEVÊTREMENT DE BOCAGES, haies, vieux ceps, jeunes vignes, parcs et châteaux, la Loire paisible, le paysage dessine l'âme de la France. La puissance et la beauté des lieux saisit. Elle captive. Comme ici, à quinze kilomètres d'Angers, où le vignoble de Savennières couvre les coteaux exposés sud-ouest, perpendiculaires au fleuve, répartis de part et d'autre du village que l'on aperçoit lorsque l'on grimpe au lieu-dit La Petite Rivière. Le romantisme de l'endroit pousse à la méditation. Elle a d'ailleurs été pratiquée ici par les ordres religieux installés à la Roche-aux-Moines dès le XIIe siècle. Ils y développent la culture de la vigne avec la bénédiction des rois Plantagenêt. Aujourd'hui, l'appellation s'étend sur les communes de Bouchemaine, La Possonnière et Savennières, soit environ 170 hectares. Un emplacement idéal, modérément ensoleillé, à l'abri de vents trop violents et d'orages de grêle. Le chenin, cépage unique d'une appellation qui ne produit que des blancs, puise sa force et trouve une identité particulière dans des sols peu profonds de schistes sensibles à l'érosion et dans ceux de grès, roche très dure, traversée par des veines volcaniques. Par endroits, des sables éoliens, dont l'accumulation varie entre 20 et 150 centimètres, sont venus combler les aspérités du plateau en recouvrant la roche mère. Ils donnent des vins légers et fruités. Sur la roche mère, ils gagnent considérablement en complexité et en longueur.

PASSÉ, PRÉSENT, FUTUR

En 1952, lors de la création de l'appellation, le vignoble ne comptait plus qu'une soixantaine d'hectares. Le vin se vendait mal. Le renouveau économique arrive au début des années 2000, époque où les grandes familles bourgeoises de la région sont rejointes par des vignerons souvent agronomes venus d'ailleurs ou sortant de l'école supérieure d'agriculture. C'est toujours le cas aujourd'hui, avec la nouvelle génération incarnée, par exemple, par Vanessa Cherruau (château de Plaisance), les sœurs Anne et Marie Guégniard (domaine de la Bergerie), Emmanuel Ogereau, ou encore Ivan Massonnat, investisseur passionné qui a repris de belle façon l'ancien domaine Jo Pithon, rebaptisé Belargus. Ce sang neuf fait bouger les lignes. Avec des vendanges plus précoces dans la saison que par le passé, le style des vins évolue vers plus de tension. Les élevages plus longs qu'autrefois permettent aux vins de gagner en complexité. En règle générale, la fermentation malolactique est recherchée, sauf chez quelques-uns qui préfèrent l'éviter comme au domaine FL. *« Pour une plus grande lisibilité des terroirs »*, précise Julien Fournier, son directeur.

LE ROYAUME DU CHENIN

Les coteaux où l'on trouve les terroirs les plus réputés sont ceux situés sur les sols de schistes, comme ceux des fameuses Coulée de Serrant et Roche aux Moines. Les hauts de coteaux et les plateaux s'appuient sur des socles de grès, appelés aussi schistes gréseux. Certains secteurs sont très caillouteux. Moins réputés, ils donnent des vins tout en texture avec, certes, des amers moins profonds, mais toujours habillés d'un grain raffiné. En surface, cailloux et sables offrent un bon drainage, permettant une

juste maturité des baies. Comme le chenin ne mûrit jamais de façon homogène, il est nécessaire de procéder à deux ou trois tries, voire plus, au cours de la vendange. Le cahier des charges en exige au moins deux. Il spécifie également que les vendanges doivent être manuelles. Dénominations devenues des appellations à part, le vignoble de la Coulée de Serrant (sept hectares) et celui de la Roche aux Moines (une trentaine d'hectares) sont encore fortement associés à l'histoire des vins de Savennières.

DES PRATIQUES EXEMPLAIRES

Nicolas Joly, initiateur de la biodynamie dès les années 1970, a progressivement fait école dans la Loire comme dans le reste de la France viticole en matière de développement durable. Aujourd'hui, à Savennières, 70 à 75 % de la surface du vignoble est cultivée selon les principes de l'agriculture biologique. Une grande attention est portée à la vie des sols, au respect de la biodiversité, maintenue notamment grâce au paysage bocager organisé au XIXe siècle autour des parcs des nombreux châteaux du secteur. Cet écosystème abrite de nombreuses espèces de chauves-souris, qui permettent par exemple de se passer des insecticides. Après la grave crise du phylloxéra, la structure du vignoble s'est désorganisée. Les haies se sont installées dans les coulées. Cette agroforesterie naturelle est aujourd'hui au centre de toutes les attentions, avec un travail sur le développement de nouvelles haies, en prenant garde de ne pas bloquer dans le vignoble les masses d'air froid du printemps. On taille depuis quelques années de manière à échapper autant que possible aux gels printaniers tardifs et on réfléchit aussi aux porte-greffes à utiliser pour résister à la sécheresse estivale.

LE GRAND VIN BLANC

Les terroirs de l'appellation favorisent l'obtention d'une haute maturité avec souvent des vins marqués par une puissance importante. Le savennières exprime dès sa jeunesse la minéralité qui le caractérise et ces notes aromatiques fumées qui le distinguent, complétées par des arômes de tilleul, d'acacia, de poire d'Anjou et de poivre blanc. Sa texture est veloutée en attaque avant de retrouver chez les meilleurs une grande énergie en bouche. C'est aussi par sa longueur et son intensité qu'il est capable de se mesurer aux plus grands vins blancs de Bourgogne. Au bout de dix ans, il évolue vers des senteurs de coing, de miel, de cire d'abeille, de fruits secs confits. Ces grands vins de garde accompagnent merveilleusement poissons, crustacés, viandes blanches et fromages de chèvre, sans oublier tous les plats épicés de la cuisine asiatique. Dans une très grande majorité, les vins produits ici sont secs. Lors de très grands millésimes, comme 2009, 2010, 2015, 2016, 2018 ou 2020, certains vignerons produisent quelques bouteilles d'un vin liquoreux unique en son genre, issu d'une botrytisation des baies. Encouragé dès le XVIe siècle par les Hollandais qui remontaient la Loire, ce goût pour les vins doux s'est imposé jusqu'à la fin du siècle dernier. Depuis près de quinze ans, les vins secs ont pris l'ascendant, même si le cahier des charges autorise la production de vin demi-sec, moelleux ou liquoreux.

LE NUMÉRO DES SOLISTES

POUR UNE INITIATION AUX **SAVENNIÈRES** DE LIEU, mieux vaut débuter par ceux issus des terroirs de schistes recouverts de sables éoliens. Ils donnent des cuvées élégantes et subtiles. Sans abandonner cette élégance, on monte en intensité avec ceux issus des secteurs où les grès coiffent les schistes, notamment dans le secteur de la Croix Picot, au nord de l'appellation. Patchwork géologique, l'appellation produit des vins structurants là où le schiste est présent dans les sols. Ces crus ont besoin de plus de temps pour commencer de s'épanouir. Savennières a aussi ses légendes. Celles de la Coulée de Serrant, monopole mythique, et de la Roche aux Moines, dont le coteau correspond à un éperon rocheux du socle armoricain dominant la Loire. Repéré dès le Moyen-Âge par les moines, son terroir se compose de limons sableux, schistes et roches volcaniques s'appuyant sur un sous-sol de rhyolites. Grâce à l'exposition sud-est, il y fait plus chaud qu'en bien des endroits et les vignes sont bien protégées des vents.

Domaine Patrick Baudouin, Bellevue 2021
Les sables éoliens superficiels sur schistes marquent de la profondeur de ce vin à la tension savoureuse et persistante, d'une grande cohérence. Il accompagne aussi bien crustacés que volailles truffées.
93/100 - 2025>40 - 38,50 euros

Domaine des Baumard, Clos de Saint-Yves 2019
Elancé, complexe, combinant richesse et énergie, ce vin déjà très en forme mérite d'attendre encore quelques années pour être à son meilleur.
91/100 - 2023>43 - 21,20 euros

Domaine Belargus, Gaudrets 2019
Ce terroir de sables éoliens mouillés a donné à ce vin une intensité structurelle, où pour l'instant les épices émergent. Il faut l'attendre, car il a besoin de s'affiner.
91/100 - 2025>35 - 35 euros

Domaine Belargus, Ruchères 2019
Ce monopole pourvu de schistes pourpres à feuillets offre une belle profondeur en même temps qu'une tension enrobée qui s'étire avec subtilité et plénitude. Belle réussite.
95/100 - 2025>45 - 90 euros

Domaine de la Bergerie, Clos Le Grand Beaupréau 2019
Ce parcellaire bien mis en valeur par les sœurs Guégniard se situe sur la partie ouest du clos, où l'on trouve une surface de grès superficielle, d'où ce nez particulier d'abricot et d'agrumes. Bouche sensuelle élégante avec une juste fermeté.
94/100 - 2025>50 - 22 euros

Domaine de la Bergerie, La Croix Picot 2018
Nez élégant combinant le floral et le minéral, la bouche offre des accents de citron confit avec une trame saline derrière qui tient le vin.
93/100 - 2023>45 - 19,80 euros

Moulin de Chauvigné, Clos Brochard 2021
Au sud de la Croix Picot, toujours sur des schistes gréseux, ce terroir est bien mis en valeur avec ce 2021 qu'on apprécie pour son nez fumé, sa bouche longue et traçante avec une finale saline. On le sert avec un vin de filet de daurade.
91/100 - 2023>30 - 22 euros

Domaine du Closel, Clos du Papillon 2020
Bel équilibre entre matière et acidité, vin vibrant au fil de l'ouverture, d'abord timide mais de plus en plus raffiné à mesure qu'il déploie son énergie aristocratique.
94/100 - 2025>45 - Prix NC

Domaine du Closel, Les Caillardières 2020
Un 2020 en place qui charme par son expression où l'intensité à la fois saline et fumée prolongent parfaitement la finale. Un cru pour un quasi de veau.
93/100 - 2025-50 - Prix NC

Château d'Épiré, Le Hu Boyau 2019
Accents de réglisse au nez comme en bouche, avec une touche fumée, de l'élan et une réelle longueur. Cette cuvée montre les progrès de ce domaine lors des derniers millésimes.
90/100 - 2025>40 - 29,50 euros

Il y a quelques pentes sévères dans ce vignoble qui surplombe la Loire.

Château de Plaisance, savennières 2021
Ce savennières sur sable éolien et schistes à feuillet, complet dans sa définition, associe une minéralité élégante à une intensité toute en subtilité. La finale iodée entre en composition avec un carpaccio de bar.
94/100 - 2023>40 - 39 euros

Clos de la Coulée de Serrant, coulée-de-serrant 2021
Prometteur avec de l'élan, de la richesse et de la vitalité dans le fruit ; la finale s'affirme au fil de l'ouverture sur la rose épicée et une touche saline.
95/100 - 2027>45 - 84 euros

Domaine FL, La Croix Picot 2019
On a tout : intensité minérale, finesse, potentiel évident. Au bout de deux heures d'ouverture le vin gagne en profondeur et complexité. On le carafe et on le sert à table avec un beau poisson un peu gras.
93/100 - 2023>45 - 19,10 euros

Domaine FL, Le Parc 2020
L'élevage s'est effectué avec des barriques d'un vin de chez Vincent Girardin. Elles ont apporté une autre dimension au vin et dompté sa fougue de jeunesse en faisant gagner la matière en intensité. Très grand vin de ces prochaines années.
97/100 - 2027>55 - 33 euros

Domaine Loïc Mahé, "O" 2018
Nez à la fois iodé avec une touche de cédrat, bouche de belle tension, finale sur de jolis amers. Un vin à servir avec des asperges blanches de Sologne escortées d'une sauce hollandaise. Au dernier moment, on râpe de belles lamelles de truffe d'été ; la texture du vin se prête ces jeux de table.
92/100 - 2023>35 - 47 euros

Domaine aux Moines, savennières Roche aux Moines 2020
Grandissime bouteille aux accents de cire d'abeille, de fumé, de minéral, qui s'épanouissent en bouche avec des retours floraux et salin. Sa profondeur l'élève au niveau d'un grand cru de Bourgogne.
96/100 - 2025>55 - 38 euros

Domaine Ogereau, Clos Le Grand Beaupréau 2021
Nez complexe où les fruits blancs se mêlent au minéral, attaque suave, bouche tendue avec un joli rebond final salin. C'est déjà bon et le potentiel d'évolution est intéressant.
93/100 - 2023>50 - 28 euros

Domaine Ogereau, La Saponaire 2021
Nouvelle cuvée du domaine aboutie, issue de schistes et sables éoliens. Elle conjugue puissance et élégance, portée par une belle arrête saline et s'adresse à tout le monde de la plus belle des façons.
91/100 - 2023>40 - 19,80 euros

Domaine Ogereau, L'Enthousiasme 2020
Issu de la partie ouest du clos du Grand Beaupréau et ses grès superficiels. On ne peut que s'enthousiasmer pour l'énergie, la pureté et la juste maturité du fruit, bien portée par une tension cristalline. Vin superbe.
96/100 - 2025>50 - 36 euros

Domaine du Petit Métris, Clos de la Marche 2020
Ce 2020 commence à se livrer même si nous conseillons de le carafer au moins deux heures avant de le servir. Bouche encore en retrait dont on apprécie l'élan, la longueur et les jolis amers salins en finale. Belle promesse.
92/100 - 2025>40 - 14 euros

Château Pierre-Bise, Clos de Coulaine 2020
Il plaît par son confort de bouche et son attaque onctueuse sur les fruits jaunes soutenue par ce qu'il faut d'acidité. On peut déjà le boire sur une blanquette de veau.
90/100 - 2023>30 - 24 euros

Château Soucherie, Clos des Perrières 2019
Chenin de grande classe, combinant intensité, pureté cristalline et profondeur, superbe finale enlevée. C'est l'un des plus grands vins du millésime.
96/100 - 2023>50 - 28 euros

Château Soucherie, Clos des Perrières 2020
Situé au nord du village de Savennières, ce clos a donné un 2020 équilibré qui se pose en bouche avec énergie et distinction. Il sera parfait sur des crevettes grises de l'île de Ré.
93/100 - 2023>50 - 30 euros

Terra Vita Vinum, Bigottière 2020
Beaux accents d'abricot frais au nez, précédant une bouche qui s'étire progressivement sur des notes fumées et salines tout en nuances de nature à amadouer un filet de Saint-Pierre. On le carafe au moins une heure avant le service.
93/100 - 2023>35 - 75 euros

VERMEIL LIQUIDE, **GOUTTE D'OR**

CE MYTHE DE VOUVRAY REJOINT LE PANTHÉON DE NOS ÉMOTIONS. C'EST LE SACRE D'UNE FAMILLE

PAR ***DENIS HERVIER***

EN 1983, PHILIPPE FOREAU reprend le domaine familial de Vouvray mené avant lui par son père André et son grand-père Armand. Depuis 2007, c'est à son tour de transmettre progressivement à son fils Vincent son immense exigence culturale et œnologique. Gastronomique, aussi. Dans la famille, on excelle dans les accords mets et vins. Leurs onze hectares de vignes, issues de sélections massales, seront certifiés bio en 2024. *« Depuis le début, nous travaillons de la façon la plus naturelle possible. L'arrêt des insecticides en 2005 nous a permis de franchir un palier »*, explique le duo complice. En moyenne, l'âge des ceps avoisine les quarante ans. Le vignoble domine la rue de la Croix-Buissée, dans le secteur nord-est de l'appellation vouvray, juste au-dessous de la cave de tuffeau du domaine. Le coteau regarde la Loire depuis le célèbre terroir des Perruches et son sol d'argiles à silex qui recouvre le socle calcaire. Exposition sud-est. Le chenin, seul cépage, règne en maître. Ici plus qu'ailleurs, la météo de chaque millésime détermine les cuvées produites. Sec, demi-sec, moelleux lors des années chaudes, fines bulles sur le mode champenois, en méthode traditionnelle, les millésimes plus froids. Tous les jus fermentent sous bois, entre deux et trois mois, avec des levures indigènes, dans des barriques de plusieurs vins. *« Pour la pureté du vin, il ne faut surtout pas d'élevage trop long. Nous utilisons des contenants de 300 litres. Cinq pour cent d'entre eux sont neufs chaque année. »* Aucune rectification n'intervient. La notion de millésime est sacrée. La mise en bouteille a lieu au cœur du printemps. Dans cette propriété modèle, on élabore des cuvées en fonction de ce que peut donner le millésime. Ainsi entre 2012 et 2014, il n'y a eu que des secs et des effervescents, comme en 2019.

QUELLE QUE SOIT LA CUVÉE

Il faut souligner la parfaite lisibilité et transparence du sol. Elle se signale par cette touche fumée toujours subtile et cette dimension crayeuse dynamique en finale, au service du fruit. *« La véritable identité du domaine se retrouve sur le demi-sec »*, rappelle fort justement Michel Bettane. À table, ces vins font merveille, ils sont de plus en plus recherchés par la grande restauration. Avec l'âge, ils s'enrobent subtilement et soulignent les notes d'évolution qui constituent l'une des palettes les plus riches que le cépage peut donner. Les parfums de cave de tuffeau prolongent justement le terroir. Bref, des grands vins de gastronomie et de merveilleux moments d'émotion. Les moelleux se déclinent entre la cuvée domaine issue de raisins passerillés sur souches, comprenant entre 40 et 80 grammes de sucres résiduels, et la cuvée réserve où les raisins sont en majorité botrytisés, avec une échelle de sucres résiduels se trouvant comprise entre 110 et 220 grammes. Cette dernière est produite à partir des meilleurs terroirs du secteur des Perruches (3,5 hectares) lors des millésimes d'exception comme 1947, 1990, 2011, 2015 et 2020. La trie la plus riche est mise en bouteille et donne la rarissime cuvée Goutte d'Or, qui porte parfaitement son nom. Ce vin, le plus complexe de la cave, allie puissance, élégance et fraîcheur de constitution. Très souvent, il tutoie la perfection. Le domaine du Clos Naudin est également l'une des meilleures références en bulles de l'Hexagone avec son vouvray brut dans les millésimes qui permettent au chenin de conserver acidité et fraîcheur. Les Foreau réservent pour son élaboration les plus jeunes vignes du domaine, âgées en général de moins de vingt ans. Les jus effectuent une première fermentation en cuve inox. Le vin passe ensuite trois à quatre mois en fûts de plusieurs vins pour gagner en complexité. Après la mise en bouteille et la prise de mousse, il repose entre quatre et cinq ans dans les caves de tuffeau. Le temps que les bulles se patinent. Le dosage est celui d'un extra-brut, inférieur à 6 grammes.

VOUVRAY SEC

2021
Millésime froid. Grand classique, ouvert sur les notes de poire d'Anjou et d'agrumes. La roche pointe dans le nez. Droiture de constitution, touche saline qui prolonge la finale, un coureur de fond à la profondeur agile qui montre tout le travail effectué sur ce millésime difficile. Parfait avec un tartare de poisson.
94/100 - 2025>2070

2016
Millésime chaud. Ce vin énergique prend des accents terriens en cave et donne sa mesure à table, où il se fait plus maritime. Précis, ample et tonique, notes d'ananas frais nuancées de fumé et d'iode, scintillant au nez et dégagé en bouche. On le sert avec un duo poulpe et gambas, vinaigrette exotique.
96/100 - 2022>2075

2015
Millésime chaud. Sensuel, ce 2015 offre un toucher de bouche soyeux avec une belle suite iodée sur les fruits jaunes et les zestes d'agrumes où l'ananas s'affirme. Belle maturité et concentration offrent un merveilleux confort en bouche. L'expression du terroir n'est jamais loin avec cette touche fumée et cette dimension crayeuse qui électrise la finale digne de Saint-Jacques snackées au bouillon de coquillages.
96/100 - 2022>2075

2013
Millésime froid. *« Le problème a été la grêle et ses conséquences »*, précise Vincent Foreau. Le fruit se montre plus en retrait. Beaucoup de tri nécessaire à la vendange pour obtenir les équilibres souhaités. Arômes de curry et de coings, notes iodées et trame acide élégante. Idéal avec des praires.
91/100 - 2022>2032

2010
Millésime froid. Beau nez de miel d'acacia et de fruits blancs avec une touche fumée. Énergie saisissante d'empreinte cristalline et de lumière interne. Il est dans sa plénitude. On le sert avec un filet de bar au jus d'huîtres et de coquillages.
94/100 - 2022>2042

2009
Millésime chaud, 5 000 bouteilles produites en sec. Aromatique pure et éclatante, accents de fruits blancs et jaunes nuancés d'une touche de miel de printemps. L'attaque charnue est suivie d'une trame fumée dynamique qui donne de l'allant et de la sapidité, toujours avec cette énergie du corps et cette intensité finale. L'ami des langoustines rôties.
95/100 - 2022>2055

VOUVRAY DEMI-SEC

2016
Attaque précise, texture soyeuse, chair fruitée présente sur fond de belle maturité, touches exotiques et touches d'agrumes. Les sucres parfaitement intégrés à la matière construisent et prolongent le cœur et la fin de bouche d'une énergie pleine de charme. Immense promesse pour demain.
97/100 - 2022>2085

2015
Équilibres gourmands, subtils et cristallins. Vin d'exception bâti pour une garde encore plus longue que ce que nous conseillons raisonnablement. Le fumé du silex traverse le moelleux de la bouche, relevant les notes d'ananas frais, de fenouil et d'agrumes confits. Finale crayeuse du tuffeau qui l'a vu naître et de celui des caves qui le voit grandir.
98/100 - 2022>2075

2011
Millésime d'équilibre parfait entre le sucré, l'acidité et de jolis amers. Beau toucher de bouche caressant dû aux argiles, le tranchant du silex cisèle une bouche intense et pleine de rebonds. Accents de gentiane, de miel et de sésame.
97/100 - 2022>2055

2008
Renversant parfum de truffe blanche d'Alba, jus cristallin qui s'offre ici autour de notes scintillantes de fruits blancs et d'agrumes. La roche pointe sous une belle droiture. Un coureur de fond à la finale agile et à la transparence absolue. Impossible de sentir les 24 grammes de sucre résiduel.
99/100 - 2022>2052

2005
Beau bouquet d'agrumes confits, de miel, d'amande, la bouche possède un moelleux en son cœur et une finale de belle facture. Beaucoup trop jeune aujourd'hui, à attendre absolument.
96/100 - 2025>2050

1945
L'essence de ce terroir de tuffeau s'est concentrée avec l'âge. Robe acajou, accents de moka, de girolle et ce fumé qui effectue un va-et-vient permanent. Chair savoureuse dense et aérienne. Parfait sur une poularde de Bresse à la crème, poitrine fumée et champignons. Bouteille de légende et vin de grand frisson.
99/100 - 2022>2030

VOUVRAY MOELLEUX CUVÉE RÉSERVE

2018
Sacrifice d'une grande partie du sec 2018 pour cette cuvée d'exception où les 132 grammes de sucres résiduels sont dynamisés par une pure tension minérale. Volupté du corps majestueux, agile et plein de vivacité. Persistance aromatique sur la mangue, le rhum, la vanille, le safran. Une pointe crayeuse construit la finale époustouflante. Un demi-siècle sera nécessaire.
98/100 - 2022>2092

2009
Expression pure et noble du fruit et du terroir. Vague de truffe blanche dès le premier nez, de coing, d'épices orientales et de fruits jaunes confits. Merveilleux équilibre entre la suavité des arômes, la dimension épicée subtile, notes de citron confit, cardamome, poivre blanc et touche de mangue. Les 144 grammes de sucres résiduels sont miraculeusement dissous dans cette trame minérale, tendue et saline. Netteté, profondeur de texture, vibration, tout y est. Une tarte au citron meringuée s'impose.
97/100 - 2022>2062

2002
Tout en élégance et nuances, les équilibres quasi parfaits. Accents de truffe blanche, épices douces, verveine et tilleul, subtile attaque soyeuse, bouche intense à la vitalité superbe et finale cristalline marquée par le tuffeau. Excellent et transparent.
98/100 - 2022-2062

1990
Robe acajou qui tend vers l'or vieilli, ce 1990 livre un bouquet d'une rare harmonie, où les fruits rôtis côtoient les plus précieuses épices, les groseilles confites et la pâte de coing, le miel et les dattes avec une touche de caramel au beurre salé. Nez concentré, terriblement gourmand et raffiné. 220 grammes de sucres résiduels et le naturel incroyable de matière onctueuse et fraîche. L'éclat surprend pour un vin de plus de 30 ans. Équilibre parfait, temps suspendu, longueur phénoménale.
98/100 - 2022>2042

VOUVRAY MOELLEUX GOUTTE D'OR

100/100

1947
Dans un vin mythique comme celui-ci, la robe mordorée laisse échapper un bouquet qui change à chaque minute. Par ordre d'apparition, le fumé, le moka, la pomme au four, la truffe blanche, le safran, le pruneau, le miel, les fruits jaunes confits et le café. Matière moelleuse en bouche, dense et subtile, galvanisée par un crayeux fumé qui s'installe avec mesure. Il faut prendre le temps du mythe. Le parfum devient corps et le corps devient parfum.
100/100 - 2022>2047

LES VIRTUOSES DU FLEUVE ROI

DE L'ESTUAIRE À LA SOURCE, LES LÉGENDES SONT NOMBREUSES. CELLES DU PAYS NANTAIS, DE L'ANJOU, DU SAUMUROIS, DE LA TOURAINE, DU CENTRE, DU SANCERROIS. NOUS AVONS RÉUNI CEUX QUI LES RACONTENT LE MIEUX

SÉLECTION ***DENIS HERVIER***

ANJOU SAUMUR

L'Austral

N

En 2016, Pauline Mourrain et Laurent Troubat, couple d'ingénieurs reconvertis, se sont lancés dans l'aventure de la vigne en reprenant en 2016 une partie du vignoble du château Tour Grise, soit 4 hectares cultivés en biodynamie depuis 20 ans. Leurs cuvées de saumur blanc rouge offrent une belle vitalité dans l'expression du fruit, avec des finales abouties.

- **Amandiers, saumur 2020** | Sec | 2023>33 | 28 € — 89
- **Treillaujeard, saumur 2021** | Sec | 2023>35 | 34.7 € — 90
- **Vigneaux, saumur 2018** | Sec | 2023>33 | 21 € — 90

Domaine Patrick Baudouin

+

Patrick Baudouin est devenu une référence du chenin en Anjou. En puriste, il choisit la voie de l'excellence. Avec 14 hectares de vignes (dont 10 hectares de chenin, avec un hectare en quarts-de-chaume et 90 ares en savennières), situés sur les plus spectaculaires terroirs de l'Anjou Noir (schistes, grès et roches volcaniques) et cultivés en bio. Une propriété modèle.

- **Effusion, anjou 2021** | Sec | 2023>35 | 24 € — 92
- **Cornillard, anjou 2020** | Sec | 2023>33 | 38.5 € — 93
- **Bellevue, savennières 2021** | Sec | 2025>40 | 38.5 € — 93

Domaine des Baumard

Adepte des savennières secs, Florent Baumard s'efforce de transcrire les nuances de ses terroirs dans chacune de ses cuvées. Les 35 hectares de vignes couvrent les deux rives de la Loire, avec 6 hectares en quarts-de-chaume (dont deux déclassés en chardonnay), le savennières clos-du-papillon (4 hectares sur des roches volcaniques) et une importante production de crémants. Le domaine élabore 80 % de vins blancs.

- **Clos du Papillon, savennières 2018** | Sec | 2023>33 | 28.2 € — 90
- **Clos de Saint-Yves, savennières 2019** | Sec | 2023>43 | 21.2 € — 91

Domaine Belargus

✦

Depuis l'acquisition de 24 hectares dédiés au chenin et conduits en biodynamie, Ivan Massonnat est devenu l'une des figures de proue du vignoble d'Anjou. Avec ses parcellaires en savennières, coteaux-du-Layon et quarts-de-chaume, il propose de grands blancs de garde, plein de race et d'intensité. Dans les années exceptionnelles, le néo-vigneron laisse parler la magie de la pourriture noble pour produire quelques cuvées de liquoreux d'exception.

- **quarts de chaume 2018** | Liquoreux | 2023>33 | 60 € — 93
- **Gaudrets, savennières 2019** | Sec | 2025>35 | 35 € — 91
- **Ruchères, savennières 2019** | Sec | 2025>45 | 90 € — 95

Domaine de la Bergerie

Avec ses filles Anne et Marie, Yves Guégniard cultive 35 hectares de vignes en agriculture biologique. Ce travail en famille imprime une marque dynamique aux vins qui se distinguent par de plus en plus de finesse et d'éclat, avec des blancs secs tout à fait recommandables.

- **Clos Le Grand Beaupréau, savennières 2019** | Sec | 2025>50 | 22 € — 94
- **La Croix Picot, savennières 2018** | Sec | 2023>45 | 19.8 € — 93

Domaine de Bois Mozé

N

Homme d'affaires avisé, le breton René Lancien tient la barre de ce domaine d'Anjou d'une trentaine d'hectares qu'il a acheté à la fin du siècle dernier. Il en a confié les rênes à Mathilde Giraudet-Crapier, en charge des vinifications et du cultural, privilégiant l'agriculture biologique. Elle mène tambour battant une gamme habile, entre coteaux-de-l'aubance et en anjou-Villages. Les crémants comme tous les vins de la propriété, sont d'excellents rapports qualité-prix.

Bouvet Ladubay

+

Depuis son rachat de Bouvet-Ladubay, la famille Monmousseau redevient propriétaire d'une entreprise qu'elle n'a jamais cessé de diriger. Toujours en quête de nouveautés et de qualité, elle continue de produire avec une technique pointue des effervescents d'excellence. Les bulles sont stylées et associent le fruit à la minéralité du chenin, notamment sur les cuvées trésor. Le domaine produit également de très bons vins tranquilles à moins de 10 euros.

- Saphir, saumur mousseux 2020 | Brut | 2023>27 | 10.7 € 90

Château de Brézé

★☆☆☆☆

La famille de Colbert cultive son vignoble de 5 hectares autour de son prestigieux château et travaille les sols sur une faible profondeur pour son saumur blanc et son saumur-champigny. L'équipe de Stéphane Derenoncourt intervient pour les conseils et les vins se révèlent de plus en plus précis, avec un fruit bien dégagé et ce qu'il faut de profondeur.

- Cuvée Des Jumelles, saumur 2021 | Sec | 2023>25 | 22 € 87
- Cuvée de la Girardrie, saumur-champigny 2020 | Sec | 2023>33 | NC 91

Clau de Nell

★★☆☆☆

En 2008, la regrettée Anne-Claude Leflaive, une des références de la Bourgogne, aidée de son époux Christian Jacques, débutait cette histoire en Anjou. Aujourd'hui c'est leur fille Claire qui poursuit l'aventure de ce domaine en biodynamie en produisant des crus d'une grande fraîcheur. Les rouges à base de grolleau et de cabernet franc affichent un fruit plein de vitalité et les blancs sont des vins de matière à la finale toute en rebonds.

- Cabernet franc, anjou 2021 | Sec | 2023>27 | NC 90
- Grolleau, val de loire 2021 | Sec | 2023>26 | NC 91

Domaine du Closel

★★★☆☆

Sur ses 15 hectares à Savennières, Évelyne de Pontbriand observe et expérimente dans l'optique de produire des grands vins. Après avoir adopté la biodynamie, elle mène aujourd'hui un projet plus global d'agroforesterie. Ses savennières sont d'un style ample et riche, récoltés toujours mûrs, conjuguant ainsi minéralité, gras et longueur. Vins et accueil au domaine sont remarquables.

- Les Caillardières, savennières 2020 | Sec | 2025>50 | 35 € 93
- Le Clos du Papillon, savennières 2020 | Sec | 2025>45 | 84 € 94
- La Jalousie, savennières 2019 | Sec | 2023>27 | 29.6 € 89

Domaine des Closiers

★★★☆☆

Avec 15 hectares bien situés dans l'appellation saumur-champigny, autour de la commune de Parnay, Elie Moirin, Anatole de la Brosse et Loïc Yven prennent soin de ce domaine de plus en plus demandé. Les vins sont issus de vignes conduites en agriculture biologique et propose des rouges de cabernet franc vinifié avec soin pour conserver un maximum de fruit. De jolis vins énergiques et bien élevés.

- Les Coudraies, saumur-champigny 2020 | Sec | 2023>32 | 29 € 92

Domaine du Collier

★★★★☆

Dans les pas de son père Charly, ancienne figure emblématique du Clos Rougeard, Antoine Foucault a créé ce domaine de six hectares avec sa compagne Caroline Boireau en 1999. Cultivé en biodynamie, le vignoble fait aussi une belle place au chenin, sur les coteaux de Brézé. Une nouvelle cave et un enthousiasme au service des terroirs participent à l'élan actuel de ce domaine phare du Saumurois. Les rouges ont gagné en complexité, raffinement et charme. Adresse modèle.

Clos Cristal

★★★☆☆

Ce domaine mythique appartient depuis 1928 aux Hospices de Saumur à la suite du legs d'Antoine Cristal, qui le fit boire à son ami Clemenceau et à la cour d'Angleterre. Aujourd'hui le cru a été repris avec succès par la cave coopérative de Saumur. Elle replante une bonne partie du vignoble et continue à travailler en bio, élevant longuement les vins, dans une perspective honorable de faire briller ce terroir en son genre et de remettre à sa place, parmi les premiers, ce domaine unique en son genre.

- Clos Cristal, saumur-champigny 2018 | Sec | 2025>40 | 65 € 94

Domaine Fabien Duveau

★★☆☆☆

Dans ses caves souterraines du XIVe siècle, Fabien Duveau incarne la 8e génération à la tête du domaine familial de Chacé comptant une quinzaine d'hectares. Poyeux et Bourg jouent le haut de l'affiche avec des vins certifiés bios, structurés et élégants, dotés d'une belle persistance aromatique. Les 2020 sont une priorité sur l'appellation. C'est l'une des révélations de l'année.

- Poyeux, saumur 2020 | Sec | 2023>35 | 20 € 90
- Hauts Poyeux, saumur-champigny 2020 | Sec | 2025>50 | 23 € 91
- Le Bois du Chêne, saumur-champigny 2020 | Sec | 2024>50 | 34.4 € 90

Clos de l'Écotard

★★★☆☆

Cette adresse confidentielle 100 % chenin est prisée des amateurs comme des professionnels. Michel Chevré a longtemps secondé Thierry Germain (domaine des Roches Neuves), avant de constituer ce domaine de trois hectares situés à Courchamps. Thibaud, son fils, reprend les rênes en continuant sur la lancée : des blancs purs et précis, toujours salins.

- Clos Les Pentes, saumur 2021 | Sec | 2023>33 | 38 € 92
- saumur 2022 | Sec | 2023>30 | 17 € 91

Les Vignobles Edonis

★★☆☆☆

De plus en plus dynamique, Alliance Loire est devenue Vignobles Edonis que l'on peut traduire par le Val de Loire éveille les sens. Ce regroupement de caves coopératives couvrant l'ensemble de la Loire produit des cuvées de plus en plus abouties, en appellation touraine, saumur, en passant par chinon, et bourgueil. Conduit avec dynamisme par une équipe qui ne laisse rien au hasard, elle est aussi en charge de la gestion du Clos Cristal (voir plus haut).

- Vieilles Vignes, Hugues Brochard, Clisson, muscadet sèvre-et-maine 2016 | Sec | 2024>40 | 10 € 91
- Cornelius, bourgueil 2019 | Sec | 2023>33 | 16 € 90
- Clos de la Lysardière Vieilles Vignes, chinon 2018 | Sec | 2023>30 | 15 € 91

Château de Fesles

★★☆☆☆

Située près du village de Bonnezeaux, cette propriété célèbre est depuis 2008 dans le giron du groupe Grands Chais de France qui y effectue un beau travail de remise en forme et de sélection. Les 40 hectares - dont la moitié plantée de chenin, l'autre en cabernet franc - produisent des vins dans les trois couleurs. Les liquoreux sont récoltés en cinq à sept tris successifs, élevés en barriques de 400 litres, avec un tiers de bois d'acacia. En grands progrès ces derniers millésimes.

- anjou 2018 | Sec | > | 12 € 90
- La Chapelle, anjou 2019 | Sec | 2023>27 | 12 € 92

Domaine FL

★★★★☆

Docteur en informatique, Philip Fournier a créé ce domaine sur les meilleurs terroirs de l'Anjou. En 2009, son fils Julien a pris les rênes et la voie de la culture biologique. Il s'adjoint depuis 2014 les conseils de l'œnologue grec, star de la Bourgogne, Kyriakos Kynigopoulos. Les grandes cuvées sont traitées comme les climats de Côte d'Or, notamment les parcellaires de Savennières (4 hectares sur la Roche aux Moines) et le grand cru Quarts-de-Chaume. Tous ces vins de lieu sont sortis magnifiquement dans nos dégustations.

- Les Bergères, anjou 2020 | Sec | 2023>32 | 15.5 € 90
- savennières 2021 | Sec | 2023>33 | 18 € 90
- Le Parc - Ultra, savennières 2020 | Sec | 2027>55 | 33 € 96

Château de Fosse-Sèche

★☆☆☆☆

Ce domaine en biodynamie d'une quinzaine d'hectares est situé à l'extrémité du plateau de Brossay, curiosité géologique du secteur. Son terroir est composé d'un sol jurassique ne contenant pas de calcaire mais des pierres de silex et de l'oxyde de fer tandis que la situation géographique convexe apporte une exposition fraîche et venteuse. Les vins ont une droiture toute particulière.

- Gondwana, vin de france 2020 | Sec | 2023>32 | 50 € 91
- Eolithe, vin de france 2020 | Sec | 2023>33 | 21 € 90
- Laurasie, vin de france 2020 | Sec | 2024>35 | 50 € 91

Domaine Jeanne Germain et Florent Bouvet

★☆☆☆☆

La passion du cheval comme l'amour du vin animent Jeanne Germain qui a beaucoup appris aux côtés de son père Thierry, figure emblématique du domaine des Roches Neuves. Avec l'aide de son compagnon Florent Bouvet, ils cultivent 1,7 hectares en Saumur-Champigny, en biodynamie, avec l'aide de leurs chevaux Ben et Comtesse. La cuvée bavardages est un vin de plaisir immédiat qui permettant d'attendre la-coulée, un vin taillé pour la garde.

- La Foulée, saumur-champigny 2020 | Sec | 2023>32 | 19.9 € — 92
- La Foulée, saumur-champigny 2021 | Sec | 2023>35 | 19.9 € — 91
- Cabrose, saumur 2022 | Sec | 2023>24 | 13 € — 90

Domaine de la Grange Saint-Sauveur

★☆☆☆☆ N

Sur 6,5 hectares entre Angers et Saumur, Alice Gitton-Pouponneau, ex-assistante sociale, est vigneronne sur le terrain de jeu de son enfance : terroirs d'argile, de sable, d'alluvions et de grès affleurant, exposition plein est et vignes âgées de 40 à 100 ans, plantées en gobelets, issues de sélections massales. Le tout en biodynamie avec un travail des sols au cheval. Les vinifications sont peu interventionnistes, en levures indigènes, avec des quantités minimes de soufre à la mise. Cinq cuvées en vin de France avec des rouges floraux et un chenin blanc issu de vignes centenaires très réussi.

- vin de france 2021 | Sec | 2023>33 | NC — 90
- Huguette, vin de france 2020 | Sec | 2023>33 | NC — 91
- Clandestine, vin de france 2019 | Sec | 2023>26 | NC — 90

Domaine Guiberteau

★★★★☆ ✦

Romain Guiberteau exploite 17 hectares de vignes cultivées en bio, sur des terres argilo-calcaires dans les secteurs de Bizay et de Brézé, sur des sols profonds dans la région de Montreuil-Bellay. Ces vins ont gagné en pureté d'expression sur les derniers millésimes et constituent l'élite du Saumurois. De la cuvée domaine aux cuvées parcellaires, le travail est méticuleux. Il faut s'en emparer sans hésiter.

- Domaine, saumur 2022 | Sec | 2023>33 | 24 € — 91
- Les Arboises, saumur 2020 | Sec | 2026>50 | 49 € — 93
- Brézé, saumur 2020 | Sec | 2023>45 | 57 € — 96

Domaine des Guyons

★☆☆☆☆

Ce domaine de 20 hectares est l'un des grands classiques du secteur. Toujours droit dans ses bottes, Franck Bimond réalise au Puy-Notre-Dame des saumurs blancs sur argilo-calcaire recherchés pour leur aptitude à se glisser à table. Par leur richesse de constitution et leur fraîcheur, blancs secs et rouges ont de l'allant et présentent de bons rapports qualité-prix.

- Vent du Nord, saumur 2021 | Sec | 2023>30 | 8 € — 90
- Murmure, saumur 2021 | Sec | 2024>34 | 8 € — 89

Domaine de Haute-Perche

★☆☆☆☆

Ce domaine classique de l'Anjou d'une trentaine d'hectares a subi un réel changement depuis 2019, sous la houlette d'un nouveau propriétaire : conversion en biodynamie, nouveaux pressoirs, sélection massale pour les plantations de ces derniers mois. Les vinifications mais aussi l'accueil, avec dégustations et randonnées dans les vignes pour les amateurs de passage en font une adresse modèle.

- Les Fontenelles, coteaux de l'aubance 2015 | Moelleux | 2023> | 18.9 € | ☘ — 92
- Clos de derrière l'église, anjou-villages brissac 2021 | Sec | 2024>30 | 17 € | ☘ — 88
- Rougissez, anjou-villages brissac 2018 | Sec | 2023>30 | 10 € — 89

Château du Hureau

★★★☆☆ +

Philippe Vatan et son équipe travaillent leur vingtaine d'hectares selon un mode d'agriculture bio. La cuvée tuffe est une entrée de gamme sapide et les parcellaires montent en intensité : fours-à-chaux déploie une matière charmeuse, les-févettes, issu de cabernet franc planté en 1943, montre une grande finesse aromatique et récolté sur des coteaux argileux, lisagathe tout en profondeur savoureuse est taillée pour la garde.

- Lisagathe, saumur-champigny 2020 | Sec | 2025>55 | 23 € — 94
- Tuffe, saumur-champigny 2021 | Sec | 2023>33 | 12 € — 92
- Argile, saumur 2022 | Sec | 2023>32 | 18 € — 91

Domaine de Juchepie

★★★☆☆

Moustaches effilées, voix de ténor, Eddy Oosterlinck-Bracke et son épouse Mileine réalisent des grands liquoreux dans la vallée du Layon et progressent sur les secs. Les derniers millésimes possèdent une bonne vibration et le vignoble est cultivé en biodynamie. Riches et complexes, les liquoreux font office de référence. Une belle adresse en Layon où s'arrêter pour compléter sa cave.

- Le Sec de Juchepie - Le Clos, anjou 2019 | Sec | 2023>35 | 23.9 € — 91
- Quarts de Juchepie, coteaux du layon faye d'anjou 2020 | Moelleux | 2023>40 | 29 € — 92
- La Passion, coteaux du layon faye d'anjou 2017 | Liquoreux | 2023>45 | 39 € — 93

Domaine Arnaud Lambert

★★★★☆

Les vins d'Arnaud Lambert sont parmi les plus accomplis du Saumurois, avec un mode de culture proche de la biodynamie. La mise en place des cuvées parcellaires a marqué une première étape : aujourd'hui tous ces crus ont gagné en consistance et raffinement avec des élevages appropriés. Les blancs comme le clos-david, le clos-de-la-rue, le brézé ou le coulée-de-saint-cyr offrent une belle étoffe tout en conservant une minéralité épanouie. Les rouges savoureux traduisent le sol qui les a vu naître.

- Terres Rouges, saumur-champigny 2021 | Sec | 2023>37 | 14 € — 91
- Montée des Roches, saumur-champigny 2020 | Sec | 2024>40 | 22 € — 93
- Les Perrières, saumur 2021 | Sec | 2022>35 | 18.5 € — 92
- Clos du Midi, saumur 2022 | Sec | 2023>35 | 22 € — 95

Langlois-Chateau

★★☆☆☆ +

Détenu depuis 1973 par la maison de champagne Bollinger, ce domaine de référence signe une série de crémants-de-Loire de grande qualité. Les deux extra-bruts millésimés quadrille et réserve sont parmi les meilleurs de la Loire pour leur assise et leur finale enlevée. Les 95 hectares sont conduits en lutte raisonnée et les vins tranquilles produits sont vinifiés dans une optique de garde.

- crémant de loire | Brut | 2023>30 | 13.95 € — 90
- Quadrille, crémant de loire 2016 | Extra-brut | 2023>33 | 24 € — 92

Le Petit Saint-Vincent

★★☆☆☆

Ce domaine bio est tenu par un vigneron déterminé, Dominique Joseph, qui incarne la quatrième génération. Ses 12 hectares se situent autour du village de Varrains au cœur de l'appellation saumur-champigny. Pelo en rouge ou les-perruchets en blanc se boivent dans leur jeunesse et la cuvée phare, les-poyeux, propose un cabernet franc fruité et épicé.

- Les Poyeux, saumur-champigny 2020 | Sec | 2023>25 | 34 € — 92
- Les Clos Lyzières, saumur-champigny 2019 | Sec | 2023>42 | 21 € — 91

Domaine aux Moines

★★★★☆ ✦

Que de chemin parcouru par Tessa Laroche depuis son diplôme d'œnologue à Reims, en 2001, et la reprise des 12 hectares entièrement situés sur la Roche aux Moines, patrimoine de vignes d'une qualité exceptionnelle sur les meilleurs terroirs de Savennières. Dès la cuvée de jeunes vignes le-berceau-des-fées, la magie opère. Le grand vin offre une pureté en bouche au niveau du fruit et de la tension cristalline. Il évolue avec une grande complexité sur des notes salines dotées d'un rebond fumé irrésistible.

- savennières - roche aux moines 2020 | Sec | 2025>55 | 38 € — 96
- Le Berceau des Fées, vin de france 2022 | Sec | 2023>30 | 29 € — 90

Domaine de Nerleux

★★☆☆☆ N

Les vins d'Amélie Neau continuent de gagner en naturel et en distinction, grâce à réajustement des élevages. Cette quadra dynamique, qui convertit son domaine en agriculture bio, fait l'unanimité à la tête du syndicat de Saumur-Champigny auquel elle apporte un nouveau souffle. En voyant très loin pour son appellation, elle entraine dans son sillage toutes les générations, faisant ainsi bouger les lignes au niveau cultural et culturel.

- Les Nerleux, saumur-champigny 2022 | Sec | 2023>27 | 11.5 € — 90
- Les Loups Blancs, saumur 2021 | Sec | 2023>33 | 18.9 € — 91
- Clos de Paulette, saumur 2022 | Sec | 2022>30 | 13.4 € — 90

Domaine Ogereau

★★★☆☆ +

Emmanuel Ogereau bichonne ses terroirs (anjou, savennières, coteaux-du-layon Saint-Lambert) et livre une partition juste de ses chenins et cabernets, sur ses 23 hectares en agriculture biologique. Cette adresse attachante, représentative du vignoble angevin, est en progression constante depuis quelques millésimes.

✦ Star + Valeur sûre ⊛ À suivre de près N Nouvelle entrée

Nicolas Emereau, Vignobles Edonis

Si nous parlons souvent des vignobles Edonis (ex-Alliance Loire), c'est la première fois que nous mettons à l'honneur l'homme qui en assure la direction générale. Nicolas Emereau, ingénieur agricole et œnologue de formation, s'est imposé comme le grand artisan de la montée en puissance de ce regroupement ligérien de plus de 300 vignerons. Approches parcellaires, collaborations avec Philippe Faure-Brac (meilleur sommelier du monde), refonte de la gamme, projet oenotouristique ambitieux, la liste des succès de ce patron proche du terrain ne cesse de s'allonger. Il lui en reste un à décrocher et qui nous tient à cœur : le retour parmi l'élite du mythique clos Cristal. Il y travaille, vite et bien. *Louis-Victor Charvet*

Définition, finesse, élégance, gourmandise, plaisir immédiat et garde, c'est simple tout est en place et tout est bon.

- Clos Le Grand Beaupréau, savennières 2021 | Sec | 2023>50 | 28 € 93
- L'Enthousiasme, savennières 2020 | Sec | 2025>50 36 € 96
- La Martinière, quarts de chaume 2021 | Liquoreux | 2023>29 | 47.5 € 93

Chai Urbain 1006 – Pauline Lair

Après de solides expériences à l'étranger comme en France et grâce à des partenariats avec des vignerons bios, Pauline Lair a créé son chai urbain dans l'agglomération d'Angers. Baptisé 1006, un chiffre symbolique représentant la longueur en kilomètres de la Loire, la jeune femme vinifie des cuvées sans intrants (sauf si nécessaire) en IGP val de Loire. Les vins possèdent un grand naturel de constitution sans tomber dans les travers caricaturaux.

- Chenin blanc azur, val de loire 2021 | Sec | 2023>26 | 12 € 89
- Chenin blanc céleste, val de loire 2020 | Sec | 2023>30 | 22 € 90
- Cabernet franc, val de loire 2021 | Sec | 2023>27 | NC 89

Domaine du Petit Métris

Hervé et Pascal Renou réalisent plus de 70 % de leur production en liquoreux. Leurs vignes (28 hectares en production) sont implantées sur des sols à dominante de schistes, en appellation chaume (6 hectares) et quarts-de-chaume (1 hectare). Le duo forge des vins de grande pureté, frais et scintillants, avec un bel équilibre entre richesse et fraîcheur. Une adresse sûre.

- Clos de la Marche, savennières 2020 | Sec | 2025>40 | 15.9 € 92
- Clos de la Marche, savennières 2021 | Sec | 2024>30 | 14 € 91

Château de Plaisance

Jeune trentenaire, Vanessa Cherruau s'est associée à un investisseur pour reprendre en main le château de Plaisance. Poursuivant la biodynamie initiée ici dès 2008, cette fan de chenin possède une vision remarquable. Dès le premier millésime, la pureté minérale des vins est déjà impressionnante, notamment sur les cuvées parcellaires Ronceray et La Grande pièce. Le domaine confirme son renouveau et continue sur sa lancée.

- Ronceray, anjou 2021 | Sec | 2023>45 | 24 € 92
- savennières 2021 | Sec | 2023>40 | 39 € 94
- La Grande Pièce, anjou 2021 | Sec | 2023>47 | 37 € 94
- Zerzilles, anjou 2021 | Sec | 2023>37 | 47 € 93

Domaine des Roches Neuves

Thierry Germain a fait de son domaine une référence en biodynamie et en matière de grand vin. Il a su transmettre sa passion à sa fille Jeanne et son fils Louis qui sont venus le rejoindre sur la propriété. Les vins sont denses, doublés d'une énergie stimulante, et mettent en valeur les magnifiques terroirs calcaires, que ce soit le Clos Romans ou le Clos de l'Echelier. Les faibles rendements donnent de belles concentrations pour les rouges, soyeux et longs. Le difficile 2021 a été ici parfaitement maîtrisé.

- saumur-champigny 2022 | Sec | 2023>28 | 20 € 90
- Franc de Pieds, saumur-champigny 2021 | Sec | 2023>32 | 32.9 € 94
- Clos Romans, saumur 2021 | Sec | 2023>45 | 52.9 € 96
- Les Mémoires, saumur-champigny 2021 | Sec | 2023>37 | 39.9 € 95
- L'Échelier, saumur 2021 | Sec | 2025>45 | 20 € 95

Domaine de Rocheville

Homme du vin passionné, Philippe Porché, a créé son domaine dans le secteur argilo-calcaire de Parnay. Doté d'un chai plus performant, il a réussi a faire progresser la qualité la précisions de ses vins. Les rouges vont de la bouche souple (cuvée le-page) au tannin aristocratique plus profond (le-prince et le-roy). Les blancs alternent le coulant (la-jouvencelle) au vin ciselé comme le clos-de-la-thibaudière, issu d'une parcelle bien située à Brézé. On peut se faire plaisir dans toutes les catégories.

- La Dame, saumur 2019 | Sec | 2024>29 | 18.9 € | ☘ 88
- Le Prince, saumur-champigny 2019 | Sec | 2024>29 | 12.9 € | ☘ 88
- Clos de la Thibaudière, saumur 2019 | Sec | 2026>32 | 24.9 € | ☘ 92

Clos Rougeard

Propriété de Martin Bouygues, ce domaine culte vient de changer de directeur technique, avec l'arrivée de Cyril Chirouze (ex château des Jacques) qui entend perpétuer l'exceptionnelle qualité des crus produits ici. Les trois hectares siliceux et calcaires, mêlés de sables, qui donnent la cuvée poyeux, ont fait la réputation de la maison. Le clos-du-bourg, isolé depuis 1988, provient d'un hectare de vignes de près de 80 ans sur un sol calcaire, est un vin élancé de belle énergie, aux tannins précis et racés. Les autres parcelles (cinq hectares) font l'objet d'un assemblage dans le clos-rougeard, la cuvée générique. Le blanc sec, issu du terroir calcaire qualitatif de Brézé, gagne en nuances. Les 2017 commencent à bien se goûter.

- Poyeux, saumur-champigny 2017 | Sec | 2023>40 | 300 € 95
- Clos du Bourg, saumur-champigny 2017 | Sec | 2025>55 | 460 € 96
- Clos Rougeard, saumur-champigny 2017 | Sec | 2023>40 | 230 € 91

Domaine des Sables Verts

En seulement trois millésimes, Caroline Meurée et Hervé Malinge ont su imposer leurs cuvées dans le haut de l'appellation saumur-champigny. Le domaine de 16 hectares en conversion bio dont un hectare en chenin produit des rouges d'une vitalité et d'un raffinement dignes des meilleurs. Les cuvées Poyeux et Chaintres font chanter le cabernet franc.

- Les Poyeux, saumur-champigny 2021 | Sec | 2023>37 | 17.9 € 91
- Chaintres, saumur-champigny 2020 | Sec | 2025>42 | 20 € 91
- Les Rouères, anjou 2020 | Sec | 2023>37 | 16 € 92

Domaine Antoine Sanzay

Antoine Sanzay cultive ses 28 hectares selon un mode d'agriculture bio. Les vins du domaine brillent par leur finesse et leur fraîcheur et gagnent en élégance de texture sur les derniers millésimes. La cuvée domaine se boit à la régalade. Les terres-rouges développent des accents floraux et épicés sur une structure concentrée. La cuvée des poyeux est l'une des plus belles de l'appellation. Les blancs gagnent en précision.

- Les Salles Martin, saumur 2020 | Sec | 2023>43 | 30 € 92
- Les Poyeux, saumur-champigny 2020 | Sec | 2023>43 | 39.9 € 95
- Les Salles Martin, saumur-champigny 2020 | Sec | 2023>37 | 30 € 91
- La Paterne, saumur-champigny 2021 | Sec | 2023>25 | 16.9 € 91

Coulée de Serrant

Éden viticole, la coulée-de-serrant est un lieu où la vie exulte. Nicolas Joly, pionnier de la biodynamie, a fait de son vin une marque reconnue aux quatre coins du monde. Il peut aussi compter sur la vision de sa fille Virginie pour continuer à hisser ce domaine parmi les meilleurs. Quatre hectares en savennières et quatre hectares en roche-aux-moines, un vignoble brouté par les moutons, picoré par les poules, travaillé à main d'homme, en symbiose avec la nature. Observation, expérimentation, viticulture modèle et domaine incontournable

- savennières - coulée de serrant 2021 | Sec | 2027>45 | 84 € 95

Château Soucherie

Roger-François Béguinot, industriel à succès dans l'agro-alimentaire (Materna, spécialiste du lait maternel), a réussi son projet vigneron en s'alliant avec les meilleurs spécialistes. Les vins, en appellations anjou et savennières (1,80 hectare au clos des Perrières), coteaux-du-layon et chaume (quatre hectares) trouvent une expression fine et sincère. Le domaine dispose de cinq belles chambres d'hôtes et des repas orchestrés par un chef. Une halte de repos bienvenue au cœur de la Loire.

- Clos des Perrières, savennières 2019 | Sec | 2023>50 | 28 € 96
- Clos des Perrières, savennières 2020 | Sec | 2023>50 | 30 € 93

Brendan Stater-West

Originaire d'Oregon et auparavant professeur d'anglais à Paris, le passionné de vin Brendan Stater est tombé sous le charme des vins de Romain Guiberteau qui a accepté de le prendre sous son aile en tant qu'apprenti dans le cadre de son BTS viti-oeno avant de s'installer tout seul en 2015, aidé par son mentor. Menant bien ces deux vies de vigneron, il possède aujourd'hui 6 hectares et ses vins en blanc comme en rouge brillent par leur précision et leur pureté aromatique.

- Brézé, saumur 2022 | Sec | 2023>33 | NC 90
- Brézé, saumur 2020 | Sec | 2023>40 | NC 91
- saumur 2021 | Sec | 2023>32 | 21 € 90

Château de Suronde

Propriétaire des 6,5 hectares de vignes depuis 2016, Kathleen Van

✦ Star ✚ Valeur sûre ➔ À suivre de près N Nouvelle entrée

den Berghe a initié sur le domaine des pratiques biodynamiques, les progrès enregistrés sur les derniers millésimes sont significatifs.

- quarts de chaume 2018 | Moelleux | 2023>53 | 50 € 93

Terra Vita Vinum

★★☆☆☆

Luc Briand, originaire de Saint-Lambert-du-Lattay et son épouse, ancienne caviste, dirigent ce domaine situé à Mozé-sur-Louet au confluent des trois rivières : le Louet, l'Aubance et la Loire. Face à Savennières, sur une bande de schistes gréseux qui transperce le fleuve de part en part, ce vignoble de 32 hectares, converti en bio (2013) continue sa progression.

- Bigottière, savennières 2020 | Sec | 2023>35 | 75 € 92
- Bigottière, savennières 2019 | Sec | 2023>35 | 40 € 91

Château de Villeneuve

★★★★☆ +

Le talentueux Jean-Pierre Chevalier, chef de file du Saumurois, exploite au mieux et en agriculture biologique (certifiée en 2013) la côte calcaire de Souzay. Le clos-de-la-bienboire est un vin de gourmandise. La cuvée vieilles-vignes est dense avec un velouté de texture raffiné. Les blancs sont tous recommandables. Les vins évoluent parfaitement en bouteille, avec des millésimes anciens dignes de ce nom. L'un des domaines les plus excitants de la région.

- saumur-champigny 2021 | Sec | 2023>37 | 13.9 € 92
- Les Cormiers, saumur 2021 | Sec | 2023>42 | 23 € 94
- Le Grand Clos, saumur-champigny 2019 | Sec | 2022>37 | 26 € 95
- Clos de la Bienboire, saumur-champigny 2022 | Sec | 2023>30 | 14 € 90

Château Yvonne

★★★☆☆

Mathieu Vallée, cultive ses 11 hectares en bio sur les terroirs froids du secteur de Parnay. Les cuvées de rouge offrent une fraîcheur savoureuse pleine de vitalité, avec un point d'orgue sur Le-beaumeray, l'un des grands rouges ligériens, par sa plénitude en bouche qui s'appuie sur un fruité pur.

- saumur 2021 | Sec | 2023>33 | 28 € 91
- saumur 2020 | Sec | 2023>30 | 32 € 92
- La Folie, saumur-champigny 2021 | Sec | 2023>30 | 17 € 91

PAYS NANTAIS

Domaine de Bellevue

★★★★☆ ✦

Jérôme Bretaudeau, artisan vigneron, évolue de millésime en millésime vers le sommet. Son vignoble certifié en biodynamie depuis 2016 révèle toute la qualité du travail effectué. Les cuvées phares, clos-des-bouquinardières, clos-des-perrières et gaïa jouent sur une maturité de fruit et une expression entre fumé, iodé et minéral. La-justice, assemblage de savagnin et de chardonnay s'affirme dans le même registre et solera offre matière et fraîcheur tonique. Les rouges expriment le lieu qui les porte quel que soit le cépage. Le merlot ornaté, le pinot noir statera et le gamay concilient persistance aromatique et allonge subtile. Le vin de macération est une référence en la matière. Une promotion s'impose.

- La Justice, val de loire 2021 | Sec | 2023>33 | 80 € 93
- Gaïa, muscadet 2020 | Sec | 2023>37 | 49 € 95
- Clos des Perrières, muscadet 2020 | Sec | 2024>45 | 31 € 95
- Clos des Bouquinardières, muscadet 2020 | Sec | 2023>40 | 26 € 94
- Statera, vin de france 2019 | Sec | 2023>35 | 38 € 94
- Statera, vin de france 2021 | Sec | 2023>37 | 75.9 € 94

Domaine Brégeon

★★★☆☆ ➔

Dans le Muscadet, Frédéric Lailler continue sa marche en avant, avec un mode de culture bio sur les dix hectares du domaine. Le patrimoine de vignes se révèle qualitativement impressionnant (six hectares sur les gabbros de Gorges et un hectare dans le secteur granitique de Clisson). La moyenne d'âge du vignoble avoisine les 65 ans. Entre 7 et 14 euros, il faut se précipiter pour se constituer un bon fond de cave.

- Original, muscadet sèvre-et-maine 2022 | Sec | 2023>42 | 9.5 € 90
- Gorges, Vallet, muscadet sèvre-et-maine 2018 | Sec | 2023>45 | 18.5 € 91
- Clisson, muscadet sèvre-et-maine 2019 | Sec | 2024>45 | 17.5 € 93

Château du Cléray

★★★☆☆ +

Comme tous les grands du Muscadet, ce vignoble de 95 hectares propose des cuvées communales complexes. Le cru Vallet est l'un des plus abouti et la cuvée haute-culture est une vraie réussite pour les amateurs de muscadets de garde. Belle adresse, prix très sages.

- Haute Culture - Jardins secrets, muscadet sèvre-et-maine 2004 | Sec | 2023>27 | 9 € — 92
- Vallet, muscadet sèvre-et-maine 2018 | Sec | 2023>33 | 3.9 € — 92
- sur lie, muscadet sèvre-et-maine 2022 | Sec | 2023>27 | 8.5 € — 88
- Vallet, muscadet sèvre-et-maine 2018 | Sec | 2023>28 | 12 € — 90

Domaine Gadais Père et Fils

Dans le secteur de Saint-Fiacre, Christophe Gadais, épaulé depuis quelques millésimes par son fils Pierre-Henri (domaine de la Combe), possède un vignoble d'une cinquantaine d'hectares, principalement sur un sous-sol de gneiss. En famille, ils produisent des cuvées expressives et de belle tension. Prix doux entre 5 et 12 euros et grande régularité.

- Peninsula Vieilles Vignes, muscadet sèvre-et-maine 2020 | Sec | 2023>32 | 10 € — 90
- Plantation 1947, Monnières, muscadet sèvre-et-maine 2015 | Sec | 2023>37 | 14.3 € — 91
- Les Perrières Monopole, muscadet sèvre-et-maine 2019 | Sec | 2023>40 | 17 € — 92

Vignobles Günther-Chéreau

Véronique et Aurore Günther-Chéreau, mère et fille dirigent ce domaine attachant qui œuvre depuis toujours à la reconnaissance des grands vins du Muscadet. La progression du domaine est constante sur les derniers millésimes, sur les cuvées communales comme sur les entrées de gamme. Les prix restent modérés et on peut faire provision de vieux millésimes. Une adresse sûre et de qualité.

- Château de la Gravelle, muscadet sèvre-et-maine 2020 | Sec | 2022>27 | 10.5 € — 91
- Château de la Gravelle - Gorges, Gorges, muscadet sèvre-et-maine 2020 | Sec | 2023>42 | NC — 91
- Château Thébaud, muscadet sèvre-et-maine 2020 | Sec | 2023>32 | 16.5 € — 94
- Monnières, muscadet sèvre-et-maine 2018 | Sec | 2023>33 | 16.5 € — 92

Domaine Jérémie Huchet

Jérémie Huchet, vigneron œnologue, a propulsé son domaine de la Chauvinière (60 hectares), au panthéon des grands muscadets. Il profite d'un terroir unique, situé au cœur du vignoble et composé de granite de Château-Thébaud. Les vignes y sont conduites en lutte raisonnée et les vinifications s'effectuent dans un ancien monastère. Des entrées de gamme aux cuvées parcellaires, toute la gamme se révèle sans faille.

- Clos des Monthys, muscadet sèvre-et-maine 2021 | Sec | 2023>43 | 11 € — 94
- Le Chemin des Prières, muscadet sèvre-et-maine 2021 | Sec | 2023>33 | 11.5 € — 92
- Les 15 Hommées, muscadet sèvre-et-maine 2022 | Sec | 2023>33 | 10.3 € — 93

Domaine La Haute Févrie

Entre Saint-Fiacre et Monnières, à 18 kilomètres au sud-est de Nantes, Claude et Sébastien Branger vendangent à la main leurs 26 hectares convertis à l'agriculture biologique. Les cuvées reflètent l'expression la plus fidèle des terroirs, avec de belles perspectives d'évolution dans le temps. Les vins sont élégants et tendus, avec plus de complexité pour les-gras-moutons, le monnières-saint-fiacre et le château-thébaud. Une valeur sûre.

- Monnières-Saint-Fiacre, muscadet sèvre-et-maine 2018 | Sec | 2023>42 | 14 € — 91
- Château Thébaud, muscadet sèvre-et-maine 2019 | Sec | 2023>37 | 12.35 € — 92
- Pont Caffino, muscadet sèvre-et-maine 2022 | Sec | 2023>34 | 9 € — 91

Domaines Landron

Depuis plusieurs décennies, Jo Landron figure parmi les meilleurs producteurs de muscadet. Les domaines (Louvetrie et château de la Carizière) réunissent 46 hectares, cultivés en bio. Ses crus évoluent parfaitement avec le temps. Avec des prix qui restent très sages, cette adresse est une référence. Plus qu'un chef de file, une inspiration pour tous.

- Les Houx, muscadet sèvre-et-maine 2021 | Sec | 2023>30 | 14 € — 90
- Fief du Breil, muscadet sèvre-et-maine 2019 | Sec | 2023>47 | 26.9 € — 94
- Clos La Carizière, muscadet sèvre-et-maine 2020 | Sec | 2025>40 | 13 € — 93

Domaine Le Fay d'Homme

Sur ce domaine de 27 hectares du secteur de Monnières-Saint-Fiacre et de Gorges, la famille Caillé mène son vignoble en bio et biodynamie, sur des terroirs de gneiss ou orthogneiss, recouverts par une couche de surface mêlée de graviers et d'argiles. Les derniers millésimes témoignent de la progression des différentes cuvées dans leur pureté d'expression.

- Clos de la Févrie, muscadet sèvre-et-maine 2020 | Sec | 2023>37 | 13.5 € — 91
- Terre de Gneiss, muscadet 2019 | Sec | 2023>32 | 24.5 € — 93
- Gorges, muscadet sèvre-et-maine 2018 | Sec | 2023>45 | 17.75 € — 93

Famille Lieubeau

Les Lieubeau constituent l'une des familles les plus talentueuses du Muscadet. Toutes leurs cuvées ont gagné en pureté de style et en expression, de l'entrée de gamme aux sélections parcellaires et communales. La conversion en bio d'une bonne partie du domaine montre l'attachement aux valeurs environnementales et dans les plus vieilles vignes, on prend soin des sols grâce à l'écopâturage d'hiver des moutons d'Ouessant et à un travail réalisé au cheval. Superbes rapports qualité-prix.

- Château Thébaud, muscadet sèvre-et-maine 2019 | Sec | 2023>42 | 19 € — 94
- Confluent, muscadet sèvre-et-maine 2022 | Sec | 2023>30 | 11.5 € — 90
- Clisson, muscadet sèvre-et-maine 2019 | Sec | 2024>44 | NC — 94
- Clisson, muscadet sèvre-et-maine 2020 | Sec | 2026>47 | 17.5 € — 93

Domaine Luneau-Papin

Pierre-Marie et Marie Luneau sont l'un des couples parmi les plus dynamiques du vignoble français. Leur savoir-faire sur leur vignoble de 42 hectares et leur faire savoir n'ont pas d'égal sur la région. Le travail à la vigne s'effectue selon les principes de l'agriculture bio et de la biodynamie et les cuvées sont des grands vins de gastronomie, dont l'évolution dans le temps constitue un modèle du genre. Nos dégustations placent toujours ce domaine au sommet.

- Excelsior, Goulaine, muscadet sèvre-et-maine 2020 | Sec | 2027>50 | 28 € — 94
- L d'Or, muscadet sèvre-et-maine 2013 | Sec | 2023>30 | 20 € — 93
- Terre de Pierre, muscadet sèvre-et-maine 2021 | Sec | 2023>45 | 17.5 € — 92
- Gula-Ana, muscadet sèvre-et-maine 2020 | Sec | 2023>40 | 28 € — 94

L'Orée du Sabia

Fort de son expérience sous toutes les latitudes du vignoble mondial, Bastien Mousset a créé en 2017 ce vignoble qui compte neuf hectares, nichés au cœur de l'écosystème vendéen de Brem-sur-Mer sur des sols majoritairement composés de limons. Avec la biodynamie comme credo cultural, le jeune homme produit des vins en IGP pleins de vitalité, avec juste ce qu'il faut de complexité.

- Le Clos, val de loire 2020 | Sec | 2023>33 | 21.8 € — 92
- Les Barrelières, val de loire 2019 | Sec | 2023>33 | 9 € — 91
- Les Abattis, val de loire 2019 | Sec | 2023>33 | 17.5 € — 91

Domaine de la Pépière

Ce domaine référence du Muscadet (39 hectares) subliment les sols granitiques des coteaux de la Maine. Rémi Branger et Gwénaëlle Croix y possèdent une vision commune de la viticulture biologique : taille courte, sélection massale pour le renouvellement du vignoble, labour des sols, récolte manuelle, etc. Des grands vins de style, salins, précis, toujours énergiques et raffinés. Rapport qualité-prix exceptionnel et priorité pour l'amateur.

- Château-Thébaud, muscadet sèvre-et-maine 2019 | Sec | 2026>46 | 15 € — 92
- Clisson, muscadet sèvre-et-maine 2020 | Sec | 2027>42 | 17 € — 93
- Gorges, muscadet sèvre-et-maine 2019 | Sec | 2024>42 | 15 € — 93

Domaine Saint-Nicolas

Thierry Michon, bien secondé par ses fils Antoine et Mickaël, est le chef de file du vignoble vendéen, pionnier de la biodynamie dans la région depuis 1993, il continue de faire rayonner ses 42 hectares d'argiles, de schistes et de quartz, situés sur le terroir atlantique de Brem, dans le pays des Olonnes, entre marais et forêt. L'influence océanique apporte une fraîcheur saline unique aux vins. Ce domaine exemplaire reçoit avec beaucoup de gentillesse.

- Reflets, fiefs vendéens 2020 | Sec | 2023>40 | 15 € — 92
- Le Poiré, fiefs vendéens 2021 | Sec | 2023>40 | 24 € — 92
- Plante Gâte, fiefs vendéens 2013 | Sec | 2023>40 | 37.9 € — 92
- Les Clous, fiefs vendéens 2021 | Sec | 2023>40 | 17 € — 92

SANCERRE CENTRE

Domaine Agisson

Trentenaire avisé, Jean-Philippe Agisson a été durant une décennie le maître de chai d'Alphonse Mellot, poste qu'il occupe aujourd'hui chez Louis-Benjamin Dagueneau. Il soigne aussi un vignoble de poupée (1,5 hectares) installé autour de Sury-en-Vaux avec des vignes en Sancerrois. Respect de la vie de ses sols, maîtrise des rendements, élevages prolongés en demi-muids ou en barriques de plusieurs vins, nous sommes sous le charme des sancerres blancs et rouges. Les premiers millésimes en pouilly-fumé (2020 et 2021) sont aussi prometteurs. Découverte de l'année.

- **La Belle endormie, pouilly-fumé 2021** | Sec | 2023>30 | NC — 92
- **Equilibre, sancerre 2021** | Sec | 2023>33 | NC — 91
- **Les Filles, sancerre 2020** | Sec | 2023>33 | 89 € — 92

Domaine du Bouchot

En quelques millésimes, Antoine Gouffier a imposé son domaine parmi l'élite de l'appellation pouilly-fumé. Ses 10 hectares de vignes, certifiés Déméter, sont idéalement situés sur le flanc sud-ouest de la butte de Saint-Andelain. Les vins, de juste maturité, sont parfaitement ciselés. Le millésime 2020 avait retenu notre attention, 2021 suscite notre enthousiasme.

- **Terres blanches, pouilly-fumé 2021** | Sec | 2023>33 | 36 € — 93
- **Caillottes, pouilly-fumé 2021** | Sec | 2023>33 | 32 € — 92
- **MCMLV, pouilly-fumé 2021** | Sec | 2023>42 | 36 € — 95

Domaine Gérard Boulay

La tenue des 12 hectares de vignes reflète le degré d'exigence de Gérard Boulay, vigneron chevronné du Sancerrois qui fait briller l'appellation à travers le monde. Travail régulier des sols, enherbement des parcelles les plus pentues pour limiter l'érosion, bannissement des pesticides et du cuivre, tout est mis en œuvre dans un souci d'agriculture modèle. Une adresse à ne pas manquer.

- **Monts Damnés, sancerre 2021** | Sec | 2023>43 | 38 € — 93
- **Clos de Beaujeu, sancerre 2021** | Sec | 2023>31 | 38 € — 91
- **La Côte, sancerre 2021** | Sec | 2023>45 | NC — 93

Famille Bourgeois

Installés à Chavignol, Arnaud, Lionel et Jean-Christophe Bourgeois cultivent l'esprit de famille. Ils écoutent avec attention les précieux conseils de leur père Jean-Marie, intarissable sur les marnes kimméridgiennes qui constituent une bonne partie des 72 hectares du domaine répartis essentiellement en sancerre et en pouilly-fumé. Le sol enherbé fait le bonheur des insectes pollinisateurs tout en limitant l'érosion, de quoi obtenir les plus beaux raisins pour des cuvées gorgées de fruit, des crus de haut vol et des parcellaires qui jouent dans la cour des grands.

- **La Demoisellle de Bourgeois, pouilly-fumé 2020** | Sec | 2023>30 | 25.3 € — 92
- **d'Antan, sancerre 2020** | Sec | 2023>37 | 36 € — 95
- **Grande Réserve, sancerre 2022** | Sec | 2023>30 | 19.9 € — 91

Clos de Breuilly

Situé à Cesset dans l'Allier, ce joli domaine de l'appellation saint-pourçain a complètement été relancé par une petite équipe de passionnés et de mordus des terroirs volcaniques. Les vins, vinifiés par Brian Barbara et commercialisés par Ambroise Demonceaux, affichent tous de belles qualités de fruit et de plaisir. Sur huit hectares cultivés en bio depuis 2006, pinot noir, gamay et tressalier pour les blancs sont des purs vins de plaisir. Le domaine qui a mis du temps à trouver son style s'oriente désormais vers plus de finesse.

- **Saint-Pourçain, saint-pourcain 2021** | Sec | 2023>27 | 18 € — 90
- **Barnabooth, saint-pourcain 2021** | Sec | > | 24 € — 91
- **Saint Pourçain, saint-pourcain 2021** | Sec | 2023>28 | 20 € — 89

Domaine du Carrou

Situé à Bué, ce domaine de 11 hectares propose des vins qui évoluent parfaitement dans le temps. Les rouges séduisent par leur fraîcheur de constitution, leur toucher de tannin soyeux et la complexité de leurs parfums. C'est une belle adresse pour les amateurs de vieux millésimes. Ceux récents sont plus que prometteurs dans les deux couleurs.

- **Chêne Marchand, sancerre 2022** | Sec | 2023>33 | 24 € — 92
- **La Jouline, sancerre 2022** | Sec | 2023>33 | 23 € — 91
- **Les Déserts, sancerre 2021** | Sec | 2023>33 | 36 € — 92

Domaine de Chavet et domaine de l'Ermitage

Antoine de la Farge, ancien acheteur chez Nicolas, a remis sur pieds cette marque, nouvelle valeur refuge de l'appellation. Les 12 hectares de Menetou sont récoltés à la main et forgent une gamme lisible et réussie qui s'étoffe depuis 2019 du domaine Chavet (30 hectares). Les bâtiments techniques fonctionnels et le développement des cuvées parcellaires permettent une belle progression du domaine. À côté de cela, un petit négoce à son nom, sur 42 hectares, permet de développer la gamme de vins essentiellement ligériens.

- **La Côte, menetou-salon 2022** | Sec | 2023>33 | 15.5 € — 91
- **La Côte, menetou-salon 2022** | Sec | 2023>30 | 11.9 € — 91
- **Clos de Coquin, menetou-salon 2021** | Sec | 2023>27 | NC — 91

Domaine Daniel Chotard

En fin de conversion bio sur le millésime 2021, ce domaine bien mené par le talentueux Simon Chotard développe des cuvées parcellaires parmi les meilleures du Sancerrois. Plus souples, les sancerre tradition constituent de savoureuses entrées de gamme. Les 2021 blancs possèdent les équilibres classiques que l'on aime.

- **sancerre 2022** | Sec | 2023>27 | 25.9 € — 90
- **Racines, sancerre 2021** | Sec | 2023>33 | NC — 92
- **Les Grandes roulottes, sancerre 2021** | Sec | 2023>33 | NC — 93

Domaine Lucien Crochet

Ce domaine phare de Bué possède une superficie de 35 hectares, avec 26 hectares de sauvignon et neuf hectares de pinot noir. Son vignoble, essentiellement situé sur des roches argilo-calcaires, donne des vins élégants, en blanc comme en rouge, grâce à des élevages maîtrisés et mesurés. Après la disparition de Gilles Crochet, son épouse Laurence et une solide équipe technique reprennent le flambeau. Les vins sont des références.

- **Le Chêne Marchand, sancerre 2019** | Sec | 2023>33 | 24.7 € — 94
- **Prestige, sancerre 2016** | Sec | 2023>33 | 39.6 € — 92
- **Les Calcaires, sancerre 2020** | Sec | 2023>30 | 18.7 € — 92

Domaine François Crochet

Les vins jouent la carte de la finesse entre ceux issus des terroirs calcaires (grand et petit-chemarin) et ceux issus des silex (exils). La cuvée de blanc domaine, assemblage de ces différents terroirs, offre un confort et croquant tandis que les-amoureuses (parcelles argilo-calcaires) affiche une profondeur de champ et de la tension saline. François et Carine Crochet accueillent au domaine selon les codes de l'hospitalité sancerroise. Une belle adresse qui brille par régularité et son raffinement.

- **sancerre 2022** | Sec | 2023>27 | 26.8 € — 90
- **Chêne Marchand, sancerre 2020** | Sec | 2023>33 | 30 € — 93
- **Les Marnes, sancerre 2020** | Sec | 2023>42 | 35 € — 94

Domaine Didier Dagueneau

« Soyez réalistes, demandez l'impossible » est-il inscrit à l'entrée du domaine en guise de ligne de conduite. Louis-Benjamin Dagueneau bichonne ses 12 hectares de vignes et les terroirs font le reste, que ce soit l'argile dure à gros silex sur le haut de la butte de Saint-Andelain (pour la cuvée silex), les argiles plus riches en bas de coteau (buisson-renard) ou les marnes calcaires (astéroïde). En sancerre, la cuvée des Monts-Damnés est une référence absolue.

- **Silex, pouilly-fumé 2020** | Sec | 2023>41 | 179 € — 96
- **Le Mont Damné, sancerre 2020** | Sec | 2023>43 | 169 € — 98
- **Astéroïde, pouilly-fumé 2020** | Sec | 2023>50 | NC — 97

Domaine Denizot

Les 18,5 hectares de ce domaine familial sont répartis pour 65 % dans le secteur d'Amigny et pour 35 % dans les communes de Verdigny, Chavignol et Sancerre. Sur les derniers millésimes, les vins ont gagné en fruit et en précision. C'est le domaine qui monte, suivons-le de près.

- **Damoclès, Côte de l'Epée, sancerre 2021** | Sec | 2023>30 | 25.5 € — 92
- **pouilly-fumé 2021** | Sec | 2023>33 | 19 € — 93
- **Les Bouffants, sancerre 2021** | Sec | 2023>30 | 18 € — 91

Domaine Désormière

On est séduit par le sérieux de Thierry et Éric Désormière, investis aussi bien à la vigne qu'en cuverie. Ils traduisent l'émulation qui existe en côte-roannaise où ils exploitent 15 hectares. La cuvée de sable perdrizière possède un fruité gourmand et la cuvée de granite, montolivet, un tannin plus dense. Les-têtes désigne une sélection des meilleurs raisins issus de vieilles vignes.

- Perdrizière, côte roannaise 2022 | Sec | 2023>28 | 9 € — 91
- Tradition, côte roannaise 2022 | Sec | 2023>25 | 13 € — 89

Domaine Fouassier

Les cousins Paul et Benoît Fouassier avancent avec conviction et ambition. Les 60 hectares (dont dix de pinot noir) sont conduits en biodynamie et les cuvées nombreuses sont vinifiées en levures indigènes. L'ensemble des vins, élevé pour préserver le fruit et l'expression du terroir livre de l'énergie et de la gourmandise. Une maison en progression dont les prix restent sages.

- Les Chasseignes, sancerre 2019 | Sec | 2022>32 | 18 € — 91
- Le Vallon, sancerre 2019 | Sec | 2022>32 | 17.5 € — 89

Domaine Gilbert

✚

Philippe Gilbert, vigneron en biodynamie continue de progresser. Les récents ajustements permettent d'être au plus près du raisin et du terroir. Les blancs sont subtils et ciselés. Une adresse exemplaire que ce domaine de 30 hectares, devenu l'un des meilleurs ambassadeurs dans le monde des vins du Berry. Les derniers millésimes sont d'une grande pureté.

- Clos des Treilles, menetou-salon 2020 | Sec | 2023>30 | 26 € — 93
- Domaine, menetou-salon 2021 | Sec | 2023>30 | 21 € — 92
- Domaine, menetou-salon 2021 | Sec | 2023>27 | 19 € — 90

Domaine Guillerault-Fargette

N

Gilles Guillerault et Sébastien Fargette se sont associés sur ce domaine de Crézancy (21 hectares) en certification bio depuis 2022. Fabien Duperray, vigneron prodige et consultant du Beaujolais accompagne cette propriété en progression constante, depuis quelques années, avec des cuvées d'entrée de gamme bien menées et des parcellaires aboutis.

- Les Panseillots, sancerre 2022 | Sec | 2023>33 | 16 € — 92
- Chêne Marchand, sancerre 2020 | Sec | 2023>33 | 23 € — 92
- Montchauvy, sancerre 2019 | Sec | 2023>33 | NC — 93

Comte Henry d'Assay

⊛

Corinne et Henry d'Assay ont créé cette petite structure de négoce spécialisée dans le sauvignon. Fin sélectionneur, Henry use de toute son expérience du cépage et des terroirs pour signer des vins ciselés et tranchants. Pouilly-fumé et sancerre sont les grandes réussites de la maison. Les vins recherchent la pureté sans rien perdre de leur charme immédiat. Grands rapports qualité-prix.

- Calcaire, pouilly-fumé 2022 | Sec | 2023>32 | 23 € — 90
- Les Marnes, pouilly-fumé 2019 | Sec | 2023>27 | 18 € — 91

Domaine Laporte

Ce domaine de Sancerre bien mené en agriculture biologique appartient à la famille Bourgeois. Elle y produit cinq cuvées, dont le-rochoy, issue d'une large parcelle exclusive de 8,5 hectares d'argiles et de silex, et le grand-rochoy, une sélection de ce coteau avec les vignes de 50 ans. Notre préférence va au grand-rochoy et en rouge, à la cuvée les-royaux, un pinot infusé et délicat.

- Le Rochoy, sancerre 2022 | Sec | 2023>33 | 21.9 € — 92
- Le Grand Rochoy, sancerre 2020 | Sec | 2023>37 | 21.3 € | ☘ — 93
- Les Grandmontains, sancerre 2022 | Sec | 2023>32 | 20 € — 91

Guillaume Sorbe - Les Poëte

⊛

Sur son domaine de sept hectares de sables et de graves alluvionnaires travaillé comme un jardin, répartis sur 28 parcelles, Guillaume Sorbe récolte au meilleur moment pour conserver toute l'expression du fruit, pas trop tard pour conserver la fraîcheur. Il cisèle une gamme de quatre blancs et un rouge d'un niveau remarquable. Adresse hautement recommandable.

- Argos, quincy 2018 | Sec | 2023>33 | 29 € — 92
- pouilly-fumé 2020 | Sec | 2023>33 | 22 € — 92

Domaine Alphonse Mellot

✦

Habile vinificateur, Alphonse Mellot livre une lecture passionnante de Sancerre, avec des cuvées parcellaires qui détaillent chaque terroir. L'âge des vignes, d'une moyenne de 75 ans, lui permet d'offrir une gamme impeccable dont la première marche – la cuvée domaine – est déjà au plus haut niveau. 18 hectares en IGP côtes-de-la-charité, témoignent aussi sa maîtrise du chardonnay. On salue le travail et l'inspiration de ce passionné infatigable, qui couronne plus de trente années de recherche et d'intransigeance.

- Les Romains, sancerre 2021 | Sec | 2023>39 | 48 € — 95
- La Demoiselle, sancerre 2021 | Sec | 2023>43 | 40 € — 94
- La Moussière, sancerre 2022 | Sec | 2023>33 | 27.5 € — 92
- Le Paradis, sancerre 2019 | Sec | 2023>42 | 124 € — 98

Domaines Joseph Mellot

✚

L'attachante Catherine Corbeau-Mellot continue de faire progresser le domaine, pilotant une équipe culturale et technique performante. Ses fils Adrien et Armand sont de plus en plus partie prenante et ont une vraie vision des vins du Centre. Les menetou, pouilly ou sancerre et autres reuilly Commanderie, quincy Clos-de-la-Victoire sonnent juste avec des élevages millimétrés. Les vins ont des choses à dire à table.

- La Chatellenie, sancerre 2022 | Sec | 2023>33 | 22 € — 93
- Domaine des Émois, sancerre 2022 | Sec | 2023>35 | 23 € — 94
- Clos de la Victoire, quincy 2022 | Sec | 2023>27 | NC — 90

Domaine Minchin

✚

Avec 17 hectares, Bertrand Minchin, vigneron jovial et attachant, est l'une des valeurs sûres des appellations menetou-salon et valençay. Au fil des millésimes, il peaufine le style de ses rouges qui comptent parmi les meilleurs du secteur et les blancs imposants et structurés gagnent en précision. Superbes rapports qualité-prix.

- Morogues, menetou-salon 2022 | Sec | 2023>33 | 14.9 € — 91
- Hortense, touraine 2022 | Sec | 2023>33 | 12.5 € — 93
- Les Mi-Voies, valençay 2022 | Sec | 2023>27 | 11.5 € — 90

Domaine Henry Pellé

✚

Paul-Henry réenchante cette adresse familiale en appellation menetou-salon qui monte en qualité. La mise en avant des cuvées parcellaires et la maîtrise des élevages sous bois avec de plus en plus de grands contenants (foudres et cuves) concourent à l'excellence du domaine qui ajoute une exigence de plus avec la certification en agriculture biologique depuis 2021.

- Les Blanchais, menetou-salon 2021 | Sec | 2023>42 | 19 € — 93
- Les Cris, menetou-salon 2020 | Sec | 2023>33 | 25 € — 92
- Le Carroir, menetou-salon 2021 | Sec | 2023>37 | 22 € — 92

Le Piton - Sancerre

N

Ce domaine, né de la réunion des familles Jolivet et Oddo, peut s'appuyer sur quelques huit hectares idéalement situés autour du piton de Sancerre. Cultivés en bio et certifié HVE3, ils produisent un sauvignon de belle facture, issu de vignes de plus de 30 ans, vinifié avec soin dans le respect du terroir de silex et d'argilo-calcaires. Il faudra suivre avec attention son évolution ces prochaines années.

- Le Piton, sancerre 2022 | Sec | 2024>30 | 30 € — 92

Domaine Matthias Planchon

✚

Les bâtiments techniques flambants neufs trônent au milieu du Paradis, lieu-dit de Sancerre. C'est là que le jeune Mathias Planchon a installé sa cave. Il possède également des parcelles sur le lieu-dit marqué par le silex Les Herses. Ces différences de sol se retrouvent dans les cuvées de ce domaine de 5,5 hectares, cultivés en bio et bientôt en biodynamie. Les 2019 goûtés à la propriété traduisent parfaitement le lieu qui les porte. Les 2020 haussent le ton.

- Les Herses, sancerre 2020 | Sec | 2023>33 | 55 € — 93
- Le Paradis, sancerre 2020 | Sec | 2023>32 | 65 € — 93
- Les Herses, sancerre 2020 | Sec | 2023>33 | 59 € — 92

Domaine des Pothiers

Romain Payre est devenu l'un des meilleurs ambassadeurs du gamay de la Côte-Roannaise où il excelle depuis déjà quelques

✦ Star ✚ Valeur sûre ⊛ À suivre de près N Nouvelle entrée

Lorraine Oddo, Le Piton Sancerre, Oddo Vins et Domaines

Huit ans ont suffi à Lorraine Oddo et son père Pascal pour se muer en chefs d'entreprises du vin accomplis. Après avoir créé un fonds d'investissement, cette famille d'origine italienne avait besoin d'un nouveau défi et d'un retour aux racines. Quelques milliers de bouteilles plus tard, elle a acquis le domaine du Vallon des Glauges en Provence, un prestigieux *estate* sud-africain (Taaibosch), mis un pied en Sicile avec la famille Planeta (Serra Ferdinandea) et s'est associée avec la famille Jolivet pour produire, sur un vignoble de premier ordre, de grands sauvignons de Sancerre. C'est là que se trouve le grand défi de cette jeune entrepreneuse attachante et pragmatique, déterminée à vivre jusqu'au bout sa passion du grand vin. *Louis-Victor Charvet*

millésimes sur son domaine de 21 hectares. La cuvée référence se boit sur le fruit de sa jeunesse. De demi-garde, les cuvées clos-du-puy et intégrale sont issues de vignes de plus de 80 ans. Un domaine recommandable et fiable quelle que soit la cuvée.

- Clos du Puy, côte roannaise 2022 | Sec | 2023>28 | 20 € — 92
- La Chapelle, côte roannaise 2022 | Sec | 2023>30 | NC — 92
- Diogène, côte roannaise 2021 | Sec | 2023>30 | 33 € — 92

Domaine Paul Prieur et Fils

★★☆☆☆

Luc Prieur cultive 19 hectares et produit des blancs sur différents terroirs de silex et de calcaires dans les secteurs de Verdigny et Chavignol et des rouges issus de pinots plantés en sélection massale dans les années 1950 sur cinq hectares au lieu-dit Les Pichons. Belle gamme de rouges denses et profonds et une adresse qui pratique des prix encore sages pour l'appellation.

- Les Monts Damnés, sancerre 2021 | Sec | 2023>40 | NC — 92
- Pieuchaud, sancerre 2021 | Sec | 2023>33 | NC — 91
- La Pitaude, sancerre 2021 | Sec | 2023>27 | NC — 90

Domaine Claude Riffault

★★★★☆ ✦

Grâce à la vision de Stéphane Riffault, ce domaine pépite de Sury-en-Vaux est devenu l'une des références du Sancerrois pour ses 15 hectares conduits en culture bio. Les blancs interprètent au mieux chaque parcellaire et évoluent parfaitement dans le temps. Leur profil en vibration ciselée mérite qu'on les carafe avant de les servir. Les rouges des derniers millésimes ont fait une progression spectaculaire, avec un fruit qui prend du relief grâce aux contours floraux apportés par la vendange entière.

- Les Chailloux, sancerre 2021 | Sec | 2023>50 | 39.2 € — 96
- La Noue, sancerre 2021 | Sec | 2023>30 | 35 € — 96
- Monoparcelle 469, sancerre 2021 | Sec | 2025>35 | 53 € — 95

Domaine Matthias et Émile Roblin

★★☆☆☆

Les frères Roblin s'affirment au fil des millésimes chaque fois avec plus de régularité. Le vignoble composé principalement de terres blanches compte 17 hectares, sur les coteaux de Maimbray et de Sury-en-Vaux. Mention spéciale au blanc origine qui offre un beau sauvignon. Adresse intéressante à prix sages.

- Ammonites, sancerre 2020 | Sec | 2023>43 | 30.5 € — 93
- Origine, sancerre 2022 | Sec | 2024>30 | 23 € — 90
- Enclos de Maimbray, sancerre 2021 | Sec | 2023>33 | 25 € — 91

Domaine Jean-Max Roger

★★★☆☆

Le développement de cuvées parcellaires a permis à ce domaine de 27 hectares en sancerre et six en menetou-salon de prendre une autre dimension. Les vins sont exportés à hauteur de 80 %. À la vigne, Thibault (œnologue formé à Bordeaux) et son frère Etienne pour le côté commercial gèrent le domaine. La gamme compte six blancs et deux rouges, proposés à des prix raisonnables.

- La Grange Dimière, sancerre 2016 | Sec | 2022>30 | 13 € — 89
- Les Caillottes, sancerre 2021 | Sec | 2022>27 | 16 € — 91

Domaine Sérol

★★★☆☆ ✚

Stéphane Sérol conduit son domaine sur la voie de l'excellence. Les 34 hectares de vignoble mettent en lumière le cépage gamay qui s'exprime ici totalement sur les sols de granite et de porphyre. Doublé d'une viticulture précise, en biodynamie, ce domaine se distingue par des vins soignés, récoltés manuellement. Les différents crus offrent fraîcheur de constitution et gourmandise, notamment la cuvée les-millerands, qui mérite d'être attendue en cave. Une adresse sûre de grands vins de plaisir.

- Perdrizière, côte roannaise 2020 | Sec | 2023>30 | 40 € — 93
- Éclat de Granite, côte roannaise 2022 | Sec | 2023>31 | 14 € — 91
- Chez Coste, côte roannaise 2020 | Sec | 2023>32 | 33 € — 94
- Chez Coste, côte roannaise 2021 | Sec | 2023>32 | 32 € — 92

Domaine Tabordet

★☆☆☆☆ N

Situé dans le village de Verdigny, ce domaine en bio (16 hectares en pouilly-fumé, 5 hectares en sancerre), créé dans les années 1960 par Raymond Tabordet, est dirigé habilement par ses deux fils, Yvon et Pascal, qui l'ont agrandi. Aujourd'hui, Pascal travaille avec son fils Marius et son neveu Gaël. Les vins vont droit au goût avec ce qu'il faut de complexité.

- Raymond, sancerre 2019 | Sec | 2023>30 | NC — 91
- sancerre 2021 | Sec | 2023>27 | 16 € — 90

Château de Tracy

★★★☆☆ →

Sous l'impulsion de Juliette d'Assay, Tracy est un emblème de l'appellation pouilly-fumé. En surplomb de la Loire, son vignoble est consacré au sauvignon blanc, spécialité du domaine. Les différents types de sols, entre argiles à silex, marnes et calcaires, permettent de réaliser plusieurs cuvées imprégnées de ces terroirs et autant de valeurs sûres qui ne déçoivent jamais. Tout est en progrès et les cuvées prestige impressionnent. Un domaine à suivre de près.

- pouilly-fumé 2021 | Sec | 2024>34 | 24 € — 90
- 101 Rangs, pouilly-fumé 2017 | Sec | 2026>40 | 60 € — 94
- 101 Rangs, pouilly-fumé 2019 | Sec | 2023>33 | 61.9 € — 93

Domaine Vacheron

★★★★☆ ✦

Jean-Dominique Vacheron et son cousin Jean-Laurent forment un duo d'une rare efficacité. Aujourd'hui, les Vacheron exploitent dix hectares du terroir de silex des Romains, l'un des grands terroirs de l'appellation, et possèdent de beaux parcellaires sur des marnes (le-pavé) ou sur des secteurs à dominante calcaire (paradis, chambrates, guigne-chèvre). Les cuvées forment une litanie impeccable, ciselée et saillante.

- Les Marnes, sancerre 2020 | Sec | 2023>45 | 84 € — 95
- Paradis, sancerre 2021 | Sec | 2023>43 | 58 € — 96
- Guigne Chèvre, sancerre 2021 | Sec | 2023>45 | 84 € — 97
- L'Enclos, sancerre 2020 | Sec | 2026>50 | 201 € — 98

Domaine Alexandre et Antoine Vétois

★☆☆☆☆ N

Jumeaux à la vigne comme à la ville Alexandre et Antoine Vétois mènent chacun de leur côté une vie professionnelle dans les propriétés alentours, avant de se retrouver le soir et le weekend sur leur domaine de Crézancy où ils cultivent comme un jardin leur vignoble (1,44 hectare). Après trois premiers millésimes prometteurs, leurs 2022 élégants et ciselés valent le détour.

- sancerre 2022 | Sec | 2023>29 | NC — 90
- Clos du Roy, sancerre 2022 | Sec | 2023>33 | NC — 92

TOURAINE

Domaine Philippe Alliet

★★★★☆ ✦

Plus que jamais l'une des références de la Loire, le domaine des Alliet – Claude, Philippe et leur fils Pierre – est dévoué à la cause des grands vins de cabernet franc. La nouvelle génération s'est affranchie des élevages marqués et les vins gagnent en raffinement dans leur jeunesse tout en gardant beaucoup de tenue dans le temps. Le coteau-de-noiré, sur un terroir argilo-calcaire exposé plein sud, brille par son potentiel de garde et par son intensité tout en nuances.

- Coteau de Noiré, chinon 2020 | Sec | 2025>50 | 33 € — 97
- L'Huisserie, chinon 2020 | Sec | 2023>40 | 29 € — 94
- Vieilles Vignes, chinon 2021 | Sec | 2025>42 | 18 € — 91

Domaine Yannick Amirault

★★★☆☆ ✚

Yannick et Benoît Amirault sont des vignerons perfectionnistes convertis naturellement au bio. 19 hectares de cabernet franc dont les deux tiers à Bourgueil, le reste à Saint-Nicolas-de-Bourgueil, avec à chaque fois un bon patrimoine de vieilles vignes. Les sols d'argiles à silex, sur la croûte calcaire de Bourgueil, confèrent au grand-clos une trame tannique intense et fondue, à l'acidité salivante, prenant souvent des accents floraux.

- Le Grand Clos, bourgueil 2020 | Sec | 2027>57 | 20 € — 94
- Le Pavillon du Grand Clos, bourgueil 2020 | Sec | 2028>60 | 32 € — 95

Domaine Bernard Baudry

★★★☆☆ ✚

Mathieu Baudry a bien pris la mesure de ce domaine exemplaire de Cravant. Son père Bernard reste toujours en soutien à la vigne comme à la cave. Ils ont bâti leur réputation sur des cabernets francs de garde, séveux, denses et longs, dans un domaine qui compte 30 hectares travaillés en bio. Les cuvées prennent le nom des terroirs qui les portent avec des tarifs encore accessibles. Adresse sûre.

- Les Granges, chinon 2022 | Sec | 2024>27 | 11.5 € — 88
- Les Grézeaux, chinon 2021 | Sec | 2023>29 | 17 € — 90
- Le Clos Guillot, chinon 2020 | Sec | 2023>50 | 21.5 € — 93

✦ Star ✚ Valeur sûre → À suivre de près N Nouvelle entrée

Jean-Dominique Vacheron, Sancerre

Jean-Dominique Vacheron et son cousin Jean-Laurent forment l'un des duos d'élite du vignoble français. Leurs sancerres ciselés, pleins d'énergie et de rebonds sont hautement représentatifs des terroirs qui les portent. Avec leur nouveau concept de cuisine aménagée et salle de restaurant, ils convient le monde du goût à faire des accords mets et vins échevelés, redonnant à leurs vins leur dimension gastronomique première. Plus qu'une adresse incontournable, c'est une ambassade française au service du grand vin. *Denis Hervier*

Domaines Baudry-Dutour

★★★☆☆ +

Depuis leur association au début de ce siècle, la philosophie de Christophe Baudry et Jean-Martin Dutour est de créer une synergie sur leurs domaines viticoles de Touraine, avec comme cœur de projet le Chinonais (domaine de la Perrière, château de Saint-Louans, château de la Grille et domaine du Roncée). Côté cultural, on met en valeur chaque écosystème, ce qui se retrouve de la gamme signature aux cuvées de prestige. Le duo a ouvert à Tours une librairie dédiée aux vins et à la gastronomie, où l'on peut déguster tous leurs crus.

- Domaine du Roncée - Clos des Marronniers, chinon 2020 | Sec | 2023>35 | 24 € | 92
- Château de Saint-Louans, chinon 2020 | Sec | 2023>43 | 25 € | 93
- Château de la Grille, chinon 2020 | Sec | 2025>40 | 24 € | 93
- Amaranthe, chinon 2022 | Sec | 2023>25 | 9.5 € | 89
- Les 3 coteaux, chinon 2021 | Sec | 2023>32 | 13 € | 91

Domaine du Bel-Air

★★★☆☆

Sur ce domaine de 18 hectares certifié bio, Pierre Gauthier fait parler son expérience à la vigne. En cave, son fils Rodolphe joue son rôle. Raisins égrappés, triés sur table avant d'être encuvés pour des fermentations traditionnelles et en levures indigènes après une macération préfermentaire à froid. Vingt-lieux-dits est un assemblage fruité d'une vingtaine de parcelles sur sols d'alluvions, les-grands-monts sont taillés pour la grande garde et le clos-nouveau est un grand cabernet franc.

- Les Marsaules, bourgueil 2020 | Sec | 2023>33 | NC | 92
- Les Grands Monts, bourgueil 2019 | Sec | 2027>47 | 48 € | 93
- Clos Nouveau, bourgueil 2019 | Sec | 2027>47 | NC | 96

Domaine de Bellivière

★★★☆☆ →

Clément Nicolas prend désormais bien en main la succession de ses parents Christine et Eric et profite pleinement du nouveau chai gravitaire. Ce domaine incarne la référence des vins de la Sarthe en continuant de les positionner à leur plus haut niveau. Leur conduite du vignoble de 15 hectares, en bio et biodynamie se révèle irréprochable. Des vins originaux qui justifient leurs prix entre 20 et 42 euros.

- Les Rosiers, jasnières 2021 | Sec | 2023>33 | 26 € | 92
- Vieilles Vignes Éparses, coteaux du loir 2020 | Sec | 2023>35 | 42 € | 95
- Calligramme, jasnières 2020 | Sec | 2023>40 | 42 € | 94

Domaine Sébastien Brunet

★★☆☆☆

Sébastien Brunet a progressivement complété par des parcelles de vignes sur de beaux terroirs cette propriété de 15 hectares cultivés en bio. Les vignes se répartissent sur Reugny, Chançay et Vernou et les expressions parcellaires sont bien mises en valeur. On retrouve sur les millésimes 2020 et 2021 des vins en pleine forme avec des vouvrays mieux équilibrés que ce que peut laisser penser l'intitulé des cuvées.

- Renaissance, vouvray 2021 | Sec | 2023>33 | 17 € | 91
- Les Pentes de la Folie, vouvray 2021 | Sec | 2023>40 | 25.5 € | 92

Domaine de la Butte

★★★★☆ ✦

Suite à la disparition de Jacky Blot en mai 2023, son fils Jean-Philippe assure la continuité de ce domaine phare de Bourgueil. Dominant les plaines alluviales, le vignoble s'est développé sur l'un des plus beaux coteaux argilo-calcaires de l'appellation, exposé plein sud. On y sélectionne les parcelles sur le modèle bourguignon, en recherchant pour les vins profondeur et sensualité. Les vins sont sans égaux dans l'appellation, évoluant parfaitement avec le temps.

- Le Haut de la Butte, bourgueil 2020 | Sec | 2023>30 | 22 € | 93
- Mi-Pente, bourgueil 2020 | Sec | 2023>43 | 30 € | 94
- Perrières, bourgueil 2020 | Sec | 2023>42 | 35 € | 94

Clos des Capucins

★★★☆☆

La vue sur la Vienne, saisissante, ajoute au charme de ce vignoble de trois hectares, dont la moitié située en terrasses sous le mythique clos de l'Écho, riche en sols argilo-calcaires. Cette parcelle produit la cuvée éminence-grise, l'une des plus ambitieuses de Chinon par sa distinction et le soyeux de son tannin. Plus immédiat, perfectly-drinkable se révèle souple et gourmand. Fiona Beeston, passée par le journalisme du vin, est la bonne fée et la gardienne de ce jardin d'Eden.

- Perfectly Drinkable, chinon 2021 | Sec | 2023>25 | 30 € | 90
- Éminence Grise, chinon 2019 | Sec | 2023>42 | 42 € | 94

Domaine Vincent Carême

★★★☆☆ +

À Vouvray, Vincent Carême a imposé son style brillant. Purs, précis et lumineux, les vins sont proposés entre 15 et 20 euros et d'un grand rapport prix-plaisir. Les derniers millésimes sont parmi les plus accomplis de la propriété et de l'appellation. Toujours intéressante, la qualité des effervescents est à signaler et le brut non dosé est superbe. Il faut passer commande sur le champ.

- Le Peu Morier, vouvray 2021 | Sec | 2023>50 | NC | 92
- Première Trie, vouvray 2018 | Moelleux | 2023>43 | 45 € | 92
- vouvray 2020 | Brut | 2023>33 | 16 € | 91

Domaine François Chidaine

★★★★☆ +

François Chidaine, l'un des chefs de file du renouveau des vins de Montlouis, met en valeur toutes les nuances de chaque parcellaire entre argiles à silex, craies blanches et tuffeau, selon un mode de culture biodynamique. Redonnant vie sur l'autre rive à une dizaine d'hectares en vouvray, ce vigneron bien soutenu par son épouse Manuela compte aussi désormais sur ses enfants Alice et Pierre qui ont rejoint le domaine. Ces grands vins de gastronomie s'affinent avec le temps.

- Clos Habert, montlouis-sur-loire 2021 | Demi-sec | 2025>45 | 26 € | 93
- Clos Baudoin, vouvray 2021 | Sec | 2026>52 | 35 € | 95
- Les Argiles, vouvray 2021 | Sec | 2023>52 | 25 € | 92

Domaine de la Cotelleraie

★★☆☆☆

Convertissant son vignoble de Saint-Nicolas-de-Bourgueil en agriculture biologique, Gérald Vallée a entrepris un travail tout en profondeur sur le respect du raisin. Il retraduit dans ses vins toute l'élégance et la délicatesse que permet le terroir varié de l'appellation. La gamme est étonnante dès les premiers vins, élégants, racés, profonds et savoureux. Il y a de quoi trouver son bonheur parmi une gamme de vins à prix très raisonnables.

- Les Perruches, saint-nicolas-de-bourgueil 2020 | Sec | 2023>33 | 15.5 € | 90
- L'Envolée, saint-nicolas-de-bourgueil 2019 | Sec | 2023>40 | 21.2 € | 91
- Le Pigeur Fou, saint-nicolas-de-bourgueil 2021 | Sec | 2023>25 | 14 € | 88

Château de Coulaine

★★★☆☆

La nouvelle génération des Bonnaventure, Jean et Tatiana, fait progresser de la plus belle des façons ce domaine historique. L'âge des vignes aidant et le mode cultural tourné vers le bio contribuent au succès grandissant de cette propriété où l'on trouve d'excellents rapports qualité-prix. Gamme recommandable, adresse sérieuse.

- Clos de Turpenay, chinon 2021 | Sec | 2023>27 | 19 € | 91
- chinon 2021 | Sec | 2023>27 | 12 € | 88

Pierre et Bertrand Couly

★★★☆☆ +

Ce domaine d'une vingtaine d'hectares certifiés HVE signe des vins racés avec du fruit, de la fraîcheur, des accents de violette et des textures soyeuses. Aux chinons gourmands de l'entrée de gamme du domaine s'ajoute la cuvée V, plus complexe par sa pureté et sa fraîcheur de fruits. Les clos-de-la-haute-olive et clos-du-parc sont taillés pour la garde. Les prix sont très sages.

- Le V de Pierre et Bertrand Couly, chinon 2018 | Sec | 2023>45 | 12 € | 93
- Les Blancs Closeaux, chinon 2022 | Sec | 2023>33 | 16 € | 91
- Saint-Louans Le Parc, chinon 2019 | Sec | 2023>41 | 15.5 € | 92

Domaine Timothée Delalle

★☆☆☆☆ N

Formé par Jacky Blot, Timothée Delalle s'est installé sur les premières côtes de Luynes et de Fondettes, terroirs oubliés à l'ouest de Tours, côté rive droite de la Loire. Il y a planté chenin, cabernet franc, grolleau et gamay et son premier millésime en 2018 avait retenu notre attention. Les millésimes suivants confirment notre impression et marquent une progression dans la définition des vins et leur franchise de constitution. Découverte et révélation.

- Grolleau Cinq mars, val de loire 2019 | Sec | 2023>27 | NC | 89
- PL1953G, val de loire 2022 | Sec | 2023>30 | 11 € | 91

Domaine Xavier Frissant

★★★☆☆

Xavier Frissant est l'un des plus fins vinificateurs de la Loire. Ses

✦ Star + Valeur sûre → À suivre de près N Nouvelle entrée

pratiques culturales, en conversion bio, sont à la hauteur des espoirs placés dans les différentes parcelles de son domaine de 18 hectares. Ses terroirs argilo-siliceux et limoneux-sableux se répartissent sur les premières côtes du village de Mosnes, en appellation touraine et touraine-amboise. Dans la gamme comprise entre 8 et 19 euros, nous aimons les-roses-du-clos, un vin issu du fié gris complexe et subtile.

- Les Roses du Clos, touraine 2022 | Sec | 2023>30 | 12 € — 91
- Massale de Pierres, touraine 2022 | Sec | 2023>30 | 12 € — 90

Domaine Thomas Frissant

Un savoir-faire acquis auprès de son père Xavier, ponctué de stages en Australie, Nouvelle Zélande, Bourgogne ou Vallée du Rhône, permet à Thomas Frissant, 27 ans, de s'installer sur 14 hectares dans la région d'Amboise, dès 2019. En conversion bio, ce néo-vigneron fait preuve d'une grande maîtrise culturale et technique sur son premier millésime avec des touraines fruités et vifs. Les cuvées en touraine-Amboise sont parmi les meilleures de l'appellation.

- Perrières, touraine amboise 2020 | Demi-sec | 2023>40 | 25 € — 92
- Le Chapeau Comte, touraine 2022 | Sec | 2023>27 | NC — 90
- Les Perruches, touraine amboise 2020 | Sec | 2023>37 | NC — 91

Domaine Bertrand Galbrun

Les quatre hectares de vignes de Bertrand Galbrun sont cultivés sur le secteur de Benais, selon les principes de la biodynamie certifiée Demeter. L'amicale est un vin à boire sur le fruit, d'une élégance de bon ton dont on apprécie le tannin velouté et persistant. On monte en intensité avec l'impétueuse, cuvée fraîche et subtile issue des terroirs argilo-calcaire tout en subtilité et fraîcheur.

- Amicale, bourgueil 2020 | Sec | 2023>30 | 11.2 € — 90
- Impétueuse, bourgueil 2019 | Sec | 2023>33 | 14.1 € — 91

Domaine Fabrice Gasnier

Fabrice Gasnier, président du syndicat de Chinon, conduit en biodynamie ce domaine familial de 31 hectares. Les-graves ouvrent la gamme en rouge avec une profondeur minérale étonnante. La cuvée ancienne va plus loin dans la puissance et la cuvée vieilles-vignes donne un tannin racé. La cuvée queue-de-poêlon, élevée en cuves béton réalisées par le producteur, offre une plénitude rare. Les vignes de 70 à 75 ans entrent dans le cru signature, taillé pour la garde. Gamme d'un grand rapport qualité-prix.

- Le Coteau de Sonnay, chinon 2021 | Sec | 2023>40 | 19.5 € — 91
- Vieilles Vignes, chinon 2021 | Sec | 2023>43 | 11.5 € — 90
- La Queue de Poêlon, chinon 2020 | Sec | 2023>40 | 16.9 € — 94
- Signature, chinon 2020 | Sec | 2025>45 | 15.3 € — 94

Domaine Grosbois

Les vins de Nicolas et Sylvain Grosbois sont parmi les meilleurs de Chinon. Le domaine exploite avec talent neuf hectares en biodynamie. Les cuvées proviennent des sables jaunes de Panzoult, donnant naturellement plus de souplesse que les argilo-calcaires. La cuvée gabarre charme par son tannin avenant. Le clos-du-noyer prend des accents graphites et des notes fruits noirs. Prix sages et accessibles, c'est une adresse recommandable où tout est bon.

- Clos du Noyer, chinon 2021 | Sec | 2023>37 | NC — 92
- Gabarre, chinon 2020 | Sec | 2023>33 | 22 € — 92
- Clôture, chinon 2018 | Sec | 2023>42 | 48 € — 94

Domaine Huet

Cette propriété phare de Vouvray s'étendant sur près de 35 hectares est dirigée depuis 2004 par les Hwang, une famille américano-philippine. L'agriculture biodynamique qui y est pratiquée révèle l'essence des terroirs dans chacune des cuvées. La souplesse et la densité des argiles du haut-lieu, le tranchant des silex du mont et la rondeur des calcaires du clos-du-bourg ouvrent des perspectives d'accords mets et vins infinies. Avec les 2022, on retrouve le grand style du domaine.

- Le Mont, vouvray 2022 | Sec | 2023>53 | NC — 94
- vouvray pétillant 2017 | Brut | 2023>33 | NC — 92
- Le Mont, vouvray 2022 | Moelleux | 2023>63 | NC — 96
- Le Mont, vouvray 2022 | Demi-sec | 2023>55 | NC — 95

Domaine Charles Joguet

La recherche d'un tannin parfaitement harmonieux et sans accroche est pour Anne-Charlotte Genet la garantie de vins capables d'être bons jeunes et bons vieux. Il en résulte des vins séduisants, incarnant charme, complexité, sensualité et grand raffinement. Avec une rare intelligence dans la compréhension de la vigne et du vin, on est ici au meilleur niveau du Chinonais. Exceptionnelle dioterie 2015 et très haut niveau pour l'intégralité de la gamme.

- Clos du Chêne Vert, chinon 2019 | Sec | 2024>55 | 38 € — 96
- Clos de la Dioterie, chinon 2019 | Sec | 2023>55 | 40 € — 97
- Les Charmes, chinon 2020 | Sec | 2023>35 | 26 € — 93

Domaine La Grange Tiphaine

Damien Delecheneau produit sur sa quinzaine d'hectares cultivés en biodynamie des vins qui peuvent servir d'exemples sur les appellations touraine, touraine Amboise et Montlouis. Les crus sont d'une grande précision et d'un naturel confondant, avec des rouges floraux et des blancs à la texture subtile, récoltés à parfaite maturité et bien tramés. Une adresse attachante de vins pleins et purs.

- Clef de Sol, touraine 2021 | Sec | 2023>30 | 21 € — 91
- Côt Vieilles Vignes, touraine amboise 2020 | Sec | 2023>30 | 30 € — 92
- Les Épinays, montlouis-sur-loire 2021 | Sec | 2023>35 | 30 € — 91

Domaine Lamé-Delisle-Boucard

Connu pour ses légendaires 1893 et 1976 et son fort pourcentage de cabernet-sauvignon (environ 10 % de l'encépagement), ce domaine de 44 hectares produit aussi des chenins au profil expressif. En rouge, on apprécie la souplesse des entrées de gamme tandis que puissance et concentration fruitée guide l'esprit du vieilles-vignes et des sélections parcellaires. Les vins évoluent favorablement sur des décennies.

- Cuvée Vieilles Vignes, bourgueil 2020 | Sec | 2025>55 | 8 € — 91
- Cuvée des Chesnaies, bourgueil 2022 | Sec | 2023>35 | 8 € — 89
- Prestige, bourgueil 2018 | Sec | 2023>47 | 9.6 € — 92

Domaine Angélique Léon

Au fil des millésimes, Angélique Léon se fait une place au soleil dans la hiérarchie des meilleurs vins de Chinon avec « une cuvée domaine » issue de sables et graviers d'une souplesse florale toujours d'une grande subtilité. Son clos-de-danzay situé sur un coteau argilo-calcaire à proximité de la confluence entre la Vienne et la Loire offre une expression océanique à la fois profonde et subtile.

- chinon 2020 | Sec | 2022>27 | 8.8 € — 90
- Clos de Danzay, chinon 2020 | Sec | 2023>43 | 12 € — 92

Henry et Jean-Sébastien Marionnet

Henry Marionnet et son fils Jean-Sébastien brillent avec tous leurs vins. Le domaine fait la part belle aux cépages oubliés de Touraine (romorantin, gamay de Bouze), et aux cultures franches de pied de 150 ans (exceptionnelle collection vinifera). Il faut goûter d'urgence la cuvée issue de vinifications en macération peu soufrée (première-vendange). À la propriété, les Marionnet expliquent leurs cuvées avec sympathie et intelligence. Un domaine incontournable et inspirant.

- Première Vendange, touraine 2022 | Sec | 2023>30 | 14 € — 94
- M de Marionnet, touraine 2020 | Sec | 2023>40 | 24 € — 94
- Renaissance, touraine 2020 | Sec | 2023>35 | NC — 95
- La Pucelle de Romorantin, loir-et-cher 2020 | Sec | 2023>40 | 28 € — 94

Château de Minière

Les 29 hectares de vignes se répartissent sur l'ensemble du terroir de l'appellation bourgueil, entre graves proches de la Loire et terres argilo-calcaires et argilo-siliceuses des coteaux qui dominent la vallée. Cette diversité permet de produire des vins friands, fruités, à boire jeunes ainsi que des vins plus charpentés, aptes à la garde.

- Rouge de Minière, bourgueil 2020 | Sec | 2023>30 | 13 € — 88
- Vignes Centenaires, bourgueil 2017 | Sec | 2025>40 | 28 € — 92

Domaine du Clos Naudin

★★★★★ ✦

Sur ses 11,5 hectares qui seront certifiés bio en 2024, Vincent Foreau succède à son père Philippe. Les vins secs, aux finales vibrantes sur les zestes d'agrumes, gagnent en raffinement avec le temps. Une verticale jusqu'en 1947 démontre leurs capacités à traverser le temps. Les moelleux sont fantastiques pour leur densité de texture, soutenue par une juste tension et les derniers millésimes de ces vins de gastronomie possèdent un sacré souffle. Une cinquième étoile s'impose.

- vouvray 2017 | Moelleux | 2024>70 | 33 € — 96
- Réserve, vouvray 2018 | Moelleux | 2023>92 | 49 € — 98
- vouvray 2016 | Sec | 2023>75 | 32 € — 96

Domaine de la Noblaie

★★★★☆ ➔

À Chinon, Jérôme Billard est l'un des vignerons les plus doués de sa génération. Les millésimes récents confirment les progrès en matière de singularité des vins. Le-temps-des-cerises, gorgé de fruits, est un vin gourmand et de plaisir immédiat. Les blancs-manteaux, du nom du coteau calcaire, est une sélection parcellaire de vieilles vignes de 60 ans, au tannin soyeux réveillé par une fraîcheur crayeuse. Le chiens-chiens offre plénitude et harmonie. Des rapports qualité-prix évidents.

- Les Blancs Manteaux, chinon 2021 | Sec | 2025>42 | 15 € — 94
- Pierre de Tuf, chinon 2020 | Sec | 2025>55 | 19 € — 95
- La Part des Anges, chinon 2021 | Sec | 2023>42 | NC — 93

Domaine de l'Oubliée

★☆☆☆☆ N

Ancien caviste de la région parisienne, Xavier Courant s'est installé à Saint-Patrice en 2009, où il exploite cinq hectares de cabernet franc et un hectare de chenin certifiés bio, sur des sols de sables et graviers proches de la Loire, des sols argilo-calcaires sur le tuffeau en bas de coteau et des argiles à silex sur le coteau. Fan de Bertrand Blier, ce néo-vigneron donne à ses cuvées les noms des films de son idole.

- Notre Histoire, bourgueil 2022 | Sec | 2023>26 | 14 € — 89
- Tenue de Soirée, bourgueil 2020 | Sec | 2023>30 | 23 € — 90
- Merci la Vie, bourgueil 2022 | Sec | 2023>27 | 14 € — 90

Domaine de Pallus

★★★☆☆

Bertrand Sourdais est un biodynamiste qui a repris le domaine familial de 18 hectares, dont les cuvées s'imposent dans nos dégustations. Les cuvées parcellaires sont parmi les plus excitantes de l'appellation. Elles se révèlent amples, séduisantes et dotées d'une réelle profondeur et d'un bon potentiel. L'ensemble de la gamme en raffinement.

- chinon 2018 | Sec | 2022>42 | 30 € — 91
- La Croix Boissée, chinon 2018 | Sec | 2024>44 | 70 € — 92

Domaine Les Quatre Piliers

★★☆☆☆

Après avoir fait ses armes dans de grands domaines bourguignons et à l'étranger, le jeune Valentin Desloges a créé son domaine dans sa Touraine natale. Sept hectares qu'il convertit en bio, en coteau et en plateau, dans la région de Saint-Aignan. Les deux cuvées de sauvignon sont des modèles du genre et le pinot noir floral et pulpeux déjoue tous les codes. Le côt et le chenin sont à la hauteur.

- Au-desssus de Vitré, touraine 2020 | Sec | 2023>32 | 45 € — 90
- Bel Air, touraine 2020 | Sec | 2023>35 | 45 € — 91
- Le Puits aux Chiens, touraine 2020 | Sec | 2023>42 | 50 € — 92

Domaine Olga Raffault

★★★☆☆

Entre Loire et Vienne, voilà un domaine certifié bio de 25 hectares bien conduit par Sylvie, la petite-fille d'Olga Raffault, et son époux Éric de la Vigerie. En entrée de gamme, les-barnabés ont un style accessible au fruité croquant, les-peuilles enchante par son intensité et les-picasses par sa structure. La-singulière, élevée pour la garde, a besoin de plus de temps pour sourire. Nous sommes heureux du retour au premier plan de cette propriété mythique de Chinon.

- Les Barnabés, chinon 2020 | Sec | 2023>50 | 12 € — 93
- Les Peuilles, chinon 2019 | Sec | 2023>43 | 14 € — 92
- Champ-Chenin, chinon 2020 | Sec | 2027>47 | NC — 91

Domaine Jean-Maurice Raffault

★★★☆☆

Depuis 1997, Rodolphe Raffault gère l'exploitation que son père a développée. Fort de son passé bourguignon, il a imposé dès son retour les fermentations malolactiques en barriques, très rares dans le chinonais. Les cuvées certifiées bio correspondent dans leur majorité à des parcellaires bien situés qui traduisent l'expression de leur terroir. Les vins regoûtés cette année confirment la bonne forme du domaine.

- Les Baffés, chinon 2020 | Sec | 2023>32 | 11.5 € — 90
- Le Puy, chinon 2020 | Sec | 2023>42 | 16.5 € — 91
- Le Clos d'Isoré, chinon 2020 | Sec | 2023>42 | 12 € — 91

Domaine Le Rocher des Violettes

★★★☆☆ ➔

En culture bio, Xavier Weisskopf exploite neuf hectares en montlouis et quatre en appellation touraine. Ses terroirs sont plantés de vieilles vignes issues de sélections massales, ce qui favorise les cuvées de haut vol. Les blancs impressionnent par leur pureté, dans une appellation qui ne manque pas de talents. Un vigneron d'élite, parmi les meilleures adresses du secteur.

- Cabernet franc, touraine 2019 | Sec | 2023>33 | 14 € — 90
- Le Grand Poirier, montlouis-sur-loire 2020 | Demi-sec | 2023>43 | 32 € — 93
- Le Grand Clos, montlouis-sur-loire 2021 | Sec | 2023>52 | 26 € — 92

Domaine de la Taille aux Loups

★★★★★ ✦

Après la disparition de son père, figure charismatique du vignoble mondial, Jean-Philippe Blot reprend seul les rênes, aidé par une équipe technique et culturale soudée. De quoi assurer de la plus belle des façons la pérennité de ce domaine phare du vignoble français. Jusqu'au bout Jacky Blot aura surveillé l'évolution de ses cuvées en collaboration avec son fils à qui il a transmis sa passion pour les grands chenins. Tous les deux ont écrit la grande histoire des derniers millésimes.

- Romulus, montlouis-sur-loire 2020 | Liquoreux | 2023>65 | 60 € — 96
- Triple Zéro, montlouis-sur-loire 2012 | Brut | 2023>29 | 28 € — 94
- Clos de la Bretonnière, vin de france 2021 | Sec | 2024>45 | 38 € — 93
- Clos Michet, montlouis-sur-loire 2021 | Sec | 2024>42 | 26 € — 91

Domaine Philippe Tessier

★★☆☆☆ N

Au cœur des appellations cheverny et cour-cheverny, ce domaine familial de 26 hectares créé en 1961 par Roger Tessier et mis sur orbite par son fils Philippe n'a cessé de progresser avec un mode cultural bio dès la fin du siècle passé. Depuis 2020, c'est le petit-fils Simon qui poursuit la dynamique en produisant des vins en rouge comme en blanc, d'une grande probité, dotés de saines énergies bien en phase avec la gastronomie étoilée ligérienne.

- La Charbonnerie, cheverny 2020 | Sec | 2023>27 | 15 € — 90

Clos Thierrière

★☆☆☆☆ N

Originaire de Touraine, Guillaume et Baptiste ont décidé de revenir à la terre de leur enfance après des études de commerce. Ils ont créé ce nouveau domaine en 2021 à partir de 12 hectares à Vouvray. Les deux frères ont banni pesticides et herbicides de leurs vignes, vendangent de la manière la plus méticuleuse possible et sont peu interventionnistes en cave. Ils signent une gamme de vins plaisants et sur le fruit.

- Les Pleurs, vouvray 2022 | Sec | 2023>25 | 8.5 € — 86
- Petrichor, vouvray 2022 | Sec | > | 16 € — 87

✦ Star ✚ Valeur sûre ➔ À suivre de près N Nouvelle entrée

*Du rose incandescent éclaire la nuit de Provence,
comme un clin d'œil à la couleur qui a sorti la région d'une obscurité
qui n'avait que trop duré. Désormais éblouissante et tout en haut,
le monde entier la regarde et en rêve.*

Provence

Jamais, en quelques millénaires d'existence, la civilisation du vin n'aura été soumise à de si forts courants. Les observer sans se laisser emporter par des flots parfois contradictoires ne manque pas d'intérêt. La transformation extraordinaire du vignoble provençal en est un exemple formidable. C'est le triomphe d'une région qui a cru, un jour, que tout était possible

PROMOTIONS DE L'ANNÉE

★★★★★

CHÂTEAU SIMONE
DOMAINE TEMPIER

L'APPELLATION CASSIS AVAIT BESOIN D'UN VENT NOUVEAU POUR CHASSER LES NUAGES QUI PLANAIENT SUR ELLE. COMME TOUJOURS, IL EST VENU DE CEUX QUI CROIENT EN SES TERROIRS

PAR **ANTOINE PÉTRUS**

LE PREMIER VIN DU PARADIS

DÈS 1936, CASSIS est l'une des quatre premières appellations à être définies sous l'égide du baron Le Roy, le père des AOC. Si l'homme a beaucoup fait pour les terroirs rhodaniens et provençaux, la réputation des vins de Cassis était déjà installée et les vins produits ont longtemps fait de l'ombre aux autres appellations de Provence, ce qui montre à la fois leur antériorité et leur légitimité. L'appellation a toujours produit majoritairement des vins blancs. Principalement en raison de sa situation géographique qui s'appuie, pour ses terroirs les plus qualitatifs, sur la falaise calcaire du cap Canaille. Sur les pentes de la plus haute falaise maritime d'Europe, la vigne profite d'une altitude située entre 300 et 350 mètres. La proximité de la Méditerranée et l'influence des embruns maritimes jouent un rôle essentiel dans la régulation de la température. Avec le changement climatique et malgré un sol calcaire, les vignes souffrent depuis quatre ou cinq ans d'un stress hydrique plus prononcé. Orientée vers la production de blancs dès le milieu du XXe siècle, l'appellation a fait une place de choix au rolle tout en ayant l'intelligence de conserver, dans les faits et dans son cahier des charges, la possibilité d'un encépagement complexe, en se gardant le droit d'intégrer dans les assemblages roussanne, sauvignon, clairette et autres cépages anciens (doucillon, pascal, barbaroux pour les rouges), peu utilisés aujourd'hui. Une idée du grand blanc du Sud aussi singulière que visionnaire, puisqu'elle date de la création de l'appellation.

LA GUEULE DE L'ENDROIT

Longtemps, ce terroir a produit des vins qui n'avaient pas vraiment *« la gueule de l'endroit »*, pour reprendre l'expression du regretté Jacques Puisais. Vendus pour la plupart dans l'année qui suit leur mise en bouteille, ils ont quelque peu perdu précision et ambition pour répondre à un succès commercial qui ne s'est jamais démenti et à une demande qui n'a jamais faibli. Consommés trop tôt, ils étaient aussi vinifiés sans ambition de les faire évoluer à la garde, souvent à partir de fermentations trop interventionnistes avec un emploi de levures qui masquait l'âme et le goût des cépages produits sur le calcaire. Depuis quelques millésimes, grâce à une viticulture ambitieuse et des vinifications réfléchies, le niveau ne cesse d'augmenter, orienté dans la bonne direction par quelques producteurs, à retrouver dans notre sélection. Dans leur volonté de rompre avec une forme d'homogénéité de style qui avait tendance à indifférencier les vins produits et à les réduire à l'image de carte postale du vin des calanques et de Fernandel, ces domaines ont revu leur conception du blanc de Cassis en affinant les élevages pour leur donner une complexité inédite. Fûts, jarres ou amphores ont fait leur apparition dans les cuveries, en complément des cuves qui permettent – dans le cadre spécifique de cette appellation – un élevage rapide propre à l'élaboration de vins fruités et faciles à boire. Ces mêmes domaines ont aussi pris conscience de la richesse de la matière première et de son potentiel, si complexe à révéler. Etonnamment, le vin de Cassis a toujours profité d'une notoriété établie de vin de gastronomie, encore renforcée dans le contexte d'une Provence viticole actuelle dominée par la production de rosés plus ou moins faits pour la table.

L'appellation produit aussi quelques rouges, dans un volume confidentiel, qui méritent le détour pour leur équilibre et la fraîcheur de leur arômes. La couleur, d'ailleurs capable d'être longuement attendue en cave, a sans doute un bel avenir devant elle. À condition de remettre un peu les choses à plat en matière de vinification (vendanges entières, infusion plus qu'extraction) et d'élevage (foudre plutôt que barrique). Structurée par des domaines familiaux, dans le cadre d'un décor de rêve qui attire chaque année des milliers de visiteurs et qui pourrait faire de l'œil à des investisseurs de plus en plus attirés par la région, l'appellation a pu souffrir aussi d'une image de vin pour touristes, quelque peu désuète. Les choses changent. D'abord en matière de viticulture, 80 % des domaines de l'appellation étant aujourd'hui certifiés bio. Le blanc, toujours en tant que premier ambassadeur de ses terroirs, a retrouvé les grandes forces qui ont fait sa renommée : salinité extrême, matière épurée et cristalline, élan minéral, acidité intégrée, amertume noble, etc. Autant de qualités qui permettent d'envisager les cassis avec une cuisine de la Méditerranée. Au menu de nos envies, entres autres, un Saint-Pierre à la poutargue ou quelques déclinaisons autour de l'agrume. Quoi que l'on choisisse, toujours de la délicatesse dans l'assiette pour un accord qui prolonge le plat et ne cherche pas le contraste. Bref, de la limpidité et de la transparence, comme le vin de Cassis quand il est grand.

e dans la mer azur,
e s'avance à l'ombre de la montagne.
de rêve.

Château de Fontcreuse
Les terroirs exposés plein nord seront demain parmi les plus qualitatifs. Depuis 1700, à Fontcreuse, on l'a bien compris et le style en exprime clairement les bienfaits : vins effilés, presque pointus par les fraîches acidités, en particulier les rouges, de texture fine et pulpeuse. Sur les calcaires fins de la Couronne de Charlemagne, le vaste domaine signe une gamme évidente, sans compromis de style. La cuvée Pure Intense, labellisée bio, mérite l'attention et reçoit nos encouragements.

Pure Intense 2022, blanc
Le bois s'est mis au service de l'assemblage composé de marsanne, d'ugni blanc et de clairette. Une cuvée de chair, de belle qualité en bouche où le minéral se montre bien. Jamais Fontcreuse n'a offert pareil éclat.
91/100 - 2023-29 – 25,75 euros

Cuvée "F" 2022, blanc
Blanc d'éclat, sans complication dans le style, expression tonique, vivifiée par son parfum éclat de cédrat. Réussite confirmée.
92 /100 - 2024-30 - 18 euros

Domaine du Bagnol
La propriété de l'attachante famille Genovesi, sous l'impulsion du patriarche Jean-Louis, secondé par Sébastien et sa femme Lisa, est l'une des premières à avoir produit un vin de Cassis, dont les origines remontent à 1884. Le vignoble, situé dans les quartiers de premier ordre de l'appellation, est tout en restanques orientées sud-ouest, comme l'excellent secteur de Courton, sis au pied du cap Canaille. Profitant de sols argilo-calcaire et des embruns méditerranéens, la propriété propose un vin au style soigné et bien pensé, avec ce qu'il faut de texture apportée par des élevages intelligents et adaptés. Le meilleur est à venir grâce à une très habile sélection des jus et une viticulture de premier ordre.

Rosé 2021
Riche en couleur et en tannin, une définition du rosé que nous apprécions pour son fond épicé, son relief plein et un beau volume en bouche.
91/100 – 2023-26 - 19 euros

Blanc 2021
De l'allonge, de la finesse de la droiture, grâce au trio marsanne, clairette et ugni blanc. Un 2021 impeccable d'équilibre, saillant et parfumé par le cédrat et le caillou frotté.
90/100 - 2023-27 - 19 euros

Marquis de Fesles 2019, blanc
L'élevage lui donne une matière effilée, de la consistance en bouche et un style subtil sur le plan des parfums. Un vin admirable qui n'aura rien contre quelques années de maturation en cave.
92/100 - 2023-29 - 28 euros

Marquis de Fesles 2020, rouge
Un des rares rouges de l'appellation à exceller dans ce millésime où un tri sévère des raisins était indispensable. Compact, dans son tannin mûr et corsé, il démontre combien l'appellation manie avec habileté les trois couleurs.
91/100 - 2024-30 – 28 euros

Clos Sainte Magdeleine
Nous l'avouons sans mal, ce domaine détient les terroirs les plus qualitatifs de l'appellation depuis plus d'un siècle. Inscrivant le domaine dans son époque, Jonathan Sack, l'heureux propriétaire des lieux, doté d'un charisme rayonnant et d'une intelligence visionnaire, se préoccupe autant de l'appellation que de son clos, composé de parcelles de grès et marnes sableuses adossées au cap Canaille baigné de soleil par la Méditerranée. L'épure est le dénominateur commun de tous les vins dégustés. La cuvée Bel-Arme est une modèle de blanc salin et d'amertume noble pour toute la Provence.

Rosé 2021
Rosé de couleur et de texture dont la matière offre un grain de tannin savoureux, pulpeux au toucher. Intelligente diversité de parfum, vinosité bien ajustée.
93/100 - 2023-27 - 20 euros

Blanc 2022
Encore à ses prémices, c'est comme toujours un exemple pour l'appellation. Blanc salin et salé, tonique dans le style sans négliger une vraie texture de bouche, bien en chair et savoureuse. Un maître étalon et une référence.
94/100 - 2023-27 - 24 euros

Bel-Arme 2020, blanc
Réussite exemplaire avec ce millésime. Un sens très fin de l'élevage lui permet de s'exprimer autour d'une sève pleine, de belle consistance doublée d'amers salins.
96/100 - 2023-29 - 36 euros

Marie de Magdala 2020, rosé
Plantés près de la plage de l'Arène, ces très vieux grenaches sont magnifiés par un habile élevage en jarre. Un concentré d'iode, de petits tannins friands et un grand rosé de gastronomie et de temps.
96/100 - 2024-32 - 25 euros

Domaine du Paternel
C'est le bon élève cassidain, toujours régulier, qui répond présent à chaque millésime avec un vin nuancé dont on ne peut que vanter l'expression adaptée à son terroir d'origine. Sur leur vignoble tout en coteaux, les Santini soignent et suivent avec passion ce domaine en polyculture, sous l'égide d'une agriculture biologique intelligemment menée. Saluons aussi le vrai travail de fond effectué à Bandol où la famille est propriétaire depuis 2016. En 2021, l'esprit-de-famille termine dans le trio de tête de notre dégustation annuelle.

Esprit de Famille 2021, blanc
Comme il est récemment de mise à Cassis, une réflexion autour des bienfaits de l'affinage sous bois a fait naître des cuvées de haute texture, enveloppées d'un fumé fin. Le minéral et la salinité cohabitent avec harmonie.
94/100 - 2024-30 – Prix NC

Blanc 2021
En opposition volontaire de style avec la cuvée Esprit de Famille, voilà un blanc impeccable, clair dans ses arômes et d'une harmonie complète.
93/100 - 2023-28 – Prix NC

rrasses montent
sommet du cap Canaille.

LA GALERIE DES GRANDES IMPRESSIONS

ON SE TROMPERAIT EN RÉSUMANT LA PROVENCE À LA SEULE COULEUR DE SON RÉCENT SUCCÈS. LE ROSÉ EST UNE ÉTAPE DANS L'HISTOIRE DE CE VIGNOBLE ET UN TREMPLIN POUR CES PRODUCTEURS QUI VOIENT LOIN

SÉLECTION ***ANTOINE PÉTRUS***

Domaine de l'Abbaye de Lérins

★★★☆☆ ✚

En matière de viticulture, et dans bien d'autres domaines de la production agricole ou non, les moines font preuve d'une sensibilité propre, très à l'écoute du vivant. A Saint-Honorat, île paisible baignée de lumière où le fruit de barbarie se joint à la prière, le vin est en perpétuelle renaissance et en constante contemporanéité. Sur huit hectares de vignes bercées par les embruns marins, protégées par une bande de végétation haute, les cuvées proposées nous ont toutes convaincus. Saint-Lambert, pur mourvèdre, est exceptionnel dans sa profonde constitution.

- Saint Honorat, méditerranée 2019 | Sec | 2023>30 | 24 € | ☘ 92
- Saint-Sauveur, méditerranée 2019 | Sec | 2023>30 | 38 € | ☘ 93
- Saint-Lambert, méditerranée 2019 | Sec | 2023>35 | 95 € | ☘ 95

Domaine des Alpilles

★★☆☆☆ Ⓝ

Dix hectares de vignes, dix cépages choisis, 300 oliviers et 600 chênes truffiers sont le socle de ce domaine naissant à l'ombre du Petit Calan et du Gros Calan des Alpilles. Cette aventure passionnante est pilotée par Justine Duble, brillante maître de chai engagée et déterminée. L'unique vin produit, le rosé 2022 fait autour du cinsault, du chenin et de la clairette est clivant, juteux par son fruit et bien structuré par de petits tannins précis et nombreux.

- les baux-de-provence 2022 | Sec | 2023>25 | NC 92

Domaine Baravéou

★★★☆☆ Ⓝ

On admire le travail colossal, entreprit ici depuis 2011, par Jean-Philippe Fourney, figure discrète et travailleuse qui a façonné son vignoble tout en cirque de restanques à Baravéou. S'en suit une gamme identitaire, cultivée sur moins de cinq hectares, en infusion douce donnant des tannins tendres et un rosé savoureux.

- bandol 2021 | Sec | 2023>28 | 23 € 94
- bandol 2020 | Sec | 2023>28 | 18 € 93

Château Barbeyrolles

★★★☆☆ ✚

Cette propriété, de taille raisonnable pour la région est située proche des collines des Maures, sur la presqu'île de Saint-Tropez, à Gassin, lieu exquis propice à la naissance de vins sérieux, notamment grâce aux schistes. Là encore, on ne peut que reconnaitre son mérite, celui d'amener concentration, texture vive et une minéralité sans égal. Ajoutons à cela le dynamisme et l'ambition communicative des Sumeire et voilà le combo parfait. On ne peut qu'apprécier.

- Pétale de Rose, côtes de provence 2022 | Sec | 2023>25 | 24 € 90
- Noir et or, côtes de provence 2020 | Sec | 2023>28 | 24 € | ☘ 91

Domaine de Barbossi

★★★☆☆ Ⓝ

A Mandelieu-la-Napoule, proche de la baie de Cannes, ce domaine s'étend entre mer et montagne sur 1 350 hectares entre luxuriantes forêts et roches rouges de l'Esterel. Ce lieu à part accueille un vignoble de poche, quatre hectares à peine, reposant sur une veine de terre volcanique drainante, la rhyolite, rafraîchie par l'air du micro-vallon où elle se trouve. Trio de génies pour tenir au cordeau le domaine : L'excellent Pascal Paulze, MOF sommelier 2015, Patrick Marmorat, le chef de culture et le génial Gio Sergi du clos Saint-Vincent de Bellet.

- Blanc Volcanique, alpes-maritimes 2022 | Sec | 2023>30 | NC 93
- Rouge Magmatique, alpes-maritimes 2021 | Sec | 2023>35 | NC 94

Château Bas

★☆☆☆☆ ➔

Situé au cœur du pays d'Aix, le château Bas a été construit sur une ancienne cité gallo-romaine. Un lieu magnifique et plein de charme avec ses grands platanes et ses vestiges. En 2020, la famille bordelaise Casteja a fait l'acquisition de ces 385 hectares dont 70 de vignes certifiées bio depuis dix ans, avec l'ambition, comme ils l'expliquent avec humour de les tirer vers le haut. Une restructuration est depuis menée par ces grands experts pour laisser s'exprimer ce terroir puissant qui culmine à 300 mètres et dont les sols fertiles produisent des vins où acidité et fraîcheur s'équilibrent parfaitement.

- coteaux d'aix-en-provence 2022 | Sec | 2023>28 | 12 € | ☘ 91
- coteaux d'aix-en-provence 2022 | Sec | 2023>28 | 13 € | ☘ 91

Domaine de la Bastide Blanche

★★★☆☆ ✚

Julien et Nicolas Bronzo, propriétaires de ce domaine de premier ordre, et Stéphane Bourret, directeur technique précis et avisé s'occupent de ce vaste vignoble qui met en avant l'expression très fine des terroirs du Castellet, une grande diversité d'encépage-

✦ Star ✚ Valeur sûre ➔ À suivre de près Ⓝ Nouvelle entrée

ment, la biodynamie et une fois en cave, des vinifications prônant l'infusion et un recours au bois, agissant comme un affineur plus qu'un outil de muscle. Contrechamps 2018, par son élevage long en grand contenant montre que Bandol peut être de grande grâce dans sa délicatesse de texture. Solide et sérieux Estagnol 2016. Le temps donnera raison à ce grand millésime.

- bandol 2020 | Sec | 2023>28 | 21 € — 92
- Estagnol, bandol 2016 | Sec | 2023>35 | 70 € | ☘ — 95
- Contrechamps, bandol 2018 | Sec | 2023>30 | 23 € — 94

Villa Baulieu

★★★☆☆ ✚

Clos protégé situé dans le cœur du château Beaulieu, ce terroir choyé est supervisé par le génial Stéphane Derenoncourt aux côtés de Michel Fabre, le maître de chai. Grâce à Pierre Guénant, dont nous saluons ici la mémoire, ils ont dynamisé et propulsé ce cru au sommet de la haute expression de la Provence viticole. Le blanc se montre majestueux, en grâce et en allonge, parfaite union de rolle et du sauvignon. Un rouge de style, au corps infusé est signé par le mariage du cabernet-sauvignon et d'une syrah effilée.

- coteaux d'aix-en-provence 2018 | Sec | 2023>25 | 40 € — 91
- Baulieu, coteaux d'aix-en-provence 2019 | Sec | 2023>28 | 17 € — 92
- Baulieu, coteaux d'aix-en-provence 2018 | Sec | 2023>30 | 17 € — 93

Domaine de la Bégude

★★★★☆ ✦

C'est désormais sous l'égide de Christian Roulleau (Samsic) déjà propriétaire du château Dauzac à Bordeaux, que la propriété continue son ascension vers les sommets, ambitionnant même de s'agrandir. Laurent Fortin en assure une direction générale ambitieuse et active. La « Beguda », la boisson en Provençal, est un conservatoire de 55 parcelles sur 30 hectares au cœur des massifs boisés. Brulade, must have du domaine, issu d'un vignoble à plus de 400 mètres d'altitude, livre depuis toujours une expression aussi corsée que séveuse.

- bandol 2020 | Sec | 2023>30 | 30 € — 92
- La Brulade, bandol 2020 | Sec | 2023>30 | 30 € — 95
- L'Irréductible, bandol 2020 | Sec | 2023>28 | 32 € — 93
- Amphore, bandol 2021 | Sec | 2023>28 | 32 € — 92

Domaine des Bergeries de Haute-Provence

★★☆☆☆

Dirigé par Jean-Luc Monteil, dégustateur averti, cette propriété est nichée entre les parcs naturels du Lubéron et du Verdon. La production dans les trois couleurs, issue d'une viticulture biologique et peu sulfitée, est très recommandable. Blancs et rosés, en IGP alpes de haute-provence nous ont enchantés. De nouveau une belle dégustation en 2022.

- Via Domitia, alpes-de-haute-provence | Sec | 2023>28 | NC — 89

Château de Berne

★★☆☆☆ ➔

Le château de Berne est l'un des pionniers de l'œnotourisme en Provence. Doté d'un magnifique hôtel 5 étoiles, Relais & Châteaux, il se cache dans un écrin de 500 hectares de nature préservée. Une boutique attenante, propose des dégustations, des objets et les vins du domaine ainsi que ceux du château Saint-Roux, du château des Launes (Ultimate Provence) et du château des Bertrands, aussi propriétés du milliardaire britannique Mark Dixon. Tout est aujourd'hui mis en place afin de produire des vins qualitatifs.

Château des Bormettes

★★☆☆☆

Toute proche de la Méditerranée, cette propriété d'Hélène et Fabrice Faré tient son rang et flirte avec les sommets de l'appellation la-londe. Tommaso Melleti a opté pour une totale reprise du vignoble, une certification HVE3 et plus globalement une exigence de tous les instants. Biodiversité, stratégie phytosanitaire et préservation de l'eau cohabitent à merveille. Une vraie personnalité qui s'affirme avec la cuvée Aurélie, duo syrah et mourvèdre, née sur schistes.

- Hélène, côtes de provence 2022 | Sec | 2023>30 | 13 € — 91
- Instinct Parcellaire, côtes de provence la londe 2022 | Sec | 2023>30 | 19 € — 92
- Instinct Parcellaire - Aurélien, côtes de provence la londe 2020 | Sec | 2023>30 | 21 € — 92

Clos de Caille

★★★☆☆

Repris en main par la famille Mariotti, ce domaine situé au cœur des côtes de Provence s'appuie sur un micro-terroir donnant des vins avec du sens et de la nuance. Tous s'affirment au travers d'une grande recherche de texture et de fond. L'ascension continue sa belle trajectoire avec rosés nerveux et profonds, qui impressionnent par leur texture et leur longueur aromatique.

- Clarisse, côtes de provence 2021 | Sec | 2023>28 | 50 € — 92
- côtes de provence 2021 | Sec | 2023>28 | 19.5 € — 91
- côtes de provence 2021 | Sec | 2023>28 | 22 € — 91

Domaine de Cala

★☆☆☆☆ Ⓝ

Lorsqu'un immense chef cuisinier s'intéresse au vin, tout nous porte à l'écouter, tant on sait l'amour de l'homme pour la matière. C'est Jacques Maximim, cuisinier des cuisiniers, qui nous a soufflé le nom de ce domaine, celui d'un autre cuisinier, Joachim Splichal, fondateur de Patina Groupe à Los Angeles, qui a posé ses bagages dans la majestueuse bâtisse de la propriété depuis 2015, en pleine campagne varoise. Gamme contemporaine bien construite, forte en saveur et d'expression franche.

- coteaux varois en provence 2018 | Sec | 2023>28 | 30 € — 91
- Cala, coteaux varois en provence 2022 | Sec | 2023>25 | 17 € — 90

Château Calissanne

★☆☆☆☆

Calissanne est installé à Lançon-de-Provence. Grande propriété provençale s'étendant sur 1 100 hectares, dont 110 de vignes et 60 en oliviers, elle forme une aire culturale d'un seul tenant, exposée plein sud. Le terroir est constitué de sols bruns, caillouteux et filtrants, sur colluvions calcaires urgoniens, bien adaptés à la culture de la vigne et de l'olivier. Plantés sur des coteaux en pente douce et sur 25 parcelles, onze cépages participent à l'élaboration des vins.

- Clos Victoire, coteaux d'aix-en-provence 2020 | Sec | 2023>28 | 15 € — 91

Château Carpe Diem

★★☆☆☆

En agriculture biologique, ce domaine situé à mi-chemin entre les gorges du Verdon et la mer Méditerranée, est composé d'une trentaine d'hectares en appellation côtes-de-provence et coteaux-varois. Depuis le beau village de Cotignac, il signe des vins élégants, lisibles et digestes qui ne manquent jamais de fond. C'est une belle adresse à découvrir au cœur de la Provence verte.

- Castille, coteaux varois en provence 2022 | Sec | 2023>28 | 20 € | ☘ — 92
- Artus, coteaux varois en provence 2021 | Sec | 2023>28 | 23 € | ☘ — 92
- Château, côtes de provence 2022 | Sec | 2023>28 | 15 € | ☘ — 91

Domaine du Carrubier

★☆☆☆☆

Proche de la mer, la rade d'Hyères n'est qu'à quelques kilomètres au sud. Les 88 hectares de la propriété se blottissent au creux des collines des Maures. Les 25 hectares de vignes, plantés sur un sol siliceux d'origine schisteuse, profitent du climat méditerranéen.

- Château du Carrubier, côtes de provence 2022 | Sec | 2023>27 | 13.1 € — 89
- Ingénue, côtes de provence 2022 | Sec | 2023>25 | 14.8 € — 88
- Cuvée de Zélie, côtes de provence 2022 | Sec | 2023>25 | 12 € — 88

Julien Castell

★★★☆☆ Ⓝ

Voilà la rencontre qui a bouleversé la réalisation de l'édition 2024 pour la Provence. Avec ce for-my-dad rosé, Julien Castell a balayé les préjugés sur les grands rosés d'élevage. Depuis 2017 et sur les millésimes à venir, c'est un trésor, vineux et coloré, habilement boisé, captivant par son tannin mûr et juteux. Ici, on parle de vignoble comestible, de biodiversité, de vignes en échalas et d'absence de rognage. L'homme est magnétique et rappelle les génies de la main, comme le sont les grands cuisiniers. Bien sûr, ses bandols rouges offrent un grain velouté rarement atteint sur l'appellation, sous l'étiquette Clos Castell.

- Clos Castell, bandol 2015 | Sec | 2023>30 | 70 € — 95
- For my dad, vin de france 2022 | Sec | 2025>35 | 30 € — 95
- For my dad, vin de france 2021 | Sec | 2025>35 | 29 € — 96

Château Cavalier

★★☆☆☆ ✚

Propriété de la famille Castel, le château Cavalier compte 136 hectares autour de son chai. Les bois limitrophes y jouent un rôle de régulation thermique et pluviométrique. La réussite des rosés ne résulte pas seulement de la technologie, elle nécessite avant tout des terroirs appropriés. C'est la raison pour laquelle les lieux de replantation ont été redéfinis, avec le cabernet-sauvignon sur les argilo-graveleux, le cinsault sur des sols plus secs argilo-graveleux et la syrah et le grenache sur des argiles.

- Marafiance, côtes de provence 2022 ¦ Sec ¦ 2023>28 ¦ 13.95 € ¦ ☘ 90
- Grand Cavalier, côtes de provence 2022 ¦ Sec ¦ 2023>28 18.7 € ¦ ☘ 90

Clos Cibonne

★★★★☆ ✦

Le tibouren, immense cépage de Provence, riche de diversité de styles, de parfums nombreux et identitaires, trouve au Clos Cibonne son plus haut lieu d'expression. Dans ce paysage idyllique du Pradet, bichonné par la famille Deforges, on flirte ici avec l'exceptionnel, baigné par la douce influence de la Méditerranée. Le rouge est à l'égal du rosé : ancré dans son style, propice au temps et toujours harmonieux. La cuvée Marius du château Cibon, somptueuse dans son style finement tannique, admirablement élevée, rend un hommage appuyé au fondateur de ce domaine hors norme.

- Cuvée Prestige Olivier, côtes de provence 2021 ¦ Sec ¦ 2023>30 ¦ 34 € 92
- Cuvée Spéciale Tibouren, côtes de provence 2020 ¦ Sec ¦ 2023>30 ¦ 22 € 92
- Château Cibon, côtes de provence 2018 ¦ Sec ¦ 2023>30 ¦ 35 € ¦ ☘ 93
- Château Cibon, côtes de provence 2019 ¦ Sec ¦ 2023>30 ¦ 42 € 96

Domaine de la Courtade

★★☆☆☆ ✚

Voilà l'un des domaines émérites de l'Île de Porquerolles, au cœur du parc national de Port-Cros, qui de ses 36 hectares, multiplie les cépages et les cultive en biodynamie. Issus de sols à dominance schisteuse, les vins nous sont apparus signés, hauts en saveur, chaque cuvée trouvant son indépendance et son style.

- côtes de provence 2021 ¦ Sec ¦ 2023>28 ¦ 32 € 91
- côtes de provence 2022 ¦ Sec ¦ 2023>28 ¦ 25 € 91
- côtes de provence 2022 ¦ Sec ¦ 2023>28 ¦ 30 € 91

Château de Crémat

★★☆☆☆ ➔

Depuis la baie des Anges, on aperçoit ce sublime château-fort construit au début du XXe siècle, avec la folie architecturale de l'époque. Depuis 2017, Daniel Derichebourg, un des plus grands entrepreneurs français possède ce terroir exclusif. Comme toujours, un encépagement autochtone et endémique signe les vignes. Les terrasses silico-calcaire, de poudingues, accueillent la folle noire et le braquet qui s'épanouissent grâce à une viticulture intelligente et adaptée au site. La modernité de la cave et les installations de premier ordre ne font pas ombrage au style.

- bellet 2019 ¦ Sec ¦ 2023>28 ¦ 30 € 90
- Mademoiselle, bellet 2022 ¦ Sec ¦ 2023>28 ¦ 30 € 90

Domaine Dalmeran

★★☆☆☆ ✚

Dalmeran est hors du temps, retiré dans son terroir d'Eden verdoyant depuis 1443 et qui voit grâce à Nicolas de Germay et son épouse l'écriture d'un chapitre majeur et engagé de son histoire. Un vrai patrimoine viticole où la biodiversité trouve son point d'expression, avec une approche intelligente en cave où l'on multiplie les contenants pour une vinification en parfaite continuité de la matière. Les 2022 ont pris la tête de l'appellation et une récente visite au domaine confirme le potentiel à la vigne et la pertinence des choix effectués en cave par Ludovic Asseman, le directeur technique.

- Château Dalmeran, les baux-de-provence 2021 ¦ Sec ¦ 2023>28 ¦ 16 € 91
- alpilles 2022 ¦ Sec ¦ 2023>28 ¦ 26 € 93

Mas de la Dame

★★☆☆☆

Sans crier gare, le Mas de la Dame est l'une des valeurs actives de l'AOP baux-de-Provence. Domaine familiale atteignant les 300 hectares de massifs verdoyants grâce au calcaire actif des Alpilles, dont 52 hectares de vignes d'un seul tenant et 28 hectares d'oliviers menés par les attachantes sœurs Caroline Missoffe et Anne Poniatowski. Si c'est à la vigne que tout se fait, une viticulture biologique certifiée apporte un vrai sens aux vins en bouteille. Pas de magie et d'équilibrisme côté cave, mais du bon sens et des interventions mesurées. Le Coin Caché, majoritairement fait autour de la roussanne est notre bonheur local. Le reste des nombreuses étiquettes du domaine promet une adéquation parfaite avec le terroir protégé des Baux.

- L'Infernal, les baux-de-provence 2020 ¦ Sec ¦ 2023>30 ¦ NC 92
- Le Vallon des Amants, les baux-de-provence 2020 ¦ Sec ¦ 2023>28 ¦ 23.5 € 91
- Coin Caché, alpilles 2021 ¦ Sec ¦ 2023>28 ¦ 27 € 92

Château d'Esclans

★★☆☆☆ ✦

Ce domaine appartient depuis 2006 à Sacha Lichine, l'ancien propriétaire du château Prieuré-Lichine à Margaux. Situé à 25 kilomètres au nord de Fréjus, ce sont 125 hectares de vignes tenues pour produire et faire naitre l'exceptionnel. Si le facteur prix n'est plus à discuter, ce qui se trouve dans la bouteille – et c'est bien ce qui nous intéresse – mérite l'attention d'une dégustation avisée.

- Whispering Angels, côtes de provence 2022 ¦ Sec ¦ 2023>30 ¦ 20 € 90
- Garrus, côtes de provence 2021 ¦ Sec ¦ 2023>30 ¦ 115 € 93
- Esclans, côtes de provence 2021 ¦ Sec ¦ 2023>30 ¦ 30 € 92

Château d'Estoublon

★★★☆☆ ✚

Sur le versant Sud des Alpilles, à Fontvieille plus précisément, voilà une propriété qui fut très vite mise en avant par l'expertise de ses acquéreurs engagés, Stéphane Courbit, Jean-Guillaume Prats et le couple Bruni-Sarkozy. Pas de doute quant aux ambitions et aux moyens mis en place sur les 18 hectares que compte le domaine. La réponse est efficace car Estoublon est avant tout un terroir protégé, très travaillé à la vigne, offrant des sols argileux et calcaires. Si l'huile d'olive n'est pas encore dans notre champ de compétence, sa culture et son élevage, y sont pratiqués ici avec le même soin que pour le vin.

- les baux-de-provence 2020 ¦ Sec ¦ 2023>30 ¦ 28 € 93
- Domaine d'Estoublon, alpilles 2021 ¦ Sec ¦ 2023>30 ¦ 29 € 92
- Le Rosé, les baux-de-provence 2022 ¦ Sec ¦ 2023>28 ¦ 25 € 91

Domaine Fondugues-Pradugues

★★☆☆☆ Ⓝ

Retirée des tumultes de la vie Tropézienne, cette propriété familiale de Ramatuelle signe une production confidentielle de cuvées d'auteur et engagées. D'une viticulture placée sous l'égide de la biodynamie, avec une interprétation en cave mesurée, rare en intrants, les vins trouvent ici une expression non consensuelle, proche de la saveur originelle du raisin doublé d'une lecture précise de leur terroir d'appartenance.

- Eau de rosée, côtes de provence 2022 ¦ Sec ¦ 2023>25 ¦ 20 € 92
- Rouge d'automne, côtes de provence 2021 ¦ Sec ¦ 2023>25 ¦ 28 € 93

Domaine de la Font des Pères

★★★☆☆ ➔

Planté en 1980 et racheté en 2010 par Caroline et Philippe Chauvin, ce vignoble de quinze hectares, dont huit en bandol, se situe à flanc de colline et s'organise tout en restanques. Orienté nord, dévalant une pente assez raide, le vignoble profite de toutes les attentions portées ces dernières années. L'outil de vinification et d'élevage a fait peau neuve et permet une meilleure maitrise de la qualité des jus de façon globale. Locavores gourmandes se régaleront à la Ferme Auberge des produits issus de la Font des Pères.

- bandol 2020 ¦ Sec ¦ 2023>28 ¦ 30 € ¦ ☘ 91
- bandol 2020 ¦ Sec ¦ 2023>28 ¦ 19 € ¦ ☘ 90
- bandol 2019 ¦ Sec ¦ 2023>30 ¦ 30 € ¦ ☘ 91

Domaine de Frégate

★★☆☆☆ ➔

Ce domaine familial de 33 hectares, situé à Saint-Cyr-sur-Mer, a été fondé en 1892 sur les terres familiales du Marquis Bernard de Pissy. Initialement en polyculture, le domaine compte aujourd'hui exclusivement de la vigne. Antonin, cinquième génération, s'implique avec passion dans la conduite de cette très jolie propriété qui est en passe de rejoindre les dix grands domaines bandolais.

- bandol 2021 ¦ Sec ¦ 2023>30 ¦ 14.5 € 92
- bandol 2022 ¦ Sec ¦ 2023>30 ¦ 18 € 91

Château Galoupet

★★★☆☆ ✦

La propriété s'étend face à la mer, sur environ 170 hectares de terres et de forêts, dont 68 de vignes. Les vallons et le lac artificiel qui s'y cache en font un terroir riche et durable sur lequel s'épanouissent grenache, syrah, tibouren et rolle. Les choix à la vigne sont drastiques, sur un terroir de schiste à calcite. La biodiversité, un enherbement adapté et une stricte limite des rendements donnent des jus de premier ordre, étirés, effilés par des acidités nobles et ponctuées de tanins fins. Mathieu

✦ Star ✚ Valeur sûre ➔ À suivre de près Ⓝ Nouvelle entrée

Enzo et Olivier Fayard, Château Sainte-Marguerite

Ils auraient pu se laisser porter par la vague mondiale des rosés de Provence dans le monde, et plus seulement en France. Olivier et Enzo Fayard ont hérité de leurs parents et grands-parents une farouche envie de toujours pousser un peu plus loin les curseurs, de toujours anticiper. Derniers faits d'armes : un nouveau chai aussi beau à l'œil que pratique et fonctionnel et une alliance avec le groupe Pernod-Ricard qui va leur ouvrir bien des portes. L'aventure n'en est qu'à ses débuts. *Guillaume Puzo*

Meyer, directeur du domaine, est une des figures les plus attachantes rencontrées cette année. Sa vision novatrice portera Galoupet au sommet des plus grands rosés au monde.

- côtes de provence 2021 | Sec | 2023>28 | 55 € — 93

Château Gasqui

★★★☆☆

François Miglio est un homme engagé. Régisseur du domaine depuis 1990, il a œuvré à la réhabilitation de ce lieu magique, situé au cœur de la Provence verte à plus de 300 mètres d'altitude dans une zone naturelle privilégiée classée Natura 2000. La vigne, travaillée avec le cœur et en biodynamie, s'insère respectueusement dans cette aire de diversité unique. L'intelligence de cette cohabitation, dont d'autres vignerons actifs dans cette même zone pourront bien s'inspirer, permet de produire des vins de caractère, entiers et harmonieux, qui vieillissent bien. Une adresse incontournable.

- Silice, côtes de provence 2020 | Sec | 2023>30 | 16 € — 92
- Tardius, côtes de provence 2019 | Sec | 2023>30 | 24 € — 91

Château Gassier

★★☆☆☆

Au cœur de la Provence de Cézanne, au pied de la Sainte-Victoire, les quelques 40 hectares du château Gassier sont un bijou d'innovation brillamment dirigé par Olivier Souvelain. La technologie est au service du terroir, partagé entre quatre parcelles bien identifiées. Moment rare de dégustation avec Elevae, habillée par deux ans d'élevage sous-bois (neuf qui plus est), montrera aux sceptiques l'immensité d'un grand rosé de bois où tout est synthétisé.

- Esprit Gassier, côtes de provence 2022 | Sec | 2023>25 | 14 € | ☘ — 93
- 946, côtes de provence sainte-victoire 2021 | Sec | 2023>30 | 37 € | ☘ — 93
- Elevae, côtes de provence sainte-victoire 2019 | Sec | 2023>28 | 70 € | ☘ — 96

Domaine Gavoty

★★★★☆ ✚

Que dire sur l'exemplaire travail, discipliné et rigoureux, de Roselyne Gavoty ? Tout simplement qu'il force respect et admiration pour les vins qu'il propose, identitaires et d'une parfaite harmonie aboutie, complexes sans complication. Paradis viticole, Gavoty renferme quelque 150 hectares de bois, vallons et collines, bordés de chênes et de pins. Le climat tout en nuances permet l'écriture de rouges séveux en demi-puissance, de rosés de corps et de sublissimes blancs de temps, jamais dans la démonstration mais dans une fine expression étirée et éclatante (cuvée Clarendon). Le cinsault s'illustre en grâce (Contretemps et Storia) et donne la réplique au carignan.

- Clarendon, côtes de provence 2021 | Sec | 2023>30 | 22 € | ☘ — 93
- Storia, côtes de provence 2020 | Sec | 2023>32 | 17 € | ☘ — 94
- Contretemps, vin de france 2021 | Sec | 2023>32 | NC — 94

Château Grand Boise

★★★☆☆ ⊕

Xavier Gervoson a redonné corps à ce domaine agricole tutoyant les pentes du mont Aurélien. Sur 500 hectares de forêt en flanc de montagne, 40 sont plantés en vigne. Le vignoble se répartit sur 92 parcelles, tantôt exposées nord, tantôt sud, sur un dénivelé de 340 mètres. Les vins, précis et bien dessinés, sont tout à fait à l'image de ce lieu à la fois beau, moderne et indompté.

- côtes de provence sainte-victoire 2020 | Sec | 2023>27 | NC — 89
- 1610, côtes de provence 2020 | Sec | 2023>27 | NC — 90
- 1610, côtes de provence 2019 | Sec | 2023>28 | 16.8 € | ☘ — 89

Domaine du Gros'Noré

★★★★☆ ✚

Dire ce que l'on fait et faire ce que l'on dit, voilà comment résumer le Gros'Noré et l'engagé Alain Pascal. À la Cadière d'Azur, depuis 1997, les vignes du domaine sont exposées plein nord sur de beaux ensembles argileux, garantissant de douces et longues maturités au mourvèdre, balayées par le mistral et profitant d'une humidité contrôlée du fait de la proximité de la mer. Amoureux de vieilles pierres, la cave est bâtie avec un soin sans égal. Les derniers millésimes infléchissent vers des extractions plus douces, le tannin se montre plus civilisé et savoureux.

- bandol 2019 | Sec | 2023>40 | 33 € — 94
- bandol 2020 | Sec | 2023>38 | 34 € — 93
- bandol 2022 | Sec | 2023>30 | 22 € — 92

Domaine Hauvette

★★★★☆ ✦

Tout porte à admirer l'œuvre de Dominique Hauvette, tant le domaine et donc ses vins font preuve de congruence, d'individualité de style et d'aboutissement dans le temps. Prônant de multiples convictions comme une biodynamie mesurée, de petits rendements tout logiquement, et des cuvées singulières et différenciantes, écartées de tout dogme et style établi, chaque moment de dégustation est précieux. Il faut apprivoiser le style Hauvette pour apprécier des vinifications douces, dans de multiples contenants et en levures indigènes.

- Roucas, les baux-de-provence 2020 | Sec | 2023>30 | 30 € — 94
- Jaspe, alpilles 2021 | Sec | 2023>30 | 31 € — 95
- Cornaline, les baux-de-provence 2017 | Sec | 2023>35 | 38 € | ☘ — 96

Domaine de l'Île

★★☆☆☆

Des exploitations viticoles de l'île de Porquerolles, le domaine de l'île est le plus ancien et le plus discret. Les failles verticales du sol, reliées à la terre ferme, permettent aux ceps de puiser l'eau douce en profondeur et de résister ainsi à la chaleur estivale. On y produit des vins qui sont comme l'île : singuliers et de toute beauté. Ce beau domaine est la propriété de la famille Wertheimer, par ailleurs propriétaire des châteaux Rauzan-Ségla et Canon à Bordeaux. La gestion a été confiée au talentueux Nicolas Audebert qui y signe de jolis vins, énergiques et frais.

- côtes de provence 2022 | Sec | 2023>30 | 30 € — 94
- côtes de provence 2022 | Sec | 2023>28 | 22 € — 92

Château La Calisse

★★☆☆☆ ⊕

Lorsqu'elle a acquis La Calisse au début des années 1990, la pétillante et dynamique Patricia Ortelli a compris tout de suite son terroir et réussi avec brio une révision complète de ce vignoble situé à une altitude de 380 mètres dans une conque. Terroir de qualité, production confidentielle et très réussie, particulièrement avec le très sapide blanc, Étoiles 2020, où le rolle s'impose en chef de file.

- Patricia Ortelli, coteaux varois en provence 2022 | Sec | 2023>30 | 8 € — 90
- Patricia Ortelli - Étoiles, coteaux varois en provence 2020 | Sec | 2023>30 | 30 € — 92

Château La Coste

★★★☆☆ ✦

Propriété de l'irlandais Patrick McKillen, le domaine, amphithéâtre de 200 hectares dont 125 dédiés à la viticulture, est orienté vers le nord et la vallée du Luberon. Guillaume Vidal gère le vignoble et partage la partie œnologie avec Firmin Gimenez, le maître de chai. Depuis son arrivée il y a trois ans, le duo a accéléré le développement de l'agro-écologie en introduisant le viti-pastoralisme et le travail au cheval sur certaines parcelles. La certification en biodynamie (Demeter) effective en 2022 s'ajoute à la certification bio obtenue dès 2008. Mosaïque de terroirs, d'expositions et d'altitudes, les coteaux sont aussi un atout. Ceux du bas avec leurs sols profonds permettent de produire des vins gourmands (gamme La Coste), acidulés, frais et fruités avec une belle longueur en bouche. Des vins gastronomiques, qui portent l'ADN de leur beau terroir. Ajoutant à cela cinq restaurants, dont l'étoilé d'Hélène Darroze.

- Grand Vin, coteaux d'aix-en-provence 2020 | Sec | 2023>30 | NC — 91
- Grand Vin, coteaux d'aix-en-provence 2022 | Sec | 2023>28 | NC — 90

Château La Gordonne

★★☆☆☆ ✚

La Gordonne appartient à Paul-François Vranken, propriétaire par ailleurs du groupe de Champagne éponyme ainsi que des Grands Domaines du Littoral. La Gordonne couvre presque 300 hectares et compte parmi les domaines les plus étendus de Provence. Situé au coeur du terroir de Pierrefeu, différents types de sols et de microclimats permettent de varier entre les styles de vins produits dont la production se concentre quasi exclusivement au rosé, représentant 90 % du vin mis en bouteille. Sous l'impulsion du très talentueux Julien Fort, les vins progressent.

- Le Cirque des Grives, côtes de provence 2021 | Sec | 2023>28 | NC — 92

Château La Mascaronne

★☆☆☆☆ ⊕

Rachetée en 2020 par l'entrepreneur visionnaire Michel Reybier, La Mascaronne se dessine

✦ Star ✚ Valeur sûre ⊕ À suivre de près N Nouvelle entrée

en cirque avec au centre une magnifique bastide bordée par l'ancienne voie romaine. Son terroir argilo-calcaire culmine à 300 mètres. Ses pentes sont découpées en restanques qui accueillent les 60 hectares de vignes et 500 oliviers. Restructurée et certifiée bio depuis 2016, la propriété produit sa cuvée La Mascaronne dans les trois couleurs. Cette année, s'ajoute La Grande Réserve, un rosé issu d'une sélection parcellaire et d'un élevage attentif qui lui confèrent une intensité et une structure de garde.

- côtes de provence 2022 | Sec | 2023>28 | 23 € — 91
- côtes de provence 2021 | Sec | 2023>28 | 25 € — 91
- côtes de provence 2018 | Sec | 2023>28 | 27 € — 90

Domaine La Navicelle

★★☆☆☆

Au Pradet, un vrai terroir viticole séculaire permet de produire de savoureux rosés et plus largement une série de rouges et blancs identitaires et bien construits. Cela résume parfaitement ce qu'est la Navicelle et sa vingtaine d'hectares. L'outil en cave est performant et les interventions sont limitées sur la matière première du raisin. Le rosé, estampillé Zéphir, est un bijou de couleur, de texture suave et de tannins délicats grâce à son mix tibouren et mourvèdre. Ses nombreux parfums recherchés et épicés en font l'un des plus beaux rosés de cette édition.

- côtes de provence 2021 | Sec | 2023>30 | 9.25 € — 91
- Zephir, côtes de provence 2021 | Sec | 2023>32 | 14.05 € — 92
- Zephir, côtes de provence 2022 | Sec | 2023>32 | 14.05 € — 95

Domaine La Suffrène

★★★☆☆

Le sympathique Cédric Gravier gère ce domaine familial depuis 1996 avec beaucoup d'ouverture d'esprit et un sens inné de l'accueil. Avec lui sont venus les grands changements et les raisins jusque-là apportés à la coopérative ont été vinifiés au domaine. Cette renaissance a notamment pu se faire grâce à son grand-père, connaissant chaque cep de vigne sur le bout des doigts. Aujourd'hui, le domaine s'étend sur près de 60 hectares. Situé à l'ouest de l'appellation, sur un sol majoritairement argilo-calcaire, le domaine au nombre varié de parcelles assure la diversité d'expression du mourvèdre, cépage phare de Bandol, dont la proportion de vieilles vignes atteint ici les 90 %.

- Les Lauves, bandol 2017 | Sec | 2023>35 | 32.5 € | ☘ — 94
- Tradition, bandol 2022 | Sec | 2023>30 | 18.5 € | ☘ — 92
- Jas de Clare, bandol 2020 | Sec | 2023>30 | 27 € | ☘ — 92

Château La Tour de l'Évêque

★★★☆☆

Du haut de ses 68 hectares et d'un seul tenant pour ne rien gâcher, La Tour de l'Évêque exprime avec corps son terroir d'origine, celui de la zone des collines des Maurettes, où les schistes des phyllades de Hyères donnent une sève minérale doublée d'une allonge de premier ordre. Le grès rouge, très présent dans le terroir, apporte de la structure. Chez les Sumeire, on mêle habilement caractère engagé et entreprenariat. Quasi pur rolle, le blanc-de-blancs demande la patience requise pour se livrer sans détour. Pétale de rose rejoint comme chaque année le sommet des grands rosés de Provence. Noir et Or 2018 est l'un des vins les plus aboutis du secteur de Pierrefeu-du-Var.

- Noir et Or, côtes de provence 2018 | Sec | 2023>28 | 32 € — 93
- côtes de provence 2021 | Sec | 2023>25 | 18 € — 92
- Blanc de Blancs, côtes de provence 2022 | Sec | 2023>28 | 18 € — 91
- Pétale de Rose, côtes de provence 2022 | Sec | 2023>28 | 18 € — 91

Domaine Lafran-Veyrolles

★☆☆☆☆

Répertoriée en 1620 en tant que Rovayrola, c'est-à-dire zone plantée de chênes rouvres, la propriété a su garder son authenticité depuis près de 400 ans. Elle a acquis au cours du temps une belle image de produits naturels, cultivés avec soin. Le domaine est composé aujourd'hui de douze hectares de vignes et opte à bon escient pour des élevages assez longs, certains pouvant aller jusqu'à deux ans.

- bandol 2021 | Sec | 2023>35 | 24 € — 91
- bandol 2022 | Sec | 2023>30 | 19 € — 90

Château Léoube

★★☆☆☆ +

Sur les rivages schisteux de la Grande Bleue, cette vaste propriété de 560 hectares d'un seul tenant, dont 70 de vignes et 22 d'oliviers du britannique Sir Anthony Bamford a profité d'un ambitieux programme de remise en état de son agriculture. Depuis 2000, la vinification est confiée à Romain Ott qui y applique tout son héritage d'excellence. Les quatre cuvées de rosé et les quatre de blanc sont toutes très équilibrées. Tension, salinité et belle puissance aromatique en font des vins qui peuvent accompagner tous les moments d'un repas.

- Secret de Léoube, côtes de provence 2022 | Sec | 2023>28 | 27 € | 90
- Secret de Léoube, côtes de provence 2022 | Sec | 2023>28 | 29 € | 90
- Secret de Léoube, côtes de provence 2019 | Sec | 2023>26 | 29 € | 90

Domaine Les Béates

★★☆☆☆ ⊕

Tout proche du Lubéron, mais en appellation coteaux-d'Aix-en-Provence, la notoriété de ce domaine est évidente. Propriété moderne dans le style, elle signe des vins d'auteur, engagés dans leurs couleurs, profonds dans leurs textures avec une vision contemporaine et complexe. Pierre-François Terrat, vigneron depuis le millésime 2002 profite des plus belles parcelles du village, sur des bases calcaires, amenant la finesse de grain que nous apprécions.

- Terra d'Or, vin de france 2017 | Sec | 2023>28 | 36 € | 91
- Les béates, vin de france 2020 | Sec | 2023>30 | 20 € | ☘ | 91

Château Les Valentines

★☆☆☆☆

Située à la Londe-les-Maures, entre Toulon et Saint-Tropez, la vigne du château, entourée de pinède, s'étend sur 45 hectares, dont 40 de vignes. Repris en 1997 par Gilles Pons, le domaine a été entièrement converti en viticulture biologique en 2008. La vigne, organisée en terrasses plus ou moins grandes, s'oriente plein sud et profite de l'effet venturi créé par la mer, c'est à dire d'un vent léger et frais qui souffle à certaines heures de la journée, même en plein été.

- Grand Huit, côtes de provence la londe 2021 | Sec | 2023>30 | 19.9 € | ☘ | 90
- Bagnard, côtes de provence la londe 2016 | Sec | 2023>28 | 25.9 € | ☘ | 91

Château Malherbe

★★★☆☆

Depuis 2007, Sébastien Ferrari gère avec exigence ce domaine viticole idéalement situé entre la mer et le massif des Maures. Les vignes sont cultivées avec soin et avec le millésime 2013, Malherbe est passée à l'agriculture biologique. Les vins sont produits à partir de deux terroirs distincts : la pointe-du-diable, en front de mer et constitué de limons anciens chargés de quartz, et malherbe, au pied du cap Bénat, une des pointes argilo-schisteuses située la plus au sud du massif des Maures. Le style des différentes cuvées met l'accent sur la buvabilité et toutes feront merveille à table. Spectaculaire progression ces derniers millésimes. Les vins sont à classer parmi l'élite de la Provence.

- côtes de provence 2021 | Sec | 2023>30 | 29 € | 91
- côtes de provence 2020 | Sec | 2023>30 | 36 € | 92
- Grand Blanc, côtes de provence 2020 | Sec | 2023>30 | 49 € | ☘ | 92

Domaine des Masques

★★★☆☆ ⊕

« Masqo » veut dire sorcier en vieux Provençal. Au domaine des Masques rime avec sublime et exception. Perché sur le plateau du Cengle, à quelques 500 mètres d'altitude, peut-être d'ailleurs le plus haut point viticole de la Sainte Victoire, Yannick Burles prend soin de cette propriété d'exception. 25 hectares de vignes, 5 hectares d'oliviers et 2 hectares de lavandin. On raisonne ici dans le détail et dans l'infinitésimal. Micros-terroirs, vinifications parcellaires, contenants d'élevages variés (barriques, demi-muids, amphores) signent une gamme sans concession, épurée, digeste et saline. Yves Cuilleron apporte si nécessaire sa lecture rhodanienne dans les cuvées Collection de ce trésor viticole aixois.

- Essentielle, méditerranée 2022 | Sec | 2023>30 | 13 € | ☘ | 92
- Syrahdictive, méditerranée 2020 | Sec | 2023>30 | 35 € | ☘ | 95
- Collection viognier, méditerranée 2021 | Sec | 2023>30 | 35 € | ☘ | 94

Domaine de Métifiot

★★☆☆☆ ⊕

Au cœur des Alpilles, situé à Saint-Rémy-de-Provence, ce domaine familial qui cultive de la vigne et des oliviers, produit une gamme de vins fruités et plaisants. Une viticulture soignée et une bonne lecture du terroir, le seul sur le versant nord de l'appellation, témoignent de l'engagement de la famille Bateman. Une belle adresse tenue de façon respectueuse par Bruno Ferland, le maitre de chai comme de culture, avec moins de soufre, moins de cuivre et une agriculture biologique intelligente.

- les baux-de-provence 2021 | Sec | 2023>30 | 23 € | ☘ | 89
- les baux-de-provence 2020 | Sec | 2023>30 | 28 € | 90
- les baux-de-provence 2021 | Sec | 2023>30 | 27 € | 89

Villa Minna Vineyard

★★★☆☆

Entre Aix et Salon-de-Provence, ce domaine de quinze hectares est situé dans un vallon étroit bordé de verdure. Le vignoble profite d'une double exposition nord-sud, et le terroir se caractérise par de la roche calcaire contenant de nombreux fossiles marins. Un travail de longue haleine selon les principes de la viticulture biologique a permis au sol de recouvrer une dynamique, permettant aujourd'hui la production de vins dont la constance de qualité traverse toutes les couleurs.

- Villa Minna, bouches-du-rhône 2018 | Sec | 2023>28 | 16 € | 92
- Villa Minna, bouches-du-rhône 2021 | Sec | 2023>28 | 16 € | ☘ | 90

Château Minuty

★★★☆☆ ✦

Remarquablement bien exposés sur les coteaux des villages de Gassin et de Ramatuelle, dominant le golfe de Saint-Tropez, les 160 hectares produisent des vins qui s'exportent dans le monde entier. L'arrivée de la nouvelle génération Matton au domaine devrait permettre de pérenniser l'esprit Minuty, tout comme l'entrée majoritaire du groupe de luxe LVMH dans les parts de la propriété.

- Blanc et Or, var 2022 | Sec | 2023>30 | 30 € | 90
- 281, côtes de provence 2022 | Sec | 2023>30 | 44 € | 90

Château de Miraval

★★★☆☆ ✦

Miraval est un trésor caché, donc jalousé naturellement, tenant ses promesses sur tout ce qui a trait à ce nom devenu mythique. Le génie entrepreneurial des Perrin, mené par l'excellent Marc et l'investissement plein et entier de Brad Pitt en ont fait le vin des esthètes. Tout est là dès la vigne : 60 hectares lovés dans les 700 de la propriété. Grâce à un vallon et ses multiples expositions, la vigne repose entre parcelles et restanques, sises à une altitude confortable. La série des 2022 confirme le haut niveau d'expression atteint. Miraval est bien un terroir de premier choix. Studio en est l'introduction.

- côtes de provence 2022 | Sec | 2023>30 | NC | 93
- Studio by Miraval, méditerranée 2022 | Sec | 2023>25 | NC | 91
- Studio by Miraval, méditerranée 2022 | Sec | 2023>25 | NC | 92

Domaine Myrko Tépus

★★★☆☆ ⊕

D'une sagesse vigneronne rare, empreinte de pragmatisme et de bon sens, Myrko Tepus, signe une interprétation personnelle et engagée des vins de la Provence du Nord. À Esparron-des-Pallières, à 460 mètres d'altitude et proches des Gorges du Verdon, son choix de cépage engagé repose sur des grès à reptiles (faces sud) et sur des argilo-calcaire (ubacs). Chaque cuvée est soignée, magnifiée par un élevage juste et en filigrane. Le lointain montre l'évident potentiel de l'ugni blanc sur les grès et les calcaires du domaine. Le carignan offre un poudré de texture sans égal au cœur de la cuvée Nitchivo. Un très grand en devenir.

- Le Lointain, coteaux du verdon 2021 | Sec | 2023>28 | 30 € | 94
- Saint Jean, coteaux du verdon 2019 | Sec | 2023>35 | 20 € | 95
- Nitchivo, coteaux du verdon 2021 | Sec | 2023>30 | 18 € | 94
- Le Grand Adret, coteaux du verdon 2021 | Sec | 2023>30 | 30 € | 95

Domaine Les Œuvres Vives

★★☆☆☆ Ⓝ

Marie Laroze, maître de chai du château de Pibarnon, a créé en parallèle cette micro-exploitation au Castellet, dans un petit mas de la fin du XVIIIe. À peine trois hectares et demi, tous en agriculture biologique, expriment avec panache, clarté de style et finesse de raffinement le terroir d'exception bandolais. Rosé de grand corps et rouge de sève et d'allonge. Des débuts plus qu'engageants que nous suivons de près.

- bandol 2020 | Sec | 2023>30 | 30 € | 93
- bandol 2021 | Sec | 2023>28 | 17 € | 92

Domaine de l'Olivette

★★☆☆☆ ✚

La famille de Jean Luc Dumoutier possède et choie l'Olivette, domaine historique de Bandol,

✦ Star ✚ Valeur sûre ⊕ À suivre de près Ⓝ Nouvelle entrée

Alban Cacaret, Commanderie de Peyrassol

Alban Cacaret a grandi en même temps que les vignobles Austruy. Il y a plus de vint-deux ans, son oncle Philippe Austruy a mis entre ses mains, alors sans expérience dans le métier, le destin de la commanderie de Peyrassol. Le succès a été celui des rosés de Provence et la réussite de Peyrassol a permis au groupe familial d'investir ailleurs en France, puis au Portugal et en Italie. Aujourd'hui sur tous les fronts, sans jamais quitter le grand sourire qui lui va si bien, Alban regarde d'un œil attentif l'arrivée des grands groupes dans le pays qu'il aime tant. Il n'a pas peur. *Marie-Charlotte Wambergue*

depuis plus de deux siècles. Certifié HVE depuis 2014, on a mis en place ici des corridors écologiques pour mieux respecter la faune, la flore et le vivant nécessaire au bon épanouissement de la vigne. Si le mourvèdre règne en maître sur ses terres, il a bien voulu partager l'encépagement avec le cinsault, qui amène une grande diversité de parfums aux vins du domaine. Nos amateurs exigeants se retrouveront dans les cuvées Spéciale et Absolue.

- **Cuvée Spéciale, bandol 2014** | Sec | 2023>35 | 39 € — 92
- **Tradition, bandol 2022** | Sec | 2023>30 | 16.9 € — 91
- **Tradition, bandol 2019** | Sec | 2023>35 | 25 € — 92

Château d'Ollières

★☆☆☆☆ N

Aux portes de Saint Maximin, entre la Sainte-Victoire et la Sainte-Baume, en bon représentant émérite de l'appellation coteaux-varois-en-Provence, Ollières s'impose légitimement. Charles Rouy, son actuel propriétaire, qui a fait ses classes en Bourgogne chez Bouchard Père et Fils, a consolidé les solides acquis à la vigne et doté la cave d'un outil optimal et bien étudié.

- **Prestige, coteaux varois en provence 2022** | Sec | 2023>32 | 14.9 € — 91
- **Prestige, coteaux varois en provence 2020** | Sec | 2023>32 | 17.1 € — 92
- **Haut de l'Autin, coteaux varois en provence 2022** | Sec | 2023>32 | 18.6 € — 92

Domaines Ott

★★★★☆ ✦

Grande famille du vin provençal, les Ott se lancent dans la viticulture en acquérant le château de Selle en 1912, le clos Mireille en 1930 et le domaine Romassan en 1956. Reprise par le groupe Roederer en 2004, l'activité viticole se poursuit sous la houlette de Christian et Jean-François, les cousins Ott, preuve que la famille reste très impliquée et est d'ailleurs toujours actionnaire. Les plus belles cuvées sont toutes rosées et restent, avec une régularité admirable, parmi les plus réussies de la Provence.

- **Château de Selle, côtes de provence 2020** | Sec | 2023>30 | 40 € — 91
- **By Ott, côtes de provence 2022** | Sec | 2023>30 | 19 € — 90
- **By Ott, côtes de provence 2021** | Sec | 2023>30 | 17 € — 92

Clos de l'Ours

★★☆☆☆

Le vignoble de treize hectares, certifié bio depuis 2000, se situe sur un terroir argilo-calcaire bien drainé, bordé par un cirque de pins et de chênes. La situation géographique proche de Cotignac confère à ce terroir une climatologie plus fraîche, aux amplitudes thermiques plus importantes que sur la côte. Essentiellement composé de vignes âgées de 40 à 70 ans, ce qui devient une rareté dans ce secteur largement dominé par la production de rosé, le vignoble réunit les cépages classiques de la Provence.

- **L'Accent, côtes de provence 2022** | Sec | 2023>28 | 20 € — 90
- **L'agachon, côtes de provence 2021** | Sec | 2023>30 | 25 € — 91

Commanderie de Peyrassol

★★★☆☆ +

Fondé en 1204 par les Templiers, Peyrassol est un lieu magique. Acquis en 1789 par la famille Rigord, les vins se font un nom et comptent régulièrement parmi les meilleurs de Provence. Obligé de vendre en 2001, Philippe Austruy acquiert ces 1000 hectares de forêts et 100 de vignes. Il rénove les bâtisses avec passion et implication, transformant notamment le jardin en musée à ciel ouvert. Les vins trouvent progressivement leur rythme, et l'arrivée de Stéphane Derenoncourt comme consultant, ajoutée à la modernisation du chai, a permis de franchir un nouveau cap.

- **Clos de Peyrassol, côtes de provence 2021** | Sec | 2023>28 | 29 € — 91
- **Château Peyrassol, côtes de provence 2021** | Sec | 2023>28 | 23 € — 91

Château de Pibarnon

★★★★★ ✦

En maître incontesté, Eric de Saint-Victor prouve par les derniers millésimes proposés les bienfaits des calcaires du Trias couplés à des veines de marnes bleues, donnant aux vins autant de puissance que de finesse. Le style se montre plus consensuel, atteignant un haut niveau de raffinement jamais rencontré par le passé. Le terroir est bien là : sublime amphithéâtre regardant la Méditerranée, 52 hectares entre vallons et restanques, chantre du mourvèdre civilisé, voué au temps et à la grande classe d'expression. Deux vins mémorables, l'exquis et coloré rosé nuances 2020 et l'enveloppée cuvée Henri-Cath, provenant du terroir du Bel-Air, hymne à la finesse méridionale.

- **bandol 2022** | Sec | 2023>28 | 30 € — 92
- **bandol 2022** | Sec | 2023>28 | 25 € — 93
- **Nuances, bandol 2020** | Sec | 2023>28 | 31 € — 93
- **Henri-Cath, bandol 2012** | Sec | 2023>40 | 300 € — 96

Théodore Planas-Rastoin

★★☆☆☆ N

Proche de la mythique appellation palette, Théodore Planas-Rastoin s'occupe avec soin et une intelligence visionnaire de son vignoble situé dans un cirque naturel creusé par l'Arc, entouré de garrigues et placé sous les bons soins de la polyculture. En cave, on prône l'intervention minimum, sans pour autant tomber dans la vague glissante du vin naturel. Une sélection engagée, assumée par notre équipe.

- **vin de france 2016** | Sec | 2023>28 | 25 € — 92
- **vin de france 2017** | Sec | 2023>30 | 22 € — 92

Château Pradeaux

★★★★☆ ✦

Neuvième génération du ce domaine né en 1752, Etienne de Portalis est bien loin de rester sur le confort qu'une telle propriété peut offrir. Tout est là : Saint-Cyr-sur-Mer, une vingtaine d'hectares sur des bases calcaires et de terres rouges, un microclimat doux et tempéré, un gros travail entrepris sur le matériel végétal et en cave, et comme pour les meilleurs, des bois patinés, satinant les vins et les affinant pour une très longue garde. Preuve en est avec la Cuvée X dans le millésime 2007 qui a tout pour dépasser le demi-siècle.

- **Le Lys, bandol 2020** | Sec | 2023>35 | 23 € — 92
- **bandol 2018** | Sec | 2023>40 | 32 € — 94
- **Vesprée, bandol 2021** | Sec | 2023>30 | 26 € — 93

Château Rasque

★★☆☆☆

Le château Rasque est une création de toutes pièces, 30 hectares de vignes pris sur la forêt dans les années 1980. C'est la seconde génération de la famille Biancone qui le mène aujourd'hui, avec à sa tête la pétillante Sophie secondée par Enzo, le dernier d'une fratrie de cinq très unie. Le sens du beau se perçoit dans les chais et le bâti, une architecture classique provençale revisitée par un amoureux de la renaissance italienne avec force clefs de voute et statues néo-classiques. Un peu d'œnotourisme complète la production viticole.

- **Clos de Madame, côtes de provence 2022** | Sec | 2024>29 | 25 € — 90
- **Pièce Noble, côtes de provence 2019** | Sec | 2025>30 | 25 € — 91

Château Réal Martin

★★☆☆☆ →

Ancienne abbaye de Montmajour, la célèbre communauté monastique d'Arles, le château Saint-Martin est situé au cœur de la Provence Verte à Correns, village réputé pour son engagement dans une agriculture respectueuse. Tenue de vignes rigoureuse et cuverie dernier cri donnent des vins au style précis, sans fard, avec un éclat et une qualité de parfum délicieuse. Optimum vise le caractère haut de gamme, avec une matière riche, non dénuée de finesse.

- **Optimum, côtes de provence 2021** | Sec | 2023>28 | 28 € — 91

Domaine de La Réaltière

★★☆☆☆ N

Situé au nord de la montagne Sainte-Victoire, dans une petite vallée préservée, le domaine se trouve en bout de route, sur les coteaux de la Vautubière. Orientées sud, face à la montagne, les parcelles se trouvent à plus de 400 mètres d'altitude sur le terroir argilo-calcaire classique de la Provence. Le microclimat permet une maturation plus lente des raisins tout en profitant de l'ensoleillement au maximum. Pierre Michelland cultive ses quatorze hectares de vignes comme un jardin, en biodynamie. Talentueux et travailleur, il s'est investi cœur et âme et compte aujourd'hui parmi les meilleurs vignerons des Coteaux d'Aix.

- **Blanc public, vin de france 2022** | Sec | 2023>25 | 14 € — 91
- **Cante Gau, vin de france 2021** | Sec | 2023>28 | 30 € — 92

Château Revelette

★★★☆☆ +

Si Revelette est devenu une signature et un vin d'auteur, c'est grâce à l'infatigable passionné Peter Fischer, entrepreneur émérite, bâtisseur sans fin, émerveillé par la beauté du lieu qu'il a créé et par l'œuvre qu'est Revelette. Le

CHÂTEAU
SAINTE ROSELINE
CRU CLASSÉ
CHÂTEAU
SAINTE ROSELINE
CRU CLASSÉ
LAMPE DE MEDUSE
CÔTES DE PROVENCE
2022
POLECOMPANY.COM

matériel végétal est guidé de façon la moins interventionniste possible, sans dogme. Même logique en cave avec des vins, qui pour cette édition, nous sont apparus épurés, redoutables de finesse, avec beaucoup de suite. L'élève modèle est le grand-blanc, de haute saveur et parfaite constitution. C'est à table qu'il montrera sa grandeur de style.

- coteaux d'aix-en-provence 2021 | Sec | 2023>28 | 18 € — 92
- Le Grand Blanc, méditerranée 2021 | Sec | 2023>30 | 33 € — 95
- Le Grand Rouge, méditerranée 2020 | Sec | 2023>32 | 34 € — 94

Domaine Richeaume

★★★★☆ ➔

Sur des terrasses naturelles du piémont de la Sainte-Victoire, ce domaine familial, propriété de la famille Hoesch depuis 1972, fait la parfaite synthèse entre une approche holistique, une vinification naturelle et une culture biologique. Aujourd'hui, le patrimoine de vieilles vignes du domaine permet ces constats mais c'est aussi par des élevages prudents que chaque cépage s'exprime dans un ton juste, nuancé dans son tannin et raffiné dans son expression. Columelle 2018, magnifié par le savoir de Sylvain Hoesch, réunit à l'unisson syrah, merlot et cabernet-sauvignon pour offrir un niveau de suavité de bouche rarement atteint dans cette Provence septentrionale.

- Syrah, méditerranée 2020 | Sec | 2023>32 | 40 € — 94
- Columelle, méditerranée 2018 | Sec | 2023>35 | 40 € | ☘ — 96
- Grenache, méditerranée 2020 | Sec | 2020>32 | 25 € | ☘ — 95

Domaine de Rimauresq

★★☆☆☆

Cru classé de Provence, situé sur les contreforts nord du massif des Maures, il est en train de se refaire une beauté après un long moment de solitude sous le propriétaire précédent. Racheté en 1988 par l'écossais Monsieur Wemyss, des efforts ont été réalisés pour améliorer le niveau des cuvées de base, et l'harmonie est au rendez-vous dans l'ensemble de la gamme et dans les trois couleurs. Le vignoble est implanté sur un terroir de grès, de schiste et de quartz.

- R, côtes de provence 2020 | Sec | 2023>28 | 23.5 € — 91
- R, côtes de provence 2022 | Sec | 2023>28 | 18.9 € — 91
- Quintessence, côtes de provence 2020 | Sec | 2023>30 | 28.2 € — 92

Château Romanin

★★☆☆☆

Caché au pied de la face nord des Alpilles, dans un cadre magique et spectaculaire, digne d'un film de James Bond, ce domaine de 58 hectares est cultivé au plus proche de la nature, le vignoble trouve son rythme en biodynamie, la progression des vins est clairement perceptible et leur pureté indéniable.

- Grand Vin Rosé, les baux-de-provence 2022 | Sec | 2023>30 | 18 € — 91
- Grand Vin Blanc, les baux-de-provence 2022 | Sec | 2023>30 | 25 € — 92

Château Roubine

★★☆☆☆

Le château Roubine qui fait partie des 23 crus classés de Provence depuis 1955, est un des plus anciens vignobles de France. Déjà exploité au XIVe siècle par les Templiers, ce domaine de 120 hectares situé à Lorgues est implanté en cirque autour du château sur un terroir argilo-calcaire. En conversion biologique, il est dirigé avec charme, talent et dynamisme par Valérie Rousselle et ses enfants. Les vins produits sont de tout premier ordre et reflètent le potentiel exceptionnel de ce terroir. A ce vignoble s'ajoutent deux autres récemment acquis par la famille : le château Sainte-Béatrice à Lorgues et le domaine Chante Bise dans la vallée du Rhône.

- Premium, côtes de provence 2022 | Sec | 2023>28 | 16.5 € | ☘ — 91
- InSpire, côtes de provence 2021 | Sec | 2023>28 | 30 € | ☘ — 90
- Premium, côtes de provence 2022 | Sec | 2023>28 | 16.5 € | ☘ — 91

Domaine Saint Jean

★★☆☆☆ (N)

Par son étroitesse et Nice qui la grignote sans cesse, il est toujours délicat de trouver, dans l'appellation bellet un vigneron qui porte haut les valeurs de ce vignoble confidentiel. Nathalie et Jean-Patrick Pacioselli signent avec parcimonie les quelques 7000 flacons produits sur leurs quatre hectares. Le domaine est né à l'origine d'une petite parcelle acquise en 2006, puis de terroirs naissants, notamment aux lieux dits Li Vecce et La Pouncia. La saisissante Cuvée Ichthus magnifiée en amphores est un diamant brut et salin.

- Li Viecce, bellet 2021 | Sec | 2023>30 | 33 € — 93
- Ichthys, bellet 2021 | Sec | 2023>30 | NC — 94

Clos Saint-Joseph

★★★☆☆ (N)

Tout au nord-est de Nice, perché sur les contreforts des Alpes, le Clos Saint-Joseph fait cavalier seul. Seul domaine des Alpes-Maritimes, il mérite à bien des égards une pleine attention. Conduite optimale du vignoble, biodynamie rigoriste et belle expression d'un conservatoire de cépages d'antan, donnent des vins au style contemporain, basés sur des calcaires du crétacé supérieur recouvert de graviers fins. Magnifique série de vins de cépages comme le grassenc.

- côtes de provence 2021 | Sec | 2023>30 | 28 € — 94
- côtes de provence 2021 | Sec | 2023>30 | 32 € — 94
- Grassenc, alpes-maritimes 2021 | Sec | 2025>35 | 35 € — 96

Château Saint-Maur

★★☆☆☆ ➔

Situé à quelques kilomètres de Saint-Tropez, Saint-Maur a été acquis en 2011 par le grand industriel Roger Zannier. En conversion bio, le vignoble s'étend aujourd'hui sur 100 hectares. Des travaux colossaux ont été réalisés sur l'immense bâtisse d'origine mauresque ainsi que dans le vignoble. En 2013, un chai à l'architecture épurée et à la pointe de la technologie est sorti de terre en neuf mois. Il abrite toutes les étapes de la vinification, les barriques dans lesquelles les rouges passent 18 mois, une chaîne d'embouteillage et une jolie boutique.

- L'Excellence, côtes de provence 2022 | Sec | 2023>28 | 26 € — 89
- Clos de Capelune, côtes de provence 2022 | Sec | 2023>28 | 43.5 € — 90
- Saint M, côtes de provence 2022 | Sec | 2023>30 | 16 € — 91

Clos Saint-Vincent

★★★★☆ ➔

Bien trop modeste pour cela, Joseph Sergi, alias Gio, œuvre sans relâche, sous l'égide de la biodynamie, sur les pentes vertueuses et vertigineuses du Clos, regardant au loin Nissa la bella. Poudingues, galets et argileuses se mêlent et s'unissent. Toujours nuancé sur la partie élevage, Gio porte au plus haut l'essence même des cépages indigènes de l'appellation bellet. Ainsi, le rosé, haut en saveur, fleure l'extrait sec de braquet, cépage magnifié dans la cuvée Belletan. Les blancs jouent sur le sel et le minéral tandis que le rouge clos 2021 est un élève modèle. Le plus grand blanc dégusté cette année, tous vins confondus, est la cuvée B de B, immense et confidentielle. En 2016, elle assoit la suprématie des grands terroirs méditerranéens.

- Vino di Gio, bellet 2021 | Sec | 2023>28 | 71 € — 92
- B de B, bellet 2016 | Sec | 2023>35 | NC — 97
- Le Clos, bellet 2022 | Sec | 2023>28 | 23 € — 93
- Belletan, bellet 2021 | Sec | 2023>28 | 34 € — 94

Château Sainte-Marguerite

★★☆☆☆ ➔

L'annonce en 2022 de l'entrée au capital du groupe Pernod-Ricard a braqué les projecteurs sur cette belle propriété, toujours dirigée par les deux frères Fayard, Olivier et Enzo. Au cœur du terroir de La Londe Les Maures, le soleil et le vent marin s'affirment comme les alliés d'une viticulture qualitative, les 200 hectares de vignes de la propriété sont d'ailleurs certifiés agriculture biologique. Dans la gamme, les rosés jouent une tonalité de fruits et de fleurs. Cette gourmandise portée par la pêche et la poire saura séduire un large public. Opérationnel pour la vendange 2020, un chai aussi beau que fonctionnel permet d'accompagner les ambitions de la famille.

- Symphonie, côtes de provence la londe 2022 | Sec | 2023>28 | 19 € — 91
- Fantastique, côtes de provence la londe 2022 | Sec | 2023>30 | 30 € — 93

Château Sainte-Roseline

★★★☆☆ +

Trésor des Arcs-sur-Argens, le château Sainte-Roseline et sa très clairvoyante Aurélie Bertin est un Eden verdoyant, admirable tant sur le plan viticole qu'architectural. Le vignoble se compose de 300 hectares dont 110 de vignes. La propriété compte également sur ses terres une chapelle magnifique, (renfermant les reliques de la sainte), décorée par Chagall, Bazaine, Ubac et Giacometti. Après une dégustation approfondie de l'ensemble de la gamme, on peut affirmer qu'on se trouve aussi parmi les meilleurs vins de Provence.

- Lampe de Méduse, côtes de provence 2022 | Sec | 2023>30 | 19 € — 91
- La Chapelle de Sainte Roseline, côtes de provence 2022 | Sec | 2023>35 | 40 € — 94
- La Chapelle de Sainte Roseline, côtes de provence 2022 | Sec | 2023>30 | 30 € — 91
- Prieuré, côtes de provence 2019 | Sec | 2023>35 | 45 € — 94

Domaine des Sarrins

★★☆☆☆ +

Quittant sa Champagne adorée, Bruno Paillard a jeté son dévolu sur les Sarrins, proche de Lorgues. À Saint-Antonin-du-Var, entre argile et calcaire, le domaine représente une trentaine d'hectares, convertis en bio. Les parcelles, au cœur de clairières et de collines boisées, profitent de l'amplitude thermique. La cuverie se partage entre inox et recours mesuré au bois, juste dans son expression. Très réussi, Rosé-secret 2018, est proposé à maturité et rappelle à tous que le rosé est aussi un vin de temps.

- Rose Secret, côtes de provence 2018 | Sec | 2023>30 | 35 € — 93
- Rouge secret, côtes de provence 2018 | Sec | 2023>30 | 24 € — 92

Château du Seuil

Situé à proximité d'Aix-en-Provence, les premières origines du château du Seuil remontent au XIIIe siècle. Au début des années 1970, la famille Carreau Gaschereau s'y installe et y crée un vignoble s'étendant sur 55 hectares. En 2014, le château est racheté par Agnès et Robert Daussun et leurs enfants, avec l'objectif de développer son potentiel remarquable, ainsi que celui de son terroir.

- Château du Seuil, coteaux d'aix-en-provence 2022 | Sec | 2023>26 | 13.35 € — 89
- Château du Seuil, coteaux d'aix-en-provence 2022 | Sec | 2023>26 | 13.1 € — 89

Château Simone

En Provence, il y a la Simone et le reste du monde. Unique par son exposition plein Nord, fraîche et à l'abri des regards, par son encépagement multiple, signé par de divines clairettes, par l'œuvre magistrale surtout et l'engagement de chaque instant de la famille Rougier. Jean-François Rougier parle de la Simone, avec les yeux qui brillent et de l'admiration dans chaque mot mesuré et pesé. Rarement dans le paysage viticole, nous avons rencontré une telle dévotion. Preuve en est avec le blanc 2022 au sommet de la hiérarchie des terroirs calcaires de Provence. Vineux et précis rosé 2022. Les rouges sont depuis quelques années maintenant à l'égal des autres couleurs. Les passionnés impatients peuvent tout de suite profiter des grands-carmes-de-simone mais les vins méritent tous à minima dix ans de cave. Simone est immarcescible.

- palette 2020 | Sec | 2025>35 | 40 € — 95
- palette 2020 | Sec | 2025>35 | 46 € — 97
- palette 2021 | Sec | 2025>35 | 46 € — 95
- Grands Carmes, bouches-du-rhône 2021 | Sec | 2023>30 | 32 € — 92

Domaine Tempier

Tempier est un mythe de Provence. Tout passionné se souvient forcément d'un moment passé autour d'un verre de ce cru iconique du Plan du Castellet. Aujourd'hui visionnaire et singulière, elle affine son style, joue la carte de la suavité et de l'allonge pour l'élevage des rouges, particulièrement avec le trop confidentiel millésime 2021. Côté terroirs, une quarantaine d'hectares tenus au cordeau protégés du mistral, s'offrent sur trois communes. Juste avant leurs mises en bouteilles, les cuvées offraient un caractère infiniment civilisé, gracieux dans leur style et d'une finesse jamais atteinte. Un aboutissement.

- La Migoua, bandol 2021 | Sec | 2023>45 | NC — 96
- Cabassaou, bandol 2021 | Sec | 2023>45 | NC — 96
- La Tourtine, bandol 2021 | Sec | 2023>40 | NC — 96
- bandol 2022 | Sec | 2023>30 | 29 € — 93

Domaine de Terrebrune

Un terroir dans le terroir, voilà qui résume Terrebrune, propriété choyée, menée par une direction à deux têtes entre Reynald Delille et Jean d'Arthuis. Situé à Ollioules, ce domaine proche de la Méditerranée joue entre les embruns et un sol calcaire de premier ordre. Pas de muscle, ni de grande couleur trop colorée, mais des vins empreints de sensibilité, qu'il convient d'attendre et de laisser s'exprimer sur le plan des parfums. Plus récemment, c'est Julien Paul, brillant directeur technique qui fait s'affirmer le trias et affine le grain si précieux de Terrebrune. Le millésime 2019 culmine au sommet des bandols raffinés et déliés.

- bandol 2019 | Sec | 2023>28 | NC — 92
- bandol 2022 | Sec | 2022>30 | 25 € — 92
- bandol 2022 | Sec | 2023>30 | 32 € — 91
- bandol 2019 | Sec | 2023>38 | 35 € — 96

Domaine de Trévallon

L'attachant Antoine Dürrbach et ses sœurs complices Isoline et Ostiane font perdurer l'œuvre du truculent Eloi. Trévallon est immuable tant son terroir reclus et frais impose le style. 17 hectares de vignes entourés d'une nature sauvage et préservée sont conduits en culture biologique, sur le versant nord des Alpilles. L'éclat du calcaire sonne à nouveau, permettant des maturations longues pour les syrahs et les cabernet-sauvignon, tandis que les blancs se gorgent d'une sève et d'une énergie sans équivalent dans les Baux-de-Provence et ailleurs.

- alpilles 2020 | Sec | 2025>35 | 130 € — 96
- alpilles 2021 | Sec | 2023>25 | 96 € — 96

Château Val d'Arenc

Au Bausset face aux falaises du Gros cerveau, terroir célèbre pour ses vins corsés et séveux, la famille Seneclauze et Gérald Damidot font du Val d'Arenc un des futurs incontournables de Bandol. La trentaine de parcelles se lovent entre terrasses, restanques et gradins escarpés, avec des noms bien connus comme Rouve, Migoua ou encore Guimbard. Alternance intelligente de foudres et de barriques en cave donnant des jus harmonieux. Arenc 2015 est un bonheur, magnifiant son quartier d'origine, affiné par un duo œuf et demi-muid.

- bandol 2020 | Sec | 2023>35 | 23 € — 92
- Arenc, bandol 2015 | Sec | 2023>40 | 43 € — 95

Domaine du Vallon des Glauges

Ce joli domaine situé au cœur du Massif des Alpilles, entre montagnes et paysages sauvages, profite du dynamisme et du savoir-faire de l'excellente famille Oddo, aussi propriétaire d'un domaine en France et dans le monde. Elle y a replanté 20 hectares de vignes et réorganisé la cave, dont elle a confié la direction à l'excellent Jérôme Constantin. Une belle adresse à découvrir pour ses rosés frais et élégants.

- Oddo, coteaux d'aix-en-provence 2022 | Sec | 2023>26 | 9 € — 90
- Oddo Réserve, coteaux d'aix-en-provence 2022 | Sec | 2024>30 | 16 € — 91

Château Vannières

Chacun le sait, la grande tradition viticole Française est établie au château Vannières, depuis 1547. En la personne d'Éric Boisseaux, le conservatisme est de mise et Bandol trouve en lui un des hommes forts de l'appellation. L'écriture du domaine se fait aujourd'hui grâce à son fils Charles-Eric, qui a apporté plus de nuance aux rouges sans les dépourvoir du long vieillissement en cave qu'ils demandent afin d'être justement appréciés.

- bandol 2020 | Sec | 2023>35 | 35 € — 93
- bandol 2022 | Sec | 2023>28 | 22 € — 91
- bandol 2022 | Sec | 2023>28 | 35 € — 91

Château Vignelaure

Homme sensible et pragmatique dans ses choix engagés, Philippe Bru, directeur d'exploitation, est l'une des figures les plus attachantes de la région. Il signe une trilogie de couleur impeccable. Atypique, cette propriété écrit depuis les années 1970 quelques-unes des plus belles pages de la viticulture provençale. Le cabernet-sauvignon s'y plait, à part quasi-égale avec la syrah. Une matrice argilo-calcaire tempère les rares excès de chaleur. La source 2022 est un rosé de panache et de corps.

- coteaux d'aix-en-provence 2017 | Sec | 2023>25 | 25 € — 93
- coteaux d'aix-en-provence 2018 | Sec | 2023>28 | 24 € — 94
- La Source de Vignelaure, coteaux d'aix-en-provence 2022 | Sec | 2023>25 | 11 € — 93

Vignerons de Saint-Tropez

Cette cave a été fondée en 1964 par huit vignerons de la presqu'île de Saint-Tropez, avec pour objectif de former un site commun de commercialisation pour mieux valoriser la production. Depuis, la cave a bien grandi, puis s'est regroupée avec d'autres coopératives et châteaux du secteur. Aujourd'hui, elle propose une large gamme de vins, avec des cuvées bien pensées, soignées dans leur habillage.

- Gold, côtes de provence 2022 | Sec | 2023>26 | 13 € — 90
- Domaine Siouvette - L'Exception, côtes de provence 2021 | Sec | 2023>28 | 14 € — 89
- Domaine Siouvette - L'Exception, côtes de provence 2022 | Sec | 2023>28 | 14 € — 89

La Côte-Rôtie, ses vignes en terrasses, éprouvantes à travailler. Les galets roulés du sud de la vallée, masse compacte, brûlante, pesant sur la vigne qui se fraie un chemin. Deux terroirs, deux entêtements de civilisation. Le Rhône, c'est le pays des braves.

Le Rhône

On entend dire ici et là, souvent à tort, parfois à raison, que le vignoble rhodanien est en danger face aux changements du climat. Que vont devenir les vins ? Le doute est partout. Pourtant, au nord comme au sud, des producteurs courageux n'ont pas l'intention de rester sans rien faire. Ils savent que le salut passera par une viticulture exigeante et des pratiques sur mesure. La résistance s'organise

www.visuel.fr

GUILLAUME PUZO

DANS L'OMBRE DE LA COLLINE MAGIQUE, LA VASTE APPELLATION SE FAIT UNE PLACE AU SOLEIL. C'EST AUSSI UN PREMIER CHOIX POUR L'AMATEUR ET ÇA, C'EST NOUVEAU. EXPLICATIONS

PAR ***GUILLAUME PUZO***

CROZES SUR SA VAGUE

À PREMIÈRE VUE, rien de spectaculaire. Une vaste plaine qui s'étire vers le sud en direction de Valence. La colline de l'Hermitage, omniprésente, dissimule par son relief le village de Crozes-Hermitage qui a donné son nom à l'appellation. Sur la rive drômoise du Rhône, sa rive gauche, l'AOC crozes-hermitage regroupe aujourd'hui onze communes, au niveau du 45e parallèle. Du nord au sud, Serves-sur-Rhône, Érôme, Gervans, Crozes-Hermitage, Tain-l'Hermitage, Larnage, Mercurol, Chanos-Curson, Beaumont-Monteux, La Roche-de-Glun et Pont-de-l'Isère la bien nommée, point de confluence entre le Rhône et l'Isère, qui borde l'appellation au sud. Franchie la rivière, notamment à Châteauneuf-sur-Isère, il n'y a plus de vignes en appellation, seulement quelques-unes en IGP. Deux mille hectares en production sur les

Larnage et ses fameuses terres blanches.
Ces sols de kaolin donnent une salinité particulière aux vins, blancs comme rouges, et offrent une réverbération en cas de forte luminosité.

trois mille permis par le cahier des charges, soit la surface la plus importante du Rhône-nord, permettent au vignoble de Crozes-Hermitage de devancer celui de Saint-Joseph. On y a planté ces dernières années jusqu'à 80 hectares par an. Selon Yann Chave, co-président de l'interprofession de Crozes-Hermitage, il resterait plus vraisemblablement 500 à 600 hectares à planter. Autre co-président, Jacques Grange, de la maison Delas, voit là une chance : *« C'est incontestablement l'appellation du nord de la vallée du Rhône qui a encore un potentiel de croissance en termes de surfaces et de développement sur des terroirs de belle qualité »*. Certains pointent du doigt les risques, à l'image de Ludovic Beau, directeur général de la cave de Tain : *« Attention à ne pas tuer la poule aux œufs d'or, même si nos adhérents ont aussi profité de ces nouveaux droits, ce qui leur a permis de se développer »*. Actuellement, 55 % des surfaces sont en bio, certifié ou en passe de l'être. Globalement, le vignoble a meilleure allure qu'il y a dix ou quinze ans. Les vignes sont souvent palissées même si l'on trouve des plantations en échalas, adaptées pour résister au mistral et réduire les risques de grillure du raisin l'été. Pour les cépages autorisés, c'est très classique du Rhône-nord. Syrah pour les rouges, marsanne – de très loin le plus présent – et roussanne pour les blancs. Officiellement, il est possible d'apporter jusqu'à 15 % de cépages blancs dans une cuve de rouge, une pratique quasiment abandonnée tant les vignerons manquent de vins blancs.

EXTENSION ET ASCENSION

Les vins rouges représentent 90 % des volumes, les blancs, un bon 10 % et il n'y a pas de vins rosés. Cette production est à 80 % consommée en France et les premiers marchés à l'export sont le Royaume-Uni et les États-Unis. Quelques dates-clefs permettent de raconter l'appellation : 1937, année de reconnaissance de l'appellation, à l'époque limitée à la seule commune de Crozes-Hermitage ; 1952, année de l'extension de l'appellation aux onze communes actuelles, ce qui entraîne de larges campagnes de plantation et permet l'ascension quasi ininterrompue des vins depuis une bonne trentaine d'années. Comme le résume Xavier Frouin (Cave de Tain) : *« Historiquement, le crozes-hermitage était le prolongement de ce qui ne pouvait pas être de l'hermitage. Progressivement, on a basculé vers la zone des Châssis, qui a migré de zone arboricole à zone viticole. »* Arboriculture et viticulture, avec un peu de culture céréalière, ont longtemps été les activités majeures du secteur. La pêche et l'abricot rapportaient plus que le raisin. Encore aujourd'hui, de nombreuses familles de vignerons ont conservé quelques hectares de fruitiers. Le basculement définitif vers la viticulture intervient dans les années 1990. En 1992, à la suite d'une grève massive des transporteurs routiers, la récolte de fruits, prête à être expédiée, pourrit sur pied. À partir de 1993, la sharka, un virus qui provoque une maladie grave chez les arbres fruitiers à noyau, anéantit les vergers de pêchers. Le tout dans un contexte croissant de concurrence avec les productions agricoles venues d'Espagne et du Portugal, sans parler des gelées de printemps d'autant plus féroces que les hivers plus doux font bourgeonner les fruitiers plus tôt qu'autrefois. L'appellation a aussi bénéficié des plans d'aménagement de l'après-guerre. Les travaux du canal du Rhône, qui rendent possible la navigation fluviale de Lyon jusqu'à Marseille, permettent aux arboriculteurs de mettre en place un puissant réseau d'irrigation sur une bonne partie du secteur des Châssis. Longtemps traversée par la fameuse nationale 7, l'appellation est coupée en deux dès 1965 par l'autoroute du Soleil, qui facilite le transport des fruits et du vin. L'extension de 1952 a rendu complexe la lecture des terroirs de Crozes-Hermitage. Schématiquement, quatre blocs se découpent.

L'ÉCLAIRAGE DU GÉOLOGUE

Premier secteur, le nord de l'appellation et les communes de Gervans, Crozes-Hermitage, Érôme, Serves-sur-Rhône et Larnage pour partie. Là, le sous-sol est granitique, du même fameux granite à dents de cheval que l'on retrouve sur les deux rives du Rhône et sur le coteau des Bessards en hermitage. Les vins y déploient une salinité sans équivalent dans l'appellation pour des finales souvent corsées et pleines de saveurs. Georges Truc, géologue spécialiste de la vallée du Rhône, précise : *« L'altération des granites à grands feldspaths libère une grande quantité de cations qui vont former avec l'eau de pluie qui s'infiltre des solutions minérales que la plante va pomper, restituant cette forte expression saline dans les vins »*. Quelques terrasses recouvertes de lœss du Quaternaire – comme sur le quartier de Maison Blanche en hermitage – sont *« des terrains propices à la vigne car les placages de lœss sont des sédiments peu compacts, facilement pénétrés par le système racinaire de la vigne »*, poursuit Georges Truc. *« Favorables aux cépages blancs, les lœss apportent une charge minérale riche en calcium, ce qui favorise la synthèse de l'acide malique et donne des blancs ciselés, avec beaucoup de finesse. »* Second secteur, Larnage. Une partie de la commune est sise sur un sous-sol granitique mais sa particularité peut se résumer à ses fameuses terres blanches, qui forcent l'admiration de Georges Truc : *« C'est une singularité. Cette poche de sables kaoliniques est issue des résidus de l'altération de roches granitiques. Ce sont des argiles blanches, riches en silicates d'alumine, au contact desquelles le système radicellaire de la vigne vient faire son marché minéral »*. Entre les ruines du château de Larnage et la carrière de kaolin (un matériau réfractaire très prisé), le sol est ici d'une blancheur parfois aveuglante. Cette expression minérale donne sans doute les blancs les plus purs de l'appellation. Elle est également présente en rouge même si le tannin apporte un filtre supplémentaire.
Troisième secteur, la plaine des Châssis, principal bénéficiaire de l'extension de 1952, sur les communes de Pont-de-l'Isère, La Roche-de-Glun et Beaumont-Monteux. *« Cette terrasse des Châssis est relativement récente à l'échelle géologique »*, explique Georges Truc. *« D'une platitude absolue, cette terrasse est composée de galets de l'Isère et non du Rhône. Un peu d'argiles en surface et surtout des cailloutis sur des épaisseurs de plusieurs mètres, notamment des granites, des quartzites, des roches rouges du cœur des Alpes, des micaschistes, des grès et aussi du calcaire. Quand on s'avance aux extrémités de la plaine, on peut retrouver des alluvions un peu plus riches en sable, notamment vers Beaumont-Monteux, mais cela reste un phénomène marginal. »* Absentes de la première aire d'appellation, ces zones ont donné des vins devenus l'idée même du crozes-hermitage pour nombre de consommateurs. Ils ont en général une belle assise en bouche, un moelleux de texture qui les rend aimables jeunes, avec un gourmand fruité rouge et noir pour les syrahs. Le dernier secteur de l'appellation, celui de Mercurol et Chanos-Curson, est assez homogène. *« Un toit-terrasse un peu plus ancien que les Châssis où l'on retrouve la plus significative contribution des matériaux du Tertiaire »*, résume Georges Truc. Très intéressante pour la vigne, cette zone est plus apte que la précédente à apporter finesse et délicatesse dans les vins. D'ailleurs, bien avant l'extension de 1952, le nom de Mercurol était régulièrement mis en avant sur les étiquettes des vins. Il ne faut pas négliger non plus le rôle joué par les orientations dans ces expressions différentes. Par son absence de dénivelés, la plaine des Châssis est baignée de soleil du matin au soir. Plus hauts en altitude, les secteurs plus frais de Larnage, Crozes-Hermitage ou Gervans offrent souvent des expositions qui regardent vers l'ouest ou le nord-ouest, donc au soleil couchant, ce qui préserve fraîcheur et acidité du raisin.

L'EAU ET L'AVENIR

Très utilisée en 2022 dans l'appellation, l'irrigation est un sujet sensible même si l'eau est pompée dans le Rhône et non dans la nappe phréatique. Le sujet divise les vignerons. Maxime Graillot (Domaine Alain Graillot) ne veut pas en entendre parler : *« Si tu irrigues, tu dois perdre l'appellation pour cette vendange-là. Tu fais de la syrah et non du crozes-hermitage. Je ne suis pas contre si c'est pour sauver la vigne, mais on ne peut pas l'arroser en appellation comme si c'était un vin de pays »*. Yann Chave (co-président du cru), lui, y est favorable : *« Avec l'aspersion, on veut recréer l'apport en eau d'un petit orage lorsque celui-ci ne vient pas »*. Pour lui, une irrigation maîtrisée

Au sommet de la colline de l'Hermitage, quelques vignes en appellation crozes offrent une vue privilégiée sur les méandres du Rhône.

permettrait de débloquer les maturités phénoliques, d'éviter les arômes de poivre blanc dans les syrahs, au profit du poivre noir, et d'accroître la buvabilité des vins en améliorant leur équilibre et en baissant leur degré d'alcool. Jacques Grange (Delas) se veut pragmatique : *« Le problème, c'est qu'on appréhende le problème sous l'angle de l'irrigation d'un fruitier alors que c'est un raisin de cuve. C'est mettre la vigne sous perfusion. En 2022, aux vendanges, je pense que nous avions reçu 280 millimètres d'eau depuis janvier, soit le chiffre d'un climat semi-désertique, voire désertique. Si la nature ne nous donne pas cette eau, qu'est-ce qu'on fait ? On regarde et on pleure ou on se donne la possibilité d'ajuster ? »*. Autre sujet de discorde, la machine à vendanger, très utilisée dans la plaine des Châssis (pas chez tout le monde). Dans les autres secteurs, le relief des coteaux empêche d'y avoir recours. Souvent, la pratique est reconnaissable à la dégustation. L'atout de l'AOC crozes-hermitage, c'est l'homogénéité de ses vins. Cela peut paraître paradoxal au regard de sa diversité géologique. Malgré tout, il se dégage une idée commune de ce qu'est un crozes-hermitage rouge auprès des consommateurs : celle d'un vin fruité et gourmand, sans excès de maturité, abordable en prix et prêt à être dégusté jeune. Ce qui n'empêche pas certaines cuvées de vieillir dix ans et plus. Ce que Jacques Grange confirme : *« Les vins de Crozes sont des vins accessibles, destinés plus à la bistronomie qu'à la gastronomie. Des grands vins parfois, dans certains millésimes, mais pas une signature de terroir comme on peut l'avoir ailleurs dans le Rhône »*. Philippe Guigal (E. Guigal) n'en pense pas moins : *« L'appellation est la porte d'entrée de la syrah septentrionale. On se faire plaisir avec un budget modéré »*. Dans le nord de la vallée du Rhône, où très peu de vignobles font des côtes-du-rhône, le vin de Crozes-Hermitage fait figure d'entrée de gamme à l'univers des crus. Sur les sujets d'avenir, Maxime Chapoutier, de la maison du même nom, n'est pas inquiet : *« La reconversion du foncier abricotier en foncier viticole crée une dynamique que l'on n'a pas sur les autres crus du nord. Le vignoble de plaine reste encore abordable et autorise l'installation de jeunes vignerons »*. Tous les acteurs regardent aussi dans la direction de la qualité. Sélection parcellaire pour mieux identifier les terroirs, hiérarchisation des crus, etc. Dès 1990, Laurent Combier avait identifié son clos des Grives. Aujourd'hui Yann Chave réhabilite le clos Madeleine, splendide coteau longtemps en friche à l'entrée de Mercurol. D'autres suivront dans les années à venir.

INCONTOURNABLES

L'une des forces de l'appellation crozes-hermitage, c'est la pluralité et la qualité de ses acteurs. Un négoce local et puissant (Chapoutier, Delas, Jaboulet et même Guigal), deux caves coopératives (dont la cave de Tain, plus ancienne que l'appellation) et, depuis la fin des années 1980, l'émergence d'une myriade de caves particulières, certaines de très bon niveau. Petit tour d'horizon.

Domaine Belle

L'un des rares domaines établis sur la commune de Larnage, avec une gamme provenant essentiellement des fameuses terres kaoliniques de Larnage (en blanc, Terres Blanches et Roche Blanche, en rouge, Louis Belle), mais aussi des secteurs granitiques de la commune (Rochepierre, en rouge). Il y a aussi une cuvée issue des galets sur argilo-calcaire de la partie sud des Châssis (Les Pierrelles, en rouge). Valeur sûre.

M. Chapoutier

Grand spécialiste de l'Hermitage, Michel Chapoutier l'est tout autant de l'appellation voisine de Crozes, qu'il souhaiterait d'ailleurs voir contribuer financièrement à la défense de ce nom qu'elle a accolé à celui du village. Entre négoce et domaine cultivé en biodynamie, les cuvées sont importantes en volumes (Petite Ruche, Les Meysonniers, Guer-Van), dans les deux couleurs. Sans surprise, c'est la cuvée parcellaire Les Varronniers qui joue les premiers rôles. Par coquetterie, Michel donne à l'Hermitage son orthographe ancienne, sans le H. Ici, un crozes-ermitage, donc. Produit depuis la fin des années 1990, ce vin provient toujours des deux mêmes secteurs : la colonne vertébrale, c'est Varogne, une parcelle à l'ouest de l'Hermitage sur des granites à dents de cheval, complétée par une croupe d'alluvions des Châssis, deux parcelles historiques de la maison. Sans aucun doute le crozes avec le meilleur potentiel de vieillissement. Depuis 2017, une cuvée intermédiaire, Sicamor, provenant de différents secteurs, s'intercale avec brio.

Domaine Yann Chave

Les vignes en crozes-hermitage de Yann Chave sont situées à Mercurol, ce qui donne à ses vins une belle tenue en bouche et une capacité à bien vieillir, notamment sa cuvée Le Rouvre. Sa replantation actuelle du clos Madeleine s'annonce comme un joyau en cours de polissage. À suivre.

Clairmont

Fondée en 1972, l'autre coopérative de l'appellation avec la cave de Tain parvient à proposer des crozes-hermitage issus de ses différents secteurs, même si l'essentiel provient de la zone sud, Beaumont-Monteux. Plusieurs cuvées issues des domaines adhérents sont proposées, mais régulièrement les assemblages présentés par la cave tirent leur épingle du jeu.

Domaine Laurent Combier

Avec Alain Graillot, Laurent Combier est l'autre historique de l'appellation pour ce qui est des caves particulières. Lui est natif de la région, son grand-père était déjà vigneron en plus d'être arboriculteur. Laurent s'installe en 1987, au bord de la Nationale 7, avec son père. Le temps de sortir les vignes de la cave de Tain, il vinifie ses premiers vins en 1990, à l'époque avec cinq hectares. À force de travail et de persévérance, le domaine vinifie aujourd'hui près de cent hectares, essentiellement en appellation crozes-hermitage (un petit peu en saint-joseph) dans le secteur des Châssis, le cœur historique du domaine. Depuis 1991, les secteurs granitiques du nord donnent la cuvée Cap Nord et le négoce auprès de partenaires fiables permet de proposer l'entrée de gamme Cuvée L. En 2022, la reprise du domaine Les Chenets ajoute seize hectares à Mercurol. Dès 1990, Laurent a isolé sa parcelle du clos des Grives. La cuvée qui en est issue est rapidement devenue parmi les plus réputées de l'appellation, en blanc et en rouge. En bon millésime, son potentiel d'évolution en bouteille est de 10 à 15 ans.

Domaine Emmanuel Darnaud

Établi à La Roche-de-Glun, Emmanuel Darnaud exploite des vignes sur les parties sud-est de la grande terrasse des Châssis, notamment sur le lieu-dit Les Saviaux, dont il tire régulièrement la sélection parcellaire Au Fil du Temps, au beau fruité noir avec beaucoup de finesse en bouche. À découvrir.

Delas

Autre négociant incontournable de l'appellation, Delas exploite vingt hectares en crozes-hermitage et en propose une gamme assez large, complétée par des achats : Les Launes en blanc et en rouge, Domaine des Grands Chemins et Le Clos uniquement en rouge. Pour la sélection parcellaire Le Clos, comme pour Domaine des Grands Chemins, les vignes sont situées sur la plaine des Châssis, ce qui explique la belle rondeur en bouche de ces vins. La cuvée Le Clos vieillit favorablement sur dix ans et plus en bon millésime.

Domaine Jean Esprit

Jean Esprit représente la cinquième génération sur ce domaine situé en plein cœur de la plaine des Châssis, avec dix-neuf hectares en appellation crozes-hermitage. La cuvée Le Zouave, issue de vignes âgées de 80 à 100 ans, est particulièrement séveuse.

Domaine Laurent Fayolle

Les crozes-hermitage de Laurent Fayolle expriment toute la salinité des granites du nord de l'appellation. Issue de la commune de Gervans, sa cuvée Clos Les Cornirets déploie toute la finesse des tannins du nord de l'appellation. Surprenant.

E. Guigal

On l'oublie souvent, car la maison est basée à Ampuis, mais avec le rachat des vignes De Vallouit en AOC hermitage, Guigal est aussi devenu propriétaire de cinq hectares en crozes. Une superficie insuffisante pour celui qui est le plus gros acheteur de vrac de l'appellation et qui met chaque année sur le marché 5 000 hectolitres de rouge et 250 à 300 hectolitres de blanc. Chez Guigal, le crozes-hermitage est la deuxième cuvée la plus importante en volumes, après le côtes-du-rhône. Il constitue l'entrée de gamme des syrahs du nord.

Domaine Alain Graillot

Sans doute la toute première cave particulière à faire parler de Crozes dans toute la France, grâce à Alain Graillot, ancien champion de ski reconverti vigneron à partir de la vendange 1985 sur ces terres des Châssis plantées depuis peu. Homme visionnaire, il a dès son premier millésime proposé une cuvée spéciale, La Guiraude, sélection des meilleurs pièces de la cave. Uniquement en rouge, depuis toujours. D'autres l'ont imité. Alain disparu l'année passée, ses fils Maxime et Antoine poursuivent son œuvre, toujours à partir des vignes des Châssis pour les crozes-hermitage.

Domaine Philippe et Vincent Jaboulet

Lorsqu'il a quitté la maison Jaboulet fin 2005, Philippe Jaboulet a acheté avec son fils une partie de l'ancien domaine Collonge, avec des vignes principalement situées sur le secteur de Mercurol et sur le plateau nord des Châssis.

Domaine Les Bruyères

David Reynaud s'est fait connaître par ses crozes portés par un fruité gourmand, des parfums de pêche de vigne, de figue et de quetsche que l'on retrouve souvent dans ses vins. Installé sur les terres alluvionnaires et sableuses de Beaumont-Monteux, en bordure sud de l'appellation, avec quelques vignes dans le secteur de Mercurol, il est devenu un standard de l'appellation.

Domaine Gaylord Machon

Depuis Beaumont-Monteux, au bout de la plaine des Châssis, Gaylord Machon élabore un style de crozes aimables, portés par un bon fruit et une bouche ronde. Un classique de l'appellation.

Domaine Melody

Un domaine créé par un trio de choc, Marc Romak, Marlène Durand et Denis Larivière, sur trois types de sols de l'appellation : les galets roulets des Châssis, les lœss et les terres blanches autour du château de Larnage. On reconnaît ces terroirs sans hésitation dans leurs cuvées, notamment la très pure Chaos Blanc, provenant des fameux kaolins. Prometteur.

Domaine Michelas St-Jemms

Ce vaste domaine exploite plusieurs secteurs, d'où les expressions variées de ses vins. Sols caillouteux à Beaumont-Monteux et Pont-de-l'Isère, sols plus argileux sur le plateau des Châssis et enfin, pour les vignes du secteur de Larnage, à la fois des granites et des kaolins.

Domaine du Murinais

Toutes les vignes de Luc Tardy sont situées sur la commune de Beaumont-Monteux, où il propose une gamme régulière de crozes-hermitage bien faits, dont une cuvée vieilles vignes toujours de belle profondeur. Valeur sûre.

Domaine des Remizières

Émilie et Christophe Desmeure, sœur et frère, possèdent 27 hectares d'un parcellaire bien morcelé. Les rouges proviennent des Châssis, partie nord et sud (Origine), les coteaux de Mercurol et Chanos-Curson produisent dans les deux couleurs (Cuvée Particulière) et les kaolins de Larnage donnent la cuvée Christophe, en blanc comme en rouge.

Domaine de Roure (Paul Jaboulet Aîné)

Figure locale, Raymond Roure, *« le Père Roure »*, était un personnage qui aujourd'hui encore évoque de nombreux souvenirs chez les anciens. Pionnier de la mise en bouteille dans la région, il a fini par vendre son domaine à la suite d'une brouille familiale. C'est donc la maison Paul Jaboulet Aîné qui a repris son exploitation depuis 1995. Situé à Gervans, le domaine est présent sur les secteurs granitiques de l'appellation avec des vignes en coteaux dont on retrouve tout le sel dans le blanc (un 100 % marsanne issu de vignes de plus de 50 ans) comme le rouge, des vins qui vieillissent très bien. Autrefois étiquetée sous le nom de Domaine Raymond Roure, cette production est désormais baptisée Domaine de Roure par la famille Frey.

Domaine Saint-Clair

À Beaumont-Monteux, Denis Basset propose une gamme de crozes-hermitage marqués par le fruit et la rondeur des tannins. Des vins bien faits et une bonne adresse.

Domaine Sorrel

Connu surtout pour ses hermitages, le domaine propose également depuis 1991 une petite production en crozes-hermitage, sur la base d'un hectare en rouge et moitié moins en blanc, avec pour particularité unique dans le secteur d'exploiter la totalité de ses vignes sur les terres blanches de Larnage. Cela donne à ses vins rouges et surtout à ses blancs une saveur minérale doublée d'une texture unique dans l'appellation.

Cave de Tain

Fondée en 1933, la cave de Tain avait quatre ans lorsque l'appellation crozes-hermitage fut créée. Depuis 90 ans, elle a vu passer la quasi-totalité des vignerons aujourd'hui indépendants parmi ses adhérents. Avant de se lancer, ils ont souvent appris le métier de viticulteur dans ses rangs. Aujourd'hui, elle produit encore 35 % des volumes de l'appellation et reste présente dans tous les secteurs, ce qui lui permet de proposer une large gamme. Elle continue de planter dans les secteurs granitiques du nord, en défrichant un joli coteau plein est, juste à l'arrière de la colline de l'Hermitage. Sous la houlette de l'œnologue Xavier Frouin, les crozes-hermitage de la cave constituent des références pour l'appellation.

Domaine de Thalabert (Paul Jaboulet Aîné)

C'est le nom le plus emblématique de l'appellation par ses volumes comme son image. Avant le développement des domaines vignerons, Thalabert était la grande marque de la maison Jaboulet (et sa propriété depuis sa fondation en 1834). Ce vignoble historique de Crozes a profité le premier de l'extension de l'appellation en 1952. Plusieurs centaines de milliers de bouteilles chaque année, avec un peu de négoce pour compléter le vaste parcellaire, 42 hectares sur la terrasse des Châssis, tous les restaurants de la région avaient du Thalabert sur leur carte ! Le vin est toujours très bien fait, différent de celui de Roure puisqu'on est ici sur les galets roulés. C'est un style de crozes bien en chair, avec un franc fruité rouge et noir. Un archétype, en quelque sorte. Son pendant en blanc est étiqueté Domaine de la Mule Blanche (anciennement Domaine de Conflans).

Domaine de la Ville Rouge

Installé à Mercurol, Sébastien Girard a ses vignes plutôt sur la terrasse des Châssis, et notamment sur le lieu-dit Les Saviaux, proche du Rhône. Il élabore une gamme de crozes-hermitage bien faits et réguliers.

MONT-REDON SUR UN PLATEAU

AU NORD DU VIGNOBLE DE CHÂTEAUNEUF-DU-PAPE, CETTE PROPRIÉTÉ PEUT DONNER QUELQUES VINS DE LÉGENDE. À L'APPEL DE **PIERRE FABRE** ET DE SES AMBITIONS, ELLE SE RELÈVE, EN MAJESTÉ

PAR **ANTOINE PÉTRUS**

ON A BEAUCOUP ÉCRIT à propos de Châteauneuf-du-Pape. Avec ses deux couleurs, preuve facultative de l'évidente suprématie de son terroir, la vaste appellation comprend nombre de climats et de lieux-dits qui mériteraient d'être révisés. Pour s'en convaincre, il suffit d'admirer depuis le belvédère du château Mont-Redon la complexe architecture viticole de la propriété, entre sols de calcaire, safres et galets roulés. Initialement, ici, les bois étaient plus présents que la vigne. Mont-Redon, ou mont rond, du temps des Romains, n'était d'ailleurs qu'un petit lieu-dit, dominé par un bosquet verdoyant. Comme dans de nombreuses propriétés de Châteauneuf, les anciens ont œuvré au lent travail de constitution du vignoble. Située dans sur la partie ouest de l'aire d'appellation, la propriété s'appuie aujourd'hui sur une centaine d'hectares. Chaque (grande) parcelle est soignée avec un soin et une attention de tous les instants, sans extrémisme en matière de type d'agriculture.

UN PETIT VILLAGE ET DES PROUESSES

Récemment centenaire, le domaine est désormais mené avec maestria par Pierre Fabre. C'est l'un des plus en avance sur son temps de l'appellation, sans rien renier de sa longue tradition. Son vaste vignoble appelle au pragmatisme et à la nuance. Pierre l'a bien compris : *« Moins d'interventions et plus d'innovations. La nature fait le vin, nous le vendons et nous le buvons »*. Deux mots d'ordre : bon sens et technologie. Si l'on s'occupe du raisin

comme on le ferait dans un micro-domaine, on est aussi capable de rentrer en cave l'intégralité de la vendange en une seule journée. *« Denis Dubourdieu vit en moi »*, déclame presque amoureusement Pierre Fabre, au moment d'entrer dans sa cave. Inspiré par la réussite des grands bordeaux, il a donné à Mont-Redon de l'organisation, de l'ordre et une méthode exigeante. En cave, les équipements dernier cri sont au service de la matière. Pour les élevages, pas de surprise, on utilise des barriques bordelaises. Mais le domaine n'oublie pas d'où il vient et rend hommage aux générations passées avec un retour à l'utilisation de contenants historiques, comme les foudres. Ils affineront et affirmeront la puissance des cépages, notamment le grenache. Le statut de la propriété et sa taille pouvaient faire craindre un vin institutionnel, quelque peu figé dans une forme d'immobilisme, par manque d'aspérité ou homogénéité de style. Rien de tout cela ne se constate en bouteille.

UN HÉRITAGE ET PLEIN D'AVENIR

Tout passionné, amateur comme vigneron, ne peut être qu'admiratif du travail entrepris par la famille depuis plusieurs générations. Cet héritage aujourd'hui partagé est celui du goût juste et de la mesure. Chaque génération à la barre a fait grandir Mont-Redon. Henri Plantin, le fondateur, a délimité la propriété (2,5 hectares de vignes à l'époque) dès 1923, bien avant le décret d'appellation (1936). Raymond Fabre, l'infatigable voyageur, a poussé très tôt les portes de l'export pour ses vins. Et le duo Jean Abeille et Didier Fabre a acquis les premières parcelles de Lirac et posé les prémices d'une cave innovante. Arrivé en 2008, Pierre a quant à lui fait l'acquisition de l'Oratoire Saint-Martin à Cairanne, un de ses domaines préférés. Plus récemment, il a investi à Lirac avec l'acquisition du domaine du Joncier. Bref, le château Mont-Redon de demain est à l'image de ce que fut celui d'hier, entre tradition évolutive, juste révolution et amour d'une famille pour son terroir formidable.

AMOUR, GLOIRE ET COTEAUX

DEUX VIGNOBLES DANS UNE VALLÉE. LE RHÔNE GÉNÉREUX A DÉCOUPÉ DANS LA TERRE DES COTEAUX ET DES PLATEAUX. LES DOMAINES QUI SUIVENT LES ONT SUBLIMÉS

*SÉLECTION **GUILLAUME PUZO** (RHÔNE-NORD), **LOUIS-VICTOR CHARVET** ET **THIERRY DESSEAUVE** (RHÔNE-SUD)*

RHÔNE NORD

Domaine de Bonserine

★★★☆☆

Ce petit domaine ne produit que quatre cuvées, trois en côte rôtie et une en condrieu, à partir de ses douze hectares en propriété dont onze sur la Côte Rôtie, répartis sur un grand nombre de parcelles. Propriété de la famille Guigal depuis 2006, le domaine est géré par une équipe autonome.

- **La Sarrasine, côte rôtie 2021** | Sec | 2023>28 | 45 € — 90
- **La Viallière, côte rôtie 2021** | Sec | > | 65 € — 70
- **La Garde, côte rôtie 2020** | Sec | 2023>35 | 89 € — 93
- **Les 3 lieux, condrieu 2022** | Sec | > | 45 € — 91

Domaine Graeme et Julie Bott

★★★☆☆

Julie et Graeme Bott se sont lancés dans leur propre aventure en 2015, rachetant cinq hectares de parcelles en friche et les plantant en échalas. En 2019, le couple est lauréat du concours « Vignerons et Terroirs d'Avenir », organisé par Advini. Les vins sont sculptés, généreux et bien élevés. Il faut compter sur eux.

- **saint-joseph 2021** | Sec | 2023>27 | 30 € — 88
- **condrieu 2021** | Sec | 2023>27 | 47 € — 89
- **saint-joseph 2021** | Sec | 2023>31 | 30 € — 92
- **côte rôtie 2021** | Sec | 2023>36 | 68 € — 93

M. Chapoutier

★★★★★ ✦

Michel Chapoutier est aujourd'hui bien épaulé par ses enfants, Mathilde et Maxime, pour diriger la plus importante maison de vins du Rhône Nord, spécialiste historique de l'Hermitage et de Crozes-Hermitage. Chapoutier, c'est d'une part un négoce important, mais aussi des cuvées domaine de haute volée, les vignes du domaine étant depuis longtemps cultivées en biodynamie. Les sélections parcellaires, le haut de gamme, reflètent parfaitement la philosophie du maître des lieux : parcellaire, monocépage et produites chaque année, elles sont avant tout le reflet d'un terroir, dans ses bons côtés comme parfois ses excès.

- **L'Ermite, ermitage 2020** | Sec | 2027>40 | 867 € — 98
- **Le Méal, ermitage 2020** | Sec | 2027>40 | 340 € — 97
- **Le Pavillon, ermitage 2020** | Sec | 2027>40 | 530 € — 97
- **L'Ermite, ermitage 2020** | Sec | 2027>40 | 550 € — 97
- **Croix de Bois, châteauneuf-du-pape 2020** | Sec | 2027>40 | 97 € — 98

Domaine Jean-Louis Chave

★★★★★ ✦

Jean-Louis Chave a hérité de sa longue lignée d'ancêtres vignerons un splendide parcellaire en Hermitage. Il a poursuivi leur œuvre en façonnant à son tour des coteaux entiers en Saint-Joseph, notamment la fameuse vigne des Chalaix, son grand œuvre, un travail qui s'est étalé sur 20 ans où il a successivement défriché, terrassé, maçonné puis planté le coteau, depuis le haut jusqu'au clos Florentin, tout en bas. Ses 2020 sont exceptionnels, à noter la probable existence d'une cuvée cathelin, pas encore en bouteille.

- **L'Ermitage, hermitage 2020** | Sec | 2030>45 | NC — 98
- **L'Ermitage, hermitage 2020** | Sec | 2023>45 | NC — 100
- **Cathelin, hermitage 2020** | Sec | 2030>50 | NC — 100
- **Clos Florentin, saint-joseph 2020** | Sec | 2028>40 | NC — 94

Cave de Clairmont

★☆☆☆☆

L'autre cave coopérative de l'appellation Crozes, compte aujourd'hui 12 associés. Sur 135 hectares en apports, 120 sont en Crozes. Clairmont propose des cuvées d'assemblage régulièrement de belle facture, et aussi des cuvées de domaine, parfois intéressantes mais pas toujours.

- **Pionniers, crozes-hermitage 2020** | Sec | 2023>30 | NC — 90
- **Coeur de Clairmont, crozes-hermitage 2022** | Sec | 2023>28 | NC — 89
- **Domaine de Martinelli – Poésy, crozes-hermitage 2021** | Sec | 2023>32 | NC — 90
- **Domaine Defrance – Notes Blanches, crozes-hermitage 2021** | Sec | 2023>31 | NC — 90

Domaine Auguste Clape

★★★☆☆

Ici le temps semble figé, les générations passent mais le style demeure. Pierre-Marie travaille avec son fils Olivier, et la nouvelle cuverie permet de vinifier dans de meilleures conditions, équipée notamment en groupes de froid, outil indispensable depuis quelques millésimes. Les vins évoluent toujours lentement et tiennent plusieurs dizaines d'années. Grands 2020 et 2019.

- **cornas 2020** | Sec | 2030>50 | NC — 94
- **saint-péray 2020** | Sec | 2022>30 | NC — 93

Jean-Luc Colombo

★★★☆☆

Laure Colombo, jeune et brillante œnologue, a rejoint les activités familiales sur Cornas mais a souhaité créer en marge son propre domaine, sur les hauteurs de Saint-Péray. C'est en famille que la gamme se construit, entre le vignoble de la côte Bleue et celui du Rhône, et bien sûr les activités de sourcing, tantôt sous l'étiquette

Colombo & Fille, tantôt Jean-Luc Colombo. Les cornas sont les grands vins.

- Les Ruchets, cornas 2018 | Sec | 2022>38 | 70 € | ☘ 95
- La Louvée, cornas 2018 | Sec | 2025>33 | 78 € | ☘ 92
- Les Anthenors - clairette, méditerranée 2020 | Sec | 2022>27 | 29 € 88

Domaine Combier

Domaine parmi les plus réguliers de l'appellation crozes depuis plus de trente ans, où l'on cultive avec la même passion la vigne et l'abricot. Julien et David ont rejoint leur père Laurent. Ils exploitent 50 hectares de vignes majoritairement situées sur les galets roulés de la plaine des Châssis, ainsi que quelques secteurs granitiques au nord de l'appellation et un peu en saint-joseph. Le clos-des-grives, issu de neuf hectares d'une vigne amoureusement soignée, excelle dans le temps dans les deux couleurs.

- crozes-hermitage 2021 | Sec | 2023>30 | NC 89
- Clos des Grives, crozes-hermitage 2021 | Sec | 2023>31 | NC 92
- Clos des Grives, crozes-hermitage 2021 | Sec | 2023>36 | NC 93
- Cap Nord, crozes-hermitage 2021 | Sec | 2023>31 | NC 91

Domaine Pierre et Jérôme Coursodon

Jérôme Coursodon est à la tête d'un des domaines réputés de Mauves. Les saint-joseph de ce secteur de l'appellation (Mauves-Tournon) sont différents de ceux plus au nord, autour de Sarras, même si tous sont produits sur des sols granitiques. Les rouges du domaine sont souvent plus aboutis que les blancs.

- Silice, saint-joseph 2021 | Sec | 2023>31 | 27 € 89
- Silice, saint-joseph 2021 | Sec | 2023>30 | 27 € 90
- L'Olivaie, saint-joseph 2021 | Sec | 2023>36 | 37 € 91
- Le Paradis Saint-Pierre, saint-joseph 2021 | Sec | 2023>31 | 37 € 92

De Boisseyt

Vieille maison de Chavanay qui avait au fil du temps bien perdu de sa splendeur, De Boisseyt est rachetée par Olivier Decelle en 2017, qui met à sa tête son fils Romain. Nouvelle cuverie, nouveau caveau, ce sont pour les changements visibles. Pour le reste, le vignoble a entamé en 2022 sa conversion bio mais il faudra plusieurs années pour redonner toute sa vigueur à des sols désherbés durant plusieurs décennies. Les progrès les plus accomplis sont à saluer du côté des saint-joseph blancs, avec une belle salinité en 2021.

- Les Corbonnes, condrieu 2020 | Sec | 2022>27 | 32 € 89
- Côte Blonde, côte rôtie 2019 | Sec | 2026>39 | 70 € 94
- Izeras, saint-joseph 2019 | Sec | 2022>34 | 30 € 91

Delas

+

Cette vieille maison rhodanienne a bien restructuré son équipe, autour de Marco Beckmann en maître de chai et de Clément Panigai en chef de culture, toujours sous la baguette du fidèle Jacques Grange, directeur technique. Grâce au soutien financier de la maison-mère, les Champagnes Deutz, Delas a rénové les anciens locaux de la maison Jaboulet au cœur de Tain l'Hermitage, y déployant un outil technique à la pointe de la modernité et d'une beauté esthétique rare. Les choses avancent, et la certification bio est attendue pour la récolte 2024.

- Clos Boucher, condrieu 2021 | Sec | 2025>31 | 62.4 € 92
- Chante Perdrix, cornas 2021 | Sec | 2025>31 | 44.4 € 92
- Seigneur de Maugiron, côte rôtie 2021 | Sec | 2025>36 | 63.6 € 92
- Domaine des Tourettes, hermitage 2021 | Sec | 2027>36 | 61.2 € 94

Maison Denuzière

Cette très vieille maison de Condrieu a été reprise par le groupe familial bourguignon Picard, déjà présent en vallée du Rhône avec les Grandes Serres, installé quant à lui à Châteauneuf du Pape. Dirigée aujourd'hui par la jeune œnologue Caroline Moro, elle produit des cuvées dans la plupart des appellations du nord de la vallée, avec en particulier un excellent condrieu et des saint-joseph profonds et veloutés.

- condrieu 2020 | Sec | > | 40 € 88
- saint-joseph 2021 | Sec | > | 22.5 € 86

Domaine Benjamin et David Duclaux

Domaine situé dans la partie sud de la Côte Rôtie, notamment le secteur de Maison Rouge. Les deux frères Benjamin et David Duclaux sont aux commandes du domaine familial et ont apporté une précision supplémentaire aux vins, notamment les rouges. Adresse très recommandable.

- Maison Rouge, côte rôtie 2020 | Sec | 2022>35 | 68 € 92
- La Chana, côte rôtie 2020 | Sec | 2022>30 | 39 € 91

Équis

Équis est la société de négoce de Maxime Graillot, fils d'Alain, qui propose en complément du domaine familial des vins de même style, très fruités et glissants, vins de soif par excellence, dont la restauration a tant besoin.

- Équinoxe, crozes-hermitage 2021 | Sec | 2023>27 | NC 88
- Domaine des Lises, crozes-hermitage 2021 | Sec | 2023>28 | NC 89
- saint-joseph 2021 | Sec | 2023>28 | NC 89
- cornas 2019 | Sec | 2023>30 | NC 90

Ferraton Père & Fils

Ferraton appartient à Michel Chapoutier. Celui-ci a souhaité conserver une équipe autonome aux manettes, dirigée par Damien Brisset. La gamme privilégie une approche parcellaire et étend chaque année le nombre des cuvées proposées. Une référence pour ses vins rouges.

Domaine Pierre Gaillard

Pierre Gaillard travaille avec ses enfants sur une large gamme de terroirs du nord de la vallée du Rhône. Des raisins bien mûrs permettent souvent d'apprécier ses vins assez jeunes, fidèles représentants de leurs appellations. La régularité du domaine est son point fort.

- Rose Pourpre, Lieu-dit Rozier, côte rôtie 2020 | Sec | 2022>35 | 95 € 93
- condrieu 2021 | Moelleux | 2022>27 | 33 € 89
- Esprit de Blonde, côte rôtie 2020 | Sec | 2022>30 | 75 € 91

Domaine Xavier Gérard

N

Xavier Gérard a ce ton réservé des vignerons qui maîtrisent leur sujet. Véritablement installé depuis 2012, il propose une interprétation sincère et convaincante des terroirs de Condrieu et Côte Rôtie, où il possède un parcellaire bien situé : la Landonne, la Viallière ou le Mollard pour la Côte Rôtie, et notamment Côte Chatillon pour Condrieu.

- Le Blanchard, saint-joseph 2021 | Sec | 2023>31 | NC 90
- côte rôtie 2020 | Sec | 2026>30 | NC 90
- Le Mollard, côte rôtie 2020 | Sec | 2025>35 | NC 91
- La Landonne, côte rôtie 2020 | Sec | 2026>35 | NC 93

Domaine Pierre Gonon

Les deux frères Gonon proposent un style de saint-joseph propre à la partie méridionale de l'appellation, plus gourmand que leurs confrères situés au nord, séduisants et vieillissant bien. Les sols sont impeccablement travaillés, au cheval ou au treuil. Dans le compliqué millésime 2021, le gel, le mildiou puis la grêle ont eu raison même des vignes les mieux tenues. Le blanc les-olivier et le rouge du domaine seront à boire sur leur fruit de jeunesse.

- saint-joseph 2021 | Sec | 2023>36 | 37 € | ☘ 92
- saint-joseph 2020 | Sec | 2023>40 | 37 € | ☘ 96
- Les Oliviers, saint-joseph 2021 | Sec | 2023>36 | 39 € | ☘ 94

Domaine Alain Graillot

+

Maxime et Antoine Graillot ont aujourd'hui la charge du domaine familial. Alain Graillot, disparu en 2022, avait initié le mouvement des domaines viticoles dans le secteur des Châssis, dès le milieu des années 1980. Sa cuvée la-guiraude, depuis toujours une sélection des meilleures barriques de la cave, constitue une référence pour l'appellation, avec un potentiel de garde certain. Les générations passent, le style demeure.

- La Guiraude, crozes-hermitage 2020 | Sec | 2026>40 | NC 94
- crozes-hermitage 2021 | Sec | 2023>31 | NC 91
- crozes-hermitage 2022 | Sec | 2023>31 | NC 91
- saint-joseph 2021 | Sec | 2023>31 | NC 90

Domaine Bernard Gripa

Fabrice Gripa a franchi un cap dans l'expression de ses différentes cuvées en saint-joseph et saint-péray. Dans ce secteur sud du nord de la vallée du Rhône, tout le travail consiste à préserver la fraîcheur et l'équilibre des raisins mûrs sans alourdir la richesse naturelle des vins en cave. Les vins sont très bons jeunes et vieillissent bien.

- Le Berceau, saint-joseph 2020 | Sec | 2022>35 | 40 € 92
- saint-joseph 2020 | Sec | 2022>27 | 22 € 89

E. Guigal

✦

La famille Guigal n'en finit plus d'élargir son territoire. Après ses premières armes en Côte Rôtie puis en Condrieu, avant de s'étendre en Saint-Joseph et en Hermitage, elle a acquis un vaste foncier avec le Château Nalys à, Châteauneuf-du-Pape, et a récidivé l'an passé avec le Château d'Aquéria, historique propriété en Tavel et en Lirac. Ce qui ne l'empêche pas d'élargir toujours plus sa gamme en Côte Rôtie, avec depuis 2019 la cuvée la-reynarde qui est vinifiée à part, sur le fameux secteur de Fongeant. Une cuvée que le grand public ne découvrira que dans quelques millésimes, mais qui à terme rejoindra le trio célèbre Mouline, Landonne, Turque.

- Château d'Ampuis, côte rôtie 2019 | Sec | 2023>44 | NC — 97
- Ex-Voto, ermitage 2019 | Sec | 2027>44 | NC — 97
- La Mouline, côte rôtie 2019 | Sec | 2027>44 | NC — 95
- La Turque, côte rôtie 2019 | Sec | 2027>44 | NC — 97
- La Landonne, côte rôtie 2019 | Sec | 2028>49 | NC — 99

Domaines Paul Jaboulet Aîné

✦

La maison a fait rêver des générations d'amateurs de syrah du Rhône Nord, notamment grâce à ses 26 hectares en propriété sur la seule colline de l'Hermitage, sa cuvée la-chapelle étant un mythe absolu depuis le glorieux 1961. Aujourd'hui c'est la famille Frey qui veille à sa destinée, Caroline Frey partageant son temps entre les différentes propriétés du groupe. La maison s'est recentrée sur ses cuvées domaine, la viticulture est plus soignée qu'autrefois, et surtout les vinifications ont énormément progressé depuis que les vins ont cessé d'être transportés sur plusieurs sites au cours de leur élaboration.

- Domaine de Roure, crozes-hermitage 2021 | Sec | 2023>3[illegible] | NC — 94
- La Chapelle, hermitage 2021 | Sec | 2027>41 | NC — 94
- Domaine de Thalabert, crozes-hermitage 2021 | Sec | 2023>31 | NC — 89
- La Chapelle, hermitage 2021 | Sec | 2023>36 | NC — 95

Domaine Philippe et Vincent Jaboulet

Sur les terroirs de Crozes-Hermitage et de l'Hermitage, qu'ils connaissent parfaitement, Philippe et Vincent Jaboulet proposent une gamme de vins de belle expression et souvent d'évolution lente. Ne manquez pas l'hermitage blanc, le seul à être issu uniquement de la roussanne.

- cornas 2018 | Sec | 2022>28 | 38.5 € — 90

Domaine Corinne et Jean-Paul Jamet

Jean-Paul Jamet dirige avec son épouse Corinne et leur fils Loïc l'un des plus beaux domaines de la Côte Brune de la Côte Rôtie. C'est d'ailleurs le nom de la cuvée emblématique du domaine, d'une finesse et d'une élégance sans équivalent millésime après millésime. Une référence.

- côte rôtie 2019 | Sec | 2022>34 | NC — 94
- Côte Brune, côte rôtie 2018 | Sec | > | NC — 98
- Vernillon, condrieu 2020 | Sec | 2022>30 | 52 € — 91

Domaine Jasmin

Ce petit domaine exploite onze parcelles sur huit lieux-dits en côte-rôtie, à partir desquelles Patrick Jasmin n'élabore qu'une seule cuvée d'assemblage à laquelle il faut donner quelques années de vieillissement. Une adresse sérieuse.

Château Le Devay

N

Nouveau-venu dans le guide, Le Devay c'est l'aventure d'une vie d'un couple de passionnés, Jean-Charles et Florence Fournet. Médecins à la ville, ils ont racheté l'ancienne maison de repos des archevêques de Vienne, sur les hauteurs de la Côte Rôtie mais en zone IGP en raison de l'altitude. Ils ont redonné vigne à un amphithéâtre de biodiversité, alternant vignes, arbres fruitiers, prairies et haies traversantes. Des cuvées bluffantes par leur pureté et leur immédiateté d'expression, surtout pour des vignes dont les plus anciennes ont été plantées en 2015 ! Découverte.

- condrieu 2021 | Sec | 2023>31 | NC — 92
- côtes du rhône 2021 | Sec | 2023>30 | NC — 90
- Sous les Étoiles, collines rhodaniennes 2021 | Sec | 2023>28 | NC — 92
- En Pente Douce, collines rhodaniennes 2021 | Sec | 2023>28 | NC — 92

Maison & Domaine Les Alexandrins

Cette double structure s'articule autour d'un vignoble en propre et d'une activité de négoce, grâce à la complicité de Nicolas Jaboulet, Guillaume Sorrel et Alexandre Caso, sous l'œil bienveillant de la famille Perrin (de Châteauneuf). Le credo est simple : le plaisir à un prix accessible et des vins gourmands et ouverts.

- Les Garennes, crozes-hermitage 2021 | Sec | 2023>29 | 24 € — 91
- Les Chaflans, crozes-hermitage 2020 | Sec | 2024>32 | 25 € — 91
- Les Ponts, saint-joseph 2020 | Sec | 2026>35 | 30 € — 92

Domaine Les Bruyères - David Reynaud

Ancien coopérateur, David Reynaud s'est installé en 2000, et a porté depuis le domaine familial de 12 à 30 hectares, dont 20 en Crozes-Hermitage. Sur des terres d'alluvions du Rhône et de l'Isère, il tire une gamme gourmande et sculptée par un fruité irrésistible, des vins d'évolution assez rapide pour le plus grand plaisir de la restauration type bistrot.

- Georges Reynaud, crozes-hermitage 2021 | Sec | 2023>30 | NC — 89
- Les Croix Vieilles Vignes, crozes-hermitage 2020 | Sec | 2023>35 | NC — 92
- 350 Mètres, saint-joseph 2021 | Sec | 2023>30 | NC — 90
- Beaumont, crozes-hermitage 2022 | Sec | 2023>30 | NC — 88

Domaine Levet

Agnès Levet est la quatrième génération de ce domaine d'Ampuis, héritier de Marius Chambeyron, qui exploite un petit vignoble de 4,80 hectares émiettés en une dizaines de parcelles en côte-rôtie. Seulement trois cuvées sont produites chaque année, pour un rapport qualité-prix difficilement battable. Un domaine qui mérite d'être découvert.

- Améthyste, côte rôtie 2021 | Sec | 2023>31 | 48 € — 92
- Maestria, côte rôtie 2021 | Sec | 2023>36 | 61 € — 93
- Péroline, côte rôtie 2021 | Sec | 2023>36 | 65 € — 93

Domaine Stéphane Ogier

L'ambition qu'affiche Stéphane Ogier se mesure à la qualité atteinte par ses vins mais aussi par sa nouvelle cuverie. Un magnifique outil de travail pour vinifier en parcellaire ses terroirs de Côte-Rôtie et de Seyssuel. La vinification en fût est maîtrisée grâce à des élevages longs. Une source fiable d'excellentes syrahs du nord du Rhône, prisée des grands sommeliers et des marchands de vin du monde entier.

- Lancement, côte rôtie 2019 | Sec | 2027>44 | 54 € — 96
- La Belle Hélène, côte rôtie 2019 | Sec | 2028>49 | 340 € — 97
- La Combe de Malleval, condrieu 2021 | Sec | 2023>29 | 45 € — 92
- Mon Village, côte rôtie 2021 | Sec | 2023>31 | 60 € — 90

Domaine Vincent Paris

Vincent Paris est une valeur sûre de l'appellation cornas, grâce à ses cuvées toujours très régulières. Au sommet de la gamme une 60° et la-geynale, puissantes expressions de la salinité de la roche du sous-sol. Adresse incontournable pour les amoureux de cornas.

- Granit 60°, cornas 2021 | Sec | 2023>41 | 36 € — 93
- Granit 30°, cornas 2021 | Sec | 2023>31 | 27 € — 90
- La Geynale, cornas 2021 | Sec | 2023>41 | 42 € — 95
- Les Côtes, saint-joseph 2021 | Sec | 2023>31 | 18 € — 92

Domaine Pichon

Christophe Pichon a rejoint la tête du peloton de qualité dans les appellations saint-joseph, condrieu et côte-rôtie. Dans cette dernière, sa sélection parcellaire rozier, au cœur de la côte du même nom, est remarquable. La-comtesse-issu de la Côte-Blonde est magistrale par son toucher de bouche suave et la délicatesse de ses parfums.

- condrieu 2022 | Sec | 2023>29 | 36 € — 92
- saint-joseph 2021 | Sec | 2023>30 | 23 € — 90
- La Comtesse en Côte Blonde, côte rôtie 2020 | Sec | 2023>40 | 130 € — 95
- Tess, côte rôtie 2021 | Sec | 2023>29 | 62 € — 91

MATHIEU GARÇON

✦ Star ✚ Valeur sûre ⊛ À suivre de près N Nouvelle entrée

Pierre-Jean Villa, Rhône-nord

Ayant sans doute accompli la progression la plus spectaculaire de la région depuis le début du siècle, Pierre-Jean a fait ses premières vinifications en solo en 2009 après une belle carrière chez Boisset et aux Vins de Vienne. À 58 ans, ce natif de Chavanay est un méticuleux obsessionnel et la construction de sa nouvelle cave est à son image, pratique, fonctionnelle, aussi belle qu'agréable au quotidien. Un condrieu splendide, des saint-joseph modèles et un côte-rôtie Fongeant qui tutoie les sommets. Mission accomplie. *Guillaume Puzo*

Cave Julien Pilon

★★☆☆☆ N

Julien Pilon est un enfant du pays. Ce natif de Chavanay a voulu monter son négoce avec une position assez radicale : dans un Rhône Nord surtout connu pour ses rouges, lui ne souhaitait vinifier que des blancs ! Depuis, il propose une gamme dans les deux couleurs, à partir d'achats mais aussi de raisins qu'il travaille lui-même. Nous avouons une préférence pour les blancs, purs, lumineux, avec de belles expressions salines qui les rendent digestes.

- Lône, condrieu 2021 | Sec | 2023>31 | NC — 93
- Prisme, hermitage 2021 | Sec | 2023>36 | NC — 94
- L'Élégance du Caillou, cornas 2021 | Sec | 2023>31 | NC — 92
- Vernon, condrieu 2021 | Sec | 2027>36 | NC — 94

Domaine Marc Sorrel

★★★★☆ ✚

Guillaume Sorrel a pris la suite de son père Marc, et poursuit son œuvre sur les coteaux de l'Hermitage, où régulièrement son gréal en rouge et ses rocoules en blanc constituent des références, Guillaume ayant encore renforcé la pureté d'expression et la profondeur des vins grâce à un travail en cave plus soigné et plus précis qu'autrefois. Le domaine tutoie désormais les sommets à chaque millésime.

- Le Gréal, hermitage 2021 | Sec | 2028>41 | NC — 96
- Les Rocoules, hermitage 2021 | Sec | 2031>51 | NC — 97
- crozes-hermitage 2021 | Sec | 2023>31 | NC — 91
- hermitage 2021 | Sec | 2023>36 | NC — 95
- hermitage 2021 | Sec | 2023>36 | NC — 93
- crozes-hermitage 2021 | Sec | 2023>36 | NC — 93

Cave de Tain

★★★☆☆ ✚

Avec 250 adhérents pour un peu plus de 1 000 hectares vinifiés, la cave de Tain est assurément l'un des poids lourds du Rhône Nord, avec aujourd'hui un niveau qualitatif qui fait jeu égal avec les meilleurs producteurs dans toutes les appellations couvertes. Là où les progrès récents sont peut-être les plus spectaculaires, c'est dans les assemblages des cuvées d'hermitage, au-cœur-des-siècles en blanc, gambert-de-loche et surtout epsilon en rouge, particulièrement réussis en 2019. Alors que les hermitages atteignent souvent des prix élevés, ceux de la cave sont particulièrement abordables !

- Nobles Rives, hermitage 2019 | Sec | 2023>34 | 41.75 € — 93
- Au Cœur des Siècles, hermitage 2018 | Sec | 2023>39 | 23.7 € — 96
- Gambert de Loche, hermitage 2019 | Sec | 2028>39 | NC — 96
- Epsilon, hermitage 2019 | Sec | 2034>49 | NC — 98
- vin de paille, hermitage 2018 | Moelleux | 2027>38 | 41.75 € — 95

Domaine Georges Vernay

★★★★★ ✦

Emma Amsellem a rejoint sa mère Christine Vernay pour valoriser les rudes coteaux de Condrieu et de Côte Rôtie, des terres noyées de soleil lorsque le gel ne s'en mêle pas, comme en 2021, un millésime qu'Emma n'est pas prête d'oublier puisqu'elle venait de revenir au domaine. Au-delà des aléas climatiques, l'année est fort réussie en blancs, avec des expressions salines bien en place. Un millésime où l'on retrouve toute la splendeur du coteau de Vernon.

- La Maison Rouge, côte rôtie 2020 | Sec | 2028>40 | NC — 97
- Les Chaillées de l'Enfer, condrieu 2021 | Sec | 2023>36 | NC — 95
- Coteau de Vernon, condrieu 2021 | Sec | 2023>36 | NC — 96
- Blonde du Seigneur, côte rôtie 2020 | Sec | 2023>35 | NC — 93

Vidal-Fleury

★★☆☆☆ ➔

Un vent nouveau souffle chez Vidal-Fleury. Antoine Dupré a remplacé Guy Sarton du Jonchay à la tête de la plus ancienne maison de négoce du Rhône Nord (fondée en 1781), aujourd'hui propriété de la famille Guigal mais gérée de façon autonome. Nouvelles ambitions commerciales, et aussi progressivement un nouveau style en cave, qui commence à se percevoir dans la gamme proposée. À suivre.

- châteauneuf-du-pape 2019 | Sec | 2023>34 | NC — 92
- Côtes-du-Rhône-Villages, côtes du rhône-villages 2019 | Sec | 2023>29 | NC — 91
- Côte Rôtie Brune et Blonde, côte rôtie 2019 | Sec | 2023>34 | NC — 94
- Muscat de Beaumes-de-Venise, muscat de beaumes-de-venise 2021 | Doux | 2023>31 | NC — 89

Pierre-Jean Villa

★★★★☆ ✦

Avec sa nouvelle cuverie bâtie dans les bas de Chavanay, Pierre-Jean Villa dispose désormais d'un bel outil pour manipuler sa vendange, sans contrainte de place ni de matériel. Le style des vins du domaine est déjà bien en place, pour ce vigneron qui est l'un des plus belles success stories du Rhône Nord de ces dix dernières années. En blanc, un condrieu admirable de pureté de fruit et un saint-joseph salin et minéral, et surtout en rouge, l'un des plus grands terroirs de Côte Rôtie, fongeant, admirable synthèse d'un fruité mûr et de tannins veloutés à la perfection.

- Saut de l'Ange, saint-joseph 2021 | Sec | 2023>36 | NC — 94
- Tildé, saint-joseph 2021 | Sec | 2023>36 | NC — 93
- Jardin Suspendu, condrieu 2021 | Sec | 2023>31 | NC — 91
- Fongeant, côte rôtie 2021 | Sec | 2023>36 | NC — 94

Domaine Alain Voge

★★★☆☆

Aujourd'hui mené par Lionel Fraisse, le domaine est surtout connu pour ses cornas et ses saint-péray de référence. Treize hectares bio certifiés, une gamme bien construite dans son processus de vinification et de tarification. Au sommet, le cornas les-vieilles-fontaines et un délicieux saint-péray effervescent, les bulles-d'alain.

- Les Chailles, cornas 2021 | Sec | 2023>30 | 37 € — 89
- Fleur de Crussol, saint-péray 2021 | Sec | 2023>31 | 37 € — 92
- Les Vieilles Vignes, cornas 2021 | Sec | 2023>36 | 50 € — 93
- Les Bulles d'Alain, saint-péray 2018 | Extra-brut | 2023>28 | 24 € — 91

RHÔNE SUD

Domaine Arnia

★☆☆☆☆ N

Créé par Michel Blanc, ce domaine du Ventoux trouve ses marques dans les trois couleurs : un blanc svelte et profond, un rosé charnu et un rouge qui séduit par son fruit et son naturel d'expression. Le tout est présenté dans des bouteilles aux étiquettes élégantes et poétiques : bref, des débuts très encourageants !

- ventoux 2022 | Sec | 2023>24 | 19.2 € — 90
- ventoux 2020 | Sec | 2023>24 | 18 € — 88
- ventoux 2021 | Sec | 2023>25 | 16 € — 89

Domaine Boutinot

★☆☆☆☆ N

Fondé il y a plus de quarante ans en Angleterre, Boutinot commercialise des vins de plusieurs pays. Parmi ceux-ci, il possède depuis 2010 un vignoble à Cairanne. Les vins produits ici sont très accessibles, séduisants et flatteurs, mais aussi excellement vinifiés et très harmonieux. On les imagine volontiers accompagner un cuisine bistronomique en France et ailleurs.

- Les Cerisiers, côtes du rhône 2022 | Sec | 2023>24 | NC — 90
- Les Coteaux, côtes du rhône-villages 2020 | Sec | 2023>26 | NC — 90
- Les Six, cairanne 2021 | Sec | 2023>27 | NC — 92

Pierre Amadieu

★★★☆☆ ✚

C'est le plus vaste et probablement l'un des plus anciens domaines de Gigondas, mené par Pierre Amadieu, l'actuel propriétaire, l'un des hommes les plus investis du village. Le domaine dispose de parcelles à couper le souffle sur la Machotte, le Pas de l'Aigle et Romane entre autres. À 400 mètres d'altitude, les grenaches sont cueillis à pleine maturité pour être longuement cuvés et affinés en foudres, dont certains dépassent le demi-siècle. Les autres appellations proposées sont soignées avec la même attention. Un vrai coup de cœur pour les rosés, les rouges confirment leurs aptitudes au vieillissement tandis que les blancs sont d'une admirable fraîcheur.

- Domaine Grande Romane, côtes du rhône 2022 | Sec | 2023>26 | 12.8 € — 90
- Romane Machotte, gigondas 2021 | Sec | 2024>30 | 17 € — 92
- Le Pas de l'Aigle, gigondas 2021 | Sec | 2024>32 | 25 € — 92
- Col du débat, cairanne 2021 | Sec | 2024>34 | NC — 93

Domaine de l'Amauve

Dans le Haut-Vaucluse, adossé aux dentelles de Séguret, le domaine de l'Amauve est un représentant émérite de l'appellation, dirigé par le passionnant Christian Voeux. Il exprime avec sensibilité les vieilles vignes des 11,5 hectares de sols sableux et caillouteux que compte le domaine. Depuis 2017, il s'est engagé dans la conversion vers la viticulture biologique. Des vins précis et assurés et une cuvée réserve, élevée pendant plus de 18 mois, qui fait référence sur l'appellation, démontrant au passage toute la magnificence de ce terroir morcelé.

- Les Merrelies, côtes du rhône-villages séguret 2020 | Sec | 2025>30 | 21.5 € — 90
- La Vigne de Louis, vaucluse 2022 | Sec | 2025>32 | 15.5 € — 89
- Estelles, côtes du rhône-villages séguret 2020 | Sec | 2025>35 | 12 € — 89

Château d'Aquéria

+

Le domaine a la particularité d'être le seul à s'étendre d'un seul tenant sur les appellations tavel et lirac, sur 65 hectares. Ses galets roulés en surface et son sous-sol sablo-argileux produisent des vins assez frais, les vignes souffrant moins de la chaleur que dans d'autres zones. Les vins font preuve d'un formidable potentiel de garde et se complexifient admirablement comme le prouvent régulièrement des dégustations verticales. Acquise il y a deux ans par la famille Guigal, c'est Ralph Garcin, l'excellent directeur du château de Nalys qui est charge des vinifications. La suite s'annonce bien.

- tavel 2021 | Sec | 2023>28 | 12.45 € — 92
- tavel 2022 | Sec | 2023>33 | 17 € — 92
- lirac 2021 | Sec | 2022>26 | 12.45 € — 88

Domaine de la Barroche

Dans sa nouvelle cuverie où le béton est roi, Julien Barrot continue de perfectionner ses vinifications et ses assemblages, déjà remarquables et parfois exceptionnels. De très vieilles vignes, cultivées sur les lieux-dits Palestor et Grand-Pierre, dans l'immédiat voisinage de Rayas, donnent en particulier dans la cuvée pure, un vin d'une race et d'une finesse remarquables, comptant parmi les références de l'appellation. Enfin, un joli blanc 100 % clairette complète la gamme, qui démontre que Julien Barrot excelle aussi bien en blanc qu'en rouge. Nous remontons la notation du domaine.

- châteauneuf-du-pape 2021 | Sec | 2025>40 | NC — 96
- Pure, châteauneuf-du-pape 2020 | Sec | 2025>35 | 95 € — 94
- Liberty, vin de france 2021 | Sec | 2023>29 | NC — 90
- Julien Barrot, châteauneuf-du-pape 2020 | Sec | 2027>37 | 36 € — 94

Château Beaubois

Château Beaubois a pris sa place parmi les meilleurs producteurs de l'appellation. Fanny Boyer cherche tous les ans à avancer et se remettre en question. Les 50 hectares de vignoble qui entourent le château sont composés du terroir typique des Costières, des galets roulés sur des sols argilo-calcaires, avec une belle influence maritime due à la proximité de la Méditerranée. Le domaine produit également des IGP d'oc délicieux. Les tarifs, quant à eux restent très sages au regard de la qualité.

- Confidence, costières de nîmes 2022 | Sec | 2024>30 | 15.9 € — 87
- Idole, costières de nîmes 2022 | Sec | 2024>29 | 37 € — 88

Château de Beaucastel

✦

Depuis 1909, Beaucastel est la propriété de la famille Perrin, aujourd'hui sous la direction de Jean-Pierre et François, les fils de Jacques Perrin, accompagnés de Cécile, Marc, Pierre, Thomas, Charles, Mathieu et César, la cinquième génération. Autrement dit : une affaire de famille ! Situé sur un terroir de 100 hectares de galets roulés, dont 30 hectares en Côtes du Rhône (Coudoulet de Beaucastel), le château Beaucastel produit quatre vins. En blanc, une cuvée classique où la roussanne est dominante, et la célèbre cuvée roussanne-vieilles-vignes. En rouge, le mourvèdre joue un grand rôle puisqu'il représente près d'un tiers des plantations, autant que le grenache. Cette proportion inhabituelle permet d'atteindre la finesse et la fraîcheur caractéristique de Beaucastel.

- châteauneuf-du-pape 2018 | Sec | 2028>40 | 83 € — 98
- châteauneuf-du-pape 2020 | Sec | 2025>35 | NC — 97

Domaine de Beaurenard

★★★★☆ ➔

Beaurenard est l'une des valeurs sûres de l'appellation. 32 hectares de vignes en Châteauneuf et 25 en Côtes du Rhône et Rasteau constituent un patrimoine solide, cultivé en biodynamie par les frères Coulon qui ont été rejoints depuis peu par le très sympathique et brillant Victor Coulon, dernière génération de la dynastie. Le style maison est d'une grande maîtrise et promet de belles surprises à qui sait attendre.

- Boisrenard, châteauneuf-du-pape 2020 | Sec | 2027>41 | 66 € | ☘ — 95
- Boisrenard, châteauneuf-du-pape 2020 | Sec | 2025>35 | 60 € — 97
- châteauneuf-du-pape 2021 | Sec | 2025>35 | NC — 93
- châteauneuf-du-pape 2022 | Sec | 2023>32 | NC — 94

Domaine des Bernardins

★★★☆☆

La propriété doit son nom aux moines bernardins qui jadis la possédaient. La famille Castaud l'exploite depuis cinq générations, les vignes (23 hectares, dont la majorité de cépages blancs) sont plantées en coteaux sur le versant sud des dentelles de Montmirail, dans un paysage somptueux. Il est regrettable que la propriété soit l'un des derniers défenseurs du muscat alors que c'est ici un produit de très haute qualité.

- muscat de beaumes-de-venise 2022 | Doux | 2024>40 | 15.9 € — 96
- beaumes de venise 2021 | Sec | 2024>30 | 14.6 € — 90
- Hommage, muscat de beaumes-de-venise | Doux | 2024>32 | 18.9 € — 93

Domaine Bosquet des Papes

★★★☆☆ +

L'imposante stature du très jovial Nicolas Boiron ne se retrouve pas dans son vin tout en finesse et souplesse de texture, donnée par de vieux grenaches répartis sur une trentaine d'hectares disséminés sur l'ensemble de l'appellation. Les cuvées chante-le-merle, issues des plus vieilles vignes en 100 % grenache, et à-la-gloire-de-mon-père sont les deux fleurons du domaine, suivi de la-folie élevée en fût et qui demande un peu plus de temps. Cela étant dit, l'amateur aurait tort de passer à côté de l'excellente entrée de gamme modestement appelée tradition.

- châteauneuf-du-pape 2022 | Sec | 2023>29 | 34 € — 89
- châteauneuf-du-pape 2021 | Sec | 2024>32 | 31 € — 92
- Chante Le Merle Vieilles Vignes, châteauneuf-du-pape 2021 | Sec | 2025>35 | 50 € — 94

Domaine des Bosquets

★★★★☆

À la manière d'un sportif de haut niveau qu'il a été, Julien Bréchet appréhende chaque millésime en mouvement, de la remise en question des process aux ajustements des élevages, ses vins gagnent en précision et en qualité. Même si nous avons un faible pour les deux magnifiques cuvées de grenache (les Collines et le Lieu-dit), l'ensemble des cuvées en rouge démontre à la fois la diversité et le génie d'une appellation encore méconnue.

- Le Lieu-Dit..., gigondas 2021 | Sec | 2023>30 | 54 € | ☘ — 93
- La Colline, gigondas 2021 | Sec | 2023>30 | 54 € | ☘ — 95
- Le Plateau, gigondas 2021 | Sec | 2023>30 | 54 € | ☘ — 91
- Réserve, gigondas 2021 | Sec | 2023>28 | 28.5 € | ☘ — 92

Brotte

★★☆☆☆ ➔

Cette grande et traditionnelle maison de Châteauneuf-du-Pape produit une large gamme de vins dont le classique est la fiole-du-pape, curieuse bouteille contenant un assemblage de millésimes. La maison possède aussi un domaine de 15 hectares, Barville, dans le secteur de la Gardine. La dégustation de cette année confirme les progrès entrevus. Nous saluons ce changement de style.

- Domaine Barville, châteauneuf-du-pape 2021 | Sec | 2025>35 | 40 € | ☘ — 90
- Domaine Grosset, cairanne 2021 | Sec | 2024>30 | 15 € — 91
- Château de Bord, côtes du rhône-villages laudun 2021 | Sec | 2023>27 | 14 € — 88

Domaine Brusset

★★☆☆☆ N

Laurent, le petit-fils d'André, désormais à la tête de l'exploitation, développe une large gamme de vins sur près de 70 parcelles, dont des vignes en terrasses dans les spectaculaires Dentelles de Montmirail. Un morcellement qui se révèle un avantage lors des phases d'assemblage. À noter un millésime 2017 un tant soit peu tourmenté.

- Les Hauts de Montmirail, gigondas 2021 | Sec | 2024>32 | 29 € | ☘ — 92
- L'Esprit de Papet, cairanne 2022 | Sec | 2024>29 | 19 € | ☘ — 93
- Vieilles Vignes, côtes du rhône-villages cairanne 2021 | Sec | 2024>32 | 16 € | ☘ — 92

Clos du Caillou

★★★☆☆ +

Sylvie Vacheron, rejointe depuis peu par sa fille Marilou, s'appuie sur un vignoble situé au nord-est de l'appellation dont une partie produit d'excellents côtes-du-rhône, tout proches des terres de Châteauneuf-du-Pape. Ces dernières atteignent un très haut niveau d'expression, avec des matières habilement élevées et longues. Les châteauneuf-du-pape ont rejoint le cercle très restreint des plus beaux vins de l'appellation et sont déclinés selon la nature de leur terroir.

- Les Safres, châteauneuf-du-pape 2021 | Sec | 2025>35 | 36 € — 96
- Les Quartz , châteauneuf-du-pape 2021 | Sec | 2025>40 | 55 € — 96
- Réserve, châteauneuf-du-pape 2021 | Sec | 2026>36 | 98 € — 94
- Le caillou, côtes du rhône 2021 | Sec | > | 11 € | ☘ — 9

Château de la Canorgue

★☆☆☆☆ N

Pionniers de la culture bio et de la biodynamie sur l'appellation, Jean-Pierre Margan et sa fille Nathalie ont hissé au plus haut le château de la Canorgue. À Bonnieux, leurs vignes dont une partie centenaire s'étendent sur une quarantaine d'hectares aux sols principalement argilo-calcaires. Réguliers et très précis, les vins de la Canorgue offrent à la fois de la gourmandise et des textures fines en bouche. Le coin-perdu, issu d'un assemblage de syrahs, de vieux carignans, grenaches et cinsaults est comme toujours l'une des réussites majeures dans le Luberon. Belle découverte également autour du blanc, parfait partenaire de la cuisine provençale.

- luberon 2020 | Sec | 2024>27 | 12.9 € | ☘ — 89
- Canorgue Viognier, méditerranée 2022 | Sec | 2024>30 | 12.3 € | ☘ — 89
- La Canorgue Prestige, méditerranée 2020 | Sec | 2024>30 | 17.5 € | ☘ — 90

Clos des Centenaires

★★☆☆☆ N

Jadis portant leur domaine au sommet des Costières de Nîmes, Stéphane et Luc Baudet ont créé le clos des Centenaires. De quelques rangs de vignes, entre garrigues, Camargue et oliviers, fruit de leur passion commune et de leurs rêves, le clos compte aujourd'hui sept hectares. Sur des parcelles âgées, exposées sud-est, deux cuvées naissent autour du grenache, du cinsault et de la roussanne. Toutes ont pour fil rouge une grande gourmandise de fruit.

- Roussanne, costières de nîmes 2021 | Sec | 2023>30 | 19 € — 92
- Luxe, Calme et Volupté, oc 2020 | Sec | 2023>30 | 16 € | ☘ — 93
- Grenache vieilles vignes, costières de nîmes 2021 | Sec | 2024>30 | 15.9 € | ☘ — 93

Domaine de la Charbonnière

★★★☆☆ +

Le domaine acheté par Eugène Maret en 1912 est aujourd'hui géré par Michel Maret et ses deux filles, Caroline, au commerce, et Véronique, à la cuverie. Depuis 2012, Véronique Maret réalise grâce à une judicieuse sélection de terroirs différentes cuvées pulpeuses et équilibrées. Sur les 19 hectares en Châteauneuf, hautes-brusquières et le blanc proviennent du lieu-dit situé sur le plateau de Mont-Redon, et les vieilles-vignes (à 100 % grenache) des pentes de la Crau. L'assemblage mourre-des-perdrix donne peut-être le vin le plus original et le plus accompli. D'une régularité sans faille.

- Mourre des Perdrix, châteauneuf-du-pape 2020 | Sec | 2025>35 | 42 € — 94
- Hautes-Brusquières, châteauneuf-du-pape 2020 | Sec | 2024>30 | 52 € — 92
- Vieilles Vignes, châteauneuf-du-pape 2020 | Sec | 2024>30 | 52 € — 93
- Domaine, châteauneuf-du-pape 2020 | Sec | 2024>32 | 31 € — 92

Domaine Charvin

★★★★☆

Laurent Charvin est un vigneron passionnant et passionné. Installé dans les années 1990, il prend

Agnès Levet, Rhône-nord

Quatrième génération sur le domaine familial, celle qui avoue avoir les coteaux dans le sang est passionnée par ses différentes parcelles. Cousine des Chambeyron et des Jamet, elle propose des grands vins sur un joli parcellaire éclaté en côte-rôtie : Chavaroche, Côte Blonde, Côte Brune, Landonne, Fongeant, Mollard, Côte Rozier. Les vins sont abordables, il fallait le souligner. *Guillaume Puzo*

rapidement le chemin d'une viticulture biologique et impose ce qu'il y a de plus simple, autrement dit ce qu'il y a de plus naturel. Il faut donc des raisins et des rafles bien mûres chaque année. Situé au nord de l'appellation, sur les terroirs de Maucoil et Cabrières, il produit en blanc et en rouge deux superbes cuvées au soyeux remarquable, parfumées et de grande complexité. Plébiscité à juste titre par les amateurs, il s'affirme comme l'une des références majeures, ambassadeur d'un style raffiné.

Le Chêne Bleu

★★★☆☆ ✦

Xavier et Nicole Rolet ont acquis le domaine de la Verrière en 1996, un prieuré du IXe siècle ceint d'un magnifique vignoble de 30 hectares. Nichée à 630 mètres d'altitude au-dessus du village de Crestet, dans les dentelles de Montmirail, cette ancienne ferme qui existe depuis le temps des Romains a été minutieusement restaurée par leurs soins. Avec l'aide précieuse et quotidienne de la sœur de Xavier, Bénédicte Galluci et son mari Jean-Louis, ils y produisent des vins de terroir d'une qualité vraiment unique, à partir de vignes cultivées selon les règles respectueuses fixées par Claude et Lydia Bourguignon, conseillers du domaine. Les cuvées, étiquetées chêne-bleu, s'affranchissent de l'appellation pour plus de liberté d'assemblage et la recherche de l'excellence.

- Héloïse, vaucluse 2013 | Sec | 2022>28 | NC — 92
- Aliot, vaucluse 2017 | Sec | 2022>27 | NC — 90
- Viognier, vaucluse 2020 | Sec | 2022>26 | NC — 89

Domaine de la Citadelle

★★☆☆☆ →

Cette ferme domaine de huit hectares, située au pied du village de Ménerbes dans le Vaucluse, a été repris fin 2022 par Valérie et Yannick Panagiotis. Ce nouveau duo succède à Yves Rousset-Rouard, ancien producteur de cinéma à succès, avec la même envie de chouchouter les onze lieux-dits eux-mêmes divisé en 74 parcelles réparties pour certaines à des altitudes allant jusqu'à 300 mètres. Le domaine est en agriculture biologique depuis 2016 et labellisé HVE. Nous suivrons de près dans les prochaines années cette énergique reprise en main.

Dauvergne Ranvier

★★★☆☆ +

François Dauvergne et Jean-François Ranvier font partie d'une nouvelle génération de négociants de la vallée du Rhône. Très impliqués dans la production de leurs vins, ils travaillent avec leurs amis vignerons tout au long de l'année et conservent les expressions des terroirs. Le style est structuré sans excès, d'une parfaite définition aromatique. Le duo ne cesse d'évoluer, et la gamme s'étend de l'Hermitage au nord jusqu'au Luberon dans le sud, en passant par Côte-Rôtie, Châteauneuf-du-Pape et Costières-de- Nîmes, avec même maintenant des partenariats jusqu'en Roussillon et dans le Bordelais. Le duo continue sa marche en avant et la marque est une solide valeur sûre. De grands rapports qualité-prix bien distribués.

- Grand Vin, gigondas 2021 | Sec | 2023>28 | 17.5 € — 90
- Grand vin, côtes du rhône-villages 2021 | Sec | 2023>28 | 8.5 € — 90
- De Natura Rerum, côtes du rhône 2022 | Sec | 2023>26 | 7 € | ☘ — 90
- Grand vin, rasteau 2022 | Sec | 2023>28 | 10 € — 93
- Grand vin, cairanne 2022 | Sec | 2024>27 | 9 € — 90

Romain Duvernay

★★★☆☆ +

Cette maison rhodanienne est menée par Jean-Marc Fottiez, qui dirigea autrefois une grande marque de Champagne, accompagné de l'œnologue Romain Duvernay. La gamme est assez complète avec des vins provenant essentiellement du sud de la vallée. Le style est fruité, gourmand et expressif, et l'ensemble offre une belle homogénéité. Plusieurs cuvées sont issues de la viticulture bio et les derniers millésimes marquent une belle progression de l'ensemble.

- Domaine Gisèle, Daniel et Roland Vernay, côte rôtie 2020 | Sec | 2025>35 | NC — 93
- Cardinal, châteauneuf-du-pape 2020 | Sec | 2024>32 | NC — 92
- Lauréole, châteauneuf-du-pape 2021 | Sec | 2024>32 | NC — 90
- Arabesque, gigondas 2021 | Sec | 2025>35 | NC — 93

Domaine Féraud et Fils

★★★☆☆

Voici un petit domaine artisanal appartenant à un cousin de la célèbre Laurence Féraud de Pegaü, repris en main par le jeune Yannick Féraud qui a parfaitement profité de son stage chez Yves Canarelli en Corse. Pas encore de niellucciu, mais de superbes grenaches sur safre qui donnent naissance à deux cuvées dont la très réussie raisins-bleus. Coup de cœur pour ce domaine intimiste, au style sans concession mais à la race incontestable.

- châteauneuf-du-pape 2019 | Sec | 2026>36 | NC — 96

Château de Fonsalette

★★★★☆ ✦

Le château de Fonsalette, autre propriété mythique de la famille Reynaud, acquise en 1945 par Louis Reynaud, s'étend sur la commune de Lagarde-Paréol, en Massif d'Uchaux. Fonsalette est un côtes-du-rhône d'exception, dans un encépagement proche du Rayas et avec une aptitude au vieillissement tout aussi unique. Comme ses confrères du château-des-tours ou château-rayas, les vins jouent la carte de la distinction. Tous millésimes confondus, la cuvée syrah est d'une beauté édifiante et sans conteste la plus réussie du grand Sud.

- côtes du rhône 2021 | Sec | 2030>40 | NC — 97
- côtes du rhône 2021 | Sec | 2030>45 | NC — 98

Château de la Font du Loup

★★★☆☆

Cette excellente propriété, située presque intégralement sur le lieu-dit du même nom, en limite du secteur Pignan sur Courthézon, produit des vins de grand caractère qui reflètent bien les équilibres appréciés de Philippe Cambie, conseiller de la famille Mélia. On y trouve ces derniers millésimes des vins particulièrement réussis.

- châteauneuf-du-pape 2021 | Sec | 2025>35 | 33 € — 90
- Le Puy Rolland, châteauneuf-du-pape 2021 | Sec | 2025>35 | 45 € — 91

Gabriel Meffre

★★★☆☆

Boisset ne s'est pas trompé en rachetant en 2009 cette entité. La fidèle œnologue maison, Véronique Torcolacci, et le brillant Sylvain Jean haussent d'année en année le niveau de la gamme en se focalisant sur d'excellents achats de raisins sur l'ensemble du vignoble rhodanien, nord comme sud. Une impressionnante constance de qualité signe l'ensemble des cuvées.

- Laurus, condrieu 2017 | Sec | > | 40 € — 92
- Laurus, châteauneuf-du-pape 2021 | Sec | 2024>32 | NC — 90
- Laurus, côte rôtie 2018 | Sec | > | 48 € — 91

Moulin de la Gardette

★★★☆☆

Dans les « must have » de Gigondas, le moulin de la Gardette et ses dix hectares sont une propriété attachante, menée au cordeau par Jean-Baptiste Meunier. Entre les terroirs de Saint-Jean et le coteau de la Gardette, les vieilles vignes de grenache captent la finesse des marnes calcaires. Pas d'esbroufe en cave, une parfaite maîtrise du bois est opérée par le maître des lieux. Depuis quelques millésimes déjà, les cuvées du domaine affichent un naturel remarquable, d'une texture soyeuse et d'un tannin intégré.

- Tradition, gigondas 2019 | Sec | 2024>30 | 26 € | ☘ — 92
- Ventabren, gigondas 2019 | Sec | 2024>34 | 38 € | ☘ — 95

Château de la Gardine

★★★★☆ +

Grand classique de l'appellation, la Gardine est un vaste domaine d'un seul tenant, se terminant au bord du Rhône, face à Roquemaure, et reposant en grande partie sur une base calcaire à l'ouest de l'appellation. Dans sa bouteille à la forme originale, la cuvée classique du domaine est d'une régularité sans faille, tandis que les cuvées spéciales et générations constituent, en blanc comme en rouge, des vins puissants qui demandent quelques années de garde pour s'affiner. Les Brunel ont créé une cuvée vinifiée sans soufre, peur-bleue, techniquement irréprochable.

- châteauneuf-du-pape 2022 | Sec | 2024>34 | 37 € — 93
- châteauneuf-du-pape 2021 | Sec | 2025>35 | 42 € — 94
- Les Générations Gaston Philippe, châteauneuf-du-pape 2021 | Sec | 2025>35 | 68 € — 94

✦ Star + Valeur sûre → À suivre de près Ⓝ Nouvelle entrée

Domaine Giraud

Peu de vignes sont aussi noblement cultivées que celles de François Giraud et de sa sœur Marie. Ce sont aussi des vinificateurs sincères, attachés à l'expression naturelle des raisins provençaux, parfaitement conseillés par Philippe Cambie. Le domaine comprend une vingtaine d'hectares de très vieilles vignes, avec des parcelles importantes sur les lieux-dits Gallimardes et Pignan et une notable proportion de syrah (35 %). La cuvée château démontre une grande régularité sur les derniers millésimes, tandis que les-gallimardes, dans un style très pur, demande un peu de patience.

- Les Gallimardes, châteauneuf-du-pape 2021 | Sec | 2024>34 | NC — 94
- côtes du rhône 2021 | Sec | 2024>32 | NC — 91

Domaine Gourt de Mautens

En échangeant avec Jérôme Bressy, érudit et passionnant, on se plaît à écouter son savoir riche des tours de main d'antan, de ces pratiques ancestrales qui ont fait naître les grands vins du Vaucluse. À l'écoute de son terroir et de la diversité ampélographique de sa vigne, il est un artisan rare dans le paysage viticole. Notre homme fait figure d'exception au travers de ses igp vaucluse, véritables buvards du terroir de Rasteau, calques des vieilles variétés traitées avec respect et attention.

Domaine de la Janasse

Sur les plus beaux terroirs de Courthézon, le domaine de la Janasse, fierté de la famille Sabon, s'impose depuis plus de 40 ans comme l'une des références de l'appellation. Christophe Sabon réalise des côtes-du-rhône de très haut niveau, avec une profondeur rare. Les châteauneuf-du-pape s'expriment autour de différentes cuvées : chaupin, issue d'un terroir froid à l'approche très bourguignonne ou la cuvée vieilles-vignes, plus solaire et racée. Enfin, les blancs, dans l'ombre des rouges, sont tout aussi recommandables. L'ensemble de la gamme est irréprochable et les grandes cuvées comptent parmi les références de l'appellation.

- Vieilles Vignes, châteauneuf-du-pape 2021 | Sec | 2025>35 | NC — 95
- châteauneuf-du-pape 2021 | Sec | 2024>32 | NC — 92
- châteauneuf-du-pape 2021 | Sec | 2024>32 | NC — 93

Domaine La Cavale

La propriété a été acquise dans les années 1970 par Paul Dubrule mais le co-créateur du groupe Accor a mis du temps à s'y impliquer personnellement. C'est aujourd'hui le cas et, avec le nouveau chai imaginé par Jean-Michel Wilmotte, il cherche à exprimer le meilleur de ses bons terroirs du sud du Luberon. Mais c'est surtout l'appel à un consultant original et impliqué, le brillant Alain Graillot (domaine Alain Graillot, en Crozes-Hermitage) qui a fait progresser spectaculairement les vins. Sous son impulsion, les vins montrent qu'ils ont clairement franchi une étape en affirmant une véritable personnalité charnue, nerveuse, profonde.

- Petite Cavale, luberon 2020 | Sec | > | 12.5 € — 90
- Petite Cavale, luberon 2021 | Sec | 2022>24 | 12.5 € | ☘ — 88

Château La Nerthe

La grande propriété historique de Châteauneuf-du-Pape couvre une imposante surface de 92 hectares certifiés en bio depuis 1998, dont il faut isoler un petit tiers situé au cœur de la meilleure partie de la Crau. La famille Richard lui a rendu son lustre de premier cru mais cherchait à en affiner le style. Cela étant dit, à la vigne, les choix de maturité ont été repensés afin d'apporter plus de profondeur. La Nerthe possède probablement le plus grand potentiel de tout Châteauneuf, en blanc comme en rouge.

- châteauneuf-du-pape 2021 | Sec | 2025>35 | NC — 95
- Les Cadettes, châteauneuf-du-pape 2019 | Sec | 2028>45 | NC — 96
- Clos de Beauvenir, châteauneuf-du-pape 2022 | Sec | 2024>32 | NC — 96

Domaine La Réméjeanne

Le domaine La Réméjeanne jouit d'une vue imprenable sur le mont Ventoux, niché dans un paysage mi-provençal, mi-cévenol. Géré par Rémy Klein et son fils Olivier, l'aventure viticole de cette famille a commencé en 1960, quand ses parents achètent un domaine de 5 hectares sur la Réméjeanne. Ils agrandissent l'exploitation qui compte 35 hectares de vignes, 2 hectares d'oliviers et 0,50 hectare de figuiers. Très exposé au mistral, les conditions sont idéales pour produire du raisin de qualité. Le style des vins, d'un fruit immédiatement séducteur, s'appuie beaucoup sur la fraîcheur et l'équilibre gourmand : il démontre à chaque millésime le potentiel brillant de ce terroir méconnu.

- Les Chèvrefeuilles, côtes du rhône 2022 | Sec | 2023>26 | 9.5 € | ☘ — 90
- Genévriers, côtes du rhône-villages 2020 | Sec | 2023>28 | 23 € | ☘ — 92
- Les Églantiers, côtes du rhône-villages 2021 | Sec | 2023>26 | 19 € | ☘ — 91

Château La Verrerie

Acquise il y a plus d'une vingtaine d'années par la famille Descours, cette magnifique propriété du Luberon produit des vins étonnants de finesse et de pureté. Les 58 hectares, en bordure de Durance, sont plantés principalement en grenache et syrah, exposés plein sud sur des sols argilo-calcaires. Le climat, très chaud en été et marqué dès la fin août par des nuits fraîches, contribue à la maturation du raisin en respectant le fruit. Les vinifications sont conduites par gravité, les vins vieillissent en foudre et se révèlent, depuis plusieurs années, parmi les meilleurs du Luberon. Le Luberon est bien représenté au travers de cuvées très parfumées, à la restitution précise, accessibles rapidement. Grand-deffand rouge prouve l'excellent potentiel de la syrah dans le Luberon.

- Grand Deffand, luberon 2020 | Sec | > | 21 € — 92
- Grand Deffand, luberon 2021 | Sec | 2024>32 | NC — 95
- Hautes Collines, luberon 2021 | Sec | 2022>25 | 16 € | ☘ — 90

Domaine André Brunel - Les Cailloux

Les vins d'André Brunel associent toujours générosité, finesse de tannins et fraîcheur. Le blanc, très raffiné, possède une part assez importante de clairette. En rouge, le grenache domine avec une part de mourvèdre. Enfin, la cuvée la-centenaire est composée de très vieilles vignes de grenache plantées sur le plateau de Mont-Redon.

- Les Cailloux, châteauneuf-du-pape 2020 | Sec | 2025>32 | 35 € — 93
- Les Cailloux, châteauneuf-du-pape 2021 | Sec | 2024>32 | NC — 94
- Sommelongue, côtes du rhône 2021 | Sec | 2022>25 | 12 € — 92
- Les Cailloux, châteauneuf-du-pape 2022 | Sec | 2024>32 | 42 € — 93

Domaine Les Goubert

La nouvelle génération, incarnée par la fille Florence, s'inscrit dans la suite logique du domaine, qui s'étend sur plus de 40 parcelles et près de 25 hectares en terrasses et coteaux. L'ensemble présenté cette année montrait une cohérence de style excellente, toutes les cuvées offrant une lecture claire et raffinée du secteur. Dans une approche infusée, peu extraite, les vins sont des modèles du Sud, exempts de chaleur excessive et d'effet boisé inutile. On apprécie particulièrement cette vision exigeante et délicate. À saisir, d'autant que les prix restent extrêmement sages.

- gigondas 2020 | Sec | 2023>28 | 18 € — 89
- cuvée de V, côtes du rhône 2022 | Sec | 2023>26 | 15 € — 90
- Florence, gigondas 2019 | Sec | 2025>33 | 32.5 € — 93
- Florence, gigondas 2020 | Sec | 2025>33 | 33 € — 92

Grandes Serres

Cette maison basée à Châteauneuf-du-Pape a été brillamment reprise par Samuel Montgermont et la famille Picard. S'appuyant sur un vignoble en propre (dont douze hectares du remarquable domaine Saint-Patrice en Châteauneuf) et sur des partenariats avec une trentaine de vignerons, elle réalise des vins très consistants, charnus et expressifs, tous très représentatifs de leurs appellations respectives.

- La Cour des Papes, châteauneuf-du-pape 2020 | Sec | 2024>32 | NC — 92
- La Cour des Papes, châteauneuf-du-pape 2021 | Sec | 2024>32 | NC — 92
- La Cour des Papes, châteauneuf-du-pape 2021 | Sec | 2024>32 | NC — 92
- Carius, cairanne 2020 | Sec | 2023>29 | NC — 90

Domaine Georges-Lombrière

C'est en 2014 que Marie et Benoît Lombrière ont décidé de reprendre 5,5 hectares de l'ancien domaine des parents de Marie, Marcel et Maryse Georges, à Châteauneuf-du-Pape. Installés sur le lieu-dit Bois de la Vieille, les 4,5 hectares de grenache sont en conversion bio depuis 2017. À noter la présence de Pierre-Jean Villa (Côte Rôtie), qui accompagne le couple de la vigne au chai. La cuvée marie en 2016 est dans un style délicat et fin que nous défendons sur l'appellation.

- Marie, châteauneuf-du-pape 2019 | Sec | 2025>35 | 3[illegible] € — 91
- Marie, châteauneuf-du-pape 2020 | Sec | 2026>36 | 3[illegible] € — 92

Domaine de Longue Toque

Fleuron de la maison de négoce Gabriel Meffre, le domaine de Longue Toque s'inscrit comme un des incontournables de Gigondas. Placé sous la direction visionnaire d'Étienne Maffre, le domaine dispose de parcelles rigoureusement tenues. Un gros travail de plantation a été mis en place sur des parcelles de haute altitude, essentiellement sur des calcaires. La cuvée hommage-à-gabriel-meffre, produite uniquement lors des grands millésimes, est un modèle de complexité à l'image du millésime 2016.

- Hommage à Gabriel Meffre, gigondas 2015 | Sec | 2022>32 | 87 € — 92
- Hommage à Gabriel Meffre, gigondas 2016 | Sec | 2022>32 | 87 € — 94
- gigondas 2018 | Sec | 2025>32 | 26 € — 93
- côtes du rhône 2018 | Sec | 2022>26 | 19.5 € — 93
- côtes du rhône 2019 | Sec | 2022>26 | 24.5 € — 93

Domaine Maby

Dans ce domaine historique de Tavel, la famille Maby produit des vins d'une qualité uniforme, toujours honnêtes, agréables et charnus. Dirigé par le dynamique Richard Maby, le domaine ne cesse d'avancer, les vins gagnant en précision chaque année. Les vignobles se situent sur les communes de Tavel, le plateau de Lirac et dans les Côtes du Rhône limitrophes. Des prix raisonnables et la qualité régulière des vins font de ce domaine une valeur sûre sur le marché actuel et ce, dans les trois couleurs.

- La Fermade, lirac 2021 | Sec | 2024>30 | 11.5 € — 89
- Casta Diva, lirac 2021 | Sec | 2023>28 | 20.7 € — 92
- Nessun Dorma, lirac 2020 | Sec | 2024>32 | NC — 92

Domaine de Marcoux

Les sœurs Armenier font partie des références châteauneuvoises. Grandes dames de la vigne, elles travaillent sous l'égide de la biodynamie et prodiguent un soin rare et attentif aux vignes. Leur gamme se décline en cuatre cuvées : un côtes-du-rhône tout en fraîcheur, un blanc puissant et deux cuvées rouges de grande concentration, non sans raffinement. La cuvée vieilles-vignes, en particulier, est remarquable de puissance et d'équilibre. Domaine très recommandable.

- châteauneuf-du-pape 2019 | Sec | 2026>35 | 44 € — 96
- Vieilles Vignes, châteauneuf-du-pape 2019 | Sec | 2025>45 | 105 € — 98
- Vieilles Vignes, châteauneuf-du-pape 2020 | Sec | 2026>40 | 105 € | ☘ — 94

Marrenon Vignobles

Marrenon est l'une des coopératives les plus pointues de France. Elle fédère 9 caves, pas moins de 7 600 hectares de vignes et met sous verre plus de 85 % de la production annuelle du Luberon depuis 40 ans. Une prouesse qualitative, comme en témoigne une gamme très diverse et complète. Des vins au fruité délicieux, sans pour autant oublier leur terroir d'origine.

- Grand Marrenon, luberon 2021 | Sec | 2024>32 | 11.5 € — 90
- Orca, ventoux 2021 | Sec | 2023>27 | 13.3 € — 88
- Amédée Il était une fois, luberon 2021 | Sec | 2023>29 | 4.2 € — 89

Domaine de MasLauris

Situé entre la Durance et le massif du Luberon, ce magnifique domaine de 10 hectares d'un seul tenant a fait l'objet d'un arrachage et d'une replantation intégrale avec les meilleures sélections massales des cépages locaux. Conduit en agriculture biologique et conseillé par Michel Tardieu, le MasLauris produit des vins purs et d'une grande fraîcheur avec de la sève, du fruit et des tannins domptés de main de maître pour ce qui concerne les rouges. Les vins sont en AOP ou en IGP selon les cépages retenus. L'inopiné rouge, issu à 100 % de serine, montre tout le potentiel de ce cépage et des terroirs où il a été implanté.

- L'Inopiné, vaucluse 2021 | Sec | 2024>32 | NC — 92
- L'Inopiné, luberon 2019 | Sec | > | 17 € — 92
- Les Grès, luberon 2020 | Sec | 2024>32 | 32 € | ☘ — 92

Château de Mille

Plus ancien domaine viticole du Lubéron, le château de Mille trouve ses origines en 1238. Construit sur un roc, ce lieu enchanteur a séduit en 2018 les Slaughter, couple franco-américain qui rêvait de s'investir en Provence. Passionnés, ils ont fait des travaux pharaoniques sur la bâtisse, dans les vignes - 25 hectares en conversion bio - et dans les jardins et dépendances. Le Cabinet d'Agronomie Provençale les accompagne pour produire leurs cuvées en trois couleurs qui années après années retrouvent leur réputation d'antan quand Parker les notait au firmament.

- Saint Lucide, luberon 2019 | Sec | 2024>32 | 16.2 € — 90
- Célestine, luberon 2019 | Sec | 2024>32 | 20 € — 91
- luberon 2021 | Sec | 2024>28 | 16 € — 90

Clos du Mont-Olivet

Crée par Séraphin Sabon en 1932, le domaine passe ensuite dans les mains de Joseph, le fils aîné de Séraphin. Aujourd'hui c'est Céline, David et Thierry Sabon, les petits-enfants de Joseph, qui le gèrent. Le vignoble de 21 hectares bénéficie d'une viticulture d'excellence et d'une belle variété de sols et de sous-sols qui donnent finesse et tendresse aux vins. En cave, la pratique de l'assemblage apporte une complexité supérieure à la plupart des autres châteauneufs. Le vin blanc a beaucoup progressé ces dernières années et fait admirer son naturel et sa pureté. Un travail à contre-courant des châteauneufs démonstratifs et chaleureux, malheureusement encore nombreux, et des cuvées parcellaires qui le plus souvent n'ont d'unique que leur nom. Sans conteste un domaine de référence pour l'amateur et pour toute l'appellation.

- Clos du Mont-Olivet, châteauneuf-du-pape 2020 | Sec | 2025>40 | 31 € — 96
- cuvée du Papet, châteauneuf-du-pape 2020 | Sec | 2025>45 | 55 € — 99
- Vieilles vignes, côtes du rhône 2020 | Sec | 2022>28 | 13 € — 93

Château Mont-Redon

Mont-Redon est une très vaste propriété d'une centaine d'hectares de vignes en Châteauneuf (sur un total de 150 hectares plantés), occupant une bonne partie du plateau de galets roulés qui porte le nom du domaine mais aussi une partie plantée face au domaine. À côté de la cuvée longtemps unique de châteauneuf rouge, une sélection parcellaire superbe, Le Plateau, a vu le jour. Sans jamais apparaître comme l'un des vins les plus spectaculaires de l'appellation, le cru vieillit fort bien et impose sa tranquille plénitude. La famille produit également des blancs de qualité, de nombreux côtes-du-rhône et possède aussi une propriété à Lirac.

- châteauneuf-du-pape 2020 | Sec | 2030>40 | 33 € — 95
- châteauneuf-du-pape 2021 | Sec | 2030>40 | NC — 96
- Le Plateau, châteauneuf-du-pape 2021 | Sec | 2030>40 | NC — 97

Montirius

L'accueil se fait aux notes harmonieuses des cloches à vent. Très vite, Christine donne le ton : « Chaque humain a son rôle à jouer pour apporter un peu de soin là où on est, dans cette nature qui n'attend qu'une chose, c'est qu'on prenne soin d'elle et qu'on la regarde ». Elle la maman, visionnaire imprégnée de convictions, son époux Éric découvreur de terroirs et leurs deux jeunes filles Manon et Justine harmonisent l'écurie familiale qui entend mener le domaine dans le respect du vivant, des rythmes et de leurs terres. Avant-gardistes, ils ont fait le choix de la biodynamie depuis plus de 25 ans et les magnifiques blancs dégustés sur plusieurs millésimes confirment la pertinence de cette orientation, les vins sont frais et remplis d'énergie. Les rouges de Gigondas et Vacqueyras ne sont pas en reste, tout en pureté et finesse.

✦ Star ✚ Valeur sûre → À suivre de près N Nouvelle entrée

Marilou Vacheron, Clos du Caillou

Avec son frère Axel, Marilou Vacheron tiendra un jour les rênes de son clos du Caillou. C'est la quatrième génération de la famille à s'occuper de ce domaine de Châteauneuf-du-Pape. Deux têtes bien faites et formées dans le commerce et le management pour elle, à la très réputée école de viticulture de Changins en Suisse pour lui. Ils sont revenus sur la propriété au cours des dix dernières années. Nous ne pouvons qu'applaudir le travail accompli pour sublimer, lors de chaque millésime, les terroirs et les lieux-dits. Les vins en bio et biodynamie (Safres, Quartz, Réserve) mais aussi ceux du domaine de Panisse sont tous recommandables. *Louis-Victor Charvet*

- Le Clos, vacqueyras 2017 | Sec | 2023>28 | 43.09 € | ☘ 92
- Terre des Aînés, gigondas 2017 | Sec | 2023>30 | 34.39 € | ☘ 91
- Minéral, vacqueyras 2022 | Sec | 2023>25 | 36.09 € | ☘ 86
- serine, côtes du rhône 2019 | Sec | 2023>26 | 22.89 € | ☘ 87

Domaine de Montvac

★★★☆☆

Cécile Dusserre mène avec brio un vignoble à la rigoureuse conduite de vignes. Depuis quelques millésimes déjà, elle montrait une grande maturité et une finesse d'analyse au niveau de ses vinifications et élevages. Même si tout se fait à la vigne, c'est réellement en cave que Cécile a su faire des choix décisifs : plus d'infusion et moins d'extraction, des boisés judicieux comme des élevages adaptés donnent des vins de grand caractère faisant enfin ressortir la race tant attendue du vacqueyras ! Voilà une de ses meilleures représentantes.

- Arabesque, vacqueyras 2021 | Sec | 2023>26 | 15 € | ☘ 88
- Variation, vacqueyras 2021 | Sec | 2023>28 | 22 € | ☘ 93
- Vincila, vacqueyras 2020 | Sec | 2023>28 | 18.5 € | ☘ 90
- Complicité, vacqueyras 2021 | Sec | 2023>26 | 30 € | ☘ 90

Domaine de la Mordorée

★★★★☆ ⊕

Le domaine offre des vins pleins d'expression, sur les plus beaux crus du Vaucluse et du Gard. Tout est mis en œuvre dans un profond respect des terroirs, avec la volonté de produire des vins dignes de leur potentiel. Madeleine Delorme accompagnée par Ambre, sa fille, continuent avec beaucoup de soin et de détermination dans l'esprit d'excellence propre au domaine et à cette famille vigneronne. Gamme superbe de blancs salins et charnus et de rouges profonds et délicats, animés par une tension désaltérante et un équilibre de grande justesse. Le domaine influe son style vers des vins de plus en plus racés et précis. La quatrième étoile se rapproche à grands pas.

- La Reine des Bois, châteauneuf-du-pape 2021 | Sec | 2024>34 | NC 92
- La Dame Rousse, lirac 2019 | Sec | 2023>29 | 14.5 € | ☘ 91
- La Reine des Bois, lirac 2019 | Sec | 2024>32 | 24 € | ☘ 93
- La Dame Voyageuse, châteauneuf-du-pape 2021 | Sec | 2025>35 | NC 93

Château Mourgues du Grès

★★★☆☆

Véritable pionnier du renouveau qualitatif de l'appellation, ce domaine dispose de terroirs variés dont il joue pour faire des assemblages équilibrés entre finesse et structure. D'un très haut niveau qualitatif, les vins ne cessent de progresser. En été, François et Anne Collard proposent des circuits pédestres et VTT autour de la propriété avec découverte de leur terroir, de la flore et la faune de la région. Ça mérite le détour.

- Terre d'Argence, costières de nîmes 2020 | Sec | 2024>32 | 14.5 € 92
- Les Capitelles , costières de nîmes 2020 | Sec | > | 18 € 9
- Équinoxe, costières de nîmes 2019 | Sec | 2023>29 | 24 € 90
- Terre d'Argence, costières de nîmes 2022 | Sec | 2023>28 | 14.5 € 90

Château de Nages

★★★☆☆

Le château de Nages, qui fait partie des vignobles Michel Gassier, s'étend sur 70 hectares, sur la commune de Caissargues, au sud de Nîmes. Le terroir est composé de grès et des fameux cailloux de la vallée du Rhône appelés galets roulés. Depuis le millésime 2006, Philippe Cambie intervient comme consultant, le style s'est alors affirmé en régularité et en exactitude. Les vins sont précis, généreux et très élégants. La régularité de qualité dans les cuvées est impressionnante.

- JT, costières de nîmes 2021 | Sec | 2023>26 | 21 € 90

Château de Nalys

★★★★☆ ⊕

Devenu la propriété de la maison Guigal depuis 2017, le domaine a déjà repris des couleurs, sous l'impulsion de Philippe Guigal et son épouse, responsables des 2016 à partir des assemblages seulement. La gamme se compose désormais de deux cuvées, saintes-pierres-de-nalys et château-de-nalys dans un style suave et structuré, qui fait écho aux terres qui entourent le domaine. Les progrès sont déjà époustouflants.

- Grand Vin, châteauneuf-du-pape 2020 | Sec | 2022>30 | 24€ 93
- Grand Vin, châteauneuf-du-pape 2021 | Sec | 2023>32 | NC 93
- Grand Vin, châteauneuf-du-pape 2019 | Sec | 2026>39 | 54€ 96
- Saintes-Pierres, châteauneuf-du-pape 2021 | Sec | 2024>34 | NC 95

Domaine de l'Odylée

★★☆☆☆

Le domaine de l'Odylée est situé au bord de la plaine du Plan de Dieu, sur un sol balayé par le mistral et constitué de graviers limono-argileux et de galets roulés. Les galets emmagasinent la chaleur durant la journée et donnent des vins onctueux et puissants, à base de grenache, syrah et carignan.

- La Talentueuse, côtes du rhône 2020 | Sec | 2024>30 | 16 € 89
- La Talentueuse, côtes du rhône 2021 | Sec | 2024>30 | NC 90
- La Généreuse, côtes du rhône 2020 | Sec | 2023>29 | 16 € 90

Maison Ogier

★★★☆☆ ✚

François Miquel dirige cette maison classique. La dernière nouveauté est la création d'un site de vinification et d'accueil œnotouristique de premier ordre pour la propriété phare de la maison à Châteauneuf-du-Pape, dans l'ancien prieuré du XVIIe siècle, près de l'étang salé. Ce cru, dont les derniers millésimes offrent une régularité digne d'éloges, devrait encore progresser.

- Clos de l'Oratoire des Papes, châteauneuf-du-pape 2022 | Sec | 2024>32 | NC 93
- Clos de l'Oratoire des Papes, châteauneuf-du-pape 2021 | Sec | 2025>35 | 42 € 42
- Artesis, côtes du rhône 2020 | Sec | 2022>26 | 9 € 88
- La Serine, côte rôtie 2020 | Sec | 2024>32 | 40 € 91
- L'Âme, châteauneuf-du-pape 2021 | Sec | 2024>32 | NC 91

L'Or de Line

★★★☆☆

Issu de la division du domaine Saint-Benoît, Or de Line est un ensemble de vignes réparties sur différents terroirs, comme Pallestor ou Bois-Dauphin, avec un encépagement très varié, comprenant même un nombre de pieds non négligeable de picardans blancs. Gérard Jacumin, ingénieur de formation et brillant agronome, le cultive en bio, et vinifie avec l'aide de sa fille Laureline des châteauneufs aux proportions joliment dessinées.

- Paule Courtil, châteauneuf-du-pape 2021 | Sec | 2025>35 | 40 € 92
- châteauneuf-du-pape 2020 | Sec | 2025>32 | 28 € | ☘ 91
- Adoption, châteauneuf-du-pape 2019 | Sec | 2030>40 | 52 € | ☘ 92

Clos des Papes

★★★★★ ✦

Le clos des Papes, qui s'appuie malgré son nom sur 23 autres parcelles situées dans pratiquement tous les terroirs (mais avec tout de même sept hectares sur la Crau), est l'une des grandes références de Châteauneuf : on ne trouve pratiquement pas un millésime faible, ici, depuis vingt ans. Les Avril, aujourd'hui représentés par le jovial Vincent, n'ont pas succombé à la mode des cuvées spéciales, aussi leur vin, assemblage de toutes les parcelles et de tous les cépages, brille par sa plénitude. Le blanc n'est pas négligeable, ni en quantité (un dixième des surfaces plantées) ni en qualité, lui aussi tout en équilibre et en fraîcheur, résultat d'un assemblage de six cépages à proportions égales, et remarquable au vieillissement.

- châteauneuf-du-pape 2019 | Sec | 2028>45 | 65 € 99
- châteauneuf-du-pape 2020 | Sec | 2024>38 | 67 € | ☘ 98
- châteauneuf-du-pape 2021 | Sec | 2028>48 | NC 98

Chateau Pesquié

★★★☆☆ ✚

Cette adresse familiale depuis trois générations produit sur quelque 70 hectares une large gamme de vins structurés, dans un style moderne et ambitieux, qui les placent parmi les incontournables du Ventoux. Aujourd'hui géré par Frédéric et Alexandre Chaudière, le vignoble compte neuf cépages déclinés sur des coteaux de graves argilo-calcaires, à 300 mètres d'altitude. Les vins sont vinifiés avec tact.

- Quintessence, ventoux 2021 | Sec | 2023>29 | 19.5 € | ☘ 91
- Artemia, ventoux 2021 | Sec | 2024>30 | 31 € 92
- Silica, ventoux 2021 | Sec | 2025>30 | 35 € | ☘ 92
- Juliette, ventoux 2022 | Sec | 2025>35 | 33 € 93

Château Rayas

★★★★★ ✦

Situé sur un terroir de sables très compacts mêlés de grès et de marnes qu'on appelle safres, aéré et rafraîchi par de petites plantations de pins, le vignoble du château Rayas est une légende du vignoble français. Ce sont dix hectares hors du temps et des règles qui lui donnent raison à chaque mil-

✦ Star ✚ Valeur sûre ⊕ À suivre de près Ⓝ Nouvelle entrée

Aurélie
Vigneronne à Piégon (26)
De solides racines pour nourrir de grandes ambitions.
DU CÔTÉ DES VALEURS SÛRES ET DES INSPIRATIONS FUTURES
APPELLATION D'ORIGINE PROTÉGÉE
CÔTES DU RHÔNE
CULTIVONS LE RESPECT
Cofinancé par l'Union européenne
©Richard Sprang - Tous droits réservés - 06/2023
L'ABUS D'ALCOOL EST DANGEREUX POUR LA SANTÉ, À CONSOMMER AVEC MODÉRATION.

lésime. Ses principes, qui vont à contre-courant des vins modernes sur le plan de l'élevage, sont apparus en revanche très en avance en termes de viticulture et de vinification : petits rendements, attente de la maturité parfaite pour récolter, vinification naturelle et sans recherche d'extraction aucune. Les rouges sont dominés par le grenache tandis que le blanc est à parts égales entre grenache et clairette. Emmanuel Reynaud est un vigneron aussi secret que charismatique. Ses vins inventent un style unique et raffiné, qu'il faut avoir dégusté une fois dans sa vie pour saisir pleinement la notion de grand vin.

- châteauneuf-du-pape 2021 | Sec | 2030>60 | NC — 100
- châteauneuf-du-pape 2021 | Sec | 2030>50 | NC — 98
- Pignan, châteauneuf-du-pape 2021 | Sec | 2030>40 | NC — 99

Rhonéa

★★☆☆☆ ⊖

Réunion de plusieurs coopératives vauclusiennes, Rhonéa continue à la fois de progresser sur les meilleures expressions de terroir - comme l'excellent vacqueyras la Ponche - et de faire preuve d'innovation, par exemple en produisant un vin faible en alcool (les Artistes) ou en créant un vin orange (N°4). L'ensemble, et dans toutes les gammes, est aujourd'hui d'un très bon niveau, avec une netteté de fruit et d'expression remarquables.

- Notre Dame des Vignes, Visan, côtes du rhône-villages visan 2022 | Sec | 2023>24 | 8.9 € — 89
- La Ponche, vacqueyras 2020 | Sec | 2023>28 | 17.1 € — 93
- Les artistes, côtes du rhône 2022 | Sec | 2023>24 | 7.1 € — 88
- N°4 (vin orange), vin de france | Sec | 2023>24 | 15.8 € — 88

Domaine Richaud

★★★★☆ ✦

À eux seuls, certains vignerons évoquent toute une appellation, le charismatique Marcel Richaud est de ceux-là. Il a sans conteste contribué à donner ses lettres de noblesse au dernier né des crus des Côtes du Rhône sud. La jeune génération qui a rejoint l'enceinte familiale depuis quelques années est bien décidée à pérenniser le savoir-faire de la maison. Néanmoins, comme pour marquer un tournant, Claire et Thomas ont fait l'acquisition de 20 hectares supplémentaires dont la moitié jouxte la célèbre parcelle des Ebrescades, laissant augurer de jolies surprises à venir. Tout dernièrement, Edith la benjamine a cédé à l'appel des sirènes et surtout des vignes, après un brillant parcours parisien dans le domaine du luxe, elle a fini par poser ses valises dans le charmant petit village de Cairanne, apportant un atout supplémentaire de taille pour la belle tribu Richaud.

- cairanne 2021 | Sec | 2024>32 | 18 € | ☘ — 95
- L'Ébrescade, cairanne 2020 | Sec | 2025>35 | 25 € | ☘ — 96
- Terre de Galets, Les Garrigues, côtes du rhône 2021 | Sec | 2023>28 | 12.5 € — 91

Mas Saint Louis

★★☆☆☆

Dans ce quartier du Clos, au sud de l'appellation, ce domaine de 30 hectares constitué à la fin des années 1900 par la famille Geniest a trouvé son style, avec un raffinement de texture qui ravira les amateurs habitués aux vins de demi-corps. Les grenaches prennent en effet des allures de pinots ou de cinsaults et développent des arômes de rose, de violette et de griotte, la délicatesse merveilleuse de leur texture étant à mettre au compte du caractère sablo-graveleux des sols de son secteur. Une adresse précieuse.

- Les arpents des contrebandiers, châteauneuf-du-pape 2019 | Sec | 2027>40 | 39 € — 93
- châteauneuf-du-pape 2020 | Sec | > | 36 € — 89
- Tradition, châteauneuf-du-pape 2019 | Sec | 2025>35 | 26 € — 92

Château de Saint-Cosme

★★★☆☆

Louis Barruol est l'un des hommes clefs du village de Gigondas. D'abord, grâce à son énergie débordante qui, mise au service de l'appellation, aide à dépasser les clivages ancestraux pour mieux préparer demain. Mais aussi, dans un contexte plus personnel, avec le très recherché château de Saint-Cosme, dont la chapelle atteste sa place dans le temps. Entre ses terroirs de sables, d'argile rouge et de calcaires, il construit une gamme de vins au sommet du raffinement, élevée avec toucher.

- Les Deux Albions , côtes du rhône 2020 | Sec | 2022>27 | 15 € | ☘ — 88

Clos Saint-Jean

★★★☆☆

Ce vaste domaine dirigé par Vincent Maurel, longtemps conseillé par le brillant Philippe Cambie avant qu'il ne nous quitte, possède une gamme à la fois originale et complète de châteauneufs. Dans un style très puissant et précis, au toucher remarquable, l'ensemble de la gamme est fiable et parmi les signatures recommandables de Châteauneuf.

- châteauneuf-du-pape 2021 | Sec | 2024>36 | 31.5 € — 93
- La Combe des Fous, châteauneuf-du-pape 2021 | Sec | 2025>35 | 80 € — 93
- Deus Ex-Machina, châteauneuf-du-pape 2021 | Sec | 2026>36 | 80 € — 94
- châteauneuf-du-pape 2022 | Sec | 2023>28 | 31.5 € — 92

Domaine Saint-Préfert

★★★★☆

Situé au sud du secteur, dans le quartier des Serres, ce domaine historique a été repris avec brio en 2002 par l'emblématique Isabel Ferrando et a construit sa réputation sur des blancs d'exception hautement recommandables. Les vins rouges désormais à l'égal des blancs sont des modèles de finesse et d'harmonie, et les quatre cuvées affichent des caractères singulièrement différents.

- Isabel Ferrando, châteauneuf-du-pape 2020 | Sec | 2025>35 | 90 € | ☘ — 93
- Colombis, châteauneuf-du-pape 2020 | Sec | 2026>40 | 150 € | ☘ — 95
- châteauneuf-du-pape 2022 | Sec | 2024>32 | 90 € | ☘ — 94

Château de Sannes

★★☆☆☆

Cette propriété historique du Luberon a été reprise récemment par l'ancien « patron des patrons » Pierre Gattaz. La production se concentre sur deux rosés, dont on recommandera surtout la cuvée aciana. Le domaine continue de travailler dans le bon sens et de se construire avec intelligence.

- Aciana, luberon 2022 | Sec | 2024>29 | 18 € | ☘ — 91
- 1603, luberon 2022 | Sec | 2023>26 | 12.5 € | ☘ — 90
- Grand Blanc de Sannes, luberon 2021 | Sec | 2023>27 | 25 € | ☘ — 89
- Castini, luberon 2020 | Sec | 2025>30 | 38 € | ☘ — 91

Domaine Santa Duc

★★★☆☆ ⊖

Les gènes de l'excellence sont indéniablement ancrés dans l'ADN de la famille Gras, Yves, représentant la cinquième génération de vignerons, vient de passer le témoin à son fils Benjamin qui interprète des vins profonds et élégants, où la pureté du fruit dépeint une véritable obsession. Un style léché, sur lequel les vins abandonnent un peu de générosité et de concentration en faveur d'une délicatesse très pure.

- Les Quatre Terres, côtes du rhône 2021 | Sec | 2023>28 | NC — 91
- Crau Ouest, châteauneuf-du-pape 2021 | Sec | 2023>45 | NC — 97
- Clos Derrière Vieille, gigondas 2021 | Sec | 2023>35 | NC — 96
- Les Saintes Vierges, châteauneuf-du-pape 2021 | Sec | 2023>40 | NC — 96

Domaine des Sénéchaux

★★☆☆☆

Ce domaine très ancien et très bien situé, avec des sols de galets, d'argiles et de safre, a été repris en 2006 par la famille Cazes, propriétaire entre autres du grand cru de Pauillac, château Lynch-Bages. Une seule cuvée est produite en blanc comme en rouge et les derniers millésimes sont incontestablement soignés, dans un style classique qui peu à peu affirme sa personnalité.

- châteauneuf-du-pape 2019 | Sec | 2025>35 | 45 € — 93
- châteauneuf-du-pape 2020 | Sec | 2024>30 | 45 € — 92

Domaine de la Solitude

★★★★☆ ✚

40 hectares d'un seul tenant, sur la route de Châteauneuf à Bédarrides, une tradition familiale qui remonte aux Barberini, famille toscane du Moyen-Âge dont fut issu un des papes d'Avignon, des terroirs magnifiques dont une bonne partie sur la Crau : voilà qui explique l'assurance de style et la distinction aromatique des vins de ce domaine culte, notamment sur les derniers millésimes. Florent Lançon, brillant représentant de la nouvelle génération des propriétaires, viticulteur naturellement doué, a précisé la définition des vins, peut-être aidé d'un nouveau chai fraîchement construit. Enfin, les grandes cuvées du domaine sont parmi les plus hautes expressions du cœur de terroir de Châteauneuf, avec en point d'orgue le vin-de-la-solitude qui

reprend à la lettre une vieille recette du XVIIe siècle.

- châteauneuf-du-pape 2020 | Sec | 2023>34 | NC — 94
- châteauneuf-du-pape 2021 | Sec | 2025>35 | NC — 94
- Barberini, châteauneuf-du-pape 2021 | Sec | 2024>32 | 52 € — 94
- châteauneuf-du-pape 2021 | Sec | 2024>32 | 28 € — 95

Domaine de la Soumade

★★★☆☆

André Roméro est la figure de l'appellation Rasteau. Aidé désormais de son fils Frédéric et des conseils de Stéphane Derenoncourt, il produit des vins colorés et complexes, avec des corps denses. La gamme explore toutes les facettes des terroirs de Rasteau, y compris dans les secteurs hors appellation. Les vins doux naturels sont des gourmandises à l'état pur. Les Roméro sont connus pour leurs vins aux caractères profonds et de grande matière tannique, disposant d'un beau potentiel de vieillissement. Une adresse sûre.

- Fleur de Confiance, rasteau 2020 | Sec | 2025>35 | 29 € — 91
- Prestige, rasteau 2020 | Sec | 2024>30 | 15 € — 89
- rasteau 2020 | Sec | 2023>28 | 12 € — 89

Tardieu-Laurent

★★★★★

Michel Tardieu et Dominique Laurent ont créé cette association d'excellence au début des années 1990, devenant ainsi l'un des meilleurs micro-négociants de la vallée du Rhône. Aujourd'hui, Bastien et Michel Tardieu sillonnent le vignoble pour trouver les meilleurs approvisionnements, généralement des raisins issus de très vieilles vignes, souvent situées dans le cœur historique de chaque appellation. Une vraie mutation s'est opérée sur les derniers millésimes : futaille de grande contenance, vinification en vendange entière pour certaines cuvées et surtout un élevage plus mesuré ont permis de hisser encore d'un cran le niveau déjà excellent. Une valeur sûre de la région.

- châteauneuf-du-pape 2019 | Sec | 2027>37 | 32 € — 94
- saint-joseph 2021 | Sec | 2023>28 | NC — 91
- Le Goût du Lieu, saint-joseph 2018 | Sec | 2023>48 | NC — 95

Château des Tours

★★★★☆

Propriété d'Emmanuel Reynaud, tout comme le fameux Rayas de Châteauneuf-du-Pape, le château des Tours présente des côtes-du-rhône et des vacqueyras d'un autre temps, plongés dans un raffinement et une sève oubliés. À Sarrians, la propriété compte une quarantaine d'hectares de vignes flirtant avec les garrigues et de vieux oliviers. Le savoir-faire et le style Reynaud impriment chacun des flacons qui sortent de la propriété après une maturation en foudre puis en bouteille. Les vins sont des modèles de délicatesse, aux notes orientales, aux contours soyeux et raffinés

Château de Vaudieu

★★★☆☆

Le château de Vaudieu, édifié en 1767 par l'amiral Gérin, lieutenant de l'amirauté de Marseille, est l'un des trois châteaux du XVIIIe siècle de Châteauneuf-du-Pape. Le « Val de Dieu » qui a donné « Vaudieu », exploite aujourd'hui 70 hectares, reconstitués sous l'impulsion de Gabriel et Juliette Meffre, grands négociants de Gigondas. En 1987, leur fille Sylvette Bréchet prend la suite, rejointe en 1990 par son fils Laurent qui entreprend des travaux de rénovation du chai afin de faciliter les vinifications parcellaires. Les derniers millésimes sont très réussis, dans un style précis et puissant, en blanc comme en rouge. À suivre !

- Belvédère, châteauneuf-du-pape 2020 | Sec | 2024>30 | 50 € — 93
- Amiral G, châteauneuf-du-pape 2019 | Sec | 2024>32 | 85 € — 91

Domaine de la Vieille Julienne

★★★★☆

Ce domaine d'un seul tenant est situé au nord de l'appellation. Cultivé en bio depuis 1990, il est mené en biodynamie depuis maintenant dix ans. 100 % éraflée, la vendange produit une gamme impeccable, remarquable d'exécution, qui se décline sur quatre cuvées. Une cuvée classique au très bon potentiel de vieillissement, deux cuvées parcellaires hautement recommandables, haut-lieux sur une base de 20 % mourvèdre et les-trois-sources plus sur la délicatesse. Enfin, la cuvée réservé à 95 % grenache, de très grande classe. Le style est d'une impressionnante pureté aromatique, les équilibres sont en dentelles, non sans structure, et la fraîcheur à l'image des crus du nord. Un domaine confidentiel que les amateurs de vins fins connaissent bien.

- Réservé, châteauneuf-du-pape 2020 | Sec | 2025>40 | 270 € — 97
- Clavin, côtes du rhône 2020 | Sec | 2024>29 | 20.5 € — 91
- Hauts Lieux , châteauneuf-du-pape 2020 | Sec | 2025>40 | 81 € — 97
- Les Trois Sources, châteauneuf-du-pape 2020 | Sec | 2025>35 | 63 € — 95

Domaine du Vieux Télégraphe

★★★★★

Cette splendide propriété de Bédarrides, propriété de la famille Brunier, est l'un des crus majeurs de l'appellation. Elle dispose d'un vaste vignoble d'un seul tenant, entièrement situé sur le plateau de la Crau et produit des vins d'une qualité remarquable. Le rouge est l'un des plus complets de l'appellation, dans un style savamment mis au point par les Brunier, qui ne privilégie pas la puissance malgré la générosité en alcool, mais au contraire l'équilibre et le raffinement. Du clos-la-roquette, en passant par télégramme et piedlong, jusqu'au grand vin, tout est d'une grande précision aromatique et d'un équilibre magistral. Ici l'on préfère la finesse à la puissance.

- Télégramme, châteauneuf-du-pape 2020 | Sec | 2025>35 | 35 € — 94
- Piedlong, châteauneuf-du-pape 2019 | Sec | 2025>35 | 51 € — 97
- châteauneuf-du-pape 2020 | Sec | 2027>40 | 53 € — 97

Xavier Vignon

★★★☆☆

Œnologue installé dans la vallée du Rhône depuis un quart de siècle, Xavier Vignon a longtemps travaillé pour les autres avant de créer sa propre signature. Amoureux des terroirs accrochés aux célèbres Dentelles de Montmirail, il fait preuve d'une étonnante originalité dans la composition de ses cuvées, s'amusant en particulier dans la gamme Arcane à s'imposer des règles originales : multi-millésimes, mono-cépage, parcelles situées à un niveau d'altitude comparable, etc, Ce sens de l'assemblage et la précision de l'œnologue produisent des vins extrêmement originaux, à la fois intenses, expressifs et savoureux.

- Arcane la Justice, côtes du rhône 2020 | Sec | 2023>30 | 22.5 € — 93
- SM3, côtes du rhône | Sec | 2023>30 | 15.5 € — 92
- Cuvée Anonyme , châteauneuf-du-pape 2019 | Sec | 2024>34 | 34 € — 94

Ici, bonbonnes et bateaux ont besoin de soleil et de vent. Les unes pour donner un vin doux naturel complexe et inimitable, les autres pour séduire le promeneur qui découvre le port de Collioure.

Roussillon

Tout n'est pas simple pour la région. Devancée par son immense sœur languedocienne, elle n'a pas le succès que ses grands vins méritent et le travail pour les produire n'est pas récompensé à juste valeur. Comment sortir de l'impasse ? Cela passe par une nouvelle hiérarchie

DE SCHISTE ET DE SEL

POUR LA PREMIÈRE FOIS, NOTRE GUIDE ACCORDE UNE PLACE DE CHOIX AU MEILLEUR DE NOS VINS DOUX NATURELS. BIENVENUE DANS LE MONDE PASSIONNANT DES **BANYULS**

PAR ***GUILLAUME PUZO***

À LA FRONTIÈRE FRANCO-ESPAGNOLE, façonnée par le traité des Pyrénées de 1659, une excroissance de la chaîne des Pyrénées part du Canigou pour plonger dans la mer Méditerranée. C'est le massif des Albères. Sa façade littorale s'appelle la côte Vermeille. Sur un territoire qui s'étend sur quatre communes (Collioure, Port-Vendres, Banyuls-sur-Mer et Cerbère) ainsi que deux hameaux (Cosprons et Rimbau), une même aire géographique délimite de façon assez singulière quatre vins différents : l'appellation collioure, l'IGP côte-vermeille (vins secs blancs, rosés et rouges) et les AOC banyuls et banyuls grand cru pour leurs vins doux naturels (blancs, rosés et rouges pour la première, rouge uniquement pour la seconde).

ENTRE LES MURS

Sur les 1 260 hectares actuellement en production, l'appellation banyuls occupe 530 hectares et banyuls grand cru, 60 hectares. Le sol, c'est du schiste : son acidité va donner de la tenue aux vins. Ce schiste a permis de façonner des dizaines de kilomètres de murettes un peu partout, sans lesquelles la viticulture en coteau serait impossible. Ici, les vignobles sont façonnés et maçonnés avant d'être plantés. Héritage et patrimoine culturel, ces murettes rendent toute mécanisation du vignoble impossible dans la plupart des parcelles.

VITICULTURE HÉROÏQUE

Le climat, méditerranéen évidemment, a pour particularité d'être sec, surtout ces dernières années. Cela affecte les rendements (moyenne de 17 hl/ha en 2022, 18 hl/ha en 2021) et menace à terme l'existence même de toute viticulture. D'autant que sur ces fortes pentes, toute idée d'irrigation est incongrue. Pire, lorsqu'il pleut, il pleut trop, de façon soudaine et brutale. Ces fameux épisodes méditerranéens que l'on qualifie de cévenols du côté de Montpellier, entraînent tout sur leur passage. Ces conditions de pluviométrie particulières sont à l'origine d'une véritable architecture paysagère, unique au monde, avec le système des agulles (prononcer *« agouille »*), sorte de canaux d'évacuation. Toujours constituée d'une agulle centrale et d'agulles secondaires qui partent en travers, l'agulle finit par se jeter dans un ruisseau après avoir collecté les pluies de tout le coteau. Un aménagement aussi spectaculaire qu'efficace, qui n'existe que de ce côté-ci des Pyrénées.

ROI GRENACHE

Les cépages autorisés sont nombreux, mais la variété dominante est le grenache, surtout rouge, mais aussi blanc ou gris. Les vignes sont toujours montées en gobelet, à l'exception de quelques fonds de vallée en cordon. Elles sont d'un âge moyen très élevé, au moins 70 ans mais souvent beaucoup plus, l'informatisation du vignoble mise en place en 1950 ne permettant pas d'entrer des données antérieures. Ici, on travaille dans le sens des lignes de pente afin d'éviter le ravinement. Les vendanges sont manuelles, aucune machine ne pouvant circuler.

FACE À LA MER

Pour chaque parcelle, plus que la pente, l'altitude et l'exposition sont fondamentales pour définir le profil des vins que l'on va produire, les banyuls étant plutôt issus des faces sud, avec des altitudes qui partent du niveau de la mer pour s'élever à plus de 400 mètres, des hauteurs de plus en plus recherchées ces dernières années. La proximité de la mer permet l'apport d'embruns salins qui se déposent sur le sol et sur les raisins, conférant aux vins une identité certaine que n'ont pas les parcelles situées à l'intérieur des terres.

DEUX APPELLATIONS, TOUT UN MONDE

Avec la création de l'AOC banyuls dès 1936 et celle de banyuls grand cru en 1962, le style des vins est varié. Banyuls blanc pour des vins élevés en mode réducteur ; banyuls ambré pour des blancs élevés en mode oxydatif ; banyuls rimage pour des rouges en mode réducteur ; banyuls traditionnel élevé minimum 24 mois en mode oxydatif ; banyuls grand cru, enfin, pour des vins avec 75 % de grenache noir minimum, élevés sous bois, généralement en mode oxydatif.

POUR L'ÉTERNITÉ

Ces vins de garde quasi éternelle sont mutés, avec des sucres résiduels qui varient suivant les styles des producteurs, généralement entre 80 et 120 grammes par litre. Ils sont moins recherchés par les consommateurs qu'il y a un siècle, d'où la nécessité pour la région d'avoir développé l'appellation collioure. La vente est aujourd'hui très locale, bénéficiant du fort afflux touristique l'été. Entre vente directe, cavistes et restaurants, c'est 70 % de la production qui s'écoule ainsi.

Trésors du patrimoine viticole, les vins de Banyuls défient le temps. À la cave de l'Étoile, les millésimes peuvent rester plusieurs décennies en dame-jeanne, comme ce 1945.

BANYULS BLANC

Coume Del Mas, Escoumes 2021
Parfums discrets de fruits blancs et frais au nez, fine salinité en bouche qui équilibre le sucre. Un vin digeste, élancé et de grand style, à la finale pure et sans lourdeur.
92/100 - 2023>36 - 17 euros

Cave L'Étoile, banyuls blanc 2021
Parfums de fruits blancs avec une pointe muscatée au nez (on reconnaît le cépage même si sa part dans l'assemblage est très faible). Fine liqueur tapissante en bouche, bien tirée par de savoureux amers. De la persistance et du dynamisme.
90/100 - 2023>36 - 21 euros

Domaine Madeloc, Asphodèles 2021
Robe dorée, bouche ronde, mais dans un équilibre assez sec pour l'appellation (100 g/l et il paraît moins). Petit départ d'oxydation maîtrisé et bel équilibre.
91/100 - 2023>31 - 22 euros

Clos Saint Sebastien, Empreintes 2021
Un bel équilibre, le fruité est frais, la sucrosité intégrée, l'alcool se fait discret. Pas très puissant mais élégant, frais et digeste.
90/100 - 2023>31 - 18 euros

BANYULS AMBRÉ

Domaine de Bila-Haut, banyuls 1999
Puissant et concentré, avec des arômes cacaotés et frais qui se fondent dans la liqueur, un vin haut en saveur, bien équilibré, puissant jusqu'en finale.
92/100 - 2023>34 - 38,50 euros

Cave L'Étoile, banyuls NM
Un fruité frais, notes d'abricot et de pêche au nez pas encore sur les épices, liqueur gourmande en bouche. Un vin porté par la douceur, ce qui le destine plus au dessert ou à un fromage.
92/100 - 2023>30 - 21,80 euros

Les bonbonnes peuvent rester longtemps en plein soleil.

Domaine Piétri-Géraud, Cuvée du Soleil 2018
Association entre les fruits jaunes mûrs (pêche) et les épices (curry) déroutante. L'équilibre en bouche plutôt sec est intéressant (65 g/l de résiduel), c'est un vin à tenter plus sur un plat salé qu'un dessert.
91/100 - 2023>33 - 30 euros

Domaine Vial-Magnères, Cuvée Bernard Saperas NM
Une belle robe cuivrée et brillante. Au nez, de francs parfums d'épices (curry, muscade), de fruits secs, bouche puissante et équilibrée, liqueur intégrée, fraîcheur en place. Un grand vin de gastronomie, sur des gambas flambées au curry.
94/100 - 2023>35 - 37 euros

BANYULS RIMAGE

Domaine de Bila-Haut, Terra Vinya 2020
Plus racé que l'autre banyuls présenté par le domaine, toucher raffiné, tannins fins, parfums de figue fraîche et de myrtille et grande élégance en fin de bouche.
92/100 - 2023>35 - 31,60 euros

Les Clos de Paulilles, banyuls 2022
Sur le fruit rouge (fraise et framboise), gourmand, accessible, tout en rondeur. Les tannins de la fin de bouche apportent une amertume équilibrante.
90/100 - 2023>32 - 16 euros

Coume Del Mas, Galateo 2021
Belle finesse dans l'alliance de tannins fins et de la liqueur intégrée, rien ne dépasse dans ce rimage élégant et frais, à la fois savoureux et fruité.
93/100 - 2023>36 - 17 euros

Coume Del Mas, Quintessence 2020
Un toucher tout en finesse, des tannins soyeux et une liqueur intégrée, ce vin raffiné et élégant accompagnera un fromage comme un plat principal.
94/100 - 2023>40 - 26 euros

Cave L'Étoile, banyuls 2021
Gourmand et dominé par le fruit rouge, pas le plus profond mais là où on l'attend, accessible, avec un fruité framboisé croquant et ce qu'il faut de matière.
92/100 - 2023>31 - 18,10 euros

Domaine Madeloc, Cirera 2020
Franc parfum de cerise (cirera, c'est la cerise en catalan), bouche gourmande, tannins encore un peu fermes, équilibre tout en charme. Parfait sur un dessert car il goûte assez haut en sucre (90 g/l).
91/100 - 2023>30 - 22 euros

Domaine Piétri-Géraud, "Mademoiselle O" 2021
Séduisant car il n'est pas porté par le sucre, assez haut en alcool, ce qui le destine à des plats salés, par exemple un magret de canard.
92/100 - 2023>31 - 19 euros

Terres des Templiers, Mise Tardive 2021
Des senteurs épicées vanillées prononcées – peut-être un peu trop – qui le font perdre un peu en identité. Il y gagne en charme flatteur.
91/100 - 2023>31 - 52 euros

Domaine Vial-Magnères, banyuls 2021
Bel équilibre dans ce vin aux tannins fins, élégant et digeste, les parfums de framboise sont gourmands, la finale est enlevée et fraîche.
91/100 - 2023>36 - 19 euros

La cave de l'Étoile et ses foudres caractéristiques, marqués d'une étoile rouge sur fond jaune.

BANYULS TRADITIONNEL

Domaine Berta-Maillol, banyuls 2014
Robe bien tuilée, fragrances de cacao et de café au nez, tannins encore un peu fermes mais qui se fondent dans la liqueur intégrée.
92/100 - 2023>34 - 26 euros

Les Clos de Paulilles, banyuls 2014
Parfums élégants de figue et de chocolat, alcool contenu, beaucoup de finesse dans ce vin au toucher soyeux et à la finale un peu portée par le sucre. Sur un dessert ou un fromage bleu, il sera à son avantage.
92/100 - 2023>30 - 19 euros

Coume Del Mas, Quintessence 2019
Alliance convaincante de nuances viandées lardées et de fruits rouges frais, bouche savoureuse et élégante dans son toucher, raffinement et persistance.
93/100 - 2023>34 - 26 euros

Cave L'Étoile, Doux Paillé NM
Complexe, racé, élégant, entre fin fruité jaune et délicates nuances épicées, liqueur fondue, un grand banyuls traditionnel, parfait pour une méditation de fin de repas.
95/100 - 2023>35 - 46,20 euros

Domaine Piétri-Géraud, Joseph Géraud 2014
Plus d'équilibre et de subtilité que dans la cuvée Méditerranée. Le vin n'affiche que 75 g/l, ce qui lui convient mieux. Finale sur des saveurs de figues, gourmandes et au sucre contenu.
91/100 - 2023>29 - 22 euros

Domaine Vial-Magnères, Gaby Vial NM
Bouche aux tannins bien dessinés, il digère bien sa liqueur (80 g/l) et offre une finale chocolatée du meilleur effet.
92/100 - 2023>35 - 20 euros

BANYULS HORS D'ÂGE

Clos Saint Sebastien, banyuls NM
Parfums élégants de fruits mûrs et d'épices douces, liqueur onctueuse en bouche, sur la figue et les raisins secs. Généreux en sucre, avec de l'équilibre.
91/100 - 2023>35 - 24 euros

BANYULS GRAND CRU

Cave de l'Abbé Rous, Cuvée Christian Reynal 2002
Au nez comme en bouche, des senteurs réglissées et mentholées très fraîches, des tannins encore un peu fermes, mais qui s'accommodent bien de la fraîcheur aromatique. Les 123 g/l de sucre sont présents mais ne dérangent pas.
93/100 - 2023>32 - 38,80 euros

Les Clos de Paulilles, banyuls grand cru 2015
Bien marqué par le sucre, sans doute trop pour un dessert. On y associe un roquefort, car la bouche offre un toucher tout en finesse. Il goûte plus comme un rimage vieilli que comme un grand cru.
91/100 - 2023>35 - 32 euros

Coume Del Mas, banyuls grand cru 2008
Entame de bouche onctueuse pour ce vin racé aux tannins fins. Certes, le sucre est présent, mais c'est son style : il accompagnera un dessert au chocolat. Il va bien vieillir.
94/100 - 2023>48 - 70 euros

Cave L'Étoile, banyuls grand cru 2012
Nez profond et complexe (fruits secs, menthol, terre humide, champignons), bouche élancée et de grande fraîcheur aromatique tout en offrant une densité tannique ferme.
95/100 - 2023>42 - 29 euros

Cave L'Étoile, Cuvée Réservée 1997
Ampleur et délicatesse aromatique (café, chocolat, pruneau), liqueur parfaitement intégrée en bouche, vin racé au toucher soyeux. Il donne la meilleure image possible des grands vins mutés de l'appellation.
96/100 - 2023>47 - 48,50 euros

Cave L'Étoile, Select Vieux 1991
Complexe et raffiné, sur les fruits secs et le grillé-torréfié. La liqueur est fondue, avec un magnifique équilibre et une persistance savoureuse. Plus de 30 ans, et tellement jeune, c'est un monument.
97/100 - 2023>41 - 57,80 euros

Clos Saint Sebastien, banyuls grand cru 1993
Équilibre assez haut en sucre avec des parfums tertiaires (champignons, fruits secs) de toute beauté. Il accompagnera une viande relevée comme un pigeon ou un canard avec une réduction de vin.
93/100 - 2023>33 - 90 euros

Terres des Templiers, Création 2005
Agréable liqueur pour ce vin en pleine apogée dont on remarque la chaleur en fin de bouche. Le toucher est onctueux.
91/100 - 2023>30 - 39 euros

Domaine Vial-Magnères, Cuvée André Magnères 2012
Des nuances savoureuses de grain de raisin et de café, une liqueur fondante en bouche, la sucrosité (98 g/l) est bien dynamisée par un alcool présent et fondu. Du grand art.
94/100 - 2023>37 - 44 euros

LE PANTHÉON DES PROMESSES

AVEC LA DIVERSITÉ ÉPOUSTOUFLANTE DE SES VINS, DANS TOUTES LES COULEURS, LE ROUSSILLON DEVRAIT ÊTRE LE MEILLEUR AMI DES BELLES TABLES DU MONDE. AMATEURS, QU'ATTENDEZ-VOUS ?

SÉLECTION ***GUILLAUME PUZO***

Mas Amiel

4/5 ✚

Propriété historique du cru Maury, le mas Amiel a été racheté par Olivier Decelle en 1999, qui en a confié la direction technique à Nicolas Raffy depuis 2007. Au pied du château cathare de Quéribus, balayées par une tramontane qui s'engouffre entre les falaises calcaires qui bordent la vallée, les 132 parcelles s'étalent sur 150 hectares, aujourd'hui cultivées en biodynamie. Les goûts des consommateurs évoluent, la production s'adapte. Autrefois, le mas produisait à 99 % des vins doux naturels, la part a chuté à 50 %, avec aujourd'hui des vins secs de fort belle facture en Maury sec et en IGP, qui restituent à la perfection la minéralité des calco-schistes du secteur, dans les deux couleurs. Mais on ne saurait passer sous silence la grande qualité des Maurys, en mode tantôt réducteur tantôt oxydatif, même si pour ces deniers la plupart ont été réalisés… du temps des anciens propriétaires. Ici, on connaît le temps long !

- **Altaïr, côtes du roussillon 2021** | Sec | 2023>36 | NC — 93
- **Vintage Charles Dupuy, maury 2020** | Doux | 2023>40 | NC — 95
- **Millésime, maury 1969** | Doux | 2023>39 | 120 € — 94
- **Millésime, maury 1999** | Doux | 2023>49 | NC — 99
- **Vers Le Nord, maury sec 2020** | Sec | 2023>35 | 28 € | ☘ — 91
- **30 ans Tuilé, maury NM** | Doux | 2023>40 | 44 € — 97
- **Origine, maury sec 2020** | Sec | 2026>35 | NC — 92
- **Natural cinsault, côtes du roussillon 2021** | Sec | 2023>36 | NC — 93
- **Natural syrah, côtes du roussillon 2021** | Sec | 2023>27 | NC — 88
- **Oiseau Rare, maury sec 2020** | Sec | 2023>30 | NC — 91
- **Altitude 433, côtes du roussillon 2020** | Sec | 2023>35 | NC — 93
- **Vintage Blanc, maury 2021** | Doux | 2023>31 | NC — 92

Domaine Berta-Maillol

2/5

Encore un domaine historique du secteur Collioure-Banyuls, 12 hectares de vignes plus des garrigues et des oliviers, dans la vallée de la Baillaury, sur la route du col de Banyuls qui mène à la frontière espagnole. Jean-Louis et Michel Berta ne concèdent rien aux traditions, et dans leur cave aux foudres antiques continent de vinifier le jus obtenu de leurs vieux gobelets, pour une production répartie aux deux tiers en Banyuls, un tiers Collioure. Les banyuls oxydatifs, en Traditionnel comme en Rancio Solera, sont les plus intéressants de la gamme.

- **Traditionnel, banyuls 2014** | Moelleux | 2023>31 | NC — 93
- **Traditionnel, banyuls 2000** | Moelleux | 2023>35 | NC — 93
- **Rimage, banyuls 2021** | Doux | 2023>31 | NC — 91
- **Barral, collioure 2021** | Sec | 2027>31 | NC — 91
- **Rancio Solera Hors d'Âge, banyuls NM** | Doux | 2023>35 | 18 € — 94
- **banyuls 2021** | Sec | 2023>31 | NC — 91

Vignerons Catalans en Roussillon

1/5 ➔

Plus important metteur en marché de la région, Vignerons Catalans regroupe des caves coopératives et des caves particulières, mettant régulièrement en avant des gammes fort abouties, depuis les vins de fruit que l'on boit facilement l'été, sur des grillades, jusqu'aux vins doux naturels dont la structure propose régulièrement de vieux millésimes fort réussis, tant elle a accès à un sourcing de grande qualité. Et les vieux millésimes de vins doux ne manquent pas, dans le Roussillon !

- **Signature, côtes du roussillon-villages - lesquerde 2019** | Sec | 2023>29 | NC — 89
- **Signature, côtes du roussillon-villages - caramany 2020** | Sec | 2023>28 | NC — 89
- **Signature, côtes du roussillon-villages - tautavel 2018** | Sec | 2023>27 | NC — 88

Domaine Cazes

3/5

Ce domaine historique de Rivesaltes, créé en 1895 par Michel Cazes, est entré en 2013 dans le giron du groupe AdVini, tout comme les clos de Paulilles. La famille Cazes reste très impliquée et tout est mis en œuvre pour mettre en valeur le terroir et le patrimoine. L'ensemble du domaine, regroupant aujourd'hui 220 hectares, est certifié bio et biodynamie, créant ainsi un véritable modèle pour la région en démontrant que cela est bien possible même pour des propriétés de cette taille.

✦ Star ✚ Valeur sûre ➔ À suivre de près Ⓝ Nouvelle entrée

Domaine de Bila-Haut - Chapoutier

★★☆☆☆

Michel Chapoutier, personnalité incontournable de la vallée du Rhône, a également tenté l'aventure en Roussillon, avec les mêmes recettes que celles qui l'ont fait connaître : un domaine en biodynamie, complété par du négoce à la qualité plus irrégulière, en vin sec comme en vin doux. L'amateur sera séduit par des cuvées de haut niveau, comme il restera perplexe devant d'autres d'un niveau nettement plus moyen.

- Occultum Lapidem, côtes du roussillon-villages latour de france 2019 | Sec | 2023>29 | NC 91
- VIT Visitare Interiore Terrae, côtes du roussillon-villages latour de france 2020 | Sec | 2023>28 | NC 88
- L'Esquerda, côtes du roussillon-villages - lesquerde 2019 | Sec | 2023>34 | NC 92

Domaine du Clos des Fées

★★★☆☆ ✚

Hervé Bizeul, vigneron et plume rebelle, n'a plus grand chose à prouver car son domaine fait partie de l'élite du Roussillon. Cela ne l'empêche pas de se remettre continuellement en question, de défricher de nouvelles pistes, d'innover, de sortir des sentiers battus et de créer de nouvelles cuvées. En témoigne notamment son pinot noir sorti de nulle part, qui affronte vaillamment les rigueurs du soleil et de la tramontane de la vallée de l'Agly. Ici, chaque cuvée affiche une personnalité bien à elle, parfois intransigeante, à l'image de son vinificateur. Sur pas moins de 7 terroirs différents naît une interprétation sérieuse et diversifiée du Roussillon. Un modèle dans son genre.

Coume del Mas

★★★☆☆ ✚

Établi à Cosprons, un hameau de Port-Vendres, Philippe Gard a choisi de se mettre à l'écart de la majorité des acteurs du cru, et ses vins sont à son image. Bardé de diplômes, cet ingénieur agro et œnologue débarque dans la région en 1997, après y avoir longtemps pratiqué le camping sauvage. Il crée son domaine en 1997, qui aujourd'hui atteint 15 hectares. Quand tant d'autres font des vins doux par tradition et héritage, lui a choisi d'en faire, privilégiant le haut de gamme. Des élevages longs, et surtout avec les lies du millésime, pas celles des dix années qui précèdent ! Quant aux collioure, 80 % de la production, ils proposent plusieurs identités, tantôt en bord de mer, tantôt en altitude, mais toujours avec la même précision en bouche.

- Quadratur, collioure 2020 | Sec | 2023>35 | 29 € 93
- Rimage - Galatéo, banyuls 2021 | Doux | 2023>36 | NC 92
- Rimage - Quintessence, banyuls 2017 | Doux | 2023>37 | NC 94
- Schistes, collioure 2021 | Sec | 2023>30 | NC 91
- banyuls grand cru 2008 | Doux | 2023>38 | NC 96
- banyuls 2008 | Doux | 2023>38 | NC 97

Vignobles Dom Brial - Cave de Baixas

★★☆☆☆

Dom Brial est l'une des marques commerciales de la cave de Baixas, issue de la fusion de plusieurs caves coopératives sur le secteur. Avec 200 coopérateurs et 1700 hectares en production, il s'agit d'un des plus importants opérateurs de la région. On peut ici trouver satisfaction dans la large étendue de la gamme, avec tous les niveaux de qualité proposés, mais l'amateur ne saurait manquer les exceptionnels vieux vins doux proposés à la vente. En muscat-de-rivesaltes, la gamme Château Les Pins propose notamment des millésimes des années 1990 qui démontrent l'étonnante capacité de vieillissement de cette appellation, et en rivesaltes, ne manquez pas le somptueux 1969, élevé en barrique durant 40 ans, et proposé à un prix très abordable pour cet âge vénérable !

- Château Les Pins, muscat de rivesaltes 1998 | Doux | 2023>33 | 13.9 € 94
- Grande Réserve - Dom Brial , rivesaltes 1969 | Doux | 2023>39 | 35 € 98
- Grande Réserve - Dom Brial , rivesaltes 1959 | Doux | 2023>34 | 35 € 93
- Château Les Pins, rivesaltes 2015 | Doux | 2023>35 | NC 92
- Château les Pins, côtes du roussillon-villages 2017 | Sec | 2023>32 | 14.95 € 91
- Dom Brial, muscat de rivesaltes 2021 | Doux | 2023>26 | NC 89
- Château des Pins Primage, rivesaltes 2015 | Doux | 2023>35 | NC 89
- Crest Petit - Dom Brial, côtes du roussillon-villages 2017 | Sec | 2023>32 | NC 92
- Mirade - Dom Brial, côtes du roussillon-villages 2021 | Sec | 2023>28 | NC 88

Domaine Gardiés

★★★☆☆

Jean Gardiès a repris le domaine familial en 1990, mettant l'accent dès le départ sur les rouges qui sont vite devenus des références de la région. Depuis, il livre régulièrement une fine interprétation de son terroir de Vingrau, cultivant un vignoble de 35 hectares au parcellaire très éclaté qui se reflète dans la philosophie des cuvées. Depuis huit ans, l'accent est mis sur une vinification au plus près du fruit, avec moins d'extraction et plus de subtilité. Que ce soit en vins secs ou vins doux naturels, on trouvera ici aisément son bonheur, à condition de délier un peu sa bourse.

- La Torre, côtes du roussillon-villages 2020 | Sec | 2023>35 | 42 € | ☘ 93
- Clos des Vignes, côtes du roussillon-villages - tautavel 2020 | Sec | 2023>29 | 26 € | ☘ 91
- Clos des Vignes, côtes du roussillon 2021 | Sec | 2023>29 | 28 € | ☘ 91
- La Torreta, côtes du roussillon 2021 | Sec | 2023>31 | 42 € | ☘ 93

Vignobles Jonquères d'Oriola

★★☆☆☆

La famille Jonquères d'Oriola s'illustre depuis 1485 dans la viticulture dans le Roussillon, aujourd'hui c'est William qui incarne la 27e génération. Au sud de Perpignan, les 95 hectares de vignoble permettent l'élaboration d'une gamme qui régulièrement se distingue dans les trois couleurs, des vins à consommer sur le fruit de jeunesse.

- Château de Corneilla - Cavalcade, côtes du roussillon 2019 | Sec | 2023>30 | 16 € 91
- Château de Corneilla – Les Candelles, côtes du roussillon 2020 | Sec | 2023>30 | 24 € | ☘ 91
- Château de Corneilla – Héritage, côtes du roussillon 2021 | Sec | 2023>31 | 9.5 € | ☘ 92
- La Canaille, côtes du roussillon 2020 | Sec | 2023>28 | 8.9 € 90

Cave de l'Étoile

★★★☆☆ ✦

Cette petite cave coopérative fait partie intégrante du paysage de Banyuls depuis 1921. Avec 130 adhérents pour 130 hectares en apport, elle fait figure de petit poucet et pourtant il s'agit là d'un des acteurs majeurs pour les vins doux naturels du secteur. Aujourd'hui encore ceux-ci pèsent 75 % des volumes produits. Grâce à une politique intelligente de stockage des vieux millésimes initiée par les anciennes générations, la cave propose à la vente tous les millésimes ou presque depuis 1945 ! Ici il n'est pas rare d'attendre 20 à 25 ans avant de mettre sur le marché une qualité oxydative, et toujours pour des prix incroyablement abordables. Hautement recommandé.

- banyuls grand cru 2012 | Doux | 2023>42 | NC 95
- banyuls grand cru 1973 | Doux | 2023>43 | NC 98
- Select Vieux, banyuls grand cru 1991 | Doux | 2023>41 | NC 97
- Doux Paillé Hors d'Âge, banyuls NM | Doux | 2023>40 | 39 € 96
- Cuvée Réservée, banyuls grand cru 1997 | Doux | 2023>47 | NC 96
- Grand Rancio, banyuls | Doux | 2023>40 | NC 96
- Cuvée du Centenaire, banyuls grand cru 2000 | Doux | 2023>40 | NC 95

Domaine Lafage

★★★☆☆

Un très vaste domaine qui exploite des vignes dans plusieurs secteurs de la région, l'Agly, les Aspres et la côte maritime de Perpignan. Les volumes sont conséquents mais la constance de la qualité des vins, réelle. Des vins que l'on retrouve facilement dans tous les restaurants et bars de plage de la région, plébiscités par les nombreux touristes qui viennent séjourner l'été dans la région. La cuvée des lloses, en côtes-du-roussillon-villages les aspres, offre une finesse de tannins rare.

- Léa, côtes du roussillon-villages - les aspres 2020 | Sec | 2023>30 | 21.6 € 89
- Les Onze Terrasses, côtes du roussillon 2018 | Sec | 2023>27 | NC 91
- Gallica, côtes du roussillon 2022 | Sec | 2023>23 | 16 € 91
- Les Lloses, côtes du roussillon-villages - les aspres 2018 | Sec | 2023>28 | NC 94

Château Lauriga

★★☆☆☆

Seule acquisition en Roussillon de l'entreprenant Jean-Claude Mas, le Château Lauriga est un vaste vignoble (68 hectares) situé entre Perpignan et Thuir. L'encépagement se partage entre traditionnels grenache blanc et noir, carignan et muscat et cépages internationaux (syrah, merlot, cabernet, etc.) comme dans la plupart des propriétés de Jean-Claude Mas. Toute la gamme, en côtes-du-roussillon comme en IGP, est intéressante et en progrès continus.

- Grande Réserve, Cuvée Jean, côtes-du-roussillon 2018 | Sec | 2024>29 | NC 89

Le Clos de Paulilles

★★★☆☆

Ce domaine admirablement situé en front de mer est entré en 2013 dans le giron du groupe AdVini, parfaitement conscient de l'importance de ce joyau. Tout est mis en œuvre, sous la conduite de Lionel Lavail et des mêmes équipes qu'au domaine Cazes, pour mettre en valeur le terroir. Les vins du domaine comptent parmi les expressions les plus réussies du Roussillon.

Domaine Le Roc des Anges

Lumineux. C'est sûrement l'adjectif qui qualifie le mieux le Roc des Anges, tant pour le style des vins que pour la cuverie moderne et esthétique de Marjorie et Stéphane Gallet. Ils ont créé leur domaine de toute pièce, et aujourd'hui couvrent 45 hectares en production. Des vins d'une grande buvabilité, assez bas en alcool pour la région, où une viticulture soignée et une date de vendange intelligente évitent toute lourdeur dans les vins. La biodynamie explique une partie de cette originalité pour le Roussillon, le terroir très particulier de Montner aussi, des schistes très fins qui se comportent comme des sables. Ce domaine nous procure régulièrement parmi les plus belles émotions en vins secs de tout le département.

- carignan 1903, côtes catalanes 2021 | Sec | 2023>36 | NC — 95
- Iglesa Vella, côtes catalanes 2021 | Sec | 2023>31 | NC — 93
- L'Oca, côtes catalanes 2021 | Sec | 2023>31 | NC — 94
- Llum, côtes catalanes 2021 | Sec | 2023>31 | NC — 92
- Australe, côtes catalanes 2021 | Sec | 2023>36 | NC — 94
- Segna de Cor, côtes catalanes 2021 | Sec | 2023>36 | NC — 93
- Reliefs, côtes catalanes 2021 | Sec | 2023>36 | NC — 95
- Alquimia - vin de voile, côtes catalanes | Sec | 2023>33 | NC — 93

Mas Llossanes

Dominique et Solenn Génot ont repris en 2016 ce vignoble d'environ 10 hectares, situé face au Canigou sur un secteur encore très sauvage, entre 600 et 700 mètres d'altitude. Actuellement en conversion bio avec une certification acquise dès le millésime 2019, ils travaillent leurs vignes avec attention et labourent notamment au cheval. En plus des cépages classiques de la région, une rareté s'épanouit ici : le cépage chasan.

Vignerons de Maury

La structure coopérative de Maury jouit d'un fort rayonnement local, et le souffle nouveau insufflé par sa jeune présidente depuis 2021, Aurélie Pereira, n'y est pas étranger. Avec 114 adhérents pour 700 hectares en apport, c'est un poids lourd dans la région. Fondée en 1910, la cave a toujours été un spécialiste des vins doux de Maury, et aujourd'hui encore elle commercialise quelques cuvées fort intéressantes, notamment celle proposée pour le centenaire de la cave. Signe des temps, la cave s'essaye aussi aux Maury sec, avec également des résultats satisfaisants.

- Grenat Pollen, maury 2021 | Moelleux | 2023>31 | NC — 90
- cuvée Chabert de Barbera, maury 1992 | Doux | 2023>36 | NC — 91
- cuvée du Centenaire Hors d'Âge, maury NM | Doux | 2023>35 | 22.6 € — 93
- Tuilé - Vieille Réserve, maury 2010 | Doux | 2023>31 | NC — 92
- Nature de Schiste, maury sec 2020 | Sec | 2023>29 | NC — 90
- Grenat Récolte, maury 2021 | Doux | 2023>31 | NC — 90
- Granit Tradition, côtes du roussillon-villages - lesquerde 2021 | Sec | 2023>31 | NC — 92
- Président Bories, maury sec 2020 | Sec | 2023>30 | NC — 91
- 111, maury sec 2021 | Sec | 2023>31 | NC — 91
- Tuilé Rancio, maury | Doux | 2023>31 | NC — 90

Domaine Modat

Sur le terroir de Caramany, ce domaine propose une assez large gamme de vins du Roussillon, régulièrement bien construite, des vins adroitement vinifiés, souvent aimables dans leur jeunesse, gorgés de fruit et parfois de sel, et habillés d'étiquettes qui attirent l'œil. Bref, un domaine bien dans son époque.

- Comme Avant, côtes du roussillon-villages - caramany 2018 | Sec | 2023>28 | 18.9 € — 90
- Comme Avant, côtes du roussillon-villages - caramany 2018 | Sec | 2023>28 | 18.9 € — 90
- De-Ci De-Là, côtes du roussillon 2021 | Sec | 2023>29 | 18.9 € — 91
- Le Plus Joli, côtes du roussillon-villages - caramany 2018 | Sec | 2023>29 | NC — 91

Domaine Olivier Pithon

Frère du fameux Jo Pithon, grande figure des coteaux du Layon dans les années 1990, Olivier Pithon est tombé amoureux des terroirs de Calce, où commence son aventure en 2001. Fervent biodynamiste, il imprime dans ses cuvées une identité certaine, des vins empreints d'une gourmandise et faciles à apprécier.

- La D18, côtes du roussillon 2020 | Sec | 2023>27 | 45 € | ☘ — 90
- Laïs, côtes du roussillon 2021 | Sec | 2023>28 | 21 € | ☘ — 89
- Laïs, côtes du roussillon 2020 | Sec | 2023>30 | 21 € | ☘ — 90
- Le Pilou, côtes catalanes 2020 | Sec | 2023>28 | 45 € | ☘ — 89

Domaine de la Rectorie

L'une des ramifications de la famille Parcé, qui a tant fait pour Banyuls. La Rectorie, c'est l'œuvre de Marc et Thierry Parcé, qui sortent leurs vignes de la coopération en 1984. Aujourd'hui sur les 35 hectares en propriété, les Banyuls ne pèsent plus que 10 à 15 % de la production, car les consommateurs plébiscitent plus les vins secs, ici les Collioure. Toute la gamme est également recommandable.

- L'Argile, collioure 2022 | Sec | 2023>30 | 27 € — 92
- Côté Montagne, collioure 2021 | Sec | 2023>36 | NC — 93
- Rimage - Léon Parcé, banyuls 2021 | Doux | 2023>36 | NC — 93
- Rimage - Thérèse Reig, banyuls 2021 | Doux | 2023>31 | NC — 92
- L'Oriental, collioure 2021 | Sec | 2023>31 | NC — 92
- Barlande, collioure 2021 | Sec | 2023>36 | NC — 92
- Les Tuileries, collioure 2022 | Sec | 2023>28 | 24 € — 92
- Barlande, collioure 2021 | Sec | 2023>31 | NC — 92
- Pierre Rapidel, banyuls 2017 | Doux | 2023>32 | NC — 94

Clos Saint-Sébastien

Saint-Sébastien est le saint-patron de Banyuls-sur-Mer, mais le Clos Saint-Sébastien, lui, est un domaine créé en 2014 par Romuald Peronne (par ailleurs président du cru Banyuls-Collioure) et son associé Jacques Piriou. La gamme est intelligemment structurée, mettant en avant toutes les facettes de la Côte Vermeille, avec les façades maritimes (Inspiration Marine) ou les secteurs d'altitude (Inspiration Céleste). Chaque année, les collioures du domaine se distinguent parmi les meilleurs de leur appellation.

Domaine des Schistes

Ce domaine s'étend principalement sur les terroirs schisteux de Tautavel et Estagel, au total 50 hectares au cœur de la vallée de l'Agly. Le vignoble est aujourd'hui certifié en bio et les vins ont gagné en netteté de définition.

- Caune d'En Joffre, côtes du roussillon-villages - tautavel 2020 | Sec | 2023>30 | NC — 90

Terres des Templiers

Terres des Templiers désigne la marque commerciale du GICB, le Groupement Interproducteurs du Cru Collioure-Banyuls, le plus important metteur en marché de toute la côte Vermeille. Visuellement, la structure s'est fait connaître par son fameux parc à fûts en plein air, environ 200 demi-muids de 600 litres qui vont abriter des banyuls durant 3 ou 4 ans, en plein soleil, afin d'accélérer leur processus oxydatif. Sous l'impulsion de l'œnologue Jauffrey Canier, la large gamme abrite quelques pépites, dont ce 2003 l'Absolu, un banyuls grand cru vieilli de façon intensive durant 14 ans en fût, derrière les baies vitrées de la cave : remarquable !

- Premium, collioure 2021 | Sec | 2023>28 | NC — 88
- Prestige, collioure 2020 | Sec | 2023>30 | NC — 89
- L'Absolu, banyuls grand cru 2003 | Doux | 2023>38 | NC — 96

Thunevin-Calvet

C'est en 2001 que l'association est née entre Jean-Luc Thunevin (château Valandraud à Saint-Émilion) et Jean-Roger Calvet, viticulteur de Maury. Le premier millésime a été vinifié dans le garage, ce qui n'est pas sans rappeler avec un clin d'œil l'histoire de Valandraud, et aujourd'hui la propriété s'étend sur 65 hectares sur les marnes schisteuses de Maury et les arènes granitiques de Lesquerde.

- Les Dentelles, côtes du roussillon-villages 2020 | Sec | 2023>28 | 21 € — 89
- Hugo, côtes du roussillon-villages 2020 | Sec | 2023>30 | 31 € — 92
- L'Amourette, côtes du roussillon-villages 2020 | Sec | 2023>30 | 14.5 € — 90
- Constance, côtes du roussillon-villages 2020 | Sec | 2023>27 | 10.5 € — 88

Domaine Vial-Magnères

L'un des domaines historiques de Banyuls, fameux notamment pour sa somptueuse cuvée Al-Tragou, régulièrement au sommet de l'appellation. Aujourd'hui les familles Saperas et Berjoan sont associées dans la gestion du vignoble qui se répartit en deux tiers Banyuls, un tiers Collioure. Toute la gamme est ici recommandable, mais indiscutablement les qualités oxydatives, donc vieillies, sont un cran au-dessus, en blanc le banyuls ambré, et donc le fameux Al-Tragou en banyuls vieux, cette année le 1995. Sans oublier une rareté, le rancio sec, un assemblage de grenache noir et gris qui n'a pas pris le voile, en tous points déroutant.

- banyuls grand cru 2009 | Doux | 2023>34 | NC — 92
- Al Tragou, banyuls 1995 | Doux | 2023>45 | NC — 98
- Gaby Vial, banyuls NM | Doux | 2023>30 | 16 € — 92
- banyuls | Doux | 2023>35 | NC — 94
- Rancio Seco, côte vermeille | Sec | 2023>30 | NC — 93

✦ Star ✚ Valeur sûre ➔ À suivre de près Ⓝ Nouvelle entrée

Olivier Decelle, Mas Amiel

Lorsqu'il achète le Mas Amiel en 1999, Olivier Decelle ne connaît rien à la vigne. Fort de son succès avec le concept des surgelés Picard qu'il a créé, il arrive avec des idées percutantes en termes de structuration de gamme et de positionnement. Comme la technique est une affaire de techniciens, il a confié la gestion du domaine à Nicolas Raffy depuis 2007. Cette propriété historique de Maury, qui pèse encore plus du tiers des volumes vendus, continue d'innover : ventes de vins en bonbonnes, vins secs, gamme sans sulfites. Elle est toujours à la pointe. *Guillaume Puzo*

« Qui veut gravir une montagne commence par le bas », *dit un proverbe chinois. Longtemps cantonné aux petits blancs de pistes de ski, le vignoble savoyard peut désormais lever les yeux vers le ciel, aidé par les changements du climat. Jusqu'à quand ?*

Savoie

Il a sans doute fallu beaucoup d'obstination et un peu de folie pour faire de la Savoie un vignoble aujourd'hui prisé des sommeliers à la pointe comme des tables branchées. Inutile d'y voir un effet de mode, les atouts sont nombreux pour que la région se fasse une place dans l'univers fermé des grands vins. Début de l'ascension

Corentin Houillon.

UN VENT DE FRAÎCHEUR DESCEND DE LA MONTAGNE JUSQUE DANS LES CAVES DES AMATEURS. NOTRE REPORTER SE LAISSE PORTER PAR CETTE FOLLE ÉNERGIE

PAR **GILLES DURAND-DAGUIN**

PREMIERS DE CORDÉE

2021, *ANNUS HORRIBILIS*. Les vignerons savoyards ont eu le droit à la totale. Gel en avril, trop de pluie en juin et juillet, grêle et mildiou. Ils ont dû beaucoup travailler pour une récolte ni très importante (80 000 hectolitres au total), ni toujours qualitative. S'il ne faut pas être trop négatif, tout le monde n'ayant pas été impacté de la même manière, l'année ne laissera pas beaucoup de bons souvenirs aux vignerons. Notre dégustation à l'aveugle a été moins enthousiasmante que l'année précédente, particulièrement en rouge. Les mondeuses de 2019 et 2020 tiraient leur épingle du jeu, c'est moins le cas en 2021, même si les bons vignerons s'en tirent quasiment toujours. Leurs vins devront juste être consommés plus rapidement. Cela ne doit pas occulter l'ascension qualitative de la région, qui se poursuit. Quatorze installations en bio ont eu lieu en 2022, un millésime bien plus clément et, sans être très généreux (environ 120 000 hectolitres), nettement plus qualitatif. On constate surtout la montée en puissance d'une jeune génération qui bénéficie d'un esprit d'émulation. L'intérêt pour leurs vins ne cesse d'augmenter et le salon professionnel Jour Fruit fait le plein. Nul doute que les cavistes et les restaurateurs pointus s'apprêtent à vous proposer de plus en plus de vins de Savoie. Si la région va continuer à alimenter ses stations de ski en vins vite vinifiés, vite embouteillés, vite vendus, le segment qualitatif de la Savoie ne cesse de se développer. À des prix encore très attractifs.

TROIS DOMAINES QUI MONTENT

Château de Mérande

C'est sous cette dénomination que la bien connue famille Genoux œuvre désormais. Les frères André et Daniel avaient déjà accompli pas mal de travail avec le rachat du château en 2000 et le passage en bio en 2009. Ils ont été rejoints en 2019 par Pierre, le fils de Daniel. Son frère Élie pourrait aussi revenir prochainement. Leurs douze hectares bien menés sont certifiés Biodyvin depuis 2014. Clairement, tout est en place pour devenir une référence emblématique de la Savoie. Si le domaine produit évidemment des blancs, sa gamme de mondeuse, bien étagée, est à surveiller.

Domaine de Chevillard

Matthieu Goury et Guillemette Renard soignent leurs terroirs et prennent le contrepied du *« vin savoyard nouveau »* en prolongeant les élevages, deux ans désormais pour les jacquères et trois ans pour les roussettes et les rouges (dont un an en bouteille). Et parfois plus. Le premier millésime de leur cuvée parcellaire La Mort vient de sortir, c'est un 2016 qu'ils ont gardé six ans en cave. L'idée est aussi d'arrêter les fûts pour ne garder que des foudres. Reste à trouver la place. Quoi qu'il en soit, cette vision singulière de la Savoie, basée sur la patine du temps, fait de ce jeune domaine une propriété déjà en vue.

Denis Berhollier.

Matthieu Goury.

Corentin Houillon

Trois millésimes seulement à son actif et c'est déjà très bon. Corentin s'était bien fait la main en Suisse en passant le domaine de la ville de Morges en biodynamie. Avant ça, il avait baroudé pendant six ans, accumulant douze vinifications sur différents continents. Depuis qu'il s'est installé en Chautagne, il a troqué le style sage qu'il arborait du côté de Lausanne pour un look de métalleux à fantaisies capillaires susceptible de séduire instantanément la clientèle urbaine des vins nature. Mais Corentin, c'est plus qu'un nom bien connu. Extrêmement méticuleux dans les vignes, il est une sorte de jardinier-botaniste qui sait, en plus, bien transformer ses raisins. Les 2022 goûtés sur fûts laissent penser qu'il est doué, tout simplement.

LE DOMAINE À SUIVRE

Domaine Berthollier

La viticulture, c'est le temps long. Il faut être patient. Denis Berthollier, la petite cinquantaine taiseuse, l'est. Il a repris le domaine familial en 1996. Seul, tout d'abord, même si son frère Didier l'a rejoint rapidement en 2000. « *Les quinze premières années, cela a été compliqué. On a accumulé les problèmes. On ne pouvait pas prendre le risque de se mettre en danger économiquement.* » Comprendre : faire exactement ce qu'on voulait plus vite. « *On a défriché des parcelles qui n'avaient pas été cultivées depuis cinquante ans. Sur ces trois hectares, on a vu la différence de qualité des sols. On s'est donc mis à retravailler les sols en 2009-2010 et on a arrêté les herbicides en 2011.* » Mais les frères Berthollier n'étaient pas au bout du chemin. En 2012, grosse attaque de mildiou au printemps, puis des petites récoltes de 2013 à 2016. « *Pour s'affranchir des produits phytosanitaires, il fallait d'abord redynamiser les sols. Vis-à-vis de mes enfants, je me sentais mal de pulvériser des produits toxiques. En 2016, la vigne était prête.* » Ce long parcours les a menés jusqu'à la certification bio (2020), à quelques pratiques biodynamiques et à l'agroforesterie, qui consiste à replanter des arbres dans les vignes ou tout près. Le domaine a trouvé sa vitesse de croisière, ce que confirme une dégustation, avec beaucoup plus de 2022 et de 2020 que de 2021. Le domaine prend le temps patiner ses cuvées, même s'il est encore difficile de les garder plus d'un an en élevage. Là aussi, l'innovation est de mise avec des jarres italiennes en terre cuite dite cocciopesto, qui garantit une excellente micro-oxygénation. Cela réussit très bien au cépage persan, chantant ce jour-là. Les frères Berthollier produisent surtout des blancs, avec les trois cépages de la Savoie, jacquère, altesse et roussanne. Les prix sont encore très sages. C'est vraiment le moment de découvrir leurs vins qui confirment l'adage de La Fontaine, patience et longueur de temps font plus que force ni que rage.

Louis Magnin a signé son dernier millésime en 2022.

SUR LA PISTE DU SOMMET

ENTRE CEUX QUI ONT OUVERT LES VOIES ET LES NOUVEAUX EXPLORATEURS QUE SE PRESSENT SUR SES PENTES, LA RÉGION EST EN EFFERVESCENCE. CEUX À SUIVRE SONT LÀ

SÉLECTION ***GILLES DURAND-DAGUIN***

Domaine de l'Aitonnement

★☆☆☆☆ N

Formé à Changins en Suisse, Maxime Dancoine a repris en 2016 les vignes du couple Bachellier à Aiton, à la pointe occidentale du massif de la Maurienne. Les vignes étaient déjà en bio. Il utilise certaines pratiques biodynamiques et s'inscrit dans les canons de sa génération, avec une utilisation minimale du soufre ajouté. Il travaille les cépages classiques sur une micro-surface de 1,6 hectares et replante quelques cépages autochtones. Les noms des cuvées font référence au cosmos et ont des looks originaux. Assez confidentiel et très bon.

- Big Bang, vin-des-allobroges 2021 | Sec | 2023>30 | 29 € 90
- Vesta, vin de savoie - chignin-bergeron 2021 | Sec | 2023>32 | 39 € 91
- Dark Side, vin-des-allobroges 2021 | Sec | 2024>34 | 44 € 92

Domaine Mathieu Apffel

★☆☆☆☆ N

Originaire du Jura, Mathieu Apffel s'est installé en 2014 avec sa compagne Camille à Saint-Badolph, au sud de Chambéry. Ils ont immédiatement travaillé en bio et acquis des parcelles à Saint-Alban et dans le Bugey, ce qui porte la surface du domaine à 7,5 hectares. Les vins sont sans soufre ajouté quand c'est possible. « J'aime la salinité, le tranché calcaire » explique Mathieu. Le domaine a été éprouvé par le gel en 2021, mais pourra commercialiser sa gamme classique de cinq cuvées dans le millésime 2022. S'il produit surtout des blancs, il ne faut pas négliger les rouges.

- Avant la tempête , vin de savoie 2021 | Sec | 2023>30 | 24 € 89
- Terroir de Saint-Alban , vin de savoie 2021 | Sec | 2023>30 | 24 € 90
- Soleyane , vin de france 2022 | Sec | 2023>33 | 19 € 92

Domaine Ludovic Archer

★☆☆☆☆ N

Ingénieur, Ludovic Archer a travaillé dans le matériel d'alpinisme avant de se reconvertir dans la vigne la quarantaine venue. Quatre hectares glanés ici et là sur le massif des Bauges. Tout est en bio avec un usage homéopathique du soufre. Premier millésime en 2019. Vigneron de la nouvelle génération savoyarde, il se fait déjà un nom, même si le domaine a été durement éprouvé par la météo en 2021. Il y aura plus de vin en 2022. Il collabore avec un graphiste qui donne une signature visuelle différente à chaque millésime.

- Summertime, vin de savoie - chignin-bergeron 2021 | Sec | 2023>30 | 35 € 91
- Hot Five Bastards, vin de savoie 2021 | Sec | 2023>28 | 20 € 89

Domaine des Ardoisières

★★★☆☆ ✦

Ce domaine lancé en 1998 sous l'impulsion de Michel Grisard a remis en exploitation deux coteaux. Le projet fou regroupait 450 parcelles et 250 familles. Le tout en bio et en IGP vin-des- Allobroges faute d'obtenir le soutien de l'appellation savoie. Aujourd'hui, les 18 hectares menés par Brice Omont, qui vient de reprendre six hectares supplémentaires à Saint-Jean-de-la-Porte et Apremont, constituent un domaine de référence pour la région. Les vins sont parmi les plus chers.

- Schiste, vin-des-allobroges 2021 | Sec | 2023>32 | 42 € 92
- Argile, vin-des-allobroges 2021 | Sec | 2022>30 | 22 € 92
- Silice, vin-des-allobroges 2022 | Sec | 2023>28 | 16 € 90

Domaine Bärtschi

★★☆☆☆ N

Clément Bärtschi est bien connu dans le Rhône pour être le maître de chai de Michel Chapoutier à Tain l'Hermitage. Il a eu l'opportunité de reprendre 2,5 hectares sur le cru Manicle, célèbre dans le Bugey pour avoir appartenu à Brillat-Savarin. Une grande parcelle d'un seul tenant, plantée en pinot noir et chardonnay (et quelques rangs de gamay), avec des subtilités de sols. Il y pratique une viticulture bio minutieuse et soigne ses élevages. Une cuvée de blanc et de rouge sur les sols plus argileux, et une cuvée de chaque sur les sols plus calcaires. Des vins qui boxent avec des vins bourguignons. Ça va vite se savoir.

- Gamay Bu, bugey 2021 | Sec | 2023>28 | NC 90
- Sous les Rochers, bugey 2021 | Sec | 2023>30 | 21 € 90
- Le Clos, bugey 2021 | Sec | 2023>33 | 30 € 92
- Sous les Rochers, bugey 2021 | Sec | 2023>32 | 21 € 90
- La Pendia , bugey 2021 | Sec | 2023>34 | 30 € 92

Le Cellier des Cray - Adrien Berlioz

★★★☆☆

Adrien est le petit-cousin de Gilles. L'air de famille se retrouve dans l'esprit de partage et dans les vins. Il s'est installé en 2006 avec deux hectares, en exploite désormais huit et quatre en plantation. Il a tout de suite démarré en bio. La certification biodynamique Demeter est venue en 2019. Autant de cuvées que de parcelles : 17, dont les deux-tiers en blanc. Ne pas négliger les rouges, faciles à boire. Adrien vendange tôt et fait des vins élancés, presque aériens.

- Grand Zéph , vin de savoie - chignin-bergeron 2021 | Sec | 2023>30 | 28.7 € — 91
- Cuvée Sanguette, vin-des-allobroges 2012 | Sec | 2023>30 | NC — 91

Domaine Denis et Didier Berthollier

Denis Berthollier a repris le domaine de ses parents en 1996, rejoint par son frère Didier en 2000. « Les quinze premières années ça a été très compliqué ». Mais le travail a fini par payer. La fratrie a pu arrêter les désherbants en 2011, puis passer en bio ses 11 hectares en 2016 avec une certification en 2020. Ils ont même des pratiques biodynamiques désormais et font de l'agroforesterie. Une gamme essentiellement en blanc, avec trois cuvées de chignin-bergeron, et quelques rouges. Tout est recommandable et sérieux.

- Earon Decouz, roussette de savoie 2020 | Sec | 2023>30 | 17.6 € — 90
- Mondeuse - Les Granges Tissot, vin de savoie 2020 | Sec | 2023>30 | 26 € — 91
- Arbyolâ persan, vin de savoie 2021 | Sec | 2023>35 | 29 € — 92

Maison Bonnard

Un domaine créé en 1985 à partir d'une ferme en polyculture par deux frères, Roland et Frédéric. Le domaine fait aujourd'hui 16 hectares plantés sur des coteaux préservés. Les vignes sont cultivées en bio depuis une quinzaine d'années, mais certifiés depuis 2018. Romain, pas encore la trentaine, travaille avec son père et son oncle. Jolie gamme, en blanc comme en rouge. Les vins peuvent encore gagner en complexité, notamment grâce aux élevages. Prix raisonnables.

- Roussette de Montagnieu, roussette du bugey 2021 | Sec | 2023>28 | 19 € — 89
- Mondeuse, bugey 2020 | Sec | 2023>30 | 17 € — 90
- Les Arcs, bugey 2022 | Sec | 2023>28 | 17 € — 89

Domaine de Chevillard

Issu du hameau de Chevillard, Mathieu Goury a constitué sur les communes de Saint-Pierre d'Albigny et Saint-Jean-de-La-Porte un domaine de 12 hectares avec des vignes familiales en location. Le domaine est exploité en bio (2017) et en biodynamie (2020), avec l'apport de Guillemette Renard, la compagne phytothérapeute de Matthieu. Sa spécificité est de faire des élevages longs à très longs (trois ans à partir de 2019) dans des foudres, donnant complexité et patine au vin dans une région habituée aux élevages inexistants ou courts. Le domaine montre le chemin à d'autres.

- Mondeuse, vin de savoie - saint-jean-de-la-porte 2019 | Sec | 2023>32 | 29 € — 92
- Les Abymes, vin de savoie 2020 | Sec | 2023>31 | 21 € — 91
- roussette de savoie 2019 | Sec | 2023>28 | 14 € — 91

Domaine Curtet

Situé en Chautagne, au nord du lac du Bourget, Marie et Florian Curtet ont d'abord travaillé chez Jacques Maillet avant de reprendre ses vignes. D'emblée en bio, ils sont aussi désormais certifiés Demeter. Ils insistent sur le côté paysan de leur métier et prennent soin de leurs 5,5 hectares où ils remettent l'homme à sa place, au milieu des animaux et des arbres. Ils ont décidé de faire simple à partir de 2019 en ne faisant plus qu'une cuvée de rouge et une cuvée de blanc. Frisson-des-cimes assemble du gamay et de la mondeuse avec une pointe de pinot noir, tandis que tonnerre-de-grès réuni jacquère et altesse. Des vins en finesse.

- Frisson des Cimes, vin de savoie 2020 | Sec | 2023>30 | 24 € — 92
- Tonnerre de Grès, vin de france 2020 | Sec | 2023>30 | 25 € — 91

Domaine Dupasquier

David et Véronique ont repris les rênes du domaine familial situé sur les contreforts pentus du mont de la Charvaz, sur la commune de Jongieux. C'est là, à quelque 300 mètres d'altitude, que se perche le cru Marestel. Les 14,5 hectares de vignes (Haute valeur environnementale), dont 60 % plantés en blanc (1 hectare en Marestel), sont vinifiés parcelle par parcelle et traditionnellement assemblés en une fois.

- Marestel, roussette de savoie 2018 | Sec | 2022>25 | 15 € — 89

Domaine Dupraz

Jérémy et Maxime représentent la sixième génération de ce domaine familial d'Apremont. Ils redonnent ses lettres de noblesse à ce cru qui s'est souvent contenté de faire des jacquères vite vinifiées vite vendues. Seul domaine en bio du village, les 18 hectares sont certifiés depuis 2020. La gamme de blancs, bien étagée, proposent des vins pour toutes les bourses. Accueil chaleureux, voire facétieux.

- Les Terres Blanches, vin de savoie - apremont 2021 | Sec | 2023>27 | 15 € — 89
- Phoenix, vin de savoie - apremont 2017 | Sec | 2023>30 | 32 € — 92

Domaine Finot

L'autre domaine du Grésivaudan, tout près de Grenoble cette fois, à Bernin. Arrivé de Crozes-Hermitage, Thomas Finot s'est installé là en 2007. Avec l'incontournable Michel Grisard comme inspirateur, il a passé ses sept hectares en bio puis en biodynamie et cultive des cépages classiques comme le chardonnay, le pinot noir et le viognier. Les amateurs de cuvées rares trouvent au domaine verdesse, persan et etraire de la Dhuy, cépages qui font la richesse patrimoniale de l'Isère. Thomas fait des blancs assez gras et des rouges fins, déjà recherchés.

- Étraire de la Dhuy, coteaux du grésivaudan 2021 | Sec | 2023>30 | 19 € — 92
- Verdesse, coteaux du grésivaudan 2021 | Sec | 2023>28 | 22 € — 90

Domaine Giachino

Dans cette famille aux origines piémontaises et savoyardes, Frédéric a repris la ferme en polyculture à la fin des années 1980 avec très peu de vignes. Son frère David l'a rejoint en 2000. Le domaine fait désormais quinze hectares dont les précieux cinq hectares de Michel Grisard qui donnent la gamme du Prieuré Saint Christophe. Les fils de Fred, Clément et Antonin, prêtent aussi main-forte en tenant l'été un sympathique bar. En cave, le domaine en fait le moins possible et propose des vins très droits. Jolie gamme avec des étiquettes façon bande-dessinée.

- Don Giachino, vin de savoie 2019 | Non dosé | 2023>28 | 21 € — 90
- Giac' Potes, vin de savoie 2022 | Sec | 2023>28 | 15 € — 90
- Domaine Prieuré Saint-Christophe, vin de savoie 2018 | Sec | 2023>33 | 35 € — 92

Corentin Houillon

Avec un patronyme bien connu dans le Jura, Corentin est venu s'installer sur 5,6 hectares à Serrières-en-Chautagne, au nord du lac du Bourget. Avec son look de skateur-métalleux rebelle, Corentin a tout pour plaire aux amateurs de vins natures. Il se considère comme un vigneron fortement engagé et prend particulièrement soin de ses vignes, certifiées bio en 2022. Aussi doué comme viticulteur que comme vinificateur, il n'ajoute aucun soufre et signe une gamme pleine de maîtrise.

- Montée Furieuse , vin de savoie - chautagne 2021 | Sec | 2023>33 | 28 € — 90
- Arcane, vin de france 2021 | Sec | 2023>33 | 30 € — 90
- Cosmos, vin de savoie 2021 | Sec | 2023>35 | 32 € — 92

Domaine Louis Magnin

Le domaine n'a commencé la mise en bouteilles qu'en 2000. Les six hectares ont été certifiés bio en 2012, même si cette culture avait commencé dès 2007. Les six hectares sont moitié en blanc (roussette de Savoie et chignin-bergeron) et moitié en mondeuse. Les blancs sont denses et riches. Les mondeuses font des élevages longs et sont aptes à la garde. Ce domaine modèle tire sa révérence avec le millésime 2022 et les vignes passent au domaine des Ardoisières.

- Mondeuse La Brova, vin de savoie - arbin 2018 | Sec | 2023>33 | 22 € — 92
- Grand Orgue, vin de savoie - chignin-bergeron 2017 | Sec | 2023>28 | 30 € — 92
- Mondeuse Tout un Monde, vin de savoie - arbin 2016 | Sec | 2023>32 | 50 € — 92

Jean Masson et Fils

Sur les éboulis du mont Granier, Jean-Claude Masson manie la jacquère comme personne. Les 9 hectares sont cultivés en « viticulture Masson », la plus respectueuse possible des sols, sans certification. Sur ce terroir accidenté avec des sols et des expositions variées, chaque coteau est vinifié à part. Soit dix cuvées d'Apremont très pures et une roussette. Ici on fait « du vin avec des raisins », sans tra-la-la ni fûts. Le truculent vigneron réussit peut-être les meilleures jacquères de la région, ramassées très mûres. Elles vieillissent très bien. Étonnamment, ces blancs ciselés et tendus à leur naissance gagnent en corpulence au fil des années, les vignes centenaires aidant.

Château de Mérande - Domaine Genoux

★★☆☆☆ ✚

Une histoire de famille initiée par Séraphin Genoux. Le château avait dû être vendu à son décès en 1967. Ses fils André et Daniel ont repris le flambeau et vengés l'aïeul en rachetant le château en 2000. Ils exploitent douze hectares de vignes sur les éboulis du Mont Granier. En bio depuis 2011 et en biodynamie depuis 2014. Pierre travaille avec son père et son oncle depuis dix ans et sera bientôt rejoint par Elie. Le domaine ne cesse de progresser et propose une belle gamme de vins rouges.

- **Mondeuse Le Comte Rouge, vin de savoie - arbin 2020** | Sec | 2023>32 | 23.2 € — 92
- **Apremont 1248, vin de savoie - apremont 2022** | Sec | 2023>28 | 18.5 € — 89
- **Mondeuse La Noire, vin de savoie - arbin 2019** | Sec | 2023>35 | 20 € — 93
- **Garance, vin de savoie - chignin-bergeron 2019** | Sec | 2023>32 | NC — 91

Domaine Partagé - Gilles Berlioz

★★★☆☆

Gilles et Christine ont créé leur domaine en 1990. Il a progressivement grossi dans les années 1990 et a été certifié bio dès 2002. Gilles est un disciple de Michel Grisard. La biodynamie est arrivée peu de temps après et la certification Demeter obtenue en 2018. Le domaine fonctionne à la façon d'une coopérative où chacun est missionné pour faire du bon travail et du bon vin. Quatre principes : pas de subventions, des sols travaillés à la traction animale, tout est fait à la main, tout le monde est bien payé. Des vins typés nature, plus éthérés qu'ostentatoires.

- **Les Fripons, vin de savoie - chignin-bergeron 2022** | Sec | 2023>30 | 35 € — 92
- **Cricri, vin de savoie 2021** | Sec | 2023>30 | 23 € — 89
- **Bibi, vin de savoie 2022** | Sec | 2023>30 | 29 € — 91

Domaine Anne-Sophie et Jean-François Quénard

★★★☆☆ ➔

Dans cette famille rayonnante, les parents, Jean-François et Catherine, sont contents de passer la main à Anne-Sophie, une de leurs quatre filles. Si elle se destinait à la sommellerie, elle a finalement fait des études d'œnologie à Changins en Suisse. Charge à elle de choyer les seize hectares du domaine, dont quatorze sont situés à Chignin. La certification en bio est en vue pour 2024. Jolie gamme de vins typiques. Anne-Sophie fait des essais avec des cuvées éphémères aux étiquettes graphiques.

- **Les 2 Jean, vin de savoie 2021** | Sec | 2023>30 | 25.5 € — 91
- **Comme avant, vin de savoie - chignin-bergeron 2020** | Sec | 2023>30 | 19.5 € — 91
- **L'éphémère, vin de savoie 2018** | Sec | 2023>28 | 30 € — 92

Domaine André et Michel Quenard

★★☆☆☆ ✚

Ce grand domaine de 28 hectares a longtemps été mené par André et Michel. Guillaume, fils de Michel, est arrivé en 2009. Le domaine est situé sur le coteau très pentu de Torméry, au sud de Chignin. C'est le grand-père qui avait mené sa replantation dans les années 1950. Le domaine évite les herbicides au maximum mais ne peut pas travailler toutes ses parcelles à la main. Guillaume s'essaye au bio sur les 2,5 hectares qu'il a repris pour constituer le domaine du Côteau de Torméry. Il fait aussi des essais d'élevages en foudres ou en grès. Large gamme cohérente avec des innovations prometteuses.

- **Vieilles Vignes, vin de savoie - chignin 2022** | Sec | 2023>30 | 14.5 € — 90
- **Persan, vin de savoie - chignin 2022** | Sec | 2023>30 | 25 € — 92
- **Domaine du Coteau de Tormery - La Voie Royale, vin de savoie - chignin 2022** | Sec | 2023>30 | 19 € — 91

La Gerbelle - Claude Quénard et Fils

★☆☆☆☆

Cette ancienne ferme en polyculture s'est spécialisée dans la vigne dans les années 1980, quand André et Guy Quenard sont arrivés pour épauler leur père. Progressivement montée à 14 hectares, l'exploitation a été convertie au bio dans les années 2000 et en biodynamie (Demeter) à la fin des années 2010. Ils font surtout des blancs à Chignin même si la gamme des effervescents et des rouges est assez complète. Ils ont aussi une cuvée sans soufre, malicieusement appelée Sansoufrir.

- **Sansoufrir, vin de france 2020** | Sec | 2023>28 | 14 € — 90

Domaine Pascal et Annick Quenard

★★☆☆☆

Lancée en 1982 à Chignin, ce domaine de six hectares est exploité en bio depuis le début. La certification n'est arrivée qu'en 2010 et la biodynamie via Demeter en 2020. Tout est fait à la main et au cheval. La crise du Covid a convaincu Noé, le fils de trente ans, de lâcher son métier d'ingénieur. Après trois ans de formation, le voilà seul à la barre dans l'immédiat. Les blancs sont souvent vifs et les rouges marqués par la vendange entière ont besoin de temps pour s'ouvrir. Noé va peu à peu apporter sa patte.

- **Cuvée Noé, vin de savoie - chignin-bergeron 2022** | Sec | 2023>30 | 19 € — 91
- **1903, vin de savoie - chignin 2022** | Sec | 2023>28 | 20 € — 90

Domaine des Rutissons

★☆☆☆☆ Ⓝ

À quelques centaines de mètres de la Savoie, dans la vallée qui mène à Grenoble, Laurent Fondimare et Wilfried Deboize ont créé un domaine composé de cépages anciens et autochtones. Le hobby – ils étaient double-actifs – est devenu une activité à temps plein avec sept hectares de vignes. Verdesse, etraire de la Dhuy, persan, douce noire, mollard, joubertin, autant de noms de cépages exotiques qu'ils replantent et cultivent avec passion. La cuverie s'équipe de mieux en mieux et depuis 2021, un pressoir pneumatique a permis de gagner en finesse. Les vins sont une expression originale et qualitative de la région.

- **Verdesse , vin de savoie 2022** | Sec | 2023>30 | 18 € | ☘ — 89
- **Etraire de la d'huy, vin de savoie 2022** | Sec | 2023>30 | 18 € | ☘ — 90
- **Persan, vin de savoie 2022** | Sec | 2023>32 | 18 € | ☘ — 91

Domaine Saint-Germain

★☆☆☆☆

Lancé en 1999 à Saint-Pierre d'Albigny par Etienne et Raphaël Saint-Germain, ce domaine a fait figure de pionnier, notamment dans la replantation de cépages autochtones. Le domaine compte d'ailleurs trente cépages sur une surface de treize hectares. Bio certifié depuis 2009 avec l'usage de quelques pratiques biodynamiques mais avec une sainte horreur des carcans. Gamme étendue et assez créative avec des cuvées de cépages complantés.

- **Persan, vin de savoie 2022** | Sec | 2023>30 | 21 € — 91
- **Par-Delà Les Versants, vin-des-allobroges 2020** | Sec | 2023>28 | 27 € — 90
- **Crac Boum Bu, vin de savoie 2022** | Sec | 2023>28 | 15 € — 89

Domaine Charlotte Sonjon

★☆☆☆☆ Ⓝ

Cette ingénieure agronome s'est spécialisée en vin, après s'être formée pendant un an et demi au domaine de Chevillard grâce à qui elle eut l'opportunité de reprendre les vignes du château de Saint-Innocent, qui domine le lac du Bourget. Deux petits hectares et demi dans l'immédiat, certifiés bio et déjà une certaine maîtrise. Les vins sont fins avec une certaine droiture. Le domaine risque de devenir trop petit assez vite.

- **Haut les Cœurs, vin de savoie 2021** | Sec | 2023>28 | 19.9 € | ☘ — 89
- **L'innocente, roussette de savoie 2021** | Sec | 2023>30 | 28 € | ☘ — 90

Domaine Fabien Trosset

★★☆☆☆ ➔

Suite au décès de son père en 2011, Fabien a commencé à récupérer des vignes de famille avec sa compagne Chloé. Le domaine atteint aujourd'hui 25 hectares essentiellement à Arbin, moitié en rouge, moitié en blanc. Une nouvelle cuverie a été construite en 2017. Les rouges sont en cours de certification bio et les blancs suivront. Le domaine fait des essais d'élevage avec des amphores et des œufs en béton. La gamme est représentative des vins de Savoie, bien distribuée et à des tarifs accessibles. Le domaine monte en puissance.

- **Mondeuse Avalanche, vin de savoie - arbin 2021** | Sec | 2023>30 | 17 € — 89
- **Hors-Piste, vin de savoie - arbin 2021** | Sec | 2023>30 | 19 € — 90
- **Avalanche La Blanche, vin de savoie 2021** | Sec | 2023>28 | 15.8 € — 88

✦ Star ✚ Valeur sûre ➔ À suivre de près Ⓝ Nouvelle entrée

Mathieu Apffel, Savoie

Le grand Mathieu Apffel vous perce de ses yeux bleu acier. S'il est originaire du Jura, son parcours l'a mené en Savoie en 2013. Après quelques vinifications, il a trouvé à reprendre un domaine à Saint-Badolph, sur le cru Apremont, qu'il a complété de quelques parcelles sur le coteau d'en face. Avec Camille, sa compagne, ils bichonnent leurs vignes qu'ils travaillent en bio parce que cela va de soi. Leurs vins, élancés et salins, mettent la fraîcheur de la montagne en bouteille. *Gilles Durand-Daguin*

L'histoire n'a pas été tendre avec la région. L'agriculture intensive a bouleversé ses paysages et ébranlé la confiance dans ses terroirs. Dans les vignobles de Bergerac (ci-contre), de Cahors (ci-dessus) et dans d'autres, les doutes s'évanouissent et les vins de lieu naissent.

Sud-Ouest

Au milieu des années 1950, le grand remembrement des campagnes françaises a transformé le Sud-Ouest viticole en un immense champ de maïs. Si les appellations historiques ont résisté, la région a eu du mal à se relever. Pourtant, par la diversité de ses terroirs et la richesse de ses cépages, elle peut nourrir de grandes ambitions. Le chemin est long, il passe par la qualité

PROMOTION DE L'ANNÉE

DOMAINE COSSE MAISONNEUVE

QUI POUVAIT CROIRE QUE **MONBAZILLAC,** CETTE APPELLATION HISTORIQUE TROP VITE PROMISE À L'OUBLI ET AUX TRÉFONDS DES CAVES, ALLAIT TROUVER LE MOYEN DE REVENIR EN FORCE ?

PAR ***HÉLÈNE DURAND***

LE RÉVEIL DE LA BELLE ENDORMIE

AVEC 2 280 HECTARES répartis sur cinq communes et 57 000 hectolitres, soit 7,5 millions de bouteilles produites en moyenne par an, monbazillac est la plus ancienne région viticole de production de liquoreux et la plus étendue au monde. Ce joli vignoble est implanté au cœur du Bergeracois, dans une zone délimitée au nord par la vallée de la Dordogne et au sud par la rive droite de la Gardonnette, petit affluent du même fleuve. Les vignes, installées pour certaines sur les premières terrasses de la rive gauche de la Dordogne, grimpent par paliers sur les coteaux pentus exposés plein nord, face à la ville de Bergerac, jusqu'aux petits plateaux en pente douce qui dominent la vallée de la Gardonnette. Monbazillac réunit l'ensemble des facteurs indispensables au développement en automne du Botrytis cinerea et de la fameuse pourriture noble. Coteaux bien exposés et en altitude, microclimat unique, fraîcheur et brumes matinales suivies par des après-midi ensoleillés concourent à l'apparition du champignon microscopique qui permet la production de grands vins liquoreux. Le terroir argilo-calcaire apporte des arômes intenses ainsi qu'une structure puissante à ces vins. Lorsque le sol dominant est argilo-limoneux, l'acidité équilibrante est encore plus marquée. Pour les vignes qui regardent la côte nord, le botrytis est toujours présent, c'est souvent le cas pour celles situées sur le versant sud de la Gardonnette. Celles qui sont installées sur le plateau sont plus souvent soumises à un phénomène de passerillage plus que de botrytisation. Les vendanges sont réalisées par tries successives en fonction du degré de concentration du raisin, généralement deux à quatre tries. Depuis quelques années, les conditions climatiques changent, avec des étés chauds et secs, rendant la peau des raisins plus épaisses et retardant l'installation du botrytis. La période de récolte est aussi de plus en plus tardive, avec un créneau plus étroit. Trouver de la main d'œuvre disponible pose problème, d'autant plus qu'il est essentiel de récolter au moment juste. Un véritable enjeu et une nouvelle aventure chaque année.

L'appellation bénéficie d'une forte notoriété. Depuis quelques années, l'image surannée

Le château de Monbazillac domine les coteaux et la ville de Bergerac, toute proche.

qui lui collait à la peau commence à s'estomper, ce qui laisse les mains libres aux vignerons pour produire des cuvées mieux adaptées au goût des jeunes (plus légères, soutenues par de la fraîcheur) tout en continuant à produire des cuvées typées monbazillac, riches et onctueuses. Les plus concentrées en sucres sont les sélections de grains nobles. Elles sont toujours équilibrées par l'acidité et la pointe d'amertume apportée par le botrytis. Les cuvées plus légères séduisent les jeunes générations qui n'hésitent plus à demander *« un monba' »* à l'apéritif, parfois en cocktail, ou tout au long d'un repas. Les degrés relativement faibles et l'acidité finale les rendent particulièrement digestes. Pour produire des vins encore plus légers, l'appellation a ouvert la porte à d'autres cépages que le sémillon, traditionnel et incontournable dans la limite de 10 %, comme le chenin, qui donne beaucoup d'acidité et contrebalance les effets du réchauffement climatique, ou encore l'ondenc, particulièrement aromatique. Les sauvignons blanc et gris apportent aussi une belle palette aromatique. Le terrain de jeu est vaste. Certains producteurs en profitent, comme Romain Claveille au château Haut Bernasse. Il s'amuse à créer des cuvées modernes, aromatiques, fraîches et d'une grande buvabilité avec un sémillon minoritaire dans l'assemblage laissant la place aux chenin, ondenc, sauvignon et muscadelle. Guillaume Barou, directeur de la cave de Monbazillac, qui gère les 950 hectares de 48 adhérents et du superbe château de Monbazillac, remarque aussi cette évolution. Les vignerons ont aussi conscience de l'harmonie des paysages extrêmement variés et s'engagent pour protéger cette biodiversité. Plus de 35 % des exploitations sont certifiées bio et 30 %, certifiées HVE. Incluse au sein du touristique et attractif Périgord, l'appellation monbazillac, créée en 1936, est particulièrement dynamique. Elle fait tout ce qu'il faut pour se réinventer sans renier son histoire. Des paysages préservés, un patrimoine, de la gastronomie, les viticulteurs ont compris tous les atouts de cette région où il fait bon vivre et misent beaucoup sur l'œnotourisme qui se développe à vitesse grand V. Ça bouge !

Domaine de l'Ancienne Cure, L'Abbaye 2019
Robe orangé soutenu, joli nez concentré et riche, notes de cachou, fruit très confit, bouche assez marquée par la barrique avec de la richesse et un bon équilibre en finale.
91/100 - 2023>35 - 40 euros

Domaine de l'Ancienne Cure, L'Extase 2020
Robe orangé soutenu, nez fin et intense (notes de miel, mangue, datte, confiture de coing et d'orange), de la minéralité et jolie matière en bouche, grande onctuosité, richesse, allonge et un bon équilibre.
93/100 - 2023>28 - 17 euros

Château Bélingard, Ortus 2015
Robe jaune d'or soutenu, nez élégant, fumé et miellé, bouche onctueuse, aromatique, légère et fraîche, facile et vif.
90/100 - 2023>29 - 12,90 euros

Château Bélingard, Réserve 2020
Robe jaune d'or vert soutenu, nez élégant et expressif sur les notes d'agrumes, de bergamote, d'anis et de menthe fraîche, assez vif en bouche et élégant, avec de l'onctuosité. Pas très puissant, mais équilibré.
91/100 - 2023>34 - 18 euros

Domaine du Boyer, Sans Soufre 2020
Robe jaune d'or orangé, nez complexe et riche, belle minéralité, notes d'agrumes confits et d'ananas, grande liqueur en bouche, beaucoup d'arômes et une bonne acidité en finale. Un vin bien équilibré.
91/100 - 2023>33 - 25 euros

Domaine de Combet, monbazillac 2020
Robe d'or orangé, nez assez discret (abricot, miel, silex), bouche riche avec du gras, de l'onctuosité, une excellente amertume et de l'allonge.
91/100 - 2023>28 - 12 euros

Chateau Haut Bernasse, Les œnopotes 2021
Robe jaune d'or pâle, nez pur avec des notes de fruits exotiques, la bouche est riche, sans excès, avec du moelleux et une bonne acidité en finale. Léger, bien fait et facile à boire.
91/100 - 2023>28 - 21 euros

Chateau Haut Bernasse, Cuvée Ravindra 2015
Robe jaune d'or intense, nez élégant, miellé, fumé et confituré, bouche agréable bien botrytisée, mais sans excès de liqueur, aromatique élégante et de bonne tenue.
92/100 - 2023>34 - 17 euros

Domaine Haut Montlong, Font Romaine 2020
Robe jaune d'or orangé soutenu, nez puissant de bonne complexité, notes de fruits confits, de miel et de safran, jolie liqueur en bouche avec de l'onctuosité et un bon équilibre assuré par une acidité relevée.
90/100 - 2023>29 - 17 euros

Château Kalian, monbazillac 2019
Robe jaune d'or, nez élégant, arômes nobles et bien rôti, entre notes minérales d'acacia, bouche aromatique, onctueuse et vive. Belle fraîcheur apportée par le sauvignon.
90/100 - 2023>33 - 16 euros

Château Kalian, monbazillac 2018
Robe jaune d'or, nez intense (caramel, miel, orange et abricot confituré), bouche riche, avec un joli botrytis, des arômes intenses, une excellente acidité et de l'amertume.
92/100 - 2023>32 - Prix NC

Château La Rayre, Cuvée Les Trois filles 2020
Robe jaune d'or intense, nez brioché, notes de fruits confits, de miel et de fleurs suaves, bouche assez riche, tonique, minérale et équilibrée. Il a de la personnalité.
90/100 - 2023>33 - 19 euros

Le botrytis ciner dans sa forme nob donne aux vins liquoreux l incroyable complex

Vignoble enherbé entre et sous les rangs.

Château Ladesvignes, Automne 2017
Robe jaune d'or mordoré soutenu, nez superbe et complexe de belle richesse (notes de fruits confits, thé, silex, safran), bouche onctueuse avec un beau botrytis, de l'élégance et un bel équilibre acidité-amertume.
93/100 - 2023>32 - 12,50 euros

Château Le Chrisly, monbazillac 2017
Robe jaune d'or orangé soutenu, nez fumé et minéral, sur les notes d'agrumes confiturés, bouche onctueuse, riche et flatteuse.
91/100 - 2023>34 - 24 euros

Château Le Fagé, monbazillac 2020
Robe jaune d'or soutenu, nez miellé (cire d'abeille, truffe blanche, agrumes, pêche mûre), grande richesse et belle liqueur en bouche, avec du gras, des arômes persistants, un boisé un peu marqué et une belle acidité.
93/100 - 2023>35 - 9,90 euros

Château Le Fagé, Cuvée Grande Réserve 2019
Robe jaune d'or orangé soutenu, nez puissant, riche et de bonne complexité (abricot confit, fleurs blanches, orange, miel, safran), bouche liquoreuse et ample, avec de l'allonge et un bon équilibre sucre-alcool-acidité.
90/100 - 2023>33 - 22 euros

Château Le Rauly, Essentiel 2021
Robe jaune d'or soutenu, nez intense (miel, truffe, agrumes confits), bouche bien rôtie, avec de l'onctuosité et une sucrosité contrebalancée par une acidité importante. Equilibré et facile à boire.
93/100 - 2023>24 - 9,90 euros

Château Le Rauly, monbazillac 2019
Robe jaune d'or intense, nez puissant, fumé et réglissé, notes de fruits confits, minérales et mentholées en bouche où l'acidité finale équilibre la richesse.
90/100 - 2023>35 - 23 euros

La Grande Maison, Cuvée du Château 2019
Robe jaune d'or cuivré, nez puissant et fumé entre fruits exotiques et agrumes confits, bouche riche avec des notes de café, de miel et de menthe. Un liquoreux tonique et tendu.
93/100 - 2023>28 - 9,90 euros

Cave de Monbazillac, Euphonie 2019
Robe jaune d'or soutenu, nez intense de bonne complexité (miel, rose, agrumes confits) que l'on retrouve dans une bouche légère, équilibrée par une bonne vivacité.
90/100 - 2023>30 - 20,80 euros

Château Monbazillac, monbazillac 2015
Robe jaune d'or orangé, nez intense, minéral et miellé, notes d'orange et de pêche confites, bouche très liquoreuse et élégante, parfaitement équilibrée. Bien fait et très plaisant.
92/100 - 2023>35 - 20,80 euros

Château Monbazillac, monbazillac 2018
Robe d'un orangé soutenu, nez puissant (réglisse, miel, brioche, agrumes rôtis, fumée), grande richesse en bouche avec de la liqueur, de l'onctuosité, le rôti du grand botrytis et de la minéralité. L'acidité équilibre l'ensemble.
93/100 - 2023>29 - 11,50 euros

Château Pécany, Pivoine 2022
Robe jaune d'or, nez expressif, arômes de miel, d'abricot confit, d'orange, bouche onctueuse avec une jolie pointe d'amertume et de la vivacité en finale.
90/100 - 2023>29 - 12,50 euros

Château Pécany, monbazillac 2016
Robe jaune d'or orangé, nez puissant et raffiné, fumé, miellé, agrumes confits, truffe, poivre vert, bouche onctueuse et d'un bel équilibre sur l'amertume et l'acidité. Long et élégant.
91/100 - 2023>27 - 14,50 euros

Château Perrou-la-Baragoile, monbazillac 2021
Robe jaune d'or intense, joli nez défini, avec un beau rôti, des notes de fruits exotiques confiturés, de miel et d'épices, bouche tout aussi aromatique, pas très botrytisée ni très onctueuse, mais équilibrée et plaisante.
91/100 - 2023>32 - 14,50 euros

Château Perrou-la-Baragoile, monbazillac 2018
Robe jaune d'or orangé, nez puissamment développé entre notes poivrées et miellées, bouche aromatique avec une bonne vivacité dans sa finale onctueuse et digeste.
90/100 - 2023>32 - 17 euros

Château Poulvère, Le Caillou 2018
Robe jaune d'or soutenu, nez puissant, fumé, minéral, avec des notes d'orange, d'abricot confits et de camphre, bouche très aromatique, onctueuse mais sans excès. Bien fait et agréable à boire.
91/100 - 2023>29 - 110 euros

Château Tirecul La Gravière, Madame 1998
Robe dorée ambrée avec des reflets verts, nez délicat et expressif (fleurs blanches, mandarine confite, notes minérales, alliacées et truffées), bouche fondante, vanillée et minérale, avec des notes de pruneau et une trame élégante. Pure gourmandise où tout est fondu.
94/100 - 2023>35 - 100 euros

Château Tirecul La Gravière, Madame 2008
Robe cuivrée, nez fondu (ambre, miel, cuir, confiture d'abricot), jolie bouche onctueuse et riche, avec une belle palette aromatique et une excellente acidité qui soutient l'ensemble. Grande longueur du velours en bouche.
95/100 - 2023>29 - Prix NC

Château Les Tours des Verdots, monbazillac 2019
Robe jaune d'or intense, nez précis et de bonne complexité (agrumes confits, miel, thé vert, bouche onctueuse et riche) avec une pointe d'amertume équilibrante.
92/100 - 2023>31 - 19,50 euros

Château Vari, Muscadelle-Sémillon 2021
Robe jaune d'or soutenu, nez intense et pur, agrumes rôtis, camphre, grande liqueur en bouche, beaucoup d'arômes et une excellente acidité qui relève et prolonge l'ensemble.
92/100 - 2023>31 - 19,50 euros

DANS LES PAS DES CHERCHEURS D'OR

LA FORCE DU SUD-OUEST, C'EST LA RICHESSE DE SA DIVERSITÉ. QUELQUES BONS PRODUCTEURS ONT TROUVÉ LE GOÛT DE L'ENDROIT ET L'ONT MIS EN BOUTEILLE. D'AUTRES SUIVRONT, CE N'EST QU'UN DÉBUT

SÉLECTION ***HÉLÈNE DURAND***

Domaine de l'Ancienne Cure

★★★★☆ ✚

Que de chemin parcouru par Christian Roche, qui a obtenu la certification bio en 2012 pour l'ensemble de sa propriété (50 hectares dont 33 en blanc et 17 en rouge). Il produit un large éventail de vins parfaitement vinifiés, tant en rouge qu'en blanc. Les entrées de gamme sont des vins savoureux, faciles, issus d'une viticulture exigeante et les grandes cuvées sont des modèles de précision et de complexité. En novembre 2021, Christian Roche disparait et fait promettre à son épouse Nathalie de continuer l'aventure. C'est ce qu'elle fait, épaulée par ses enfants et son gendre.

- Extase, bergerac sec 2018 | Sec | 2023>24 | 25.5 € | ☘ — 89
- L'Abbaye, monbazillac 2020 | Liquoreux | 2023>30 | 16.8 € | ☘ — 89
- L'Extase, monbazillac 2015 | Liquoreux | 2023>30 | 27 € | ☘ — 91
- Ca sulfit !, pécharmant 2021 | Sec | 2023>25 | 15 € | ☘ — 91

Clos d'Audhuy

★★☆☆☆

Benoit Aymard a définitivement quitté ses fonctions de responsable technique des vignobles Vigouroux pour s'installer et exploiter les vignes familiales. Les promesses de l'an dernier se confirment, le style devient lisible, le clos d'audhuy réussit la synthèse entre la pureté du malbec moderne et un vin élevé avec ambition.

- cahors 2020 | Sec | 2024>29 | 20 € — 90
- La-ô, cahors 2020 | Sec | 2023>27 | 15.5 € — 89

Domaine Barréjat

★★☆☆☆

Les très vieilles vignes non greffées du domaine sont une sorte de patrimoine historique de l'appellation. Denis Capmartin exploite cet héritage familial depuis 1992. Les madirans issus de vieilles vignes sont classiques, charpentés, puissants, marqués par le passage en barrique durant leur jeunesse. Les pacherencs ont de la gourmandise et du caractère.

- Vieux Ceps, madiran 2020 | Sec | 2023>29 | 8.7 € — 89
- pacherenc du vic bilh sec 2022 | Sec | 2023>25 | 5.6 € — 89
- EXTREME, madiran 2020 | Sec | 2023>30 | 13.9 € — 90
- XXXL, pacherenc du vic bilh sec 2022 | Sec | 2023>26 | 15.6 € — 90

Domaine Belmont

★★★☆☆ ➔

Ce petit domaine de six hectares est situé sur un terroir où s'épanouissent à part égales cabernet franc et syrah, complétés par 1,40 hectares de chardonnay, entièrement vendangés à la main en cagettes. Sur des calcaires semblables à ceux de Chablis, le chardonnay fait des petits miracles et l'alliance du cabernet franc et de la syrah produit des rouges aussi racés qu'on pouvait s'y attendre sur un terroir de cette qualité. Françoise Belmon, épaulée par Stéphane Derenoncourt et l'équipe du domaine, continue l'aventure commencée en 1993 avec son mari disparu trop tôt. Une adresse prisée, à connaître absolument.

- Belmont, côtes du lot 2022 | Sec | 2023>24 | 12 € — 91
- Dolmen, côtes du lot 2021 | Sec | 2023>25 | 34 € — 91
- Montaigne, côtes du lot 2021 | Sec | 2023>26 | 34 € — 92
- Belmont, côtes du lot 2018 | Sec | 2023>25 | 27 € — 91
- Belmont, côtes du lot 2019 | Sec | 2023>27 | 27 € — 91
- Serine, côtes du lot 2020 | Sec | 2023>26 | 19.5 € — 90

Domaine Berthoumieu

★★★☆☆

Acquis en 2016 par la famille Bortolussi, il est géré par les sœurs Claire et Marion tandis que la commercialisation passe par Lionel Osmin. La propriété mène une réflexion autour de la biodiversité dans la vigne (certification HVE3 acquise). La qualité des cuvées est constante et les vins associent plénitude de constitution et finesse.

- Aulet, madiran 2019 | Sec | 2025>35 | NC — 90

Domaine de Beyssac

★★☆☆☆

Sur le terrain familial, en Côtes du Marmandais, Véronique Broutet et son mari Frédéric ont créé le domaine de Beyssac en 2006. Tout est vendangé à la main et le couvert végétal spontané et naturel est encouragé. Les vins issus de ce beau terroir sont denses et suaves. Ils naissent sérieux et vigoureux, puis se fondent et se révèlent après trois ou quatre années de bouteilles.

- Initial, côtes du marmandais 2018 | Sec | 2024>30 | 9 € — 88
- Initial, côtes du marmandais 2019 | Sec | 2024>32 | 9 € — 89
- Essentiel, côtes du marmandais 2017 | Sec | 2025>35 | 14 € — 91

✦ Star ✚ Valeur sûre ➔ À suivre de près Ⓝ Nouvelle entrée

Domaine Brana

★★☆☆☆ +

Les installations sont ultra modernes et une attention particulière est donnée au cabernet franc, dénommé ici axeria, élevé longuement en barrique. Les cuvées génériques d'irouléguy sont des modèles pour l'appellation et d'une constance étonnante dans un style classique. Après quatre générations dans le giron familial, la maison Brana, faute de repreneur dans la famille, cède des parts à la société d'investissement et de conseil parisienne Enowe, qui devient actionnaire majoritaire et souhaite faire rayonner la maison à l'international.

- irouleguy 2019 | Sec | 2023>33 | 28 € — 91
- Harri Gorri, irouleguy 2020 | Sec | 2023>27 | 20.8 € — 91

Domaine de Brin

★★☆☆☆

Damien Bonnet confirme qu'il est l'un des grands vignerons du Gaillacois. Il a converti en bio son exploitation d'un seul tenant, où il cumule vignes et céréales. Après des vendanges manuelles et des élevages longs, les vins sont à la hauteur et chaque cépage mis en valeur par des vinifications judicieuses.

Vignerons de Buzet

★★☆☆☆ +

Fondée en 1953, cette grande coopérative, couvrant 2000 hectares et regroupant près de 190 vignerons, représente environ 95% de la surface du vignoble de Buzet. Bénéficiant d'installations modernes, les équipes d'œnologues et de techniciens, sous l'impulsion de leur directeur Pierre Philippe, élaborent une gamme étendue dans les trois couleurs. Exemplaires dans l'approche et gérant avec intelligence, ils ont compris les enjeux de demain et travaillent sur la mise en place, à grande échelle, d'une viticulture et d'une gestion du chai selon le modèle du développement durable. C'est une belle gamme, avec des vins sans soufre parfaitement réalisés.

- Baron d'Ardeuil - Cuvée d'Excellence, buzet 2019 | Sec | 2025>30 | 9 € — 91
- Chateau de Gueyze, buzet 2018 | Brut | 2022>26 | 12 € — 88

Domaine de Capelanel

★★☆☆☆

La bonne impression de l'an passé se confirme. Sébastien Dauliac a trouvé sa voie et produit maintenant des vins plus accessibles, moins extraits que par le passé, avec des élevages qui préservent mieux le fruit. La gamme présentée en dégustation est très homogène. Ce domaine est en progrès.

- Rangée du Curé, cahors 2019 | Sec | 2023>30 | 13.5 € | ☘ — 89
- Petittou, cahors 2020 | Sec | 2022>27 | 9.9 € — 88

Domaine Castera

★★★☆☆

Cette jolie propriété de 12 hectares, perchée à 300 mètres d'altitude, est gérée depuis 2014 par Franck Lihour qui a repris les rênes après avoir bourlingué dans les vignobles à travers le monde. Brillant vinificateur, il a une vision précise du type de vin qu'il souhaite produire, mettant en valeur les cépages autochtones qui s'expriment en fonction des parcelles, de leur terroir et de leur exposition. Il se donne les moyens de réaliser des vins racés et authentiques, des cuvées ciselées, aussi bien pour les secs que pour les liquoreux. L'ensemble de la gamme, intégralement bio, est réussi, d'une régularité sans faille et, atout pour l'amateur, à des prix très raisonnables.

- Caubeigt, Caubeigt, jurançon 2020 | Liquoreux | 2023>30 | 22.2 € | ☘ — 91
- Tauzy, Tauzy, jurançon sec 2021 | Sec | 2023>27 | 19 € | ☘ — 92
- Tauzy / Caubeigt, jurançon sec 2021 | Sec | 2023>26 | 11.6 € | ☘ — 91
- Caubeigt/Les terrasses, jurançon 2020 | Liquoreux | 2023>28 | 13.4 € — 90

Domaine Cauhapé

★★★★☆ ✦

C'est le domaine privé le plus important de Jurançon (56 hectares) et la marque la plus diffusée dans la grande restauration et les cavistes de luxe. Henri Ramonteu a perfectionné la production réduite de vins liquoreux, au bouquet spectaculaire et à la longueur en bouche fascinante. Tous partagent le style maison : un fruité d'une grande pureté et une concentration équilibrée par la vivacité propre à la région. Au top.

- La Canopée, jurançon sec 2020 | Sec | 2023>30 | 13.65 € | ☘ — 92
- Quintessence de petit manseng, jurançon 2018 | Liquoreux | 2023>38 | 65.75 € | ☘ — 95
- Quatre temps, jurançon sec 2020 | Sec | 2023>27 | 9 € | ☘ — 91

Château du Cèdre

★★★★☆ ✦

À Pascal Verhaegue la vinification et la commercialisation, à Jean-Marc la viticulture. Un seul objectif, la recherche de la qualité. Une voie : l'utilisation minimum des produits phytosanitaires néfastes, abandonnés dès 2012 avec l'obtention de la certification bio. Aujourd'hui, Jules et Robin, fils de Pascal, ont rejoint le domaine, apportant une nouvelle dynamique. Le Cèdre, c'est 27 hectares (25 de rouges) dont trois parcelles constituées des deux meilleurs types de terroirs de l'appellation sur la fameuse troisième terrasse. L'un, à dominante calcaire, confère beaucoup de finesse aux vins, l'autre composé de galets roulés et d'alluvions produit des vins riches et denses. Aucun intrant n'intervient au cours des vinifications et de l'élevage en grands contenants (fûts de 500 litres ou foudres). Seul un léger sulfitage est pratiqué lors de la mise en bouteille, sauf pour les cuvées « Extra-libre ». Régularité et qualité des vins de cette propriété en font une référence à Cahors.

- Le Cèdre, cahors 2019 | Sec | 2023>33 | 35 € | ☘ — 93
- Grand Cru, cahors 2019 | Sec | 2023>35 | 75 € | ☘ — 96
- Cédre Blanc, lot 2022 | Sec | 2023>27 | NC — 94
- cahors 2020 | Sec | 2023>30 | 15 € | ☘ — 93
- Extra Libre, cahors 2021 | Sec | 2023>28 | 17 € — 90
- Extra Libre, cahors 2019 | Sec | 2023>28 | 30 € — 93
- Juvéniles, cahors 2020 | Sec | 2023>26 | 11 € — 90
- Hommage à Charlie, cahors 2020 | Sec | 2023>35 | 19 € — 94

Château de Chambert

★★☆☆☆ ➔

Depuis 2007, l'énergique Philippe Lejeune met son talent d'entrepreneur au service de sa magnifique propriété et de l'appellation. Avec 65 hectares, il dirige le plus grand vignoble de Cahors en biodynamie. Un gros travail a été fait ces dernières années sur le style des vins. Le fruité naturel du malbec est plus immédiat et mieux conservé sans perdre de la structure.

- cahors 2018 | Sec | 2023>26 | 23 € — 91
- Chambert Grand Vin, cahors 2018 | Sec | 2023>29 | 34 € — 93
- Les 3 Terres, cahors 2019 | Sec | 2023>29 | 27 € — 90

Domaine Chiroulet

★☆☆☆☆ +

Philippe Fezas chouchoute ses vignes depuis 1995, année où il a franchi le cap et ajouté une casquette de vigneron à celle de consultant pour Seguin-Moreau. Prenant le parti de réaliser des vins d'expression, distribués auprès des cavistes et sur les belles tables, il s'applique à penser son parcellaire. Ses deux côtes font face aux Pyrénées et sont une variation de sols entre des argiles fines (la côte d'Heux) et des terres plus calcaires (terres blanches).

- La Côte d'Heux, côtes de gascogne 2020 | Sec | 2023>25 | NC — 89
- Miocène, côtes de gascogne 2021 | Sec | 2024>26 | NC — 88

Domaine du Cinquau

★★★☆☆

Au cœur de Jurançon, cette superbe propriété, entourée d'un vignoble de 9 hectares, continue de progresser et de nous régaler. Le site est remarquable et l'accueil des visiteurs montre la voie pour toute la région, avec un complexe œnotouristique qui mérite le détour.

Château Combel la Serre

★★★★☆

Jean-Pierre Ilbert, en quittant la cave coopérative en 1998 avait créé le château Combel La Serre. Pour le faire connaître, la famille a sillonné la France. Le tournant s'opère en 2011 lorsque son fils Julien et son épouse Sophie décident de passer au bio (certification obtenue en 2013). Tous deux donnent un grand coup de jeune à ce domaine de 26 hectares. Comme en Bourgogne, tout est axé sur la sélection parcellaire, avec une mise en exergue des différents terroirs auxquels ils croient beaucoup, en créant des cuvées stylées aux étiquettes modernes. L'encépagement est traditionnel pour les rouges, plus atypique pour les blancs, avec vermentino et albarino, qu'ils affectionnent particulièrement. Le style des vins est précis, près du fruit avec une expression du terroir présente. Ce couple soudé met son ambition et son enthousiasme au service de ses vins. Les progrès réalisés font mériter l'attribution d'une quatrième étoile.

- Les Peyres Levades, cahors 2019 | Sec | 2023>32 | 32 € | ☘ — 95
- Les Peyres Levades, cahors 2020 | Sec | 2023>30 | 31 € — 94
- Le Lac aux Cochons, cahors 2019 | Sec | 2023>28 | 32 € | ☘ — 94
- Le Lac aux Cochons, cahors 2020 | Sec | 2023>28 | 31 € — 93
- L'éléphant blanc, vin de france 2022 | Sec | 2023>25 | 13.5 € — 91
- De la Terre à la Lune, côtes du lot 2022 | Sec | 2023>27 | 19 € — 93
- Dios y Diablo, vin de france 2021 | Sec | 2023>25 | 30 € — 92
- Le Pur fruit du Causse, cahors 2021 | Sec | 2023>27 | 9.9 € — 91
- La serre au cerisier, cahors 2021 | Sec | 2023>27 | 20 € — 92

Domaine du Comte de Thun

Ce domaine de 30 hectares a été acheté en 1988 par Comte de Thun, un Allemand passionné de grands vins. Au cœur du Gaillacois, il a fait le pari de produire en IGP pour s'affranchir des contraintes liées à l'encépagement et l'assemblage. S'y côtoient merlot (35 %), cabernet franc (25 %), pinot noir (17 %), syrah (13 %), complétés des cabernet-sauvignon, cots, chardonnays, sauvignons et sémillons tous plantés sur un beau terroir argilo-calcaire. Vinification et élevage sont maîtrisés. Les vins rouges sont puissants, massifs et à attendre quelques années.

- La Maze, côtes du tarn 2015 | Sec | 2023>28 | 38.5 € — 91
- La Tarabelle, côtes du tarn 2015 | Sec | 2023>28 | 38.5 € — 92
- La Parrazal, côtes du tarn 2015 | Sec | 2023>26 | 18.5 € — 90

Domaine Albert de Conti

Associés avec l'œnologue Yann Lecoindre, Guillaume et Paul, fils de Francis de Conti, ont repris leur indépendance par rapport à Tour des Gendres et s'occupent des 30 hectares de vieilles vignes plantées en 1966 par leur grand-père Albert à Saint Julien d'Eymet, sous l'entité Albert de Conti (ancienne cuvée phare du château Tour des Gendres). Un nouveau chai de vinification et d'élevage est sorti de terre prêt pour recevoir la vendange 2023. L'occasion de redonner des couleurs viticoles au village. Le trio, sous la houlette du dynamique Guillaume, a bien l'intention d'innover, tant pour les étiquettes que dans le style des cuvées, en plantant des cépages savoyards et d'autres également. A suivre de près.

- Cuvée des Conti, bergerac sec 2022 | Sec | 2023>26 | 11 € | ☘ — 93
- Conti-ne Périgourdine, bergerac sec 2021 | Sec | 2023>25 | 18 € | ☘ — 91
- Chez Paul, côtes de bergerac 2020 | Sec | 2023>30 | 22 € | ☘ — 94
- Odette, bergerac 2022 | Sec | 2023>24 | 10 € | ☘ — 90

Domaine Cosse Maisonneuve

Catherine Maisonneuve a « la tête dans les étoiles » et Mathieu Cosse « les pieds sur terre ». Dès 1999, ils louent des vignes, vinifient des cuvées à leur goût, leur succès permettant dès 2007 l'achat de parcelles et la construction du chai. Ils obtiennent certification bio (2010) et en biodynamie (2011), convaincus que cela permet au sol de mieux fonctionner et de rendre la vigne plus vivante, forgeant des vins de grande intensité. Pour eux l'élevage, qui peut durer jusqu'à 30 mois, est essentiel pour civiliser les vins, leur permettre d'exprimer la race du terroir et leur donner un grand potentiel de garde. 20 hectares de terroirs d'exception et variés grâce au morcellement des parcelles, des fermentations en levures indigènes, pas de remontage, pas de filtration au service de vins vibrants, intenses, élégants et les plus naturels possible. Pari réussi.

- Les Laquets, cahors 2021 | Sec | 2023>29 | 34 € — 92
- Les Laquets, cahors 2020 | Sec | 2023>33 | 33 € — 94
- La Fage, cahors 2021 | Sec | 2023>29 | 21 € — 92
- La Marguerite, cahors 2021 | Sec | 2023>30 | 73 € — 93
- La Marguerite, cahors 2020 | Sec | 2023>35 | NC — 94
- Sid, cahors 2020 | Sec | 2023>31 | 32 € — 93
- Carmenet, vin de table 2019 | Sec | 2023>29 | 33 € — 92
- Le Combal, cahors 2021 | Sec | 2023>27 | 14 € — 91
- Sidérolithique, vin de france 2020 | Sec | 2023>27 | NC — 92
- Une de Mai, vin de france 2020 | Sec | 2023>33 | NC — 94

Cave de Crouseilles

Les 900 hectares, répartis sur 130 vignerons, entament doucement un virage vers des pratiques plus respectueuses de l'environnement, avec notamment des vignes expérimentales pour tester grandeur nature les dernières trouvailles agronomiques et convaincre les coopérateurs que cela est tout à fait possible. Une cave en pleine évolution, offrant une large gamme de vins qui vaut le détour.

- Côte Abeilles, madiran 2019 | Sec | 2023>27 | NC — 89

Elian Da Ros

C'est dans le paysage vallonné du Marmandais, à Cocumont, que se trouvent les 21,7 hectares de la propriété d'Elian Da Ros, assisté depuis 2008 par son épouse Sandrine. Dès 2000, il obtient la certification bio, puis en 2002 celle de la biodynamie. À force de travail et de sérieux, ses vins sont maintenant une référence dans le monde viticole. On se régale avec l'ensemble de la gamme.

- Clos Baquey, côtes du marmandais 2016 | Sec | 2024>34 | NC — 93
- Chante Coucou, côtes du marmandais 2019 | Sec | 2022>28 | NC — 92
- Le Vin est une Fête, côtes du marmandais 2020 | Sec | 2022>25 | NC — 90

Domaine Les Fumées Blanches

C'est en 1997 que François Lurton, qui incarne la 4e génération d'une grande famille bordelaise, achète cette propriété. Les Fumées Blanches tirent leur nom de la brume matinale qui couvre les vignes de sauvignon blanc situées dans le Gers, au pied de la Montagne Noire, entre Atlantique et Pyrénées. Deux terroirs principaux propices au sauvignon blanc : l'argilo-calcaire, qui confère au vin des arômes exotiques et de la largeur en bouche, et les boulbènes (sablo-argileux) qui procurent arômes floraux, citronnés, acidité et tension. Viticulteur passionné et vinificateur talentueux, il produit chaque année un sauvignon d'une grande qualité, avec une richesse et une palette aromatique uniques. C'est devenu une marque incontournable de sauvignon blanc sur le marché mondial.

- Gris de Sauvignon, vin de france 2022 | Sec | 2023>24 | 8 € — 91
- Les Calcaires Sauvignon blanc Organic, vin de france 2022 | Sec | 2023>25 | 10 € — 92
- Sauvignon blanc, côtes de gascogne 2022 | Sec | 2023>24 | 24.9 € — 91
- Sauvignon blanc, côtes de gascogne 2022 | Sec | 2023>26 | NC — 94

Château de Gaudou

Ce château domine les superbes coteaux de Viré et jouxte Triguedina et Le Cèdre. Nous sommes ici sur les superbes troisièmes terrasses caillouteuses du Lot, les plus qualitatives. Issus d'un terroir géré avec sagesse et rigueur par la famille Durou, présente depuis sept générations, les vins possèdent la vigueur et le tempérament des meilleurs rouges de l'appellation. De très vieilles vignes, pratiquement centenaires, donnent un remarquable vin de prestige. Fabien Durou, maintenant à la tête du domaine, fait progresser le niveau des vins en apportant plus de précision dans la vinification et l'élevage.

- Réserve de Caillau, lieu-dit Caillau, vieilles vignes, cahors 2019 | Sec | 2023>35 | 29 € | ☘ — 92
- Tradition, cahors 2020 | Sec | 2023>26 | 9.5 € | ☘ — 90
- Le Sang de ma Terre, cahors 2021 | Sec | 2023>26 | 19.5 € | ☘ — 91

Château Jolys

Ce domaine, l'un des plus importants en surface de l'appellation, se trouve au cœur du terroir de Jurançon, sur des coteaux de plus en plus soigneusement cultivés. Les petites filles de Pierre-Yves Latrille, fondateur visionnaire du domaine, Camille et Claire, ont pris sa suite et celle de leur tante Marion en 2013, la relève est bien assurée ! Les vins ont gagné indéniablement en finesse de style et d'aromatique sur les derniers millésimes, formant une belle gamme classique de l'appellation. La cuvée pauline peut servir de référence au travail de la nouvelle équipe.

- jurançon 2019 | Doux | 2024>32 | 19.3 € — 90
- jurançon sec 2020 | Sec | 2023>29 | 22.75 € — 89
- Vendanges Tardives, jurançon 2020 | Liquoreux | 2026>32 | 30 € — 91
- Les Cigognes de Jolys, jurançon 2020 | Sec | 2024>32 | 13.5 € — 88

La Calmette

Le domaine de Maya Sallée et Nicolas Fernandez est maintenant converti en agriculture biologique avec en plus la pratique de la biodynamie. Le vignoble est travaillé selon les pratiques de l'agriculture régénérative (sols couverts, paillages, minimum d'opérations mécanisées). Les progrès réalisés par cette jeune propriété sont visibles. Le domaine est en route vers le haut niveau.

- Bois Grand, cahors 2020 | Sec | 2024>28 | 33.8 € | ☘ — 91
- Vignes noires, cahors 2020 | Sec | 2023>27 | 26.4 € | ☘ — 92
- Trespotz, vin de france 2021 | Sec | 2023>25 | 17.2 € | ☘ — 91

Château La Robertie

Brigitte Soulier est une femme de conviction et ses vins sont à son image : entiers et énergiques. Ses 13 hectares sont en agriculture biologique. Aux commandes depuis 2009, elle chemine dans cette voie naturelle avec la foi des nou-

✦ Star + Valeur sûre → À suivre de près N Nouvelle entrée

Laurence Brumont, Vignobles Brumont

Chez les Brumont, Laurence ne travaille ni à la vigne ni à la cave. Ce n'est pas pour autant une *« femme de »* et encore moins une *« mère de »*. Son fils Antoine est promis à la même carrière que son beau-père Alain, mari de Laurence et vigneron de légende. Non, Laurence occupe la fonction indispensable qui permet à une entreprise d'avancer. Elle dirige. Un jour, il faut parler à la banque, un autre, il faut parler aux clients, en France, au Canada, partout, tout le temps. Combien de femmes sont à ce poste aujourd'hui ? Trop peu et de plus en plus. Il n'existe pas d'étoiles dans notre guide pour récompenser le courage et l'abnégation qu'exige le vignoble. Seulement quelques mots et une photo grandiose qui valent cinq étoiles. Chapeau bas, Madame. *Louis-Victor Charvet*

veaux convertis et le souci de bien faire. Un domaine modèle, régulier, et qui continue de progresser.

Labastide Orliac

Cette propriété historique du Brulhois se situe sur de magnifiques coteaux, à l'exposition parfaite, qui dominent la commune de Clermont-Soubiran, avec vue sur la Garonne. Les deux sœurs Orliac prennent soin de leur sol avec un dévouement rare et de bonnes méthodes culturales. La réflexion sur l'encépagement doit permettre au cabernet franc et à l'abouriou de délivrer leur finesse, avec un support apporté par le merlot. Une adresse sûre.

- Royal Héritage, brulhois 2020 | Sec | 2023>27 | 50 € — 91
- Deux Sœurs, brulhois 2020 | Sec | 2023>26 | 13 € — 90
- Royal Héritage 1780, brulhois 2015 | Sec | 2023>26 | NC — 92
- Le Prince blanc, comté tolosan 2021 | Sec | 2023>25 | 13 € — 91

Domaine Labranche-Laffont

Christine Dupuy maintient à un haut niveau de qualité cette propriété (21 hectares). Elle produit, à partir d'une viticulture certifiée bio depuis 2014, des vins charnus et réguliers. Les prix restent sages.

Château Lagrézette

Alain-Dominique Perrin a beaucoup travaillé pour faire du magnifique ensemble de Lagrézette un des phares du renouveau de Cahors. On mesure les progrès suite à la rénovation de la cave, les vins ont gagné en élégance, le fruit est mieux souligné par l'élevage. Les cuvées Marguerite, Dame Honneur et Le Pigeonnier sont remarquables cette année. La quatrième étoile est méritée.

- Le Pigeonnier, cahors 2019 | Sec | 2023>35 | 160 € — 96
- Dame Honneur, cahors 2019 | Sec | 2023>33 | 55 € — 96
- cahors 2019 | Sec | 2023>29 | 30 € — 93
- Marguerite, cahors 2019 | Sec | 2023>32 | 38 € — 94

Clos Lapeyre

Jean-Bernard Larrieu fait partie de l'élite des vignerons de Jurançon. Il pratique une viticulture très propre et vinifie habilement les secs et les liquoreux. À leur meilleur, le bouquet de ses vins développe puissamment les arômes de truffe blanche ou noire (selon les millésimes) propres aux terroirs de la Chapelle-des-Rousses, les plus originaux du secteur. Ses vins blancs secs se distinguent de la plupart par leur vigueur, et leur fort et remarquable goût de terroir. Mais ce ne sont pas des vins « primeurs ». Grands progrès réalisés vers plus de netteté et de pureté de fruit.

- La Magendia, jurançon 2018 | Moelleux | 2025>35 | 20.7 € | ☘ — 91
- Vitatge Vielh, jurançon sec 2019 | Sec | 2022>28 | 16.1 € | ☘ — 90
- Mantoulan, jurançon sec 2016 | Sec | 2023>27 | 21.2 € | ☘ — 93
- Balaguera, jurançon 2017 | Moelleux | 2025>40 | 38.4 € | ☘ — 93

Domaine Laroque d'Antan

Claude et Lydia Bourguignon, éminent spécialistes de la vie des sols ont parcouru le monde avant de trouver un endroit où établir leur propre domaine. Ils ont jeté leur dévolu sur ce terroir de Cahors, en retenant un coteau abandonné depuis 140 ans qu'ils ont complétement réhabilité. Ils y produisent deux vins, Néphèle, assemblages de sauvignon blanc et gris et de quelques cépages autochtones, et Nigrine, mélange de malbec et de cépages oubliés. Nous les recommandons pour leur fruité et l'authenticité civilisée dont ils font preuve.

- Néphèle, côtes du lot 2021 | Sec | 2023>27 | NC — 91
- Nigrine, côtes du lot 2020 | Sec | 2023>27 | NC — 90

Camin Larredya

Fer de lance de Jurançon, ce domaine conduit en agriculture biologique et en biodynamie est la figure incontournable de l'appellation, incarné par son propriétaire Jean-Marc Grussaute. Ses meilleures terrasses donnent même un vin exceptionnellement riche et subtil, à un prix encore accessible. L'ensemble de la gamme, aussi bien en sec qu'en moelleux est d'un niveau admirable.

- Au Capcéu, jurançon 2021 | Moelleux | 2023>30 | 33 € | ☘ — 94
- La Virada, jurançon sec 2021 | Sec | 2023>26 | 30 € | ☘ — 92
- Costa blanca, jurançon sec 2021 | Sec | 2023>27 | 68 € | ☘ — 93

Château Les Croisille

Dans les années 1980, Bernard et Cécile Croisille décident de devenir vignerons et remettent en état un vignoble de sept hectares qu'ils vinifient chez le voisin. Ils finissent en 2000 par s'installer dans leur propre chai. Changements et idées neuves avec l'arrivée de leurs fils, Germain en 2007 et Simon en 2015 : la surface est augmentée (33 hectares maintenant), certification bio obtenue dès 2010, certification en biodynamie en 2022. Passionnés par le malbec, ils en exploitent toutes les facettes avec délectation, en privilégiant la finesse et l'expression aromatique plus que la richesse et l'opulence. Travail soigné à la vigne, vinification parcellaire, douce, sans intrant, élevage long (en foudres, cuves béton ou même en pierre calcaire, pas de bois neuf) : tout est axé sur la recherche de qualité, avec succès, pour faire des vins sveltes, élégants, frais et avec une excellente buvabilité.

- Divin, cahors 2020 | Sec | 2023>31 | 26.5 € | ☘ — 93
- Calcaire, cahors 2020 | Sec | 2023>29 | 16.5 € | ☘ — 95
- Silice, cahors 2021 | Sec | 2023>26 | 14.5 € — 91
- Le Grain, cahors 2018 | Sec | 2023>35 | 56.5 € — 94
- La Pierre, cahors 2021 | Sec | 2023>30 | 20.5 € — 92
- La Pierre, cahors 2022 | Sec | 2025>32 | 19.9 € — 92
- Ovni, cahors 2021 | Sec | 2023>29 | 21.5 € — 92

Château Les Donats

Patrick Somers acquiert ce domaine en 1994, entamant dans la foulée une restructuration complète des 20 hectares de vignoble. Depuis 2011, il travaille de concert avec l'œnologue Olivier Verhelst. 25 % du vignoble a obtenu la certification bio, le reste de la propriété est en conversion.

- Rbelle, pécharmant 2020 | Sec | 2023>27 | 15 € — 89
- Panache, côtes de bergerac 2019 | Sec | 2023>28 | 20 € — 90
- Asterisk, bergerac 2022 | Sec | 2023>25 | 15 € — 89

Les Jardins de Babylone

Constituant, l'une des sept merveilles dans le monde des moelleux, les Jardins de Babylone sont couvés par Louis-Benjamin Dagueneau, aidé de Pautrat, son fidèle maître de chai. Ils n'ont rien changé au bijou de vignoble créé par Didier Dagueneau, son père, et au perfectionnisme de l'élaboration de son vin.

Maison Marlère

En 2011, Jérôme Baradat, ingénieur béarnais, parti vinifier pendant une dizaine d'années en Californie, en Amérique Latine et en Espagne, revient dans sa région natale pour fonder la Maison Marlère, du nom de la ferme familiale depuis cinq générations. Cette maison de négoce est dédiée aux vins du Sud-Ouest, avec 90 % de vins Bio ou HVE3. La gamme, rigoureusement sélectionnée par l'équipe, met en valeur 12 propriétés, avec différents terroirs, plus de 15 cépages et 11 appellations, des vins rouges, rosés, blancs secs ou moelleux.

- Les heures heureuses, côtes de gascogne 2022 | Liquoreux | 2023>26 | 7.5 € — 92
- Gastronome, cahors 2020 | Sec | > | 16 € — 88

Château Monestier la Tour

Sur un vignoble de 31 hectares, le domaine produit, avec les conseils de Stéphane Derenoncourt, des vins certifiés bios depuis 2017. Tous les principes de la biodynamie y sont aussi appliqués. Le château possède à cet effet un jardin et une tisanerie, afin de produire, sécher et stocker toutes les plantes utiles aux différents traitements de la vigne. Tout est fait pour permettre l'expression la plus pure du terroir et la même rigueur est appliquée dans le cuvier et le chai. Deux cuvées sont produites, Cadran en appellation bergerac, un vin sur le fruit dont l'étiquette fait honneur au cadran solaire qui accueille les visiteurs à l'entrée du château, et le grand vin en côtes-de-bergerac élevé en barrique, qui met en avant le cabernet franc.

- côtes de bergerac 2019 | Sec | 2023>25 | NC — 91
- Grand Vin, côtes de bergerac 2019 | Sec | 2023>30 | NC — 92
- Saussignac, saussignac 2019 | Liquoreux | 2023>29 | NC — 91

Château Montus - Château Bousscassé

Depuis les années 1980, Alain Brumont doit son succès à son génie et sa vision avant-gardiste, à son travail, son interprétation des terroirs, sa viticulture précise et exemplaire, sa passion pour les cépages autochtones (petit courbu, petit manseng et tannat) qu'il sait magnifier comme nul

MATHIEU GARÇON

✦ Star ✚ Valeur sûre ⊕ À suivre de près N Nouvelle entrée

Bertrand-Gabriel Vigouroux, Château de Haute-Serre & Château de Mercuès

On a peut-être remarqué, en tournant les pages de ce guide pour arriver jusqu'à cet ultime portrait, que la détermination dans l'adversité est une qualité que nous aimons récompenser. Depuis plus d'un siècle, la famille Vigouroux est dévouée à la promotion des vins de Cahors, défrichant les terroirs cadurciens et les marchés internationaux. Initiés depuis les années 1990 avec l'arrivée de Bertrand-Gabriel à la tête des propriétés (Mercuès et Haute-Serre), les importants travaux au vignoble, mais aussi la mise en place d'un volet d'œnotourisme haut de gamme, ont permis aux vins du grand Georges de s'imposer comme des ambassadeurs incontournables de l'appellation. Beaucoup de choses vont se passer ici. Nous suivrons cela avec intérêt et enthousiasme. *Louis-Victor Charvet*

autre. L'ensemble de Montus et de Bouscassé, 250 hectares de vignes implantées sur d'incomparables terroirs très variés, constitue sans doute le sommet actuel de la viticulture du Sud-Ouest. Les vins sont magnifiques, avec une puissance et une énergie évidentes, domptées et sous contrôle, ce qui est un véritable tour de force. Ils ne sont commercialisés qu'au bout de cinq ans, permettant à l'amateur d'acquérir des vins prêts à boire mais conçus pour une grande garde. Alain ne songe pas encore à la retraite et forme Antoine Veiry, son beau-fils, qui semble bien parti pour l'égaler.

- **Château Montus, madiran 2021** | Sec | 2024>34 | NC — 95
- **Château Bouscassé - Vieilles Vignes , madiran 2018** | Sec | 2023>35 | NC — 96
- **Montus XL, madiran 2020** | Sec | 2024>38 | NC — 96
- **Château Montus La Tyre, madiran 2018** | Sec | 2023>40 | NC — 99
- **Les Jardins Philosophiques, pacherenc du vic bilh 2018** | Sec | 2023>30 | NC — 95
- **Bouscassé Pinot Noir, madiran 2018** | Sec | 2023>29 | NC — 95

Château Moulin Caresse

★★★☆☆

Sylvie et Jean-François Deffarge portent haut les couleurs de Montravel sur ce domaine de 38 hectares situés en coteaux et sur le plateau de Vélines. Il s'efforcent de faire du mieux possible et la génération suivante, Quentin et Benjamin, est désormais impliquée dans la vie du domaine. La gamme importante permet de proposer des vins adaptés à toutes les circonstances. La certification bio a été obtenue en 2022.

- **Cent pour 100, montravel 2017** | Sec | 2023>30 | 15 € | ☘ — 90
- **Magie d'Automne, bergerac 2018** | Sec | 2023>28 | 8.9 € | ☘ — 88
- **Les Frangins Flingueurs, périgord 2020** | Sec | 2023>25 | 9.4 € | ☘ — 89

Domaine Nigri

★★★☆☆

Ce domaine produit un style de jurançon moderne et épuré, porteur de la race des cépages locaux, dont le propriétaire Jean-Louis Lacoste est un ardent défenseur et conservateur. Les vins secs offrent beaucoup de dynamisme. Certaines sélections de liquoreux sont aussi remarquables. Le domaine continue sur sa lancée des dernières années.

- **Pierre de Lune , jurançon sec 2020** | Sec | 2024>32 | 11 € | ☘ — 88
- **Confluence, jurançon sec 2021** | Sec | 2024>32 | 10 € | ☘ — 89

Domaine Lionel Osmin & Cie

★★★☆☆ +

Dans une démarche engagée, éthique et responsable, Lionel Osmin a créé ce négoce éponyme haute couture avec l'idée de s'affranchir des appellations pour mieux mettre en avant le cépage et donner une lecture simple et gourmande de vins. Depuis Pau, la société vinifie une gamme variée d'une trentaine de cuvées, et signe aussi quelques armagnacs. Elle s'occupe de la commercialisation du Clos Joliette, un joyau de Jurançon, et des vins du Domaine Berthoumieu. La gamme ciselée par Damiens Sartori, l'homme clef des vinifications, offre de très belles réussites à tous les prix.

- **Le Pouvoir des Fleurs, fronton 2020** | Sec | 2022>26 | 11 € | ☘ — 88
- **Le Lavoir, jurançon sec 2020** | Sec | 2022>25 | 19.5 € — 89
- **Sans soufre, buzet 2020** | Sec | 2022>24 | 11 € — 87

Domaine Plageoles

★★★☆☆ ✦

Les Plageoles (Robert et maintenant Bernard, son fils) ont été à l'origine du renouveau du vignoble gaillacois, en faisant connaître dans toute la France toutes les variétés possibles du cépage mauzac et en contribuant au renouveau de cépages locaux, oubliés. La troisième génération est maintenant aux commandes et maintient le cap. Tous les cépages sont vinifiés et mis en bouteille séparément, avec une grande régularité.

Plaimont

★★★☆☆ +

Plaimont Producteurs est la marque de la coopérative la plus dynamique du Sud-Ouest. Elle continue son travail pour ressusciter les terroirs du secteur de Saint-Mont, terres anciennement vouées aux céréales ou aux vignes d'Armagnac. Les cépages autochtones comme le tardif et l'arrufiac ont été remis en valeur, une vigne très ancienne a été inscrite au patrimoine en tant que monument historique, un conservatoire ampélographique a été créé. L'approche intelligente et qualitative a permis d'imposer largement les produits en France et à l'étranger. Active sur tout le secteur du sud-ouest, la cave regroupe 5 300 hectares de vignes. Le sens collectif des coopérateurs, bien orienté par Olivier Bourdet-Pees, le directeur, permet des sélections étonnantes. La dégustation de cette année confirme le potentiel impressionnant des terroirs de Saint-Mont et témoigne d'une progression d'ensemble évidente.

- **Le Faîte, saint-mont 2019** | Sec | 2025>35 | NC — 93
- **Château de Sabazan, saint-mont 2018** | Sec | 2025>35 | NC — 92
- **Monastère, saint-mont 2019** | Sec | 2025>35 | NC — 91
- **Le Faîte, saint-mont 2018** | Sec | 2025>35 | NC — 92
- **La Madeleine de Saint-Mont, saint-mont 2018** | Sec | 2025>35 | 32 € — 93
- **Cirque Nord, saint-mont 2020** | Sec | 2024>32 | NC — 94

Domaine Plaisance Penavayre

★★★☆☆

Marc Penavayre, épaulé depuis 2020 par son fils Thibaut, a fait évoluer le style des vins du cru vers des produits plus fins, plus élégants grâce à plus d'application à la vigne, certifiée bio depuis 2011, et à une réflexion sur les encépagements, en faisant la part belle à la négrette et en plantant quelques blancs. Vins accessibles dès le plus jeune âge, dans un style maîtrisé.

- **Alabets, fronton 2020** | Sec | 2023>26 | 13.7 € | ☘ — 91
- **frontor 2021** | Sec | 2023>25 | 10.1 € | ☘ — 90
- **Cruchinet , vin de france 2022** | Sec | 2023>25 | 13.7 € | ☘ — 90

Domaine Tariquet

★★☆☆☆ +

Jean-Pierre Artaud et son père quittent New-York en 1912 pour revenir à leurs origines pyrénéennes en acquérant le domaine Tariquet et ses sept hectares à l'époque rescapés du phylloxéra. La guerre passe par là et c'est Hélène, fille de Jean-Pierre, qui en s'unissant au dynamique Pierre Grassa, garçon coiffeur d'origine espagnole, redonne vie à cette aventure qui ne s'arrêtera plus. Leurs enfants Yves et Maïté les rejoignent en 1972 et font le choix dans les années 1980 de produire des vins blancs, variés et faciles à boire en toutes circonstances. Une coup de maître puisque Tariquet est devenue ainsi une marque mondialement connue. Elle exploite 1 125 hectares en IGP Gascogne et propose neuf millions de bouteilles produites dans des installations ultra-modernes. Rémy et Armin, les fils d'Yves, ont de qui tenir et continuent avec brio l'aventure et les innovations.

- **Premières Grives, côtes de gascogne 2022** | Moelleux | 2023>26 | 11 € — 90
- **Réserve, côtes de gascogne 2021** | Sec | 2023>25 | 10 € — 92
- **Classic, côtes de gascogne 2022** | Sec | 2023>25 | 7 € — 90
- **Dernières Grives, côtes de gascogne 2020** | Liquoreux | 2023>29 | 21 € — 91
- **Amplitude, côtes de gascogne 2022** | Sec | 2023>26 | 12 € — 90

Clos Thou

★★★★☆

Petit domaine de neuf hectares certifié bio, situé sur les terres les plus réputées de l'appellation, Thou brille par la régularité et la typicité de sa production. Les vins ont en commun une personnalité affirmée et un style séducteur dont on ne se lasse pas. On félicite cette constance à un bon niveau ces derniers millésimes.

- **Julie, jurançon 2021** | Doux | 2023>27 | 14 € | ☘ — 90
- **Délice de Thou, jurançon sec 2021** | Sec | 2023>25 | 10.5 € — 90
- **Terroir de la Cerisaie, jurançon sec 2020** | Sec | 2023>26 | 21 € | ☘ — 90
- **Terroir de la Cerisaie Vendanges Tardives, jurançon 2020** | Liquoreux | 2023>29 | 26 € | ☘ — 91

Château Tirecul La Gravière

★★★★☆ +

Bruno Bilancini aurait pu être médecin, il est devenu vigneron à Monbazillac. Œnologue, il lui fallait trouver une passion à la hauteur de ses ambitions et un grand terroir. Le vignoble compte neuf hectares répartis entre sémillon et muscadelle, avec un zeste de sauvignon blanc et de chenin, conduit en agriculture biologique, certifié depuis 2012. Les argiles lourdes de Monbazillac, quadrillées de calcaire sur le plateau, donnent des vins qui vieillissent à merveille. Depuis 2016, il a repris six hectares de vignes plantées en rouge lui permettant d'élargir sa gamme.

- **Madame, monbazillac 2016** | Liquoreux | 2023>35 | 85 € | ☘ — 92
- **Les Pins, monbazillac 2021** | Liquoreux | 2023>29 | 13 € | ☘ — 90
- **Andréa, périgord 2020** | Sec | 2023>25 | 18 € | ☘ — 90
- **Sélection de grains nobles, monbazillac 2020** | Liquoreux | 2023>30 | 28 € | ☘ — 92

Château Tour des Gendres

★★★☆☆

Cette propriété est le fief de la famille de Conti. Luc de Conti a acheté le domaine en 1981. Son cousin Francis et son fils Guillaume l'ont rejoint, tandis que sa fille Margaux a choisi un autre domaine (Barouillet) et son fils Gilles

✦ Star + Valeur sûre ⊕ À suivre de près Ⓝ Nouvelle entrée

la voie de la bière. 50 hectares sont conduits en bio et une petite partie (12 hectares) en biodynamie.

- Moulin des Dames, bergerac sec 2021 | Sec | 2023>25 | 20 € | ☘ 92
- La Gloire de mon Père, côtes de bergerac 2020 | Sec | 2023>26 | 14 € | ☘ 91
- Les Gendres, côtes de bergerac 2019 | Sec | 2023>26 | 20 € | ☘ 91
- Les Anciens Francs, côtes de bergerac 2018 | Sec | 2023>29 | 20 € | ☘ 93

Château Vari

★★★☆☆ +

Pendant pratiquement 30 ans, Yann Jestin a mené une double vie. Partageant son temps entre son activité de courtier à Bordeaux et ce joli domaine de 24 hectares (19 en blanc et 5 en rouge) sis à Monbazillac. L'ensemble du vignoble est en bio, avec une certification acquise en 2009. Les résultats sont remarquables. Les 24 hectares sont implantés sur un beau terroir calcaire recouvert d'une fine couche d'argile. Pour ces derniers millésimes, les vins atteignent un excellent niveau. La Maison Vari, bar à vins et épicerie fine, a été créée au centre du village de Monbazillac : une belle manière de mettre en avant les vins de la propriété.

- Cuvée Gold, monbazillac 2014 | Liquoreux | 2023>35 | 55 € | ☘ 94
- Réserve, bergerac sec 2021 | Sec | 2023>25 | 16 € | ☘ 90
- Réserve, côtes de bergerac 2020 | Sec | 2023>29 | 16 € | ☘ 92
- 100% semillon, monbazillac 2016 | Liquoreux | 2023>30 | 15 € | ☘ 91

Château Les Tours des Verdots

★★★☆☆ +

En trente ans, David Fourtout, a amené les Verdots à un niveau qualitatif incontestable. Son vignoble de 45 hectares (26 en cépages rouges et 19 en cépages blancs) et des installations performantes lui permettent de tirer le meilleur du beau terroir d'argile et de calcaire veiné de silex. Cuves tronconiques sur mesure, chai conçu par gravité, élevage soigné dans la cave souterraine de 600 m2, creusée dans la roche et traversée par la rivière des Verdots. En octobre 2021, David Fourtout a vendu sa propriété à Robert Wessman, islandais ayant réussi dans l'industrie pharmaceutique attaché à la région de Bergerac. Les manettes ont été confiées à Lisa Sadirac. Conseillée par l'équipe de Michel Rolland, elle apporte sa patte, en privilégiant élégance et fraîcheur. Des investissements massifs vont être faits dans le cuvier en tenant compte du bilan carbone et l'agroforesterie va être développée. Tout est réussi, en blanc comme en rouge.

- Les Tours des Verdots , bergerac sec 2022 | Sec | 2023>25 | 12 € 90
- Grand Vin Les Verdots, bergerac sec 2022 | Sec | 2023>26 | 23 € 92
- Grand Vin Les Verdots, côtes de bergerac 2021 | Sec | 2023>26 | 23 € 92

Domaine Vignau La Juscle

★★★☆☆

Le petit bijou de Vignau-La-Juscle est la perle cachée de Jurançon. Michel Valton, médecin urologue, s'occupe de ce vignoble comme un grand chirurgien et prend tous les risques pour ne produire qu'un seul vin, récolté au sommet du passerillage du raisin.

Maison Georges Vigouroux

★★★☆☆ ➔

La nouvelle impulsion donnée à cette maison, dirigée brillamment par Bertrand Vigouroux, donne des résultats probants. Bien aidé par une équipe compétente, ce vinificateur de talent livre une vision complète des différents terroirs de Cahors. Mercuès et Haute-Serre sont ici les fleurons de la gamme. L'ensemble des vins est recommandable. Tous partagent ce même caractère riche et bénéficient d'un élevage soigné et totalement maîtrisée. Ce que nous avons gouté cette année mérite une promotion dans notre guide. La suite s'annonce bien.

- Crocus - La Roche Mère , cahors 2018 | Sec | 2025>40 | 115 € 93
- Château de Haute-Serre - Géron Dadine, cahors 2018 | Sec | 2025>45 | 46 € 94
- Château de Mercuès - 6666, cahors 2018 | Sec | 2026>40 | 45 € 93
- Georges, cahors 2019 | Sec | 2026>40 | 30 € 94

Maison Wessman

★☆☆☆☆

Robert Wessman et Ksenia Shakhmanova, copropriétaires, ne cherchent nullement la quantité, mais à vinifier des cuvées à renommée mondiale. Pari réussi avec la cuvée n°1, tout juste remarquable. Tant de talent mérite de figurer dans notre carnet de bonnes adresses.

- Petit Cernin, bergerac 2019 | Sec | 2023>27 | 19 € 88
- Héritage de St Cernin, bergerac 2022 | Sec | 2023>24 | 8.5 € 88

UN MONDE SANS FRONTIÈRES

ULTIME SÉLECTION POUR FAIRE LE TOUR DE LA PLANÈTE

PAR ***ALEXANDRA RENDALL***

LA FAMILLE DES VINS est devenue mondiale. Tant du côté de ceux qui les font que de celui de ceux qui les aiment. Dans ce nouvel ailleurs, de nombreux domaines Français s'installent. Chez nous, de nombreux jeunes vignerons du monde viennent apprendre nos manières de travailler et de penser le vin. Partout sur cette planète, de grands terroirs de mieux en mieux compris et mis en valeur font naître de grandes émotions. Au-delà des vins élaborés par nos compatriotes, nous étendons la portée de notre prescription en allant chercher, pour vous, sur des sites marchands, des vins élaborés par d'autres génies, au-delà de nos frontières.

AFRIQUE DU SUD

Ken Forrester Vineyards, Old Vine Reserve Chenin 2020, Stellenbosch
Vin harmonieux avec du fond et une certaine complexité, entre fruité et minéral. Du nerf et des arômes de fruits confits en finale.
90/100 - 2023>28 - 14,95 euros
wine-in-black.fr

Glenelly, Lady May 2015, Stellenbosch
Dans le style d'un grand pauillac, intense et structuré, taillé pour la garde. Ce vin accessible mérite une place dans la cave.
96/100 - 2023>30 - 50 euros
comptoirdesvinsdailleurs.fr

Klein Constantia, Vin de Constance 2018
Un vin envoûtant d'une grande élégance, aérien au nez, généreux en bouche, soutenue par une belle vivacité.
94/100 - 2025>45 - 59 euros
vintageandcie.com

Taaibosch, Crescendo 2018, Stellenbosch
Beaux arômes de fruits rouges, purs, avec un boisé intégré en bouche. Ample avec de la fraîcheur dans le tannin, racé et long, assurément un grand vin.
94/100 - 2025>35 - 29,90 euros
millesimes.com

ALLEMAGNE

Markus Molitor, Riesling WC Spätlese Kabinett Wehlener Klosterberg 2018, Moselle
Blanc fin et floral, assez cristallin, porté par une finale minérale et savoureux par son équilibre original.
94/100 - 2023>28 - 20 euros
1jour1vin.com

ARGENTINE

Cheval des Andes 2018, Mendoza
Un nez sur les notes de fruits rouges, noirs et les arômes poivré. En bouche, il affiche du volume, de la souplesse et une matière enveloppante.
93/100 - 2023>32 - 95 euros
idealwine.com

El Enemigo, Malbec 2018, Mendoza
Robe colorée, nez sur les notes de mûres et d'épices, bouche onctueuse soutenue par des tannins charnus et une allonge de belle longueur.
90/100 - 2023>29 - 21,85 euros
vinissimus.fr

Domaines Barons de Rothschild (Lafite), Caro 2018, Mendoza
Tout à fait dans un style Lafite, ce vin traduit une maîtrise des grands cabernet-sauvignon. Le malbec apporte un côté plus international et rend le vin facile à boire.
91/100 - 2024>30 - 55 euros
millesima.com

Terrazas de Los Andes, Grand Malbec 2018, Mendoza
Sérieux et profond avec une matière charnue et veloutée. Bouche élégante et de belle fraîcheur avec un boisé bien intégré, des tannins fins et équilibrés. Il est d'une certaine classe.
93/100 - 2023>29 - 58 euros
clos19.com

Catena Zapata - Adrianna Vineyard, Mundus Bacillus Terrae 2018, Mendoza
Fin et précis, texture fondante, c'est la grande élégance.
94/100 - 2023>30 - 240 euros
vinatis.com

Catena Zapata, Nicolas 2018, Mendoza
Elégant, chaleureux et équilibré, un vin sur les notes de fruits rouges, bouche structurée, en retenue, tannins du bois encore présents.
90/100 - 2024>30 - 89 euros
chateauinternet.com

AUSTRALIE

Cloudburst, Malbec 2018, Margaret River
Un malbec délicat au nez floral et élégant. Bouche poudrée, portée par des notes de fruits rouges croquants. L'ensemble est assez fin.
93/100 - 2023>30 - 301 euros
moncopaincaviste.com

Cape Mentelle, Shiraz 2017, Margaret River
Nez sur les fruits noirs avec un côté mentholé intéressant, corps onctueux, riche de tannins frais. Le menthol réapparaît dans la finale harmonieuse.
90/100 - 2023>30 - 68 euros
clos19.com

Penfolds, "Bin 389" 2015, South Australia
Un très bel assemblage de cabernet-sauvignon et de syrah. Robe intense, bouche volumineuse, tannins bien mûrs en finale.
94/100 - 2023>30 - 67 euros
12bouteilles.com

Tyrrell's Wines, Semillon 2019, Hunter Valley
Un superbe sémillon avec beaucoup de tenue, de grand style, étonnamment aromatique, sec et d'une grande profondeur. Longueur, équilibre et fraîcheur.
94/100 - 2023>28 - 17 euros
idealwine.com

Yalumba, The Y Series - Shiraz 2018, South Australia
Typique de la syrah australienne, un vin dépaysant très aromatique, au nez floral et sur les fruits noirs, charnu et généreux.
90/100 - 2023>29 - 18,90 euros
vins-francoislurton.com

CHILI

Almaviva 2019, Valle del Maipo
On retrouve de la complexité pour ce vin opulent, chaleureux et élégant. C'est très raffiné.
95/100 - 2024>32 - 150 euros
chateauinternet.com

Clos Apalta 2018, Valle de Apalta
Un nez élégant et une belle bouche tout en longueur pour ce vin puissant qui se destine à la garde.
93/100 - 2024>32 - 129 euros
moncopaincaviste.com

Hacienda Araucano - François Lurton , Clo de Lolol 2018, Valle de Lolol
Un vin chilien par excellence, charnu en bouche et sur les notes de jus de viande et de fruits rouges. Dense et long, c'est équilibré.
92/100 - 2023>29 - 22,90 euros
legoutdesvins.fr

Viñedo Chadwick 2019, Valle del Maipo
Ce 100 % cabernet-sauvignon affiche un nez floral d'une grande finesse. En bouche, belle fraîcheur et texture fondante soutenue par des tannins fins.
94/100 - 2024>32 - 369 euros
moncopaincaviste.com

Santa Rita Casa Real, Reserva Especial 2018, Maipo Alto
Un vin délicieux, aux tannins ronds, juteux et texture, il affiche une finale élégante et de belle finesse dans la longueur.
95/100 - 2023>28 - 81 euros
idealwine.com

Seña 2019, Valle del Aconcagua
Un vin harmonieux et rond, sur les arômes de petits fruits rouges et de groseille. Belle fraîcheur en bouche, arômes discrets et raffinés, c'est un très joli vin.
91/100 - 2025>35 - 142 euros
millesima.com

Tabali, Talinay Chardonnay 2020, Valle de Limari
Original, ce vin de style moderne est réussi par sa vivacité, ses notes citronnées, son corps plein de tenue et un certain caractère. Il ira de l'apéritif au début de repas.
90/100 - 2023>28 - 26,5 euros
comptoirdesvinsdailleurs.fr

CHINE

Ao Yun 2017
La propriété trouve dans ce millésime son niveau d'équilibre de référence. Bien construit, entre la puissance des cabernets et une acidité intégrée. Du charme et une typicité unique en son genre.
95/100 - 2023>30 - 290 euros
La Grande Epicerie

ESPAGNE

Terra Remota, Gg 2019, Emporda
Corps ample, avec beaucoup de sève, dans une trame minérale de belle énergie. Aromatiquement complexe, il affiche une finesse de texture remarquable et une finale iodée, saline et délicieuse.
95/100 - 2025>32 - 45 euros
vins-etonnants.com

Telmo Rodriguez, Yjar 2017, Rioja Alavesa
Dense et fondant, d'une grande longueur en bouche, ce vin chaleureux et puissant est d'une grande richesse. Magistral.
97/100 - 2025>32 - 120 euros
idealwine.com

ÉTATS-UNIS

Trinite Estate, Acaibo 2017, Sonoma County
Un vin élégant, équilibré, aux notes de fruits noirs, des tannins présents et bien maîtrisés, de la fraîcheur. C'est délicieux.
92/100 - 2023>32 - 65 euros
Twil

Beaulieu Vineyard, Georges de Latour Private Reserve 2018, Napa Valley
Floral et élégant avec son nez d'une grande fraîcheur, ce beau cabernet-sauvignon savoureux affiche une très belle longueur en bouche.
93/100 - 2024>35 - 160 euros
vinotheque-bordeaux.com

Beaux Frères, Oregon Pinot Noir 2019, Ribbon Ridge
Élégant, délicat, fin, tendre, on aime ses notes florales de pivoine et de rose trémière. Bouche pimpante, affriolante, belle longueur, acidulée et texture. Sapidité magnifique
93/100 - 2023>29 - 96 euros
vinsetmillesimes.com

Far Niente, Cabernet-Sauvignon 2018, Napa Valley
Vin distingué qui met en avant un pur cabernet-sauvignon tout en finesse, avec de la profondeur.
92/100 - 2025>35 - 189,90 euros
lebaroudeurduvin.com

Goldeneye, Pinot Noir 2017, Anderson Valley
Fin et élégant, ce vin aux épaules larges s'exprime avec ampleur en bouche par sa matière généreuse. Très chic.
92/100 - 2024>30 - 60 euros
8wines.fr

Inglenook, Rubicon 2018, Napa Valley
Charmeur, ce vin généreux se construit en bouche autour de tannins présents et offre une finale fruitée pleine de fraîcheur.
93/100 - 2025>35 - 203 euros
moncopaincaviste.com

L'Aventure, Estate Cuvée 2019, Paso Robles
Avec beaucoup d'élégance, ce nez floral et velouté offre une bouche pleine, ample et généreuse, aux tannins fondus.
94/100 - 2025>35 - 110 euros
millesima.com

Peter Michael, Au Paradis 2018, Napa Valley
Notes de prune noire, de thym, dans un esprit généreux et harmonieux. Un vin structuré et ample, soyeux en bouche.
95/100 - 2025>35 - 234 euros
millesima.com

Opus One 2018, Napa Valley
Grande élégance, on sent toute la race de ce vin magnifique et puissant, qui allie finesse et fraîcheur en bouche.
98/100 - 2025>40 - 396 euros
vinotheque-bordeaux.com

Patz & Hall, Pinot noir 2017, Sonoma Coast
Joli pinot noir aux fruits mûrs, avec une bouche de belle fraîcheur aux tannins élégants.
91/100 - 2024>32 - 50 euros
8wines.fr

Joseph Phelps, Insignia 2018, Napa Valley
Un vin complet et abouti, au nez fruité (fruits noirs secs). La bouche pleine et de belle tension affiche une grande longueur.
96/100 - 2025>35 - 350 euros
cavissima.com

Promontory 2016, Napa Valley
On apprécie ce grand vin, à la puissance maîtrisée qui séduit par sa bouche satinée et fondante, ample et longue.
98/100 - 2025>40 - 1 180 euros
vinsdumondeetdailleurs.fr

Tesseron Estate, Pym-Rae 2017, Napa Valley
Tendre et élégant, il nous plaît beaucoup par ses notes de réglisse et de fruits noirs. Ample et généreux, d'une grande longueur.
95/100 - 2024>32 - 365 euros
crus.fr

Vérité, La Muse 2018, Sonoma County
Grand vin délicieux et d'une grande finesse, bouche pleine et texturée, d'une belle fraîcheur. Grand complexité.
96/100 - 2025>35 - Prix NC
CVGB

HONGRIE

Disznókő, Tokaji Aszú 6 Puttonyos 2016, Tokaj
Supérieurement puissant et riche, ce vin de matière a un très grand potentiel. On le laisse quelques années.
98/100 - 2023>40 - 70 euros
decantalo.com

Château Pajzos, Tokaji Aszú 5 Puttonyos 2016, Tokaj
Nez raffiné entre notes d'abricot et de fumé. En bouche, sa texture de velours affiche une richesse et une vivacité agréables.
94/100 - 2025>40 - 30 euros
rivieracellars.fr

Château Pajzos, Tokaji Esszencia 2016, Tokaj
Nez riche en miel de lavande, abricot sec, datte, figue sèche. En bouche, on retrouve cette texture de miel, avec du gras et du fondant. Immense longueur.
94/100 - 2024>40 - 195 euros
grauonline.fr

Sauska, Furmint Medve 2018, Tokaj
Très élégant, ce joli vin en finesse incarne harmonieusement le caractère original de son terroir et de son cépage.
93/100 - 2023>29 - 45 euros
guyot-vins.com

ITALIE

Caiarossa 2018, Toscana
Élégant par son fruit juteux, sa bouche dense, serrée, d'une fraîcheur minérale et d'une grande précision.
94/100 - 2024>32 - 61,50 euros
vinatis.com

Michele Chiarlo, Cerequio 2018, Barolo
Un 100 % nebbiolo chaleureux et élégant. Notes de fruits rouges, avec quelques touches végétales sur l'herbe sèche. Vivacité et corps en bouche.
94/100 - 2023>29 - 102 euros
millésima.com

Petrolo, Galatrona 2019, Valdarno di Sopra
Juteux et raffiné, ce vin tout en finesse est d'une grande élégance. Sa texture et sa fraîcheur se prolongent avec classe dans sa finale.
96/100 - 2024>32 - 105 euros
chateauinternet.com

Podere Giodo, Alberelli di Giodo - Carricante 2020, Sicilia
Ce 100 % carricante au nez de meringue et de fruits blancs impressionne par son caractère aérien et raffiné. Fruité mûr en bouche avec un bel équilibre soutenu par une jolie vivacité
91/100 - 2023>29 - 69,90 euros
vino.com

Podere Giodo, Giodo 2017, Brunello di Montalcino
Vin raffiné, nez élégant et généreux, bouche délicate, équilibrée. On apprécie son joli fruité rouge juteux.
93/100 - 2024>32 - 141 euros
vinissimus.fr

Ornellaia, Masseto 2018, Toscana
D'une grande élégance, nez intense, dense et profond, bouche en finesse, vin d'une belle longueur avec beaucoup de style.
95/100 - 2025>40 - 850 euros
closdesmillesimes.com

Ornellaia 2019, Bolgheri Superiore
Sensuel et consensuel, ce vin élégant est envoûtant, avec une bouche suave et juteuse.
97/100 - 2026>40 - 220 euros
8wines.fr

Parusso, Bussia 2018, Barolo
Un 100 % nebbiolo raffiné, sur les fruits rouges, aux notes florales de pivoine. Il affiche une belle longueur en bouche.
92/100 - 2023>32 - 93,40 euros
vitis-epicuria.com

Luigi Pira, Serralunga 2017, Barolo
Un barolo droit et sans lourdeur, avec une structure tannique fine, longue et un côté minéral élégant. Un vin longiligne, assez strict.
91/100 - 2023>29 - 38 euros
caves-carriere.fr

Serra Ferdinandea 2019, Sicilia
Harmonieux et digeste, voilà un vin fruité frais et bien équilibré. On le recommande pour sa persistance et son tannin construit, structurant sans excès.
90/100 - 2024>32 - 26,40 euros
millesimes.com

Antinori, Solaia 2018, Toscana
Nez aux touches fumées et raisins secs, bouche sapide aux tannins présents et intégrés. On aime ses notes élégantes de fruits rouges.
94/100 - 2025>35 - 340 euros
vinatis.com

Vietti, Tre Vigne 2019, Barbera d'Asti
Un modèle de vin de plaisir. Attaque souple et délicate, profondeur, fraîcheur, tannins fins, équilibre irréprochable.
92/100 - 2023>30 - 21 euros
idealwine.com

LIBAN

Kefraya, Arcanes 2017, Vallée de la Bekaa
Fraîcheur, épices, fruits rouges et noirs. Un vin complet, équilibré en bouche, de longue persistance aromatique. Bien construit avec un vrai caractère de terroir.
91/100 - 2023>32 - 12 euros
idealwine.com

NOUVELLE-ZÉLANDE

Cloudy Bay, Te Wahi Pinot Noir 2018, Central Otago
Tout en longueur, suave et subtil, avec de la chair et une texture délicate. Beaucoup de finesse et un équilibre presque parfait.
95/100 - 2024>32 - 72 euros
La Grande Epicerie

PORTUGAL

Niepoort, Redoma Tinto 2018, Douro
Beau vin d'été gourmand par son joli nez frais et sa bouche pleine et plaisante.
91/100 - 2023>29 - 32 euros
vinatis.com

Quinta do Noval, Colheita 2007, Porto
Très racé, ce vin à la trame étirée est un modèle de Tawny. Une bouche complexe, sur le fruit, l'écorce d'orange.
98/100 - 2023>35 - 69 euros
cavepurjus.com

Ramos Pinto, Quinta de Bom Retiro 2018, Porto
La perfection, portée par une vision franco-portugaise d'une spécialité qui a été trop longtemps anglaise. Un modèle de goût et de constitution.
99/100 - 2030>50 - 81 euros
millesima.com

Ramos Pinto, Duas Quintas 2020, Douro
Blanc équilibré, fin et digeste, vin de tension et de caractère salin. Amers finaux, superbe.
91/100 - 2023>32 - 10 euros
caves-carriere.fr ■

INDEX

BOURGOGNE

CHAMPAGNE

Achevé d'imprimer en août 2023 par DZS, Slovénie.